民国四大报纸社论篇名索引

下册

主　编：李　玉　于　川
副主编：段金萍　袁　勇

国家图书馆出版社

S（下）

注：本册篇名首字拼音自 Shū（书）起，Shū 以前的 S 部分，请参阅本书中册末尾
（P1096-1190）。

30939　书□□□中丞修治□□夹片后　《申报》　1881 年 9 月 27 日　第 19 册
第 353 页

30940　书□□苍徐荫轩两中堂代为王侍讲请停海防先知县捐纳折后　《申报》
1897 年 1 月 26 日　第 55 册　第 149 页

30941　书阿誓后　《申报》　1879 年 2 月 27 日　第 14 册　第 177 页

30942　书安法新约后　《申报》　1879 年 9 月 8 日　第 15 册　第 277 页

30943　书安徽臬宪收用白禀牌示后　《申报》　1897 年 6 月 27 日　第 56 册　第
347 页

30944　书安置高丽大院君谕旨后　《申报》　1882 年 10 月 11 日　第 21 册　第
613 页

30945　书宝阁学严查门禁折后　《申报》　1881 年 9 月 5 日　第 19 册　第 265 页

30946　书宝少司成奏疏谕旨后　《申报》　1877 年 11 月 20 日　第 11 册　第
489 页

30947　书宝侍御奏请严定候补人员考章折后　《申报》　1889 年 5 月 18 日　第 34
册　第 761 页

30948　书宝司业张侍讲奏牍后　《申报》　1878 年 7 月 10 日　第 13 册　第 33 页

30949　书宝中堂奏职官盗卖捐案折后　《申报》　1881 年 10 月 6 日　第 19 册
第 389 页

30950　书保大轮船失事情形后　《申报》　1887 年 8 月 4 日　第 31 册　第 213 页

30951　书保坟墓章程后　《申报》　1882 年 2 月 8 日　第 20 册　第 153 页

30952　书保护教堂章程后　《申报》　1898 年 8 月 9 日　第 59 册　第 679 页

30953　书报纪巴黎赛会后　《申报》　1899 年 8 月 22 日　第 62 册　第 829 页

30954　书报纪裁撤闲员后　《申报》　1901 年 10 月 30 日　第 69 册　第 367 页

30955　书报纪创兴艺学后　《申报》　1898 年 5 月 22 日　第 59 册　第 127 页

30956　书报纪盗卖钦产后　《申报》　1905 年 1 月 21 日　第 79 册　第 121 页

30957　书报纪德人不肯退兵及易地述闻后　《申报》　1897 年 12 月 28 日　第 57
册　第 729 页

30958　书报纪电奏抚枭后　《申报》　1904 年 4 月 3 日　第 76 册　第 535 页

30959　书报纪俄德密约后　《申报》　1900 年 10 月 21 日　第 66 册　第 295 页

30960　书报纪华亭汤氏子愚孝可哀事　《申报》　1897 年 11 月 13 日　第 57 册
第 457 页

30961 书报纪黄堂课士后 《申报》 1896年7月8日 第53册 第441页

30962 书报纪奸案上控后 《申报》 1899年10月18日 第63册 第327页

30963 书报纪示禁陋规后 《申报》 1897年8月20日 第56册 第689页

30964 书报纪示谕茶商后 《申报》 1898年3月18日 第58册 第447页

30965 书报纪示谕棍徒后 《申报》 1898年1月18日 第58册 第97页

30966 书报纪四川矿务后 《申报》 1899年11月19日 第63册 第557页

30967 书报纪翁媳奇逢事 《申报》 1897年11月24日 第57册 第525页

30968 书报纪乡民闹卡后 《申报》 1903年9月2日 第75册 第9页

30969 书报纪扬州试事汇登后 《申报》 1896年11月19日 第54册 第505页

30970 书报纪议抽丁税后 《申报》 1901年5月19日 第68册 第109页

30971 书报纪英相宣言后 《申报》 1900年8月5日 第65册 第681页

30972 书报纪粤抚重农后 《申报》 1899年6月21日 第62册 第393页

30973 书报纪振兴算学后 《申报》 1897年12月15日 第57册 第651页

30974 书报纪振兴洋务后 《申报》 1897年6月4日 第56册 第209页

30975 书报纪奏扣官俸后 《申报》 1897年12月22日 第57册 第693页

30976 书报纪族禁条约后 《申报》 1897年12月16日 第57册 第657页

30977 书鲍武襄轶事 《申报》 1888年1月12日 第32册 第75页

30978 书本报谤书直达后 《申报》 1876年12月20日 第9册 第589页

30979 书本报北地旱干情形后 《申报》 1876年6月14日 第8册 第545页

30980 书本报北省苦饥苏垣近事二则后 《申报》 1876年11月16日 第9册 第473页

30981 书本报别开生面事 《申报》 1893年10月11日 第45册 第271页

30982 书本报博闻书院纪事后 《申报》 1893年12月28日 第45册 第791页

30983 书本报茶客还金后 《申报》 1876年5月24日 第8册 第473页

30984 书本报茶市近况后 《申报》 1888年5月12日 第32册 第755页

30985 书本报茶市述闻后 《申报》 1892年8月13日 第41册 第679页

30986 书本报茶市消息后 《申报》 1887年6月16日 第30册 第999页

30987 书本报茶数详译后 《申报》 1889年3月21日 第34册 第407页

30988 书本报茶务经始后 《申报》 1890年3月15日 第36册 第399页

30989 书本报豺狼攫物三事后 《申报》 1878年1月25日 第12册 第85页

30990 书本报称贷殴人事 《申报》 1892年1月2日 第40册 第7页

30991 书本报驰禁传言后 《申报》 1890年4月8日 第36册 第547页

30992 书本报滁洲命案后 《申报》 1878年1月11日 第12册 第37页

30993 书本报大姐韩阿金吞烟事 《申报》 1888年1月14日 第32册 第

87 页

30994 书本报大院君归国事后 《申报》 1885 年 11 月 8 日 第 27 册 第 797 页

30995 书本报德皇事略后 《申报》 1888 年 3 月 17 日 第 32 册 第 415 页

30996 书本报登稽查烟馆局示后 《申报》 1896 年 2 月 29 日 第 52 册 第 323 页

30997 书本报登漠河金矿公司第六届结账告白后 《申报》 1896 年 1 月 29 日 第 52 册 第 175 页

30998 书本报电报总局告白后 《申报》 1885 年 7 月 8 日 第 27 册 第 43 页

30999 书本报东京近信后 《申报》 1884 年 7 月 8 日 第 25 册 第 43 页

31000 书本报东京军信后 《申报》 1884 年 5 月 8 日 第 24 册 第 717 页

31001 书本报讹传惑众后 《申报》 1876 年 9 月 28 日 第 9 册 第 305 页

31002 书本报俄师战败后 《申报》 1877 年 8 月 10 日 第 11 册 第 141 页

31003 书本报丐斗记后 《申报》 1888 年 4 月 4 日 第 32 册 第 527 页

31004 书本报郭侍郎到港情形后 《申报》 1876 年 12 月 15 日 第 9 册 第 573 页

31005 书本报海阳县李六言告示后 《申报》 1891 年 9 月 17 日 第 39 册 第 477 页

31006 书本报航海骗人后 《申报》 1877 年 4 月 9 日 第 10 册 第 313 页

31007 书本报和议要电后 《申报》 1885 年 4 月 8 日 第 26 册 第 501 页

31008 书本报淮鹾新政后 《申报》 1877 年 8 月 9 日 第 11 册 第 137 页

31009 书本报徽垣新政后 《申报》 1892 年 6 月 18 日 第 41 册 第 313 页

31010 书本报会操志略后 《申报》 1886 年 12 月 13 日 第 29 册 第 1019 页

31011 书本报机器织布局各股分人公启后 《申报》 1888 年 4 月 19 日 第 32 册 第 617 页

31012 书本报缉访外人续闻后 《申报》 1880 年 6 月 29 日 第 16 册 第 697 页

31013 书本报记金玉均戮尸余闻后 《申报》 1894 年 5 月 16 日 第 47 册 第 107 页

31014 书本报纪奥人之言后 《申报》 1899 年 7 月 29 日 第 62 册 第 667 页

31015 书本报纪呈控忤逆后 《申报》 1899 年 5 月 10 日 第 62 册 第 67 页

31016 书本报纪俄事无忧后 《申报》 1903 年 12 月 6 日 第 75 册 第 671 页

31017 书本报纪俄土交涉后 《申报》 1902 年 10 月 10 日 第 72 册 第 267 页

31018 书本报纪藩王入贡事 《申报》 1894 年 9 月 22 日 第 48 册 第 137 页

31019 书本报纪集股造路喜而书此 《申报》 1897 年 8 月 25 日 第 56 册 第 719 页

31020　书本报纪节烈可风孝友可风二节后　《申报》　1900 年 1 月 2 日　第 64 册
第 7 页

31021　书本报纪力图自强后　《申报》　1900 年 5 月 9 日　第 65 册　第 63 页

31022　书本报纪贫员望岁后　《申报》　1897 年 12 月 31 日　第 57 册　第 747 页

31023　书本报纪屠兴之别写示禁重秤推而论之　《申报》　1897 年 6 月 15 日　第
56 册　第 275 页

31024　书本报纪威公使起程回国后　《申报》　1876 年 11 月 27 日　第 9 册　第
509 页

31025　书本报纪维持圆法后　《申报》　1897 年 6 月 29 日　第 56 册　第 359 页

31026　书本报纪县示后　《申报》　1899 年 9 月 2 日　第 63 册　第 9 页

31027　书本报纪乡会并试后　《申报》　1900 年 12 月 26 日　第 66 册　第 689 页

31028　书本报纪小妇含冤后　《申报》　1901 年 5 月 12 日　第 68 册　第 67 页

31029　书本报纪刑部拟聘律师后　《申报》　1905 年 4 月 30 日　第 79 册　第
879 页

31030　书本报纪学生觖望后　《申报》　1901 年 7 月 17 日　第 68 册　第 463 页

31031　书本报纪严杜苞苴后　《申报》　1904 年 8 月 12 日　第 77 册　第 699 页

31032　书本报纪演说天足会事后　《申报》　1900 年 1 月 13 日　第 64 册　第
77 页

31033　书本报纪议员格斗事后　《申报》　1902 年 12 月 17 日　第 72 册　第
755 页

31034　书本报纪英兵船驶入鄱阳湖事后　《申报》　1905 年 5 月 12 日　第 80 册
第 99 页

31035　书本报纪英国军政后　《申报》　1902 年 10 月 18 日　第 72 册　第 323 页

31036　书本报纪邮政风行邮程无阻两则后　《申报》　1897 年 11 月 19 日　第 57
册　第 493 页

31037　书本报纪谕禁索费后　《申报》　1897 年 10 月 22 日　第 57 册　第 315 页

31038　书本报纪粤省膏捐蜀省灯捐后　《申报》　1899 年 9 月 22 日　第 63 册
第 149 页

31039　书本报纪召允忤役示后　《申报》　1899 年 9 月 8 日　第 63 册　第 49 页

31040　书本报纪浙海呈图后　《申报》　1899 年 12 月 3 日　第 63 册　第 663 页

31041　书本报纪振兴字学后　《申报》　1897 年 12 月 13 日　第 57 册　第 639 页

31042　书本报纪整顿厘金后　《申报》　1899 年 7 月 12 日　第 62 册　第 549 页

31043　书本报纪重办拐匪后　《申报》　1897 年 12 月 3 日　第 57 册　第 579 页

31044　书本报纪重惩逆党后　《申报》　1902 年 4 月 5 日　第 70 册　第 545 页

31045　书本报纪准设银行后　《申报》　1903 年 5 月 20 日　第 74 册　第 121 页

31046　书本报教人愚语后　《申报》　1878 年 1 月 23 日　第 12 册　第 77 页

31047　书本报津人述战后　《申报》　1884 年 7 月 6 日　第 25 册　第 31 页

31048　书本报津贴更章后　《申报》　1886 年 2 月 18 日　第 28 册　第 245 页

31049　书本报禁烟论后　《申报》　1877 年 9 月 1 日　第 11 册　第 217 页

31050　书本报京师米贵都中劫案二则后　《申报》　1876 年 10 月 24 日　第 9 册　第 393 页

31051　书本报旧金山来信后　《申报》　1878 年 10 月 9 日　第 13 册　第 345 页

31052　书本报鞫阴记略后　《申报》　1877 年 1 月 11 日　第 10 册　第 37 页

31053　书本报开山取利事后　《申报》　1885 年 12 月 30 日　第 27 册　第 1111 页

31054　书本报考医信息后　《申报》　1887 年 8 月 17 日　第 31 册　第 291 页

31055　书本报乐善可风后　《申报》　1876 年 12 月 16 日　第 9 册　第 577 页

31056　书本报类登贩人事后　《申报》　1878 年 5 月 31 日　第 12 册　第 493 页

31057　书本报厘卡撤委缘由后　《申报》　1876 年 12 月 23 日　第 9 册　第 601 页

31058　书本报力保危堤事　《申报》　1890 年 9 月 27 日　第 37 册　第 569 页

31059　书本报历述山东灾荒事后　《申报》　1877 年 3 月 12 日　第 10 册　第 217 页

31060　书本报领凭志盛事后　《申报》　1888 年 8 月 7 日　第 33 册　第 255 页

31061　书本报留心民瘼后　《申报》　1876 年 9 月 23 日　第 9 册　第 289 页

31062　书本报留养灾民后　《申报》　1876 年 11 月 20 日　第 9 册　第 485 页

31063　书本报龙宗师按临松郡禁赌牌示后　《申报》　1896 年 11 月 6 日　第 54 册　第 419 页

31064　书本报论中华将来必能廓大后　《申报》　1878 年 3 月 1 日　第 12 册　第 181 页

31065　书本报美舰来华后　《申报》　1891 年 8 月 16 日　第 39 册　第 283 页

31066　书本报南渡捐局书民告白后　《申报》　1887 年 12 月 15 日　第 31 册　第 1083 页

31067　书本报宁关苛政后　《申报》　1876 年 12 月 28 日　第 9 册　第 617 页

31068　书本报欧洲消息后　《申报》　1876 年 11 月 15 日　第 9 册　第 469 页

31069　书本报迁地为良则后　《申报》　1896 年 10 月 11 日　第 54 册　第 251 页

31070　书本报穷佃可悯后　《申报》　1877 年 1 月 26 日　第 10 册　第 89 页

31071　书本报施衣有奖事后　《申报》　1885 年 12 月 16 日　第 27 册　第 1027 页

31072　书本报收生神速告白后　《申报》　1882 年 7 月 30 日　第 21 册　第 175 页

31073　书本报书吏妄为后　《申报》　1877 年 4 月 21 日　第 10 册　第 357 页

31074 书本报述法人蠢动事后 《申报》 1886 年 12 月 30 日 第 29 册 第 1121 页

31075 书本报述古巴华佣苦况后 《申报》 1877 年 10 月 30 日 第 11 册 第 417 页

31076 书本报述台湾创行铁路电灯两事后 《申报》 1888 年 3 月 6 日 第 32 册 第 347 页

31077 书本报私刑结案后 《申报》 1899 年 11 月 25 日 第 63 册 第 601 页

31078 书本报寺内成奸看台挤倒两则后 《申报》 1876 年 3 月 31 日 第 8 册 第 289 页

31079 书本报所登筹捐新议后 《申报》 1902 年 11 月 9 日 第 72 册 第 479 页

31080 书本报所登广州湾近信后 《申报》 1899 年 12 月 12 日 第 63 册 第 729 页

31081 书本报所登严禁国民报示后 《申报》 1903 年 10 月 28 日 第 75 册 第 407 页

31082 书本报所纪俄人图土事后 《申报》 1900 年 5 月 23 日 第 65 册 第 175 页

31083 书本报所纪钱局暂停后 《申报》 1901 年 1 月 13 日 第 67 册 第 73 页

31084 书本报所纪议和条款后 《申报》 1900 年 11 月 2 日 第 66 册 第 367 页

31085 书本报所纪日本女子兴风会后 《申报》 1893 年 12 月 31 日 第 45 册 第 813 页

31086 书本报所列各省旗人事后 《申报》 1876 年 5 月 31 日 第 8 册 第 497 页

31087 书本报土俄战耗后 《申报》 1877 年 4 月 25 日 第 10 册 第 369 页

31088 书本报土国情形后 《申报》 1876 年 10 月 23 日 第 9 册 第 389 页

31089 书本报土君短见后 《申报》 1876 年 7 月 29 日 第 9 册 第 97 页

31090 书本报吴中杨姓拆卖祖祠后 《申报》 1877 年 11 月 7 日 第 11 册 第 445 页

31091 书本报西人传言后 《申报》 1884 年 8 月 4 日 第 25 册 第 205 页

31092 书本报西商请开铸银局后 《申报》 1877 年 3 月 23 日 第 10 册 第 257 页

31093 书本报戏资助赈告白后 《申报》 1877 年 4 月 30 日 第 10 册 第 385 页

31094 书本报县官风厉后 《申报》 1877 年 5 月 8 日 第 10 册 第 413 页

31095 书本报香港来电后 《申报》 1884 年 8 月 16 日 第 25 册 第 277 页

31096　书本报详纪和议情形后　　《申报》　1900 年 12 月 1 日　第 66 册　第 539 页

31097　书本报详述火车肇祸情形后　　《申报》　1889 年 4 月 3 日　第 34 册　第 487 页

31098　书本报修筑圩岸章程后　　《申报》　1890 年 2 月 18 日　第 36 册　第 241 页

31099　书本报袖手旁观客辨明尼庵事后　　《申报》　1877 年 1 月 16 日　第 10 册　第 53 页

31100　书本报烟馆私迁后　　《申报》　1877 年 1 月 1 日　第 10 册　第 1 页

31101　书本报严办赌棍事后　　《申报》　1893 年 3 月 21 日　第 43 册　第 449 页

31102　书本报洋烟衰象后　　《申报》　1878 年 1 月 3 日　第 12 册　第 9 页

31103　书本报议固边防暨电语述闻两则后　　《申报》　1885 年 5 月 10 日　第 26 册　第 687 页

31104　书本报译记英国铁路数目后　　《申报》　1882 年 4 月 14 日　第 20 册　第 449 页

31105　书本报邑尊严厉后　　《申报》　1878 年 11 月 9 日　第 13 册　第 453 页

31106　书本报印度共尊英主为皇帝事后　　《申报》　1877 年 1 月 27 日　第 10 册　第 93 页

31107　书本报英商义昌洋行主人招集股份告白后　　《申报》　1877 年 7 月 3 日　第 11 册　第 5 页

31108　书本报越南电音后　　《申报》　1884 年 6 月 28 日　第 24 册　第 1023 页

31109　书本报照录李穆堂先生与云南李参政论铜务书后　　《申报》　1878 年 4 月 19 日　第 12 册　第 349 页

31110　书本报照录中外官会议条约后　　《申报》　1876 年 10 月 5 日　第 9 册　第 329 页

31111　书本报争聘失欢事后　　《申报》　1877 年 4 月 11 日　第 10 册　第 321 页

31112　书本报织厂新议后　　《申报》　1877 年 12 月 31 日　第 11 册　第 629 页

31113　书本报中国兵数后　　《申报》　1884 年 3 月 7 日　第 24 册　第 347 页

31114　书本报中西传言后　　《申报》　1884 年 5 月 4 日　第 24 册　第 693 页

31115　书本报左道惑人后　　《申报》　1887 年 2 月 12 日　第 30 册　第 211 页

31116　书本日报纪险酿大祸事后　　《申报》　1903 年 10 月 18 日　第 75 册　第 333 页

31117　书本日申报所纪裁减仪仗后　　《申报》　1901 年 5 月 26 日　第 68 册　第 151 页

31118　书本月恭录上谕裁通政司詹事府各官后　　《申报》　1902 年 3 月 9 日　第 70 册　第 365 页

31234　书俄提督致左伯相照会后　《申报》　1877 年 11 月 27 日　第 11 册　第 513 页

31235　书俄习国书后　《申报》　1902 年 2 月 23 日　第 70 册　第 281 页

31236　书俄员议论后　《申报》　1899 年 9 月 3 日　第 63 册　第 17 页

31237　书俄主严防道谋事　《申报》　1881 年 7 月 22 日　第 19 册　第 85 页

31238　书鄂抚谦光后　《申报》　1900 年 12 月 30 日　第 66 册　第 713 页

31239　书鄂省张香帅创设武备学堂续示后　《申报》　1896 年 12 月 1 日　第 54 册　第 581 页

31240　书鄂闱文告后　《申报》　1902 年 9 月 7 日　第 72 册　第 41 页

31241　书鄂学示谕后　《申报》　1898 年 7 月 23 日　第 59 册　第 561 页

31242　书法国越南封口章程后　《申报》　1884 年 2 月 7 日　第 24 册　第 181 页

31243　书法课华文英习华语两则后　《申报》　1902 年 1 月 1 日　第 70 册　第 1 页

31244　书法人与黑旗议和事　《申报》　1883 年 10 月 23 日　第 23 册　第 687 页

31245　书法事风传后　《申报》　1883 年 8 月 20 日　第 23 册　第 303 页

31246　书法暹近闻后　《申报》　1893 年 6 月 30 日　第 44 册　第 435 页

31247　书奉天学政王府丞折后　《申报》　1879 年 2 月 20 日　第 14 册　第 153 页

31248　书福建船政大臣裴钦宪来函后　《申报》　1888 年 4 月 28 日　第 32 册　第 671 页

31249　书福州船局禁赌事　《申报》　1881 年 12 月 2 日　第 19 册　第 617 页

31250　书福州陆路提督程从周军门筹饷练兵折后　《申报》　1900 年 5 月 5 日　第 65 册　第 33 页

31251　书妇女捐赈奏请建坊片后　《申报》　1879 年 8 月 2 日　第 15 册　第 129 页

31252　书复田议及请准灾民赎田禀后　《申报》　1877 年 11 月 24 日　第 11 册　第 505 页

31253　书复奏房捐酿事情形折后　《申报》　1902 年 12 月 2 日　第 72 册　第 645 页

31254　书甘泉县破获移尸案情节后　《申报》　1879 年 12 月 7 日　第 15 册　第 637 页

31255　书赣抚柯大中丞奏请振工艺以保利权折后　《申报》　1903 年 7 月 8 日　第 74 册　第 467 页

31256　书赣省课吏章程后　《申报》　1901 年 8 月 17 日　第 68 册　第 649 页

31257　书刚淮运宪考试人员后　《申报》　1875 年 5 月 8 日　第 6 册　第 417 页

31258　书港督禁售军资示后　《申报》　1885 年 1 月 28 日　第 26 册　第 161 页

19 册　第 429 页

31284　书广西巡抚张中丞奏报通商收支清单折后　《申报》　1893 年 12 月 23 日　第 45 册　第 761 页

31285　书闺阁助赈事　《申报》　1890 年 10 月 17 日　第 37 册　第 691 页

31286　书桂抚倪中丞请展分发折后　《申报》　1882 年 11 月 22 日　第 21 册　第 865 页

31287　书汉抚奏参滥刑知县折后　《申报》　1881 年 7 月 6 日　第 19 册　第 21 页

31288　书汉口英领事官告示后　《申报》　1891 年 9 月 26 日　第 39 册　第 531 页

31289　书汉阳口禁冒考条款后　《申报》　1875 年 11 月 15 日　第 7 册　第 469 页

31290　书汉阳县禁开小押示后　《申报》　1881 年 10 月 5 日　第 19 册　第 385 页

31291　书汉阳县禁开小押示后　《申报》　1893 年 7 月 5 日　第 44 册　第 467 页

31292　书汉阳总镇抽捐定章告示后　《申报》　1879 年 8 月 15 日　第 15 册　第 181 页

31293　书汉镇库局告示后　《申报》　1880 年 12 月 7 日　第 17 册　第 637 页

31294　书杭垣大方伯新设大麻风医局事　《申报》　1893 年 1 月 5 日　第 43 册　第 27 页

31295　书杭垣屠户停宰事　《申报》　1881 年 1 月 14 日　第 18 册　第 53 页

31296　书杭州保甲局查禁台基示后　《申报》　1881 年 10 月 21 日　第 19 册　第 449 页

31297　书杭州命案　《申报》　1881 年 2 月 16 日　第 18 册　第 157 页

31298　书杭州织造奏恳丝价暂缓规复旧制折后　《申报》　1879 年 11 月 12 日　第 15 册　第 537 页

31299　书何编修沥陈时弊折后　《申报》　1879 年 9 月 28 日　第 15 册　第 357 页

31300　书何编修奏折后　《申报》　1878 年 5 月 8 日　第 12 册　第 413 页

31301　书和局电音后　《申报》　1884 年 5 月 14 日　第 24 册　第 753 页

31302　书和议要电后　《申报》　1885 年 4 月 16 日　第 26 册　第 547 页

31303　书河内西人邮信后　《申报》　1884 年 2 月 19 日　第 24 册　第 251 页

31304　书河神观剧事后　《申报》　1879 年 9 月 14 日　第 15 册　第 301 页

31305　书黑旗刘义檄文后　《申报》　1883 年 6 月 1 日　第 22 册　第 787 页

31306　书恒济戒烟局募捐启后　《申报》　1890 年 2 月 22 日　第 36 册　第 265 页

31332　书华人邀赏华生聪颖两则后　《申报》　1901 年 8 月 2 日　第 68 册　第 559 页

31333　书华商被阻事后　《申报》　1886 年 4 月 20 日　第 28 册　第 611 页

31334　书华商买用洋商火轮夹板等项船只章程后　《申报》　1873 年 8 月 25 日　第 3 册　第 189 页

31335　书华英大药房活人秘宝书后　《申报》　1892 年 12 月 10 日　第 42 册　第 635 页

31336　书淮上斋匪近事后　《申报》　1883 年 5 月 8 日　第 22 册　第 645 页

31337　书黄方伯禁止淫书小说示后　《申报》　1890 年 7 月 11 日　第 37 册　第 67 页

31338　书黄君梦畹扶桑揽胜集后　《申报》　1892 年 8 月 21 日　第 41 册　第 733 页

31339　书黄侍卿参奏学臣贿通关节折后　《申报》　1899 年 4 月 5 日　第 61 册　第 565 页

31340　书黄侍御寓生财于节用疏后　《申报》　1879 年 4 月 7 日　第 14 册　第 321 页

31341　书徽宁池太广道严禁赌博告示后　《申报》　1878 年 12 月 23 日　第 13 册　第 601 页

31342　书汇报各论后　《申报》　1874 年 11 月 23 日　第 5 册　第 499 页

31343　书汇报论铁甲船后　《申报》　1874 年 10 月 15 日　第 5 册　第 367 页

31344　书汇报丝茶宜出洋自卖论后　《申报》　1874 年 7 月 16 日　第 5 册　第 53 页

31345　书汇报译西人论中东事后　《申报》　1874 年 11 月 26 日　第 5 册　第 511 页

31346　书汇报增廉俸论后　《申报》　1874 年 12 月 9 日　第 5 册　第 555 页

31347　书汇报中外时势论后　《申报》　1874 年 12 月 19 日　第 5 册　第 591 页

31348　书会审窃案后　《申报》　1875 年 1 月 19 日　第 6 册　第 61 页

31349　书惠州乱事后　《申报》　1884 年 4 月 5 日　第 24 册　第 521 页

31350　书毁谤案略后　《申报》　1875 年 2 月 17 日　第 6 册　第 141 页

31351　书货银续闻后　《申报》　1876 年 3 月 15 日　第 8 册　第 233 页

31352　书机器缫丝妨利论后　《申报》　1882 年 6 月 4 日　第 20 册　第 753 页

31353　书机器织布招商局章程后　《申报》　1880 年 10 月 16 日　第 17 册　第 429 页

31354　书基隆捷音后　《申报》　1885 年 2 月 6 日　第 26 册　第 211 页

31355　书基隆厅梁司马禀稿后　《申报》　1884 年 11 月 6 日　第 25 册　第 735 页

513 页

31424 书考求农政后 《申报》 1902 年 9 月 10 日 第 72 册 第 61 页

31425 书考证律吕说后 《申报》 1880 年 4 月 29 日 第 16 册 第 453 页

31426 书科税不公事 《申报》 1880 年 10 月 9 日 第 17 册 第 401 页

31427 书可感人说 《申报》 1893 年 6 月 7 日 第 44 册 第 269 页

31428 书客述妓女之苦 《申报》 1897 年 1 月 19 日 第 55 册 第 107 页

31429 书客述晋中事 《申报》 1903 年 3 月 18 日 第 73 册 第 425 页

31430 书客谈匪乱之由 《申报》 1895 年 11 月 28 日 第 51 册 第 583 页

31431 书客谈商务 《申报》 1896 年 9 月 13 日 第 54 册 第 77 页

31432 书课本告竣后 《申报》 1902 年 8 月 13 日 第 71 册 第 711 页

31433 书孔科给奏参城员听□舞弊索贿案 《申报》 1882 年 4 月 11 日 第 20
册 第 431 页

31434 书来信言善堂情弊书后 《申报》 1887 年 3 月 6 日 第 30 册 第 343 页

31435 书乐生会章程后 《申报》 1883 年 9 月 25 日 第 23 册 第 519 页

31436 书勒中丞奏官员失察丁役滋事酿命请饬酌改处分折后 《申报》 1881 年 9
月 19 日 第 19 册 第 321 页

31437 书垒获巨盗后 《申报》 1888 年 11 月 11 日 第 33 册 第 869 页

31438 书厘捐总局批示后 《申报》 1884 年 4 月 13 日 第 24 册 第 567 页

31439 书礼部堂官阻格言路奉旨革职事 《申报》 1898 年 9 月 7 日 第 60 册
第 43 页

31440 书礼亲王等暨徐翁潘三尚书宝学士议复吴侍御遗疏各折后 《申报》 1879
年 6 月 28 日 第 14 册 第 647 页

31441 书李伯相请建吴公专祠折后 《申报》 1879 年 12 月 15 日 第 15 册 第
669 页

31442 书李伯相议庙制折后 《申报》 1877 年 9 月 10 日 第 11 册 第 245 页

31443 书李傅相招股开铁路示谕后 《申报》 1887 年 5 月 31 日 第 30 册 第
895 页

31444 书李勉林中丞复奏道员被参各款折后 《申报》 1904 年 8 月 31 日 第 77
册 第 835 页

31445 书李平江所议筹饷十策后 《申报》 1895 年 10 月 29 日 第 51 册 第
383 页

31446 书李秋坪太守事略 《申报》 1888 年 3 月 24 日 第 32 册 第 459 页

31447 书李侍御折后 《申报》 1882 年 9 月 30 日 第 21 册 第 547 页

31448 书李御史郁华请饬严禁贪残折后 《申报》 1881 年 11 月 3 日 第 19 册
第 501 页

31449 书理财辨后 《申报》 1874 年 12 月 2 日 第 5 册 第 531 页

31470 书楼给谏具陈管见折后 《申报》 1881 年 10 月 28 日 第 19 册 第 477 页

31471 书卢艺帅奏洪湖运河水势情形折稿后 《申报》 1888 年 4 月 24 日 第 32 册 第 647 页

31472 书陆春江明府严办地棍事后 《申报》 1889 年 6 月 6 日 第 34 册 第 883 页

31473 书陆王氏香金助赈信后 《申报》 1880 年 3 月 9 日 第 16 册 第 249 页

31474 书鹿天大中丞奏土药情形片后 《申报》 1892 年 8 月 2 日 第 41 册 第 605 页

31475 书吕镜宇尚书奏请变通捐输折后 《申报》 1902 年 5 月 4 日 第 71 册 第 23 页

31476 书轮船攫金事 《申报》 1882 年 1 月 29 日 第 20 册 第 113 页

31477 书论创设格致书院事后 《申报》 1874 年 3 月 23 日 第 4 册 第 253 页

31478 书论怪事后 《申报》 1876 年 10 月 14 日 第 9 册 第 361 页

31479 书论江西钱粮加征杂款事后 《申报》 1873 年 10 月 20 日 第 3 册 第 381 页

31480 书论喀什葛尔事后 《申报》 1874 年 11 月 13 日 第 5 册 第 467 页

31481 书论牛痘后 《申报》 1875 年 1 月 2 日 第 6 册 第 5 页

31482 书论女学后 《申报》 1876 年 4 月 7 日 第 8 册 第 313 页

31483 书论平定天台事后 《申报》 1875 年 3 月 12 日 第 6 册 第 221 页

31484 书论迁菜摊示后 《申报》 1884 年 1 月 3 日 第 24 册 第 13 页

31485 书论识洋务后 《申报》 1877 年 6 月 22 日 第 10 册 第 573 页

31486 书论武昌匿名揭贴事后 《申报》 1873 年 10 月 8 日 第 3 册 第 341 页

31487 书论西人不秘密造办船砲后 《申报》 1873 年 9 月 15 日 第 3 册 第 261 页

31488 书论印度自设器机织造厂后 《申报》 1874 年 10 月 17 日 第 5 册 第 375 页

31489 书论英民欲禁鸦片贩卖中国事后 《申报》 1874 年 12 月 31 日 第 5 册 第 631 页

31490 书罗孟威观察新疆邮信后 《申报》 1878 年 9 月 17 日 第 13 册 第 269 页

31491 书马岛女主对众宣言后 《申报》 1884 年 5 月 18 日 第 24 册 第 777 页

31492 书梅中丞酌提丝捐银两垫拨直隶赈需夹片后 《申报》 1878 年 11 月 14 日 第 13 册 第 469 页

31493 书美国开设商务会 《申报》 1899 年 7 月 27 日 第 62 册 第 655 页

31519　书某僧事　《申报》　1874 年 4 月 6 日　第 4 册　第 303 页

31520　书南澳镇刘渊亭军门致总理各国事务衙门王大臣禀函后　《申报》　1895 年 1 月 10 日　第 49 册　第 57 页

31521　书南帮绸业捐办沪津轮船太平棺规条后　《申报》　1880 年 12 月 5 日　第 17 册　第 629 页

31522　书南番两县致□绅富信稿后　《申报》　1886 年 9 月 24 日　第 29 册　第 523 页

31523　书南海令平反枉狱后　《申报》　1881 年 6 月 11 日　第 18 册　第 621 页

31524　书南汇恤嫠局后　《申报》　1875 年 5 月 27 日　第 6 册　第 481 页

31525　书南皮张尚书戒缠足会章程叙后　《申报》　1897 年 10 月 5 日　第 57 册　第 207 页

31526　书南皮制军申劝商人购机制茶札后　《申报》　1901 年 1 月 15 日　第 67 册　第 85 页

31527　书拟禁华佣后　《申报》　1903 年 12 月 25 日　第 75 册　第 795 页

31528　书拟举民团后　《申报》　1898 年 2 月 6 日　第 58 册　第 185 页

31529　书拟兴圣教后　《申报》　1901 年 10 月 17 日　第 69 册　第 283 页

31530　书廿八日本报津电后　《申报》　1885 年 1 月 15 日　第 26 册　第 85 页

31531　书廿四日报录上大英议院禁止鸦片入中国公禀后　《申报》　1890 年 7 月 10 日　第 37 册　第 59 页

31532　书聂道宪五月初四告示后　《申报》　1891 年 6 月 17 日　第 38 册　第 939 页

31533　书宁波府庄太守严拿窝留盗贼包庇分赃条教后　《申报》　1899 年 3 月 16 日　第 61 册　第 417 页

31534　书宁波西人论琉球难民信后　《申报》　1883 年 11 月 25 日　第 23 册　第 885 页

31535　书宁波鄞县换用官秤示后　《申报》　1896 年 1 月 7 日　第 52 册　第 41 页

31536　书宁郡宗太守严拿串客告示后　《申报》　1880 年 4 月 8 日　第 16 册　第 369 页

31537　书宁守劝诫农民示后　《申报》　1879 年 10 月 8 日　第 15 册　第 397 页

31538　书宁苏差委道员名单后　《申报》　1881 年 4 月 10 日　第 18 册　第 369 页

31539　书虐女案后　《申报》　1889 年 5 月 7 日　第 34 册　第 693 页

31540　书欧美各大国师船表后　《申报》　1898 年 11 月 27 日　第 60 册　第 627 页

31541　书派员驻津验兑漕粮谕旨后　《申报》　1881 年 9 月 6 日　第 19 册　第

269 页

31542 书潘太史参张何二钦使奏折后 《申报》 1884 年 10 月 24 日 第 25 册 第 665 页

31543 书潘振声先生告灾书后 《申报》 1892 年 11 月 3 日 第 42 册 第 403 页

31544 书彭刚直公奏稿后 《申报》 1892 年 3 月 22 日 第 40 册 第 443 页

31545 书彭宫保巡阅水师事竣折后 《申报》 1888 年 8 月 25 日 第 33 册 第 375 页

31546 书彭宫太保轶事 《申报》 1890 年 5 月 24 日 第 36 册 第 833 页

31547 书平泉铜矿章程后 《申报》 1882 年 6 月 19 日 第 20 册 第 843 页

31548 书平银洋拆息谕饬后 《申报》 1881 年 7 月 17 日 第 19 册 第 65 页

31549 书乞赈图说后 《申报》 1899 年 3 月 10 日 第 61 册 第 377 页

31550 书憩安公所来信后 《申报》 1884 年 3 月 13 日 第 24 册 第 383 页

31551 书前报教官署事苦况后 《申报》 1875 年 4 月 10 日 第 6 册 第 321 页

31552 书前直隶藩司廷邵民方伯奏参候补道谭文焕夹片后 《申报》 1901 年 1 月 28 日 第 67 册 第 163 页

31553 书前昨两起法人查船事后 《申报》 1885 年 3 月 9 日 第 26 册 第 343 页

31554 书钱店逼穿案后 《申报》 1879 年 9 月 15 日 第 15 册 第 305 页

31555 书黔抚岑中丞奏请注销黎平屯田案夹片后 《申报》 1881 年 4 月 13 日 第 18 册 第 385 页

31556 书黔抚潘中丞奏停分发折后 《申报》 1890 年 7 月 16 日 第 37 册 第 97 页

31557 书黔抚奏革仓正夹片后 《申报》 1879 年 9 月 5 日 第 15 册 第 265 页

31558 书黔矿告成记后 《申报》 1890 年 3 月 29 日 第 36 册 第 487 页

31559 书秦淮开捐后 《申报》 1892 年 8 月 26 日 第 41 册 第 767 页

31560 书琴堂妙判后 《申报》 1903 年 1 月 6 日 第 73 册 第 31 页

31561 书情殷借寇后 《申报》 1900 年 10 月 19 日 第 66 册 第 283 页

31562 书请加戍兵盐菜银两折后 《申报》 1880 年 6 月 27 日 第 16 册 第 689 页

31563 书请减学额事 《申报》 1875 年 3 月 18 日 第 6 册 第 241 页

31564 书请申米禁后 《申报》 1904 年 10 月 7 日 第 78 册 第 243 页

31565 书庆寿助赈后 《申报》 1883 年 10 月 22 日 第 23 册 第 681 页

31566 书求通民隐后 《申报》 1901 年 8 月 8 日 第 68 册 第 595 页

31567 书泗海奇闻后 《申报》 1875 年 11 月 9 日 第 7 册 第 449 页

31568 书劝办山西平粜启后 《申报》 1878 年 1 月 8 日 第 12 册 第 25 页

31616 书申报日本侵犯台湾谱论后 《申报》 1874 年 8 月 4 日 第 5 册 第 117 页

31617 书申报仕途甄别新章后 《申报》 1874 年 10 月 23 日 第 5 册 第 395 页

31618 书申报述俄古坡不见爵相之由后 《申报》 1874 年 10 月 5 日 第 5 册 第 331 页

31619 书申报所载议改邮章事后 《申报》 1903 年 1 月 8 日 第 73 册 第 43 页

31620 书绅商公禀后 《申报》 1875 年 11 月 16 日 第 7 册 第 473 页

31621 书神机营折稿后 《申报》 1899 年 7 月 17 日 第 62 册 第 587 页

31622 书沈耀峰先生德清本月十四日来信后 《申报》 1889 年 12 月 15 日 第 35 册 第 1037 页

31623 书沈制军覆陈淮监难加赈厘片后 《申报》 1878 年 8 月 28 日 第 13 册 第 201 页

31624 书慎刑说后 《申报》 1882 年 3 月 31 日 第 20 册 第 369 页

31625 书胜地纳凉后 《申报》 1878 年 8 月 15 日 第 13 册 第 157 页

31626 书胜法要电后 《申报》 1884 年 12 月 10 日 第 25 册 第 925 页

31627 书盛宫保札文后 《申报》 1903 年 1 月 3 日 第 73 册 第 13 页

31628 书尸走后 《申报》 1875 年 1 月 6 日 第 6 册 第 17 页

31629 书十三日本报女伶台基两则后 《申报》 1896 年 10 月 21 日 第 54 册 第 317 页

31630 书石印增补翼教丛编后 《申报》 1899 年 5 月 8 日 第 62 册 第 51 页

31631 书使臣等禀复查勘古巴华佣情形禀册供结后 《申报》 1875 年 3 月 17 日 第 6 册 第 237 页

31632 书示裁膏火后 《申报》 1897 年 6 月 3 日 第 56 册 第 203 页

31633 书示端风化后 《申报》 1903 年 9 月 25 日 第 75 册 第 175 页

31634 书示禁重载后 《申报》 1899 年 9 月 23 日 第 63 册 第 155 页

31635 书示求儒将后 《申报》 1898 年 10 月 2 日 第 60 册 第 225 页

31636 书示用铜元后 《申报》 1901 年 11 月 14 日 第 69 册 第 459 页

31637 书示用银圆后 《申报》 1900 年 12 月 5 日 第 66 册 第 563 页

31638 书收留流丐幼童设局抚养后 《申报》 1875 年 1 月 22 日 第 6 册 第 73 页

31639 书署两江总督张香涛宫保查禁逆报札文后 《申报》 1903 年 4 月 16 日 第 73 册 第 631 页

31640 书署苏抚黄子寿中丞劝葬示后 《申报》 1889 年 11 月 27 日 第 35 册 第 925 页

31641　书署苏抚黄子寿中丞劝葬示后　《申报》　1889 年 11 月 29 日　第 35 册　第 937 页

31642　书蜀督岑制军敬举人才折后　《申报》　1902 年 9 月 24 日　第 72 册　第 155 页

31643　书蜀督文告后　《申报》　1896 年 4 月 7 日　第 52 册　第 561 页

31644　书蜀松江府陈太尊告示后　《申报》　1896 年 6 月 2 日　第 53 册　第 209 页

31645　书说月后　《申报》　1874 年 12 月 7 日　第 5 册　第 547 页

31646　书司农奏牍后　《申报》　1899 年 5 月 13 日　第 62 册　第 89 页

31647　书四川学政吴蔚若阁学奏请选派出洋学生折后　《申报》　1902 年 9 月 27 日　第 72 册　第 175 页

31648　书四川学政郑宗师奏请以教官兼任学堂总理折后　《申报》　1904 年 10 月 26 日　第 78 册　第 373 页

31649　书四川总督岑制军奏设成都劝工局折后　《申报》　1903 年 4 月 20 日　第 73 册　第 657 页

31650　书松郡绅士请移火药库禀稿后　《申报》　1900 年 9 月 14 日　第 66 册　第 75 页

31651　书淞沪铁路图说后　《申报》　1897 年 2 月 26 日　第 55 册　第 303 页

31652　书宋燕生六字课齐卑议后　《申报》　1892 年 9 月 18 日　第 42 册　第 111 页

31653　书苏城借本公所节略后　《申报》　1882 年 12 月 27 日　第 21 册　第 1071 页

31654　书苏抚中军转行奉准咨发会典各条后　《申报》　1875 年 12 月 20 日　第 7 册　第 589 页

31655　书苏沪抚保甲条约后　《申报》　1880 年 4 月 3 日　第 16 册　第 349 页

31656　书苏省妒奸命案后　《申报》　1880 年 4 月 12 日　第 16 册　第 385 页

31657　书苏松太道刘告示后　《申报》　1877 年 7 月 19 日　第 11 册　第 61 页

31658　书苏州电局来信后　《申报》　1883 年 1 月 27 日　第 22 册　第 147 页

31659　书台北信息后　《申报》　1884 年 10 月 11 日　第 25 册　第 593 页

31660　书台抚示谕后　《申报》　1892 年 2 月 26 日　第 40 册　第 285 页

31661　书台湾保护垦田章程后　《申报》　1888 年 7 月 19 日　第 33 册　第 129 页

31662　书台湾绅民电禀后　《申报》　1895 年 5 月 26 日　第 50 册　第 163 页

31663　书泰西各国互赠爵衔事后　《申报》　1880 年 4 月 20 日　第 16 册　第 417 页

31664　书谭中丞复折后　《申报》　1880 年 10 月 23 日　第 17 册　第 457 页

31665　书唐鄂生中丞解铜折后　《申报》　1893 年 6 月 14 日　第 44 册　第 319 页

31666　书唐景星观察事略后　《申报》　1892 年 11 月 13 日　第 42 册　第 463 页

31667　书提运费事　《申报》　1901 年 11 月 24 日　第 69 册　第 519 页

31668　书天津水师学堂章程后　《申报》　1881 年 3 月 8 日　第 18 册　第 237 页

31669　书天台闹漕事后　《申报》　1874 年 12 月 23 日　第 5 册　第 603 页

31670　书天笑　《申报》　1880 年 10 月 28 日　第 17 册　第 477 页

31671　书条陈高事后　《申报》　1885 年 1 月 11 日　第 26 册　第 61 页

31672　书铁路禀稿后　《申报》　1888 年 10 月 31 日　第 33 册　第 799 页

31673　书铁路交牍序后　《申报》　1901 年 3 月 26 日　第 67 册　第 461 页

31674　书汀漳龙道申报蚕务详文后　《申报》　1891 年 6 月 30 日　第 38 册　第 1019 页

31675　书通饬士林戒烟示后　《申报》　1880 年 2 月 7 日　第 16 册　第 149 页

31676　书同仁辅元堂设篇劝赈启后　《申报》　1878 年 5 月 14 日　第 12 册　第 433 页

31677　书同仁医院本年清册后　《申报》　1886 年 11 月 26 日　第 29 册　第 913 页

31678　书同仁医院清单后　《申报》　1888 年 1 月 7 日　第 32 册　第 41 页

31679　书同治癸酉乡科闹墨后　《申报》　1873 年 11 月 19 日　第 3 册　第 485 页

31680　书同治十三年申报总录后　《申报》　1875 年 2 月 4 日　第 6 册　第 117 页

31681　书童子还金事　《申报》　1897 年 2 月 20 日　第 55 册　第 267 页

31682　书痛锄邪说勒令开荤二则后　《申报》　1878 年 6 月 20 日　第 12 册　第 561 页

31683　书涂中丞州县委署议请变通章程折后　《申报》　1878 年 12 月 21 日　第 13 册　第 597 页

31684　书土药税厘示后　《申报》　1890 年 10 月 10 日　第 37 册　第 649 页

31685　书外务部复奏试行印花税折后　《申报》　1902 年 6 月 30 日　第 71 册　第 407 页

31686　书外务部王大臣会奏出洋学生宜防偏重以杜流弊折后　《申报》　1903 年 2 月 28 日　第 73 册　第 307 页

31687　书外务部奏复署川督锡制军奏自设川汉铁路公司折后　《申报》　1903 年 9 月 22 日　第 75 册　第 155 页

31688　书皖抚王中丞奏请各省广设算学专门学堂折后　《申报》　1901 年 7 月 19 日　第 68 册　第 475 页

639 页

31734　书香港各报纪会匪火殃三蟠踞南粪山后　《申报》　1877 年 12 月 5 日　第 11 册　第 541 页

31735　书香港各报纸废时文坑伪儒后　《申报》　1877 年 2 月 23 日　第 10 册　第 161 页

31736　书香港近事编录论设教后　《申报》　1876 年 11 月 30 日　第 9 册　第 521 页

31737　书湘抚卞中丞拿获匪首解散党与夹片后　《申报》　1887 年 8 月 24 日　第 31 册　第 333 页

31738　书湘抚陈中丞奏片后　《申报》　1896 年 7 月 30 日　第 53 册　第 587 页

31739　书湘抚李奏陈讯明京控案折后　《申报》　1880 年 7 月 13 日　第 17 册　第 49 页

31740　书湘抚奏结京控案后　《申报》　1880 年 8 月 28 日　第 17 册　第 233 页

31741　书湘中请开铁路禀稿后　《申报》　1898 年 5 月 3 日　第 59 册　第 13 页

31742　书详述黑旗事后　《申报》　1883 年 10 月 30 日　第 23 册　第 729 页

31743　书小清河告急来电后　《申报》　1892 年 4 月 19 日　第 40 册　第 621 页

31744　书孝子殉亲事后　《申报》　1879 年 6 月 24 日　第 14 册　第 631 页

31745　书新抚陶芷芳中丞奏陈防营员弁勇丁各台局卡义学实在数目折后　《申报》　1893 年 6 月 27 日　第 44 册　第 413 页

31746　书新加坡近事兼论藩国大势　《申报》　1882 年 6 月 24 日　第 20 册　第 873 页

31747　书新疆刘爵抚请设南路各厅州县分防佐二折后　《申报》　1885 年 3 月 23 日　第 26 册　第 413 页

31748　书新约纪闻后　《申报》　1894 年 6 月 6 日　第 47 册　第 255 页

31749　书信局吁恩后　《申报》　1900 年 3 月 21 日　第 64 册　第 459 页

31750　书刑部验讯余杭案奏稿后　《申报》　1877 年 3 月 9 日　第 10 册　第 209 页

31751　书行路艰难后　《申报》　1881 年 8 月 31 日　第 19 册　第 245 页

31752　书杏花村传奇后　《申报》　1890 年 2 月 27 日　第 36 册　第 295 页

31753　书兄弟讼案　《申报》　1881 年 1 月 5 日　第 18 册　第 17 页

31754　书徐花农侍郎奏请添设商部衙门折后　《申报》　1901 年 11 月 5 日　第 69 册　第 403 页

31755　书徐侍卿请禁落地市捐折暨请减江苏土布厘捐片后　《申报》　1898 年 11 月 2 日　第 60 册　第 451 页

31756　书徐侍卿请严惩贪吏片后　《申报》　1899 年 8 月 7 日　第 62 册　第 729 页

31801　书译论西字新报事后　《申报》　1874 年 3 月 2 日　第 4 册　第 181 页

31802　书译西报各使觐见事后　《申报》　1873 年 7 月 28 日　第 3 册　第 93 页

31803　书峄县令谋杀提案委员一案　上谕奏折后　《申报》　1879 年 6 月 4 日
第 14 册　第 551 页

31804　书意班二国谋弑事　《申报》　1902 年 6 月 11 日　第 71 册　第 283 页

31805　书肆慨言　《申报》　1904 年 5 月 27 日　第 77 册　第 187 页

31806　书翼教丛编湘省学约后　《申报》　1899 年 6 月 12 日　第 62 册　第
323 页

31807　书银价续议后　《申报》　1905 年 10 月 12 日　第 81 册　第 343 页

31808　书银价续议后（续昨稿）　《申报》　1905 年 10 月 13 日　第 81 册　第
351 页

31809　书英报译要后　《申报》　1885 年 1 月 26 日　第 26 册　第 149 页

31810　书英筹屯谷后　《申报》　1899 年 1 月 4 日　第 61 册　第 19 页

31811　书英高条约税则后　《申报》　1883 年 12 月 10 日　第 23 册　第 975 页

31812　书英工部局清册后　《申报》　1892 年 3 月 4 日　第 40 册　第 327 页

31813　书英工部局善政　《申报》　1889 年 10 月 29 日　第 35 册　第 747 页

31814　书英公使威公到津消息后　《申报》　1875 年 8 月 12 日　第 7 册　第
145 页

31815　书英国葛公使论中国事后　《申报》　1875 年 1 月 16 日　第 6 册　第
53 页

31816　书英国戒鸦片会所印戒烟书并图像后　《申报》　1881 年 6 月 16 日　第 18
册　第 641 页

31817　书英国印花税章程后　《申报》　1897 年 5 月 18 日　第 56 册　第 107 页

31818　书英国印花税章程后　《申报》　1897 年 5 月 20 日　第 56 册　第 119 页

31819　书英京庆典后　《申报》　1897 年 7 月 1 日　第 56 册　第 371 页

31820　书英京商会聚议要闻后　《申报》　1885 年 12 月 6 日　第 27 册　第
967 页

31821　书英领事告示后　《申报》　1885 年 2 月 7 日　第 26 册　第 217 页

31822　书英美工部局清册后　《申报》　1896 年 3 月 15 日　第 52 册　第 415 页

31823　书英人论铁甲船碰沈事后　《申报》　1875 年 12 月 15 日　第 7 册　第
573 页

31824　书英人谋藏后　《申报》　1899 年 3 月 8 日　第 61 册　第 361 页

31825　书英习华文后　《申报》　1898 年 10 月 23 日　第 60 册　第 379 页

31826　书英员论中国商务后　《申报》　1899 年 7 月 7 日　第 62 册　第 515 页

31827　书英员问答后　《申报》　1902 年 5 月 29 日　第 71 册　第 195 页

31828　书英重陆军后　《申报》　1900 年 4 月 27 日　第 64 册　第 745 页

31916 书直隶候补道上海姚子梁观察文栋禀请北洋大臣开北方利源总公司条议后
《申报》 1897年4月3日 第55册 第525页

31917 书直隶袁慰帅署江督张香帅奏请递减中额折后 《申报》 1903年3月28
日 第73册 第495页

31918 书只值一圆后 《申报》 1898年1月7日 第58册 第37页

31919 书制军策士后 《申报》 1903年10月17日 第75册 第327页

31920 书制造局验尸案后 《申报》 1883年9月11日 第23册 第435页

31921 书治水扼要救急篇后 《申报》 1888年1月24日 第32册 第147页

31922 书中巴和约后 《申报》 1882年6月9日 第20册 第783页

31923 书中丞惩犬后 《申报》 1903年9月30日 第75册 第209页

31924 书中东条款后 《申报》 1874年11月24日 第5册 第503页

31925 书中俄条约后 《申报》 1902年4月26日 第70册 第683页

31926 书中法失和传言后 《申报》 1883年11月28日 第23册 第903页

31927 书中国茶业日下说后 《申报》 1888年2月4日 第32册 第207页

31928 书中国朝鲜通商章程后 《申报》 1882年12月25日 第21册 第
1059页

31929 书中国先睡后醒论后 《申报》 1887年6月19日 第30册 第1019页

31930 书中国驻俄大臣杨星使论民教不和后 《申报》 1901年1月10日 第67
册 第55页

31931 书中美新约后 《申报》 1881年3月7日 第18册 第233页

31932 书中外新闻论暹罗事后 《申报》 1875年1月30日 第6册 第101页

31933 书中西各报霍罕复叛俄人后 《申报》 1876年4月3日 第8册 第
297页

31934 书中西闻见录后 《申报》 1872年9月26日 第1册 第505页

31935 书中西优劣书后 《申报》 1876年3月10日 第8册 第217页

31936 书中西约章后 《申报》 1887年4月6日 第30册 第553页

31937 书忠义局禁止滥报清恤告示后 《申报》 1880年8月2日 第17册 第
129页

31938 书重整海军后 《申报》 1895年7月5日 第50册 第425页

31939 书周侍请夹片后 《申报》 1880年9月23日 第17册 第337页

31940 书周侍御奏疏后 《申报》 1875年11月23日 第7册 第497页

31941 书周侍御奏折所奉谕旨后 《申报》 1880年3月25日 第16册 第
313页

31942 书朱陈氏愿归原夫案 《申报》 1883年8月7日 第23册 第223页

31943 书朱邑尊轶事后 《申报》 1883年7月29日 第23册 第169页

31944 书诸暨教案已平事后 《申报》 1900年7月29日 第65册 第639页

31992 疏浚河道以杀水势论 下 《申报》 1882 年 10 月 4 日 第 21 册 第 571 页

31993 疏浚河道以杀水势论 中 《申报》 1882 年 10 月 2 日 第 21 册 第 559 页

31994 疏散人口 《申报》（汉口版） 1938 年 6 月 10 日 第 356 册 第 297 页

31995 疏散人口 《申报》（香港版） 1938 年 6 月 13 日 第 356 册 第 818 页

31996 疏散人口与限制人口 《申报》 1945 年 2 月 15 日 第 387 册 第 133 页

31997 疏散人口与整顿交通的必要 《申报》 1945 年 1 月 18 日 第 387 册 第 51 页

31998 疏散人口之几个先决问题（星期评论）/许维周 《申报》 1945 年 1 月 28 日 第 387 册 第 81 页

31999 疏散人口之作用 《申报》（汉口版） 1938 年 6 月 12 日 第 356 册 第 301 页

32000 疏散问题 《中央日报》 1944 年 9 月 14 日 第 50 册 第 62 页

32001 疏散学校问题 《申报》 1945 年 2 月 20 日 第 387 册 第 147 页

32002 疏散游民 《申报》 1945 年 7 月 4 日 第 387 册 第 463 页

32003 疏散与反疏散 《申报》 1945 年 5 月 16 日 第 387 册 第 351 页

32004 疏通 《申报》 1916 年 8 月 9 日 第 141 册 第 640 页

32005 疏通 《申报》 1922 年 5 月 28 日 第 180 册 第 559 页

32006 疏通地点 《申报》 1918 年 12 月 21 日 第 155 册 第 802 页

32007 疏通建议 《申报》 1917 年 4 月 9 日 第 145 册 第 704 页

32008 疏通两淮人员末议 《申报》 1887 年 11 月 23 日 第 31 册 第 939 页

32009 疏通内汇与物价 《大公报》 1941 年 2 月 7 日 第 146 册 第 160 页

32010 疏通仕途议 《申报》 1881 年 7 月 4 日 第 19 册 第 13 页

32011 疏通仕途议 《申报》 1901 年 5 月 30 日 第 68 册 第 175 页

32012 疏通万能 《申报》 1918 年 12 月 4 日 第 155 册 第 530 页

32013 疏通吴佩孚 《申报》 1919 年 9 月 9 日 第 160 册 第 147 页

32014 疏通政学会之恶意 《民国日报》 1917 年 5 月 8 日 第 9 册 第 86 页

32015 疏通之穷技 《申报》 1922 年 3 月 1 日 第 178 册 第 4 页

32016 输出推广委员会的功能 《申报》 1947 年 2 月 8 日 第 392 册 第 410 页

32017 输入超过与经济自足：经济联盟之趋势 《申报》 1934 年 1 月 8 日 第 312 册 第 151 页

32018 输入日本陈米之所感 《申报》 1933 年 10 月 21 日 第 309 册 第 655 页

32019 输入外资问题之注意点 《大公报》 1928 年 9 月 14 日 第 86 册 第

157 页

32020　蔬谈　《申报》　1892 年 7 月 9 日　第 41 册　第 449 页

32021　孰为先破外交惯例者　《民国日报》　1919 年 2 月 12 日　第 19 册　第
410 页

32022　暑季勉学生　《大公报》　1941 年 7 月 23 日　第 147 册　第 90 页

32023　暑假告青年　《申报》　1933 年 6 月 29 日　第 305 册　第 815 页

32024　暑假期间的学生：论青年就业升学自修问题　《中央日报》　1943 年 6 月
10 日　第 48 册　第 232 页

32025　暑期军事训练问题　《大公报》　1934 年 6 月 29 日　第 120 册　第 868 页

32026　暑期内青年学生应做之事　《申报》　1945 年 6 月 18 日　第 387 册　第
427 页

32027　暑期中敬告学界青年　《申报》（香港版）　1938 年 6 月 27 日　第 356 册
第 873 页

32028　暑期中敬告学界青年　《申报》（汉口版）　1938 年 7 月 3 日　第 356 册
第 343 页

32029　暑湿粗辩　《申报》　1887 年 5 月 12 日　第 30 册　第 773 页

32030　暑天劝振说　《申报》　1893 年 7 月 10 日　第 44 册　第 501 页

32031　暑月宜修饮政说　《申报》　1883 年 7 月 6 日　第 23 册　第 31 页

32032　署川督锡制军奏川东北各属大旱成灾实在情形请截留款项展办赈捐折　《申
报》　1904 年 9 月 10 日　第 78 册　第 69 页

32033　署赣抚夏中丞奏复筹饷练兵折　《申报》　1904 年 9 月 23 日　第 78 册
第 155 页

32034　署理两广总督德制军奏设课吏馆折　《申报》　1902 年 11 月 8 日　第 72
册　第 473 页

32035　署两广总督岑制军奏会办广西军务大臣冯军门积劳病故代递遗疏折　《申
报》　1903 年 11 月 24 日　第 75 册　第 591 页

32036　署两江总督张香帅查明刘忠诚公战功政绩奏请宣付史馆立传折　《申报》
1903 年 3 月 29 日　第 73 册　第 503 页

32037　署永嘉县沈大令德宽禀　《申报》　1905 年 6 月 15 日　第 80 册　第
397 页

32038　署永嘉县沈大令德宽禀（续十三日报）　《申报》　1905 年 6 月 16 日　第
80 册　第 405 页

32039　署浙抚余中丞议复变法事宜折　《申报》　1901 年 9 月 7 日　第 69 册　第
37 页

32040　署直隶总督袁宫保复陈热河匪乱添兵剿抚情形折　《申报》　1902 年 3 月
19 日　第 70 册　第 433 页

32041 鼠窃狗偷之政象 《申报》 1923年4月2日 第190册 第27页

32042 蜀江行驶轮船宜妥筹善法说 《申报》 1901年1月18日 第67册 第103页

32043 术语与预言 《申报》 1917年12月30日 第149册 第954页

32044 束缚与解放 《申报》 1919年12月25日 第161册 第943页

32045 述埃乱缘起书后 《申报》 1882年7月31日 第21册 第181页

32046 述戴某背父从贼始末 《申报》 1873年4月24日 第2册 第365页

32047 述倒骗罪章以儆奸商说 《申报》 1899年11月7日 第63册 第471页

32048 述东瀛度岁之感以励中国前途 《申报》 1905年2月8日 第79册 第195页

32049 述东瀛度岁之感以励中国前途（续昨报） 《申报》 1905年2月9日 第79册 第203页

32050 述古无重君权之大义 《申报》 1906年8月23日 第84册 第521页

32051 述古无重君权之大义（一续） 《申报》 1906年8月24日 第84册 第529页

32052 述古无重君权之大义（二续） 《申报》 1906年8月25日 第84册 第539页

32053 述古无重君权之大义（三续） 《申报》 1906年8月26日 第84册 第549页

32054 述关于粤事的谈话 《民国日报》 1922年4月25日 第38册 第756页

32055 述豪杰事迹应泰西骆任廷问世故之一 《申报》 1886年7月11日 第29册 第61页

32056 述豪杰故事续前稿 《申报》 1886年7月13日 第29册 第73页

32057 述豪杰故事续前稿 《申报》 1886年7月15日 第29册 第85页

32058 述豪杰故事续前稿 《申报》 1886年7月17日 第29册 第97页

32059 述豪杰故事续前稿 《申报》 1886年7月19日 第29册 第109页

32060 述沪南制造局始末 《申报》 1895年11月22日 第51册 第543页

32061 述沪上商务之获利者 《申报》 1889年10月5日 第35册 第599页

32062 述沪上商务之获利者 《申报》 1889年10月9日 第35册 第623页

32063 述江南赴试情形 《申报》 1889年9月4日 第35册 第407页

32064 述江南因荒交困情形 《申报》 1888年12月29日 第33册 第1163页

32065 述客说 《民国日报》 1917年6月30日 第9册 第722页

32066 述客谈时事 《申报》 1903年1月11日 第73册 第61页

32090　述医　《申报》　1899年5月31日　第62册　第229页

32091　述译学　《申报》　1901年10月5日　第69册　第205页

32092　述游篇　《申报》　1892年10月12日　第42册　第265页

32093　述与客论新式枪炮　《申报》　1895年12月13日　第51册　第677页

32094　述与客论新式枪炮续前稿　《申报》　1895年12月20日　第51册　第721页

32095　述与客谈宦官李莲英事　《申报》　1900年5月27日　第65册　第207页

32096　述中俄新约大自　《申报》　1881年6月30日　第18册　第697页

32097　树敌易交友难　《申报》（汉口版）　1938年6月16日　第356册　第309页

32098　树敌易交友难　《申报》（香港版）　1938年6月18日　第356册　第838页

32099　树立建国的风尚　《中央日报》　1945年10月15日　第51册　第822页

32100　树立民主的新风范　《申报》　1946年11月21日　第391册　第250页

32101　树立上海政治模范区：纪念首届复兴节　《申报》　1944年8月1日　第386册　第107页

32102　树立文官制度　《申报》　1944年4月19日　第385册　第381页

32103　树立现代政治机构之急务　《大公报》　1935年1月22日　第124册　第328页

32104　树立新风气　《申报》　1943年6月15日　第384册　第85页

32105　树立战时经济体制　《中央日报》　1948年2月12日　第58册　第378页

32106　树立战时政治体制　《申报》　1943年1月10日　第383册　第50页

32107　树立政风的必要性　《中央日报》　1942年11月9日　第47册　第54页

32108　恕之与己　《申报》　1929年7月2日　第260册　第37页

32109　数目　《申报》　1921年7月11日　第171册　第209页

32110　数为理之余说　《申报》　1877年3月30日　第10册　第281页

32111　刷新地方行政之亟务　《大公报》　1930年11月28日　第99册　第328页

32112　刷新教育之先务　《民国日报》　1931年3月1日　第91册　第2页

32113　刷新司法　《申报》　1944年1月3日　第385册　第11页

32114　刷新外交阵容　《申报》（香港版）　1938年7月17日　第356册　第954页

32115　刷新政治　《申报》　1930年1月1日　第266册　第8页

32116　刷新政治案　《大公报》　1930年11月17日　第99册　第196页

32172 水旱灾后我国财政金融之前瞻 《申报》 1934 年 8 月 30 日 第 319 册 第 860 页

32173 水旱灾后之农业救济 《申报》 1934 年 8 月 28 日 第 319 册 第 799 页

32174 水旱灾荒平时如何预备临时如何补救论 《申报》 1888 年 6 月 5 日 第 32 册 第 915 页

32175 水旱灾损失十万万 《大公报》 1934 年 8 月 23 日 第 121 册 第 778 页

32176 水浒传书后 《申报》 1920 年 12 月 6 日 第 167 册 第 628 页

32177 水患与河工 《大公报》 1929 年 7 月 20 日 第 91 册 第 308 页

32178 水患厄言 《申报》 1901 年 7 月 25 日 第 68 册 第 511 页

32179 水火内阁 《申报》 1924 年 4 月 5 日 第 201 册 第 84 页

32180 水雷说 《申报》 1872 年 7 月 19 日 第 1 册 第 269 页

32181 水力机械化 《中央日报》 1940 年 7 月 5 日 第 43 册 第 684 页

32182 水利建设的进步 《中央日报》 1943 年 9 月 2 日 第 48 册 第 604 页

32183 水利蒙谈 《申报》 1880 年 6 月 13 日 第 16 册 第 633 页

32184 水落石出 《申报》 1913 年 3 月 29 日 第 121 册 第 348 页

32185 水木匠罢工 《申报》 1920 年 6 月 15 日 第 164 册 第 833 页

32186 水穷山尽 《申报》 1921 年 1 月 17 日 第 168 册 第 259 页

32187 水深火热 《申报》 1917 年 9 月 25 日 第 148 册 第 410 页

32188 水深火热（二） 《申报》 1917 年 9 月 26 日 第 148 册 第 426 页

32189 水师客问 《申报》 1894 年 3 月 14 日 第 46 册 第 429 页

32190 水师新论 《申报》 1890 年 9 月 12 日 第 37 册 第 471 页

32191 水师须联络一气说 《申报》 1884 年 10 月 9 日 第 25 册 第 581 页

32192 水师宜慎选统带说 《申报》 1891 年 3 月 26 日 第 38 册 第 439 页

32193 水灾丛评㈠救人与自救 《申报》 1931 年 8 月 3 日 第 285 册 第 65 页

32194 水灾丛评㈡总动员与普通救济 《申报》 1931 年 8 月 4 日 第 285 册 第 90 页

32195 水灾丛评㈢长江流域之灾况 《申报》 1931 年 8 月 5 日 第 285 册 第 115 页

32196 水灾丛评㈣长江流域之灾况 《申报》 1931 年 8 月 6 日 第 285 册 第 143 页

32197 水灾丛评㈤黄河流域之灾况 《申报》 1931 年 8 月 7 日 第 285 册 第 167 页

32198 水灾丛评㈥珠江流域之灾况 《申报》 1931 年 8 月 8 日 第 285 册 第 193 页

32199 水灾丛评㈦为灾民请命 《申报》 1931 年 8 月 9 日 第 285 册 第 222 页

32200　水灾的责任者　《民国日报》　1924 年 7 月 10 日　第 52 册　第 150 页

32201　水灾感言　《民国日报》　1931 年 7 月 28 日　第 93 册　第 337 页

32202　水灾感言　《中央日报》　1931 年 8 月 5 日　第 15 册　第 383 页

32203　水灾旱灾轻重说　《申报》　1880 年 6 月 8 日　第 16 册　第 613 页

32204　水灾恐怖中之水利问题　《申报》　1933 年 6 月 24 日　第 305 册　第 666 页

32205　水灾未已　《申报》　1924 年 7 月 30 日　第 204 册　第 670 页

32206　水灾严重与民族危机　《中央日报》　1931 年 8 月 24 日　第 15 册　第 623 页

32207　水灾已到严重关头　《申报》　1935 年 7 月 16 日　第 330 册　第 407 页

32208　水灾由于人事说　《申报》　1893 年 6 月 20 日　第 44 册　第 363 页

32209　水灾与官吏责任问题　《中央日报》　1931 年 8 月 30 日　第 15 册　第 695 页

32210　水灾之区域　《申报》　1917 年 10 月 22 日　第 148 册　第 865 页

32211　水灾之善后　《申报》　1931 年 9 月 18 日　第 286 册　第 497 页

32212　水灾之善后处置　《申报》　1933 年 6 月 26 日　第 305 册　第 726 页

32213　水之内忧外患　《申报》　1933 年 8 月 15 日　第 307 册　第 404 页

32214　水中有火解　《申报》　1890 年 4 月 14 日　第 36 册　第 587 页

32215　税赋之争　《申报》　1926 年 2 月 5 日　第 220 册　第 735 页

32216　税捐与运输　《大公报》　1942 年 7 月 1 日　第 149 册　第 2 页

32217　税厘刍议　《申报》　1897 年 5 月 2 日　第 56 册　第 7 页

32218　税收短绌与整理对策　《大公报》　1935 年 2 月 2 日　第 124 册　第 504 页

32219　税务持平后说　《申报》　1885 年 6 月 24 日　第 26 册　第 957 页

32220　税务持平说　《申报》　1885 年 6 月 17 日　第 26 册　第 915 页

32221　税务司与金融及银行界　《申报》　1921 年 11 月 26 日　第 175 册　第 579 页

32222　税约与赔款　《申报》　1931 年 5 月 30 日　第 282 册　第 734 页

32223　税则整理与民力培养　《大公报》　1931 年 4 月 23 日　第 101 册　第 640 页

32224　税政与税负/崔敬伯（星期论文）　《大公报》　1942 年 8 月 2 日　第 149 册　第 144 页

32225　睡与醒　《申报》　1921 年 3 月 24 日　第 169 册　第 402 页

32226　顺拟相背中的归纳试　《民国日报》　1922 年 3 月 20 日　第 38 册　第 262 页

32227　顺逆之辩即成败所分　《中央日报》　1929 年 12 月 10 日　第 8 册　第

493 页

32228　顺天时报华北正报停版　《大公报》　1930 年 3 月 27 日　第 95 册　第 420 页

32229　顺舆情乃所以弭乱说　《申报》　1888 年 11 月 1 日　第 33 册　第 805 页

32230　顺直之目前亟务（论评）　《大公报》　1928 年 6 月 15 日　第 84 册　第 451 页

32231　说爱　《大公报》　1926 年 10 月 4 日　第 77 册　第 257 页

32232　说磅后案转录南洋官报　《申报》　1904 年 8 月 16 日　第 77 册　第 727 页

32233　说本行　《申报》　1920 年 7 月 7 日　第 165 册　第 131 页

32234　说弊　《申报》　1907 年 3 月 1 日　第 87 册　第 1 页

32235　说变化（专论）/胡朴安　《民国日报》　1946 年 12 月 21 日　第 99 册　第 514 页

32236　说兵　《申报》　1887 年 11 月 29 日　第 31 册　第 981 页

32237　说兵　《申报》　1898 年 10 月 1 日　第 60 册　第 219 页

32238　说财政　《申报》　1928 年 7 月 1 日　第 248 册　第 8 页

32239　说裁兵　《申报》　1928 年 6 月 29 日　第 247 册　第 790 页

32240　说藏　《申报》　1903 年 12 月 3 日　第 75 册　第 649 页

32241　说道　《申报》　1906 年 3 月 26 日　第 82 册　第 669 页

32242　说道德之寂灭　《申报》　1906 年 9 月 2 日　第 84 册　第 619 页

32243　说地震　《申报》　1910 年 1 月 10 日　第 104 册　第 163 页

32244　说电　《申报》　1890 年 3 月 23 日　第 36 册　第 449 页

32245　说董　《申报》　1902 年 7 月 27 日　第 71 册　第 595 页

32246　说赌　《申报》　1882 年 12 月 18 日　第 21 册　第 1021 页

32247　说赌　《申报》　1882 年 3 月 8 日　第 20 册　第 243 页

32248　说赌　《申报》　1891 年 12 月 18 日　第 39 册　第 1031 页

32249　说发　《申报》　1906 年 4 月 14 日　第 83 册　第 131 页

32250　说法律　《申报》　1914 年 4 月 21 日　第 127 册　第 836 页

32251　说仿佛　《申报》　1907 年 12 月 29 日　第 91 册　第 727 页

32252　说匪　《申报》　1914 年 3 月 30 日　第 127 册　第 472 页

32253　说风　《申报》　1891 年 12 月 5 日　第 39 册　第 953 页

32254　说腐化　《民国日报》　1928 年 10 月 24 日　第 76 册　第 944 页

32255　说革　《申报》　1921 年 5 月 2 日　第 170 册　第 23 页

32256　说公理　《申报》　1905 年 3 月 30 日　第 79 册　第 605 页

32257　说瓜　《申报》　1920 年 10 月 25 日　第 166 册　第 949 页

32258　说官　《申报》　1879 年 11 月 22 日　第 15 册　第 577 页

32259　说管理银行　《大公报》　1942 年 5 月 26 日　第 148 册　第 622 页

32260　说鬼　《申报》　1891 年 12 月 17 日　第 39 册　第 1025 页

32261　说鬼　《申报》　1892 年 2 月 15 日　第 40 册　第 219 页

32262　说国会　《申报》　1909 年 12 月 25 日　第 103 册　第 894 页

32263　说国会（续）　《申报》　1909 年 12 月 26 日　第 103 册　第 912 页

32264　说国债　《申报》　1897 年 10 月 3 日　第 57 册　第 195 页

32265　说果　《申报》　1890 年 7 月 9 日　第 37 册　第 53 页

32266　说和　《申报》　1883 年 7 月 7 日　第 23 册　第 37 页

32267　说和　《大公报》　1926 年 10 月 13 日　第 77 册　第 323 页

32268　说谎者的穷途　《中央日报》　1946 年 5 月 21 日　第 52 册　第 1034 页

32269　说俭　《申报》　1927 年 10 月 7 日　第 239 册　第 131 页

32270　说教　《申报》　1893 年 5 月 29 日　第 44 册　第 199 页

32271　说教育普及　《申报》　1907 年 3 月 9 日　第 87 册　第 85 页

32272　说竞　《申报》　1906 年 1 月 2 日　第 82 册　第 9 页

32273　说竞　《申报》　1907 年 3 月 25 日　第 87 册　第 255 页

32274　说竞（续）　《申报》　1907 年 3 月 26 日　第 87 册　第 267 页

32275　说哭　《申报》　1906 年 3 月 20 日　第 82 册　第 605 页

32276　说老实话　《申报》　1944 年 2 月 16 日　第 385 册　第 169 页

32277　说理　《申报》　1925 年 8 月 31 日　第 215 册　第 634 页

32278　说利　《申报》　1896 年 10 月 14 日　第 54 册　第 271 页

32279　说聋瞽　《申报》　1901 年 3 月 6 日　第 67 册　第 337 页

32280　说乱　《申报》　1907 年 3 月 27 日　第 87 册　第 279 页

32281　说马　《申报》　1892 年 5 月 6 日　第 41 册　第 33 页

32282　说马力一　《申报》　1904 年 7 月 30 日　第 77 册　第 601 页

32283　说马力二　《申报》　1904 年 8 月 3 日　第 77 册　第 631 页

32284　说马力三　《申报》　1904 年 9 月 18 日　第 78 册　第 123 页

32285　说梦　《申报》　1890 年 1 月 17 日　第 36 册　第 93 页

32286　说梦　《申报》　1894 年 10 月 21 日　第 48 册　第 317 页

32287　说名　《申报》　1897 年 11 月 12 日　第 57 册　第 451 页

32288　说明敌国穷困两件事　《大公报》　1939 年 11 月 17 日　第 143 册　第 312 页

32289　说命　《申报》　1921 年 1 月 6 日　第 168 册　第 88 页

32290　说魔　《申报》　1921 年 9 月 24 日　第 173 册　第 457 页

32291　说幕　《申报》　1887 年 12 月 23 日　第 31 册　第 1133 页

32292　说脑　《申报》　1897 年 9 月 26 日　第 57 册　第 151 页

32293　说炮　《申报》　1893 年 6 月 5 日　第 44 册　第 255 页

32294　说骗　《申报》　1890 年 10 月 27 日　第 37 册　第 755 页

32295　说骗　《申报》　1890 年 2 月 3 日　第 36 册　第 151 页

32296　说骗　《申报》　1892 年 10 月 17 日　第 42 册　第 295 页

32297　说骗　《申报》　1903 年 3 月 5 日　第 73 册　第 337 页

32298　说嫖　《申报》　1907 年 3 月 6 日　第 87 册　第 55 页

32299　说欺　《申报》　1907 年 10 月 18 日　第 90 册　第 569 页

32300　说欺　《申报》　1907 年 3 月 13 日　第 87 册　第 125 页

32301　说欺（续）　《申报》　1907 年 3 月 14 日　第 87 册　第 135 页

32302　说气　《申报》　1927 年 6 月 5 日　第 235 册　第 91 页

32303　说弃　《申报》　1921 年 5 月 1 日　第 170 册　第 3 页

32304　说勤　《申报》　1897 年 2 月 16 日　第 55 册　第 243 页

32305　说权　《申报》　1905 年 5 月 5 日　第 80 册　第 35 页

32306　说权　《申报》　1920 年 7 月 30 日　第 165 册　第 542 页

32307　说权利　《申报》　1906 年 4 月 6 日　第 83 册　第 51 页

32308　说权利（续十三日稿）　《申报》　1906 年 4 月 10 日　第 83 册　第 91 页

32309　说犬性　《申报》　1920 年 8 月 2 日　第 165 册　第 593 页

32310　说热　《申报》　1906 年 11 月 17 日　第 85 册　第 415 页

32311　说儒　《申报》　1907 年 3 月 2 日　第 87 册　第 13 页

32312　说儒（续）　《申报》　1907 年 3 月 3 日　第 87 册　第 25 页

32313　说儒　《申报》　1920 年 11 月 11 日　第 167 册　第 191 页

32314　说神经病　《申报》　1914 年 1 月 14 日　第 126 册　第 170 页

32315　说诗　《申报》　1887 年 4 月 25 日　第 30 册　第 669 页

32316　说诗（续）　《申报》　1920 年 7 月 19 日　第 165 册　第 349 页

32317　说时　《申报》　1920 年 7 月 16 日　第 165 册　第 292 页

32318　说时（续）　《申报》　1920 年 7 月 17 日　第 165 册　第 308 页

32319　说时（续）　《申报》　1920 年 7 月 20 日　第 165 册　第 367 页

32320　说食/黄炎培（星期论文）　《大公报》　1941 年 6 月 15 日　第 146 册　第 676 页

32321　说士　《申报》　1897 年 9 月 10 日　第 57 册　第 55 页

32322　说士　《申报》　1897 年 9 月 11 日　第 57 册　第 61 页

32323　说士　《申报》　1903 年 10 月 15 日　第 75 册　第 311 页

32324　说税　《申报》　1913 年 12 月 26 日　第 125 册　第 794 页

32325　说私　《申报》　1905 年 5 月 19 日　第 80 册　第 165 页

32326　说苏社　《申报》　1920 年 5 月 12 日　第 164 册　第 212 页

32327　说痛　《申报》　1921 年 10 月 1 日　第 174 册　第 6 页

32328　说外交派　《民国日报》　1922 年 7 月 22 日　第 40 册　第 290 页

32329　说伪　《申报》　1907年6月22日　第88册　第659页

32330　说我　《申报》　1906年9月19日　第84册　第785页

32331　说吴　《申报》　1925年11月18日　第218册　第339页

32332　说习　《申报》　1878年5月22日　第12册　第461页

32333　说戏　《申报》　1888年12月22日　第33册　第1121页

32334　说相　《申报》　1920年12月27日　第167册　第992页

32335　说孝　《民国日报》　1921年3月21日　第32册　第280页

32336　说新疆　《申报》　1907年4月17日　第87册　第535页

32337　说新旧历　《申报》　1914年1月3日　第126册　第16页

32338　说学　《申报》　1904年11月29日　第78册　第615页

32339　说学潮　《民国日报》　1924年7月6日　第52册　第84页

32340　说医　《申报》　1920年12月17日　第167册　第815页

32341　说疫解嘲　《申报》　1896年6月26日　第53册　第365页

32342　说游勇游僧　《申报》　1880年10月19日　第17册　第441页

32343　说囿　《申报》　1888年10月1日　第33册　第613页

32344　说狱　《申报》　1887年2月9日　第30册　第193页

32345　说豫　《申报》　1891年9月11日　第39册　第441页

32346　说月　《申报》　1874年11月28日　第5册　第519页

32347　说择妇教妇两义　《申报》　1897年4月13日　第55册　第585页

32348　说债　《申报》　1888年1月30日　第32册　第181页

32349　说战　《申报》　1883年6月25日　第22册　第931页

32350　说战　《申报》　1921年7月14日　第171册　第267页

32351　说战　《申报》　1923年4月20日　第190册　第401页

32352　说战　《申报》　1924年9月20日　第206册　第342页

32353　说争　《申报》　1928年9月20日　第250册　第559页

32354　说中法近日情势　《申报》　1885年5月25日　第26册　第777页

32355　说中国之真相　《申报》　1914年3月9日　第127册　第130页

32356　说中立派　《申报》　1923年11月25日　第197册　第504页

32357　说忠　《申报》　1914年11月6日　第131册　第74页

32358　说自来水　《申报》　1881年11月10日　第19册　第529页

32359　朔方健儿补过之役（言论）　《民国日报》　1927年6月8日　第68册　第561页

32360　硕鼠与哀鸿　《申报》　1920年12月16日　第167册　第783页

32361　丝茶两业有无转机说　《申报》　1879年4月27日　第14册　第397页

32362　丝茶末议　《申报》　1891年10月23日　第39册　第695页

32363　丝茶新论　《申报》　1887年6月27日　第30册　第1067页

32364   丝绸业衰颓中之一点希望   《申报》   1935 年 5 月 4 日   第 328 册   第 70 页

32365   丝毫妥协就是全盘失败：论经济管制的枢纽   《中央日报》   1948 年 9 月 4 日   第 60 册   第 26 页

32366   丝斤市价辨   《申报》   1879 年 11 月 15 日   第 15 册   第 549 页

32367   丝业的救急办法   《申报》   1934 年 8 月 9 日   第 319 册   第 240 页

32368   司法   《申报》   1915 年 8 月 8 日   第 135 册   第 636 页

32369   司法部改良监狱计划   《中央日报》   1931 年 8 月 23 日   第 15 册   第 607 页

32370   司法当局检举叛部   《申报》   1936 年 12 月 22 日   第 347 册   第 554 页

32371   司法调查得吗？（言论）   《民国日报》   1926 年 2 月 5 日   第 61 册   第 418 页

32372   司法改良与陪审制度   《大公报》   1928 年 10 月 25 日   第 86 册   第 641 页

32373   司法权的统一   《中央日报》   1943 年 12 月 4 日   第 48 册   第 998 页

32374   司法威信   《申报》   1915 年 8 月 3 日   第 135 册   第 554 页

32375   司法行政会议开会   《中央日报》   1947 年 11 月 5 日   第 57 册   第 680 页

32376   司法制度当以便民为本   《申报》   1912 年 6 月 18 日   第 117 册   第 769 页

32377   司法制度当以便民为本   《申报》   1912 年 6 月 19 日   第 117 册   第 779 页

32378   司法制度的改进   《中央日报》   1944 年 12 月 26 日   第 50 册   第 518 页

32379   司法制度之改革（上）：法制问题第二   《中央日报》   1932 年 6 月 20 日   第 18 册   第 322 页

32380   司法制度之改革（下）：法治问题第二   《中央日报》   1932 年 6 月 21 日   第 18 册   第 330 页

32381   司马联合声明以后的时局：谨向政府和人民郑重提供我们的建议   《申报》   1946 年 8 月 12 日   第 389 册   第 740 页

32382   司徒大使康复   《中央日报》   1946 年 8 月 3 日   第 53 册   第 542 页

32383   司徒雷登的新使命   《大公报》   1946 年 7 月 11 日   第 157 册   第 42 页

32384   私产归公之先导   《申报》   1920 年 10 月 1 日   第 166 册   第 522 页

32385   私德与公事   《申报》   1928 年 10 月 31 日   第 251 册   第 830 页

32386   私贩武官（短论）/湘君   《民国日报》   1919 年 1 月 26 日   第 19 册   第 290 页

32387   私感和公道   《民国日报》   1923 年 2 月 4 日   第 43 册   第 460 页

32388 私和不成大放谣言 《民国日报》 1920 年 10 月 28 日 第 29 册 第 806 页

32389 私力与公权的分界 《中央日报》 1947 年 6 月 3 日 第 56 册 第 330 页

32390 私立大学之一怪现象 《中央日报》 1930 年 1 月 13 日 第 9 册 第 157 页

32391 私人酬应 《申报》 1928 年 10 月 8 日 第 251 册 第 199 页

32392 私人勾结不得调和 《民国日报》 1918 年 9 月 24 日 第 16 册 第 626 页

32393 私人荐引之乱国：鼎足式之浙督军 内务总次长 《民国日报》 1917 年 1 月 6 日 第 7 册 第 50 页

32394 私系借款竞争：交通系之日款 《民国日报》 1917 年 10 月 6 日 第 11 册 第 422 页

32395 私系政治之救济/式南（来论） 《民国日报》 1917 年 9 月 9 日 第 11 册 第 98 页

32396 私押毙命说 《申报》 1886 年 9 月 28 日 第 29 册 第 547 页

32397 私盐宜禁而不必禁说 《申报》 1901 年 2 月 7 日 第 67 册 第 223 页

32398 私意 《申报》 1922 年 7 月 14 日 第 182 册 第 295 页

32399 私意测人 《申报》 1919 年 10 月 15 日 第 160 册 第 814 页

32400 私欲与公人 《申报》 1928 年 9 月 24 日 第 250 册 第 678 页

32401 私运华人入美与美国排华移民律 《申报》 1934 年 11 月 7 日 第 322 册 第 205 页

32402 私宅戒严 《申报》 1918 年 7 月 19 日 第 153 册 第 292 页

32403 私铸复盛当治其本说 《申报》 1878 年 12 月 7 日 第 13 册 第 549 页

32404 私纵监犯 《申报》 1920 年 6 月 11 日 第 164 册 第 755 页

32405 思念冀东/张其昀（星期论文） 《大公报》 1936 年 3 月 15 日 第 131 册 第 200 页

32406 思想混合之善后 《中央日报》 1931 年 8 月 19 日 第 15 册 第 559 页

32407 思想家的吴稚晖先生 《中央日报》 1944 年 3 月 22 日 第 49 册 第 368 页

32408 思想界的民主/陶希圣（星期论文） 《大公报》 1937 年 5 月 9 日 第 138 册 第 115 页

32409 思想界一种病态心理 《中央日报》 1936 年 12 月 11 日 第 36 册 第 871 页

32410 思想优于技能 《申报》 1928 年 12 月 18 日 第 253 册 第 509 页

32411 思想之中心点 《申报》 1916 年 12 月 18 日 第 143 册 第 862 页

32412 思想自由与彻底研究 《大公报》 1930 年 5 月 4 日 第 96 册 第 52 页

32413　斯巴特莱岛被占以后　《中央日报》　1939 年 4 月 7 日　第 41 册　第
1036 页

32414　斯待四强会议的成功　《中央日报》　1947 年 3 月 11 日　第 55 册　第
730 页

32415　斯摩稜斯克的收复　《大公报》　1943 年 9 月 27 日　第 151 册　第 390 页

32416　斯特雷撒会议之重要性　《大公报》　1935 年 4 月 10 日　第 125 册　第
646 页

32417　斯特里萨会议后之欧洲局势　《申报》　1935 年 4 月 16 日　第 327 册　第
445 页

32418　死　《申报》　1914 年 9 月 25 日　第 130 册　第 338 页

32419　死的积极意义：胜利感言之一/谷春帆（星期论文）　《大公报》　1945 年
10 月 14 日　第 155 册　第 456 页

32420　死灰中之段内阁　《申报》　1920 年 5 月 30 日　第 164 册　第 520 页

32421　死灰中之靳内阁　《申报》　1920 年 5 月 31 日　第 164 册　第 544 页

32422　死静与狂动　《申报》　1919 年 7 月 27 日　第 159 册　第 428 页

32423　死守锦州当注意倭寇之侧击法　《民国日报》　1931 年 12 月 29 日　第 95
册　第 717 页

32424　死守南市　《申报》　1937 年 11 月 10 日　第 355 册　第 967 页

32425　死守热河　《中央日报》　1933 年 3 月 4 日　第 21 册　第 592 页

32426　死在办公室中的烈士　《中央日报》　1934 年 3 月 25 日　第 25 册　第
788 页

32427　死中求活　《申报》　1915 年 4 月 30 日　第 133 册　第 976 页

32428　四处落空之政府　《申报》　1921 年 12 月 16 日　第 176 册　第 308 页

32429　四川　《申报》　1916 年 6 月 26 日　第 140 册　第 872 页

32430　四川币制改革　《申报》　1934 年 9 月 15 日　第 320 册　第 454 页

32431　四川的负担与幸运　《大公报》　1939 年 10 月 30 日　第 143 册　第
240 页

32432　四川的贡献　《大公报》　1941 年 2 月 15 日　第 146 册　第 192 页

32433　四川的建设与抗战建国的前途/陈豹隐（星期论文）　《大公报》　1938 年
12 月 18 日　第 141 册　第 516 页

32434　四川的整军问题　《大公报》　1937 年 6 月 5 日　第 138 册　第 502 页

32435　四川对抗战的任务　《大公报》　1940 年 11 月 18 日　第 145 册　第
538 页

32436　四川匪患之严重性　《申报》　1933 年 11 月 8 日　第 310 册　第 214 页

32437　四川匪祸已成燎原　《大公报》　1933 年 11 月 4 日　第 117 册　第 46 页

32438　四川剿匪之前途　《大公报》　1934 年 2 月 9 日　第 118 册　第 538 页

32439　四川今后的抗战工作　《大公报》　1938 年 6 月 3 日　第 140 册　第 682 页

32440　四川精神/张其昀（星期论文）　《大公报》　1939 年 10 月 29 日　第 143 册　第 236 页

32441　四川军政机构调整以后　《大公报》　1938 年 4 月 28 日　第 140 册　第 512 页

32442　四川粮食之供给与米价/沈宗瀚（星期论文）　《大公报》　1940 年 11 月 17 日　第 145 册　第 534 页

32443　四川前途之可忧　《大公报》　1933 年 6 月 27 日　第 114 册　第 802 页

32444　四川善后问题　《民国日报》　1931 年 2 月 27 日　第 90 册　第 588 页

32445　四川食粮与物资流通　《中央日报》　1946 年 5 月 20 日　第 52 册　第 1028 页

32446　四川问题　《大公报》　1928 年 8 月 4 日　第 85 册　第 342 页

32447　四川喜雨　《大公报》　1940 年 3 月 23 日　第 144 册　第 330 页

32448　四川新省府成立　《大公报》　1935 年 2 月 11 日　第 124 册　第 600 页

32449　四川学政郑大宗师奏川省新生提复积弊拟请以教官兼任学堂总理折　《申报》　1904 年 10 月 9 日　第 78 册　第 255 页

32450　四川与广东　《大公报》　1937 年 4 月 16 日　第 137 册　第 650 页

32451　四川之统一与出兵　《大公报》　1931 年 6 月 18 日　第 102 册　第 580 页

32452　四川之学荒　《申报》　1920 年 9 月 17 日　第 166 册　第 275 页

32453　四存学校的史绩　《申报》　1939 年 6 月 18 日　第 364 册　第 344 页

32454　四大使在重庆　《中央日报》　1940 年 3 月 1 日　第 43 册　第 120 页

32455　四大行政会议的召开　《申报》　1947 年 11 月 6 日　第 395 册　第 366 页

32456　四大主义　《申报》　1918 年 4 月 22 日　第 151 册　第 812 页

32457　"四底"得渡后之各业自处如何　《申报》　1935 年 4 月 14 日　第 327 册　第 384 页

32458　四方多事　《申报》　1917 年 10 月 28 日　第 148 册　第 969 页

32459　四分式　《申报》　1917 年 12 月 21 日　第 149 册　第 812 页

32460　四分五裂　《申报》　1920 年 4 月 13 日　第 163 册　第 791 页

32461　四分五裂后的觉悟　《民国日报》　1920 年 5 月 29 日　第 27 册　第 382 页

32462　四分五裂之现象　《申报》　1923 年 6 月 8 日　第 192 册　第 155 页

32463　四个纪念日的进程　《民国日报》　1923 年 5 月 3 日　第 45 册　第 22 页

32464　四个月里的广东观察谈（专载）　《民国日报》　1921 年 5 月 18 日　第 33 册　第 240 页

32465　四个月里的广东观察谈（专载）　《民国日报》　1921 年 5 月 20 日　第 33

579 页

32536　四与四之比较　《申报》　1920 年 6 月 5 日　第 164 册　第 641 页

32537　四月十九日京报全录　《申报》　1874 年 6 月 3 日　第 4 册　第 553 页

32538　四月十五日京报全录　《申报》　1874 年 5 月 30 日　第 4 册　第 543 页

32539　四者　《申报》　1927 年 4 月 29 日　第 233 册　第 543 页

32540　四中全会闭幕　《大公报》　1930 年 11 月 19 日　第 99 册　第 220 页

32541　四中全会闭幕后的希望　《中央日报》　1930 年 11 月 19 日　第 12 册　第 595 页

32542　四中全会后的惟一急务　《民国日报》　1930 年 12 月 1 日　第 89 册　第 370 页

32543　四中全会开幕　《民国日报》　1930 年 11 月 12 日　第 89 册　第 141 页

32544　四中全会展期后如何　《大公报》　1933 年 12 月 16 日　第 117 册　第 636 页

32545　四种阶级　《申报》　1927 年 10 月 5 日　第 239 册　第 90 页

32546　四总裁宣言的附注　《民国日报》　1920 年 11 月 2 日　第 30 册　第 16 页

32547　四总裁重申和平主旨　《民国日报》　1920 年 11 月 12 日　第 30 册　第 156 页

32548　寺观改学堂策　《申报》　1898 年 9 月 9 日　第 60 册　第 57 页

32549　寺庙僧众何必误会?　《申报》　1946 年 9 月 21 日　第 390 册　第 258 页

32550　寺内内阁与中国　《民国日报》　1916 年 11 月 2 日　第 6 册　第 14 页

32551　寺内政策与不信任案　《民国日报》　1918 年 2 月 4 日　第 13 册　第 386 页

32552　伺机　《申报》　1925 年 7 月 23 日　第 214 册　第 428 页

32553　似不至决裂　《申报》　1915 年 3 月 29 日　第 133 册　第 446 页

32554　似乎有良心的吕咸辞职　《民国日报》　1930 年 9 月 3 日　第 88 册　第 34 页

32555　似可先做两件事　《大公报》　1942 年 11 月 4 日　第 149 册　第 552 页

32556　似冷实热的日本态度　《中央日报》　1929 年 12 月 5 日　第 8 册　第 427 页

32557　似巧而实拙　《申报》　1920 年 10 月 23 日　第 166 册　第 915 页

32558　似是而非　《申报》　1919 年 7 月 20 日　第 159 册　第 313 页

32559　似是而非　《申报》　1920 年 5 月 23 日　第 164 册　第 397 页

32560　祀孤辨　《申报》　1877 年 8 月 25 日　第 11 册　第 193 页

32561　祀灶说　《申报》　1876 年 1 月 21 日　第 8 册　第 69 页

32562　松冈到任后之满铁　《大公报》　1935 年 9 月 2 日　第 128 册　第 18 页

32563　松冈动态与败象　《中央日报》　1941 年 5 月 21 日　第 44 册　第 860 页

32564　松冈访问和柏林之投机　《大公报》　1941 年 3 月 11 日　第 146 册　第

290 页

32565　松冈过莫斯科　《大公报》　1932 年 11 月 9 日　第 111 册　第 100 页

32566　松冈何前倨而后恭?　《大公报》　1940 年 10 月 12 日　第 145 册　第 392 页

32567　松冈能调停欧战吗?　《大公报》　1941 年 3 月 19 日　第 146 册　第 322 页

32568　松冈骗不了苏联　《大公报》　1941 年 3 月 22 日　第 146 册　第 334 页

32569　松冈外交之剖析　《申报》　1941 年 2 月 27 日　第 374 册　第 684 页

32570　松冈虚此一行　《中央日报》　1941 年 4 月 9 日　第 44 册　第 678 页

32571　松冈与三国同盟　《大公报》　1941 年 3 月 29 日　第 146 册　第 366 页

32572　松冈与义大利　《大公报》　1941 年 4 月 1 日　第 146 册　第 380 页

32573　松冈准备报聘德义　《申报》　1941 年 3 月 11 日　第 375 册　第 130 页

32574　松岗葫芦里卖什么药?　《中央日报》　1941 年 3 月 22 日　第 44 册　第 598 页

32575　松黑江防问题　《申报》　1920 年 3 月 30 日　第 163 册　第 551 页

32576　松江府田太守议复查禁枪船章程禀　《申报》　1904 年 11 月 5 日　第 78 册　第 445 页

32577　松江瞿□岑明经继昌创练全国民兵及筹款事宜万言书　《申报》　1904 年 7 月 16 日　第 77 册　第 509 页

32578　松井对英的狂言　《申报》（汉口版）　1938 年 2 月 2 日　第 356 册　第 37 页

32579　松井石根应来京伏罪　《中央日报》　1946 年 7 月 29 日　第 53 册　第 500 页

32580　松郡患枭说　《申报》　1900 年 9 月 9 日　第 66 册　第 45 页

32581　松郡火药库局亟宜设法迁徙论　《申报》　1899 年 1 月 7 日　第 61 册　第 37 页

32582　松郡近日枭匪横行亟宜拿办说　《申报》　1901 年 7 月 26 日　第 68 册　第 517 页

32583　松郡考市杂说　《申报》　1898 年 4 月 23 日　第 58 册　第 677 页

32584　松郡士绅吁恳两江总督魏午帅移建火药局禀　《申报》　1903 年 10 月 22 日　第 75 册　第 363 页

32585　松郡武试闲评　《申报》　1898 年 4 月 27 日　第 58 册　第 703 页

32586　松人请查米案　《申报》　1920 年 5 月 23 日　第 164 册　第 401 页

32587　松山之战　《中央日报》　1944 年 9 月 7 日　第 50 册　第 28 页

32588　淞沪铁路落成记　《申报》　1898 年 8 月 8 日　第 59 册　第 673 页

32589　宋案证据　《申报》　1913 年 4 月 25 日　第 121 册　第 698 页

32590　宋案证据发表　《申报》　1913 年 4 月 27 日　第 121 册　第 724 页

32591　宋黄会商华北财政　《大公报》　1933 年 9 月 1 日　第 116 册　第 4 页

32592　宋美龄渡美（译论）　《申报》　1943 年 3 月 3 日　第 383 册　第 426 页

32593　宋外长到魁北克　《大公报》　1943 年 8 月 24 日　第 151 册　第 244 页

32594　宋外长访问英国　《大公报》　1943 年 7 月 26 日　第 151 册　第 116 页

32595　宋外长访问英伦并论中英关系　《中央日报》　1943 年 7 月 30 日　第 48
　　　册　第 458 页

32596　宋院长访问莫斯科　《大公报》　1945 年 7 月 2 日　第 155 册　第 8 页

32597　宋院长招待席上感想　《民国日报》　1946 年 7 月 9 日　第 98 册　第
　　　281 页

32598　宋哲元部血战长城　《大公报》　1933 年 3 月 16 日　第 113 册　第 214 页

32599　宋哲元之态度与华北局势　《申报》　1936 年 2 月 10 日　第 337 册　第
　　　253 页

32600　宋子文的义举　《申报》　1947 年 9 月 19 日　第 394 册　第 802 页

32601　宋子文飞粤主政　《申报》　1947 年 9 月 30 日　第 394 册　第 926 页

32602　宋子文过日与中国外交方针　《申报》　1933 年 8 月 26 日　第 307 册　第
　　　726 页

32603　宋子文莫斯科之行　《申报》　1945 年 7 月 3 日　第 387 册　第 461 页

32604　宋子文氏赴美国　《申报》　1940 年 6 月 23 日　第 370 册　第 708 页

32605　宋子文氏将视察陕甘川　《大公报》　1934 年 3 月 2 日　第 119 册　第
　　　18 页

32606　宋子文应为重大建议　《大公报》　1933 年 9 月 3 日　第 116 册　第 32 页

32607　送北条鸥所返国赴宫城县臬司任序　《申报》　1887 年 7 月 1 日　第 31 册
　　　第 1 页

32608　送别全运选手　《申报》　1935 年 10 月 20 日　第 333 册　第 546 页

32609　送别新闻自由的使者　《大公报》　1945 年 4 月 3 日　第 154 册　第
　　　392 页

32610　送陈舫仙方伯归农序　《申报》　1884 年 12 月 21 日　第 25 册　第 989 页

32611　送出国远征学生　《中央日报》　1944 年 5 月 8 日　第 49 册　第 576 页

32612　送出席世界青年大会中国代表团　《申报》（汉口版）　1938 年 7 月 11 日
　　　第 356 册　第 359 页

32613　送从军知识青年入营　《中央日报》　1944 年 12 月 28 日　第 50 册　第
　　　526 页

32614　送邓仲元先生葬　《民国日报》　1922 年 7 月 9 日　第 40 册　第 112 页

32615　送段芝泉先生南行　《大公报》　1933 年 1 月 21 日　第 112 册　第 232 页

32616　送二十二年痛言　《大公报》　1933 年 12 月 31 日　第 117 册　第 848 页

32617   送赴日参观团（言论）　《民国日报》　1926 年 5 月 20 日　第 63 册　第 182 页

32618   送工商请业团入京　《大公报》　1948 年 1 月 12 日　第 162 册　第 76 页

32619   送国会议员（一）：国民尊重国会　《民国日报》　1916 年 7 月 15 日　第 4 册　第 170 页

32620   送国会议员（二）：愿议员勿负国民　《民国日报》　1916 年 7 月 20 日　第 4 册　第 230 页

32621   送国事会议的开幕礼　《民国日报》　1922 年 2 月 10 日　第 37 册　第 452 页

32622   送韩国特使团飞赴菲美　《申报》　1948 年 9 月 16 日　第 398 册　第 608 页

32623   送韩留渝革命领袖归国　《大公报》　1945 年 11 月 6 日　第 155 册　第 556 页

32624   送及门高太痴赴粤西序　《申报》　1892 年 7 月 23 日　第 41 册　第 543 页

32625   送健愈官兵重上前线！　《申报》　1948 年 1 月 28 日　第 396 册　第 254 页

32626   送今年大学毕业生　《大公报》　1934 年 6 月 19 日　第 120 册　第 726 页

32627   送经济考察团赴日　《大公报》　1935 年 10 月 5 日　第 128 册　第 494 页

32628   送九校　《大公报》　1926 年 9 月 11 日　第 77 册　第 81 页

32629   送拉卜楞代表团行　《中央日报》　1944 年 2 月 8 日　第 49 册　第 184 页

32630   送梁寒操先生南征　《大公报》　1942 年 4 月 29 日　第 148 册　第 510 页

32631   送灵后之感想　《大公报》　1929 年 5 月 27 日　第 90 册　第 420 页

32632   送鹿主任赴任　《大公报》　1938 年 6 月 8 日　第 140 册　第 704 页

32633   送马歇尔将军回国　《申报》　1947 年 1 月 9 日　第 392 册　第 90 页

32634   送马歇尔将军之行　《中央日报》　1947 年 1 月 9 日　第 55 册　第 112 页

32635   送密司麦葛归国记　《申报》　1887 年 9 月 28 日　第 31 册　第 563 页

32636   送民国二十六年　《大公报》　1937 年 12 月 31 日　第 139 册　第 782 页

32637   送民国二十年　《大公报》　1931 年 12 月 31 日　第 105 册　第 484 页

32638   送民国二十七年　《大公报》　1938 年 12 月 31 日　第 141 册　第 568 页

32639   送民国二十三年　《大公报》　1934 年 12 月 31 日　第 123 册　第 886 页

32640   送民国二十四年　《大公报》　1935 年 12 月 31 日　第 129 册　第 794 页

32641   送民国二十一年　《大公报》　1932 年 12 月 31 日　第 111 册　第 724 页

32642   送民国九年　《申报》　1920 年 12 月 31 日　第 167 册　第 1043 页

32643   送民国六年　《申报》　1917 年 12 月 31 日　第 149 册　第 970 页

32644   送民国三年　《申报》　1914 年 12 月 31 日　第 131 册　第 864 页

32645　送民国三十六年　《大公报》　1947 年 12 月 31 日　第 161 册　第 736 页

32646　送民国三十年/张其昀（星期论文）　《大公报》　1941 年 12 月 28 日　第 147 册　第 712 页

32647　送民国三十四年　《大公报》　1945 年 12 月 31 日　第 155 册　第 780 页

32648　送民国三十四年　《中央日报》　1945 年 12 月 31 日　第 52 册　第 182 页

32649　送民国三十五年　《中央日报》　1946 年 12 月 31 日　第 54 册　第 1136 页

32650　送民国十九年　《大公报》　1930 年 12 月 31 日　第 99 册　第 724 页

32651　送民国十七年　《大公报》　1928 年 12 月 31 日　第 87 册　第 721 页

32652　送民国十五年　《大公报》　1926 年 12 月 31 日　第 77 册　第 951 页

32653　送年归去　《申报》　1932 年 12 月 31 日　第 299 册　第 854 页

32654　送穷文　《申报》　1890 年 1 月 13 日　第 36 册　第 73 页

32655　送日公使　《民国日报》　1917 年 2 月 7 日　第 7 册　第 350 页

32656　送三十六年　《中央日报》　1947 年 12 月 31 日　第 57 册　第 1240 页

32657　送三十七年　《中央日报》　1948 年 12 月 31 日　第 60 册　第 806 页

32658　送上海记者团南归　《大公报》　1929 年 6 月 3 日　第 90 册　第 532 页

32659　送邵大使：中苏关系的新考察　《大公报》　1940 年 5 月 16 日　第 144 册　第 548 页

32660　送十六省议员诣阙上书序　《申报》　1909 年 12 月 29 日　第 103 册　第 965 页

32661　送世青大会华代表团　《申报》（香港版）　1938 年 7 月 13 日　第 356 册　第 937 页

32662　送世运代表团　《大公报》　1936 年 6 月 26 日　第 132 册　第 788 页

32663　送宋代表赴美国　《大公报》　1933 年 4 月 18 日　第 113 册　第 676 页

32664　送岁之辞　《大公报》　1948 年 12 月 31 日　第 164 册　第 613 页

32665　送孙先生殡（言论）　《民国日报》　1925 年 3 月 19 日　第 56 册　第 254 页

32666　送孙先生移殡西山（言论）　《民国日报》　1925 年 4 月 2 日　第 56 册　第 432 页

32667　送同门李平书明府钟珏之官粤东序　《申报》　1890 年 1 月 8 日　第 36 册　第 43 页

32668　送王外长渡美　《中央日报》　1947 年 9 月 6 日　第 57 册　第 60 页

32669　送文教界名流南飞　《大公报》　1948 年 12 月 29 日　第 164 册　第 609 页

32670　送伍总长行　《民国日报》　1916 年 11 月 24 日　第 6 册　第 278 页

32671　送徐靖远君还豫北军中　《大公报》　1938 年 9 月 5 日　第 141 册　第

276 页

32672　送严佑之先生赴济南序　《申报》　1887 年 4 月 30 日　第 30 册　第 699 页

32673　送远东选手出发　《大公报》　1934 年 5 月 3 日　第 120 册　第 32 页

32674　送约詹森大使归国　《中央日报》　1938 年 12 月 11 日　第 41 册　第 380 页

32675　送灶说　《申报》　1890 年 1 月 15 日　第 36 册　第 83 页

32676　送灶说　《申报》　1892 年 1 月 25 日　第 40 册　第 139 页

32677　送灶说　《申报》　1896 年 2 月 9 日　第 52 册　第 233 页

32678　送詹森大使　《大公报》　1941 年 5 月 13 日　第 146 册　第 550 页

32679　送张黄杨三君南归　《大公报》　1928 年 12 月 4 日　第 87 册　第 397 页

32680　送中共人员返延安　《申报》　1947 年 3 月 7 日　第 392 册　第 696 页

32681　送中共人员之行　《中央日报》　1947 年 3 月 8 日　第 55 册　第 704 页

32682　颂海军　《民国日报》　1917 年 7 月 23 日　第 10 册　第 266 页

32683　颂商教育联合会开幕　《民国日报》　1921 年 10 月 12 日　第 35 册　第 564 页

32684　搜查俄使馆事件之重大意味（言论）　《民国日报》　1927 年 4 月 8 日　第 67 册　第 207 页

32685　搜除伏莽策　《申报》　1900 年 6 月 14 日　第 65 册　第 347 页

32686　搜括拼凑　《申报》　1922 年 9 月 25 日　第 184 册　第 520 页

32687　搜括与贡献　《申报》　1921 年 4 月 21 日　第 169 册　第 877 页

32688　搜书　《申报》　1878 年 10 月 18 日　第 13 册　第 377 页

32689　苏报劝美勿参战　《大公报》　1940 年 6 月 11 日　第 144 册　第 652 页

32690　苏北决堤事件　《中央日报》　1946 年 8 月 8 日　第 53 册　第 584 页

32691　苏炳文将军之悲壮退却　《申报》　1932 年 12 月 11 日　第 299 册　第 301 页

32692　苏波边疆问题的新发展　《大公报》　1944 年 1 月 13 日　第 152 册　第 56 页

32693　苏财厅问题　《申报》　1920 年 10 月 12 日　第 166 册　第 737 页

32694　苏闻兵变感言　《申报》　1912 年 3 月 29 日　第 116 册　第 739 页

32695　苏闻兵变后之平议　《申报》　1912 年 4 月 11 日　第 117 册　第 97 页

32696　苏长问题究如何　《申报》　1920 年 9 月 15 日　第 166 册　第 243 页

32697　苏城来函　《申报》　1874 年 8 月 12 日　第 5 册　第 145 页

32698　苏城厘捐总局示书后　《申报》　1886 年 10 月 11 日　第 29 册　第 627 页

32699　苏城市面渐旺说　《申报》　1887 年 1 月 16 日　第 30 册　第 91 页

32700　苏德大战展望　《申报》　1941 年 7 月 2 日　第 376 册　第 768 页

32749　苏俄之反宣传　《申报》　1929 年 8 月 18 日　第 261 册　第 491 页

32750　苏俄之寇盗式的举动　《中央日报》　1929 年 8 月 17 日　第 7 册　第 199 页

32751　苏俄之新五年月计划　《申报》　1931 年 5 月 22 日　第 282 册　第 536 页

32752　苏俄之拙计　《申报》　1929 年 9 月 17 日　第 262 册　第 496 页

32753　苏法协定的重大意义　《大公报》　1944 年 12 月 12 日　第 153 册　第 726 页

32754　苏芬边境纠纷　《申报》　1939 年 11 月 28 日　第 367 册　第 366 页

32755　苏芬关系如何？　《大公报》　1948 年 3 月 6 日　第 162 册　第 388 页

32756　苏芬和平成立　《大公报》　1940 年 3 月 14 日　第 144 册　第 294 页

32757　苏芬和平后的苏联与远东　《申报》　1940 年 3 月 18 日　第 369 册　第 238 页

32758　苏芬停战与世界和平　《中央日报》　1940 年 3 月 16 日　第 43 册　第 188 页

32759　苏芬战事与国联　《申报》　1939 年 12 月 10 日　第 367 册　第 526 页

32760　苏抚出缺后之希望　《申报》　1909 年 6 月 22 日　第 100 册　第 748 页

32761　苏抚陆奏沿海厅县风潮为灾恳准截拨新漕并工振捐输汇劝接济折　《申报》　1905 年 10 月 29 日　第 81 册　第 493 页

32762　苏抚致苏路公司电书后　《申报》　1907 年 10 月 28 日　第 90 册　第 693 页

32763　苏护抚严禁香会说　《申报》　1880 年 3 月 15 日　第 16 册　第 273 页

32764　苏嘉铁路前途之观察　《申报》　1936 年 7 月 16 日　第 342 册　第 415 页

32765　苏嘉线战局的变化　《申报》　1937 年 11 月 22 日　第 355 册　第 1064 页

32766　苏监督上张中丞改省南宁议　《申报》　1910 年 2 月 22 日　第 104 册　第 810 页

32767　苏教育从此入正轨乎　《中央日报》　1929 年 7 月 15 日　第 6 册　第 865 页

32768　苏捷互助条约签字　《大公报》　1943 年 12 月 14 日　第 151 册　第 738 页

32769　苏京三国会议试观　《大公报》　1943 年 10 月 23 日　第 151 册　第 508 页

32770　苏境南路战局展望　《中央日报》　1942 年 8 月 8 日　第 46 册　第 562 页

32771　苏军长足西进　《大公报》　1944 年 1 月 7 日　第 152 册　第 30 页

32772　苏军撤离沈阳　《申报》　1946 年 3 月 14 日　第 388 册　第 392 页

32773　苏军大捷　《大公报》　1943 年 8 月 7 日　第 151 册　第 168 页

32774　苏军大捷的影响　《大公报》　1942 年 11 月 27 日　第 149 册　第 648 页

32775　苏军的战绩　《中央日报》　1942 年 9 月 8 日　第 46 册　第 758 页

32776　苏军攻克华沙　《中央日报》　1945 年 1 月 19 日　第 50 册　第 620 页

32777　苏军攻入柏林　《大公报》　1945 年 4 月 23 日　第 154 册　第 478 页

32778　苏军攻入柏林　《中央日报》　1945 年 4 月 24 日　第 50 册　第 1014 页

32779　苏军克复罗斯托夫　《中央日报》　1943 年 2 月 16 日　第 47 册　第 644 页

32780　苏军克斯城后的战局　《中央日报》　1943 年 9 月 27 日　第 48 册　第 710 页

32781　苏军向柏林疾进　《大公报》　1945 年 1 月 23 日　第 154 册　第 96 页

32782　苏军又克卡尔科夫　《中央日报》　1943 年 2 月 18 日　第 47 册　第 656 页

32783　苏联？波兰？欧局与远东　《大公报》　1939 年 9 月 19 日　第 143 册　第 74 页

32784　苏联搬运德国工业设备　《申报》　1946 年 10 月 29 日　第 390 册　第 726 页

32785　苏联必能打退敌人　《中央日报》　1942 年 8 月 6 日　第 46 册　第 550 页

32786　苏联出售中东路事件之最近　《申报》　1933 年 8 月 16 日　第 307 册　第 436 页

32787　苏联答复我国建议以后：再论对日和约预备会议　《申报》　1947 年 12 月 1 日　第 395 册　第 616 页

32788　苏联的东西邻　《大公报》　1939 年 9 月 22 日　第 143 册　第 86 页

32789　苏联的官吏生活　《申报》　1932 年 5 月 22 日　第 292 册　第 388 页

32790　苏联的坚强发展　《大公报》　1939 年 2 月 1 日　第 142 册　第 126 页

32791　苏联的建国精神　《中央日报》　1946 年 11 月 7 日　第 54 册　第 456 页

32792　苏联的外交政策　《中央日报》　1939 年 3 月 14 日　第 41 册　第 902 页

32793　苏联的行动　《申报》　1939 年 10 月 14 日　第 366 册　第 614 页

32794　苏联的英勇与坚定　《中央日报》　1941 年 10 月 24 日　第 45 册　第 356 页

32795　苏联的战斗精神　《中央日报》　1942 年 9 月 20 日　第 46 册　第 832 页

32796　苏联动态的剖析　《申报》　1939 年 12 月 3 日　第 367 册　第 432 页

32797　苏联对案的平议　《申报》　1947 年 7 月 25 日　第 394 册　第 242 页

32798　苏联对保加利亚的发言　《大公报》　1941 年 3 月 5 日　第 146 册　第 264 页

32799　苏联对会政策不变　《中央日报》　1940 年 12 月 8 日　第 44 册　第 154 页

32800　苏联对罗收回失土以后　《大公报》　1940 年 7 月 5 日　第 145 册　第

32826　苏联农品贬价出售之反响　《申报》　1930 年 9 月 25 日　第 274 册　第 617 页

32827　苏联遣军入波兰　《申报》　1939 年 9 月 19 日　第 366 册　第 272 页

32828　苏联清党运动之内幕　《中央日报》　1937 年 7 月 22 日　第 40 册　第 257 页

32829　苏联入盟与远东　《大公报》　1934 年 9 月 13 日　第 122 册　第 184 页

32830　苏联胜利的展望　《中央日报》　1941 年 11 月 14 日　第 45 册　第 442 页

32831　苏联十五周年　《大公报》　1932 年 11 月 7 日　第 111 册　第 76 页

32832　苏联态度的检讨　《申报》　1940 年 10 月 9 日　第 372 册　第 508 页

32833　苏联统帅检讨战局　《中央日报》　1943 年 5 月 3 日　第 48 册　第 14 页

32834　苏联外交将转变乎?　《申报》　1949 年 3 月 7 日　第 400 册　第 408 页

32835　苏联外交政策之趋向　《申报》（香港版）　1939 年 2 月 7 日　第 357 册　第 892 页

32836　苏联外交之大成功　《大公报》　1933 年 7 月 6 日　第 115 册　第 74 页

32837　苏联外交之清算　《中央日报》　1936 年 6 月 19 日　第 34 册　第 953 页

32838　苏联往何处去? 论联共十八届代表大会的报告/晏弥（来论）　《申报》（香港版）　1939 年 3 月 9 日　第 358 册　第 66 页

32839　苏联新成的铁道　《中央日报》　1930 年 5 月 8 日　第 10 册　第 443 页

32840　苏联新宪法的实行　《申报》　1936 年 12 月 9 日　第 347 册　第 220 页

32841　苏联一弹命中东京东方大局开新阶段　《大公报》　1945 年 4 月 7 日　第 154 册　第 410 页

32842　苏联已奠定胜利基础　《中央日报》　1941 年 7 月 12 日　第 44 册　第 1092 页

32843　苏联阴谋案　《大公报》　1938 年 3 月 4 日　第 140 册　第 262 页

32844　苏联应该回到东方来　《大公报》　1940 年 3 月 1 日　第 144 册　第 242 页

32845　苏联应珍惜中国人民的友好感情　《申报》　1947 年 4 月 2 日　第 393 册　第 12 页

32846　苏联应作更进步之努力　《民国日报》　1946 年 4 月 2 日　第 97 册　第 350 页

32847　苏联英勇的战绩　《中央日报》　1941 年 9 月 8 日　第 45 册　第 166 页

32848　苏联有没有原子弹?　《大公报》　1948 年 10 月 7 日　第 164 册　第 218 页

32849　苏联舆论的友情: 并祝红军克复佛罗内兹　《中央日报》　1943 年 1 月 27 日　第 47 册　第 538 页

32850　苏联与第二次世界大战危机　《大公报》　1935 年 9 月 6 日　第 128 册

第 74 页

293 页

32873　苏农事中之一问题　《申报》　1929 年 11 月 5 日　第 264 册　第 113 页

32874　苏齐之弹劾案　《申报》　1920 年 9 月 18 日　第 166 册　第 291 页

32875　苏人反对王克敏　《申报》　1920 年 9 月 3 日　第 166 册　第 43 页

32876　苏人何以对付省议员　《民国日报》　1923 年 1 月 15 日　第 43 册　第 186 页

32877　苏人实力和人格　《民国日报》　1920 年 10 月 23 日　第 29 册　第 738 页

32878　苏人之决心　《申报》　1920 年 11 月 1 日　第 167 册　第 11 页

32879　苏日冲突之检讨　《申报》　1939 年 6 月 28 日　第 364 册　第 544 页

32880　苏日冲突之现阶段　《申报》　1934 年 6 月 7 日　第 317 册　第 201 页

32881　苏日缔约的因果　《申报》　1941 年 4 月 15 日　第 375 册　第 567 页

32882　苏日关系　《大公报》　1939 年 11 月 10 日　第 143 册　第 284 页

32883　苏日关系的常识判断　《大公报》　1941 年 4 月 9 日　第 146 册　第 416 页

32884　苏日关系的前途/张忠绂（星期论文）　《大公报》　1939 年 11 月 19 日　第 143 册　第 320 页

32885　苏日关系检讨　《申报》（汉口版）　1938 年 6 月 28 日　第 356 册　第 333 页

32886　苏日关系检讨　《申报》（香港版）　1938 年 6 月 30 日　第 356 册　第 885 页

32887　苏日交涉与暴日兵力　《大公报》　1939 年 11 月 18 日　第 143 册　第 316 页

32888　苏日谈判商约与中国　《申报》　1939 年 11 月 22 日　第 367 册　第 286 页

32889　苏日停止敌对协定与国际　《申报》　1939 年 9 月 17 日　第 366 册　第 244 页

32890　苏日妥协的不可能　《大公报》　1939 年 9 月 6 日　第 143 册　第 22 页

32891　苏日外交的窥测　《申报》　1940 年 9 月 13 日　第 372 册　第 166 页

32892　苏日伪之"互不侵犯条约"　《申报》　1932 年 10 月 21 日　第 297 册　第 517 页

32893　苏日伪之铁路纠纷　《申报》　1933 年 4 月 14 日　第 303 册　第 394 页

32894　苏日问题的前途　《大公报》　1938 年 8 月 4 日　第 141 册　第 152 页

32895　苏日协议与日本南进　《申报》　1941 年 4 月 18 日　第 375 册　第 606 页

32896　苏日渔业谈判的教训　《申报》　1939 年 3 月 28 日　第 362 册　第 920 页

32897　苏日渔约该断气了　《大公报》　1940 年 12 月 21 日　第 145 册　第 666 页

32898　苏日渔约纠纷的前途　《大公报》　1938 年 12 月 26 日　第 141 册　第 548 页

32899　苏日渔约照例延长　《大公报》　1943 年 3 月 30 日　第 150 册　第 390 页

32900　苏日战争与中国　《申报》（香港版）　1938 年 8 月 9 日　第 356 册　第 1046 页

32901　苏日中立条约　《大公报》　1941 年 4 月 15 日　第 146 册　第 440 页

32902　苏省代表大会　《中央日报》　1932 年 12 月 26 日　第 20 册　第 502 页

32903　苏省亟宜整饬官常论　《申报》　1902 年 4 月 6 日　第 70 册　第 553 页

32904　苏省铁路公司章程改正案理由书　《申报》　1908 年 11 月 2 日　第 97 册　第 18 页

32905　苏省铁路公司章程改正案理由书（续）　《申报》　1908 年 11 月 3 日　第 97 册　第 32 页

32906　苏省铁路公司咨呈农工商部邮传部及督抚文　《申报》　1906 年 12 月 29 日　第 85 册　第 797 页

32907　苏省铁路私议　《申报》　1906 年 6 月 9 日　第 83 册　第 677 页

32908　苏省县民政长选举法　《申报》　1911 年 12 月 7 日　第 115 册　第 524 页

32909　苏省咨议局筹办处委任官员之感言　《申报》　1908 年 9 月 26 日　第 96 册　第 354 页

32910　苏实业行政会　《申报》　1920 年 4 月 7 日　第 163 册　第 687 页

32911　苏事杂录书后　《申报》　1878 年 9 月 25 日　第 13 册　第 297 页

32912　苏松阅兵记　《申报》　1886 年 10 月 19 日　第 29 册　第 679 页

32913　苏同乡与苏议会　《申报》　1920 年 12 月 5 日　第 167 册　第 603 页

32914　苏土联合声明　《大公报》　1941 年 3 月 26 日　第 146 册　第 352 页

32915　苏皖赣巡阅问题　《申报》　1920 年 12 月 1 日　第 167 册　第 533 页

32916　苏维埃俄罗斯之教育事业　《民国日报》　1921 年 2 月 25 日　第 31 册　第 646 页

32917　苏维埃俄罗斯之教育事业　《民国日报》　1921 年 2 月 26 日　第 31 册　第 658 页

32918　苏倭渔业谈判　《中央日报》　1938 年 12 月 21 日　第 41 册　第 422 页

32919　苏倭渔业问题　《中央日报》　1940 年 1 月 3 日　第 42 册　第 50 册

32920　苏匈恢复邦交　《申报》　1934 年 2 月 10 日　第 313 册　第 274 页

32921　苏伊问题好转与英苏关系的光明面　《大公报》　1946 年 4 月 9 日　第 156 册　第 392 页

32922　苏义商约与苏日冲突　《大公报》　1939 年 2 月 10 日　第 142 册　第 162 页

32923　苏议会卅电之感言　《申报》　1920 年 5 月 3 日　第 164 册　第 49 页

32924　苏议会通电　《申报》　1920 年 10 月 22 日　第 166 册　第 901 页

32925　苏议会与督军　《申报》　1920 年 11 月 7 日　第 167 册　第 111 页

32926　苏议会与苏省长　《申报》　1920 年 11 月 27 日　第 167 册　第 471 页

32927　苏议会之二次临时会　《申报》　1920 年 5 月 21 日　第 164 册　第 369 页

32928　苏议会中之废督问题　《申报》　1920 年 10 月 18 日　第 166 册　第 833 页

32929　苏议员电感言　《申报》　1920 年 8 月 1 日　第 165 册　第 569 页

32930　苏议员去齐函电感言　《申报》　1920 年 8 月 16 日　第 165 册　第 829 页

32931　苏浙借款西江捕权之感言　《申报》　1907 年 12 月 2 日　第 91 册　第 401 页

32932　苏浙两省会与两齐　《申报》　1920 年 6 月 17 日　第 164 册　第 865 页

32933　苏浙两议会真不向上　《民国日报》　1921 年 12 月 17 日　第 36 册　第 622 页

32934　苏浙农桑观　《申报》　1929 年 9 月 8 日　第 262 册　第 218 页

32935　苏浙省议会兄弟也　《申报》　1921 年 12 月 10 日　第 176 册　第 188 页

32936　苏浙省政的期待　《申报》　1944 年 11 月 4 日　第 386 册　第 407 页

32937　苏浙铁路公司咨呈江督浙抚文　《申报》　1909 年 7 月 10 日　第 101 册　第 137 页

32938　苏州禁鸦片烟馆说附来书　《申报》　1872 年 9 月 14 日　第 1 册　第 465 页

32939　苏州军队冲突感言　《申报》　1912 年 1 月 29 日　第 116 册　第 300 页

32940　苏州老翁述办差积弊为申其意　《申报》　1881 年 8 月 17 日　第 19 册　第 189 页

32941　苏州新年之俗例　《申报》　1907 年 2 月 18 日　第 86 册　第 403 页

32942　苏属举行初选举投票颂言　《申报》　1909 年 3 月 22 日　第 99 册　第 301 页

32943　苏属水灾感言　《申报》　1911 年 9 月 9 日　第 114 册　第 144 页

32944　苏咨议局之善后谈　《申报》　1911 年 8 月 7 日　第 113 册　第 613 页

32945　俗话（一）　《申报》　1920 年 9 月 1 日　第 166 册　第 16 页

32946　俗话（二）　《申报》　1920 年 9 月 2 日　第 166 册　第 32 页

32947　俗话（三）　《申报》　1920 年 9 月 3 日　第 166 册　第 48 页

32948　俗话（四）　《申报》　1920 年 9 月 4 日　第 166 册　第 65 页

32949　俗异篇　《申报》　1887 年 12 月 29 日　第 31 册　第 1169 页

32950　诉之公众　《大公报》　1930 年 4 月 25 日　第 95 册　第 884 页

32951　诉诸国民党的智慧　《大公报》　1946 年 3 月 4 日　第 156 册　第 248 页

32952　诉诸全国各级公务员　《大公报》　1937 年 7 月 8 日　第 139 册　第

110 页

32953 诉诸全国军民各界 《大公报》 1937 年 12 月 16 日 第 139 册 第
722 页

32954 诉诸世界舆论乎？ 《申报》 1948 年 10 月 4 日 第 399 册 第 26 页

32955 诉诸中日国民常识 《大公报》 1928 年 5 月 5 日 第 84 册 第 41 页

32956 肃奸史上的污点 《中央日报》 1946 年 10 月 7 日 第 54 册 第 64 页

32957 肃穆中的振奋 《申报》 1941 年 8 月 13 日 第 377 册 第 156 页

32958 肃清 《申报》 1927 年 9 月 27 日 第 238 册 第 560 页

32959 肃清党治下一切腐化分子 续：八月二十六日在立法院纪念周讲/胡汉民
《民国日报》 1929 年 9 月 4 日 第 82 册 第 59 页

32960 肃清党治下一切腐化分子：八月二十六日在立法院纪念周讲/胡汉民 《民
国日报》 1929 年 9 月 3 日 第 82 册 第 42 页

32961 肃清东江所给的教训（言论） 《民国日报》 1925 年 11 月 5 日 第 60
册 第 50 页

32962 肃清匪共与澄清吏治 《中央日报》 1930 年 11 月 16 日 第 12 册 第
559 页

32963 肃清共匪职业学生！ 《中央日报》 1948 年 8 月 15 日 第 59 册 第
884 页

32964 肃清共祸之根本设施 《大公报》 1931 年 2 月 6 日 第 100 册 第
400 页

32965 肃清和平区域内的失败主义者 《申报》 1943 年 4 月 22 日 第 383 册
第 751 页

32966 肃清间谍的间谍 《中央日报》 1948 年 7 月 28 日 第 59 册 第 744 页

32967 肃清建设的道路 《中央日报》 1945 年 9 月 6 日 第 51 册 第 582 页

32968 肃清晋敌 《申报》（汉口版） 1938 年 5 月 13 日 第 356 册 第 241 页

32969 肃清叛逆与抗拒暴俄 《民国日报》 1929 年 12 月 17 日 第 83 册 第
770 页

32970 肃清叛徒的根据地（言论） 《民国日报》 1927 年 5 月 3 日 第 68 册
第 24 页

32971 肃清仕途 《申报》 1927 年 10 月 12 日 第 239 册 第 243 页

32972 肃清思想汉奸！ 《申报》（香港版） 1938 年 8 月 18 日 第 356 册 第
1081 页

32973 肃清张桂与讨逆前途 《中央日报》 1930 年 6 月 18 日 第 10 册 第
959 页

32974 肃政 《申报》 1915 年 7 月 7 日 第 135 册 第 110 页

32975 肃政与贪官污吏 《申报》 1915 年 7 月 8 日 第 135 册 第 128 页

32976 速 《申报》 1922 年 10 月 4 日 第 185 册 第 63 页

32977 速办汉奸 《大公报》 1946 年 8 月 8 日 第 157 册 第 168 页

32978 速拨官厅水库公款 《大公报》 1947 年 10 月 18 日 第 161 册 第 290 页

32979 速策锦州自卫之道 《大公报》 1931 年 12 月 21 日 第 105 册 第 402 页

32980 速撤回徐树铮 《民国日报》 1918 年 11 月 19 日 第 18 册 第 218 页

32981 速筹保全内蒙！ 《大公报》 1933 年 4 月 8 日 第 113 册 第 536 页

32982 速除红丸白麦的毒害 《申报》 1934 年 3 月 8 日 第 314 册 第 221 页

32983 速除内外卖国贼 《民国日报》 1919 年 4 月 16 日 第 20 册 第 552 页

32984 速导经济于正轨 《申报》 1949 年 4 月 30 日 第 400 册 第 806 页

32985 速缔反侵略公约！ 《中央日报》 1941 年 12 月 13 日 第 45 册 第 558 页

32986 速定救亡大计 《申报》 1936 年 6 月 18 日 第 341 册 第 462 页

32987 速定亚洲复兴计划 《申报》 1948 年 12 月 4 日 第 399 册 第 414 页

32988 速国亡的直系军阀 《民国日报》 1924 年 10 月 22 日 第 53 册 第 497 页

32989 速建省县自治制度 《中央日报》 1948 年 3 月 25 日 第 58 册 第 750 页

32990 速健全中枢共同负责！ 《大公报》 1932 年 1 月 6 日 第 106 册 第 44 页

32991 速剿津东匪军拯救被难民众 《大公报》 1928 年 7 月 4 日 第 85 册 第 31 页

32992 速解放西北灾民 《大公报》 1929 年 10 月 6 日 第 92 册 第 564 页

32993 速解旧金山华土交恶之隙论 《申报》 1879 年 12 月 9 日 第 15 册 第 645 页

32994 速久 《申报》 1924 年 9 月 13 日 第 206 册 第 227 页

32995 速救北方灾民 《大公报》 1939 年 8 月 31 日 第 142 册 第 568 页

32996 速救工商业 《中央日报》 1946 年 12 月 21 日 第 54 册 第 1014 页

32997 速救黑省以救东北！ 《大公报》 1931 年 11 月 18 日 第 105 册 第 117 页

32998 速救难民 《大公报》 1948 年 11 月 18 日 第 164 册 第 466 页

32999 速救湘灾！ 《大公报》 1946 年 6 月 22 日 第 156 册 第 688 页

33000 速救灾区同胞！ 《大公报》 1933 年 10 月 25 日 第 116 册 第 788 页

33001 速捐钱赈灾 《申报》 1931 年 8 月 18 日 第 285 册 第 475 页

33002 速决 《申报》 1915 年 9 月 27 日 第 136 册 第 416 页

33003　速决与持久（星期论文）/蒋百里　《大公报》　1938 年 2 月 13 日　第 140 册　第 178 页

33004　速开三中全会　《大公报》　1932 年 9 月 25 日　第 110 册　第 292 页

33005　速弭济南战祸　《民国日报》　1946 年 5 月 25 日　第 98 册　第 102 页

33006　速弭内乱　《民国日报》　1945 年 11 月 12 日　第 96 册　第 267 页

33007　速谋改善河北地方政治　《大公报》　1935 年 6 月 30 日　第 126 册　第 964 页

33008　速谋结束印度的悲剧！　《大公报》　1942 年 8 月 18 日　第 149 册　第 212 页

33009　速谋救济湘灾　《大公报》　1946 年 3 月 20 日　第 156 册　第 312 页

33010　速谋燃料的自给！　《申报》　1947 年 8 月 2 日　第 394 册　第 322 页

33011　速谋湘西事件的解决　《申报》　1949 年 3 月 11 日　第 400 册　第 438 页

33012　速起保全国家　《民国日报》　1919 年 2 月 6 日　第 19 册　第 338 页

33013　速起而扑灭汉奸　《中央日报》　1940 年 3 月 21 日　第 43 册　第 214 页

33014　速取攻势的战略！　《中央日报》　1942 年 2 月 22 日　第 45 册　第 852 页

33015　速设各省捐税监委会！　《大公报》　1934 年 12 月 3 日　第 123 册　第 472 页

33016　速讨卖国贼　《民国日报》　1919 年 5 月 9 日　第 21 册　第 98 页

33017　速选　《申报》　1918 年 8 月 26 日　第 153 册　第 934 页

33018　速与急　《申报》　1928 年 2 月 12 日　第 243 册　第 280 页

33019　速战缓和　《申报》　1918 年 10 月 25 日　第 154 册　第 892 页

33020　速战运动　《申报》　1924 年 9 月 18 日　第 206 册　第 309 页

33021　速赈东南水灾！　《大公报》　1931 年 7 月 26 日　第 103 册　第 304 页

33022　速治经济溢血症　《中央日报》　1947 年 8 月 27 日　第 56 册　第 1202 页

33023　速筑塘沽新港！　《大公报》　1946 年 3 月 22 日　第 156 册　第 320 页

33024　速组政府以当危局！　《大公报》　1931 年 12 月 24 日　第 105 册　第 426 页

33025　宿命论打破之影响　《大公报》　1927 年 12 月 8 日　第 81 册　第 543 页

33026　算旧账与开新张/梁实秋（星期论文）　《大公报》　1935 年 11 月 10 日　第 129 册　第 134 页

33027　算学取士折　《申报》　1887 年 10 月 12 日　第 31 册　第 653 页

33028　算账不如平时监视（言论）　《民国日报》　1925 年 5 月 16 日　第 57 册　第 202 页

33029　绥北大捷之意义　《大公报》　1936 年 11 月 26 日　第 135 册　第 356 页

33030　绥东问题　《大公报》　1936 年 8 月 8 日　第 133 册　第 552 页

33031　绥东问题之再检讨　《大公报》　1936 年 8 月 10 日　第 133 册　第 582 页

33032　绥东战争爆发　《申报》　1936 年 11 月 15 日　第 346 册　第 372 页

33033　绥靖后之建设问题　《民国日报》　1930 年 9 月 2 日　第 88 册　第 20 页

33034　绥靖区政务检讨会议　《大公报》　1947 年 2 月 25 日　第 159 册　第 402 页

33035　绥境蒙政会之设立　《大公报》　1936 年 1 月 28 日　第 130 册　第 282 页

33036　绥蒙之防共会议　《大公报》　1936 年 5 月 26 日　第 132 册　第 354 页

33037　绥委会之前程　《中央日报》　1933 年 9 月 27 日　第 23 册　第 876 页

33038　绥西光荣战绩　《中央日报》　1940 年 4 月 6 日　第 43 册　第 294 页

33039　绥西战役及其意义　《申报》　1940 年 3 月 28 日　第 369 册　第 368 页

33040　绥远的危机　《申报》　1936 年 10 月 14 日　第 345 册　第 335 页

33041　绥远联欢闭会后之感想　《大公报》　1933 年 12 月 2 日　第 117 册　第 438 页

33042　绥远民生渠今日行开闸礼　《大公报》　1931 年 6 月 22 日　第 102 册　第 628 页

33043　绥远情势之检讨　《申报》　1937 年 2 月 26 日　第 349 册　第 539 页

33044　绥远萨托民生渠竣工　《民国日报》　1931 年 6 月 30 日　第 92 册　第 702 页

33045　绥远受侵与中日交涉　《大公报》　1936 年 11 月 18 日　第 135 册　第 244 页

33046　绥远问题　《大公报》　1936 年 10 月 7 日　第 134 册　第 518 页

33047　绥远在国民经济上的重要性　《申报》　1936 年 12 月 19 日　第 347 册　第 476 页

33048　绥战之前途　《申报》　1936 年 11 月 24 日　第 346 册　第 608 页

33049　随波逐流　《申报》　1929 年 6 月 11 日　第 259 册　第 282 页

33050　随得不随弃　《申报》　1928 年 2 月 27 日　第 243 册　第 642 页

33051　随时随地协助盟军　《中央日报》　1944 年 4 月 19 日　第 49 册　第 490 页

33052　岁寒念灾黎　《申报》　1947 年 12 月 23 日　第 395 册　第 836 页

33053　岁寒谈节约　《中央日报》　1947 年 1 月 20 日　第 55 册　第 248 页

33054　岁杪经济建设　《中央日报》　1945 年 12 月 29 日　第 52 册　第 170 页

33055　岁末巡视敌情　《大公报》　1942 年 12 月 30 日　第 149 册　第 790 页

33056　岁末之国际概观　《大公报》　1935 年 12 月 24 日　第 129 册　第 710 页

33057　岁暮当归辞　《申报》　1881 年 1 月 24 日　第 18 册　第 93 页

33058　岁暮的反省　《申报》　1942 年 12 月 31 日　第 382 册　第 634 页

33059　岁暮反省　《申报》　1943 年 12 月 31 日　第 384 册　第 919 页

33060　岁暮反省　《申报》　1944 年 12 月 31 日　第 386 册　第 591 页

33061　岁暮看欧洲战场　《大公报》　1944 年 12 月 30 日　第 153 册　第 798 页

33062　岁暮清算　《民国日报》　1945 年 12 月 31 日　第 96 册　第 365 页

33063　岁暮直感　《大公报》　1939 年 12 月 30 日　第 143 册　第 484 页

33064　岁暮纵观欧局　《大公报》　1943 年 12 月 30 日　第 151 册　第 806 页

33065　岁首辞　《大公报》　1927 年 1 月 1 日　第 78 册　第 2 页

33066　岁首论整顿税收　《中央日报》　1948 年 1 月 5 日　第 58 册　第 46 页

33067　岁首展望　《申报》　1940 年 1 月 1 日　第 368 册　第 4 页

33068　岁首之辞　《大公报》　1928 年 1 月 1 日　第 82 册　第 1 页

33069　岁首之辞　《大公报》　1938 年 1 月 1 日　第 140 册　第 2 页

33070　岁尾的话　《民国日报》　1927 年 12 月 31 日　第 71 册　第 872 页

33071　岁尾年初念将士　《中央日报》　1948 年 1 月 17 日　第 58 册　第 164 页

33072　岁余论　《申报》　1880 年 2 月 8 日　第 16 册　第 153 页

33073　碎敌阴谋打仗第一！　《大公报》　1939 年 1 月 23 日　第 142 册　第 90 页

33074　隧道窒息事件的教训　《中央日报》　1941 年 7 月 3 日　第 44 册　第 1048 页

33075　孙宝琦的统一梦　《民国日报》　1924 年 1 月 29 日　第 49 册　第 396 页

33076　孙宝琦又辞职　《申报》　1924 年 5 月 30 日　第 202 册　第 645 页

33077　孙宝琦之和平　《民国日报》　1924 年 2 月 15 日　第 49 册　第 524 页

33078　孙传芳否认主和（言论）　《民国日报》　1926 年 8 月 6 日　第 64 册　第 362 页

33079　孙传芳何必为吴佩孚牺牲　《民国日报》　1923 年 1 月 9 日　第 43 册　第 104 页

33080　孙大元帅在欢宴联军将领席上的演说　《民国日报》　1923 年 12 月 17 日　第 48 册　第 648 页

33081　孙大元帅在欢宴联军将领席上的演说（一续）　《民国日报》　1923 年 12 月 18 日　第 48 册　第 662 页

33082　孙大总统就职　《民国日报》　1921 年 5 月 5 日　第 33 册　第 56 页

33083　孙大总统最近宣言的我注　《民国日报》　1922 年 8 月 18 日　第 40 册　第 658 页

33084　孙殿英军如何安置？　《大公报》　1933 年 10 月 21 日　第 116 册　第 732 页

33085　孙殿英失败之重要性　《大公报》　1934 年 3 月 30 日　第 119 册　第 412 页

33086　孙阁之总辞职　《申报》　1924 年 7 月 2 日　第 204 册　第 29 页

68 页

报》　1920 年 12 月 17 日　第 30 册　第 648 页

33131　孙中山先生建国方略：发展实业计划　第四计划（续）（代论）　《民国日
报》　1920 年 12 月 18 日　第 30 册　第 662 页

33132　孙中山先生建国方略发展实业第计划之一：第三计划（代论）　《民国日
报》　1920 年 2 月 4 日　第 25 册　第 440 页

33133　孙中山先生建国方略发展实业第计划之一：第三计划（代论）　《民国日
报》　1920 年 2 月 5 日　第 25 册　第 452 页

33134　孙中山先生建国方略之发展实业第计划：第三计划　《民国日报》　1920
年 1 月 3 日　第 25 册　第 25 页

33135　孙中山先生建国方略之发展实业第计划：第三计划（续）　《民国日报》
1920 年 1 月 4 日　第 25 册　第 38 页

33136　孙中山先生建国方略之一：发展实业计划　《民国日报》　1919 年 11 月 1
日　第 24 册　第 2 页

33137　孙中山先生建国方略之一（二）：发展实业计划　《民国日报》　1919 年 11
月 2 日　第 24 册　第 14 页

33138　孙中山先生建国方略之一（三）：发展实业计划　《民国日报》　1919 年 11
月 3 日　第 24 册　第 26 页

33139　孙中山先生建国方略之一（四）：发展实业计划　《民国日报》　1919 年 11
月 4 日　第 24 册　第 38 页

33140　孙中山先生建国方略之一：发展实业第二计划　《民国日报》　1919 年 12
月 3 日　第 24 册　第 386 页

33141　孙中山先生建国方略之一（二）：发展实业第二计划　《民国日报》　1919
年 12 月 4 日　第 24 册　第 398 页

33142　孙中山先生建国方略之一（三）：发展实业第二计划　《民国日报》　1919
年 12 月 5 日　第 24 册　第 410 页

33143　孙中山先生建国方略之一：发展实业第二计划　《民国日报》　1919 年 9
月 1 日　第 23 册　第 2 页

33144　孙中山先生建国方略之一（续）：发展实业第二计划　《民国日报》　1919
年 9 月 2 日　第 23 册　第 14 页

33145　孙中山先生建国方略之一（续）：发展实业第二计划　《民国日报》　1919
年 9 月 3 日　第 23 册　第 26 页

33146　孙中山先生建国方略之一：发展实业第二计划　《民国日报》　1919 年 10
月 2 日　第 23 册　第 374 页

33147　孙中山先生建国方略之一：发展实业第二计划（续昨）　《民国日报》
1919 年 10 月 3 日　第 23 册　第 386 页

33148　孙中山先生建国方略之一：发展实业第二计划（续昨）　《民国日报》

33167 孙中山先生与米/吉田东祐（星期评论） 《申报》 1944 年 3 月 5 日 第 385 册 第 229 页

33168 孙中山先生在民治学会的演说（代论）/孙中山 《民国日报》 1919 年 12 月 23 日 第 24 册 第 614 页

33169 孙中山先生致参众两院议员书 《民国日报》 1916 年 12 月 22 日 第 6 册 第 614 页

33170 孙中山先生忠告两院函 《民国日报》 1916 年 5 月 20 日 第 9 册 第 230 页

33171 孙中山先生最近之演说 《民国日报》 1923 年 11 月 24 日 第 48 册 第 334 页

33172 孙中山先生最近之演说（续昨） 《民国日报》 1923 年 11 月 25 日 第 48 册 第 348 页

33173 孙中山先生最近之演说（二续） 《民国日报》 1923 年 11 月 26 日 第 48 册 第 362 页

33174 孙中山先生最近之演说（三续） 《民国日报》 1923 年 11 月 27 日 第 48 册 第 376 页

33175 孙中山先生最近之演说（四续） 《民国日报》 1923 年 11 月 28 日 第 48 册 第 392 页

33176 孙中山与平民革命（言论） 《民国日报》 1925 年 4 月 30 日 第 56 册 第 828 页

33177 孙中山致日本陆相书 《民国日报》 1920 年 7 月 9 日 第 28 册 第 114 页

33178 孙总理广州蒙难五周纪念宣传大纲（代论） 《民国日报》 1927 年 6 月 16 日 第 68 册 第 695 页

33179 孙总统的地位 《民国日报》 1922 年 7 月 24 日 第 40 册 第 318 页

33180 孙总统的势力 《民国日报》 1922 年 8 月 13 日 第 40 册 第 590 页

33181 孙总统离粤后的粤人 《民国日报》 1922 年 8 月 15 日 第 40 册 第 618 页

33182 孙总统宣言的涵义 《民国日报》 1922 年 6 月 11 日 第 39 册 第 560 页

33183 孙总统主张——时论 《民国日报》 1922 年 6 月 23 日 第 39 册 第 724 页

33184 孙总统最近宣言 《民国日报》 1922 年 3 月 14 日 第 38 册 第 180 页

33185 损人不利己 《申报》 1924 年 12 月 24 日 第 208 册 第 465 页

33186 损人不利己说 《申报》 1884 年 12 月 29 日 第 25 册 第 1031 页

33187 损人利己 《申报》 1925 年 9 月 3 日 第 216 册 第 46 页

33188 损蚀冲洗下的乡土/费孝通（星期论文） 《大公报》 1947 年 12 月 7 日 第 161 册 第 592 页

33189 缩短击溃日本的时间：读邱吉尔首相广播演词 《大公报》 1944 年 3 月 28 日 第 152 册 第 390 页

33190 缩短假期与春假 《大公报》 1935 年 3 月 14 日 第 125 册 第 212 页

33191 缩短假期与学生假期生活 《大公报》 1934 年 12 月 25 日 第 123 册 第 800 页

33192 缩短时间 《申报》 1926 年 11 月 26 日 第 229 册 第 598 页

33193 缩短这苦难日子吧！：由津市娱乐场停业说起 《大公报》 1949 年 1 月 12 日 第 164 册 第 637 页

33194 缩短阵线 《申报》 1927 年 11 月 16 日 第 240 册 第 344 页

33195 缩减军队之亟务 《大公报》 1928 年 3 月 20 日 第 83 册 第 191 页

33196 缩小疆域问题之研究 《申报》 1912 年 5 月 25 日 第 117 册 第 529 页

33197 缩小叛乱奠定国基 《中央日报》 1946 年 8 月 22 日 第 53 册 第 708 页

33198 缩小省区 《申报》 1944 年 2 月 3 日 第 385 册 第 117 页

33199 缩小省区利弊 《大公报》 1947 年 12 月 11 日 第 161 册 第 616 页

33200 缩小省区与政治改革 《中央日报》 1947 年 11 月 28 日 第 57 册 第 918 页

33201 缩小战祸之呼吁 《大公报》 1931 年 7 月 25 日 第 103 册 第 292 页

33202 缩印廿四史说 《申报》 1882 年 12 月 4 日 第 21 册 第 937 页

33203 所传之日本"喜多和平计划" 《申报》 1939 年 3 月 1 日 第 362 册 第 460 页

33204 所传之中日会议 《大公报》 1936 年 1 月 9 日 第 130 册 第 90 页

33205 所得利得税简化稽征 《大公报》 1944 年 8 月 10 日 第 153 册 第 184 页

33206 所得税 《申报》 1920 年 12 月 5 日 第 167 册 第 595 页

33207 所得税定期实行 《申报》 1936 年 8 月 20 日 第 343 册 第 507 页

33208 所得税施行之研究 《申报》 1920 年 12 月 24 日 第 167 册 第 938 页

33209 所得税与义教 《申报》 1935 年 9 月 12 日 第 332 册 第 329 页

33210 所得税展期 《申报》 1920 年 12 月 19 日 第 167 册 第 843 页

33211 所贡献于郑家屯交涉者 《民国日报》 1916 年 9 月 12 日 第 5 册 第 134 页

33212 所贡献于郑家屯交涉者（续）：中国方面 《民国日报》 1916 年 9 月 13 日 第 5 册 第 146 页

33213 所见之远近 《申报》 1915 年 7 月 14 日 第 135 册 第 230 页

33214　所罗门海战大捷　《中央日报》　1942 年 11 月 18 日　第 47 册　第 112 页

33215　所罗门海战大捷　《大公报》　1942 年 11 月 18 日　第 149 册　第 612 页

33216　所罗门群岛的战事　《中央日报》　1942 年 8 月 12 日　第 46 册　第 588 页

33217　所难在己　《申报》　1925 年 8 月 12 日　第 215 册　第 224 页

33218　所期待于川越大使者　《大公报》　1936 年 5 月 16 日　第 132 册　第 214 页

33219　所期待于张副司令者　《大公报》　1930 年 12 月 7 日　第 99 册　第 436 页

33220　所期望于沪市党部者　《申报》　1946 年 10 月 15 日　第 390 册　第 558 页

33221　所期望于今日之日本　《申报》　1939 年 9 月 18 日　第 366 册　第 260 页

33222　所期望于四全代表大会者　《中央日报》　1931 年 11 月 13 日　第 16 册　第 523 页

33223　所望县参议会　《大公报》　1942 年 6 月 16 日　第 148 册　第 708 页

33224　所望于罢课后学生者　《民国日报》　1919 年 5 月 23 日　第 21 册　第 266 页

33225　所望于本届参政会者　《大公报》　1945 年 7 月 9 日　第 155 册　第 38 页

33226　所望于财政会议者　《中央日报》　1941 年 6 月 15 日　第 44 册　第 968 页

33227　所望于此次参政会者　《中央日报》　1943 年 9 月 21 日　第 48 册　第 686 页

33228　所望于此次参政会者　《大公报》　1946 年 3 月 21 日　第 156 册　第 316 页

33229　所望于大总统者　《民国日报》　1916 年 5 月 19 日　第 9 册　第 218 页

33230　所望于各民治国家者　《申报》（香港版）　1938 年 6 月 17 日　第 356 册　第 833 页

33231　所望于各学术团体年会者　《申报》　1935 年 6 月 18 日　第 329 册　第 465 页

33232　所望于国民大会　《中央日报》　1946 年 11 月 11 日　第 54 册　第 506 页

33233　所望于航业界者　《中央日报》　1947 年 7 月 9 日　第 56 册　第 700 页

33234　所望于何宋诸当局　《大公报》　1935 年 12 月 5 日　第 129 册　第 480 页

33235　所望于河北省当局者　《大公报》　1928 年 7 月 20 日　第 85 册　第 191 页

33236　所望于华北政委会　《申报》　1933 年 5 月 13 日　第 304 册　第 309 页

33237　所望于教长及视察专员者　《大公报》　1934 年 3 月 28 日　第 119 册　第

33257 所望于司法行政会义者 《大公报》 1947 年 11 月 7 日 第 161 册 第 410 页

33258 所望于魏特使者 《中央日报》 1947 年 8 月 21 日 第 56 册 第 1142 页

33259 所望于五届一中全会者 《申报》 1935 年 12 月 4 日 第 335 册 第 85 页

33260 所望于宪草审委会诸君 《中央日报》 1946 年 2 月 14 日 第 52 册 第 458 页

33261 所望于学术工作谘询处者 《申报》 1934 年 12 月 5 日 第 323 册 第 135 页

33262 所望于英国工党政府者 《民国日报》 1929 年 6 月 13 日 第 80 册 第 689 页

33263 所望于粤省新当局者 《大公报》 1936 年 8 月 5 日 第 133 册 第 506 页

33264 所望于政治学会者 《中央日报》 1942 年 11 月 6 日 第 47 册 第 34 页

33265 所望于中俄正式会议 《申报》 1930 年 1 月 8 日 第 266 册 第 161 页

33266 所望于中央农村服务讲习所者 《申报》 1934 年 11 月 22 日 第 322 册 第 646 页

33267 所望诸上海经济界者 《大公报》 1932 年 8 月 5 日 第 109 册 第 424 页

33268 所为何事 《申报》 1923 年 2 月 1 日 第 188 册 第 619 页

33269 所谓"东亚新秩序" 《中央日报》 1938 年 12 月 15 日 第 41 册 第 396 页

33270 所谓东亚之和平 《申报》 1915 年 5 月 10 日 第 134 册 第 158 页

33271 所谓对华交涉 《申报》 1925 年 8 月 7 日 第 215 册 第 125 页

33272 所谓公费运动 《中央日报》 1948 年 4 月 12 日 第 58 册 第 916 页

33273 所谓"共荣圈" 《中央日报》 1942 年 5 月 27 日 第 46 册 第 112 页

33274 所谓国际远东调查团 《中央日报》 1929 年 11 月 21 日 第 8 册 第 247 页

33275 所谓国是会议的商榷 《民国日报》 1922 年 2 月 23 日 第 37 册 第 628 页

33276 所谓"国医"/傅孟真（星期论文） 《大公报》 1934 年 8 月 5 日 第 121 册 第 518 页

33277 所谓何事 《申报》 1917 年 9 月 19 日 第 148 册 第 308 页

33278 所谓"华兴银行" 《申报》 1939 年 5 月 4 日 第 363 册 第 588 页

33279 所谓扩大会议决定之基础条件！ 《中央日报》 1930 年 8 月 8 日 第 11 册 第 467 页

33280　所谓六条件　《申报》　1920年7月29日　第165册　第513页

33281　所谓纳粹春季攻势的剖视　《申报》　1941年3月13日　第375册　第154页

33282　所谓欧洲联盟之前途　《大公报》　1930年9月16日　第98册　第184页

33283　所谓青年的道德问题/丁文江（星期论文）　《大公报》　1935年5月19日　第126册　第292页

33284　所谓日本对华新政策　《大公报》　1935年10月14日　第128册　第622页

33285　所谓日军新战略　《申报》　1939年7月2日　第365册　第24页

33286　所谓"日汪谈判"　《大公报》　1940年8月28日　第145册　第210页

33287　所谓三五之争　《中央日报》　1946年9月20日　第53册　第1008页

33288　所谓善后　《申报》　1925年3月30日　第210册　第563页

33289　所谓世界和平大会　《申报》　1949年3月28日　第400册　第570页

33290　所谓四国经济集团的检讨　《申报》　1940年8月7日　第371册　第492页

33291　所谓危急存亡之秋　《申报》　1913年3月20日　第121册　第229页

33292　所谓新的外交方案/翰　《申报》　1932年1月18日　第290册　第332页

33293　所谓"亚细亚经济联盟"之前路　《申报》　1932年11月8日　第298册　第195页

33294　所谓"亚洲门罗主义"：其日美间之新默契乎　《中央日报》　1932年6月25日　第18册　第362页

33295　所谓中村事件（一）　《申报》　1931年9月11日　第286册　第294页

33296　所谓中村事件（二）　《申报》　1931年9月12日　第286册　第321页

33297　所谓中村事件者　《中央日报》　1931年9月11日　第15册　第835页

33298　所希望于八中全会者　《中央日报》　1941年4月1日　第44册　第642页

33299　所希望于魏市长者　《中央日报》　1930年4月15日　第10册　第179页

33300　所希望于粤方代表者　《民国日报》　1931年11月26日　第95册　第319页

33301　所以纪念孙中山先生之道　《大公报》　1928年11月12日　第87册　第133页

33302　索价还价　《申报》　1920年10月17日　第166册　第813页

33303　索赔巨款疑义　《申报》　1884年7月7日　第25册　第37页

33422 太平洋西岸的钟声 《民国日报》 1921 年 4 月 6 日 第 32 册 第 504 页

33423 太平洋现局下之缅甸 《大公报》 1941 年 11 月 11 日 第 147 册 第 524 页

33424 太平洋宪章的期待 《申报》 1943 年 5 月 1 日 第 383 册 第 805 页

33425 太平洋宪章与中国 《中央日报》 1942 年 4 月 5 日 第 45 册 第 1030 页

33426 太平洋新局势形成之征兆 《大公报》 1936 年 3 月 31 日 第 131 册 第 422 页

33427 太平洋形势的"变"与"不变"/师连舫(星期论文) 《大公报》 1940 年 8 月 18 日 第 145 册 第 172 页

33428 太平洋形势的日驰 《申报》 1941 年 2 月 26 日 第 374 册 第 670 页

33429 太平洋形势的正视 《中央日报》 1941 年 7 月 20 日 第 44 册 第 1128 页

33430 太平洋形势与美国 《中央日报》 1941 年 2 月 16 日 第 44 册 第 450 页

33431 太平洋形势与中日问题 《大公报》 1937 年 5 月 21 日 第 138 册 第 288 页

33432 太平洋与中国前途 《民国日报》 1921 年 7 月 31 日 第 34 册 第 422 页

33433 太平洋早不太平! 《中央日报》 1941 年 11 月 16 日 第 45 册 第 450 页

33434 太平洋战祸的朕兆 《中央日报》 1939 年 2 月 14 日 第 41 册 第 734 页

33435 太平洋战局的关键 《中央日报》 1941 年 12 月 9 日 第 45 册 第 542 页

33436 太平洋战局的危机 《大公报》 1942 年 1 月 14 日 第 148 册 第 62 页

33437 太平洋战局的展望 《申报》 1944 年 10 月 2 日 第 386 册 第 303 页

33438 太平洋战局的展望 《中央日报》 1944 年 1 月 6 日 第 49 册 第 40 页

33439 太平洋战局的战略 《中央日报》 1941 年 12 月 11 日 第 45 册 第 550 页

33440 太平洋战局应有变化 《大公报》 1942 年 6 月 19 日 第 148 册 第 720 页

33441 太平洋战局展望 《申报》 1945 年 3 月 3 日 第 387 册 第 177 页

33442 太平洋战局展望/松岛庆兰(星期评论) 《申报》 1945 年 4 月 29 日 第 387 册 第 313 页

33443 太平洋战局之检讨 《申报》 1944 年 2 月 24 日 第 385 册 第 193 页

33444　太平洋战略之新决定　《中央日报》　1943 年 8 月 23 日　第 48 册　第 562 页

33445　太平洋战展望　《大公报》　1941 年 12 月 11 日　第 147 册　第 644 页

33446　太平洋战争爆发后之中国财政经济　《大公报》　1941 年 12 月 16 日　第 147 册　第 664 页

33447　太平洋战争的现势　《中央日报》　1945 年 6 月 27 日　第 51 册　第 158 页

33448　太平洋战争的新阶段　《中央日报》　1944 年 12 月 12 日　第 50 册　第 460 页

33449　太平洋战争的新要素　《中央日报》　1944 年 3 月 30 日　第 49 册　第 404 页

33450　太平洋战争的责任　《中央日报》　1941 年 11 月 29 日　第 45 册　第 500 页

33451　太平洋战争二周年　《大公报》　1943 年 12 月 7 日　第 151 册　第 708 页

33452　太平洋战争三周年　《中央日报》　1944 年 12 月 8 日　第 50 册　第 444 页

33453　太平洋战争四周年　《申报》　1945 年 12 月 8 日　第 387 册　第 683 页

33454　太平洋战争下的台湾情势/谢南光（星期论文）　《大公报》　1944 年 4 月 17 日　第 152 册　第 484 页

33455　太平洋战争一周年　《大公报》　1942 年 12 月 7 日　第 149 册　第 692 页

33456　太平洋之癌　《申报》　1941 年 11 月 3 日　第 378 册　第 417 页

33457　太原黄太孺人五十寿序　《申报》　1886 年 10 月 15 日　第 29 册　第 653 页

33458　太原球赛大会感言　《大公报》　1929 年 4 月 9 日　第 89 册　第 628 页

33459　太子少保北洋大臣直隶总督袁宫保太子少保署理南洋大臣两江总督湖广总督张宫保会奏递减中额折　《申报》　1903 年 3 月 23 日　第 73 册　第 459 页

33460　态度　《申报》　1916 年 1 月 18 日　第 138 册　第 244 页

33461　态度　《申报》　1926 年 9 月 14 日　第 227 册　第 346 页

33462　态度：当世之人物鉴　《民国日报》　1917 年 12 月 24 日　第 12 册　第 638 页

33463　态度分明　《申报》　1919 年 6 月 11 日　第 158 册　第 695 页

33464　泰戈尔与哈巴克沁格　《民国日报》　1924 年 4 月 26 日　第 50 册　第 694 页

33465　泰国倒入暴日怀里！　《大公报》　1941 年 8 月 2 日　第 147 册　第 124 页

33466　泰国的坚决表示　《申报》　1941 年 8 月 14 日　第 377 册　第 168 页

33467　泰国的自觉与自救　《中央日报》　1943 年 2 月 28 日　第 47 册　第 714 页

33468　泰国的最后关头　《中央日报》　1941 年 8 月 2 日　第 45 册　第 14 页

33469　泰国莫学波兰！　《大公报》　1940 年 9 月 20 日　第 145 册　第 302 页

33470　泰国外交之摇摆　《大公报》　1941 年 6 月 12 日　第 146 册　第 664 页

33471　泰国钻进"大东亚共死圈"　《大公报》　1942 年 7 月 15 日　第 149 册　第 68 页

33472　泰日关系的现阶段　《大公报》　1940 年 8 月 24 日　第 145 册　第 194 页

33473　泰晤士论奥款之失计　《申报》　1913 年 9 月 5 日　第 124 册　第 51 页

33474　泰西防疫说　《申报》　1902 年 7 月 26 日　第 71 册　第 587 页

33475　泰西风俗近古说　《申报》　1881 年 9 月 11 日　第 19 册　第 289 页

33476　泰西各国工人增值论　《申报》　1873 年 11 月 24 日　第 3 册　第 501 页

33477　泰西各国钱法考略　《申报》　1901 年 1 月 6 日　第 67 册　第 31 页

33478　泰西教法一　《申报》　1889 年 11 月 13 日　第 35 册　第 837 页

33479　泰西教法二　《申报》　1889 年 11 月 19 日　第 35 册　第 875 页

33480　泰西教法三　《申报》　1889 年 11 月 24 日　第 35 册　第 905 页

33481　泰西教法四　《申报》　1889 年 12 月 3 日　第 35 册　第 963 页

33482　泰西律师之法不能行于中国说　《申报》　1901 年 1 月 27 日　第 67 册　第 157 页

33483　泰西轮车铁路考　《申报》　1887 年 2 月 18 日　第 30 册　第 247 页

33484　泰西十九世文明述略　《申报》　1901 年 1 月 31 日　第 67 册　第 181 页

33485　泰西邮局考　《申报》　1892 年 2 月 14 日　第 40 册　第 213 页

33486　泰西自流井说　《申报》　1890 年 3 月 30 日　第 36 册　第 493 页

33487　泰越冲突的重要性　《中央日报》　1940 年 11 月 29 日　第 44 册　第 118 页

33488　泰越觉醒之时！　《大公报》　1941 年 2 月 28 日　第 146 册　第 244 页

33489　泰越勿蹈罗匈覆辙　《中央日报》　1941 年 2 月 6 日　第 44 册　第 412 页

33490　泰越"休战"的检讨　《大公报》　1941 年 2 月 5 日　第 146 册　第 152 页

33491　贪　《申报》　1928 年 10 月 29 日　第 251 册　第 780 页

33492　贪凉足以致疾说　《申报》　1888 年 7 月 31 日　第 33 册　第 211 页

33493　贪天之功　《申报》　1920 年 11 月 2 日　第 167 册　第 21 页

33494　贪小失大论　《申报》　1889 年 8 月 22 日　第 35 册　第 327 页

33495　贪与恋　《申报》　1927 年 5 月 18 日　第 234 册　第 344 页

33496　摊贩问题的严重性　《大公报》　1946 年 12 月 3 日　第 158 册　第 410 页

33497　摊贩问题平议　《申报》　1946 年 12 月 1 日　第 391 册　第 370 页

33498　谈安定物价　《申报》　1943 年 1 月 19 日　第 383 册　第 122 页

33499　谈保障人权　《大公报》　1947 年 7 月 15 日　第 160 册　第 474 页

33500　谈必要的道德条件　《大公报》　1943 年 11 月 2 日　第 151 册　第 552 页

33501　谈兵　《申报》　1891 年 11 月 6 日　第 39 册　第 779 页

33502　谈兵　《申报》　1892 年 4 月 22 日　第 40 册　第 639 页

33503　谈兵　《申报》　1894 年 12 月 3 日　第 48 册　第 585 页

33504　谈兵　《申报》　1895 年 2 月 20 日　第 49 册　第 259 页

33505　谈兵　《申报》　1904 年 3 月 26 日　第 76 册　第 485 页

33506　谈兵　《申报》　1913 年 12 月 10 日　第 125 册　第 558 页

33507　谈兵　《申报》　1923 年 2 月 19 日　第 188 册　第 841 页

33508　谈兵扼要篇　《申报》　1892 年 7 月 19 日　第 41 册　第 513 页

33509　谈裁员　《大公报》　1945 年 2 月 16 日　第 154 册　第 198 页

33510　谈大学教育：所望于第三次全国教育会议者　《申报》　1943 年 2 月 26 日　第 383 册　第 386 页

33511　谈灯　《申报》　1886 年 7 月 18 日　第 29 册　第 103 页

33512　谈第四界太平洋讨论会　《民国日报》　1931 年 7 月 3 日　第 93 册　第 28 页

33513　谈东方空中战场　《大公报》　1943 年 4 月 15 日　第 150 册　第 466 页

33514　谈对外宣传　《民国日报》　1928 年 9 月 18 日　第 76 册　第 281 页

33515　谈儿童福利　《大公报》　1944 年 9 月 25 日　第 153 册　第 396 页

33516　谈发展农业　《大公报》　1943 年 6 月 8 日　第 150 册　第 704 页

33517　谈法律　《申报》　1922 年 6 月 8 日　第 181 册　第 141 页

33518　谈法律（续）　《申报》　1922 年 6 月 9 日　第 181 册　第 161 页

33519　谈复员　《中央日报》　1945 年 8 月 31 日　第 51 册　第 546 页

33520　谈复员准备　《大公报》　1945 年 5 月 12 日　第 154 册　第 558 页

33521　谈富　《申报》　1874 年 12 月 3 日　第 5 册　第 535 页

33522　谈高利率政策　《申报》　1949 年 4 月 15 日　第 400 册　第 710 页

33523　谈工商业现状　《大公报》　1948 年 4 月 30 日　第 162 册　第 724 页

33524　谈话　《申报》　1920 年 8 月 29 日　第 165 册　第 1047 页

33525　谈话会…预备会…四届会…有何意义？　《大公报》　1927 年 11 月 26 日　第 81 册　第 447 页

33526　谈火　《申报》　1888 年 6 月 11 日　第 32 册　第 957 页

33527　谈几个对日观念　《大公报》　1948 年 10 月 15 日　第 164 册　第 266 页

33528　谈奖励外资归国　《大公报》　1948 年 7 月 31 日　第 163 册　第 548 页

33529　谈节约要从国家着想　《中央日报》　1930 年 2 月 8 日　第 9 册　第

485 页

33530　谈经　《申报》　1892 年 10 月 1 日　第 42 册　第 195 页

33531　谈"纠正伯力草约办法"/黄大经　《民国日报》　1930 年 2 月 9 日　第 84
　　　　册　第 484 页

33532　谈九龙租界　《大公报》　1945 年 8 月 30 日　第 155 册　第 262 页

33533　谈旧金山会议　《申报》　1945 年 4 月 3 日　第 387 册　第 253 页

33534　谈救侨　《大公报》　1942 年 6 月 8 日　第 148 册　第 674 页

33535　谈联合国的战略　《大公报》　1943 年 3 月 24 日　第 150 册　第 360 页

33536　谈粮贷舞弊案　《大公报》　1946 年 6 月 24 日　第 156 册　第 696 页

33537　谈路政　《民国日报》　1945 年 12 月 11 日　第 96 册　第 325 页

33538　谈盟国船的问题　《大公报》　1942 年 8 月 24 日　第 149 册　第 238 页

33539　谈民富国强之道　《申报》　1943 年 3 月 23 日　第 383 册　第 572 页

33540　谈民众常识指导　《申报》　1935 年 4 月 15 日　第 327 册　第 416 页

33541　谈民族健康　《申报》　1943 年 5 月 31 日　第 383 册　第 985 页

33542　谈民族健康运动　《大公报》　1942 年 9 月 2 日　第 149 册　第 276 页

33543　谈摩斯莱事件　《大公报》　1943 年 12 月 4 日　第 151 册　第 694 页

33544　谈母职　《大公报》　1942 年 9 月 15 日　第 149 册　第 334 页

33545　谈难民问题　《申报》（汉口版）　1938 年 6 月 14 日　第 356 册　第
　　　　305 页

33546　谈欧菲战局　《申报》　1942 年 12 月 11 日　第 382 册　第 474 页

33547　谈欧局　《申报》　1943 年 2 月 21 日　第 383 册　第 346 页

33548　谈欧局　《申报》　1944 年 9 月 20 日　第 386 册　第 265 页

33549　谈欧局/陈彬龢（代论）　《申报》　1944 年 7 月 27 日　第 386 册　第
　　　　89 页

33550　谈欧洲战局　《申报》　1944 年 8 月 12 日　第 386 册　第 141 页

33551　谈欧洲战局　《申报》　1944 年 8 月 28 日　第 386 册　第 193 页

33552　谈判撤销领判权与其实行　《大公报》　1929 年 11 月 12 日　第 93 册　第
　　　　180 页

33553　谈判停战　《申报》　1933 年 5 月 25 日　第 304 册　第 634 页

33554　谈勤俭建国运动（专论）　《申报》　1948 年 10 月 20 日　第 399 册　第
　　　　136 页

33555　谈青年运动　《申报》　1943 年 1 月 27 日　第 383 册　第 186 页

33556　谈人材问题　《申报》　1943 年 1 月 24 日　第 383 册　第 162 页

33557　谈人事管理　《中央日报》　1942 年 8 月 26 日　第 46 册　第 676 页

33558　谈日本新内阁　《申报》　1944 年 8 月 16 日　第 386 册　第 155 页

33559　谈日本之物质预算　《中央日报》　1937 年 6 月 29 日　第 39 册　第

721 页

33560　谈三案　《民国日报》　1946 年 8 月 26 日　第 98 册　第 522 页

33561　谈商的基本原则　《中央日报》　1946 年 9 月 14 日　第 53 册　第 946 页

33562　谈社会行政　《大公报》　1942 年 10 月 20 日　第 149 册　第 488 页

33563　谈诗　《申报》　1889 年 7 月 1 日　第 35 册　第 1 页

33564　谈时务　《申报》　1877 年 11 月 2 日　第 11 册　第 429 页

33565　谈史（一）　《申报》　1920 年 7 月 23 日　第 165 册　第 420 页

33566　谈史（二）　《申报》　1920 年 7 月 24 日　第 165 册　第 437 页

33567　谈史（三）　《申报》　1920 年 8 月 11 日　第 165 册　第 746 页

33568　谈史（四）　《申报》　1920 年 8 月 12 日　第 165 册　第 762 页

33569　谈疏散人口　《申报》　1949 年 5 月 2 日　第 400 册　第 814 页

33570　谈死的意义　《申报》（汉口版）　1938 年 1 月 28 日　第 356 册　第 27 页

33571　谈四川工业下乡　《大公报》　1944 年 7 月 15 日　第 153 册　第 66 页

33572　谈所谓"大陆日本"　《大公报》　1945 年 3 月 6 日　第 154 册　第 274 页

33573　谈所谓"言论自由"：在立法院纪念周讲演/胡汉民　《民国日报》　1930 年 11 月 21 日　第 89 册　第 249 页

33574　谈所谓"言论自由"：在立法院纪念周讲演/胡汉民　《民国日报》　1930 年 11 月 22 日　第 89 册　第 261 页

33575　谈谈对外贸易　《大公报》　1946 年 5 月 4 日　第 156 册　第 492 页

33576　谈谈"花子军"（社论）　《民国日报》　1927 年 12 月 8 日　第 71 册　第 540 页

33577　谈谈教育　《大公报》　1944 年 5 月 26 日　第 152 册　第 658 页

33578　谈谈经济会议　《民国日报》　1928 年 6 月 19 日　第 74 册　第 788 页

33579　谈谈两个运动会　《大公报》　1948 年 4 月 26 日　第 162 册　第 700 页

33580　谈谈时局（代论）　《民国日报》　1926 年 1 月 8 日　第 61 册　第 82 页

33581　谈谈汪先生的举措（社论）　《民国日报》　1927 年 11 月 2 日　第 71 册　第 17 页

33582　谈谈中国的新闻事业　《民国日报》　1928 年 10 月 6 日　第 76 册　第 567 页

33583　谈天　《申报》　1874 年 8 月 1 日　第 5 册　第 109 页

33584　谈天　《申报》　1888 年 5 月 6 日　第 32 册　第 719 页

33585　谈天　《申报》　1890 年 10 月 5 日　第 37 册　第 619 页

33586　谈同意权　《大公报》　1948 年 5 月 27 日　第 163 册　第 158 页

33587　谈文　《申报》　1888 年 9 月 10 日　第 33 册　第 481 页

33588　谈五月大赦　《中央日报》　1948 年 4 月 23 日　第 58 册　第 1010 页

33589 谈物价 《申报》 1944 年 10 月 20 日 第 386 册 第 359 页

33590 谈物价 《申报》 1944 年 9 月 11 日 第 386 册 第 237 页

33591 谈物价问题 《申报》 1942 年 12 月 30 日 第 382 册 第 626 页

33592 谈宪政答客问 《大公报》 1944 年 1 月 28 日 第 152 册 第 120 页

33593 谈效率 《申报》 1944 年 11 月 3 日 第 386 册 第 405 页

33594 谈蟹 《申报》 1920 年 10 月 25 日 第 166 册 第 962 页

33595 谈行政效率 《中央日报》 1940 年 1 月 13 日 第 42 册 第 996 页

33596 谈修明政治 《申报》 1943 年 1 月 7 日 第 383 册 第 26 页

33597 谈医 《申报》 1889 年 6 月 30 日 第 34 册 第 1039 页

33598 谈医 《申报》 1897 年 8 月 19 日 第 56 册 第 683 页

33599 谈圊 《申报》 1888 年 8 月 21 日 第 33 册 第 347 页

33600 谈渝共关系 《申报》 1944 年 10 月 7 日 第 386 册 第 317 页

33601 谈造林 《大公报》 1943 年 4 月 8 日 第 150 册 第 434 页

33602 谈炸柏林 《大公报》 1944 年 1 月 5 日 第 152 册 第 22 页

33603 谈战 《申报》 1874 年 12 月 5 日 第 5 册 第 543 页

33604 谈战局 《民国日报》 1946 年 10 月 7 日 第 99 册 第 177 页

33605 谈浙江自治（言论） 《民国日报》 1926 年 12 月 23 日 第 66 册 第 296 页

33606 谈整顿教育 《民国日报》 1946 年 2 月 8 日 第 97 册 第 145 页

33607 谈中暹关系 《大公报》 1946 年 1 月 8 日 第 156 册 第 32 页

33608 谈中小学教育：所望于第三次全国教育会议者 《申报》 1943 年 2 月 27 日 第 383 册 第 394 页

33609 谈驻会机构 《中央日报》 1948 年 4 月 23 日 第 58 册 第 1010 页

33610 谈最近物价 《申报》 1943 年 10 月 26 日 第 384 册 第 651 页

33610.1 弹劾 《申报》 1915 年 9 月 14 日 第 136 册 第 208 页

33610.2 弹劾苏民厅卖官案 《大公报》 1933 年 7 月 25 日 第 115 册 第 340 页

33610.3 弹劾问题之论争 《大公报》 1934 年 7 月 19 日 第 121 册 第 268 页

33610.4 弹劾与铨叙 《申报》 1944 年 4 月 11 日 第 385 册 第 353 页

33610.5 弹指百年！：江宁条约一百周年感想 《中央日报》 1942 年 8 月 29 日 第 46 册 第 694 页

33611 覃振氏改革司法意见 《大公报》 1934 年 11 月 24 日 第 123 册 第 338 页

33612 痰饮辨异说 《申报》 1887 年 5 月 21 日 第 30 册 第 831 页

33613 谭先生遗范足风 《民国日报》 1930 年 9 月 25 日 第 88 册 第 312 页

33614 谭延闿之民治主义 《申报》 1920 年 8 月 11 日 第 165 册 第 737 页

33615 谭院长国葬典礼 《民国日报》 1931 年 9 月 4 日 第 94 册 第 40 页

33694 讨贼与火拼 《民国日报》 1922年1月10日 第37册 第124页

33695 讨贼与贼 《民国日报》 1917年7月13日 第10册 第146页

33696 讨贼之正义：当问有罪无罪 不当问成不成 《民国日报》 1917年6月13日 第9册 第518页

33697 特别保护归国华侨 《民国日报》 1920年3月6日 第26册 第72页

33698 特别对英美政府一言 《大公报》 1937年10月22日 第139册 第501页

33699 特别律 《申报》 1915年6月29日 第134册 第988页

33700 特别人 《申报》 1929年4月23日 第257册 第633页

33701 特别人（二） 《申报》 1929年4月24日 第257册 第662页

33702 特别之失职 《申报》 1919年12月20日 第161册 第855页

33703 特别之事 《申报》 1929年4月25日 第257册 第690页

33704 特夫古柏的正论 《申报》 1941年9月21日 第377册 第660页

33705 特港问题的发展 《申报》 1946年11月16日 第391册 第190页

33706 特港问题的重要性 《申报》 1946年6月30日 第389册 第270页

33707 特派大员巡视地方 《中央日报》 1934年4月4日 第26册 第38页

33708 特赦案 《申报》 1919年1月9日 第156册 第115页

33709 特赦张勋 《民国日报》 1918年10月25日 第17册 第608页

33710 特殊之解说 《申报》 1929年1月28日 第254册 第745页

33711 特税舞弊案善后问题 《申报》 1944年8月21日 第386册 第171页

33712 特务委员会之急务 《民国日报》 1932年1月16日 第96册 第88页

33713 特种产销税问题 《大公报》 1931年5月31日 第102册 第364页

33714 特种刑庭拘传学生 《大公报》 1948年8月20日 第163册 第668页

33715 腾冲的克复 《中央日报》 1944年9月15日 第50册 第66页

33716 腾冲与密芝那的捷报 《中央日报》 1944年8月5日 第49册 第966页

33717 提案 《申报》 1921年8月23日 第172册 第459页

33718 提倡搭吃杂粮 《申报》 1944年6月20日 第385册 第593页

33719 提倡国产绸缎之要义 《申报》 1935年1月1日 第324册 第16页

33720 提倡国货此其时矣 《大公报》 1930年6月24日 第96册 第776页

33721 提倡国货须有澈底觉悟 《大公报》 1931年8月4日 第103册 第412页

33722 提倡国货与国货教育 《申报》 1934年12月29日 第323册 第832页

33723 提倡国货运动有扩大之必要 《申报》 1934年7月12日 第318册 第349页

10 页

33749　提防日奸的毒计　《申报》（香港版）　1939 年 4 月 1 日　第 358 册　第 250 页

33750　提高被歧视民族的生活　《大公报》　1943 年 4 月 22 日　第 150 册　第 498 页

33751　提高党权与清党运动（时论）　《民国日报》　1927 年 4 月 23 日　第 67 册　第 406 页

33752　提高道德水准/周太玄（星期论文）　《大公报》　1946 年 4 月 28 日　第 156 册　第 468 页

33753　提高对日本的警觉！　《申报》　1947 年 6 月 4 日　第 393 册　第 646 页

33754　提高对日警觉！　《申报》　1946 年 10 月 17 日　第 390 册　第 582 页

33755　提高公务员待遇的商榷　《申报》　1945 年 1 月 30 日　第 387 册　第 87 页

33756　提高监察权　《民国日报》　1928 年 2 月 3 日　第 72 册　第 366 页

33757　提高警察待遇　《申报》　1944 年 3 月 1 日　第 385 册　第 215 页

33758　提高警觉！　《中央日报》　1947 年 7 月 6 日　第 56 册　第 666 页

33759　提高警觉，加倍奋发　《中央日报》　1944 年 12 月 11 日　第 50 册　第 456 页

33760　提高民权精神！　《中央日报》　1940 年 12 月 8 日　第 44 册　第 154 页

33761　提高民族的健康　《大公报》　1945 年 3 月 14 日　第 154 册　第 308 页

33762　提高人的因素　《大公报》　1943 年 3 月 31 日　第 150 册　第 394 页

33763　提高生活水平　《大公报》　1944 年 4 月 21 日　第 152 册　第 504 页

33764　提高行政效率问题　《申报》　1943 年 3 月 2 日　第 383 册　第 418 页

33765　提高行政效率之道　《大公报》　1945 年 2 月 24 日　第 154 册　第 232 页

33766　提高选举水平肃正选举风气　《中央日报》　1947 年 4 月 19 日　第 55 册　第 1050 页

33767　提高战时农业生产　《申报》　1943 年 1 月 14 日　第 383 册　第 82 页

33768　提高政效　尽其在我　《大公报》　1942 年 7 月 9 日　第 149 册　第 42 页

33769　提高政效与肃清贪污　《大公报》　1947 年 9 月 12 日　第 161 册　第 70 页

33770　提高政治水准　《中央日报》　1946 年 1 月 21 日　第 52 册　第 314 页

33771　提高中等教育水准　《中央日报》　1943 年 8 月 19 日　第 48 册　第 544 页

33772　提高中小学教师待遇　《申报》　1944 年 5 月 4 日　第 385 册　第 431 页

33773　提高行政效率　《中央日报》　1947 年 5 月 15 日　第 56 册　第 146 页

33774　提供一个行为的基准　《大公报》　1943 年 4 月 7 日　第 150 册　第

426 页

33775 提举衔浙江侯补通判秦度周上河督治河管见 《申报》 1888 年 12 月 24 日 第 33 册 第 1133 页

33776 提醒德国 揭穿日本 《大公报》 1940 年 6 月 4 日 第 144 册 第 624 页

33777 提议和局 《申报》 1918 年 8 月 25 日 第 153 册 第 916 页

33778 提议中央设商民部（社评） 《民国日报》 1927 年 9 月 18 日 第 70 册 第 260 页

33779 提早召开国民大会 《中央日报》 1945 年 1 月 2 日 第 50 册 第 550 页

33780 提早征收建国特捐 《中央日报》 1947 年 10 月 11 日 第 57 册 第 424 页

33781 题常则意欲新说 《申报》 1897 年 11 月 20 日 第 57 册 第 499 页

33782 题会稽王孝子发塚图 《申报》 1885 年 8 月 28 日 第 27 册 第 349 页

33783 题金静芳校书焚香读书图 《申报》 1891 年 5 月 26 日 第 38 册 第 805 页

33784 体操说 《申报》 1899 年 9 月 4 日 第 63 册 第 23 页

33785 体操说 《申报》 1904 年 10 月 10 日 第 78 册 第 261 页

33786 体面问题 《民国日报》 1923 年 4 月 10 日 第 44 册 第 550 页

33787 体面攸关 《大公报》 1927 年 3 月 18 日 第 78 册 第 557 页

33788 体念蒋主席伟大心情 《民国日报》 1946 年 2 月 13 日 第 97 册 第 165 页

33789 体认（专论）/胡朴安 《民国日报》 1946 年 8 月 28 日 第 98 册 第 534 页

33790 体认环境反省自身 《大公报》 1947 年 3 月 17 日 第 159 册 第 534 页

33791 体恤民情说 《申报》 1889 年 12 月 18 日 第 35 册 第 1055 页

33792 体恤下情论 《申报》 1886 年 9 月 22 日 第 29 册 第 511 页

33793 体育节与民族健康运动 《大公报》 1943 年 9 月 9 日 第 151 册 第 312 页

33794 体育界之不幸事件 《大公报》 1931 年 4 月 1 日 第 101 册 第 376 页

33795 体育界之贵重牺牲 《大公报》 1929 年 7 月 26 日 第 91 册 第 404 页

33796 体育界之好象 《申报》 1931 年 6 月 19 日 第 283 册 第 498 页

33797 体育习育德育解 《申报》 1902 年 11 月 24 日 第 72 册 第 587 页

33798 体育与民族 《中央日报》 1932 年 8 月 22 日 第 19 册 第 170 页

33799 体育与青年团体道德 《大公报》 1934 年 8 月 31 日 第 121 册 第 892 页

33800 体育与体育道德 《中央日报》 1942 年 9 月 10 日 第 46 册 第 770 页

33801　体育与营养　《大公报》　1940 年 2 月 3 日　第 144 册　第 134 页

33802　替巴力士坦分治设想　《大公报》　1947 年 10 月 23 日　第 161 册　第 320 页

33803　替北京灾官说几句话　《大公报》　1927 年 4 月 15 日　第 79 册　第 113 页

33804　替代与改革　《申报》　1927 年 11 月 3 日　第 240 册　第 47 页

33805　天榜解　《申报》　1889 年 8 月 10 日　第 35 册　第 255 页

33806　天变客问　《申报》　1878 年 12 月 10 日　第 13 册　第 557 页

33807　天才　《申报》　1920 年 11 月 23 日　第 167 册　第 404 页

33808　天朝－洋奴－万邦协和/傅孟真（星期论文）　《大公报》　1944 年 4 月 2 日　第 152 册　第 412 页

33809　天大的喜讯！最后的机会！　《申报》　1946 年 6 月 22 日　第 389 册　第 192 页

33810　天道循环　《申报》　1916 年 6 月 6 日　第 140 册　第 568 页

33811　天地无尽藏论　《申报》　1881 年 12 月 6 日　第 19 册　第 633 页

33812　天地吾庐记　《申报》　1873 年 2 月 5 日　第 2 册　第 97 页

33813　天寒岁暮念灾黎　《大公报》　1942 年 12 月 28 日　第 149 册　第 782 页

33814　天火人火辨　《申报》　1888 年 12 月 8 日　第 33 册　第 1035 页

33815　天祸未已　《申报》　1913 年 3 月 31 日　第 121 册　第 374 页

33816　天假肃清之机：叛党主战之乐观　《民国日报》　1917 年 12 月 8 日　第 12 册　第 446 页

33817　天津暴动事件　《民国日报》　1931 年 11 月 10 日　第 95 册　第 113 页

33818　天津变局与英国　《申报》　1939 年 6 月 16 日　第 364 册　第 298 页

33819　天津惨案的性质（言论）　《民国日报》　1925 年 8 月 17 日　第 58 册　第 509 页

33820　天津程案之新证据：英政府必须由法律的立场慎重措置　《中央日报》　1939 年 8 月 19 日　第 42 册　第 400 页

33821　天津大公报被扣之波折　《申报》　1935 年 12 月 6 日　第 335 册　第 131 页

33822　天津妇女文化促进会　《大公报》　1930 年 12 月 3 日　第 99 册　第 388 页

33823　天津工厂八小时工作制之发轫　《大公报》　1930 年 2 月 17 日　第 94 册　第 692 页

33824　天津海关昨被接收　《大公报》　1930 年 6 月 17 日　第 96 册　第 692 页

33825　天津航空协进会成立　《大公报》　1929 年 2 月 7 日　第 88 册　第 568 页

33826　天津华商赛马会问题　《大公报》　1929 年 6 月 7 日　第 90 册　第 596 页

843 页

报》   1944 年 4 月 9 日   第 385 册   第 347 页

33884   天雨豆解   《申报》   1887 年 7 月 11 日   第 31 册   第 63 页

33885   天圆地方说   《申报》   1896 年 5 月 20 日   第 53 册   第 125 页

33886   天灾感言   《申报》   1934 年 7 月 10 日   第 318 册   第 290 页

33887   天灾人祸连台表演！   《大公报》   1932 年 5 月 29 日   第 108 册   第 284 页

33888   天灾人祸外患内忧   《大公报》   1935 年 8 月 6 日   第 127 册   第 526 页

33889   天灾与人祸   《中央日报》   1931 年 9 月 3 日   第 15 册   第 747 页

33890   天足会移交特别会纪事   《申报》   1906 年 12 月 17 日   第 85 册   第 683 页

33891   天作孽与自作孽   《申报》   1923 年 9 月 9 日   第 195 册   第 183 页

33892   添兵增饷   《申报》   1921 年 7 月 2 日   第 171 册   第 27 页

33893   添设领事议   《申报》   1899 年 2 月 17 日   第 61 册   第 249 页

33894   添设自新所以化莠民议   《申报》   1892 年 11 月 18 日   第 42 册   第 495 页

33895   田赋与粮政的合一   《中央日报》   1945 年 2 月 26 日   第 50 册   第 778 页

33896   田赋征实平议   《申报》   1946 年 7 月 24 日   第 389 册   第 522 页

33897   田赋整理问题   《申报》   1933 年 12 月 17 日   第 311 册   第 486 页

33898   田协戎海筹训子诗跋   《申报》   1888 年 5 月 23 日   第 32 册   第 825 页

33899   田中的谬举：原因及其影响   《民国日报》   1928 年 4 月 27 日   第 73 册   第 846 页

33900   田中都吉之"满洲观"   《大公报》   1932 年 8 月 15 日   第 109 册   第 544 页

33901   田中满蒙积极外交之试验：打通铁路与临江设领问题   《大公报》   1927 年 8 月 3 日   第 80 册   第 265 页

33902   田中内阁手法愈乱矣   《大公报》   1928 年 7 月 23 日   第 85 册   第 221 页

33903   田中内阁与皇姑屯炸弹案   《大公报》   1929 年 6 月 30 日   第 90 册   第 964 页

33904   田中死后之日政党   《申报》   1929 年 10 月 1 日   第 263 册   第 7 页

33905   田中义一死   《申报》   1929 年 9 月 30 日   第 262 册   第 885 页

33906   田中玉免职   《申报》   1923 年 10 月 16 日   第 196 册   第 359 页

33907   田中玉请废督   《申报》   1920 年 11 月 10 日   第 167 册   第 163 页

33908   田中玉之裁员   《申报》   1920 年 9 月 7 日   第 166 册   第 109 页

33909   田中之政治生命   《民国日报》   1929 年 1 月 25 日   第 78 册   第 411 页

258 页

33944　铁路交牍序　《申报》　1901 年 3 月 23 日　第 67 册　第 441 页

33945　铁路借款　《民国日报》　1916 年 5 月 27 日　第 3 册　第 314 页

33946　铁路龃龉　《申报》　1914 年 6 月 16 日　第 128 册　第 734 页

33947　铁路考略　《申报》　1889 年 7 月 8 日　第 35 册　第 47 页

33948　铁路客谈　《申报》　1891 年 11 月 12 日　第 39 册　第 815 页

33949　铁路求才说　《申报》　1895 年 12 月 26 日　第 51 册　第 759 页

33950　铁路问题　《中央日报》　1930 年 10 月 9 日　第 12 册　第 103 页

33951　铁路闲评　《申报》　1881 年 1 月 18 日　第 18 册　第 69 页

33952　铁路新说　《申报》　1893 年 3 月 7 日　第 43 册　第 363 页

33953　铁路兴而后矿物旺论　《申报》　1889 年 2 月 16 日　第 34 册　第 207 页

33954　铁路行车宜除诸弊说　《申报》　1905 年 5 月 8 日　第 80 册　第 63 页

33955　铁路要览弁言　《申报》　1890 年 1 月 2 日　第 36 册　第 7 页

33956　铁路议　《申报》　1886 年 9 月 6 日　第 29 册　第 411 页

33957　铁路有益于民俗说　《申报》　1881 年 3 月 25 日　第 18 册　第 305 页

33958　铁路政策私议　《申报》　1912 年 9 月 18 日　第 118 册　第 791 页

33959　铁路厄言　《申报》　1895 年 12 月 15 日　第 51 册　第 689 页

33960　铁路自利说　《申报》　1887 年 9 月 29 日　第 31 册　第 569 页

33961　铁路总公司与福公司商订河南道泽铁路借款详细合同　《申报》　1905 年 5 月 14 日　第 80 册　第 117 页

33962　铁路总公司与福公司商订河南道泽铁路借款详细合同（续四月十二日）《申报》　1905 年 5 月 15 日　第 80 册　第 127 页

33963　铁路总公司与福公司商订河南道泽铁路借款详细合同（续四月十二日）《申报》　1905 年 5 月 16 日　第 80 册　第 135 页

33964　铁路纵横策　《申报》　1914 年 3 月 11 日　第 127 册　第 162 页

33965　铁展开会中论国货问题　《大公报》　1934 年 5 月 22 日　第 120 册　第 314 页

33966　听：人民的呼声！　《中央日报》　1945 年 11 月 22 日　第 51 册　第 1050 页

33967　听陈辞修将军报告之后　《大公报》　1940 年 8 月 23 日　第 145 册　第 190 页

33968　听代表你们的指挥！（言论）　《民国日报》　1925 年 1 月 3 日　第 55 册　第 10 页

33969　听到沈阳被炸　《大公报》　1944 年 7 月 31 日　第 153 册　第 140 页

33970　听了蒋主席对东北将领训话以后　《中央日报》　1930 年 11 月 17 日　第 12 册　第 571 页

1070 页

34025　停止捐输议　《申报》　1879 年 2 月 6 日　第 14 册　第 105 页

34026　停止军事令　《申报》　1925 年 11 月 14 日　第 218 册　第 259 页

34027　停止科举释疑　《申报》　1903 年 1 月 24 日　第 73 册　第 139 页

34028　停止内战与节约救灾（专论）/胡朴安　《民国日报》　1946 年 6 月 23 日　第 98 册　第 217 页

34029　停止叛乱　《民国日报》　1945 年 11 月 18 日　第 96 册　第 279 页

34030　停止"青年运动"　《大公报》　1928 年 8 月 8 日　第 85 册　第 382 页

34031　停止宣传战的感想（专论）/胡朴安　《民国日报》　1946 年 10 月 26 日　第 99 册　第 253 页

34032　停止战事，保持自由　《中央日报》　1949 年 1 月 21 日　第 60 册　第 900 页

34033　停止战事之重要关键　《中央日报》　1932 年 3 月 7 日　第 17 册　第 381 页

34034　停滞不进非也　《申报》　1913 年 11 月 25 日　第 125 册　第 342 页

34035　挺拔明快的改革　《中央日报》　1945 年 1 月 24 日　第 50 册　第 640 页

34036　通财合力说　《申报》　1881 年 2 月 12 日　第 18 册　第 141 页

34037　通财论　《申报》　1881 年 3 月 1 日　第 18 册　第 209 页

34038　通车案今日公布　《大公报》　1934 年 6 月 28 日　第 120 册　第 854 页

34039　通车后之华北问题　《大公报》　1934 年 6 月 30 日　第 120 册　第 882 页

34040　通道说　《申报》　1893 年 11 月 4 日　第 45 册　第 433 页

34041　通电政体　《申报》　1914 年 2 月 2 日　第 126 册　第 342 页

34042　通电之裁判　《申报》　1926 年 1 月 10 日　第 220 册　第 206 页

34043　通电之价值　《申报》　1922 年 5 月 12 日　第 180 册　第 227 页

34044　通告　《申报》　1915 年 2 月 25 日　第 132 册　第 679 页

34045　通过奥约　《申报》　1920 年 5 月 29 日　第 164 册　第 509 页

34046　通货·物价·统制问题　《申报》　1944 年 10 月 23 日　第 386 册　第 369 页

34047　通货膨胀的限度　《大公报》　1942 年 9 月 11 日　第 149 册　第 316 页

34048　通货膨胀农民痛苦　《大公报》　1947 年 12 月 20 日　第 161 册　第 670 页

34049　通货膨胀与钞票荒　《申报》　1948 年 8 月 10 日　第 398 册　第 322 页

34050　通货膨胀与军备膨胀　《申报》　1933 年 10 月 20 日　第 309 册　第 622 页

34051　通货膨胀与恐慌之救济　《申报》　1935 年 3 月 7 日　第 326 册　第 183 页

34052   通货收缩与预算平衡   《大公报》   1942 年 1 月 20 日   第 148 册   第 86 页

34053   通货周转率与物价   《大公报》   1948 年 2 月 13 日   第 162 册   第 256 页

34054   通缉汪精卫   《中央日报》   1939 年 6 月 9 日   第 42 册   第 114 页

34055   通力合作   《申报》   1921 年 5 月 11 日   第 170 册   第 183 页

34056   通庆吊相羁縻之统一   《民国日报》   1917 年 9 月 29 日   第 11 册   第 338 页

34057   通融   《申报》   1926 年 5 月 4 日   第 223 册   第 75 页

34058   通商论   《申报》   1902 年 9 月 20 日   第 72 册   第 127 页

34059   通商平论   《申报》   1875 年 11 月 4 日   第 7 册   第 433 页

34060   通商情以兴贸易说   《申报》   1901 年 6 月 19 日   第 68 册   第 295 页

34061   通消息以杜谣传说   《申报》   1900 年 7 月 4 日   第 65 册   第 491 页

34062   同胞竟无恻隐之心乎   《大公报》   1929 年 12 月 5 日   第 93 册   第 548 页

34063   同病之南北   《申报》   1920 年 4 月 6 日   第 163 册   第 667 页

34064   同床各梦的西欧联盟   《大公报》   1948 年 5 月 18 日   第 163 册   第 104 页

34065   同床异梦（言论）   《民国日报》   1926 年 9 月 29 日   第 65 册   第 282 页

34066   同床各梦之德义   《大公报》   1940 年 11 月 30 日   第 145 册   第 582 页

34067   同恶相济与同恶相忌   《中央日报》   1942 年 3 月 13 日   第 45 册   第 930 页

34068   同甘苦与知甘苦   《申报》   1927 年 10 月 30 日   第 239 册   第 637 页

34069   同患难   《申报》   1926 年 7 月 30 日   第 225 册   第 729 页

34070   同救国危   《申报》   1915 年 2 月 19 日   第 132 册   第 586 页

34071   同盟国联合攻势的应付   《申报》   1941 年 2 月 2 日   第 374 册   第 366 页

34072   同盟国须确立作战观念   《大公报》   1942 年 1 月 24 日   第 148 册   第 102 页

34073   同盟国战略之关键   《中央日报》   1942 年 2 月 15 日   第 45 册   第 824 页

34074   同盟国之自信与互信   《中央日报》   1943 年 7 月 22 日   第 48 册   第 424 页

34075   同盟空军渐得优势   《中央日报》   1942 年 3 月 25 日   第 45 册   第 980 页

34076   同盟胜利公债的推销   《中央日报》   1944 年 4 月 10 日   第 49 册   第

330 页

34103 "同舟共济，紧密协力"　《申报》　1943 年 1 月 5 日　第 383 册　第 10 页

34104 桐油出口统制与对外关系　《申报》　1936 年 11 月 27 日　第 346 册　第 684 页

34105 铜像之像不像　《申报》　1920 年 12 月 16 日　第 167 册　第 797 页

34106 童行白致孙传芳书（代论）　《民国日报》　1926 年 12 月 28 日　第 66 册　第 336 页

34107 童子军的光荣　《中央日报》　1943 年 2 月 25 日　第 47 册　第 696 页

34108 统编共军为国军　《中央日报》　1946 年 4 月 11 日　第 52 册　第 794 页

34109 统筹大局　《申报》　1927 年 1 月 8 日　第 231 册　第 168 页

34110 统二了才能统一　《民国日报》　1923 年 3 月 24 日　第 44 册　第 316 页

34111 统合　《申报》　1929 年 4 月 16 日　第 257 册　第 428 页

34112 统率力　《申报》　1918 年 8 月 6 日　第 153 册　第 588 页

34113 统一　《申报》　1926 年 8 月 6 日　第 226 册　第 127 页

34114 统一（专论）/陈诒先　《民国日报》　1946 年 3 月 30 日　第 97 册　第 338 页

34115 统一币制之前　《申报》　1935 年 2 月 15 日　第 325 册　第 310 页

34116 统一不成有说自治：都是弄巧成拙　《民国日报》　1921 年 7 月 7 日　第 34 册　第 86 页

34117 统一不统一　《申报》　1919 年 8 月 18 日　第 159 册　第 808 页

34118 统一不统一　《申报》　1921 年 4 月 9 日　第 169 册　第 669 页

34119 统一代价　《申报》　1921 年 1 月 5 日　第 168 册　第 63 页

34120 统一的真伪　《民国日报》　1923 年 4 月 3 日　第 44 册　第 454 页

34121 统一度量衡之实行　《申报》　1920 年 12 月 17 日　第 167 册　第 809 页

34122 统一对日战略　《大公报》　1943 年 8 月 20 日　第 151 册　第 226 页

34123 统一发行与四行调整　《大公报》　1942 年 6 月 25 日　第 148 册　第 744 页

34124 统一反侵略的阵营　《中央日报》　1941 年 12 月 26 日　第 45 册　第 610 页

34125 统一革命势力（言论）　《民国日报》　1926 年 6 月 14 日　第 63 册　第 431 页

34126 统一国军之前提：撤退北兵　《民国日报》　1916 年 6 月 20 日　第 3 册　第 602 页

34127 统一国论之必要及其方法　《大公报》　1937 年 3 月 12 日　第 137 册　第 158 页

34154   统一与战局   《申报》   1923 年 3 月 17 日   第 189 册   第 340 页

34155   统一之绝对性   《大公报》   1929 年 9 月 26 日   第 92 册   第 404 页

34156   统一之难点   《申报》   1917 年 9 月 16 日   第 148 册   第 256 页

34157   统一之奇谈   《申报》   1920 年 11 月 26 日   第 167 册   第 441 页

34158   统一之前提   《申报》   1921 年 1 月 3 日   第 168 册   第 31 页

34159   统一之失望   《申报》   1920 年 11 月 6 日   第 167 册   第 97 页

34160   统一中国者谁耶（言论）   《民国日报》   1926 年 8 月 7 日   第 64 册   第 371 页

34161   统一作战的最后关头   《中央日报》   1942 年 1 月 14 日   第 45 册   第 694 页

34162   统一作战与中国   《中央日报》   1941 年 12 月 21 日   第 45 册   第 590 页

34163   统制的本质   《申报》   1944 年 10 月 25 日   第 386 册   第 375 页

34164   统制房租   《中央日报》   1933 年 9 月 28 日   第 23 册   第 886 页

34165   统制工业之初步工作   《申报》   1937 年 8 月 23 日   第 355 册   第 318 页

34166   统制经济的问题   《申报》   1933 年 11 月 16 日   第 310 册   第 450 页

34167   统制经济计划/光震（星期评论）   《申报》   1944 年 10 月 29 日   第 386 册   第 387 页

34168   统制经济与复兴农村   《申报》   1933 年 9 月 29 日   第 308 册   第 897 页

34169   统制经济与现代战争之持久性   《大公报》   1936 年 5 月 14 日   第 132 册   第 186 页

34170   统制经济中的重要问题   《大公报》   1940 年 6 月 20 日   第 144 册   第 684 页

34171   统制救灾工作   《申报》   1935 年 9 月 21 日   第 332 册   第 575 页

34172   统制外汇 ABC/侯树彤（星期论文）   《大公报》   1938 年 4 月 10 日   第 140 册   第 428 页

34173   统制外汇初步完成后   《申报》   1941 年 9 月 13 日   第 377 册   第 556 页

34174   统制言论之合理化   《大公报》   1934 年 10 月 4 日   第 122 册   第 494 页

34175   统治社会根本忏悔之时   《大公报》   1933 年 5 月 15 日   第 114 册   第 200 页

34176   痛饬督抚巡视所属论   《申报》   1906 年 5 月 10 日   第 83 册   第 387 页

34177   痛悼楚伧先生   《民国日报》   1946 年 2 月 16 日   第 97 册   第 177 页

34178   痛悼甘地   《中央日报》   1948 年 1 月 31 日   第 58 册   第 288 页

34179   痛定思痛！   《大公报》   1941 年 6 月 9 日   第 146 册   第 652 页

34180   痛苦   《申报》   1914 年 9 月 11 日   第 130 册   第 142 页

34181   痛苦   《申报》   1919 年 6 月 9 日   第 158 册   第 662 页

34182   痛苦   《申报》   1924 年 9 月 1 日   第 206 册   第 6 页

34183　痛苦经验之教训　《中央日报》　1945年5月31日　第50册　第1234页

34184　痛苦伍总长　《民国日报》　1922年6月24日　第39册　第738页

34185　痛苦与欢乐　《申报》　1927年6月4日　第235册　第68页

34186　痛亡者无归论　《申报》　1872年8月29日　第1册　第409页

34187　痛下决心革新政治　《大公报》　1947年3月18日　第159册　第540页

34188　痛心　《民国日报》　1922年6月18日　第39册　第656页

34189　痛心汗颜之七年　《民国日报》　1918年12月31日　第18册　第722页

34190　痛哉禁烟之前途　《申报》　1912年6月23日　第117册　第819页

34191　痛自反省·力求改革　《中央日报》　1948年5月5日　第59册　第36页

34192　头破血淋的国民党　《民国日报》　1922年8月14日　第40册　第604页

34193　头山精神　《申报》　1944年11月27日　第386册　第483页

34194　头绪纷繁　《申报》　1927年2月12日　第231册　第815页

34195　投机囤积与物价问题：一个迫切的建议　《申报》　1943年4月18日　第383册　第728页

34196　投机商应有之自觉　《民国日报》　1946年2月22日　第97册　第201页

34197　投机式　《申报》　1926年3月5日　第221册　第93页

34198　投机心　《申报》　1920年6月12日　第164册　第773页

34199　投机银行与军阀银行　《申报》　1922年2月9日　第177册　第582页

34200　投机与机投　《申报》　1927年4月22日　第233册　第406页

34201　投机与游资　《申报》　1945年4月5日　第387册　第257页

34202　投机造成今日之物价　《申报》　1940年2月17日　第368册　第596页

34203　投机涨价谁负其责？　《申报》　1946年2月14日　第388册　第243页

34204　投机者之教训　《申报》　1940年5月18日　第370册　第224页

34205　投身之三种要义　《申报》　1927年8月11日　第237册　第217页

34206　投资后方：欢迎西南实业考察团　《中央日报》　1940年3月27日　第43册　第246页

34207　投资开发四川　《申报》　1934年5月23日　第316册　第645页

34208　透视巴勒斯坦问题　《申报》　1947年2月3日　第392册　第350页

34209　透视德国问题　《申报》　1947年3月23日　第392册　第856页

34210　透视今日之日本　《申报》　1941年10月20日　第378册　第243页

34211　透视里约泛美会议　《大公报》　1947年8月20日　第160册　第690页

34212　突比二港的攻陷　《大公报》　1943年5月9日　第150册　第574页

34213　突破储蓄百亿元！勖节储运动三周年　《大公报》　1943年9月17日　第

151 册　第 346 页

34214　突破国难人人有责　《中央日报》　1932 年 4 月 4 日　第 17 册　第 493 页

34215　突破日本长江封锁线　《申报》（香港版）　1938 年 8 月 30 日　第 356 册　第 1129 页

34216　图董与地保同异说　《申报》　1889 年 3 月 16 日　第 34 册　第 375 页

34217　图们江畔之风云/张其昀（星期论文）　《大公报》　1938 年 9 月 11 日　第 141 册　第 300 页

34218　图穷匕见的轴心阵线　《申报》　1940 年 12 月 29 日　第 373 册　第 808 页

34219　图穷匕见之国联　《大公报》　1933 年 2 月 1 日　第 112 册　第 344 页

34220　图穷匕现之禁烟阶段　《申报》　1936 年 3 月 5 日　第 338 册　第 114 页

34221　图穷而匕首现　《申报》　1919 年 5 月 9 日　第 158 册　第 131 页

34222　图书出版问题　《申报》　1943 年 3 月 28 日　第 383 册　第 602 页

34223　图书集成局开印九通全书招股启　《申报》　1901 年 9 月 13 日　第 69 册　第 73 页

34224　徒乱己意　《申报》　1924 年 5 月 16 日　第 202 册　第 338 页

34225　徒延时日　《申报》　1916 年 9 月 2 日　第 142 册　第 18 页

34226　涂饰外表　《申报》　1922 年 7 月 4 日　第 182 册　第 74 页

34227　涂饰与破绽　《申报》　1922 年 9 月 22 日　第 184 册　第 452 页

34228　屠门大嚼　《申报》　1925 年 9 月 1 日　第 216 册　第 6 页

34229　塗山之会　《申报》　1913 年 12 月 12 日　第 125 册　第 590 页

34230　土保宣言　《申报》　1941 年 2 月 20 日　第 374 册　第 594 页

34231　土波纠纷　《申报》　1930 年 8 月 12 日　第 273 册　第 262 页

34232　土地法的内容（专载）/胡汉民　《民国日报》　1930 年 6 月 19 日　第 86 册　第 656 页

34233　土地法的内容　续（专载）/胡汉民　《民国日报》　1930 年 6 月 20 日　第 86 册　第 668 页

34234　土地法的修正和民生的改善/张荫麟（星期论坛）　《申报》　1937 年 6 月 6 日　第 353 册　第 143 页

34235　土地法之重要性　《大公报》　1930 年 6 月 22 日　第 96 册　第 752 页

34236　土地改革面面观/漆琪生（星期论文）　《大公报》　1948 年 4 月 25 日　第 162 册　第 694 页

34237　土地政策亟待实施　《大公报》　1937 年 5 月 23 日　第 138 册　第 316 页

34238　土耳其成立三年计划　《申报》　1932 年 6 月 14 日　第 293 册　第 281 页

34239　土耳其的地位　《大公报》　1943 年 10 月 30 日　第 151 册　第 538 页

34240　土耳其的好教训　《大公报》　1927 年 9 月 27 日　第 80 册　第 703 页

34241 土耳其独裁制之前途 《大公报》 1931 年 3 月 11 日 第 101 册 第 124 页

34242 土耳其对德绝交 《大公报》 1944 年 8 月 3 日 第 153 册 第 152 页

34243 "土耳其非中立国" 《大公报》 1943 年 11 月 20 日 第 151 册 第 634 页

34244 土耳其共和十周感言 《大公报》 1933 年 10 月 29 日 第 116 册 第 844 页

34245 土耳其坚守中立（译论） 《申报》 1943 年 7 月 2 日 第 384 册 第 185 页

34246 土耳其进兵波斯 《申报》 1930 年 8 月 14 日 第 273 册 第 311 页

34247 土耳其外交的重要性 《大公报》 1939 年 10 月 25 日 第 143 册 第 220 页

34248 土耳其要求恢复海峡军备 《申报》 1936 年 3 月 28 日 第 338 册 第 695 页

34249 土耳其又闹风潮矣 《申报》 1913 年 1 月 26 日 第 120 册 第 279 页

34250 土耳其又入战局矣 《申报》 1914 年 10 月 31 日 第 130 册 第 842 页

34251 土耳其与希腊 《申报》 1914 年 8 月 18 日 第 129 册 第 734 页

34252 土耳其与中国 《申报》 1914 年 11 月 2 日 第 131 册 第 16 页

34253 土耳其与中国 《申报》 1914 年 8 月 19 日 第 129 册 第 748 页

34254 土耳其与中国 《大公报》 1926 年 12 月 7 日 第 77 册 第 763 页

34255 土耳其之变乱 《申报》 1930 年 12 月 31 日 第 277 册 第 806 页

34256 土耳其之建国精神 《大公报》 1930 年 8 月 18 日 第 97 册 第 580 页

34257 土耳其之新党 《申报》 1930 年 9 月 8 日 第 274 册 第 193 页

34258 土耳其之新政党 《申报》 1930 年 8 月 15 日 第 273 册 第 334 页

34259 土耳其走向盟国来 《大公报》 1943 年 12 月 11 日 第 151 册 第 724 页

34260 土肥原的罪状 《大公报》 1945 年 9 月 26 日 第 155 册 第 378 页

34261 土匪国 《申报》 1913 年 11 月 29 日 第 125 册 第 398 页

34262 土匪之新势力 《申报》 1922 年 7 月 7 日 第 182 册 第 140 页

34263 土匪之雄师：和事老与其四围 《民国日报》 1917 年 6 月 17 日 第 9 册 第 566 页

34264 土国倔起的远大影响 《中央日报》 1944 年 8 月 4 日 第 49 册 第 962 页

34265 土捐议 《申报》 1878 年 8 月 3 日 第 13 册 第 117 页

34266 土军在达达尼尔海峡设防之意义 《大公报》 1936 年 4 月 21 日 第 131 册 第 720 页

34267　土鲁克奇袭之捷　《大公报》　1944 年 2 月 22 日　第 152 册　第 230 页

34268　土鲁克战事惊坏了东条内阁　《大公报》　1944 年 2 月 21 日　第 152 册　第 226 页

34269　土内阁重组　《申报》　1930 年 9 月 28 日　第 274 册　第 696 页

34270　土希新约与欧局　《申报》　1930 年 11 月 4 日　第 276 册　第 88 页

34271　土希战事论　《申报》　1897 年 4 月 23 日　第 55 册　第 649 页

34272　土谢国王与库伦　《申报》　1912 年 12 月 8 日　第 119 册　第 789 页

34273　土星考略/周永胜　《申报》　1890 年 3 月 16 日　第 36 册　第 405 页

34274　团结！奋斗！向前进！　《中央日报》　1947 年 3 月 22 日　第 55 册　第 820 页

34275　团结·奋斗·新生　《中央日报》　1946 年 3 月 7 日　第 52 册　第 584 页

34276　团结·团结·团结：纪念总理诞辰　《中央日报》　1948 年 11 月 12 日　第 60 册　第 556 页

34277　团结北方团体　《申报》　1920 年 6 月 11 日　第 164 册　第 747 页

34278　团结的消息怎么样了？　《大公报》　1945 年 2 月 7 日　第 154 册　第 160 页

34279　团结的增进　《大公报》　1938 年 4 月 27 日　第 140 册　第 504 页

34280　团结革新谋和　《申报》　1949 年 3 月 5 日　第 400 册　第 392 页

34281　团结会谈的初步成就　《大公报》　1945 年 10 月 12 日　第 155 册　第 448 页

34282　团结力　《申报》　1916 年 5 月 20 日　第 140 册　第 300 页

34283　团结力量之又一表现　《申报》　1936 年 10 月 20 日　第 345 册　第 490 页

34284　团结与负责　《申报》　1933 年 11 月 18 日　第 310 册　第 509 页

34285　团结与负责（二）　《申报》　1933 年 11 月 19 日　第 310 册　第 541 页

34286　团结与救亡　《中央日报》　1931 年 10 月 24 日　第 16 册　第 283 页

34287　团结与抗战　《申报》（香港版）　1938 年 11 月 24 日　第 357 册　第 343 页

34288　团结与小不适　《申报》　1927 年 11 月 28 日　第 240 册　第 614 页

34289　团结御侮勿忘救灾　《中央日报》　1931 年 11 月 3 日　第 16 册　第 403 页

34290　团结运动一段落　《大公报》　1935 年 1 月 31 日　第 124 册　第 472 页

34291　团结之道　建国之道/章乃器（星期论文）　《大公报》　1940 年 3 月 10 日　第 144 册　第 278 页

34292　团练利弊说　《申报》　1891 年 7 月 7 日　第 39 册　第 37 页

34293　团练说　《申报》　1900 年 8 月 27 日　第 65 册　第 803 页

34294 团练卫民说 《申报》 1898 年 8 月 7 日 第 59 册 第 667 页

34295 团体 《申报》 1920 年 7 月 30 日 第 165 册 第 537 页

34296 团体 《申报》 1925 年 7 月 5 日 第 214 册 第 82 页

34297 团体的生命和威力 《民国日报》 1921 年 11 月 28 日 第 36 册 第 372 页

34298 团体的生命和威力 《民国日报》 1921 年 11 月 30 日 第 36 册 第 400 页

34299 团体能力从个人起 《民国日报》 1921 年 6 月 10 日 第 33 册 第 564 页

34300 团体与意见 《申报》 1920 年 4 月 22 日 第 163 册 第 954 页

34301 团体之名义 《申报》 1920 年 6 月 22 日 第 164 册 第 963 页

34302 团体之外 《申报》 1927 年 4 月 5 日 第 233 册 第 85 页

34303 团体之意义 《申报》 1927 年 12 月 25 日 第 241 册 第 549 页

34304 团体之组织 《申报》 1928 年 2 月 20 日 第 243 册 第 469 页

34305 推测 《申报》 1915 年 9 月 11 日 第 136 册 第 160 页

34306 推测 《申报》 1927 年 3 月 7 日 第 232 册 第 144 页

34307 推测之害 《申报》 1922 年 9 月 4 日 第 184 册 第 72 页

34308 推动进步 克服艰难 《大公报》 1942 年 4 月 27 日 第 148 册 第 500 页

34309 推动全国防痨事业 《大公报》 1948 年 2 月 4 日 第 162 册 第 214 页

34310 推度与引证 《申报》 1928 年 8 月 28 日 第 249 册 第 786 页

34311 推度之原则 《申报》 1929 年 2 月 20 日 第 255 册 第 375 页

34312 推广蚕桑以开利源论 《申报》 1896 年 4 月 30 日 第 52 册 第 705 页

34313 推广船局制造局议 《申报》 1891 年 7 月 9 日 第 39 册 第 49 页

34314 推广"贡献一日所得运动" 《中央日报》 1936 年 12 月 3 日 第 36 册 第 775 页

34315 推广国货公司与国货之出路 《大公报》 1936 年 11 月 11 日 第 135 册 第 144 页

34316 推广机器纺织议 《申报》 1894 年 3 月 26 日 第 46 册 第 509 页

34317 推广机器纺织议 《申报》 1894 年 4 月 2 日 第 46 册 第 557 页

34318 推广戒烟局说 《申报》 1888 年 10 月 16 日 第 33 册 第 707 页

34319 推广借本公司说 《申报》 1883 年 1 月 7 日 第 22 册 第 35 页

34320 推广借钱局说 《申报》 1880 年 2 月 5 日 第 16 册 第 141 页

34321 推广禁止谣言说 《申报》 1884 年 2 月 16 日 第 24 册 第 235 页

34322 推广龙元说 《申报》 1901 年 9 月 27 日 第 69 册 第 157 页

34323 推广栖流所说 《申报》 1880 年 1 月 16 日 第 16 册 第 61 页

34324   推广栖流公所议   《申报》   1893 年 12 月 11 日   第 45 册   第 683 页

34325   推广劝开银行说   《申报》   1882 年 3 月 7 日   第 20 册   第 239 页

34326   推广桑蚕说   《申报》   1901 年 6 月 5 日   第 68 册   第 211 页

34327   推广善举说   《申报》   1896 年 3 月 3 日   第 52 册   第 341 页

34328   推广善堂宜仿西法论   《申报》   1893 年 9 月 17 日   第 45 册   第 109 页

34329   推广设立算学学堂议   《申报》   1891 年 11 月 29 日   第 39 册   第 917 页

34330   推广实心行善说   《申报》   1889 年 2 月 21 日   第 34 册   第 235 页

34331   推广输出与进口联锁制   《大公报》   1947 年 5 月 26 日   第 160 册   第 164 页

34332   推广卫生教育之先决问题   《申报》   1935 年 4 月 1 日   第 327 册   第 8 页

34333   推广烟酒两项税厘论   《申报》   1891 年 5 月 7 日   第 38 册   第 691 页

34334   推广义塾说   《申报》   1882 年 3 月 25 日   第 20 册   第 333 页

34335   推广议院延置华人说   《申报》   1880 年 2 月 28 日   第 16 册   第 209 页

34336   推广邮政刍议   《申报》   1897 年 9 月 12 日   第 57 册   第 67 页

34337   推广造林说   《申报》   1935 年 2 月 13 日   第 325 册   第 249 页

34338   推广拯溺良法说   《申报》   1882 年 4 月 24 日   第 20 册   第 509 页

34339   推广中秋节酒助赈说   《申报》   1885 年 9 月 28 日   第 27 册   第 547 页

34340   推广自强军议   《申报》   1897 年 5 月 14 日   第 56 册   第 83 页

34341   推广租界与抛弃租界   《民国日报》   1924 年 4 月 14 日   第 50 册   第 550 页

34342   推进地方自治之要件   《中央日报》   1930 年 11 月 22 日   第 12 册   第 631 页

34343   推进国际文教合作   《申报》   1946 年 11 月 26 日   第 391 册   第 310 页

34344   推进科学研究   《申报》   1944 年 4 月 18 日   第 385 册   第 377 页

34345   推进民主监察制度   《中央日报》   1942 年 2 月 5 日   第 45 册   第 784 页

34346   推进食粮增产之一助   《申报》   1944 年 6 月 27 日   第 385 册   第 617 页

34347   推进县自治与竞赛   《中央日报》   1941 年 8 月 23 日   第 45 册   第 102 页

34348   推进学校党务   《中央日报》   1940 年 4 月 26 日   第 43 册   第 388 页

34349   推进游击区不合作运动   《申报》   1939 年 3 月 4 日   第 362 册   第 514 页

34350   推进战时民众教育：所望于第三次全国教育会议者   《申报》   1943 年 2 月 28 日   第 383 册   第 402 页

34351   推进中国工业合作运动/潘朗（专论）   《申报》（香港版）   1939 年 5 月 12 日   第 358 册   第 578 页

34352 推进中国教育电影事业：为中国教育电影协会第六届年会作 《中央日报》
　　　1937年5月5日 第39册 第53页

34353 推究 《申报》 1928年11月23日 第252册 第640页

34354 推论变法自强首在得人 《申报》 1892年4月10日 第40册 第
　　　563页

34355 推论电局改归官办事 《申报》 1902年12月20日 第72册 第777页

34356 推论恶姑虐媳事 《申报》 1891年3月16日 第38册 第379页

34357 推论西书宜译华文 《申报》 1887年7月22日 第31册 第131页

34358 推论粤匪谋乱之由 《申报》 1903年2月5日 第73册 第169页

34359 推情押葬以免发掘论 《申报》 1873年1月2日 第2册 第5页

34360 推算与意想 《申报》 1927年5月14日 第234册 第266页

34361 推诿 《申报》 1928年4月8日 第245册 第188页

34362 推想（一） 《申报》 1918年1月4日 第150册 第34页

34363 推想（二） 《申报》 1918年1月5日 第150册 第48页

34364 推想（三） 《申报》 1918年1月6日 第150册 第64页

34365 推想理想与幻想 《申报》 1941年8月27日 第377册 第334页

34366 推想与考究 《申报》 1929年1月25日 第254册 第657页

34367 推行"分进合击"的合作 《中央日报》 1940年10月27日 第43册
　　　第1152页

34368 推行兵役与开发地方经济 《申报》 1939年1月21日 第361册 第
　　　372页

34369 推行地方自治 《大公报》 1944年6月3日 第152册 第692页

34370 推行地方自治的八原则 《中央日报》 1944年5月30日 第49册 第
　　　670页

34371 推行公务员保险制度 《中央日报》 1940年10月16日 第43册 第
　　　1108页

34372 推行合作事业 《中央日报》 1931年7月6日 第15册 第67页

34373 推行节约运动 《中央日报》 1936年7月30日 第35册 第353页

34374 推行票据承兑贴现 《中央日报》 1943年5月8日 第48册 第44页

34375 推行新生活运动之又一法 《申报》 1935年2月16日 第325册 第
　　　342页

34376 推行学校卫生之意义 《申报》 1936年4月9日 第339册 第216页

34377 推行义务教育的先决问题/任鸿隽（星期论文） 《大公报》 1935年3月
　　　17日 第125册 第260页

34378 推行职业教育 《大公报》 1946年11月19日 第158册 第318页

34379 推行注音汉字问题 《申报》 1935年4月5日 第327册 第122页

34380 推移 《申报》 1927年2月5日 第231册 第641页

34381 退 《申报》 1918年6月10日 第152册 第630页

34382 退兵与和 《申报》 1925年11月23日 第218册 第449页

34383 "退参政薪""索著书费"(言论) 《民国日报》 1925年5月20日 第57册 第258页

34384 退出海会后之日本 《大公报》 1936年1月18日 第130册 第198页

34385 退还领袖公使照会事件 《大公报》 1930年7月10日 第97册 第112页

34386 退让与竞争 《申报》 1914年12月11日 第131册 第576页

34387 退位之研究 《申报》 1916年4月21日 第139册 第816页

34388 退伍兵 《申报》 1928年9月10日 第250册 第277页

34389 退席 《申报》 1925年4月9日 第211册 第152页

34390 退一步与进一步 《申报》 1917年6月17日 第146册 第828页

34391 退一步之希望 《申报》 1920年8月18日 第165册 第857页

34392 蜕变中的日本政治 《大公报》 1945年12月21日 第155册 第740页

34393 吞了钓钩之鱼 《大公报》 1940年4月3日 第144册 第376页

34394 屯田私议 《申报》 1889年3月11日 第34册 第345页

34395 托管制度的检讨 《申报》 1946年11月14日 第391册 第162页

34396 托管制应如何建立 《大公报》 1946年11月30日 第158册 第390页

34397 脱离政党臭味 《申报》 1919年8月31日 第159册 第1027页

34398 脱逃赃吏处分法 《申报》 1922年3月30日 第178册 第561页

34399 鸵鸟说 《申报》 1891年9月13日 第39册 第453页

34400 "妥协文件" 《申报》 1940年1月24日 第368册 第326页

34401 妥协问题之又一考察 《大公报》 1927年6月16日 第79册 第609页

34402 妥协欤? 投降欤? 《中央日报》 1930年7月30日 第11册 第355页

34403 妥协欤战争欤 《大公报》 1928年2月2日 第82册 第259页

34404 妥协与和平 《大公报》 1927年8月2日 第80册 第257页

34405 妥协与降服 《大公报》 1933年3月25日 第113册 第340页

34406 唾面自干的日本对美外交 《大公报》 1941年12月6日 第147册 第624页

W

34407 挖骨归葬议 《申报》 1879 年 7 月 18 日 第 15 册 第 69 页

34408 外报对我"废约"所发之谬论 《中央日报》 1931 年 6 月 17 日 第 14 册 第 947 页

34409 外币与法币 《申报》 1940 年 8 月 10 日 第 371 册 第 530 页

34410 外币在中国市场流通及其弊端（上）（专论）/李荣廷 《民国日报》 1947 年 1 月 12 日 第 99 册 第 624 页

34411 外币在中国市场流通及其弊端（下）（专论）/李荣廷 《民国日报》 1947 年 1 月 13 日 第 99 册 第 627 页

34412 外部对俄宣言以后 《大公报》 1929 年 10 月 27 日 第 92 册 第 884 页

34413 外部情报处被搜事件 《民国日报》 1928 年 8 月 31 日 第 75 册 第 1057 页

34414 外部通咨 《申报》 1918 年 7 月 11 日 第 153 册 第 161 页

34415 外部严正声明 《中央日报》 1940 年 3 月 31 日 第 43 册 第 264 页

34416 外部奏苏杭甬借款折驳义 《申报》 1907 年 10 月 31 日 第 90 册 第 729 页

34417 外长更迭与外交政策 《申报》 1949 年 3 月 24 日 第 400 册 第 538 页

34418 外长会议的破裂 《申报》 1947 年 12 月 18 日 第 395 册 第 786 页

34419 外长会议结束之后 《大公报》 1945 年 10 月 15 日 第 155 册 第 462 页

34420 外长会议重开的前途 《申报》 1946 年 6 月 17 日 第 389 册 第 146 页

34421 外长宣言与义军攻沈 《大公报》 1932 年 8 月 30 日 第 109 册 第 724 页

34422 外长易人 《大公报》 1937 年 3 月 4 日 第 137 册 第 46 页

34423 外股投机 《申报》 1940 年 4 月 27 日 第 369 册 第 782 页

34424 外官回避说 《申报》 1879 年 4 月 30 日 第 14 册 第 409 页

34425 外官之失职 《申报》 1916 年 11 月 29 日 第 143 册 第 528 页

34426 外国公司在中国之法律地位 《大公报》 1930 年 6 月 25 日 第 96 册 第 788 页

34427 外国人论中国事 《申报》 1946 年 1 月 17 日 第 388 册 第 93 页

34428 外国语 《申报》 1920 年 12 月 1 日 第 167 册 第 542 页

34429 外海作战与内海作战 《中央日报》 1945 年 3 月 20 日 第 50 册 第 872 页

34430 外患内忧之重大危机 《大公报》 1932 年 8 月 31 日 第 109 册 第

34479 外交界之现象（一） 《申报》 1915 年 10 月 15 日 第 136 册 第
704 页

34480 外交界之现象（二） 《申报》 1915 年 10 月 16 日 第 136 册 第
720 页

34481 外交界之现象（三） 《申报》 1915 年 10 月 17 日 第 136 册 第
736 页

34482 外交界之现象（四） 《申报》 1915 年 10 月 18 日 第 136 册 第
754 页

34483 外交界之现象（五） 《申报》 1915 年 10 月 19 日 第 136 册 第
770 页

34484 外交界之现象（六） 《申报》 1915 年 10 月 22 日 第 136 册 第
820 页

34485 外交紧急 《申报》 1917 年 11 月 11 日 第 149 册 第 172 页

34486 外交紧迫内之蟊贼 《民国日报》 1917 年 2 月 23 日 第 7 册 第 514 页

34487 外交军费 《申报》 1918 年 5 月 17 日 第 152 册 第 248 页

34488 "外交均在观望中" 《大公报》 1930 年 3 月 2 日 第 95 册 第 20 页

34489 外交空气 《申报》 1927 年 3 月 29 日 第 232 册 第 585 页

34490 外交两问题 《申报》 1921 年 9 月 18 日 第 173 册 第 344 页

34491 外交秘密的危险 《民国日报》 1920 年 3 月 2 日 第 26 册 第 16 页

34492 外交秘密这程度 《民国日报》 1918 年 4 月 19 日 第 14 册 第 586 页

34493 外交内政 《申报》 1917 年 3 月 8 日 第 145 册 第 128 页

34494 外交努力之最高限度 《申报》 1936 年 10 月 4 日 第 345 册 第 89 页

34495 外交派组阁的推测 《民国日报》 1922 年 8 月 31 日 第 40 册 第
836 页

34496 外交前途 《申报》 1917 年 4 月 3 日 第 145 册 第 596 页

34497 外交人事行政之整理 《中央日报》 1943 年 7 月 16 日 第 48 册 第
398 页

34498 外交人员 《民国日报》 1916 年 10 月 8 日 第 5 册 第 446 页

34499 外交人员的质量问题 《申报》（香港版） 1938 年 12 月 13 日 第 357 册
第 457 页

34500 外交上两个创例 《民国日报》 1924 年 2 月 13 日 第 49 册 第 498 页

34501 外交上两个创例（二） 《民国日报》 1924 年 2 月 14 日 第 49 册 第
510 页

34502 外交上努力的机会 《申报》 1937 年 10 月 24 日 第 355 册 第 813 页

34503 外交上新危机 《民国日报》 1923 年 5 月 30 日 第 45 册 第 400 页

34504 外交上应付国难之道 《大公报》 1931 年 10 月 3 日 第 104 册 第

388 页

34505　外交上有戒心　《民国日报》　1922 年 12 月 6 日　第 42 册　第 472 页

34506　外交上之结合　《申报》　1925 年 7 月 16 日　第 214 册　第 298 页

34507　外交上之一申白　《民国日报》　1919 年 8 月 2 日　第 22 册　第 362 页

34508　外交上之迎据　《申报》　1914 年 2 月 22 日　第 126 册　第 650 页

34509　外交上之重要关键　《中央日报》　1932 年 8 月 9 日　第 19 册　第 66 页

34510　外交上只有这一条生路　《民国日报》　1921 年 11 月 1 日　第 36 册　第 2 页

34511　外交上只有这一条生路　《民国日报》　1921 年 11 月 2 日　第 36 册　第 16 页

34512　外交失败的端倪（言论）　《民国日报》　1925 年 6 月 15 日　第 57 册　第 570 页

34513　外交势又稍缓　《申报》　1917 年 2 月 14 日　第 144 册　第 600 页

34514　外交是方法　《中央日报》　1932 年 7 月 10 日　第 18 册　第 482 页

34515　外交痛史之一页　《大公报》　1929 年 11 月 26 日　第 93 册　第 404 页

34516　外交团将提出劝告　《民国日报》　1920 年 6 月 22 日　第 27 册　第 720 页

34517　外交团与意械成交　《民国日报》　1924 年 2 月 26 日　第 49 册　第 658 页

34518　外交危言/翰　《申报》　1932 年 1 月 10 日　第 290 册　第 129 页

34519　外交问题之解决方法　《申报》　1917 年 5 月 8 日　第 146 册　第 124 页

34520　外交问题之两点　《大公报》　1932 年 5 月 2 日　第 108 册　第 14 页

34521　外交系与外交团　《民国日报》　1923 年 10 月 16 日　第 47 册　第 652 页

34522　外交现状之感言　《大公报》　1931 年 5 月 6 日　第 102 册　第 64 页

34523　外交烟幕与宣传者自己中毒/蒋百里（星期论文）　《大公报》　1938 年 7 月 3 日　第 141 册　第 10 页

34524　外交一贯国策　《中央日报》　1939 年 9 月 20 日　第 42 册　第 528 页

34525　外交以外之要事　《申报》　1917 年 2 月 26 日　第 144 册　第 804 页

34526　外交又渐多故矣　《申报》　1916 年 10 月 22 日　第 142 册　第 884 页

34527　外交与国防：充实国防第二！　《中央日报》　1932 年 5 月 31 日　第 18 册　第 162 页

34528　外交与和平　《申报》　1915 年 2 月 9 日　第 132 册　第 540 页

34529　外交与和议　《申报》　1920 年 5 月 22 日　第 164 册　第 385 页

34530　外交与军人　《申报》　1917 年 4 月 12 日　第 145 册　第 752 页

34531　外交与内阁　《申报》　1917 年 5 月 10 日　第 146 册　第 158 页

34532　外交与内政　《申报》　1917 年 4 月 13 日　第 145 册　第 770 页

712 页

716 页

34659　皖抚诚遵旨查明知县被参各款折　《申报》　1904 年 9 月 13 日　第 78 册　第 89 页

34660　皖抚奏请筹费凑饷添征营队折稿　《申报》　1906 年 10 月 30 日　第 85 册　第 247 页

34661　皖赣红茶之运销问题　《申报》　1936 年 4 月 29 日　第 339 册　第 709 页

34662　皖人反对张赵　《申报》　1920 年 9 月 14 日　第 166 册　第 229 页

34663　皖人迎冯　《申报》　1920 年 8 月 31 日　第 165 册　第 1091 页

34664　皖人治皖　《申报》　1921 年 9 月 29 日　第 173 册　第 554 页

34665　皖省高等学堂全体学生退学始末记　《申报》　1905 年 7 月 2 日　第 80 册　第 537 页

34666　皖省高等学堂全体学生退学始末记（续廿九日）　《申报》　1905 年 7 月 3 日　第 80 册　第 545 页

34667　皖省高等学堂全体学生退学始末记（续初一日）　《申报》　1905 年 7 月 4 日　第 80 册　第 553 页

34668　皖省高等学堂全体学生退学始末记（续初二日）　《申报》　1905 年 7 月 5 日　第 80 册　第 561 页

34669　皖学生查货风潮　《申报》　1920 年 4 月 23 日　第 163 册　第 971 页

34670　皖直战争之五分钟　《申报》　1920 年 7 月 14 日　第 165 册　第 251 页

34671　豌町克复以后　《大公报》　1945 年 1 月 6 日　第 154 册　第 24 页

34672　万宝山案究竟如何？　《大公报》　1931 年 8 月 5 日　第 424 页

34673　万宝山案如何交涉　《大公报》　1931 年 7 月 23 日　第 103 册　第 268 页

34674　万宝山案已酿重大形势　《申报》　1931 年 7 月 3 日　第 284 册　第 67 页

34675　万宝山事件之严重化！　《大公报》　1931 年 7 月 5 日　第 103 册　第 52 页

34676　万方多难念东北　《大公报》　1948 年 1 月 2 日　第 162 册　第 16 页

34677　万国禁烟会中国代表端午帅演说词　《申报》　1909 年 2 月 2 日　第 98 册　第 323 页

34678　万国商埠与永久中立　《申报》　1912 年 11 月 27 日　第 119 册　第 657 页

34679　万国无和平之立宪论　《申报》　1906 年 11 月 6 日　第 85 册　第 313 页

34680　万国舆图题辞　《申报》　1887 年 10 月 24 日　第 31 册　第 739 页

34681　万急　《申报》　1916 年 3 月 3 日　第 139 册　第 34 页

34682　万急告两方代表　《民国日报》　1919 年 2 月 17 日　第 19 册　第 470 页

34683　万木无声的欧洲　《申报》　1943 年 6 月 7 日　第 384 册　第 37 页

34684　万木无声的日本政局／一胜（星期论文）　《大公报》　1941 年 1 月 26 日

第 146 册　第 112 页

34685　万目睽睽　《申报》　1919 年 2 月 21 日　第 156 册　第 675 页

34686　万目睽睽之大案　《大公报》　1928 年 11 月 26 日　第 87 册　第 301 页

34687　万能全知　《申报》　1929 年 4 月 17 日　第 257 册　第 460 页

34688　万寿不开庆科说　《申报》　1899 年 2 月 24 日　第 61 册　第 291 页

34689　万寿恩诏　《申报》　1904 年 4 月 8 日　第 76 册　第 565 页

34690　万寿特开庆科颂　《申报》　1900 年 2 月 9 日　第 64 册　第 199 页

34691　万县案交涉问题　《大公报》　1926 年 9 月 24 日　第 77 册　第 177 页

34692　万县形势严重　《大公报》　1926 年 9 月 18 日　第 77 册　第 137 页

34693　万元券的发行问题　《申报》　1947 年 4 月 20 日　第 393 册　第 192 页

34694　万众一心救中国！　《中央日报》　1932 年 2 月 24 日　第 17 册　第 335 页

34695　汪阁说　《申报》　1922 年 11 月 30 日　第 186 册　第 619 页

34696　汪蒋感电之重要意义　《大公报》　1934 年 11 月 29 日　第 123 册　第 410 页

34697　汪蒋时局通电　《大公报》　1933 年 7 月 30 日　第 115 册　第 410 页

34698　汪蒋通电里提起的自由／胡适（星期论文）　《大公报》　1934 年 12 月 9 日　第 123 册　第 560 页

34699　汪蒋握手之一幕　《大公报》　1927 年 4 月 5 日　第 79 册　第 33 页

34700　汪精卫的出处问题　《中央日报》　1930 年 7 月 27 日　第 11 册　第 315 页

34701　汪精卫的大阴谋　《大公报》　1939 年 4 月 5 日　第 142 册　第 378 页

34702　汪精卫的勾当　《中央日报》　1939 年 5 月 25 日　第 42 册　第 68 页

34703　汪精卫的评价：在立法院纪念席上演讲／胡汉民　《民国日报》　1930 年 8 月 3 日　第 87 册　第 428 页

34704　汪精卫等约法草案　《大公报》　1930 年 11 月 1 日　第 99 册　第 4 页

34705　汪精卫勾结共产党之渊源与经过：在该院纪念周演讲（专载）／胡汉民　《民国日报》　1930 年 8 月 17 日　第 87 册　第 609 页

34706　汪精卫勾结共产党之渊源与经过　续：在该院纪念周演讲（专载）／胡汉民　《民国日报》　1930 年 8 月 18 日　第 87 册　第 622 页

34707　汪精卫果北上耶？　《中央日报》　1930 年 7 月 24 日　第 11 册　第 279 页

34708　汪精卫和平运动说　《申报》　1939 年 5 月 26 日　第 363 册　第 996 页

34709　汪精卫极易消灭：但得有办法而严格执行／王芸生（星期论文）　《大公报》　1939 年 8 月 20 日　第 142 册　第 524 页

34710　汪精卫君北来之感言　《大公报》　1930 年 7 月 23 日　第 97 册　第

268 页

34711　汪精卫卖党　《民国日报》　1930 年 7 月 27 日　第 87 册　第 335 页

34712　汪精卫密约说　《申报》　1939 年 4 月 7 日　第 363 册　第 122 页

34713　汪精卫先生回国抵沪　《大公报》　1937 年 1 月 15 日　第 136 册　第
192 页

34714　汪精卫言动在法律上所负之责任/锄□（星期评论）　《申报》（香港版）
1939 年 5 月 7 日　第 358 册　第 538 页

34715　汪精卫再主媾和　《申报》　1939 年 4 月 3 日　第 363 册　第 48 页

34716　汪精卫之怪诞主张　《申报》　1938 年 12 月 31 日　第 360 册　第 488 页

34717　汪精卫之条件　《申报》　1939 年 1 月 16 日　第 361 册　第 282 页

34718　汪精卫自杀　《民国日报》　1930 年 8 月 1 日　第 87 册　第 404 页

34719　汪逆的丑态和命运　《中央日报》　1941 年 6 月 25 日　第 44 册　第
1012 页

34720　汪逆的卖国勾当　《申报》（香港版）　1939 年 7 月 1 日　第 358 册　第
978 页

34721　汪逆的评价　《大公报》　1939 年 11 月 22 日　第 143 册　第 332 页

34722　汪逆精卫将无疾而终　《大公报》　1940 年 1 月 2 日　第 144 册　第 6 页

34723　汪逆召集的伪代表大会　《中央日报》　1939 年 9 月 2 日　第 42 册　第
456 页

34724　汪逆之无耻　《大公报》　1940 年 1 月 19 日　第 144 册　第 74 页

34725　汪院长辞职　《中央日报》　1932 年 8 月 7 日　第 19 册　第 50 页

34726　汪院长辞职　《大公报》　1935 年 8 月 10 日　第 127 册　第 582 页

34727　汪院长打销辞意　《大公报》　1935 年 8 月 23 日　第 127 册　第 768 页

34728　汪院长归国　《中央日报》　1933 年 3 月 17 日　第 21 册　第 722 页

34729　汪院长口中之外交方针　《大公报》　1933 年 8 月 29 日　第 115 册　第
830 页

34730　汪院长谈西南提案　《大公报》　1935 年 10 月 7 日　第 128 册　第 522 页

34731　汪院长转地疗养　《大公报》　1935 年 7 月 16 日　第 127 册　第 218 页

34732　汪贼的用途　《大公报》　1940 年 2 月 24 日　第 144 册　第 218 页

34733　汪贼发丧的前奏　《大公报》　1940 年 3 月 22 日　第 144 册　第 326 页

34734　汪贼傀儡登场　《大公报》　1940 年 3 月 30 日　第 144 册　第 358 页

34735　汪兆铭违法乱纪案　《大公报》　1939 年 1 月 2 日　第 142 册　第 6 页

34736　汪主席归国抵沪　《中央日报》　1937 年 1 月 15 日　第 37 册　第 157 页

34737　汪主席请赦行刺案犯　《大公报》　1937 年 2 月 1 日　第 136 册　第
430 页

34738　亡国借款之警告：责任在国民　《民国日报》　1918 年 7 月 7 日　第 16 册

第 50 页

34739 亡国主义者的谣言攻势 《中央日报》 1946 年 3 月 11 日 第 52 册 第 608 页

34740 亡征豫伏的段政府（言论） 《民国日报》 1925 年 11 月 12 日 第 60 册 第 134 页

34741 王长庚 《申报》 1915 年 3 月 5 日 第 133 册 第 66 页

34742 王宠惠日内入京 《大公报》 1936 年 3 月 17 日 第 131 册 第 228 页

34743 王宠惠之宦术 《大公报》 1927 年 6 月 28 日 第 79 册 第 705 页

34744 王阁又成 《申报》 1922 年 9 月 21 日 第 184 册 第 432 页

34745 王瑚长苏 《申报》 1920 年 9 月 20 日 第 166 册 第 331 页

34746 王瑚呈报之甘肃冤案 《申报》 1920 年 10 月 27 日 第 166 册 第 985 页

34747 王精神与废除不平等条约/胡汉民 《民国日报》 1929 年 7 月 25 日 第 81 册 第 408 页

34748 王罗单独辞职 《申报》 1922 年 11 月 15 日 第 186 册 第 297 页

34749 王胜之蒋季和两太史复宁筹办处函：报告苏属多数主张合设咨议局 《申报》 1909 年 3 月 15 日 第 99 册 第 198 页

34750 王胜之蒋季和两太史复宁筹办处函：报告苏属多数主张合设咨议局（续） 《申报》 1909 年 3 月 16 日 第 99 册 第 214 页

34751 王胜之蒋季和两太史复宁筹办处函：报告苏属多数主张合设咨议局（再续） 《申报》 1909 年 3 月 17 日 第 99 册 第 228 页

34752 王士珍到京 《申报》 1920 年 11 月 22 日 第 167 册 第 377 页

34753 王士珍去后之私门 《民国日报》 1918 年 2 月 22 日 第 13 册 第 518 页

34754 王外长报告外交方针 《申报》 1937 年 4 月 6 日 第 351 册 第 139 页

34755 王外长北上与东北外交 《大公报》 1929 年 7 月 10 日 第 91 册 第 148 页

34756 王外交部长殴伤事件 《大公报》 1931 年 9 月 29 日 第 104 册 第 340 页

34757 王问续篇 《民国日报》 1917 年 9 月 14 日 第 11 册 第 158 页

34758 王问续篇（一续） 《民国日报》 1917 年 9 月 15 日 第 11 册 第 170 页

34759 王问续篇（二续） 《民国日报》 1917 年 9 月 16 日 第 11 册 第 182 页

34760 王问续篇（三续） 《民国日报》 1917 年 9 月 17 日 第 11 册 第 194 页

34761　王问续篇（四续）　《民国日报》　1917 年 9 月 18 日　第 11 册　第 206 页

34762　王问续篇（五续）　《民国日报》　1917 年 9 月 19 日　第 11 册　第 218 页

34763　王无罪岁　《大公报》　1928 年 12 月 19 日　第 87 册　第 577 页

34764　王揖唐宣言的可笑　《民国日报》　1919 年 10 月 29 日　第 23 册　第 698 页

34765　王揖唐之南来　《申报》　1919 年 9 月 17 日　第 160 册　第 295 页

34766　王芸生之第三查　《中央日报》　1948 年 7 月 19 日　第 59 册　第 676 页

34767　王占元去后之湖北　《申报》　1921 年 8 月 11 日　第 172 册　第 213 页

34768　王占元与鄂　《申报》　1921 年 8 月 10 日　第 172 册　第 190 页

34769　王占元走后的湖北　《民国日报》　1921 年 8 月 8 日　第 34 册　第 532 页

34770　王正廷促和电感言　《申报》　1920 年 6 月 8 日　第 164 册　第 701 页

34771　王正廷民治国提携论：中国愿得美法英三国之协助　《民国日报》　1919 年 8 月 9 日　第 22 册　第 434 页

34772　王治馨案　《申报》　1914 年 10 月 24 日　第 130 册　第 744 页

34773　往边疆去　《大公报》　1928 年 9 月 13 日　第 86 册　第 145 页

34774　往神户摄取楚同快舰进水式活动写真记：留日学生袁希洛来稿　《申报》　1906 年 7 月 13 日　第 84 册　第 117 页

34775　往神户摄取楚同快舰进水式活动写真记（续）：留日学生袁希洛来稿　《申报》　1906 年 7 月 14 日　第 84 册　第 127 页

34776　往神户摄取楚同快舰进水式活动写真记书后：留日学生袁希洛来稿代论　《申报》　1906 年 7 月 15 日　第 84 册　第 137 页

34777　罔利论　《申报》　1881 年 6 月 5 日　第 18 册　第 597 页

34778　妄费　《申报》　1916 年 12 月 23 日　第 143 册　第 946 页

34779　妄费与浪费　《申报》　1926 年 10 月 9 日　第 228 册　第 192 页

34780　妄言　《申报》　1894 年 10 月 17 日　第 48 册　第 289 页

34781　妄用机心　《申报》　1929 年 2 月 23 日　第 255 册　第 466 页

34782　望　《申报》　1919 年 3 月 31 日　第 157 册　第 495 页

34783　望榜说　《申报》　1891 年 10 月 16 日　第 39 册　第 653 页

34784　望长春!　《中央日报》　1946 年 4 月 18 日　第 52 册　第 836 页

34785　望从此真能合作　《大公报》　1934 年 12 月 20 日　第 123 册　第 724 页

34786　望从军青年自重　《大公报》　1944 年 11 月 27 日　第 153 册　第 666 页

34787　望大家负起救灾责任!　《大公报》　1935 年 8 月 20 日　第 127 册　第 726 页

34788　望东北军人努力自爱　《大公报》　1933 年 3 月 29 日　第 113 册　第

396 页

34789 望督察团展缓结束 《大公报》 1947 年 12 月 4 日 第 161 册 第 574 页

34790 望各大学速趋正常化 《大公报》 1948 年 4 月 24 日 第 162 册 第 688 页

34791 望共产党自觉反省 《中央日报》 1946 年 4 月 24 日 第 52 册 第 872 页

34792 望共党毋失策 《民国日报》 1946 年 11 月 19 日 第 99 册 第 351 页

34793 望共党勿自绝于国人 《中央日报》 1946 年 11 月 17 日 第 54 册 第 592 页

34794 望关外义军努力奋斗！ 《大公报》 1932 年 8 月 14 日 第 109 册 第 532 页

34795 望国联更进一步 《中央日报》 1938 年 9 月 24 日 第 41 册 第 40 页

34796 望国人厉行节俭倡用国货 《中央日报》 1931 年 1 月 27 日 第 13 册 第 283 页

34797 望国人自重自奋：我们对于美国白皮书之感念 《中央日报》 1943 年 1 月 6 日 第 47 册 第 418 页

34798 望京津外人镇静 《大公报》 1927 年 5 月 24 日 第 79 册 第 425 页

34799 望军府注意徐氏对陕计划 《民国日报》 1918 年 11 月 20 日 第 18 册 第 230 页

34800 望军人进一步觉悟 《大公报》 1931 年 5 月 8 日 第 102 册 第 88 页

34801 望军人努力剿匪 《大公报》 1934 年 2 月 20 日 第 118 册 第 652 页

34802 望军政各方大觉悟！ 《大公报》 1931 年 10 月 6 日 第 104 册 第 424 页

34803 望平津各界发起救济陕灾 《大公报》 1930 年 1 月 6 日 第 94 册 第 52 页

34804 望平津市民镇静 《大公报》 1948 年 12 月 15 日 第 164 册 第 574 页

34805 望平津学生自重 《大公报》 1936 年 4 月 24 日 第 131 册 第 762 页

34806 望气 《申报》 1924 年 3 月 1 日 第 200 册 第 6 页

34807 望全国官厅皆如北平市府 《大公报》 1931 年 6 月 5 日 第 102 册 第 424 页

34808 望全国军民从此立志 《大公报》 1933 年 5 月 6 日 第 114 册 第 74 页

34809 望全国青年毋忘马占山将军之言 《中央日报》 1931 年 12 月 10 日 第 16 册 第 847 页

34810 望全国推行小本借贷 《大公报》 1934 年 8 月 13 日 第 121 册 第 634 页

34811 望全国学生参加农村服务 《大公报》 1937 年 6 月 18 日 第 138 册 第

696 页

34812 望人人牢记约法第八条！ 《大公报》 1931 年 6 月 2 日 第 102 册 第 388 页

34813 望社会科学学生努力 《大公报》 1936 年 9 月 4 日 第 134 册 第 46 页

34814 望社会有力者奖励体育 《大公报》 1927 年 9 月 18 日 第 80 册 第 631 页

34815 望宋部长注意治河 《大公报》 1933 年 8 月 30 日 第 115 册 第 844 页

34816 望速办西北春赈 《大公报》 1930 年 3 月 9 日 第 95 册 第 132 页

34817 望孙殿英氏自重！ 《大公报》 1934 年 1 月 18 日 第 118 册 第 230 页

34818 望外交当局注意进行两事 《大公报》 1939 年 4 月 6 日 第 142 册 第 382 页

34819 望汪院长迅速复任 《大公报》 1933 年 3 月 18 日 第 113 册 第 242 页

34820 望王教长更进一步 《大公报》 1934 年 7 月 10 日 第 121 册 第 138 页

34821 望西南两机关从速结束 《大公报》 1934 年 4 月 6 日 第 119 册 第 512 页

34822 望雪篇 《申报》 1887 年 1 月 1 日 第 30 册 第 1 页

34823 望雪篇 《申报》 1891 年 1 月 20 日 第 38 册 第 119 页

34824 望雪篇 《申报》 1898 年 1 月 31 日 第 58 册 第 149 页

34825 望义师速定大计：为段系倒冯说而发 《民国日报》 1918 年 1 月 22 日 第 13 册 第 230 页

34826 望英美联合行动 《大公报》 1939 年 1 月 4 日 第 142 册 第 14 页

34827 望英人猛省 《大公报》 1926 年 9 月 9 日 第 77 册 第 65 页

34828 望友邦日本倾听老百姓的呼声 《申报》 1943 年 2 月 16 日 第 383 册 第 306 页

34829 望浙江人努力 《民国日报》 1921 年 6 月 9 日 第 33 册 第 550 页

34830 望政府社会注意数点 《大公报》 1933 年 1 月 14 日 第 112 册 第 148 页

34831 望政府慎重处理对日问题 《大公报》 1947 年 8 月 8 日 第 160 册 第 618 页

34832 望政府速救济旅俄华侨 《大公报》 1929 年 9 月 18 日 第 92 册 第 276 页

34833 望政府速决整个政策 《大公报》 1931 年 11 月 28 日 第 105 册 第 208 页

34834 望中共勿闭和谈门户 《民国日报》 1947 年 1 月 17 日 第 99 册 第 643 页

34835 望中外慈善界注意西北冬赈 《大公报》 1929 年 11 月 30 日 第 93 册

第 468 页

34836　危　《申报》　1916 年 4 月 4 日　第 139 册　第 546 页

34837　危安篇　《申报》　1888 年 3 月 10 日　第 32 册　第 371 页

34838　危害民国紧急治罪法实施赘言　《中央日报》　1931 年 3 月 4 日　第 13 册　第 727 页

34839　危乎殆哉两督军　《民国日报》　1918 年 3 月 10 日　第 14 册　第 110 页

34840　危祸之来　《申报》　1923 年 6 月 3 日　第 192 册　第 47 页

34841　危机所在　《申报》　1920 年 4 月 28 日　第 163 册　第 1062 页

34842　危机一发的东亚大局　《大公报》　1937 年 7 月 12 日　第 139 册　第 168 页

34843　危机与转机　《民国日报》　1932 年 1 月 11 日　第 96 册　第 48 页

34844　危难间之学生观　《民国日报》　1919 年 5 月 18 日　第 21 册　第 206 页

34845　危难与团结　《申报》　1936 年 1 月 29 日　第 336 册　第 545 页

34846　危难中的工业界　《大公报》　1947 年 11 月 14 日　第 161 册　第 454 页

34847　危迫已极的米荒问题：征集意见　《民国日报》　1920 年 6 月 28 日　第 27 册　第 804 页

34848　危迫已极的米荒问题（二）：平粜不如平市　《民国日报》　1920 年 6 月 29 日　第 27 册　第 818 页

34849　危迫已极的米荒问题（三）：平市与调查并进　《民国日报》　1920 年 6 月 30 日　第 27 册　第 832 页

34850　危迫已极的米荒问题（四）：米贵底原因及补救办法　《民国日报》　1920 年 7 月 1 日　第 28 册　第 2 页

34851　危迫已极的米荒问题（五）：调查与告密　《民国日报》　1920 年 7 月 2 日　第 28 册　第 16 页

34852　危迫已极的米荒问题（六）：米业应该改造　组织消费协会　《民国日报》　1920 年 7 月 6 日　第 28 册　第 72 页

34853　危险时代　《申报》　1915 年 8 月 17 日　第 135 册　第 788 页

34854　危险时期中之美国　《申报》　1940 年 8 月 16 日　第 371 册　第 608 页

34855　危言　《申报》　1901 年 5 月 11 日　第 68 册　第 61 页

34856　危言　《申报》　1921 年 6 月 26 日　第 170 册　第 988 页

34857　危言可以自警说　《申报》　1882 年 3 月 1 日　第 20 册　第 213 页

34858　"危哉今日之青年"？　《民国日报》　1924 年 7 月 12 日　第 52 册　第 183 页

34859　威尔基到了苏联　《大公报》　1942 年 9 月 22 日　第 149 册　第 364 页

34860　威尔基氏有力的意见　《中央日报》　1942 年 10 月 29 日　第 46 册　第 1080 页

34861 威尔基先生的卓见 《中央日报》 1942 年 10 月 6 日 第 46 册 第 934 页

34862 威尔斯氏返美之后 《申报》 1940 年 3 月 29 日 第 369 册 第 380 页

34863 威尔逊被选后美国政策之预测 《申报》 1912 年 11 月 9 日 第 119 册 第 439 页

34864 威海卫如期收回 《民国日报》 1930 年 10 月 1 日 第 88 册 第 388 页

34865 威海卫收回之后 《大公报》 1930 年 10 月 7 日 第 98 册 第 436 页

34866 威海卫屯驻海军问题 《申报》 1911 年 8 月 2 日 第 113 册 第 527 页

34867 威海卫协定签字 《大公报》 1930 年 4 月 20 日 第 95 册 第 804 页

34868 威权 《申报》 1926 年 4 月 29 日 第 222 册 第 643 页

34869 威胁平津之又一声明 《大公报》 1933 年 5 月 4 日 第 114 册 第 46 页

34870 威信 《申报》 1916 年 2 月 21 日 第 138 册 第 662 页

34871 威信 《申报》 1925 年 7 月 9 日 第 214 册 第 157 页

34872 威信与秩序：蒋主席于十七日在中央军官学校纪念周之训话 《民国日报》 1928 年 12 月 19 日 第 77 册 第 787 页

34873 威信之里面 《申报》 1928 年 3 月 3 日 第 244 册 第 50 页

34874 威信之迷梦 《申报》 1920 年 9 月 24 日 第 166 册 第 401 页

34875 微火煮水 《申报》 1915 年 9 月 12 日 第 136 册 第 176 页

34876 微妙的美苏关系（译论） 《申报》 1943 年 7 月 16 日 第 384 册 第 241 页

34877 微妙的中国大局 《申报》 1946 年 11 月 2 日 第 391 册 第 14 页

34878 为阿部惜！ 《大公报》 1940 年 1 月 10 日 第 144 册 第 38 页

34879 为爱好民主自由的人士进一言 《中央日报》 1948 年 6 月 8 日 第 59 册 第 328 页

34880 为白特勒答辩进一解 《中央日报》 1938 年 11 月 11 日 第 41 册 第 250 页

34881 为办理"信用小借款"者进一解 《申报》 1935 年 4 月 11 日 第 327 册 第 295 页

34882 为办辽赈者进一言 《大公报》 1930 年 9 月 27 日 第 98 册 第 316 页

34883 为办赈者进一言 《申报》 1931 年 8 月 27 日 第 285 册 第 726 页

34884 为保卫祖国而战 《中央日报》 1947 年 6 月 27 日 第 56 册 第 576 页

34885 为暴日的对欧态度向英法美讲几句话 《大公报》 1939 年 9 月 8 日 第 143 册 第 30 页

34886 为北大新潮告学生会：利用诬陷的根本对付 《民国日报》 1919 年 7 月 24 日 第 22 册 第 278 页

34887 为北方大学教授呼吁 《大公报》 1946 年 9 月 24 日 第 157 册 第

450 页

34888　为北方教育界请命　《大公报》　1947 年 8 月 18 日　第 160 册　第 678 页

34889　为北方贫病大众呼吁　《大公报》　1947 年 10 月 7 日　第 161 册　第 220 页

34890　为北方迫切呼吁：急救北方偏枯　《大公报》　1947 年 7 月 24 日　第 160 册　第 528 页

34891　为北京政府计　《申报》　1919 年 6 月 4 日　第 158 册　第 580 页

34892　为北军攻陕告护法各省：不援陕无异自杀（来论）/康寄遥　《民国日报》　1918 年 11 月 26 日　第 18 册　第 302 页

34893　为北军攻陕告护法各省（续）：不援陕无异自杀（来论）/康寄遥　《民国日报》　1918 年 11 月 27 日　第 18 册　第 314 页

34894　为北平教育界请命　《大公报》　1946 年 7 月 5 日　第 157 册　第 18 页

34895　为被压迫的渔民鱼行呼吁　《中央日报》　1948 年 2 月 3 日　第 58 册　第 314 页

34896　为奔走和平者进一解（言论）　《民国日报》　1926 年 9 月 20 日　第 65 册　第 192 页

34897　为本报史总理致哀　《申报》　1934 年 11 月 14 日　第 322 册　第 414 页

34898　为兵变倡　《申报》　1920 年 12 月 2 日　第 167 册　第 553 页

34899　为臣不易说　《申报》　1897 年 6 月 19 日　第 56 册　第 299 页

34900　为臣不易说　《申报》　1897 年 6 月 23 日　第 56 册　第 323 页

34901　为承认伪满问题警告各国　《申报》　1934 年 2 月 24 日　第 313 册　第 592 页

34902　为惩戒汪精卫告同志（言论）　《民国日报》　1925 年 12 月 8 日　第 60 册　第 446 页

34903　为出版业进一言　《申报》　1936 年 3 月 26 日　第 338 册　第 648 页

34904　为出兵华北问题希望各国国民（言论）　《民国日报》　1927 年 5 月 29 日　第 68 册　第 421 页

34905　为从事女权运动者进一解　《申报》　1933 年 8 月 20 日　第 307 册　第 553 页

34906　为从事新生活运动者进一解　《申报》　1936 年 7 月 27 日　第 342 册　第 695 页

34907　为促进学术文化进一言/范旭东（星期论文）　《大公报》　1940 年 6 月 23 日　第 144 册　第 696 页

34908　为促开对日和会而努力　《中央日报》　1948 年 7 月 5 日　第 59 册　第 560 页

34909　为大水灾告全国学生　《大公报》　1931 年 8 月 30 日　第 103 册　第

724 页

34910　为大学教授和学生进一言　《中央日报》　1939 年 12 月 24 日　第 42 册
第 912 页

34911　为倒袁者进一解　《民国日报》　1916 年 4 月 28 日　第 2 册　第 698 页

34912　为帝制之说者　《申报》　1916 年 1 月 13 日　第 138 册　第 172 页

34913　为调停说忠告政客：丙辰之鉴不远　《民国日报》　1917 年 11 月 28 日
第 12 册　第 326 页

34914　为东北教育界请命　《大公报》　1946 年 12 月 13 日　第 158 册　第
476 页

34915　为东北同胞请命！：请共党不要在东北再埋下大地雷　《申报》　1946 年 4
月 20 日　第 388 册　第 612 页

34916　为东北学生表同情！　《大公报》　1933 年 5 月 28 日　第 114 册　第
382 页

34917　为东省保路运动诸君进一解　《大公报》　1928 年 11 月 1 日　第 87 册
第 1 页

34918　为东省事件促国联调查团注意（一）　《中央日报》　1932 年 3 月 30 日
第 17 册　第 473 页

34919　为东省事件促国联调查团注意（二）　《中央日报》　1932 年 3 月 31 日
第 17 册　第 477 页

34920　为对方人着想　《申报》　1927 年 3 月 20 日　第 232 册　第 416 页

34921　为对日交涉警告国人　《民国日报》　1923 年 3 月 21 日　第 44 册　第
276 页

34922　为恶不澈　《申报》　1923 年 7 月 29 日　第 193 册　第 616 页

34923　为儿童呼吁　《大公报》　1947 年 10 月 21 日　第 161 册　第 308 页

34924　为儿童请命！　《申报》　1946 年 4 月 4 日　第 388 册　第 514 页

34925　为法律奋斗　《申报》　1932 年 6 月 22 日　第 293 册　第 467 页

34926　为法治请命/章泽渊（星期论文）　《大公报》　1947 年 11 月 16 日　第
161 册　第 466 页

34927　为反帝国主义同盟进一解　《民国日报》　1924 年 8 月 6 日　第 52 册　第
548 页

34928　为反侵略而战　《中央日报》　1948 年 11 月 18 日　第 60 册　第 596 页

34929　为非法选举昭告国人/谷兵（来论）　《民国日报》　1918 年 4 月 1 日　第
14 册　第 370 页

34930　为奉吉事勉同胞　《民国日报》　1919 年 7 月 31 日　第 22 册　第 338 页

34931　为妇女界进一言　《申报》　1940 年 3 月 8 日　第 369 册　第 98 页

34932　为复辟文件而生之忧虑（言论）　《民国日报》　1925 年 8 月 18 日　第 58

册　第 522 页

34933　为赴法勤工俭学者进一解　《民国日报》　1921 年 2 月 28 日　第 31 册
第 684 页

34934　为富行仁　《申报》　1945 年 7 月 31 日　第 387 册　第 519 页

34935　为甘地等被捕之事惋惜　《大公报》　1942 年 8 月 11 日　第 149 册　第
182 页

34936　为甘地绝食向英帝国主义抗议　《申报》　1943 年 2 月 18 日　第 383 册
第 322 页

34937　为各方竞选者进一言　《中央日报》　1947 年 8 月 7 日　第 56 册　第
998 页

34938　为各赴日调查团进一言　《大公报》　1935 年 9 月 19 日　第 128 册　第
262 页

34939　为各省截款进一解　《民国日报》　1916 年 3 月 5 日　第 2 册　第 50 页

34940　为各省灾民向全代会请命　《大公报》　1929 年 3 月 17 日　第 89 册　第
260 页

34941　为工商界呼吁!　《大公报》　1947 年 2 月 22 日　第 159 册　第 382 页

34942　为工商界设想　《大公报》　1948 年 11 月 23 日　第 164 册　第 486 页

34943　为工业化而奋斗　《中央日报》　1945 年 3 月 28 日　第 50 册　第 904 页

34944　为公共安全而呼吁　《中央日报》　1946 年 11 月 27 日　第 54 册　第
718 页

34945　为公教人员恳切呼吁　《大公报》　1947 年 10 月 31 日　第 161 册　第
368 页

34946　为公教人员呼吁!　《申报》　1948 年 8 月 25 日　第 398 册　第 442 页

34947　为公理人道抗议!!!　《大公报》　1932 年 1 月 30 日　第 106 册　第
284 页

34948　为公与无私　《申报》　1927 年 11 月 17 日　第 240 册　第 367 页

34949　为公众计　《申报》　1926 年 7 月 18 日　第 225 册　第 435 页

34950　为贡院中善举说　《申报》　1891 年 8 月 6 日　第 39 册　第 219 页

34951　为广大困难学生请命　《申报》　1949 年 1 月 19 日　第 400 册　第 110 页

34952　为国货厂商互助自救运动进一解　《申报》　1935 年 4 月 19 日　第 327 册
第 528 页

34953　为国家及人民请命　《民国日报》　1916 年 5 月 28 日　第 3 册　第 326 页

34954　为国家民族而争的粤海关案　《民国日报》　1923 年 12 月 23 日　第 48 册
第 734 页

34955　为国家求饶!　《大公报》　1944 年 12 月 19 日　第 153 册　第 754 页

34956　为国家惜人才　《申报》　1927 年 12 月 18 日　第 241 册　第 392 页

34957 为国家自重为民族自爱!!! 《大公报》 1932 年 9 月 23 日 第 110 册 第 268 页

34958 为国救亡为党雪耻! 《中央日报》 1948 年 5 月 23 日 第 59 册 第 192 页

34959 为国民抱不平 《民国日报》 1916 年 11 月 13 日 第 6 册 第 146 页

34960 为国民大会告日侨 《民国日报》 1919 年 12 月 10 日 第 24 册 第 470 页

34961 为国民大会设想 《大公报》 1946 年 10 月 15 日 第 158 册 第 90 页

34962 为国民捐事敬告同胞 《申报》 1912 年 5 月 14 日 第 117 册 第 421 页

34963 为国忘己 《申报》 1945 年 1 月 8 日 第 387 册 第 21 页

34964 为国为民 《申报》 1917 年 7 月 28 日 第 147 册 第 472 页

34965 为国宜因事制宜论 《申报》 1878 年 2 月 12 日 第 12 册 第 121 页

34966 为海外侨民及留学生辨诬 《申报》 1908 年 1 月 16 日 第 92 册 第 181 页

34967 为海源阁藏书之最后呼吁 《大公报》 1931 年 5 月 25 日 第 102 册 第 292 页

34968 为好学青年呼吁于先辈师长之前 《大公报》 1930 年 10 月 5 日 第 98 册 第 412 页

34969 为何 《申报》 1929 年 2 月 27 日 第 255 册 第 594 页

34970 为何不调兵救湘 《大公报》 1930 年 9 月 4 日 第 98 册 第 40 页

34971 为和会而唏嘘 《大公报》 1946 年 7 月 16 日 第 157 册 第 62 页

34972 为和平而努力 《中央日报》 1946 年 2 月 11 日 第 52 册 第 440 页

34973 为和平尽了最大的努力 《申报》 1937 年 7 月 26 日 第 354 册 第 653 页

34974 为和平统一致最后之呼吁 《中央日报》 1931 年 11 月 6 日 第 16 册 第 439 页

34975 为河北人民留一线生路 《大公报》 1947 年 5 月 13 日 第 160 册 第 82 页

34976 为河北省人民请命 《大公报》 1948 年 3 月 1 日 第 162 册 第 358 页

34977 为河南泛区难民请命 《中央日报》 1947 年 4 月 16 日 第 55 册 第 1026 页

34978 为荷印侨胞呼吁 《大公报》 1946 年 9 月 30 日 第 157 册 第 486 页

34979 为后方民众呼吁! 《大公报》 1940 年 4 月 22 日 第 144 册 第 452 页

34980 为后人谋幸福 《中央日报》 1932 年 7 月 30 日 第 18 册 第 642 页

34981 为湖北川汉铁路借外债事劝告湖北同乡书 《申报》 1907 年 9 月 1 日 第 90 册 第 2 页

34982　为湖北川汉铁路借外债事劝告湖北同乡书（续）　《申报》　1907 年 9 月 3 日　第 90 册　第 25 页

34983　为湖北川汉铁路借外债事劝告湖北同乡书（再续）　《申报》　1907 年 9 月 4 日　第 90 册　第 37 页

34984　为湖北川汉铁路借外债事劝告湖北同乡书（三续）　《申报》　1907 年 9 月 5 日　第 90 册　第 49 页

34985　为护法议员辟谣　《民国日报》　1922 年 9 月 5 日　第 41 册　第 56 页

34986　为华北灾民请命　《申报》　1943 年 5 月 17 日　第 383 册　第 901 页

34987　为黄河下游人民请命　《中央日报》　1947 年 7 月 3 日　第 56 册　第 636 页

34988　为虺勿催　《申报》　1921 年 3 月 22 日　第 169 册　第 369 页

34989　为会考失败的青年呼冤　《大公报》　1934 年 7 月 21 日　第 121 册　第 296 页

34990　为基本教育呼吁　《申报》　1947 年 7 月 23 日　第 394 册　第 222 页

34991　为急救空袭难民向全市市民呼吁　《申报》　1945 年 7 月 21 日　第 387 册　第 499 页

34992　为己与为人　《申报》　1920 年 11 月 10 日　第 167 册　第 173 页

34993　为济南日军暴行告日本民众　《民国日报》　1928 年 5 月 8 日　第 74 册　第 103 页

34994　为冀南三县灾民乞赈！　《大公报》　1933 年 9 月 16 日　第 116 册　第 220 页

34995　为检疫问题敬告沪上同胞　《申报》　1910 年 11 月 16 日　第 109 册　第 241 页

34996　为江西人驱蔡者进一解　《民国日报》　1924 年 5 月 13 日　第 51 册　第 146 页

34997　为江浙人民呼吁！　《大公报》　1945 年 10 月 24 日　第 155 册　第 500 页

34998　为将必谙地舆说　《申报》　1881 年 3 月 26 日　第 18 册　第 309 页

34999　为将之病　《申报》　1926 年 11 月 2 日　第 229 册　第 26 页

35000　为蒋主席寿　《大公报》　1946 年 10 月 31 日　第 158 册　第 196 页

35001　为交通着急！　《大公报》　1945 年 10 月 25 日　第 155 册　第 504 页

35002　为教育界紧急呼吁　《大公报》　1946 年 12 月 6 日　第 158 册　第 430 页

35003　为教育界争人格（言论）　《民国日报》　1925 年 2 月 3 日　第 55 册　第 328 页

35004　为金融业者进一解　《申报》　1935 年 6 月 2 日　第 329 册　第 40 页

35005　为晋南战事作一种呼吁　《大公报》　1941 年 5 月 21 日　第 146 册　第

578 页

35006　为京津沪学生解纷　《民国日报》　1920 年 4 月 20 日　第 26 册　第
680 页

35007　为经济第一设想　《大公报》　1942 年 10 月 24 日　第 149 册　第 504 页

35008　为警察消费合作社筹借资金有感　《申报》　1944 年 4 月 20 日　第 385 册
第 383 页

35009　为九龙城说话　《大公报》　1946 年 9 月 20 日　第 157 册　第 426 页

35010　为救护伤兵演剧事致谢并声明　《大公报》　1938 年 6 月 16 日　第 140 册
第 740 页

35011　为救济河南旱灾呼吁　《申报》　1943 年 4 月 12 日　第 383 册　第 692 页

35012　为救灾事再告全国读者　《大公报》　1935 年 8 月 24 日　第 127 册　第
782 页

35013　为开发西北进一言　《申报》　1934 年 4 月 27 日　第 315 册　第 786 页

35014　为戡乱建国而节约　《中央日报》　1947 年 7 月 20 日　第 56 册　第
812 页

35015　为浪借告日本人民　《民国日报》　1918 年 7 月 8 日　第 16 册　第 62 页

35016　为联合国辩护　《大公报》　1948 年 9 月 22 日　第 164 册　第 128 页

35017　为联合营业者进一解　《申报》　1935 年 7 月 7 日　第 330 册　第 174 页

35018　为粮食问题诤告中日当局/陈彬龢（星期评论）　《申报》　1944 年 6 月 4
日　第 385 册　第 539 页

35019　为了中国·为了世界　《中央日报》　1948 年 1 月 3 日　第 58 册　第
28 页

35020　为留学生进一言　《申报》　1931 年 7 月 26 日　第 284 册　第 676 页

35021　为美国担忧：由华莱士演说的反应谈起　《大公报》　1947 年 4 月 22 日
第 159 册　第 770 页

35022　为美国的利益设想　《大公报》　1939 年 12 月 27 日　第 143 册　第
472 页

35023　为美国敬陈两点　《大公报》　1941 年 10 月 7 日　第 147 册　第 376 页

35024　为美国殉难飞行员复仇　《中央日报》　1943 年 4 月 24 日　第 47 册　第
1030 页

35025　为蒙乱事忠告各省都督　《申报》　1912 年 11 月 23 日　第 119 册　第
607 页

35026　为棉业统制进一解　《申报》　1933 年 10 月 8 日　第 309 册　第 231 页

35027　为民请命　《申报》　1914 年 7 月 22 日　第 129 册　第 338 页

35028　为民治而奋斗：庆祝美国开国纪念　《申报》　1941 年 7 月 4 日　第 376
册　第 792 页

第 473 页

35055　为全民团结而欢呼　《中央日报》　1946 年 11 月 23 日　第 54 册　第 666 页

35056　为劝募公债呼吁并向政府献陈两策　《大公报》　1941 年 2 月 11 日　第 146 册　第 176 页

35057　为劝募公债勉重庆各界　《大公报》　1941 年 3 月 31 日　第 146 册　第 376 页

35058　为人道呼吁　《申报》　1940 年 10 月 26 日　第 372 册　第 727 页

35059　为人道主义而战：日本军阀屠杀非战斗人民的性质　《中央日报》　1937 年 11 月 16 日　第 40 册　第 868 页

35060　为人民而去的孙先生　《民国日报》　1924 年 11 月 23 日　第 54 册　第 177 页

35061　为人为事　《申报》　1928 年 3 月 8 日　第 244 册　第 177 页

35062　为人着想　《申报》　1918 年 5 月 2 日　第 152 册　第 18 页

35063　为日本悲哀！　《大公报》　1945 年 3 月 17 日　第 154 册　第 320 页

35064　为日本墨西哥乱事敬告国民　《申报》　1913 年 3 月 25 日　第 120 册　第 557 页

35065　为日本人民着想　《大公报》　1944 年 7 月 22 日　第 153 册　第 98 页

35066　为日本实业界惜　《大公报》　1928 年 5 月 15 日　第 84 册　第 141 页

35067　为日本退还赔款事告同胞　《民国日报》　1924 年 3 月 22 日　第 50 册　第 274 页

35068　为日本政局向美国一言　《大公报》　1940 年 1 月 18 日　第 144 册　第 70 页

35069　为三国同盟事敬告英美/张忠绂（星期论文）　《大公报》　1940 年 10 月 6 日　第 145 册　第 366 页

35070　为陕甘灾民呼吁　《大公报》　1929 年 9 月 21 日　第 92 册　第 324 页

35071　为陕事敬告国民　《民国日报》　1919 年 4 月 28 日　第 20 册　第 696 页

35072　为陕事敬告和会　《民国日报》　1919 年 4 月 27 日　第 20 册　第 684 页

35073　为陕事求公断　《民国日报》　1919 年 3 月 18 日　第 20 册　第 204 页

35074　为陕灾致最后之呼吁　《大公报》　1930 年 5 月 12 日　第 96 册　第 180 页

35075　为善论　《申报》　1872 年 5 月 14 日　第 1 册　第 41 页

35076　为善最乐，读书最佳！　《申报》　1946 年 2 月 4 日　第 388 册　第 193 页

35077　为善最乐说　《申报》　1900 年 10 月 29 日　第 66 册　第 343 页

35078　为伤病兵服务　《中央日报》　1944 年 8 月 31 日　第 49 册　第 1084 页

35079   为上海出版界请求   《民国日报》   1919 年 7 月 1 日   第 22 册   第 2 页

35080   为上海呼吁   《申报》   1939 年 5 月 12 日   第 363 册   第 738 页

35081   为上海商人请减房租事敬告华洋各房主   《申报》   1910 年 12 月 23 日   第 109 册   第 833 页

35082   为上海商人请减房租事敬告华洋各房主续   《申报》   1910 年 12 月 24 日   第 109 册   第 849 页

35083   为上海市政告上海市民（言论）   《民国日报》   1925 年 2 月 10 日   第 55 册   第 412 页

35084   为社会惜人才（言论）   《民国日报》   1925 年 2 月 4 日   第 55 册   第 344 页

35085   为胜利民主而集中力量   《中央日报》   1945 年 3 月 2 日   第 50 册   第 796 页

35086   为省官制案告参议院诸公   《申报》   1912 年 9 月 12 日   第 118 册   第 731 页

35087   为省官制案告参议院诸公续   《申报》   1912 年 9 月 13 日   第 118 册   第 741 页

35088   为什么不办曹陆章   《民国日报》   1920 年 8 月 9 日   第 28 册   第 548 页

35089   为什么不到民间去？   《民国日报》   1928 年 9 月 15 日   第 76 册   第 236 页

35090   为什么不反对分赃借款   《民国日报》   1922 年 7 月 5 日   第 40 册   第 58 页

35091   为什么不提鲁案：不要被谎话吓退了   《民国日报》   1921 年 12 月 1 日   第 36 册   第 412 页

35092   为什么不替自给鼓吹   《民国日报》   1922 年 4 月 27 日   第 38 册   第 782 页

35093   为什么坚持请求政府贯彻政令   《申报》   1943 年 4 月 17 日   第 383 册   第 722 页

35094   为什么学潮又弥漫起来？   《民国日报》   1924 年 6 月 27 日   第 51 册   第 792 页

35095   为什么要改组政府   《民国日报》   1921 年 4 月 18 日   第 32 册   第 672 页

35096   为什么要纪念总理蒙难   《民国日报》   1928 年 6 月 16 日   第 74 册   第 737 页

35097   为什么要紧缩建设事业？   《大公报》   1942 年 1 月 3 日   第 148 册   第 18 页

35098   为什么要纠正民众运动   《民国日报》   1928 年 2 月 10 日   第 72 册   第

472 页

35099　为什么要受私斗损失　《民国日报》　1920 年 7 月 15 日　第 28 册　第 198 页

35100　为什么要提倡平民教育　《民国日报》　1924 年 4 月 13 日　第 50 册　第 538 页

35101　为什么要制宪　《民国日报》　1922 年 8 月 2 日　第 40 册　第 440 页

35102　为什么中国是幼稚？　《民国日报》　1921 年 4 月 3 日　第 32 册　第 462 页

35103　为世界大局呼吁！　《申报》　1947 年 9 月 22 日　第 394 册　第 846 页

35104　为事　《申报》　1927 年 3 月 21 日　第 232 册　第 439 页

35105　为首任内阁祝福　《中央日报》　1948 年 5 月 25 日　第 59 册　第 208 页

35106　为受难的北方人民请命　《大公报》　1947 年 12 月 29 日　第 161 册　第 724 页

35107　为疏散问题告市民　《申报》　1945 年 6 月 13 日　第 387 册　第 415 页

35108　为四川灾民请命　《大公报》　1937 年 4 月 14 日　第 137 册　第 622 页

35109　为四强联盟说进一解　《中央日报》　1941 年 8 月 17 日　第 45 册　第 76 页

35110　为四中全会进一言　《申报》　1934 年 1 月 20 日　第 312 册　第 486 页

35111　为苏联考察团进一言　《申报》　1933 年 2 月 15 日　第 301 册　第 418 页

35112　为苏省学潮作最后的贡献　《民国日报》　1929 年 7 月 30 日　第 81 册　第 492 页

35113　为苏省学潮作最后的贡献　续　《民国日报》　1929 年 8 月 1 日　第 81 册　第 519 页

35114　为绥事说明中国立场　《中央日报》　1936 年 11 月 30 日　第 36 册　第 737 页

35115　为孙先生遗训而努力（言论）　《民国日报》　1925 年 6 月 27 日　第 57 册　第 692 页

35116　为孙中山辞职勉新选总裁　《民国日报》　1918 年 5 月 23 日　第 15 册　第 266 页

35117　为台湾善后进一言　《大公报》　1947 年 3 月 28 日　第 159 册　第 606 页

35118　为泰国计　《大公报》　1940 年 12 月 5 日　第 145 册　第 596 页

35119　为讨奉告革命的民众（社评）　《民国日报》　1927 年 10 月 16 日　第 70 册　第 679 页

35120　为铁路计划敬告中山先生　《申报》　1912 年 9 月 27 日　第 118 册　第 885 页

35121　为铁路计划敬告中山先生续　《申报》　1912 年 9 月 28 日　第 118 册　第

895 页

35122   为停战布告告苏赣督军   《民国日报》   1917 年 12 月 30 日   第 12 册   第
706 页

35123   为铜官山矿案敬告皖人   《申报》   1909 年 5 月 19 日   第 100 册   第
254 页

35124   为铜官山事敬告我国民   《申报》   1909 年 6 月 2 日   第 100 册   第
451 页

35125   为统一和平忍痛须臾   《中央日报》   1929 年 12 月 23 日   第 8 册   第
661 页

35126   为推行国货运动进一解：国货要世界化   《申报》（香港版）   1938 年 10
月 4 日   第 357 册   第 133 页

35127   为外国公司释疑/孙九录（专论）   《申报》   1946 年 2 月 13 日   第 388
册   第 237 页

35128   为王揖唐介绍   《民国日报》   1919 年 9 月 19 日   第 23 册   第 230 页

35129   为维持协定说告使团   《申报》   1929 年 8 月 22 日   第 261 册   第 616 页

35130   为伪联邦说勉制宪君   《民国日报》   1918 年 2 月 19 日   第 13 册   第
482 页

35131   为慰军运动再贡所见   《大公报》   1929 年 11 月 24 日   第 93 册   第
372 页

35132   为无告之青年呼吁   《大公报》   1931 年 6 月 3 日   第 102 册   第 400 页

35133   为无辜之人民请命   《申报》   1913 年 7 月 16 日   第 123 册   第 210 页

35134   为吴佩孚画三策   《民国日报》   1918 年 9 月 2 日   第 17 册   第 14 页

35135   为吾党同志进一言   《中央日报》   1945 年 2 月 19 日   第 50 册   第
750 页

35136   为五九纪念提倡国民外交（言论）   《民国日报》   1927 年 5 月 9 日   第
68 册   第 119 页

35137   为武汉灾民请命：海军与航业界之责任   《申报》   1931 年 8 月 21 日   第
285 册   第 560 页

35138   为西北灾民之呼吁   《大公报》   1929 年 7 月 30 日   第 91 册   第 468 页

35139   为西南大学呼冤   《民国日报》   1920 年 4 月 18 日   第 26 册   第 654 页

35140   为西南战事敬告各界   《民国日报》   1916 年 3 月 8 日   第 2 册   第 86 页

35141   为希望太过者进一言   《民国日报》   1945 年 10 月 8 日   第 96 册   第
197 页

35142   为宪法忧   《大公报》   1948 年 7 月 29 日   第 163 册   第 536 页

35143   为湘省赔款敬告度支部   《申报》   1910 年 5 月 2 日   第 106 册   第 18 页

35144   为小学教师医药助金呼吁   《申报》   1943 年 1 月 30 日   第 383 册   第

210 页

35165　为英国人打算　《中央日报》　1932 年 12 月 18 日　第 20 册　第 422 页

35166　为英日谈判告英国人士　《申报》　1937 年 6 月 29 日　第 353 册　第 739 页

35167　为英日谈判告英人　《申报》　1939 年 8 月 16 日　第 365 册　第 766 页

35168　为英政府进一解并正告世界　《申报》　1932 年 12 月 18 日　第 299 册　第 490 页

35169　为与署　《申报》　1921 年 5 月 18 日　第 170 册　第 301 页

35170　为豫湘人民请命　《大公报》　1946 年 7 月 22 日　第 157 册　第 86 页

35171　为粤路事敬告粤人　《申报》　1909 年 1 月 16 日　第 98 册　第 184 页

35172　为越南侨胞请命!　《申报》　1947 年 1 月 17 日　第 392 册　第 186 页

35173　为灾民请命　《申报》　1935 年 7 月 27 日　第 330 册　第 681 页

35174　为灾区呼吁减免税捐　《大公报》　1929 年 1 月 7 日　第 88 册　第 77 页

35175　为灾区急赈普捐告市民　《申报》　1934 年 12 月 2 日　第 323 册　第 47 页

35176　为战士贺新年　《大公报》　1942 年 1 月 2 日　第 148 册　第 14 页

35177　为赈济北方旱灾告面粉公会　《民国日报》　1920 年 9 月 18 日　第 29 册　第 240 页

35178　为争取人民拥护　《中央日报》　1948 年 11 月 24 日　第 60 册　第 634 页

35179　为政　《申报》　1928 年 2 月 8 日　第 243 册　第 179 页

35180　为政不在多言:读四中全会党团会议宣言　《中央日报》　1947 年 9 月 14 日　第 57 册　第 142 页

35181　为政的因果　《民国日报》　1945 年 12 月 21 日　第 96 册　第 345 页

35182　为政府问题勉国会　《民国日报》　1918 年 2 月 20 日　第 13 册　第 494 页

35183　为政宜防流弊说　《申报》　1880 年 3 月 3 日　第 16 册　第 225 页

35184　为政宜宽猛得中说　《申报》　1899 年 5 月 4 日　第 62 册　第 25 页

35185　为政与求知　《民国日报》　1929 年 4 月 17 日　第 79 册　第 819 页

35186　为政与求知　续　《民国日报》　1929 年 4 月 19 日　第 79 册　第 851 页

35187　为政在以身作则自强不息:在内政会议闭幕时之训词(专载)/蒋中正　《民国日报》　1931 年 1 月 31 日　第 90 册　第 280 页

35188　为之与不为　《申报》　1929 年 3 月 31 日　第 256 册　第 892 页

35189　为治当务其本论　《申报》　1889 年 10 月 24 日　第 35 册　第 715 页

35190　为中法订约敬告两国外交当局　《民国日报》　1929 年 2 月 2 日　第 78 册　第 543 页

35191　为中学会考告当局　《中央日报》　1947 年 5 月 9 日　第 56 册　第 84 页

35192　为主义而战的精神　《民国日报》　1923 年 7 月 12 日　第 46 册　第

35217　惟有定国是才能雪国耻　续（专载）/胡汉民　《民国日报》　1930 年 5 月 16 日　第 86 册　第 197 页

35218　惟有定国是才能雪国耻（专载）/胡汉民　《民国日报》　1930 年 5 月 15 日　第 86 册　第 184 页

35219　惟有诉诸宪法　《中央日报》　1947 年 2 月 3 日　第 55 册　第 376 页

35220　维持　《申报》　1920 年 12 月 28 日　第 167 册　第 1003 页

35221　维持北平繁荣之捷径　《大公报》　1928 年 8 月 18 日　第 85 册　第 481 页

35222　维持北平繁盛之道　《大公报》　1928 年 10 月 16 日　第 86 册　第 533 页

35223　维持不下去的烂政局（言论）　《民国日报》　1926 年 1 月 11 日　第 61 册　第 118 页

35224　维持风化议　《申报》　1885 年 7 月 13 日　第 27 册　第 73 页

35225　维持国会　《申报》　1913 年 11 月 21 日　第 125 册　第 286 页

35226　维持国货以兴商业说　《申报》　1912 年 6 月 13 日　第 117 册　第 719 页

35227　维持交通安定社会！　《申报》　1949 年 2 月 18 日　第 400 册　第 286 页

35228　维持民生　《申报》　1929 年 9 月 5 日　第 262 册　第 131 页

35229　维持民食唯一之希望　《申报》　1939 年 12 月 7 日　第 367 册　第 484 页

35230　维持年关　《申报》　1920 年 12 月 15 日　第 167 册　第 765 页

35231　维持商务说　《申报》　1896 年 3 月 9 日　第 52 册　第 377 页

35232　维持上海治安之两大问题：失业问题与民食问题　《申报》　1937 年 8 月 17 日　第 355 册　第 284 页

35233　维持社会秩序　《中央日报》　1949 年 2 月 5 日　第 60 册　第 941 页

35234　维持社会秩序：读蒋代表吴副市长谈话书感　《申报》　1945 年 8 月 26 日　第 387 册　第 571 页

35235　维持社会秩序之道　《申报》　1947 年 5 月 19 日　第 393 册　第 486 页

35236　维持市面以保大局说　《申报》　1900 年 6 月 29 日　第 65 册　第 459 页

35237　维持天津商埠之救急策　《大公报》　1928 年 10 月 22 日　第 86 册　第 605 页

35238　维持外汇与生产建设　《中央日报》　1938 年 12 月 14 日　第 41 册　第 392 页

35239　维持与组织　《申报》　1913 年 12 月 7 日　第 125 册　第 514 页

35240　维持圆法议　《申报》　1899 年 3 月 9 日　第 61 册　第 369 页

35241　维持债信　《中央日报》　1947 年 9 月 25 日　第 57 册　第 254 页

35242　维护东北领土主权完整　《民国日报》　1946 年 2 月 26 日　第 97 册　第 217 页

35243　维护法统·注视东北　《中央日报》　1946 年 4 月 4 日　第 52 册　第

35268 伪国会的本分事 《民国日报》 1922 年 8 月 5 日 第 40 册 第 480 页

35269 伪国截留关税问题 《中央日报》 1932 年 6 月 24 日 第 18 册 第 354 页

35270 伪国可否承认／徐淑希（星期论文） 《大公报》 1936 年 3 月 22 日 第 131 册 第 296 页

35271 伪华兴银行失败之必然性 《中央日报》 1939 年 5 月 23 日 第 42 册 第 60 页

35272 伪军问题不容再延 《大公报》 1933 年 6 月 23 日 第 114 册 第 746 页

35273 伪满煤油专卖与九国公约 《申报》 1934 年 10 月 30 日 第 321 册 第 906 页

35274 伪票败露事后 《申报》 1898 年 6 月 10 日 第 59 册 第 253 页

35275 伪桃花论 《申报》 1873 年 2 月 18 日 第 2 册 第 141 页

35276 伪庭签订两借款警告 《民国日报》 1923 年 8 月 4 日 第 46 册 第 478 页

35277 伪制宪的两个影响 《民国日报》 1923 年 7 月 29 日 第 46 册 第 394 页

35278 伪组织统治下之烟毒政策 《申报》 1934 年 10 月 6 日 第 321 册 第 168 页

35279 尾大不掉 《申报》 1926 年 6 月 2 日 第 224 册 第 27 页

35280 尾崎行雄之被捕 《大公报》 1942 年 4 月 28 日 第 148 册 第 504 页

35281 委查接济问答 《申报》 1885 年 3 月 25 日 第 26 册 第 425 页

35282 委曲 《申报》 1925 年 4 月 24 日 第 211 册 第 432 页

35283 委曲求全 《申报》 1920 年 11 月 16 日 第 167 册 第 271 页

35284 委曲求全 《申报》 1927 年 11 月 19 日 第 240 册 第 409 页

35285 委员长论国际形势 《中央日报》 1939 年 8 月 30 日 第 42 册 第 444 页

35286 委员制与今日时局 《民国日报》 1923 年 6 月 27 日 第 45 册 第 792 页

35287 委员制与联省自治（上） 《民国日报》 1924 年 11 月 8 日 第 54 册 第 57 页

35288 委员制与联省自治（下） 《民国日报》 1924 年 11 月 9 日 第 54 册 第 65 页

35289 卫国健儿的标本 《申报》 1937 年 10 月 29 日 第 355 册 第 855 页

35290 卫国健儿们，努力干罢！ 《大公报》 1938 年 9 月 2 日 第 141 册 第 264 页

35291 卫生 《申报》 1944 年 6 月 5 日 第 385 册 第 543 页

35292 卫生肤说 《申报》 1902 年 7 月 29 日 第 71 册 第 607 页

35293 卫生篇 《申报》 1901 年 8 月 16 日 第 68 册 第 643 页

35294 卫生事业的困难 《申报》 1944 年 5 月 13 日 第 385 册 第 463 页

35295 卫生说 《申报》 1896 年 8 月 13 日 第 53 册 第 673 页

35296 卫生运动大会开幕 《申报》 1935 年 6 月 15 日 第 329 册 第 380 页

35297 卫生运动之重要 《大公报》 1935 年 5 月 20 日 第 126 册 第 308 页

35298 未成先拆的"颜阁"（言论） 《民国日报》 1926 年 5 月 14 日 第 63 册 第 122 页

35299 未成形之中立：袖手者十七八 《民国日报》 1917 年 10 月 22 日 第 11 册 第 614 页

35300 未来 《申报》 1915 年 12 月 26 日 第 137 册 第 906 页

35301 未来的美日关系 《中央日报》 1940 年 2 月 1 日 第 43 册 第 2 页

35302 未来两周中的东北 《申报》 1946 年 4 月 8 日 第 388 册 第 540 页

35303 未来宪法之模型 《申报》 1912 年 4 月 12 日 第 117 册 第 107 页

35304 未来宪法之模型 《申报》 1912 年 4 月 14 日 第 117 册 第 127 页

35305 未来之变局 《申报》 1915 年 12 月 3 日 第 137 册 第 528 页

35306 未来之局 《申报》 1924 年 11 月 3 日 第 207 册 第 36 页

35307 未来之军事善后如何 《大公报》 1929 年 12 月 16 日 第 93 册 第 724 页

35308 未来之两大派 《申报》 1914 年 3 月 19 日 第 127 册 第 292 页

35309 未来之苏日关系 《中央日报》 1939 年 11 月 3 日 第 42 册 第 708 页

35310 未来之张献忠 《申报》 1921 年 10 月 20 日 第 174 册 第 429 页

35311 未了之事 《申报》 1914 年 6 月 1 日 第 128 册 第 500 页

35312 未已 《申报》 1913 年 7 月 8 日 第 123 册 第 100 页

35313 未允与承认 《申报》 1915 年 4 月 6 日 第 133 册 第 574 页

35314 位置 《申报》 1918 年 9 月 6 日 第 154 册 第 90 页

35315 位置与权限 《申报》 1916 年 8 月 29 日 第 141 册 第 992 页

35316 味莼园公祝何桂笙先生五秩寿文 《申报》 1890 年 5 月 4 日 第 36 册 第 709 页

35317 味莼园观放气球记 《申报》 1890 年 10 月 14 日 第 37 册 第 673 页

35318 味莼园观西人赛花会记 《申报》 1891 年 5 月 13 日 第 38 册 第 727 页

35319 味莼园赏雨记 《申报》 1886 年 8 月 5 日 第 29 册 第 215 页

35320 味莼园视烟火记 《申报》 1886 年 5 月 3 日 第 28 册 第 689 页

35321 味莼园题桥记 《申报》 1890 年 7 月 15 日 第 37 册 第 91 页

35322 味莼园续记 《申报》 1889 年 7 月 16 日 第 35 册 第 97 页

35323   味莼园烟火助赈说   《申报》   1886 年 8 月 14 日   第 29 册   第 269 页

35324   味道馆三才兵法序   《申报》   1889 年 3 月 2 日   第 34 册   第 289 页

35325   畏盗说   《申报》   1887 年 4 月 22 日   第 30 册   第 651 页

35326   畏怯与轻忽   《申报》   1927 年 10 月 13 日   第 239 册   第 267 页

35327   畏人言   《申报》   1925 年 8 月 29 日   第 215 册   第 585 页

35328   喂！江苏的废督运动   《民国日报》   1922 年 6 月 29 日   第 39 册   第 806 页

35329   慰藏本   《大公报》   1934 年 6 月 15 日   第 120 册   第 664 页

35330   慰国军   《大公报》   1941 年 10 月 15 日   第 147 册   第 414 页

35331   慰教师   《大公报》   1946 年 12 月 24 日   第 158 册   第 548 页

35332   慰劳保卫衡阳的战士   《中央日报》   1944 年 7 月 28 日   第 49 册   第 934 页

35333   慰劳鄂西将士   《中央日报》   1943 年 6 月 18 日   第 48 册   第 268 页

35334   慰劳公务员   《中央日报》   1942 年 3 月 27 日   第 45 册   第 988 页

35335   慰劳过境将士   《中央日报》   1944 年 12 月 6 日   第 50 册   第 436 页

35336   慰劳艰苦作战的将士   《中央日报》   1945 年 5 月 14 日   第 50 册   第 1132 页

35337   慰劳蒋总司令暨前敌将士   《民国日报》   1930 年 9 月 14 日   第 88 册   第 172 页

35338   慰劳绥东将士与捐款方法   《中央日报》   1936 年 11 月 20 日   第 36 册   第 617 页

35339   慰劳团快出发了！   《大公报》   1945 年 5 月 30 日   第 154 册   第 634 页

35340   慰劳湘西战士   《大公报》   1945 年 5 月 14 日   第 154 册   第 566 页

35341   慰劳战士以安良心   《大公报》   1943 年 12 月 17 日   第 151 册   第 750 页

35342   慰劳中美空军   《大公报》   1943 年 12 月 25 日   第 151 册   第 784 页

35343   慰流亡的爱国青年   《中央日报》   1948 年 8 月 14 日   第 59 册   第 876 页

35344   慰留   《申报》   1918 年 10 月 5 日   第 154 册   第 564 页

35345   慰留   《申报》   1918 年 3 月 12 日   第 151 册   第 162 页

35346   慰勉北方将领   《中央日报》   1933 年 1 月 10 日   第 21 册   第 66 页

35347   慰勉归国文化人   《中央日报》   1942 年 5 月 3 日   第 46 册   第 12 页

35348   慰勉教师   《中央日报》   1942 年 8 月 27 日   第 46 册   第 682 页

35349   慰勉民主阵营中的战士   《中央日报》   1939 年 3 月 19 日   第 41 册   第 932 页

35350   慰勉南口将士   《中央日报》   1937 年 8 月 16 日   第 40 册   第 503 页

35351　慰勉天津租界居民　《中央日报》　1939 年 6 月 26 日　第 42 册　第 180 页

35352　慰勉我交通员工　《中央日报》　1947 年 5 月 20 日　第 56 册　第 198 页

35353　慰勉战时公务员　《中央日报》　1940 年 11 月 19 日　第 44 册　第 78 页

35354　慰收复区同胞　《大公报》　1945 年 12 月 2 日　第 155 册　第 664 页

35355　慰讨逆受伤将士　《中央日报》　1930 年 6 月 6 日　第 10 册　第 807 页

35356　慰文艺战士　《大公报》　1944 年 4 月 16 日　第 152 册　第 478 页

35357　慰问保卫祖国的将士　《中央日报》　1947 年 6 月 24 日　第 56 册　第 546 页

35358　慰问鲍威尔氏　《中央日报》　1942 年 9 月 12 日　第 46 册　第 782 页

35359　慰问国防军　《申报》　1929 年 10 月 9 日　第 263 册　第 255 页

35360　慰问沦陷区同胞　《大公报》　1944 年 8 月 13 日　第 153 册　第 196 页

35361　慰问前线将士　《大公报》　1938 年 7 月 26 日　第 141 册　第 116 页

35362　慰问荣誉军人　《中央日报》　1940 年 12 月 7 日　第 44 册　第 150 页

35363　慰问市长痛惜教育！　《申报》　1948 年 1 月 30 日　第 396 册　第 274 页

35364　慰问英大使　《中央日报》　1937 年 8 月 27 日　第 40 册　第 553 页

35365　魏德迈调查中韩　《大公报》　1947 年 7 月 16 日　第 160 册　第 480 页

35366　魏德迈访日与亚洲局势　《申报》　1949 年 2 月 2 日　第 400 册　第 188 页

35367　魏德迈将军到南京　《大公报》　1947 年 7 月 23 日　第 160 册　第 522 页

35368　魏德迈将军再度来华　《中央日报》　1947 年 7 月 13 日　第 56 册　第 740 页

35369　魏德迈来华之后　《申报》　1947 年 7 月 23 日　第 394 册　第 222 页

35370　温草浜开河客述　《申报》　1890 年 3 月 13 日　第 36 册　第 387 页

35371　温泉考　《申报》　1891 年 4 月 30 日　第 38 册　第 649 页

35372　温溪造纸公司之创立　《中央日报》　1937 年 5 月 15 日　第 39 册　第 173 页

35373　文不对题（言论）　《民国日报》　1926 年 11 月 22 日　第 66 册　第 48 页

35374　文昌宫蛛纲纪　《申报》　1873 年 10 月 24 日　第 3 册　第 397 页

35375　文嘲　《申报》　1880 年 3 月 8 日　第 16 册　第 245 页

35376　文官与虎伥　《民国日报》　1923 年 12 月 12 日　第 48 册　第 576 页

35377　文化的尽头与出路：战后世界的讨论/林同济（星期论文）　《大公报》　1942 年 6 月 15 日　第 148 册　第 704 页

35378　文化动员与报人　《大公报》　1942 年 2 月 7 日　第 148 册　第 162 页

35379　文化复员中的新事业　《申报》　1946 年 8 月 30 日　第 389 册　第 964 页

35380　文化工作之新动向　《中央日报》　1941 年 1 月 16 日　第 44 册　第 328 页

35381　"文化"及"人道"　《大公报》　1938 年 2 月 24 日　第 140 册　第 226 页

35382　文化界的戡乱工作　《申报》　1947 年 8 月 30 日　第 394 册　第 602 页

35383　文化界的一大危机　《大公报》　1948 年 1 月 12 日　第 162 册　第 76 页

35384　文化界志士努力　《中央日报》　1939 年 9 月 11 日　第 42 册　第 492 页

35385　文化食粮也须调整救济　《大公报》　1940 年 10 月 4 日　第 145 册　第 358 页

35386　文化水准与图书馆　《申报》　1933 年 7 月 20 日　第 306 册　第 590 页

35387　文化与抗战　《申报》　1940 年 5 月 27 日　第 370 册　第 346 页

35388　文化与战争/郭沫若（星期论文）　《大公报》　1939 年 3 月 19 日　第 142 册　第 310 页

35389　文化运动与文化人　《申报》　1944 年 2 月 9 日　第 385 册　第 141 页

35390　文化之接种与培养　《大公报》　1940 年 7 月 22 日　第 145 册　第 72 页

35391　文明必能克服野蛮　《中央日报》　1942 年 4 月 7 日　第 45 册　第 1038 页

35392　文明建设在太平洋　读罗斯福总统演说感言　《大公报》　1940 年 5 月 13 日　第 144 册　第 536 页

35393　文派之交战　《申报》　1918 年 10 月 20 日　第 154 册　第 812 页

35394　文人轻薄篇　《申报》　1890 年 4 月 30 日　第 36 册　第 685 页

35395　文闻筹赈刍言　《申报》　1889 年 9 月 6 日　第 35 册　第 419 页

35396　文武两途之分与合　《中央日报》　1944 年 1 月 27 日　第 49 册　第 132 页

35397　文武轻重说答西人论待水师官　《申报》　1879 年 11 月 4 日　第 15 册　第 505 页

35398　文武职官待遇的调整　《中央日报》　1947 年 8 月 11 日　第 56 册　第 1038 页

35399　文武主从论　《大公报》　1927 年 6 月 20 日　第 79 册　第 641 页

35400　文武自为轻重说　《申报》　1889 年 11 月 9 日　第 35 册　第 813 页

35401　文学足以兴国论　《申报》　1896 年 5 月 18 日　第 53 册　第 113 页

35402　文妖篇　《申报》　1902 年 1 月 27 日　第 70 册　第 157 页

35403　文妖说　《申报》　1899 年 10 月 2 日　第 63 册　第 217 页

35404　文艺节感言　《大公报》　1947 年 5 月 4 日　第 160 册　第 22 页

35405　文艺界的两个目标　《中央日报》　1939 年 4 月 10 日　第 41 册　第 1048 页

629 页

35430　闻高丽有闭矿事特抒己意论之　《申报》　1889 年 1 月 7 日　第 34 册　第
37 页

35431　闻高邮乡民因米贵滋乱事感书　《申报》　1907 年 3 月 15 日　第 87 册
第 147 页

35432　闻各省大吏遴员赴日本观兵感而书此　《申报》　1901 年 10 月 21 日　第
69 册　第 307 页

35433　闻官兑烟膏说　《申报》　1880 年 5 月 16 日　第 16 册　第 521 页

35434　闻广州湾近事感而书此　《申报》　1899 年 12 月 25 日　第 63 册　第
819 页

35435　闻国军攻至宜昌近郊　《大公报》　1941 年 10 月 9 日　第 147 册　第
386 页

35436　闻海关试击巨钟走笔书此　《申报》　1893 年 9 月 1 日　第 45 册　第 1 页

35437　闻杭垣兴修水利喜而书此　《申报》　1893 年 12 月 30 日　第 45 册　第
805 页

35438　闻沪上米价渐平喜而书此　《申报》　1898 年 6 月 27 日　第 59 册　第
369 页

35439　闻华北改编小学教科书有感　《申报》　1935 年 9 月 23 日　第 332 册　第
631 页

35440　闻黄君勋伯捕盗被杀事感书　《申报》　1907 年 5 月 4 日　第 88 册　第
43 页

35441　闻基隆创设书院感而成说　《申报》　1893 年 6 月 22 日　第 44 册　第
377 页

35442　闻江省操演洋阵为之推广其法　《申报》　1880 年 3 月 29 日　第 16 册
第 329 页

35443　闻江省匪类肃清喜而书此　《申报》　1892 年 10 月 21 日　第 42 册　第
321 页

35444　闻捷志喜　《申报》　1894 年 12 月 12 日　第 48 册　第 639 页

35445　闻津浦捷报　《大公报》　1938 年 3 月 29 日　第 140 册　第 374 页

35446　闻近日米价之贵率笔书此　《申报》　1902 年 4 月 3 日　第 70 册　第
529 页

35447　闻经营本部放弃外藩之谬论　《申报》　1912 年 10 月 8 日　第 119 册　第
71 页

35448　闻客论流氓　《申报》　1892 年 7 月 2 日　第 41 册　第 403 页

35449　闻客述沪上倡兴娼学堂事走笔戏书　《申报》　1905 年 1 月 17 日　第 79
册　第 97 页

35450 闻客述闹姓事感而论之 《申报》 1900 年 5 月 16 日 第 65 册 第 119 页

35451 闻陆征祥继任总理感言 《申报》 1912 年 7 月 4 日 第 118 册 第 31 页

35452 闻鹿地自氏讲演感言 《大公报》 1938 年 3 月 28 日 第 140 册 第 370 页

35453 闻美国圣鲁义开设博览会事感而书此 《申报》 1903 年 6 月 24 日 第 74 册 第 359 页

35454 闻美国新例不行喜而书此 《申报》 1893 年 5 月 21 日 第 44 册 第 143 页

35455 闻美军续抵英岛 《大公报》 1942 年 3 月 6 日 第 148 册 第 272 页

35456 闻美前总统回国与大臣所谈各事书后 《申报》 1880 年 3 月 27 日 第 16 册 第 321 页

35457 闻某君语有感 《民国日报》 1918 年 8 月 8 日 第 16 册 第 434 页

35458 闻内阁更迭消息感言 《申报》 1911 年 6 月 9 日 第 112 册 第 678 页

35459 闻南皮宫保移节两江喜而书此 《申报》 1902 年 10 月 20 日 第 72 册 第 337 页

35460 闻欧御史参劾内阁总协理感言 《申报》 1911 年 5 月 18 日 第 112 册 第 287 页

35461 闻浦左匪人赛会扰及教堂感而书此 《申报》 1903 年 4 月 7 日 第 73 册 第 565 页

35462 闻日本将设商务振兴会感言 《申报》 1910 年 2 月 24 日 第 104 册 第 844 页

35463 闻邵元冲同志报告有感 《中央日报》 1930 年 9 月 24 日 第 11 册 第 1057 页

35464 闻摄政王面谕那相孙抚感言 《申报》 1909 年 7 月 5 日 第 101 册 第 62 页

35465 闻沈钦使将往台湾论 《申报》 1874 年 5 月 28 日 第 4 册 第 483 页

35466 闻苏抚有禁烟之意喜而书此 《申报》 1892 年 8 月 3 日 第 41 册 第 611 页

35467 闻苏州抽收住宅捐愤书 《申报》 1907 年 5 月 21 日 第 88 册 第 265 页

35468 闻太皇太后升遐惊悼谨书 《申报》 1908 年 11 月 17 日 第 97 册 第 256 页

35469 闻泰西妇女设天足会感而书此 《申报》 1895 年 5 月 4 日 第 50 册 第 19 页

35470 闻湘省府封闭湘乡民报有感 《中央日报》 1930 年 9 月 29 日 第 11 册

第 1121 页

35471 闻一多案的判决 《大公报》 1946 年 8 月 27 日 第 157 册 第 282 页

35472 闻伊藤被刺感言 《申报》 1909 年 10 月 28 日 第 102 册 第 861 页

35473 闻宜昌禁烟馆事有感而书 《申报》 1894 年 1 月 11 日 第 46 册 第 67 页

35474 闻宜兴乡民肇事感言 《申报》 1910 年 3 月 17 日 第 105 册 第 258 页

35475 闻岳州战讯：大惑不解者三 懔懔危惧者一 《民国日报》 1918 年 2 月 21 日 第 13 册 第 506 页

35476 闻曾九帅噩耗书此志哀 《申报》 1890 年 11 月 18 日 第 37 册 第 895 页

35477 闻招商局将收归国有感言 《申报》 1911 年 7 月 16 日 第 113 册 第 248 页

35478 闻政务处外务部复奏振贝子条陈折因书其后 《申报》 1902 年 12 月 9 日 第 72 册 第 595 页

35479 闻中国飞行家将飞渡大洋感言 《大公报》 1927 年 9 月 30 日 第 80 册 第 727 页

35480 闻中国皇上准兴邮政谨抒末议 《申报》 1896 年 4 月 19 日 第 52 册 第 633 页

35481 闻中国屡捷喜而书此 《申报》 1894 年 8 月 4 日 第 47 册 第 687 页

35482 闻重庆通商喜而书此 《申报》 1890 年 8 月 15 日 第 37 册 第 293 页

35483 闻咨议局局章亦将改定感言 《申报》 1911 年 7 月 10 日 第 113 册 第 151 页

35484 蚊蝇问答 《申报》 1920 年 9 月 11 日 第 166 册 第 182 页

35485 稳定安庆！ 《申报》 1949 年 3 月 26 日 第 400 册 第 554 页

35486 稳定币值 《中央日报》 1945 年 10 月 27 日 第 51 册 第 894 页

35487 稳定币值问题 《申报》 1946 年 1 月 31 日 第 388 册 第 177 页

35488 稳定币值物价的途径 《中央日报》 1946 年 10 月 5 日 第 54 册 第 40 页

35489 稳定市场与增加生产 《申报》 1943 年 3 月 10 日 第 383 册 第 482 页

35490 稳定物价的对策 《申报》 1947 年 4 月 11 日 第 393 册 第 102 页

35491 稳定物价与货物流通 《中央日报》 1943 年 4 月 16 日 第 47 册 第 982 页

35492 稳定战后通货问题 《大公报》 1943 年 4 月 17 日 第 150 册 第 474 页

35493 稳健的英国外交 《大公报》 1937 年 1 月 23 日 第 136 册 第 304 页

35494 稳健与猛进 《申报》 1926 年 10 月 25 日 第 228 册 第 632 页

35495 问 《民国日报》 1922 年 10 月 28 日 第 41 册 第 784 页

35496 问财政经济政策 《大公报》 1946年6月1日 第156册 第604页

35497 问蔡老先生 《民国日报》 1922年6月7日 第39册 第506页

35498 问曹张 《申报》 1920年11月7日 第167册 第107页

35499 问答节略书后 《申报》 1895年7月3日 第50册 第411页

35500 问夺民食底官厅 《民国日报》 1920年6月10日 第27册 第552页

35501 问广东人 《民国日报》 1921年5月13日 第33册 第168页

35502 问李逆旁窜滇池未知西南防堵消息疑议 《申报》 1878年11月28日 第13册 第517页

35503 问米贵 《申报》 1911年9月5日 第114册 第74页

35504 问日本军阀 《大公报》 1940年5月20日 第144册 第564页

35505 问乳篇 《申报》 1886年9月13日 第29册 第455页

35506 问生命不值钱的中国人 《民国日报》 1924年1月22日 第49册 第296页

35507 问题 《申报》 1917年5月14日 第146册 第228页

35508 问题 《申报》 1917年7月24日 第147册 第406页

35509 问题不在张家口一地 《中央日报》 1946年10月7日 第54册 第64页

35510 问题的义国与法国 《申报》 1940年12月20日 第373册 第680页

35511 问题要自己解决 《大公报》 1945年12月28日 第155册 第768页

35512 问题之大小 《申报》 1921年9月10日 第173册 第191页

35513 问题中之土耳其动响 《申报》 1940年10月23日 第372册 第692页

35514 问问国民的良心 《民国日报》 1921年5月7日 第33册 第84页

35515 问暹罗政府 《大公报》 1945年9月28日 第155册 第386页

35516 问新政府的文化政策 《大公报》 1947年4月26日 第159册 第798页

35517 问演放枪炮测量远近度数 《申报》 1893年6月19日 第44册 第357页

35518 问疫 《申报》 1887年11月3日 第31册 第809页

35519 问英国立场：限制缅甸对华运输是什么立场？ 《中央日报》 1940年7月17日 第43册 第736页

35520 问英国新内阁的远东政策 《大公报》 1940年5月14日 第144册 第540页

35521 问影 《申报》 1890年10月28日 第37册 第761页

35522 问粤疆乱耗妄议 《申报》 1878年10月30日 第13册 第417页

35523 问战 《申报》 1884年4月20日 第24册 第609页

35524　问战　《申报》　1923 年 12 月 24 日　第 198 册　第 495 页

35525　问赈　《申报》　1889 年 4 月 16 日　第 34 册　第 565 页

35526　问自给怎样洗耻　《民国日报》　1922 年 9 月 3 日　第 41 册　第 30 页

35527　翁院长的声明　《中央日报》　1948 年 7 月 29 日　第 59 册　第 752 页

35528　倭复牒给美的侮辱　《中央日报》　1938 年 11 月 21 日　第 41 册　第 294 页

35529　倭阁倒溃　《中央日报》　1939 年 1 月 5 日　第 41 册　第 494 页

35530　倭寇的又一诡计　《中央日报》　1939 年 12 月 22 日　第 42 册　第 904 页

35531　倭寇海上封锁之失败　《中央日报》　1940 年 7 月 27 日　第 43 册　第 780 页

35532　倭寇海相的更迭　《中央日报》　1944 年 7 月 18 日　第 49 册　第 892 页

35533　倭寇进犯海南岛　《中央日报》　1939 年 2 月 11 日　第 41 册　第 716 页

35534　倭寇绝望中的幻想　《中央日报》　1945 年 6 月 11 日　第 51 册　第 62 页

35535　倭寇快到白宫屈服了　《中央日报》　1939 年 7 月 31 日　第 42 册　第 322 页

35536　倭寇所谓"决战要纲"　《中央日报》　1944 年 2 月 28 日　第 49 册　第 268 页

35537　倭寇在蒙边挑衅的外交作用：为轴心国家"守家之狗"　《中央日报》　1939 年 6 月 29 日　第 42 册　第 192 页

35538　倭寇在穷途上的挣扎　《中央日报》　1944 年 4 月 18 日　第 49 册　第 486 页

35539　倭寇在湘鄂的蠢动　《中央日报》　1944 年 6 月 12 日　第 49 册　第 726 页

35540　倭酋的最后一张牌　《中央日报》　1944 年 5 月 16 日　第 49 册　第 610 页

35541　倭无借口之侵热　《民国日报》　1932 年 1 月 17 日　第 96 册　第 98 页

35542　倭语　《申报》　1894 年 8 月 25 日　第 47 册　第 829 页

35543　我报界的光荣与责任：祝大公报荣获奖章　《中央日报》　1941 年 5 月 15 日　第 44 册　第 832 页

35544　我不信他们这有纪纲道德之感　《民国日报》　1923 年 8 月 26 日　第 46 册　第 788 页

35545　我答复敌政府宣言　《申报》（汉口版）　1938 年 1 月 19 日　第 356 册　第 9 页

35546　我的北方赈灾意见　《民国日报》　1920 年 9 月 15 日　第 29 册　第 198 页

35547　我的北方赈灾意见　《民国日报》　1920 年 9 月 16 日　第 29 册　第

35568　我对斯旦因来华考古之疑虑/钱承绪　《民国日报》　1930 年 6 月 10 日
第 86 册　第 533 页

35569　我对于罢工问题的感想　《民国日报》　1921 年 3 月 5 日　第 32 册　第
58 页

35570　我对于国定本教科书的控诉/邓恭三（星期论文）　《大公报》　1947 年 2
月 2 日　第 159 册　第 230 页

35571　我赴遥代表团的使命/叶秋原（星期论坛）　《申报》　1946 年 1 月 20 日
第 388 册　第 111 页

35572　我观战时行政三联制/陈豹隐（星期论文）　《大公报》　1940 年 7 月 14
日　第 145 册　第 40 页

35573　我国币制改革问题/谷春帆（星期论文）　《大公报》　1945 年 7 月 8 日
第 155 册　第 34 页

35574　我国蚕丝统制之前途　《申报》　1935 年 6 月 4 日　第 329 册　第 95 页

35575　我国初级教育问题　《大公报》　1934 年 10 月 26 日　第 122 册　第
830 页

35576　我国大学教育的精神范畴之演进/邱椿（星期论文）　《大公报》　1948 年
12 月 17 日　第 164 册　第 582 页

35577　我国大学教育之前途/竺可桢（星期论文）　《大公报》　1945 年 9 月 23
日　第 155 册　第 364 页

35578　我国的对外贸易问题　《申报》　1947 年 8 月 5 日　第 394 册　第 352 页

35579　我国的外交中心在那里？　《申报》（香港版）　1938 年 12 月 28 日　第
357 册　第 577 页

35580　我国对德日协定之态度　《中央日报》　1936 年 11 月 28 日　第 36 册　第
713 页

35581　我国对日本赔偿问题的态度　《申报》　1947 年 5 月 24 日　第 393 册　第
536 页

35582　我国对日和会的基本态度　《申报》　1947 年 9 月 12 日　第 394 册　第
732 页

35583　我国对外贸易减少与国民经济　《申报》　1934 年 11 月 3 日　第 322 册
第 75 页

35584　我国对外贸易之前途　《中央日报》　1937 年 7 月 27 日　第 40 册　第
317 页

35585　我国妇女的新地位　《民国日报》　1921 年 2 月 13 日　第 31 册　第
496 页

35586　我国工商界与日本经济考察团　《大公报》　1937 年 3 月 17 日　第 137 册
第 228 页

35633 我军再度克复畹町 《中央日报》 1945 年 1 月 21 日 第 50 册 第 628 页

35634 我抗战局面已逐渐有利展开 《申报》（汉口版） 1938 年 6 月 22 日 第 356 册 第 321 页

35635 我来贺李内阁 《民国日报》 1917 年 6 月 29 日 第 9 册 第 710 页

35636 我们必胜！ 《大公报》 1938 年 5 月 10 日 第 140 册 第 568 页

35637 我们不要这样如此这般的赔款办学 《民国日报》 1924 年 4 月 24 日 第 50 册 第 670 页

35638 我们当前的课题：祝九一记者节 《中央日报》 1947 年 9 月 1 日 第 57 册 第 2 页

35639 我们到胜利之路 《申报》（香港版） 1938 年 9 月 29 日 第 357 册 第 113 页

35640 我们的把握 《大公报》 1938 年 6 月 6 日 第 140 册 第 696 页

35641 我们的报告：感谢各界节约救难的义举，期待各界同情逃难的青年 《中央日报》 1946 年 7 月 16 日 第 53 册 第 392 页

35642 我们的初步胜利 《申报》 1937 年 8 月 19 日 第 355 册 第 293 页

35643 我们的定见 《中央日报》 1945 年 5 月 15 日 第 50 册 第 1138 页

35644 我们的都市土地政策 《中央日报》 1945 年 5 月 29 日 第 50 册 第 1222 页

35645 我们的对日方针 《中央日报》 1948 年 3 月 27 日 第 58 册 第 768 页

35646 我们的反省 《申报》 1943 年 7 月 7 日 第 384 册 第 205 页

35647 我们的感奋！ 《大公报》 1938 年 6 月 17 日 第 140 册 第 744 页

35648 我们的共同目标 《中央日报》 1941 年 2 月 5 日 第 44 册 第 408 页

35649 我们的观察 《民国日报》 1946 年 9 月 24 日 第 99 册 第 125 页

35650 我们的国际经济合作政策 《中央日报》 1947 年 6 月 18 日 第 56 册 第 484 页

35651 我们的合理愿望 《中央日报》 1943 年 8 月 7 日 第 48 册 第 492 页

35652 我们的坚决立场 《大公报》 1937 年 7 月 20 日 第 139 册 第 282 页

35653 我们的节日 《大公报》 1946 年 9 月 1 日 第 157 册 第 312 页

35654 我们的经济运命/陈岱孙（星期论文） 《大公报》 1936 年 1 月 5 日 第 130 册 第 42 页

35655 我们的镜子 《申报》 1943 年 7 月 29 日 第 384 册 第 289 页

35656 我们的农工政策 《中央日报》 1945 年 5 月 26 日 第 50 册 第 1204 页

35657 我们的认识 《大公报》 1937 年 11 月 10 日 第 139 册 第 577 页

35658 我们的认知 《中央日报》 1937 年 11 月 21 日 第 40 册 第 888 页

35659 我们的日本投降观 《大公报》 1945 年 5 月 16 日 第 154 册 第 574 页

35660　我们的态度/陈彬龢（代论）　《申报》　1943 年 12 月 9 日　第 384 册　第 831 页

35661　我们的外交　《大公报》　1947 年 9 月 19 日　第 161 册　第 112 页

35662　我们的外债　《大公报》　1947 年 9 月 24 日　第 161 册　第 142 页

35663　我们的新希望　《民国日报》　1928 年 1 月 4 日　第 72 册　第 42 页

35664　我们的战时财政　《中央日报》　1939 年 9 月 13 日　第 42 册　第 500 页

35665　我们的战时贸易　《中央日报》　1939 年 11 月 27 日　第 42 册　第 804 页

35666　我们的准备　《大公报》　1938 年 6 月 22 日　第 140 册　第 766 页

35667　我们的作战方针　《中央日报》　1944 年 6 月 29 日　第 49 册　第 800 页

35668　我们等着看吧！　《中央日报》　1941 年 5 月 3 日　第 44 册　第 782 页

35669　我们对国际和平大会应取的态度　《申报》（汉口版）　1938 年 1 月 24 日　第 356 册　第 19 页

35670　我们对国际托治制的见解　《大公报》　1945 年 5 月 8 日　第 154 册　第 542 页

35671　我们对联合国的信心　《中央日报》　1946 年 1 月 12 日　第 52 册　第 260 页

35672　我们对联合国远东经济委员会的期望　《大公报》　1947 年 6 月 19 日　第 160 册　第 312 页

35673　我们对罗案的着眼点　《民国日报》　1922 年 11 月 26 日　第 42 册　第 344 页

35674　我们对物价解冻的认识　《中央日报》　1948 年 11 月 1 日　第 60 册　第 474 页

35675　我们对于大东亚战争应有进一步的认识/陈彬龢（代论）　《申报》　1944 年 12 月 9 日　第 386 册　第 521 页

35676　我们对于当前物价问题的意见/西南联大：伍启元、树青、沈来秋、林良桐、张德昌、费孝通、杨西孟、鲍觉民、戴世光（星期论文）　《大公报》　1942 年 5 月 17 日　第 148 册　第 586 页

35677　我们对于国联会的要求　《中央日报》　1939 年 5 月 22 日　第 42 册　第 56 页

35678　我们对于美援应抱的态度　《中央日报》　1948 年 3 月 11 日　第 58 册　第 622 页

35679　我们对于雅尔达秘密协定的抗议/傅斯年、任鸿隽、陈衡哲、王云五、楼光来、宗白华等（星期论文）　《大公报》　1946 年 2 月 24 日　第 156 册　第 216 页

35680　我们对于印度尼西亚独立运动的态度　《中央日报》　1947 年 9 月 16 日　第 57 册　第 162 页

2 页

490 页

5月16日　第150册　第602页

35745　我们战争的理想　《大公报》　1945年6月2日　第154册　第646页

35746　我们主张建都北平　《大公报》　1945年12月8日　第155册　第688页

35747　我们最后的胜利　《申报》（汉口版）　1938年6月6日　第356册　第289页

35748　我们最后的胜利　《申报》（香港版）　1938年6月8日　第356册　第797页

35749　我民何如　《申报》　1915年2月1日　第132册　第428页

35750　我民今日之急务　《申报》　1911年10月22日　第114册　第899页

35751　我人当继续奋斗/彬　《申报》　1932年3月2日　第291册　第14

35752　我所抱的杞尤　《民国日报》　1920年7月20日　第28册　第268页

35753　我所负的新闻记者责任（专论）/胡朴安　《民国日报》　1946年7月10日　第98册　第285页

35754　我所望于新市长的（专论）/胡朴安　《民国日报》　1946年5月24日　第98册　第97页

35755　我所希望于非常国会者/式南（来论）　《民国日报》　1917年9月8日　第11册　第86页

35756　我替倭奴占了一卦/傅孟真（星期论文）　《大公报》　1944年7月9日　第153册　第40页

35757　我为曹陆章叫屈　《民国日报》　1923年10月17日　第47册　第666页

35758　我为江苏人羞　《民国日报》　1924年8月28日　第52册　第736页

35759　我为民德痛苦　《民国日报》　1917年6月20日　第9册　第602页

35760　我为张计绝不辞职　《民国日报》　1923年3月12日　第44册　第152页

35761　我为中国之法律呼冤　《申报》　1920年7月27日　第165册　第510页

35762　我为中国之金钱呼冤　《申报》　1920年7月6日　第165册　第113页

35763　我为主战者调度　《申报》　1918年4月18日　第151册　第748页

35764　我向日德意宣战　《中央日报》　1941年12月10日　第45册　第546页

35765　我也来谈谈义务教育　《民国日报》　1921年8月2日　第34册　第450页

35766　我应连任国联行政院理事　《中央日报》　1934年9月13日　第27册　第890页

35767　我愿　《申报》　1929年1月4日　第254册　第56页

35768　我真该挥泪送北庭所派代表诸君了　《民国日报》　1921年10月2日　第35册　第428页

35769　我之不是　《申报》　1928年1月16日　第242册　第337页

35827 呜呼北廷之去蔡留曹 《民国日报》 1919 年 5 月 13 日 第 21 册 第 146 页

35828 呜呼波兰之往事：议会中之"自由否决"制 《中央日报》 1933 年 2 月 15 日 第 21 册 第 422 页

35829 呜呼大江南北之毒气 《大公报》 1933 年 10 月 8 日 第 116 册 第 544 页

35830 呜呼东三省之修养生息 《申报》 1928 年 6 月 27 日 第 247 册 第 735 页

35831 呜呼堕落的共产党徒（社评） 《民国日报》 1927 年 8 月 8 日 第 69 册 第 556 页

35832 呜呼奉军之纪律（言论） 《民国日报》 1926 年 5 月 5 日 第 63 册 第 32 页

35833 呜呼抚顺惨杀案！ 《大公报》 1932 年 12 月 21 日 第 111 册 第 604 页

35834 呜呼荷人又我虐我侨民矣 《申报》 1912 年 2 月 29 日 第 116 册 第 493 页

35835 呜呼赫德死矣 《申报》 1911 年 9 月 25 日 第 114 册 第 427 页

35836 呜呼滑稽式之调和 《民国日报》 1918 年 6 月 1 日 第 15 册 第 374 页

35837 呜呼黄攻素的全亚民族会议（社论） 《民国日报》 1927 年 11 月 9 日 第 71 册 第 116 页

35838 呜呼江苏之财政 《民国日报》 1922 年 6 月 16 日 第 39 册 第 628 页

35839 呜呼江浙兄弟之邦：少数人卖省 《民国日报》 1924 年 9 月 20 日 第 53 册 第 230 页

35840 呜呼解散国会 《民国日报》 1917 年 6 月 11 日 第 9 册 第 494 页

35841 呜呼今日之财政 《申报》 1912 年 4 月 28 日 第 117 册 第 261 页

35842 呜呼今日之共和 《申报》 1912 年 4 月 19 日 第 117 册 第 175 页

35843 呜呼今日之留学生 《申报》 1911 年 6 月 14 日 第 112 册 第 761 页

35844 呜呼今日之政论 《申报》 1912 年 5 月 4 日 第 117 册 第 321 页

35845 呜呼苛捐杂税 《大公报》 1929 年 12 月 17 日 第 93 册 第 740 页

35846 呜呼苛捐杂税 《大公报》 1929 年 2 月 15 日 第 88 册 第 696 页

35847 呜呼老成又弱一个矣 《申报》 1909 年 12 月 2 日 第 103 册 第 498 页

35848 呜呼李纯督军之模范 《申报》 1920 年 10 月 13 日 第 166 册 第 745 页

35849 呜呼领袖欲之罪恶 《大公报》 1927 年 11 月 4 日 第 81 册 第 275 页

35850 呜呼鲁省难民之悲境 《大公报》 1928 年 4 月 25 日 第 83 册 第 551 页

35851　呜呼满蒙　《申报》　1931 年 7 月 10 日　第 284 册　第 255 页

35852　呜呼蒙人之不可解　《申报》　1912 年 2 月 3 日　第 116 册　第 340 页

35853　呜呼秘密外交之成绩　《大公报》　1926 年 10 月 30 日　第 77 册　第 459 页

35854　呜呼青岛　《申报》　1914 年 11 月 8 日　第 131 册　第 104 页

35855　呜呼请愿的结果　《民国日报》　1919 年 8 月 31 日　第 22 册　第 698 页

35856　呜呼去年的昨日：共匪祸粤开始日也　《民国日报》　1928 年 12 月 12 日　第 77 册　第 673 页

35857　呜呼去年今日　《民国日报》　1929 年 5 月 3 日　第 80 册　第 19 页

35858　呜呼人权（言论）　《民国日报》　1926 年 4 月 27 日　第 62 册　第 572 页

35859　呜呼日本之妄想　《民国日报》　1928 年 10 月 4 日　第 76 册　第 535 页

35860　呜呼日趋下流之人格　《民国日报》　1918 年 7 月 4 日　第 16 册　第 14 页

35861　呜呼日趋下流之人格（二）　《民国日报》　1918 年 7 月 5 日　第 16 册　第 26 页

35862　呜呼日趋下流之人格（三）　《民国日报》　1918 年 7 月 6 日　第 16 册　第 38 页

35863　呜呼日丸肇祸之亡种象征（言论）　《民国日报》　1927 年 6 月 28 日　第 68 册　第 881 页

35864　呜呼上海日军之暴动：忍无可忍之正当防卫　《中央日报》　1932 年 1 月 30 日　第 17 册　第 219 页

35865　呜呼上海市民（时论）　《民国日报》　1926 年 10 月 21 日　第 65 册　第 506 页

35866　呜呼绅士垄断的江苏　《民国日报》　1920 年 5 月 11 日　第 27 册　第 128 页

35867　呜呼市乡教育经费（言论）　《民国日报》　1925 年 4 月 19 日　第 56 册　第 672 页

35868　呜呼孙传芳之巧（言论）　《民国日报》　1926 年 12 月 16 日　第 66 册　第 240 页

35869　呜呼田中义一暴卒矣　《中央日报》　1929 年 9 月 30 日　第 7 册　第 741 页

35870　呜呼统一与维持：张作霖威力至此　《民国日报》　1919 年 7 月 11 日　第 22 册　第 122 页

35871　呜呼托张勋调和　《民国日报》　1917 年 6 月 9 日　第 9 册　第 470 页

35872　呜呼外交人员：大家想丢了走（短论）/湘君　《民国日报》　1917 年 11

月 4 日　第 12 册　第 38 页

35873　呜呼亡国条件：举中国以听命于日本　烈于第五号悬案十倍　《民国日报》
　　1918 年 4 月 11 日　第 14 册　第 490 页

35874　呜呼吾尚何望于国民耶　《民国日报》　1918 年 6 月 5 日　第 15 册　第 422 页

35875　呜呼新疆又告警矣　《申报》　1912 年 5 月 26 日　第 117 册　第 539 页

35876　呜呼新内阁之根据：根据袁氏新约法以产生　《民国日报》　1917 年 11 月 30 日　第 12 册　第 350 页

35877　呜呼严厉手段　《民国日报》　1919 年 5 月 27 日　第 21 册　第 314 页

35878　呜呼噫嘻去年之今日　《申报》　1912 年 5 月 15 日　第 117 册　第 431 页

35879　呜呼义和梦之晨钟：冯国璋要亲征了　《民国日报》　1918 年 1 月 26 日
　　第 13 册　第 278 页

35880　呜呼正局之小说观　《民国日报》　1916 年 11 月 22 日　第 6 册　第 254 页

35881　呜呼政府之失败　《申报》　1913 年 9 月 9 日　第 124 册　第 104 页

35882　呜呼中俄问题果能如此解决耶　《大公报》　1929 年 11 月 29 日　第 93 册　第 452 页

35883　呜呼中国人乃犬也：林权助破口大骂　《民国日报》　1918 年 1 月 31 日
　　第 13 册　第 338 页

35884　呜呼中山先生　《申报》　1925 年 3 月 13 日　第 210 册　第 234 页

35885　呜呼朱执信先生　《民国日报》　1920 年 9 月 29 日　第 29 册　第 394 页

35886　巫医缓急辩　《申报》　1881 年 11 月 15 日　第 19 册　第 549 页

35887　诬蔑孙先生遗嘱的怪谈（言论）　《民国日报》　1926 年 9 月 5 日　第 59 册　第 50 页

35888　无办法　《申报》　1916 年 10 月 28 日　第 142 册　第 986 页

35889　无办法与办法太多　《民国日报》　1923 年 6 月 20 日　第 45 册　第 694 页

35890　无办法与有办法　《大公报》　1932 年 1 月 18 日　第 106 册　第 164 页

35891　无办法之政局　《大公报》　1926 年 11 月 15 日　第 77 册　第 587 页

35892　无比较心　《申报》　1928 年 6 月 28 日　第 247 册　第 761 页

35893　无兵说　《申报》　1918 年 12 月 6 日　第 155 册　第 562 页

35894　无不慰留　《申报》　1923 年 1 月 31 日　第 188 册　第 599 页

35895　无诚心之调停　《民国日报》　1917 年 11 月 26 日　第 12 册　第 302 页

35896　无诚意之解决　《申报》　1920 年 7 月 4 日　第 165 册　第 61 页

35897　无诚意之推诿　《申报》　1919 年 8 月 14 日　第 159 册　第 736 页

35898　无耻的人民（代论）　《民国日报》　1926 年 6 月 10 日　第 63 册　第

第 662 页

35926　无可乐观之今日　《申报》　1923 年 1 月 7 日　第 188 册　第 125 页

35927　无可如何　《申报》　1917 年 11 月 6 日　第 149 册　第 90 页

35928　无可收束　《申报》　1925 年 6 月 3 日　第 213 册　第 43 页

35929　无可挽回之国际裁军运动　《中央日报》　1934 年 5 月 7 日　第 26 册　第 434 页

35930　无可无不可　《申报》　1923 年 12 月 8 日　第 198 册　第 150 页

35931　无可指摘　《申报》　1923 年 12 月 4 日　第 198 册　第 69 页

35932　无可自解之时局　《中央日报》　1932 年 10 月 18 日　第 19 册　第 626 页

35933　无理无法的沪案重查（言论）　《民国日报》　1926 年 9 月 12 日　第 59 册　第 136 页

35934　无理由的悲观　《中央日报》　1947 年 5 月 13 日　第 56 册　第 126 页

35935　无力　《申报》　1924 年 4 月 9 日　第 201 册　第 173 页

35936　无力统率　《申报》　1920 年 12 月 8 日　第 167 册　第 651 页

35937　无聊之宣传　《申报》　1926 年 2 月 27 日　第 220 册　第 1078 页

35938　无路可通　《申报》　1922 年 9 月 11 日　第 184 册　第 224 页

35939　无米为炊的日本预算　《大公报》　1941 年 3 月 8 日　第 146 册　第 276 页

35940　无名的伟大！　《大公报》　1940 年 7 月 25 日　第 145 册　第 84 页

35941　无奈之何　《申报》　1923 年 2 月 9 日　第 188 册　第 772 页

35942　无能子解嘲　《申报》　1888 年 10 月 17 日　第 33 册　第 713 页

35943　无期　《申报》　1918 年 8 月 10 日　第 153 册　第 657 页

35944　无期　《申报》　1920 年 6 月 19 日　第 164 册　第 897 页

35945　无拳无勇的办法（言论）　《民国日报》　1926 年 12 月 8 日　第 66 册　第 175 页

35946　无声无臭　《申报》　1915 年 6 月 12 日　第 134 册　第 717 页

35947　无使必需品成为屯积品　《申报》　1941 年 11 月 1 日　第 378 册　第 389 页

35948　无事　《申报》　1917 年 1 月 29 日　第 144 册　第 315 页

35949　无事可谈　《申报》　1916 年 9 月 9 日　第 142 册　第 132 页

35950　无事之政府　《申报》　1914 年 7 月 26 日　第 129 册　第 398 页

35951　无收束力　《申报》　1923 年 12 月 14 日　第 198 册　第 277 页

35952　无所动　《申报》　1915 年 12 月 15 日　第 137 册　第 724 页

35953　无所施技　《申报》　1923 年 9 月 1 日　第 195 册　第 4 页

35954　无所私，无所畏！　《中央日报》　1940 年 7 月 12 日　第 43 册　第 716 页

35984 无用 《申报》 1927 年 8 月 5 日 第 237 册 第 86 页

35985 无用之人 《申报》 1927 年 10 月 14 日 第 239 册 第 289 页

35986 无余地 《申报》 1928 年 4 月 14 日 第 245 册 第 331 页

35987 无与有 《申报》 1926 年 7 月 3 日 第 225 册 第 52 页

35988 无证货物的处理办法 《申报》 1947 年 10 月 15 日 第 395 册 第 146 页

35989 无政府主义 《申报》 1920 年 7 月 10 日 第 165 册 第 171 页

35990 无政府状态中之感想 《民国日报》 1920 年 7 月 11 日 第 28 册 第 142 页

35991 无中生有 《申报》 1924 年 5 月 1 日 第 202 册 第 4 页

35992 无主名 《申报》 1918 年 1 月 23 日 第 150 册 第 308 页

35993 无总统何有内阁 《民国日报》 1917 年 7 月 26 日 第 10 册 第 302 页

35994 毋必 《申报》 1927 年 8 月 12 日 第 237 册 第 236 页

35995 毋负人民与政府的期望：读蒋主席演说之后 《申报》 1948 年 4 月 10 日 第 397 册 第 74 页

35996 毋负我人民 《申报》 1915 年 5 月 23 日 第 134 册 第 372 页

35997 毋过激 《申报》 1913 年 5 月 13 日 第 122 册 第 158 页

35998 毋嗜杀 《大公报》 1927 年 2 月 23 日 第 78 册 第 373 页

35999 毋忘东北之民！ 《大公报》 1933 年 9 月 26 日 第 116 册 第 368 页

36000 毋忘甲午战役的教训/彬 《申报》 1932 年 2 月 27 日 第 290 册 第 779 页

36001 毋忘七十六号冤死的烈士（专论）/胡朴安 《民国日报》 1945 年 10 月 31 日 第 96 册 第 243 页

36002 毋忘中暹亲密的关系 《申报》 1948 年 8 月 5 日 第 398 册 第 282 页

36003 毋为取消帝制令所播弄：各省将军，前敌袁将 《民国日报》 1916 年 3 月 27 日 第 2 册 第 314 页

36004 毋以主义以外自造恶因 《民国日报》 1919 年 6 月 13 日 第 21 册 第 519 页

36005 吴光新督湘说 《申报》 1920 年 6 月 18 日 第 164 册 第 883 页

36006 吴将军的投机民治 《民国日报》 1921 年 6 月 29 日 第 33 册 第 834 页

36007 吴客闲谈 《申报》 1885 年 12 月 13 日 第 27 册 第 1009 页

36008 吴农说 《申报》 1886 年 1 月 13 日 第 28 册 第 73 页

36009 吴农续说 《申报》 1886 年 1 月 17 日 第 28 册 第 97 页

36010 吴佩孚不配享武力统一大名 《民国日报》 1923 年 4 月 26 日 第 44 册 第 768 页

19 页

36034　吴兴钮烈妇传　《申报》　1874 年 4 月 28 日　第 4 册　第 379 页

36035　吴兴三大害说/云水老渔　《申报》　1887 年 8 月 2 日　第 31 册　第
201 页

36036　吴研因与蒋梦麟书　《民国日报》　1921 年 10 月 3 日　第 35 册　第
442 页

36037　吴张会晤　《申报》　1926 年 6 月 22 日　第 224 册　第 517 页

36038　吴张会议之结果　《申报》　1926 年 6 月 11 日　第 224 册　第 241 页

36039　吴张进京　《申报》　1926 年 6 月 27 日　第 224 册　第 646 页

36040　吴张去后　《申报》　1926 年 7 月 2 日　第 225 册　第 29 页

36041　吴张所争　《申报》　1926 年 6 月 12 日　第 224 册　第 267 页

36042　吴张相会　《申报》　1926 年 5 月 24 日　第 223 册　第 579 页

36043　吴张与西北军　《申报》　1926 年 6 月 30 日　第 224 册　第 722 页

36044　吴张与徐梁　《申报》　1922 年 2 月 4 日　第 177 册　第 488 页

36045　吴之态度　《申报》　1921 年 8 月 4 日　第 172 册　第 66 页

36046　吴稚晖对汪精卫铣电书后的书后（言论）　《民国日报》　1927 年 5 月 14
日　第 68 册　第 192 页

36047　吴中钱岁语　《申报》　1901 年 2 月 8 日　第 67 册　第 229 页

36048　吾国工业前途之希望　《申报》　1912 年 8 月 15 日　第 118 册　第 451 页

36049　吾国落选国联非常任理事之检讨　《申报》　1934 年 9 月 22 日　第 320 册
第 669 页

36050　吾国铁矿与日本　《民国日报》　1916 年 11 月 11 日　第 6 册　第 122 页

36051　吾国宜研究政法学说　《申报》　1905 年 8 月 1 日　第 80 册　第 777 页

36052　吾国战时工业应走之途径/胡锡山（星期评论）　《申报》（香港版）　1939
年 2 月 5 日　第 357 册　第 876 页

36053　吾民所痛心疾首者：假外力以造内争　因内争以造外患　冯段亡国罪案大披
露　《民国日报》　1918 年 3 月 1 日　第 14 册　第 2 页

36054　吾民所痛心疾首者（二）：假外力以造内哄　因内争以造外患　冯段亡国罪
案大披露　《民国日报》　1918 年 3 月 2 日　第 14 册　第 14 页

36055　吾民所痛心疾首者（三）：假外力以造内哄　因哄争以造外患　冯段亡国罪
案大披露　《民国日报》　1918 年 3 月 3 日　第 14 册　第 26 页

36056　吾人对日本新宪法之观感　《民国日报》　1946 年 11 月 8 日　第 99 册
第 307 页

36057　吾人对于国联最后之认识　《申报》　1931 年 12 月 6 日　第 289 册　第
129 页

36058　吾人对于民国七年之希望/孙洪伊　《民国日报》　1918 年 1 月 1 日　第 13

册　第 2 页

36078 吾人之东亚和平观 《大公报》 1934年4月27日 第119册 第828页

36079 吾人之所希望于同胞者 《民国日报》 1916年2月14日 第1册 第216页

36080 吾人之希望（言论） 《民国日报》 1926年10月25日 第65册 第544页

36081 吾人最低之要求 《民国日报》 1928年7月10日 第75册 第171页

36082 吾所不解 《申报》 1920年7月2日 第165册 第35页

36083 吾所望于护法者 《民国日报》 1918年5月15日 第15册 第170页

36084 吾所望于江苏之新省长 《申报》 1920年12月23日 第167册 第917页

36085 吾所希望于各路商界联合会 《申报》 1920年4月21日 第163册 第939页

36086 吾所希望于今日之谈话会者（社论） 《民国日报》 1927年11月24日 第71册 第336页

36087 吾所希望于驻华新美使 《申报》 1929年11月16日 第264册 第425页

36088 吾又将发憨 《民国日报》 1917年6月6日 第9册 第434页

36089 吾之改组织联合政府观：国会将开会 何苦多此一举 《民国日报》 1918年4月23日 第14册 第634页

36090 吾之革命观 《民国日报》 1916年5月22日 第3册 第254页

36091 吾之冷眼观 《申报》 1914年7月17日 第129册 第258页

36092 吾之冷眼观（二） 《申报》 1914年7月18日 第129册 第274页

36093 吾之所忧 《申报》 1916年7月28日 第141册 第430页

36094 吾之太平洋会议意见 《民国日报》 1921年7月30日 第34册 第408页

36095 芜友劝速葬说 《申报》 1885年6月28日 第26册 第981页

36096 五百零七年之北京 《大公报》 1928年6月8日 第84册 第381页

36097 五百万元之疑问 《民国日报》 1916年9月19日 第5册 第218页

36098 五城练勇职务异同说 《申报》 1892年11月2日 第42册 第397页

36099 五次大会闭幕之后 《大公报》 1928年8月16日 第85册 第461页

36100 五次会议中之建设问题 《民国日报》 1928年8月7日 第75册 第641页

36101 五次会议中之建设问题 《民国日报》 1928年8月8日 第75册 第658页

36102 五次会之政与党 《大公报》 1928年8月5日 第85册 第352页

36103 五次全会中的外交问题 《民国日报》 1928年8月16日 第75册 第

801 页

36104   五大都市的实施配粮   《大公报》   1948 年 2 月 23 日   第 162 册   第 316 页

36105   五大政党合并感言   《申报》   1912 年 8 月 18 日   第 118 册   第 481 页

36106   五大洲考略   《申报》   1899 年 10 月 5 日   第 63 册   第 237 页

36107   五代史式的战局（言论）   《民国日报》   1925 年 11 月 3 日   第 60 册   第 26 页

36108   五谷不宜抛弃说   《申报》   1880 年 9 月 7 日   第 17 册   第 273 页

36109   五国分派财政专家来华   《申报》   1935 年 6 月 20 日   第 329 册   第 519 页

36110   五国复照   《申报》   1929 年 9 月 6 日   第 262 册   第 158 页

36111   五国共管青岛观   《民国日报》   1919 年 5 月 2 日   第 21 册   第 14 页

36112   五国海军会议闭幕   《大公报》   1930 年 1 月 21 日   第 94 册   第 292 页

36113   五国海军会议之前途   《大公报》   1930 年 2 月 10 日   第 94 册   第 580 页

36114   五国外长会议   《大公报》   1945 年 9 月 11 日   第 155 册   第 314 页

36115   五国外长会议之检讨   《大公报》   1945 年 9 月 29 日   第 155 册   第 390 页

36116   五国要求扩张租借   《申报》   1914 年 4 月 11 日   第 127 册   第 672 页

36117   五届二中全会开幕   《申报》   1936 年 7 月 10 日   第 342 册   第 252 页

36118   五届二中全会之展望   《申报》   1936 年 7 月 4 日   第 342 册   第 91 页

36119   五九纪念的精神在哪里   《民国日报》   1921 年 5 月 9 日   第 33 册   第 112 页

36120   五九纪念二十年   《大公报》   1935 年 5 月 9 日   第 126 册   第 132 页

36121   五九将至矣   《申报》   1920 年 5 月 8 日   第 164 册   第 141 页

36122   五九痛言   《申报》   1932 年 5 月 9 日   第 292 册   第 135 页

36123   五九以后   《申报》   1920 年 5 月 10 日   第 164 册   第 181 页

36124   五九与九一八   《大公报》   1932 年 5 月 9 日   第 108 册   第 84 页

36125   "五九"之回顾与前瞻   《申报》   1933 年 5 月 9 日   第 304 册   第 206 页

36126   五论发堂择配之善   《申报》   1889 年 8 月 28 日   第 35 册   第 363 页

36127   五年计划的先决问题（上）/彬   《申报》   1932 年 1 月 22 日   第 290 册   第 427 页

36128   五年计划的先决问题（下）/彬   《申报》   1932 年 1 月 23 日   第 290 册   第 450 页

36129   五年经济计划   《申报》   1947 年 1 月 26 日   第 392 册   第 258 页

册 第 662 页

36152 "五卅"事件的名实（言论） 《民国日报》 1925 年 6 月 5 日 第 57 册
第 479 页

36153 五卅事件下的统一组织（言论） 《民国日报》 1925 年 6 月 23 日 第 57
册 第 652 页

36154 五卅事件之第八周年 《申报》 1933 年 5 月 30 日 第 304 册 第 771 页

36155 五卅运动的反动与副作用（言论） 《民国日报》 1925 年 10 月 1 日 第
59 册 第 366 页

36156 五三？五四？五五？五七 《大公报》 1934 年 5 月 5 日 第 120 册 第
60 页

36157 五三惨案志痛 《中央日报》 1931 年 5 月 3 日 第 14 册 第 399 页

36158 五三之回忆 《申报》 1932 年 5 月 3 日 第 292 册 第 25 页

36159 五十年来奋斗的成果 《中央日报》 1943 年 1 月 16 日 第 47 册 第
476 页

36160 五十年历史的定命 《中央日报》 1944 年 11 月 12 日 第 50 册 第
328 页

36161 五十年中皇室之大事 《申报》 1908 年 11 月 24 日 第 97 册 第 364 页

36162 五私大请庚款补助感言 《大公报》 1931 年 7 月 3 日 第 103 册 第
28 页

36163 五四的精神：并祝上海文艺作家协会成立 《申报》 1947 年 5 月 4 日
第 393 册 第 336 页

36164 "五四"二十五年/傅孟真（星期论文） 《大公报》 1944 年 5 月 4 日
第 152 册 第 564 页

36165 "五四"纪念 《大公报》 1947 年 5 月 4 日 第 160 册 第 22 页

36166 "五四"纪念敬告知识青年 《申报》（香港版） 1938 年 5 月 4 日 第
356 册 第 658 页

36167 五四纪念与青年之觉悟 《大公报》 1929 年 5 月 4 日 第 90 册 第
52 页

36168 五四精神与中国外交 《大公报》 1942 年 5 月 4 日 第 148 册 第
532 页

36169 "五四"精神之发扬 《中央日报》 1946 年 5 月 4 日 第 52 册 第
932 页

36170 五四文艺节感言 《大公报》 1948 年 5 月 4 日 第 163 册 第 20 页

36171 "五四"勖青年 《中央日报》 1940 年 5 月 4 日 第 43 册 第 422 页

36172 五四与今日 《中央日报》 1948 年 6 月 22 日 第 59 册 第 448 页

36173 五四与青年 《大公报》 1943 年 5 月 4 日 第 150 册 第 550 页

册　第 577 页

36311　勿奖励贪污　《大公报》　1946 年 11 月 14 日　第 158 册　第 286 页

36312　勿滥用新闻自由　《中央日报》　1949 年 2 月 2 日　第 60 册　第 935 页

36313　勿劳代孙先生担心　《民国日报》　1923 年 3 月 19 日　第 44 册　第 248 页

36314　勿利匪勿弃民　《大公报》　1931 年 6 月 10 日　第 102 册　第 484 页

36315　勿令俄报不幸而言中！　《大公报》　1931 年 10 月 8 日　第 104 册　第 448 页

36316　勿怯　《申报》　1919 年 5 月 1 日　第 158 册　第 3 页

36317　勿怯勿怠　《申报》　1928 年 4 月 21 日　第 245 册　第 511 页

36318　勿轻信　《申报》　1919 年 6 月 14 日　第 158 册　第 744 页

36319　勿轻易管押说　《申报》　1887 年 4 月 5 日　第 30 册　第 545 页

36320　勿伤农本　《大公报》　1926 年 12 月 10 日　第 77 册　第 787 页

36321　勿失时机　《民国日报》　1946 年 4 月 23 日　第 97 册　第 434 页

36322　勿失制日时机！　《中央日报》　1941 年 10 月 22 日　第 45 册　第 348 页

36323　勿使暴日有喘息机会　《中央日报》　1941 年 9 月 30 日　第 45 册　第 254 页

36324　勿使敌人有搜括的机会　《中央日报》　1943 年 4 月 1 日　第 47 册　第 896 页

36325　勿贪　《申报》　1927 年 10 月 18 日　第 239 册　第 376 页

36326　勿听河北省政僵化下去　《大公报》　1948 年 1 月 6 日　第 162 册　第 40 页

36327　勿图侥幸　《申报》　1928 年 5 月 21 日　第 246 册　第 562 页

36328　勿忘　《申报》　1928 年 2 月 3 日　第 243 册　第 54 页

36329　勿忘暴力下三千万同胞！　《大公报》　1932 年 2 月 11 日　第 106 册　第 398 页

36330　勿忘国　《申报》　1913 年 6 月 25 日　第 122 册　第 738 页

36331　勿忘戒备　《申报》　1928 年 9 月 2 日　第 250 册　第 44 页

36332　勿忘旅日侨胞　《申报》（汉口版）　1938 年 2 月 10 日　第 356 册　第 53 页

36333　勿忘五卅（言论）　《民国日报》　1927 年 5 月 30 日　第 68 册　第 437 页

36334　勿忘亚洲　《中央日报》　1947 年 6 月 16 日　第 56 册　第 464 页

36335　勿忘战地军民之苦痛！勿忘热榆之危机！　《大公报》　1933 年 1 月 25 日　第 112 册　第 280 页

36336　勿为随时形势所颠倒　《大公报》　1932 年 7 月 23 日　第 109 册　第

268 页

36337　勿为左右所用　《申报》　1920 年 10 月 14 日　第 166 册　第 774 页

36338　勿以恶意窥测　《申报》　1924 年 12 月 8 日　第 208 册　第 127 页

36339　勿以经济拯救日本　《申报》（香港版）　1939 年 7 月 3 日　第 358 册　第 994 页

36340　勿以破坏为目标　《大公报》　1947 年 6 月 20 日　第 160 册　第 318 页

36341　勿以胜负易其气论　《申报》　1894 年 8 月 1 日　第 47 册　第 667 页

36342　勿以小计害大计　《申报》　1929 年 3 月 17 日　第 256 册　第 479 页

36343　勿因和而忘战：和比战更要团结　《中央日报》　1949 年 1 月 15 日　第 60 册　第 874 页

36344　勿再投机取巧　《民国日报》　1946 年 6 月 12 日　第 98 册　第 173 页

36345　勿再用"外国人"名称吓人（言论）　《民国日报》　1927 年 6 月 30 日　第 68 册　第 913 页

36346　勿再做"强国梦"　《民国日报》　1921 年 3 月 16 日　第 32 册　第 210 页

36347　勿增加东北人民的困难　《大公报》　1946 年 8 月 28 日　第 157 册　第 288 页

36348　勿自促国家之分裂　《大公报》　1935 年 12 月 3 日　第 129 册　第 456 页

36349　勿自乱　《申报》　1914 年 12 月 6 日　第 131 册　第 506 页

36350　勿作无益害有益　《申报》　1926 年 11 月 3 日　第 229 册　第 49 页

36351　务本论　《申报》　1892 年 9 月 25 日　第 42 册　第 155 页

36352　务实说　《申报》　1900 年 8 月 28 日　第 65 册　第 809 页

36353　务镇静以安人心说　《申报》　1900 年 7 月 6 日　第 65 册　第 503 页

36354　机阱中的日本政局　《申报》　1940 年 2 月 26 日　第 368 册　第 718 页

36355　物必先腐而后虫生　《大公报》　1928 年 4 月 16 日　第 83 册　第 461 页

36356　物产与人工　《申报》　1920 年 8 月 30 日　第 165 册　第 1084 页

36357　物价变迁与学说之重估　《申报》　1941 年 10 月 14 日　第 378 册　第 168 页

36358　物价波动的最大原因　《中央日报》　1947 年 12 月 8 日　第 57 册　第 1016 页

36359　物价波动时贵有理智！　《申报》　1946 年 8 月 20 日　第 389 册　第 840 页

36360　物价波动中的工业界　《大公报》　1948 年 5 月 12 日　第 163 册　第 68 页

36361　物价不易安定之因素　《申报》　1941 年 10 月 18 日　第 378 册　第 217 页

36388 物价与币制 《大公报》 1948 年 6 月 17 日 第 163 册 第 284 页

36389 物价与公教人员的生活 《大公报》 1946 年 3 月 14 日 第 156 册 第 288 页

36390 物价与后方经济/陈岱孙（星期论文） 《大公报》 1940 年 5 月 19 日 第 144 册 第 560 页

36391 物价与节约 《大公报》 1944 年 4 月 6 日 第 152 册 第 432 页

36392 物价与生活 《大公报》 1939 年 11 月 3 日 第 143 册 第 256 页

36393 物价与文化 《大公报》 1944 年 3 月 27 日 第 152 册 第 386 页

36394 物价与政府 《大公报》 1948 年 6 月 28 日 第 163 册 第 350 页

36395 物价政策的两条路 《大公报》 1948 年 8 月 17 日 第 163 册 第 650 页

36396 物价政策的正确方向 《中央日报》 1944 年 8 月 2 日 第 49 册 第 954 页

36397 物理篇上 《申报》 1894 年 3 月 9 日 第 46 册 第 393 页

36398 物理篇下 《申报》 1894 年 3 月 10 日 第 46 册 第 399 页

36399 物体凝流二质论 《申报》 1892 年 4 月 24 日 第 40 册 第 651 页

36400 物性说 《申报》 1875 年 11 月 17 日 第 7 册 第 477 页

36401 物用篇 《申报》 1893 年 4 月 4 日 第 43 册 第 539 页

36402 物有损益说 《申报》 1891 年 10 月 14 日 第 39 册 第 641 页

36403 物质的武力与精神的武力（专论）/胡朴安 《民国日报》 1946 年 4 月 14 日 第 97 册 第 398 页

36404 物质军人 《申报》 1924 年 4 月 19 日 第 201 册 第 387 页

36405 物质文明必不能谋永久和平（专论）/胡朴安 《民国日报》 1946 年 4 月 4 日 第 97 册 第 358 页

36406 物资交流的新方途（译论） 《申报》 1943 年 3 月 15 日 第 383 册 第 522 页

36407 物资局的机构与业务 《大公报》 1942 年 3 月 23 日 第 148 册 第 346 页

36408 物资劳力两缺 《申报》（香港版） 1938 年 6 月 28 日 第 356 册 第 877 页

36409 物资总动员 《中央日报》 1942 年 5 月 6 日 第 46 册 第 26 页

36410 误国之计臣 《申报》 1914 年 7 月 11 日 第 129 册 第 162 页

36411 误会 《申报》 1916 年 8 月 27 日 第 141 册 第 960 页

36412 误会与传会 《申报》 1920 年 5 月 1 日 第 164 册 第 10 页

36413 误会之避免 《申报》 1928 年 2 月 22 日 第 243 册 第 516 页

36414 误会之又一种 《申报》 1929 年 5 月 23 日 第 258 册 第 614 页

36415 误解 《申报》 1914 年 10 月 8 日 第 130 册 第 520 页

36465　西班牙政潮之回顾与前瞻　《申报》　1934 年 10 月 4 日　第 321 册　第 104 页

36466　西班牙政府迁都以后　《申报》　1936 年 11 月 10 日　第 346 册　第 244 页

36467　西班牙政局之新趋势　《申报》　1931 年 2 月 17 日　第 279 册　第 420 页

36468　西班牙政局之严重　《申报》　1930 年 5 月 8 日　第 270 册　第 176 页

36469　西班牙政象与革命　《大公报》　1930 年 10 月 3 日　第 98 册　第 388 页

36470　西班牙之狄克推多制　《申报》　1929 年 12 月 21 日　第 265 册　第 571 页

36471　西班牙之反教运动　《申报》　1931 年 5 月 14 日　第 282 册　第 329 页

36472　西班牙左翼内阁之成立　《申报》　1936 年 2 月 23 日　第 337 册　第 604 页

36473　西半球国际联盟计画　《申报》　1936 年 4 月 21 日　第 339 册　第 518 页

36474　西报对海员风潮的失言　《民国日报》　1922 年 2 月 11 日　第 37 册　第 466 页

36475　西报录玛高温先生信因书其后　《申报》　1892 年 4 月 5 日　第 40 册　第 533 页

36476　西报论普俄事　《申报》　1880 年 4 月 14 日　第 16 册　第 393 页

36477　西报论台湾事　《申报》　1874 年 8 月 11 日　第 5 册　第 141 页

36478　西报续述马加利事　《申报》　1875 年 4 月 27 日　第 6 册　第 377 页

36479　西卑利亚铁路既成于五洲时局大有关系说　《申报》　1902 年 8 月 26 日　第 71 册　第 797 页

36480　西北边防与开发　《申报》　1934 年 4 月 18 日　第 315 册　第 516 页

36481　西北边防与开发西北　《申报》　1933 年 8 月 8 日　第 307 册　第 210 页

36482　西北筹边使：徐树铮买国牌号　《民国日报》　1919 年 7 月 10 日　第 22 册　第 110 页

36483　西北大患不在徐向前　《大公报》　1932 年 12 月 5 日　第 111 册　第 412 页

36484　西北匪祸亟须解决　《大公报》　1936 年 9 月 30 日　第 134 册　第 418 页

36485　西北各省区大旱待振　《大公报》　1928 年 9 月 21 日　第 86 册　第 241 页

36486　西北各省宜创设机器磨面公司说　《申报》　1900 年 3 月 9 日　第 64 册　第 373 页

36487　西北各省应厉行沟洫之制/李协（星期论文）　《大公报》　1937 年 5 月 30 日　第 138 册　第 416 页

36488　西北工业考察归来的感想/林□庸（星期论文）　《大公报》　1943 年 2 月

28 日　第 150 册　第 250 页

36489　西北亟应注意　《申报》　1933 年 4 月 26 日　第 303 册　第 697 页

36490　西北建设之根本问题　《大公报》　1934 年 5 月 10 日　第 120 册　第 132 页

36491　西北教育　《大公报》　1932 年 11 月 29 日　第 111 册　第 340 页

36492　西北军叛乱与冯玉祥　《中央日报》　1929 年 10 月 24 日　第 7 册　第 1041 页

36493　西北科学考察团之功绩与教训　《大公报》　1929 年 1 月 31 日　第 88 册　第 456 页

36494　西北善后与中央责任　《大公报》　1931 年 2 月 11 日　第 100 册　第 460 页

36495　西北善后之第一义　《大公报》　1930 年 10 月 24 日　第 98 册　第 628 页

36496　西北数省须速自救　《大公报》　1932 年 11 月 1 日　第 111 册　第 4 页

36497　西北之亟务　《大公报》　1936 年 12 月 11 日　第 135 册　第 566 页

36498　西北之交通水利　《大公报》　1935 年 5 月 25 日　第 126 册　第 388 页

36499　西北之治标治本　《大公报》　1934 年 2 月 23 日　第 118 册　第 694 页

36500　西比利亚政府　《申报》　1918 年 7 月 14 日　第 153 册　第 208 页

36501　西伯利亚铁路考　《申报》　1891 年 8 月 9 日　第 39 册　第 239 页

36502　西藏情形论　《申报》　1907 年 5 月 28 日　第 88 册　第 357 页

36503　西藏时事论　《申报》　1888 年 12 月 31 日　第 33 册　第 1175 页

36504　西藏问题　《申报》　1910 年 3 月 13 日　第 105 册　第 194 页

36505　西藏新约问题　《申报》　1905 年 3 月 31 日　第 79 册　第 613 页

36506　西藏宜改设郡县论　《申报》　1902 年 11 月 23 日　第 72 册　第 581 页

36507　西藏宜改省会论　《申报》　1886 年 10 月 3 日　第 29 册　第 579 页

36508　西藏用兵记　《申报》　1913 年 1 月 27 日　第 120 册　第 291 页

36509　西藏用兵记（二）　《申报》　1913 年 1 月 28 日　第 120 册　第 303 页

36510　西藏用兵记（三）　《申报》　1913 年 1 月 29 日　第 120 册　第 315 页

36511　西藏用兵记（四）　《申报》　1913 年 1 月 30 日　第 120 册　第 327 页

36512　西藏用兵记（五）　《申报》　1913 年 1 月 31 日　第 120 册　第 339 页

36513　西藏用兵记（六）　《申报》　1913 年 2 月 1 日　第 120 册　第 351 页

36514　西藏用兵记（七）　《申报》　1913 年 2 月 10 日　第 120 册　第 378 页

36515　西藏用兵记（八）　《申报》　1913 年 2 月 11 日　第 120 册　第 390 页

36516　西藏用兵记（九）　《申报》　1913 年 2 月 12 日　第 120 册　第 402 页

36517　西藏用兵记（十）　《申报》　1913 年 2 月 13 日　第 120 册　第 414 页

36518　西藏用兵记（十一）　《申报》　1913 年 2 月 14 日　第 120 册　第 426 页

36519　西藏用兵记（十二）　《申报》　1913 年 2 月 15 日　第 120 册　第 438 页

36626　希腊胜利的力量　《中央日报》　1940 年 11 月 23 日　第 44 册　第 94 页

36627　希腊新恶潮的一滴　《民国日报》　1922 年 12 月 1 日　第 42 册　第 412 页

36628　希腊政局向后转　《大公报》　1946 年 9 月 7 日　第 157 册　第 348 页

36629　希墨的下场　《大公报》　1945 年 5 月 2 日　第 154 册　第 516 页

36630　希氏演说读后感　《申报》（汉口版）　1938 年 2 月 24 日　第 356 册　第 81 页

36631　希忒拉之旧政绩与新方针　《大公报》　1937 年 2 月 19 日　第 136 册　第 640 页

36632　希特勒党选举获胜　《申报》　1933 年 11 月 15 日　第 310 册　第 420 页

36633　希特勒的抱负如此　《大公报》　1942 年 10 月 2 日　第 149 册　第 406 页

36634　希特勒的悲鸣　《中央日报》　1942 年 4 月 29 日　第 45 册　第 1128 页

36635　希特勒的脚跟——义大利　《大公报》　1940 年 12 月 18 日　第 145 册　第 652 页

36636　希特勒的企图　《申报》（汉口版）　1938 年 7 月 26 日　第 356 册　第 389 页

36637　希特勒的企图　《申报》（香港版）　1938 年 7 月 28 日　第 356 册　第 998 页

36638　希特勒的外交战　《中央日报》　1941 年 1 月 5 日　第 44 册　第 282 页

36639　希特勒的新课题　《申报》　1940 年 11 月 24 日　第 373 册　第 310 页

36640　希特勒的演说　《申报》　1939 年 10 月 7 日　第 366 册　第 524 页

36641　希特勒的演说与欧洲外交　《申报》　1937 年 2 月 2 日　第 349 册　第 36 页

36642　希特勒第二次计划　《申报》（香港版）　1939 年 3 月 24 日　第 358 册　第 186 页

36643　希特勒对罗斯福的答复　《申报》　1939 年 4 月 30 日　第 363 册　第 528 页

36644　希特勒估计的错误　《中央日报》　1941 年 1 月 31 日　第 44 册　第 388 页

36645　希特勒咆哮以后又如何　《申报》（香港版）　1938 年 9 月 14 日　第 357 册　第 53 页

36646　希特勒试验时期　《申报》　1934 年 8 月 7 日　第 319 册　第 185 页

36647　希特勒演说的分析　《中央日报》　1939 年 4 月 3 日　第 41 册　第 1018 页

36648　希特勒又一外交攻势　《大公报》　1940 年 10 月 28 日　第 145 册　第 452 页

36649　希特勒与德国政治/翰　《申报》　1932 年 4 月 28 日　第 291 册　第 613 页

36650　希特勒与德国之繁荣　《申报》　1934 年 1 月 7 日　第 312 册　第 122 页

36651　希特勒与占领区　《中央日报》　1942 年 4 月 11 日　第 45 册　第 1054 页

36652　希特勒元首殉国与国际动向　《申报》　1945 年 5 月 3 日　第 387 册　第 321 页

36653　希特勒之外交攻势　《中央日报》　1940 年 10 月 26 日　第 43 册　第 1148 页

36654　希特勒之外交演说及其影响　《申报》　1935 年 5 月 25 日　第 328 册　第 655 页

36655　希脱拉政府之前途　《申报》　1934 年 7 月 1 日　第 318 册　第 8 页

36656　希王返国　《申报》　1946 年 9 月 29 日　第 390 册　第 354 页

36657　希望促成太平洋会议　《大公报》　1937 年 9 月 29 日　第 139 册　第 409 页

36658　希望非即幸福　《申报》　1928 年 9 月 14 日　第 250 册　第 392 页

36659　希望赴会代表奋起努力　《民国日报》　1946 年 11 月 15 日　第 99 册　第 337 页

36660　希望各国驻华记者　《中央日报》　1939 年 12 月 20 日　第 42 册　第 896 页

36661　希望国际投资之前提　《大公报》　1933 年 7 月 1 日　第 115 册　第 4 页

36662　希望和热诚　《申报》　1944 年 6 月 15 日　第 385 册　第 575 页

36663　希望教育部注意日本留学问题　《大公报》　1935 年 7 月 23 日　第 127 册　第 324 页

36664　希望教育界自重与努力　《大公报》　1936 年 1 月 31 日　第 130 册　第 318 页

36665　希望解决问题　《大公报》　1946 年 1 月 19 日　第 156 册　第 76 页

36666　希望解严　《申报》　1920 年 5 月 4 日　第 164 册　第 69 页

36667　希望两印度能分治合作　《大公报》　1948 年 2 月 6 日　第 162 册　第 226 页

36668　希望美国首先放弃对华不平等条约　《大公报》　1942 年 10 月 6 日　第 149 册　第 426 页

36669　希望美政府反省　《民国日报》　1921 年 2 月 22 日　第 31 册　第 608 页

36670　希望青年　《申报》　1920 年 4 月 3 日　第 163 册　第 611 页

36671　希望日本朝野考量　《大公报》　1927 年 9 月 14 日　第 80 册　第 599 页

36672　希望日本政府持重　《大公报》　1937 年 7 月 13 日　第 139 册　第 182 页

36673　希望市民协助努力　《民国日报》　1945 年 10 月 20 日　第 96 册　第

223 页

36674 希望司法界自重自爱 《大公报》 1931 年 8 月 19 日 第 103 册 第 592 页

36675 希望天津避免战祸 《大公报》 1928 年 6 月 6 日 第 84 册 第 361 页

36676 希望学生复课 《大公报》 1935 年 12 月 14 日 第 129 册 第 590 页

36677 希望于旧金山会议者：并赞莫洛托夫艾登之演说 《中央日报》 1945 年 4 月 28 日 第 50 册 第 1036 页

36678 希望于美国政治家者 《大公报》 1939 年 12 月 25 日 第 143 册 第 464 页

36679 希望于米统会当局 《申报》 1943 年 12 月 24 日 第 384 册 第 891 页

36680 希望于全国教育会议者 《民国日报》 1928 年 5 月 15 日 第 74 册 第 213 页

36681 希望于全国商业统制总会者 《申报》 1943 年 4 月 14 日 第 383 册 第 704 页

36682 希望于日本新内阁：外交政策改变乎 《民国日报》 1918 年 9 月 21 日 第 17 册 第 200 页

36683 希望于中国新闻协会 《申报》 1944 年 9 月 25 日 第 386 册 第 281 页

36684 希望与失望 《申报》 1926 年 9 月 28 日 第 227 册 第 677 页

36685 希望与实现：善的辨识与灌溉 《民国日报》 1920 年 1 月 23 日 第 25 册 第 292 页

36686 希望与实现（二）：无能力的希望是迷望 《民国日报》 1920 年 1 月 24 日 第 25 册 第 306 页

36687 希望与追悔 《申报》 1919 年 1 月 1 日 第 156 册 第 3 页

36688 希望早期召开对日和会 《申报》 1948 年 4 月 21 日 第 397 册 第 162 页

36689 息讼歌驳义 《申报》 1903 年 10 月 31 日 第 75 册 第 427 页

36690 息讼论 《申报》 1872 年 6 月 8 日 第 1 册 第 129 页

36691 息消 《申报》 1917 年 12 月 11 日 第 149 册 第 652 页

36692 息谣篇 《申报》 1912 年 3 月 21 日 第 116 册 第 667 页

36693 息谣释疑篇 《申报》 1902 年 1 月 6 日 第 70 册 第 31 页

36694 息谣言议 《申报》 1899 年 10 月 13 日 第 63 册 第 293 页

36695 息影轩宾谈 《申报》 1889 年 3 月 18 日 第 34 册 第 387 页

36696 息战 《申报》 1926 年 1 月 23 日 第 220 册 第 466 页

36697 息战裁兵立国 《申报》 1918 年 11 月 10 日 第 155 册 第 146 页

36698 息战令 《申报》 1920 年 7 月 16 日 第 165 册 第 283 页

36699 息战与和平 《大公报》 1930 年 9 月 26 日 第 98 册 第 304 页

36700　息战运动之前提　《大公报》　1928 年 5 月 16 日　第 84 册　第 151 页

36701　息争　《申报》　1916 年 7 月 8 日　第 141 册　第 114 页

36702　牺牲　《申报》　1915 年 9 月 6 日　第 136 册　第 82 页

36703　牺牲　《申报》　1918 年 11 月 4 日　第 155 册　第 51 页

36704　牺牲　《申报》　1918 年 12 月 18 日　第 155 册　第 754 页

36705　牺牲　《申报》　1924 年 10 月 18 日　第 206 册　第 794 页

36706　"牺牲"　《大公报》　1930 年 2 月 20 日　第 94 册　第 740 页

36707　牺牲少数人，挽救多数人！　《中央日报》　1948 年 10 月 30 日　第 60 册　第 458 页

36708　牺牲与和好　《申报》　1921 年 12 月 6 日　第 176 册　第 110 页

36709　牺牲之加入　《民国日报》　1917 年 3 月 22 日　第 8 册　第 238 页

36710　牺牲之精神　《申报》　1919 年 7 月 26 日　第 159 册　第 412 页

36711　牺牲之胜利：北廷免曹陆章矣　愿国民珍重前途　《民国日报》　1919 年 6 月 10 日　第 21 册　第 482 页

36712　牺牲之意义　《申报》　1926 年 10 月 27 日　第 228 册　第 677 页

36713　惜别陈纳德将军　《大公报》　1945 年 7 月 16 日　第 155 册　第 68 页

36714　惜别陈纳德将军　《中央日报》　1945 年 7 月 16 日　第 51 册　第 272 页

36715　惜别赫尔利欢迎马歇尔　《中央日报》　1945 年 11 月 29 日　第 51 册　第 1092 页

36716　惜别卡尔大使　《大公报》　1942 年 1 月 19 日　第 148 册　第 82 页

36717　惜材不如育材说　《申报》　1881 年 5 月 13 日　第 18 册　第 505 页

36718　惜蚕说　《申报》　1891 年 4 月 25 日　第 38 册　第 619 页

36719　惜福以弭灾说　《申报》　1889 年 10 月 11 日　第 35 册　第 635 页

36720　惜命说　《申报》　1889 年 7 月 23 日　第 35 册　第 143 页

36721　惜吴佩孚　《申报》　1924 年 12 月 6 日　第 208 册　第 87 页

36722　惜小费者不能成大业说　《申报》　1886 年 6 月 14 日　第 28 册　第 953 页

36723　惜字绪言　《申报》　1882 年 12 月 31 日　第 21 册　第 1089 页

36724　锡金城区议　《申报》　1909 年 10 月 11 日　第 102 册　第 596 页

36725　锡金城区议（续）　《申报》　1909 年 10 月 12 日　第 102 册　第 612 页

36726　锡金城区议下　《申报》　1909 年 11 月 9 日　第 103 册　第 130 页

36727　锡金城区议下（续）　《申报》　1909 年 11 月 10 日　第 103 册　第 146 页

36728　锡金均教育费私议　《申报》　1909 年 6 月 25 日　第 100 册　第 793 页

36729　锡金均教育费私议（续）　《申报》　1909 年 6 月 26 日　第 100 册　第 807 页

36758　喜闻两湖制府南皮张孝达尚书内召书以志庆　《申报》　1898 年 5 月 7 日
　　　第 59 册　第 37 页

36759　喜闻中国将开银行消息书后　《申报》　1887 年 8 月 13 日　第 31 册　第
　　　267 页

36760　喜闻中国将铸银元消息　《申报》　1878 年 6 月 10 日　第 12 册　第
　　　525 页

36761　喜闻中国将自理邮政　《申报》　1886 年 8 月 27 日　第 29 册　第 349 页

36762　喜息兵论　《申报》　1874 年 11 月 9 日　第 5 册　第 451 页

36763　喜信　《申报》　1919 年 1 月 16 日　第 156 册　第 226 页

36764　喜雨辞　《申报》　1890 年 11 月 10 日　第 37 册　第 843 页

36765　喜雨篇　《申报》　1897 年 7 月 19 日　第 56 册　第 487 页

36766　喜雨期中谈粮食　《大公报》　1941 年 2 月 24 日　第 146 册　第 228 页

36767　戏辨　《申报》　1887 年 11 月 12 日　第 31 册　第 869 页

36768　戏匪为民间开演说　《申报》　1881 年 8 月 7 日　第 19 册　第 149 页

36769　戏馆宜多设便门说　《申报》　1881 年 7 月 3 日　第 19 册　第 9 页

36770　戏馆宜禁放烟火说　《申报》　1890 年 8 月 16 日　第 37 册　第 299 页

36771　戏剧节谈戏剧　《中央日报》　1947 年 2 月 15 日　第 55 册　第 522 页

36772　戏剧与抗战建国　《大公报》　1938 年 5 月 13 日　第 140 册　第 582 页

36773　戏梦说　《申报》　1887 年 9 月 9 日　第 31 册　第 435 页

36774　戏评　《申报》　1888 年 11 月 20 日　第 33 册　第 925 页

36775　戏说　《申报》　1879 年 12 月 28 日　第 15 册　第 721 页

36776　戏说　《申报》　1881 年 2 月 15 日　第 18 册　第 153 页

36777　戏无益说　《申报》　1888 年 10 月 8 日　第 33 册　第 657 页

36778　戏园防患说　《申报》　1903 年 12 月 18 日　第 75 册　第 747 页

36779　戏院防火说　《申报》　1897 年 3 月 29 日　第 55 册　第 495 页

36780　系铃解铃　《申报》　1927 年 6 月 26 日　第 235 册　第 544 页

36781　系铃解铃说　《申报》　1929 年 2 月 3 日　第 255 册　第 67 页

36782　系录日本人铁道院官制□辞　《申报》　1911 年 1 月 25 日　第 110 册　第
　　　385 页

36783　细针密缕　《申报》　1928 年 9 月 9 日　第 250 册　第 249 页

36784　阋与乱　《申报》　1921 年 10 月 9 日　第 174 册　第 162 页

36785　狎游捧喝文　《申报》　1872 年 7 月 27 日　第 1 册　第 297 页

36786　狭窄与阔大　《申报》　1929 年 4 月 9 日　第 257 册　第 228 页

36787　下策说　《申报》　1873 年 11 月 11 日　第 3 册　第 457 页

36788　下策中之日本　《申报》　1939 年 10 月 13 日　第 366 册　第 600 页

36789　下第后答客问　《申报》　1891 年 10 月 26 日　第 39 册　第 713 页

36790 下决心·打到底：为东北领土与国家主权而战 《中央日报》 1948 年 11 月 22 日 第 60 册 第 622 页

36791 下流动乱的观察 《民国日报》 1920 年 3 月 18 日 第 26 册 第 238 页

36792 下流督抚式的自卫 《民国日报》 1922 年 10 月 30 日 第 41 册 第 812 页

36793 下年度的日本预算案 《申报》 1936 年 9 月 27 日 第 344 册 第 732 页

36794 下人亦宜优给论 《申报》 1882 年 11 月 11 日 第 21 册 第 799 页

36795 下台与觉悟 《申报》 1926 年 5 月 2 日 第 223 册 第 30 页

36796 下一代的记者/程沧波（星期论文） 《大公报》 1941 年 3 月 23 日 第 146 册 第 338 页

36797 夏病说 《申报》 1887 年 6 月 9 日 第 30 册 第 953 页

36798 夏病续说 《申报》 1887 年 6 月 20 日 第 30 册 第 1025 页

36799 夏初雨量与水旱灾 《申报》 1935 年 6 月 24 日 第 329 册 第 625 页

36800 夏二子 《申报》 1920 年 10 月 27 日 第 166 册 第 994 页

36801 夏寒说 《申报》 1880 年 6 月 23 日 第 16 册 第 673 页

36802 夏令却病说 《申报》 1897 年 7 月 3 日 第 56 册 第 381 页

36803 夏令卫生二三事 《申报》 1943 年 7 月 23 日 第 384 册 第 267 页

36804 夏令卫生运动开始 《中央日报》 1943 年 5 月 15 日 第 48 册 第 86 页

36805 夏令卫生运动之发轫 《申报》 1936 年 5 月 15 日 第 340 册 第 362 页

36806 夏令营与青年教育 《中央日报》 1941 年 6 月 14 日 第 44 册 第 964 页

36807 夏天应注意的卫生事项（时论）/薛笃弼 《民国日报》 1929 年 5 月 15 日 第 80 册 第 223 页

36808 夏危篇 《民国日报》 1916 年 6 月 24 日 第 3 册 第 650 页

36809 夏威夷至新加坡 《大公报》 1940 年 12 月 28 日 第 145 册 第 694 页

36810 厦门克捷：违法主战之大痛 《民国日报》 1918 年 9 月 16 日 第 17 册 第 142 页

36811 厦门与徐州 《申报》（香港版） 1938 年 5 月 22 日 第 356 册 第 730 页

36812 仙女济世辨诬 《申报》 1879 年 5 月 21 日 第 14 册 第 495 页

36813 先办编遣 《大公报》 1929 年 7 月 9 日 第 91 册 第 132 页

36814 先惩办日本战争罪犯 《大公报》 1945 年 9 月 8 日 第 155 册 第 300 页

36815 先除苟且敷衍之习 《申报》 1927 年 7 月 2 日 第 236 册 第 30 页

36816 先打后选与先议后讨 《民国日报》 1923 年 7 月 23 日 第 46 册 第 310 页

36817 先定了派出机关再讨论人才 《民国日报》 1921 年 9 月 30 日 第 35 册 第 400 页

36818 先发制人说 《申报》 1894 年 7 月 28 日 第 47 册 第 639 页

36819 先后 《申报》 1925 年 10 月 20 日 第 217 册 第 429 页

36820 先后内外 《申报》 1917 年 5 月 20 日 第 146 册 第 336 页

36821 先击溃德国 后进攻日本 《大公报》 1943 年 2 月 13 日 第 150 册 第 182 页

36822 先尽其在我者 《申报》 1929 年 2 月 28 日 第 255 册 第 625 页

36823 先决问题 《申报》 1918 年 12 月 22 日 第 155 册 第 818 页

36824 先礼后兵 《申报》 1927 年 7 月 3 日 第 236 册 第 55 页

36825 先没了坏的总有好的 《民国日报》 1923 年 6 月 13 日 第 45 册 第 596 页

36826 先难后易先易后难 《申报》 1921 年 12 月 8 日 第 176 册 第 150 页

36827 先求保障且慢调停 《民国日报》 1917 年 11 月 25 日 第 12 册 第 290 页

36828 先退后进 《申报》 1923 年 8 月 16 日 第 194 册 第 324 页

36829 先选与先决 《申报》 1918 年 8 月 29 日 第 153 册 第 984 页

36830 先要节流 《大公报》 1948 年 7 月 23 日 第 163 册 第 500 页

36831 先战 《申报》 1926 年 9 月 17 日 第 227 册 第 416 页

36832 先知先觉 《申报》 1929 年 4 月 4 日 第 257 册 第 89 页

36833 先制和集中 《申报》 1944 年 7 月 13 日 第 386 册 第 41 页

36834 先着 《申报》 1919 年 11 月 20 日 第 161 册 第 339 页

36835 先着 《申报》 1926 年 12 月 17 日 第 230 册 第 376 页

36836 先作到教育统一/杨振声（星期论文） 《大公报》 1934 年 9 月 23 日 第 122 册 第 334 页

36837 鲜明的军事动态 《申报》 1939 年 12 月 26 日 第 367 册 第 764 页

36838 鲜明的态度 《中央日报》 1937 年 7 月 19 日 第 40 册 第 221 页

36839 暹罗出现法西斯政权：銮披汶再度登台 《大公报》 1948 年 4 月 15 日 第 162 册 第 634 页

36840 暹罗的"苦迭打" 《大公报》 1947 年 11 月 15 日 第 161 册 第 460 页

36841 暹罗的排华丑剧 《大公报》 1946 年 2 月 12 日 第 156 册 第 168 页

36842 暹罗的政变 《申报》 1947 年 11 月 13 日 第 395 册 第 436 页

36843 暹罗改政论 《申报》 1874 年 3 月 25 日 第 4 册 第 261 页

36844 暹罗拘捕华侨 《中央日报》 1938 年 10 月 11 日 第 41 册 第 116 页

36845 暹罗排华何时了? 《大公报》 1948 年 8 月 14 日 第 163 册 第 632 页

36895　现阶段的西北建设问题　《大公报》　1942 年 10 月 17 日　第 149 册　第 474 页

36896　现阶段的学潮　《大公报》　1947 年 5 月 24 日　第 160 册　第 150 页

36897　现阶段的英国外交　《大公报》　1938 年 3 月 23 日　第 140 册　第 348 页

36898　现阶段的中国外交　《大公报》　1945 年 11 月 1 日　第 155 册　第 534 页

36899　现阶段的中国外交　《大公报》　1945 年 12 月 5 日　第 155 册　第 676 页

36900　现阶段侨汇问题　《大公报》　1942 年 10 月 21 日　第 149 册　第 492 页

36901　现阶段世界人力战　《大公报》　1943 年 4 月 10 日　第 150 册　第 442 页

36902　现阶段与军事建设第一/陈豹隐（星期论文）　《大公报》　1941 年 7 月 27 日　第 147 册　第 106 页

36903　现阶段之中日协力　《申报》　1945 年 5 月 29 日　第 387 册　第 381 页

36904　现阶段中的配给问题　《申报》　1947 年 2 月 28 日　第 392 册　第 626 页

36905　现阶段中之日本外交　《申报》　1932 年 10 月 29 日　第 297 册　第 717 页

36906　现节段的美日关系　《申报》　1941 年 5 月 12 日　第 376 册　第 132 页

36907　现今三弊（专论）/胡朴安　《民国日报》　1946 年 4 月 10 日　第 97 册　第 382 页

36908　现今三大争战　《申报》　1911 年 10 月 4 日　第 114 册　第 581 页

36909　现今应采的生产政策　《中央日报》　1942 年 1 月 22 日　第 45 册　第 726 页

36910　现今中国高等教育界应有之任务　《大公报》　1934 年 1 月 17 日　第 118 册　第 216 页

36911　现钱式　《申报》　1925 年 3 月 25 日　第 210 册　第 466 页

36912　现时美国外交的趋势　《中央日报》　1940 年 9 月 20 日　第 43 册　第 1000 页

36913　现实的物价问题　《申报》　1943 年 12 月 16 日　第 384 册　第 859 页

36914　现实政治/傅孟真（星期论文）　《大公报》　1944 年 11 月 19 日　第 153 册　第 630 页

36915　现实政治与人民要求　《申报》　1943 年 10 月 7 日　第 384 册　第 571 页

36916　现实主义与远东　《申报》（汉口版）　1938 年 7 月 18 日　第 356 册　第 373 页

36917　现实主义与远东　《申报》（香港版）　1938 年 7 月 20 日　第 356 册　第 966 页

36918　现行金融制度之再限制　《申报》　1939 年 6 月 23 日　第 364 册　第 450 页

36919　现行考试制度与任用之意义：王用宾在考选会纪念周之演讲　《民国日报》

1931 年 7 月 2 日　第 93 册　第 19 页

36920　现行市参议会组织条例平议：并评市参议员选举条例（星期论文）/张佛泉
　　　《大公报》　1947 年 4 月 13 日　第 159 册　第 710 页

36921　现行外汇政策的检讨/伍启元（星期论文）　《大公报》　1946 年 9 月 8 日
　　　第 157 册　第 354 页

36922　现行违警罚法之缺陷　《中央日报》　1937 年 3 月 27 日　第 38 册　第
　　　317 页

36923　现行盐政说略　《申报》　1910 年 9 月 4 日　第 108 册　第 49 页

36924　现行盐政说略续　《申报》　1910 年 9 月 5 日　第 108 册　第 65 页

36925　现行盐政说略续　《申报》　1910 年 9 月 6 日　第 108 册　第 81 页

36926　现在亟需做几件事　《大公报》　1937 年 12 月 3 日　第 139 册　第 669 页

36927　现在军人的最大责任　《中央日报》　1929 年 10 月 13 日　第 7 册　第
　　　903 页

36928　现在上海社会的危机/潘公展　《民国日报》　1930 年 1 月 30 日　第 84 册
　　　第 368 页

36929　现在时代变了　《民国日报》　1946 年 12 月 4 日　第 99 册　第 413 页

36930　现在所需要的大学　《中央日报》　1929 年 6 月 26 日　第 6 册　第 649 页

36931　现在议和宜揭示谕以释民疑说　《申报》　1885 年 6 月 8 日　第 26 册　第
　　　861 页

36932　现在政治上的危险（专论）/胡朴安　《民国日报》　1946 年 9 月 16 日
　　　第 99 册　第 93 页

36933　现在中国的中年与青年/丁文江（星期论文）　《大公报》　1935 年 3 月 24
　　　日　第 125 册　第 372 页

36934　现状　《申报》　1925 年 12 月 26 日　第 219 册　第 513 页

36935　现状下对日无可交涉！　《大公报》　1932 年 7 月 2 日　第 109 册　第
　　　16 页

36936　现状下之本身问题　《大公报》　1933 年 4 月 22 日　第 113 册　第 732 页

36937　现状下之何从交涉　《大公报》　1931 年 9 月 27 日　第 104 册　第 316 页

36938　现状与解决：日本新提案中之一条　《中央日报》　1933 年 2 月 11 日　第
　　　21 册　第 384 页

36939　限度　《申报》　1929 年 4 月 22 日　第 257 册　第 608 页

36940　限价　《申报》　1920 年 7 月 3 日　第 165 册　第 47 页

36941　限价后的工矿增产　《中央日报》　1943 年 2 月 3 日　第 47 册　第 578 页

36942　限价十日之检讨　《中央日报》　1943 年 1 月 25 日　第 47 册　第 526 页

36943　限价实施之日！　《大公报》　1943 年 1 月 15 日　第 150 册　第 68 页

36944　限价以后的节约　《中央日报》　1943 年 1 月 23 日　第 47 册　第 516 页

36969 宪法初读二读之所感 《中央日报》 1946 年 12 月 22 日 第 54 册 第 1027 页

36970 宪法初稿正式脱稿 《大公报》 1934 年 2 月 25 日 第 118 册 第 722 页

36971 宪法的原则和准绳 《中央日报》 1944 年 5 月 5 日 第 49 册 第 560 页

36972 宪法的最低原则 《中央日报》 1946 年 3 月 14 日 第 52 册 第 626 页

36973 宪法国内阁更迭之教训 《民国日报》 1916 年 12 月 19 日 第 6 册 第 578 页

36974 宪法今日施行 《大公报》 1947 年 12 月 25 日 第 161 册 第 700 页

36975 宪法开始实行：政府应以事实来表现 《大公报》 1948 年 1 月 17 日 第 162 册 第 106 页

36976 宪法起草 《申报》 1915 年 7 月 5 日 第 135 册 第 74 页

36977 宪法起草与国民信仰 《大公报》 1933 年 6 月 22 日 第 114 册 第 732 页

36978 宪法切要谈 《申报》 1913 年 4 月 12 日 第 121 册 第 529 页

36979 宪法上第一届监察院 《中央日报》 1948 年 6 月 7 日 第 59 册 第 320 页

36980 宪法上总统的核可权 《中央日报》 1948 年 4 月 5 日 第 58 册 第 856 页

36981 宪法上总统刑事责任问题 《申报》 1913 年 10 月 2 日 第 124 册 第 411 页

36982 宪法实施准备程序 《中央日报》 1946 年 12 月 28 日 第 54 册 第 1100 页

36983 宪法与国民大会 《大公报》 1936 年 4 月 25 日 第 131 册 第 776 页

36984 宪法与孔教 《申报》 1916 年 9 月 29 日 第 142 册 第 468 页

36985 宪法与议会 《申报》 1916 年 9 月 8 日 第 142 册 第 116 页

36986 宪法与中国之命运 《申报》 1916 年 1 月 9 日 第 138 册 第 112 页

36987 宪法之三大要素 《申报》 1913 年 4 月 15 日 第 121 册 第 567 页

36988 宪法中省长问题观 《民国日报》 1920 年 1 月 13 日 第 25 册 第 164 页

36989 宪政编查馆会奏核复各衙门九年筹备未尽事宜折 《申报》 1909 年 10 月 5 日 第 102 册 第 509 页

36990 宪政编查馆会奏拟订结社集会律折 《申报》 1908 年 3 月 23 日 第 93 册 第 281 页

36991 宪政编查馆资政院会奏遵拟宪法大纲暨议院选举各法并逐年应行筹备事宜折 《申报》 1908 年 9 月 2 日 第 96 册 第 16 页

36992 宪政编查馆奏调员分任馆务折 《申报》 1907 年 12 月 17 日 第 91 册

37068 相合 《申报》 1924年2月16日 第199册 第822页

37069 相互改善 《民国日报》 1946年7月31日 第98册 第369页

37070 相激 《申报》 1929年1月26日 第254册 第683页

37071 相济相生 《申报》 1925年10月7日 第217册 第124页

37072 相近之机 《申报》 1926年6月16日 第224册 第368页

37073 相类之事 《申报》 1925年3月12日 第210册 第215页

37074 相联之局 《申报》 1925年3月4日 第210册 第61页

37075 相生相养与相贼 《申报》 1928年4月1日 第245册 第6页

37076 相时 《申报》 1916年5月17日 第140册 第252页

37077 相消力 《申报》 1914年10月30日 第130册 第828页

37078 相依为命 《申报》 1921年5月25日 第170册 第423页

37079 相应之和平 《申报》 1918年10月31日 第154册 第988页

37080 相遇 《申报》 1928年2月14日 第243册 第328页

37081 相争相让 《申报》 1918年9月11日 第154册 第176页

37082 香港报论种罂粟不必禁办 《申报》 1886年3月11日 第28册 第371页

37083 香港会议 《申报》 1920年4月5日 第163册 第655页

37084 香港及南洋各埠分设理事官议 《申报》 1889年12月23日 第35册 第1085页

37085 香河事变之严重性 《申报》 1935年10月29日 第333册 第791页

37086 香河事件的检讨 《大公报》 1935年10月26日 第128册 第790页

37087 湘 《申报》 1917年10月16日 第148册 第764页

37088 湘案善后 《大公报》 1929年3月6日 第89册 第84页

37089 湘北大捷的意义 《大公报》 1941年10月3日 第147册 第358页

37090 湘北大捷之意义 《大公报》 1939年10月6日 第143册 第142页

37091 湘北大胜利的意义 《中央日报》 1941年10月3日 第45册 第266页

37092 湘北会战与我们 《大公报》 1941年9月30日 第147册 第346页

37093 湘北胜利的因素 《大公报》 1939年10月9日 第143册 第154页

37094 湘北战局的剖析 《申报》 1941年10月2日 第378册 第18页

37095 湘北战局的新认识 《申报》 1939年10月8日 第366册 第538页

37096 湘北战局的展望 《中央日报》 1941年10月2日 第45册 第262页

37097 湘变影响大局之历史观 《大公报》 1930年6月7日 第96册 第572页

37098 湘川战信 《申报》 1917年10月17日 第148册 第781页

37099 湘鄂党政临时委员会（社论） 《民国日报》 1927年11月5日 第71

册 第 58 页

37100 湘鄂赣积极剿匪 《大公报》 1930 年 8 月 21 日 第 97 册 第 616 页

37101 湘鄂会战胜利的成果 《中央日报》 1943 年 12 月 22 日 第 48 册 第 1078 页

37102 湘鄂间战事 《申报》 1921 年 7 月 26 日 第 171 册 第 511 页

37103 湘鄂军之决战 《申报》 1921 年 8 月 3 日 第 172 册 第 45 页

37104 湘鄂战地的善后 《大公报》 1943 年 12 月 20 日 第 151 册 第 764 页

37105 湘鄂战况 《中央日报》 1939 年 10 月 3 日 第 42 册 第 580 页

37106 湘鄂战声中之吴佩孚 《民国日报》 1921 年 7 月 25 日 第 34 册 第 338 页

37107 湘鄂战事调停 《申报》 1921 年 8 月 13 日 第 172 册 第 253 页

37108 湘鄂战事之因果 《申报》 1921 年 8 月 14 日 第 172 册 第 273 页

37109 湘鄂战争之大势 《申报》 1921 年 8 月 24 日 第 172 册 第 477 页

37110 湘鄂之善后（社论） 《民国日报》 1927 年 11 月 17 日 第 71 册 第 238 页

37111 湘抚俞大中丞陈奏贺金声煽乱情形折 《申报》 1902 年 11 月 3 日 第 72 册 第 439 页

37112 湘抚俞奏湘中改设学堂及派人出洋游学情形折 《申报》 1902 年 5 月 5 日 第 71 册 第 31 页

37113 湘赣战事 《申报》 1939 年 9 月 29 日 第 366 册 第 414 页

37114 湘桂军忍弃荆襄乎 《民国日报》 1918 年 1 月 24 日 第 13 册 第 254 页

37115 湘局的变化（言论） 《民国日报》 1926 年 3 月 13 日 第 62 册 第 122 页

37116 湘局之变化 《申报》 1920 年 11 月 24 日 第 167 册 第 415 页

37117 湘局之再变（言论） 《民国日报》 1926 年 4 月 24 日 第 62 册 第 542 页

37118 湘军管制考 《申报》 1892 年 3 月 15 日 第 40 册 第 393 页

37119 湘军管制述 《申报》 1894 年 4 月 25 日 第 46 册 第 711 页

37120 湘军援鄂里的正当观察 《民国日报》 1921 年 7 月 29 日 第 34 册 第 394 页

37121 湘军之前途 《大公报》 1928 年 3 月 2 日 第 83 册 第 11 页

37122 湘口县开埠通商议 《申报》 1902 年 5 月 3 日 第 71 册 第 15 页

37123 湘乱感言 《申报》 1920 年 12 月 28 日 第 167 册 第 999 页

37124 湘难民来沪 《申报》 1920 年 6 月 16 日 第 164 册 第 851 页

37125 湘人乞赈 《申报》 1920 年 7 月 6 日 第 165 册 第 107 页

37126　湘省铲共纪念　《中央日报》　1930 年 5 月 21 日　第 10 册　第 607 页

37127　湘省发饷之借款　《申报》　1920 年 12 月 14 日　第 167 册　第 753 页

37128　湘省义军新发展之侧面　《民国日报》　1917 年 10 月 5 日　第 11 册　第 410 页

37129　湘事爆发后将怎样（一）　《民国日报》　1920 年 6 月 1 日　第 27 册　第 426 页

37130　湘事爆发后将怎样（二）　《民国日报》　1920 年 6 月 2 日　第 27 册　第 440 页

37131　湘事可注意的三点　《民国日报》　1919 年 10 月 31 日　第 23 册　第 722 页

37132　湘事已由中政会解决　《大公报》　1929 年 3 月 14 日　第 89 册　第 212 页

37133　湘事与和议　《申报》　1920 年 6 月 15 日　第 164 册　第 825 页

37134　湘事之根本解决　《申报》　1920 年 6 月 5 日　第 164 册　第 637 页

37135　湘事之西南观　《申报》　1920 年 7 月 5 日　第 165 册　第 85 页

37136　湘蜀民军最近之发展　《民国日报》　1916 年 3 月 6 日　第 2 册　第 62 页

37137　湘蜀之疑云　《民国日报》　1916 年 10 月 26 日　第 5 册　第 662 页

37138　湘西剿匪宜加紧努力　《大公报》　1935 年 3 月 8 日　第 125 册　第 116 页

37139　湘西之捷　《大公报》　1945 年 5 月 11 日　第 154 册　第 554 页

37140　湘西之捷　《中央日报》　1945 年 5 月 11 日　第 50 册　第 1114 页

37141　湘与粤　《申报》　1920 年 12 月 9 日　第 167 册　第 665 页

37142　湘粤赣边之战　《中央日报》　1945 年 1 月 26 日　第 50 册　第 648 页

37143　湘粤赣大举进剿匪共　《中央日报》　1930 年 8 月 26 日　第 11 册　第 695 页

37144　湘战旗帜那里　《民国日报》　1920 年 6 月 15 日　第 27 册　第 622 页

37145　湘战之互相诘责　《申报》　1920 年 6 月 3 日　第 164 册　第 601 页

37146　湘战之疑问　《申报》　1920 年 6 月 9 日　第 164 册　第 715 页

37147　湘之问题　《申报》　1920 年 5 月 16 日　第 164 册　第 277 页

37148　湘之自治　《申报》　1920 年 10 月 6 日　第 166 册　第 597 页

37149　详记客述金山剿枭事　《申报》　1904 年 4 月 23 日　第 76 册　第 661 页

37150　详记松江当五钱之风潮　《申报》　1905 年 4 月 13 日　第 79 册　第 725 页

37151　详论宝山县张邑尊勘火群扰事　《申报》　1873 年 2 月 27 日　第 2 册　第 173 页

37152　详论万难逆料事之颠末　《申报》　1873 年 1 月 6 日　第 2 册　第 17 页

1056 页

37179　向国联调查团致意一点　《大公报》　1932 年 3 月 26 日　第 107 册　第 254 页

37180　向国民参政会第二次大会致敬　《中央日报》　1938 年 11 月 7 日　第 41 册　第 234 页

37181　向环攻日寇的战士欢呼　《中央日报》　1944 年 4 月 1 日　第 49 册　第 412 页

37182　向艰难中去奋斗：值得深省的外人讥讽语　《民国日报》　1928 年 6 月 5 日　第 74 册　第 556 页

37183　向交通机关呼吁　《申报》　1943 年 1 月 31 日　第 383 册　第 218 页

37184　向教育学术团体年会进一言　《中央日报》　1947 年 10 月 27 日　第 57 册　第 588 页

37185　向经委会第一次会议进一言　《申报》　1943 年 2 月 11 日　第 383 册　第 266 页

37186　向旧金山会议提醒几点　《大公报》　1945 年 4 月 30 日　第 154 册　第 508 页

37187　向救济总署申诉　《大公报》　1945 年 9 月 13 日　第 155 册　第 322 页

37188　向联总远东区大会呼吁　《中央日报》　1946 年 6 月 8 日　第 53 册　第 61 页

37189　向粮食会议进一言　《中央日报》　1947 年 7 月 30 日　第 56 册　第 916 页

37190　向麦克阿瑟将军祝雷岛战事结束　《大公报》　1944 年 12 月 27 日　第 153 册　第 786 页

37191　向美国国会申说一个问题　《大公报》　1943 年 6 月 15 日　第 150 册　第 734 页

37192　向美国陆军致敬　《中央日报》　1944 年 4 月 6 日　第 49 册　第 434 页

37193　向美借款应有的反省　《申报》　1947 年 6 月 2 日　第 393 册　第 626 页

37194　向米统会当局再进一言　《申报》　1944 年 1 月 13 日　第 385 册　第 49 页

37195　向缅甸湖南将士致慰　《中央日报》　1944 年 8 月 8 日　第 49 册　第 980 页

37196　向民生康乐之路前进　《中央日报》　1943 年 10 月 5 日　第 48 册　第 742 页

37197　向民主法治迈进　《中央日报》　1946 年 3 月 19 日　第 52 册　第 656 页

37198　向难处去　《申报》　1927 年 9 月 30 日　第 238 册　第 622 页

37199　向农村复兴委员会建议/储子润（星期论坛）　《申报》　1948 年 9 月 12

日　第 398 册　第 576 页

37200　向勤劳的斗士们致敬　《大公报》　1948 年 12 月 30 日　第 164 册　第
611 页

37201　向人民申说！向世界控诉！　《大公报》　1944 年 10 月 3 日　第 153 册
第 428 页

37202　向仁爱与民主前进！：读宗教庇护十二世广播词的感想　《申报》　1947 年
12 月 27 日　第 395 册　第 876 页

37203　向日本本土前进！　《中央日报》　1942 年 12 月 10 日　第 47 册　第
250 页

37204　"向日寇本土前进"！　《中央日报》　1943 年 6 月 8 日　第 48 册　第
224 页

37205　向社会富有人士进一言　《申报》　1944 年 3 月 24 日　第 385 册　第
293 页

37206　向社会争新闻自由　《大公报》　1947 年 4 月 18 日　第 159 册　第 744 页

37207　向谁请愿去　《民国日报》　1919 年 10 月 5 日　第 23 册　第 410 页

37208　向四平守军致敬　《中央日报》　1947 年 7 月 3 日　第 56 册　第 636 页

37209　向苏联抗议·向中央忠告/王亚明（专论）　《申报》　1946 年 3 月 3 日
第 388 册　第 331 页

37210　向太平洋学会进一言：论日本文化的改造　《中央日报》　1945 年 1 月 6
日　第 50 册　第 566 页

37211　向讨论华北中日经济提携诸君进一言　《申报》　1935 年 7 月 28 日　第
330 册　第 705 页

37212　向突破储蓄目标迈进　《中央日报》　1944 年 4 月 27 日　第 49 册　第
526 页

37213　向宛西民团致敬：政府应善为培植　《中央日报》　1948 年 5 月 11 日　第
59 册　第 88 页

37214　向无常识的时论家　《民国日报》　1923 年 5 月 1 日　第 45 册　第 2 页

37215　向无战争的世界前进　《中央日报》　1945 年 3 月 3 日　第 50 册　第
800 页

37216　向暹罗政府抗议　《中央日报》　1948 年 7 月 31 日　第 59 册　第 768 页

37217　向湘西豫鄂将士致敬　《中央日报》　1945 年 6 月 1 日　第 51 册　第 2 页

37218　向学生诸君进一言　《民国日报》　1931 年 12 月 10 日　第 95 册　第
493 页

37219　向阎主任致敬　《中央日报》　1948 年 12 月 30 日　第 60 册　第 802 页

37220　向印度进军/唯善（星期评论）　《申报》　1944 年 4 月 2 日　第 385 册
第 325 页

37221　向英议会访华团介绍我们自己　《大公报》　1942 年 11 月 22 日　第 149 册　第 628 页

37222　向政府要交化政策　《大公报》　1946 年 11 月 2 日　第 158 册　第 208 页

37223　向最终目标前进！　《中央日报》　1941 年 12 月 30 日　第 45 册　第 626 页

37224　项肩驳梁启超"哀求议员赶快制宪"的信　《民国日报》　1922 年 8 月 4 日　第 40 册　第 466 页

37225　项渠才茂才书改办团练后　《申报》　1904 年 4 月 20 日　第 76 册　第 641 页

37226　象棋可悟兵法说　《申报》　1888 年 6 月 2 日　第 32 册　第 895 页

37227　橡皮与银　《申报》　1931 年 3 月 27 日　第 280 册　第 688 页

37228　枭博说　《申报》　1890 年 5 月 28 日　第 36 册　第 859 页

37229　消除战争恐怖　《大公报》　1948 年 7 月 28 日　第 163 册　第 530 页

37230　消费本位的经济路线：如何维持"专卖品"与"统销品"的价格　《中央日报》　1943 年 3 月 6 日　第 47 册　第 748 页

37231　消费节制　《大公报》　1941 年 1 月 17 日　第 146 册　第 72 页

37232　消费者的反省　《申报》　1944 年 1 月 4 日　第 385 册　第 13 页

37233　消寒新语　《申报》　1890 年 1 月 6 日　第 36 册　第 31 页

37234　消耗敌力之大会战　《申报》（汉口版）　1938 年 5 月 12 日　第 356 册　第 239 页

37235　消耗敌力之大会战　《申报》（香港版）　1938 年 5 月 14 日　第 356 册　第 698 页

37236　消极　《申报》　1919 年 12 月 7 日　第 161 册　第 627 页

37237　消极团体与积极团体　《申报》　1914 年 12 月 16 日　第 131 册　第 646 页

37238　消极团体与积极团体（二）　《申报》　1914 年 12 月 17 日　第 131 册　第 660 页

37239　消极与积极之界限　《申报》　1928 年 9 月 5 日　第 250 册　第 133 页

37240　消极之奋斗　《申报》　1926 年 5 月 21 日　第 223 册　第 494 页

37241　消极之人物观　《申报》　1925 年 4 月 8 日　第 211 册　第 133 页

37242　消极之生计学　《申报》　1914 年 4 月 12 日　第 127 册　第 690 页

37243　消弭风潮的途径　《中央日报》　1947 年 5 月 12 日　第 56 册　第 116 页

37244　消弭共党暴动之道　《大公报》　1928 年 9 月 10 日　第 86 册　第 109 页

37245　消弭祸乱之真义　《申报》　1913 年 8 月 18 日　第 123 册　第 610 页

37246　消弭战争根芽　《中央日报》　1946 年 9 月 27 日　第 53 册　第 1082 页

37247　消灭暴利主义　《申报》　1944 年 5 月 30 日　第 385 册　第 521 页

37277 小车加捐述闻篇 《申报》 1888 年 4 月 8 日 第 32 册 第 551 页

37278 小赌害人说 《申报》 1889 年 5 月 20 日 第 34 册 第 773 页

37279 小段大招兵 《民国日报》 1917 年 9 月 5 日 第 11 册 第 50 页

37280 小额货币问题 《申报》 1937 年 8 月 24 日 第 355 册 第 324 页

37281 小幡继任华使说 《申报》 1929 年 12 月 7 日 第 265 册 第 183 页

37282 小幡来华 《中央日报》 1929 年 12 月 14 日 第 8 册 第 541 页

37283 小忿 《申报》 1927 年 1 月 13 日 第 231 册 第 281 页

37284 小工程扶助大工程：吴稚晖在中国工程师学会讲演（专载） 《民国日报》
1931 年 9 月 1 日 第 94 册 第 8 页

37285 小工程扶助大工程：吴稚晖在中国工程师学会讲演（专载） 《民国日报》
1931 年 9 月 2 日 第 94 册 第 17 页

37286 小国不可无政论 《申报》 1894 年 6 月 13 日 第 47 册 第 307 页

37287 小矶的沙上楼阁 《中央日报》 1944 年 7 月 24 日 第 49 册 第 918 页

37288 小矶垮台了！ 《大公报》 1945 年 4 月 6 日 第 154 册 第 406 页

37289 小矶内阁的不稳 《大公报》 1945 年 1 月 17 日 第 154 册 第 70 页

37290 小矶内阁局部改组 《中央日报》 1945 年 2 月 12 日 第 50 册 第
722 页

37291 小菅监狱参观记：留日学生来稿附跋 《申报》 1906 年 7 月 31 日 第 84
册 第 297 页

37292 小流氓愈横说 《申报》 1889 年 6 月 1 日 第 34 册 第 851 页

37293 小楼吟饮图题咏乐录序 《申报》 1886 年 9 月 7 日 第 29 册 第 417 页

37294 小麦禁止出口问题 《申报》 1936 年 8 月 12 日 第 343 册 第 295 页

37295 小民的希望（代论） 《民国日报》 1926 年 5 月 10 日 第 63 册 第
82 页

37296 小巧与大势 《申报》 1927 年 3 月 28 日 第 232 册 第 568 页

37297 小清河客述 《申报》 1893 年 12 月 27 日 第 45 册 第 785 页

37298 小人势力 《民国日报》 1916 年 10 月 21 日 第 5 册 第 602 页

37299 小人之心度人 《申报》 1929 年 2 月 2 日 第 255 册 第 36 页

37300 小沙河事件的本质 《中央日报》 1946 年 7 月 31 日 第 53 册 第
516 页

37301 小事 《申报》 1920 年 8 月 27 日 第 165 册 第 1011 页

37302 小说界之评论及意见 《申报》 1910 年 1 月 20 日 第 104 册 第 343 页

37303 小说界之评论及意见（续） 《申报》 1910 年 1 月 21 日 第 104 册 第
362 页

37304 小说界之评论及意见（二续） 《申报》 1910 年 1 月 22 日 第 104 册
第 379 页

37305　小说界之评论及意见（三续）　《申报》　1910 年 1 月 23 日　第 104 册　第 398 页

37306　"小题大做"/吉田东祐（星期评论）　《申报》　1944 年 7 月 9 日　第 386 册　第 29 页

37307　小小的希望（社论）　《民国日报》　1927 年 12 月 27 日　第 71 册　第 816 页

37308　小小风波　《申报》　1915 年 5 月 6 日　第 134 册　第 88 页

37309　小协约国年会之宣言　《申报》　1930 年 6 月 29 日　第 271 册　第 765 页

37310　小协约国政治的动向　《申报》　1937 年 4 月 7 日　第 351 册　第 161 页

37311　小协约与苏俄复交　《大公报》　1934 年 6 月 12 日　第 120 册　第 620 页

37312　小协约之集团外交　《中央日报》　1933 年 10 月 12 日　第 24 册　第 120 页

37313　小徐大赞陆宗舆：逐陆者感触如何　《民国日报》　1919 年 8 月 27 日　第 22 册　第 650 页

37314　小学国文读本须添国语说　《申报》　1909 年 8 月 23 日　第 101 册　第 801 页

37315　小学教师之新责任　《中央日报》　1944 年 3 月 17 日　第 49 册　第 346 页

37316　小学教育的当前问题　《申报》　1944 年 9 月 16 日　第 386 册　第 251 页

37317　小学教育的两大课题　《中央日报》　1947 年 1 月 10 日　第 55 册　第 124 页

37318　小学教育改良浅议　《申报》　1910 年 10 月 29 日　第 108 册　第 929 页

37319　小学教育改良浅议续　《申报》　1910 年 10 月 31 日　第 108 册　第 961 页

37320　小学教育改良浅议二续　《申报》　1910 年 11 月 1 日　第 109 册　第 1 页

37321　小学教育之评论　《申报》　1910 年 6 月 14 日　第 106 册　第 716 页

37322　小学教育之评论（续）　《申报》　1910 年 6 月 15 日　第 106 册　第 732 页

37323　小学教育之评论（再续）　《申报》　1910 年 6 月 16 日　第 106 册　第 748 页

37324　小学教员待遇问题　《中央日报》　1931 年 2 月 17 日　第 13 册　第 543 页

37325　小学教员之神圣性　《大公报》　1941 年 5 月 10 日　第 146 册　第 542 页

37326　小学堂急宜注意国文说（续）　《申报》　1909 年 3 月 11 日　第 99 册　第 141 页

37327　小学堂急宜注意国文说　《申报》　1909 年 3 月 7 日　第 99 册　第 86 页

37328 小学校应废除英文课程 《申报》 1944 年 4 月 26 日 第 385 册 第 405 页

37329 小战大战决战 《申报》 1922 年 5 月 6 日 第 180 册 第 103 页

37330 效法国父精神 《中央日报》 1947 年 11 月 12 日 第 57 册 第 753 页

37331 效法前方将士 《中央日报》 1943 年 6 月 15 日 第 48 册 第 256 页

37332 效法泰西以行善举议 《申报》 1897 年 5 月 31 日 第 56 册 第 185 页

37333 效法先烈及中外将士 《中央日报》 1945 年 3 月 29 日 第 50 册 第 908 页

37334 效法卮言 《申报》 1887 年 6 月 12 日 第 30 册 第 971 页

37335 效鞶国的末路 《中央日报》 1940 年 10 月 19 日 第 43 册 第 1120 页

37336 效西法以治讼狱论 《申报》 1896 年 10 月 18 日 第 54 册 第 297 页

37337 效与力 《申报》 1927 年 11 月 7 日 第 240 册 第 143 页

37338 校长问题与教育前途 《大公报》 1930 年 6 月 26 日 第 96 册 第 800 页

37339 校长与学校制度 《民国日报》 1921 年 10 月 15 日 第 35 册 第 602 页

37340 校外教育篇续 《申报》 1912 年 3 月 22 日 第 116 册 第 677 页

37341 校外教育议 《申报》 1912 年 3 月 16 日 第 116 册 第 627 页

37342 校武说 《申报》 1890 年 6 月 20 日 第 36 册 第 1005 页

37343 笑不出的今天（时论） 《民国日报》 1926 年 8 月 29 日 第 64 册 第 593 页

37344 协和公司案之教训 《大公报》 1927 年 7 月 16 日 第 80 册 第 121 页

37345 协和贸易公司案感言 《大公报》 1927 年 7 月 14 日 第 80 册 第 105 页

37346 协和医院剖尸案 《大公报》 1930 年 8 月 15 日 第 97 册 第 544 页

37347 协力对外 《申报》 1920 年 9 月 30 日 第 166 册 第 499 页

37348 协商国胜后之英国外交（节录朱执信君所著中国存亡问题之第七章） 《民国日报》 1917 年 4 月 30 日 第 8 册 第 706 页

37349 协商国胜后之英国外交（节录朱执信君所著中国存亡问题之第七章）（续） 《民国日报》 1917 年 5 月 1 日 第 9 册 第 2 页

37350 协商会议前之准备 《民国日报》 1945 年 12 月 28 日 第 96 册 第 359 页

37351 协商中前提的前提 《民国日报》 1923 年 4 月 13 日 第 44 册 第 590 页

37352 协同推进新县制 《中央日报》 1940 年 1 月 2 日 第 42 册 第 952 页

37353 协议改组沪法院问题 《中央日报》 1929 年 11 月 18 日 第 8 册 第 211 页

701 页

37385 心劳日拙之谣言 《申报》（香港版） 1938 年 7 月 27 日 第 356 册 第 993 页

37386 心里统一之真纪念 《民国日报》 1916 年 2 月 13 日 第 1 册 第 204 页

37387 心理 《申报》 1914 年 11 月 17 日 第 131 册 第 236 页

37388 心理 《申报》 1915 年 1 月 18 日 第 132 册 第 230 页

37389 心理 《申报》 1926 年 10 月 5 日 第 228 册 第 99 页

37390 心理长城/吉田东祐（星期评论） 《申报》 1943 年 8 月 2 日 第 384 册 第 313 页

37391 心理的悲观与乐观（专论）/胡朴安 《民国日报》 1946 年 10 月 17 日 第 99 册 第 218 页

37392 心理的反闪击战 《中央日报》 1944 年 7 月 17 日 第 49 册 第 888 页

37393 心理的建设：培养好念头 《民国日报》 1928 年 3 月 23 日 第 73 册 第 322 页

37394 心理的战时体制 《申报》 1944 年 8 月 7 日 第 386 册 第 127 页

37395 心理和平与四海一家 《中央日报》 1942 年 11 月 20 日 第 47 册 第 124 页

37396 心理建设 《申报》 1928 年 7 月 13 日 第 248 册 第 379 页

37397 心理建设与政治道德 《中央日报》 1930 年 8 月 31 日 第 11 册 第 755 页

37398 心理建设在人人能尽本分：邵元冲在国府纪念周之报告 《民国日报》 1931 年 8 月 5 日 第 93 册 第 448 页

37399 心理康健与民族的活力/陈衡哲（星期论文） 《大公报》 1935 年 5 月 26 日 第 126 册 第 404 页

37400 心理上之好恶 《申报》 1929 年 7 月 7 日 第 260 册 第 185 页

37401 心理稳定与物价稳定 《大公报》 1942 年 12 月 16 日 第 149 册 第 730 页

37402 心理学与抗战建国/蔡乐生（星期论文） 《大公报》 1944 年 12 月 10 日 第 153 册 第 718 页

37403 心理之反应 《申报》 1929 年 3 月 20 日 第 256 册 第 568 页

37404 心理之异 《申报》 1914 年 10 月 5 日 第 130 册 第 478 页

37405 心力救国论 《中央日报》 1932 年 10 月 24 日 第 19 册 第 674 页

37406 心史先生的怪论 《民国日报》 1923 年 12 月 26 日 第 48 册 第 776 页

37407 心思欲缓 《申报》 1929 年 4 月 6 日 第 257 册 第 144 页

37408 心思之解放 《申报》 1920 年 10 月 5 日 第 166 册 第 590 页

37409 心有余而力不足 《申报》 1925 年 1 月 8 日 第 209 册 第 143 页

37410　心与力　《申报》　1927 年 7 月 19 日　第 236 册　第 396 页

37411　心园小记　《申报》　1891 年 7 月 28 日　第 39 册　第 163 页

37412　心战说　《申报》　1901 年 9 月 29 日　第 69 册　第 169 页

37413　心之变动　《申报》　1927 年 5 月 8 日　第 234 册　第 152 页

37414　辛博森对中国之赞扬　《大公报》　1932 年 9 月 14 日　第 110 册　第 160 页

37415　辛丑和约之两大教训　《中央日报》　1929 年 9 月 7 日　第 7 册　第 457 页

37416　辛丑条约的毒害与教训　《大公报》　1942 年 9 月 7 日　第 149 册　第 298 页

37417　辛丑条约改废之第一声　《大公报》　1927 年 1 月 19 日　第 78 册　第 141 页

37418　辛丑条约与山海关事件　《大公报》　1933 年 1 月 10 日　第 112 册　第 100 页

37419　辛壬癸甲论　《申报》　1891 年 12 月 12 日　第 39 册　第 995 页

37420　欣逢新印度周岁　《大公报》　1948 年 8 月 15 日　第 163 册　第 638 页

37421　欣闻波兰僵局打开　《大公报》　1945 年 6 月 15 日　第 154 册　第 702 页

37422　欣闻紧急征兵足额　《大公报》　1945 年 4 月 19 日　第 154 册　第 460 页

37423　欣闻美参议院通过废除限制华人移民律　《大公报》　1943 年 11 月 28 日　第 151 册　第 668 页

37424　欣闻入缅国军之捷报　《大公报》　1942 年 4 月 22 日　第 148 册　第 480 页

37425　欣闻宋外长将访英伦　《大公报》　1943 年 4 月 3 日　第 150 册　第 408 页

37426　欣闻停止军事冲突令下：时局由此又转入一个新阶段　《大公报》　1946 年 11 月 9 日　第 158 册　第 252 页

37427　欣闻英阁改组　《大公报》　1942 年 2 月 21 日　第 148 册　第 220 页

37428　新八省同盟说　《申报》　1920 年 7 月 29 日　第 165 册　第 517 页

37429　新币制私议　《申报》　1910 年 5 月 28 日　第 106 册　第 436 页

37430　新币制私议（续）　《申报》　1910 年 5 月 30 日　第 106 册　第 470 页

37431　新币制与物价管制　《申报》　1948 年 8 月 24 日　第 398 册　第 434 页

37432　新编万国演义序　《申报》　1903 年 5 月 9 日　第 74 册　第 55 页

37433　新变化　《申报》　1922 年 7 月 22 日　第 182 册　第 467 页

37434　新兵役法一周年　《中央日报》　1944 年 3 月 15 日　第 49 册　第 338 页

37435　新波澜　《申报》　1914 年 10 月 7 日　第 130 册　第 506 页

37436　新不列颠岛之战　《大公报》　1943 年 12 月 21 日　第 151 册　第 768 页

37464　新甘督与旧甘督　《申报》　1909 年 7 月 2 日　第 101 册　第 18 页

37465　新甘督与旧甘督（续）　《申报》　1909 年 7 月 4 日　第 101 册　第 45 页

37466　新甘铁路问题　《大公报》　1933 年 4 月 28 日　第 113 册　第 816 页

37467　新港工程怎样了？　《大公报》　1946 年 2 月 15 日　第 156 册　第 180 页

37468　新阁名单　《申报》　1922 年 8 月 7 日　第 183 册　第 131 页

37469　新攻势前夕的国际　《申报》　1943 年 4 月 5 日　第 383 册　第 650 页

37470　新共产国际出现　《大公报》　1947 年 10 月 8 日　第 161 册　第 226 页

37471　新观念·新制度　《中央日报》　1946 年 6 月 1 日　第 53 册　第 2 页

37472　新官制篇　《申报》　1911 年 2 月 5 日　第 110 册　第 469 页

37473　新官制篇　《申报》　1911 年 3 月 6 日　第 111 册　第 81 页

37474　新官制篇续　《申报》　1911 年 2 月 6 日　第 110 册　第 485 页

37475　新官制篇续　《申报》　1911 年 2 月 7 日　第 110 册　第 502 页

37476　新官制篇续　《申报》　1911 年 3 月 7 日　第 111 册　第 97 页

37477　新桂系　《大公报》　1928 年 3 月 26 日　第 83 册　第 251 页

37478　新国　《申报》　1919 年 10 月 27 日　第 160 册　第 1026 页

37479　新国防与新财政　《申报》　1930 年 6 月 30 日　第 271 册　第 795 页

37480　新国会说　《申报》　1920 年 4 月 19 日　第 163 册　第 907 页

37481　新国会之成绩　《申报》　1919 年 1 月 8 日　第 156 册　第 99 页

37482　新华轮惨劫感言　《大公报》　1929 年 1 月 20 日　第 88 册　第 280 页

37483　新华社的广播　《中央日报》　1949 年 1 月 7 日　第 60 册　第 840 页

37484　新皇登极后亟应筹备立宪　《申报》　1908 年 12 月 3 日　第 97 册　第 498 页

37485　新皇帝宜早日登极　《申报》　1908 年 11 月 27 日　第 97 册　第 408 页

37486　新货币政策之前瞻　《申报》　1935 年 11 月 12 日　第 334 册　第 285 页

37487　新机　《申报》　1920 年 8 月 19 日　第 165 册　第 877 页

37488　新几内亚与马达加斯加　《大公报》　1942 年 9 月 17 日　第 149 册　第 342 页

37489　新几内亚战局　《中央日报》　1942 年 9 月 15 日　第 46 册　第 802 页

37490　新纪录　《大公报》　1930 年 3 月 19 日　第 95 册　第 292 页

37491　新纪元祝典贡言　《申报》　1912 年 1 月 15 日　第 116 册　第 188 页

37492　新加坡的会操　《大公报》　1938 年 2 月 2 日　第 140 册　第 134 页

37493　新加坡华侨之流血　《大公报》　1927 年 3 月 16 日　第 78 册　第 541 页

37494　新加坡军港与英美联合　《大公报》　1938 年 1 月 17 日　第 140 册　第 68 页

37495　新加坡弃守之后　《大公报》　1942 年 2 月 17 日　第 148 册　第 204 页

37496　新加坡孙先生纪念会被摧残（言论）　《民国日报》　1926 年 3 月 17 日

37525　新疆之不幸事件　《大公报》　1933 年 7 月 7 日　第 115 册　第 88 页

37526　新交涉　《申报》　1915 年 11 月 7 日　第 137 册　第 100 页

37527　新教育方针之商榷　《申报》　1912 年 3 月 23 日　第 116 册　第 685 页

37528　新阶段·新政策　《中央日报》　1948 年 11 月 8 日　第 60 册　第 528 页

37529　新阶段的青年运动　《申报》（香港版）　1939 年 5 月 4 日　第 358 册　第 514 页

37530　新金本位制的评价　《申报》　1936 年 10 月 19 日　第 345 册　第 467 页

37531　新旧冲突问题　《民国日报》　1930 年 9 月 15 日　第 88 册　第 186 页

37532　新旧过渡中之婚姻问题　《大公报》　1931 年 3 月 20 日　第 101 册　第 232 页

37533　新旧历势力消息　《民国日报》　1917 年 1 月 26 日　第 7 册　第 206 页

37534　新旧两节　《申报》　1919 年 10 月 9 日　第 160 册　第 687 页

37535　新旧内阁　《申报》　1921 年 5 月 16 日　第 170 册　第 269 页

37536　新旧年关　《申报》　1922 年 12 月 29 日　第 187 册　第 606 页

37537　新旧日英同盟之比较及其真义　《申报》　1911 年 7 月 28 日　第 113 册　第 447 页

37538　新旧势力　《申报》　1926 年 3 月 8 日　第 221 册　第 162 页

37539　新旧议员　《申报》　1919 年 4 月 21 日　第 157 册　第 831 页

37540　新旧鹰洋宜搭行用论　《申报》　1872 年 7 月 16 日　第 1 册　第 257 页

37541　新旧政治之分歧点　《大公报》　1928 年 8 月 26 日　第 85 册　第 561 页

37542　新旧之北京　《申报》　1920 年 8 月 24 日　第 165 册　第 963 页

37543　新旧之战（言论）　《民国日报》　1926 年 10 月 2 日　第 65 册　第 312 页

37544　新旧之争　《申报》　1918 年 1 月 3 日　第 150 册　第 18 页

37545　新局面　《申报》　1914 年 4 月 3 日　第 127 册　第 540 页

37546　新局面杂感　《申报》　1914 年 5 月 2 日　第 128 册　第 20 页

37547　新觉悟　《申报》　1920 年 12 月 18 日　第 167 册　第 827 页

37548　新历宜一致遵用　《申报》　1920 年 11 月 15 日　第 167 册　第 264 页

37549　新谅解·新团结·新号召　《中央日报》　1947 年 2 月 10 日　第 55 册　第 462 页

37550　新流行之方法　《申报》　1925 年 5 月 13 日　第 212 册　第 242 页

37551　新罗迦诺公约问题　《申报》　1937 年 3 月 15 日　第 350 册　第 354 页

37552　新满铁总裁松冈赴任　《申报》　1935 年 8 月 29 日　第 331 册　第 739 页

37553　新矛盾说　《申报》　1924 年 12 月 23 日　第 208 册　第 447 页

37554　新萌芽　《申报》　1928 年 2 月 5 日　第 243 册　第 108 页

37555　新孟罗主义　《申报》　1917 年 10 月 19 日　第 148 册　第 815 页

37556　新名词、旧事情/蒋廷黻（星期论文）　《大公报》　1934 年 1 月 21 日　第 118 册　第 272 页

37557　新名词与旧道德　《申报》　1915 年 10 月 20 日　第 136 册　第 788 页

37558　新墨西哥之模范政治家　《大公报》　1930 年 7 月 28 日　第 97 册　第 328 页

37559　新内阁观　《申报》　1921 年 12 月 25 日　第 176 册　第 484 页

37560　新内阁官制草案　《申报》　1911 年 4 月 20 日　第 111 册　第 801 页

37561　新内阁官制草案书后　《申报》　1911 年 4 月 21 日　第 111 册　第 818 页

37562　新内阁官制草案书后二续　《申报》　1911 年 4 月 27 日　第 111 册　第 914 页

37563　新内阁官制草案书后续　《申报》　1911 年 4 月 22 日　第 111 册　第 834 页

37564　新内阁何如　《申报》　1917 年 5 月 26 日　第 146 册　第 444 页

37565　新内阁将怎样"新"法?　《申报》　1948 年 12 月 10 日　第 399 册　第 450 页

37566　新内阁之财政策　《申报》　1921 年 12 月 29 日　第 176 册　第 558 页

37567　"新南京"二三事　《中央日报》　1947 年 4 月 17 日　第 55 册　第 1034 页

37568　新南洋的展望/陈序经（专论）　《申报》　1948 年 3 月 10 日　第 396 册　第 638 页

37569　新年不宜弛赌禁说　《申报》　1892 年 2 月 8 日　第 40 册　第 177 页

37570　新年的几个期望/胡适　《大公报》　1937 年 1 月 3 日　第 136 册　第 24 页

37571　新年的梦想/胡适（星期论文）　《大公报》　1935 年 1 月 6 日　第 124 册　第 72 页

37572　新年的新希望　《大公报》　1949 年 1 月 2 日　第 164 册　第 617 页

37573　新年后时局之发展　《大公报》　1927 年 1 月 4 日　第 78 册　第 21 页

37574　新年沪上行乐说　《申报》　1894 年 2 月 11 日　第 46 册　第 229 页

37575　新年寄慰前方军民　《中央日报》　1940 年 1 月 5 日　第 42 册　第 964 页

37576　新年节费以助赈说　《申报》　1894 年 2 月 13 日　第 46 册　第 241 页

37577　新年禁赌论　《申报》　1893 年 2 月 21 日　第 43 册　第 277 页

37578　新年乐事说　《申报》　1890 年 1 月 27 日　第 36 册　第 109 页

37579　新年论设计　《中央日报》　1944 年 1 月 8 日　第 49 册　第 48 页

37580　新年纳福说　《申报》　1888 年 2 月 23 日　第 32 册　第 277 页

37581　新年三愿　《大公报》　1946 年 1 月 3 日　第 156 册　第 12 页

37582　新年三愿　《大公报》　1947 年 1 月 1 日　第 159 册　第 2 页

37609 新生活运动创始一周纪念 《申报》 1935 年 2 月 19 日 第 325 册 第 436 页

37610 新生活运动到广东 《中央日报》 1936 年 8 月 25 日 第 35 册 第 665 页

37611 新生活运动九周年 《中央日报》 1943 年 2 月 19 日 第 47 册 第 662 页

37612 新生活运动九周年纪念 《大公报》 1943 年 2 月 19 日 第 150 册 第 210 页

37613 新生活运动十二周年 《申报》 1946 年 2 月 19 日 第 388 册 第 269 页

37614 新生活运动十周年 《中央日报》 1944 年 2 月 19 日 第 49 册 第 228 页

37615 新生活运动十周年纪念 《大公报》 1944 年 2 月 19 日 第 152 册 第 216 页

37616 新生活运动五周年 《中央日报》 1939 年 2 月 19 日 第 41 册 第 764 页

37617 新生活运动与领袖 《申报》 1934 年 3 月 10 日 第 314 册 第 275 页

37618 新生活运动与新社会组织（专论）/胡朴安 《民国日报》 1946 年 1 月 6 日 第 97 册 第 23 页

37619 新生活运动之前途 《大公报》 1934 年 3 月 20 日 第 119 册 第 272 页

37620 新生活运动中应注意的一节/陈振先（星期论文） 《大公报》 1934 年 4 月 1 日 第 119 册 第 440 页

37621 新生活运动周年感言 《大公报》 1935 年 2 月 19 日 第 124 册 第 728 页

37622 新生活中之集团结婚 《申报》 1934 年 12 月 12 日 第 323 册 第 340 页

37623 新生路 《申报》 1927 年 8 月 3 日 第 237 册 第 45 页

37624 新生路 《申报》 1929 年 10 月 10 日 第 263 册 第 297 页

37625 新生命 《申报》 1919 年 1 月 18 日 第 156 册 第 254 页

37626 新生命 《申报》 1928 年 8 月 27 日 第 249 册 第 758 页

37627 新生年的儿童节 《大公报》 1945 年 4 月 4 日 第 154 册 第 396 页

37628 新生年新生活 《大公报》 1945 年 2 月 19 日 第 154 册 第 210 页

37629 新生上海之建设与民意机关 《申报》 1943 年 7 月 6 日 第 384 册 第 201 页

37630 新生上海之建设与人才问题 《申报》 1943 年 7 月 27 日 第 384 册 第 281 页

37631 新生上海之建议与整饬吏治 《申报》 1943 年 8 月 16 日 第 384 册 第

37736　新政策·新作风　《中央日报》　1945 年 6 月 2 日　第 51 册　第 8 页

37737　新政刍言　《申报》　1901 年 5 月 27 日　第 68 册　第 157 页

37738　新政风的培养　《中央日报》　1945 年 8 月 3 日　第 51 册　第 380 页

37739　新政府对太平洋会议的态度　《民国日报》　1921 年 9 月 3 日　第 35 册　第 30 页

37740　新政府速定对日整个方针　《大公报》　1931 年 12 月 30 日　第 105 册　第 476 页

37741　新政纲的精神　《中央日报》　1945 年 5 月 19 日　第 50 册　第 1162 页

37742　新政篇　《申报》　1890 年 7 月 24 日　第 37 册　第 151 页

37743　新政与人　《大公报》　1940 年 5 月 25 日　第 144 册　第 584 页

37744　新政运动下的日本政局　《申报》　1940 年 10 月 17 日　第 372 册　第 612 页

37745　新政治之基础　《申报》　1928 年 9 月 27 日　第 250 册　第 760 页

37746　新中国成立迟早的责任　《民国日报》　1922 年 4 月 20 日　第 38 册　第 686 页

37747　新中国的光明火炬：视新生活运动六周年—　《中央日报》　1940 年 2 月 19 日　第 43 册　第 74 页

37748　新中国经济建设运动　《申报》　1939 年 8 月 3 日　第 365 册　第 564 页

37749　新中国历史之第一页　《大公报》　1932 年 2 月 18 日　第 106 册　第 468 页

37750　新中国幼苗的培养：儿童节期望于国民学校教师与父母者　《申报》　1948 年 4 月 4 日　第 397 册　第 26 页

37751　新中国与太平洋前途　《民国日报》　1928 年 11 月 8 日　第 77 册　第 115 页

37752　新中国与新世界　《中央日报》　1942 年 11 月 27 日　第 47 册　第 168 页

37753　新中国之冷眼观　《申报》　1912 年 8 月 26 日　第 118 册　第 561 页

37754　新中国之冷眼观续　《申报》　1912 年 8 月 27 日　第 118 册　第 571 页

37755　新中国之现状　《申报》　1909 年 8 月 22 日　第 101 册　第 785 页

37756　新中国之新教育　《申报》　1909 年 1 月 27 日　第 98 册　第 242 页

37757　新中国之新教育（续）　《申报》　1909 年 1 月 28 日　第 98 册　第 255 页

37758　新重农主义　《大公报》　1943 年 5 月 18 日　第 150 册　第 612 页

37759　新罪旧罪　《申报》　1917 年 10 月 31 日　第 148 册　第 1020 页

37760　薪脩阶级之生活费调查　《申报》　1941 年 8 月 16 日　第 377 册　第 192 页

37761　信　《申报》　1917 年 8 月 1 日　第 147 册　第 542 页

37762　信局船改用小火轮议　《申报》　1886 年 6 月 25 日　第 28 册　第 1019 页

37763　信局论　《申报》　1872 年 6 月 7 日　第 1 册　第 125 页

37764　信口雌黄之西文报纸（来论）　《民国日报》　1927 年 4 月 12 日　第 67 册　第 246 页

37765　信念就是力量　《中央日报》　1944 年 12 月 1 日　第 50 册　第 414 页

37766　信任　《申报》　1925 年 9 月 16 日　第 216 册　第 342 页

37767　信任美国不会受骗　《中央日报》　1939 年 12 月 21 日　第 42 册　第 900 页

37768　信任与疑似　《申报》　1927 年 1 月 26 日　第 231 册　第 566 页

37769　信任与注意　《申报》　1929 年 6 月 27 日　第 259 册　第 749 页

37770　信任政府外交　《民国日报》　1946 年 2 月 23 日　第 97 册　第 205 页

37771　信托公司之勃兴　《申报》　1921 年 6 月 3 日　第 170 册　第 585 页

37772　信托事业之前途　《中央日报》　1936 年 8 月 1 日　第 35 册　第 377 页

37773　信托事业中之寄托物　《中央日报》　1936 年 11 月 19 日　第 36 册　第 605 页

37774　信心与耐心　《中央日报》　1946 年 3 月 2 日　第 52 册　第 554 页

37775　信义篇（上）：不仅为共产党告（专论）/胡朴安　《民国日报》　1946 年 10 月 8 日　第 99 册　第 182 页

37776　信义篇（下）：不仅为共产党告（专论）/胡朴安　《民国日报》　1946 年 10 月 9 日　第 99 册　第 186 页

37777　信用　《申报》　1914 年 4 月 8 日　第 127 册　第 622 页

37778　信用　《申报》　1923 年 5 月 3 日　第 191 册　第 43 页

37779　信用的矛盾　《大公报》　1943 年 9 月 6 日　第 151 册　第 300 页

37780　信用合作的原则和组织　《民国日报》　1928 年 2 月 17 日　第 72 册　第 567 页

37781　信用建树法　《申报》　1925 年 8 月 1 日　第 215 册　第 5 页

37782　信用紧缩的着手处　《大公报》　1942 年 1 月 10 日　第 148 册　第 46 页

37783　信用破产的面子　《民国日报》　1920 年 1 月 12 日　第 25 册　第 150 页

37784　信用统制的机构与技术　《大公报》　1942 年 1 月 12 日　第 148 册　第 54 页

37785　信用与公债之关系　《申报》　1912 年 6 月 22 日　第 117 册　第 809 页

37786　信用与国籍　《申报》　1921 年 7 月 9 日　第 171 册　第 167 页

37787　信用与权力　《申报》　1922 年 4 月 5 日　第 179 册　第 87 页

37788　信用与同情　《申报》　1919 年 6 月 10 日　第 158 册　第 679 页

37789　信用之成绩　《申报》　1925 年 7 月 27 日　第 214 册　第 506 页

37790　信与否与　《申报》　1917 年 11 月 2 日　第 149 册　第 20 页

265 页

37824　星期日还该休息么　《中央日报》　1942 年 1 月 13 日　第 45 册　第 690 页

37825　星期一之成都暴动　《大公报》　1936 年 8 月 28 日　第 133 册　第 852 页

37826　星言　《申报》　1885 年 12 月 24 日　第 27 册　第 1075 页

37827　刑赏论　《申报》　1897 年 1 月 24 日　第 55 册　第 137 页

37828　刑讯辩　《申报》　1875 年 9 月 17 日　第 7 册　第 269 页

37829　行藏篇　《申报》　1912 年 7 月 14 日　第 118 册　第 131 页

37830　行钞私议　《申报》　1897 年 1 月 25 日　第 55 册　第 143 页

37831　行钞议　《申报》　1892 年 6 月 3 日　第 41 册　第 213 页

37832　行船趋吉论　《申报》　1874 年 5 月 9 日　第 4 册　第 419 页

37833　行而后谋　《申报》　1924 年 3 月 18 日　第 200 册　第 369 页

37834　行公举以同好恶　《申报》　1895 年 9 月 16 日　第 51 册　第 103 页

37835　行将揭晓　《申报》　1917 年 2 月 19 日　第 144 册　第 684 页

37836　行将全面崩溃的倭寇　《中央日报》　1944 年 10 月 2 日　第 50 册　第 144 页

37837　行军以人心为胜负说　《申报》　1894 年 11 月 27 日　第 48 册　第 547 页

37838　行军以赏罚为胜负论　《申报》　1894 年 11 月 21 日　第 48 册　第 511 页

37839　行军以医生为要说　《申报》　1894 年 12 月 19 日　第 48 册　第 681 页

37840　行乐说　《申报》　1888 年 8 月 27 日　第 33 册　第 389 页

37841　行乐说　《申报》　1889 年 2 月 11 日　第 34 册　第 181 页

37842　行乐有益无益辨　《申报》　1880 年 5 月 11 日　第 16 册　第 501 页

37843　行路难论　《申报》　1873 年 12 月 12 日　第 3 册　第 565 页

37844　行路之感　《大公报》　1944 年 11 月 28 日　第 153 册　第 670 页

37845　行善但宜问心说　《申报》　1880 年 7 月 17 日　第 17 册　第 65 页

37846　行商必藉公司说　《申报》　1898 年 4 月 7 日　第 58 册　第 577 页

37847　行宪成功·剿匪胜利　《中央日报》　1948 年 4 月 10 日　第 58 册　第 898 页

37848　行宪大法的完成　《申报》　1947 年 4 月 1 日　第 393 册　第 2 页

37849　行宪法规的检讨　《大公报》　1947 年 4 月 8 日　第 159 册　第 678 页

37850　行宪法规的制定　《中央日报》　1947 年 4 月 1 日　第 55 册　第 904 页

37851　行宪后民意机关改组的原则/赵凤喈（星期论坛）　《申报》　1948 年 5 月 2 日　第 397 册　第 250 页

37852　行宪始终保障人权　《大公报》　1947 年 1 月 17 日　第 159 册　第 128 页

37853　行宪要由下而上　《大公报》　1947 年 1 月 16 日　第 159 册　第 120 页

37854　行宪以后如何？/朱光潜（星期论坛）　《申报》　1948 年 5 月 9 日　第

397 册　第 314 页

852 页

37878　行政议会　《申报》　1913 年 11 月 9 日　第 125 册　第 118 页

37879　行政与国防：充实国际第四　《中央日报》　1932 年 6 月 7 日　第 18 册　第 218 页

37880　行政与讲学（专论）/胡朴安　《民国日报》　1945 年 12 月 15 日　第 96 册　第 333 页

37881　行政与学术人才　《中央日报》　1932 年 12 月 7 日　第 20 册　第 314 页

37882　行政院长提名的看法　《中央日报》　1948 年 5 月 24 日　第 59 册　第 200 页

37883　行政院的人选　《中央日报》　1948 年 6 月 1 日　第 59 册　第 268 页

37884　行政院对外宣言　《大公报》　1932 年 6 月 18 日　第 108 册　第 484 页

37885　行政院声明　《中央日报》　1949 年 1 月 20 日　第 60 册　第 896 页

37886　行政院议决发行关税券　《大公报》　1933 年 10 月 4 日　第 116 册　第 484 页

37887　行政院正式成立以后　《民国日报》　1928 年 10 月 26 日　第 76 册　第 976 页

37888　行政整理与厉行考绩　《大公报》　1935 年 5 月 7 日　第 126 册　第 100 页

37889　行政之事业化：修明内政第二　《中央日报》　1932 年 5 月 22 日　第 18 册　第 90 页

37890　行政中的权与责　《大公报》　1943 年 3 月 9 日　第 150 册　第 292 页

37891　行政中枢之刷新及吾人之希望　《申报》　1935 年 12 月 15 日　第 335 册　第 348 页

37892　行庄增资应即实行　《中央日报》　1948 年 8 月 31 日　第 59 册　第 1006 页

37893　行庄增资与储蓄　《申报》　1948 年 9 月 11 日　第 398 册　第 568 页

37894　行总善后工作展开　《大公报》　1947 年 3 月 14 日　第 159 册　第 514 页

37895　形式　《申报》　1926 年 10 月 7 日　第 228 册　第 145 页

37896　形势已定　捷报纷来　《大公报》　1941 年 10 月 2 日　第 147 册　第 354 页

37897　形势与事实　《申报》　1927 年 8 月 22 日　第 237 册　第 453 页

37898　形势与消息　《申报》　1925 年 10 月 14 日　第 217 册　第 309 页

37899　醒了吧（言论）　《民国日报》　1926 年 12 月 10 日　第 66 册　第 192 页

37900　醒日篇　《申报》　1894 年 8 月 3 日　第 47 册　第 679 页

37901　醒世刍言　《申报》　1891 年 6 月 12 日　第 38 册　第 909 页

37902　醒世篇　《申报》　1881 年 8 月 10 日　第 19 册　第 161 页

37903　醒悟　《申报》　1929 年 3 月 19 日　第 256 册　第 542 页

37904　醒乡游记　《申报》　1885 年 11 月 1 日　第 27 册　第 755 页

37905　姓名关乎荣辱说　《申报》　1903 年 6 月 26 日　第 74 册　第 373 页

37906　幸而曹锟不听吴佩孚　《民国日报》　1923 年 7 月 7 日　第 46 册　第 86 页

37907　幸免　《申报》　1918 年 11 月 17 日　第 155 册　第 259 页

37908　幸免内战之察局　《大公报》　1933 年 8 月 9 日　第 115 册　第 550 页

37909　幸免与枉费　《申报》　1927 年 1 月 4 日　第 231 册　第 84 页

37910　幸与不幸　《申报》　1929 年 6 月 20 日　第 259 册　第 541 页

37911　幸与不幸与　《申报》　1917 年 1 月 26 日　第 144 册　第 259 页

37912　幸灾乐祸　《申报》　1917 年 9 月 27 日　第 148 册　第 443 页

37913　幸灾乐祸　《申报》　1928 年 8 月 25 日　第 249 册　第 696 页

37914　幸灾乐祸者诡计百出　《中央日报》　1929 年 7 月 23 日　第 6 册　第 961 页

37915　性恶述证　《申报》　1878 年 5 月 27 日　第 12 册　第 477 页

37916　性与习（一）　《申报》　1929 年 2 月 14 日　第 255 册　第 195 页

37917　性与习（二）　《申报》　1929 年 2 月 15 日　第 255 册　第 224 页

37918　幸　《申报》　1923 年 11 月 15 日　第 197 册　第 295 页

37919　兄弟阋于墙　《申报》　1920 年 7 月 16 日　第 165 册　第 279 页

37920　兄弟与宾主　《申报》　1921 年 5 月 8 日　第 170 册　第 127 页

37921　匈罗政局谈　《申报》　1930 年 6 月 9 日　第 271 册　第 224 页

37922　匈牙利的悲哀　《大公报》　1944 年 3 月 25 日　第 152 册　第 376 页

37923　匈牙利复辟重提　《申报》　1930 年 11 月 3 日　第 276 册　第 63 页

37924　匈牙利将成立正式君主国　《申报》　1930 年 5 月 29 日　第 270 册　第 741 页

37925　匈牙利与中欧霸权　《申报》　1934 年 9 月 27 日　第 320 册　第 820 页

37926　匈牙利政变　《中央日报》　1947 年 6 月 13 日　第 56 册　第 432 页

37927　匈牙利之大示威　《申报》　1930 年 9 月 3 日　第 274 册　第 58 页

37928　匈牙利之对外政策　《中央日报》　1936 年 10 月 13 日　第 36 册　第 155 页

37929　匈政潮与强权政治　《大公报》　1947 年 6 月 13 日　第 160 册　第 274 页

37930　汹汹之时　《申报》　1922 年 4 月 18 日　第 179 册　第 361 页

37931　胸中的苦闷/吉田东祐（星期评论）　《申报》　1944 年 3 月 12 日　第 385 册　第 253 页

37932　雄谈　《申报》　1894 年 9 月 2 日　第 48 册　第 9 页

37933　雄武之神下降日　《民国日报》　1917 年 12 月 5 日　第 12 册　第 410 页

37984 秀才以天下为己任说 《申报》 1890 年 4 月 29 日 第 36 册 第 679 页

37985 袖手旁观 《申报》 1916 年 4 月 12 日 第 139 册 第 674 页

37986 须亟定国联闭幕后之方针 《大公报》 1932 年 12 月 4 日 第 111 册 第 400 页

37987 须坚守最小限度之立场 《大公报》 1931 年 12 月 2 日 第 105 册 第 244 页

37988 须建立坚强的空防 《中央日报》 1941 年 11 月 21 日 第 45 册 第 472 页

37989 须要替老百姓找生路 《大公报》 1947 年 5 月 15 日 第 160 册 第 94 页

37990 虚矫之气 《申报》 1926 年 2 月 26 日 第 220 册 第 1056 页

37991 虚金本位制 《申报》 1912 年 11 月 14 日 第 119 册 第 499 页

37992 虚金本位制二论 《申报》 1912 年 11 月 25 日 第 119 册 第 631 页

37993 虚金本位制三 《申报》 1912 年 12 月 6 日 第 119 册 第 765 页

37994 虚惊与实祸 《申报》 1925 年 1 月 9 日 第 209 册 第 161 页

37995 虚空问题 《申报》 1925 年 4 月 10 日 第 211 册 第 170 页

37996 虚空与圆滑 《申报》 1922 年 2 月 19 日 第 177 册 第 772 页

37997 虚荣与讳辱 《申报》 1919 年 3 月 6 日 第 157 册 第 82 页

37998 虚荣与实益 《申报》 1919 年 1 月 5 日 第 156 册 第 51 页

37999 虚实 《申报》 1916 年 1 月 11 日 第 138 册 第 140 页

38000 虚实 《申报》 1925 年 10 月 25 日 第 217 册 第 530 页

38001 虚实辨 《申报》 1890 年 11 月 6 日 第 37 册 第 817 页

38002 虚实不并立说 《申报》 1890 年 9 月 30 日 第 37 册 第 587 页

38003 虚实说 《申报》 1897 年 6 月 11 日 第 56 册 第 251 页

38004 虚实说 《申报》 1897 年 6 月 8 日 第 56 册 第 233 页

38005 虚脱症中的唾骂 《民国日报》 1923 年 9 月 28 日 第 47 册 第 388 页

38006 虚伪的解决国是观 《民国日报》 1922 年 5 月 27 日 第 39 册 第 354 页

38007 虚伪的解决国是观 《民国日报》 1922 年 5 月 28 日 第 39 册 第 368 页

38008 虚伪的热与动 《民国日报》 1920 年 2 月 28 日 第 25 册 第 620 页

38009 虚心 《申报》 1927 年 7 月 21 日 第 236 册 第 435 页

38010 虚心说 《申报》 1928 年 10 月 27 日 第 251 册 第 720 页

38011 虚言之效力 《申报》 1922 年 12 月 27 日 第 187 册 第 568 页

38012 需要 《申报》 1917 年 1 月 6 日 第 144 册 第 68 页

38013 需要 《申报》 1927 年 12 月 11 日 第 241 册 第 236 页

644 页

38097　畜牧改良方针及具体办法（专载）　《民国日报》　1931 年 6 月 2 日　第 92 册　第 360 页

38098　畜犬说　《申报》　1877 年 7 月 30 日　第 11 册　第 101 页

38099　勖参战的侨胞　《大公报》　1942 年 2 月 10 日　第 148 册　第 174 页

38100　勖大学教师学生　《大公报》　1948 年 12 月 16 日　第 164 册　第 578 页

38101　勖妇女工作会议　《大公报》　1941 年 4 月 11 日　第 146 册　第 424 页

38102　勖复员学生　《大公报》　1946 年 9 月 30 日　第 157 册　第 486 页

38103　勖"孤岛"文化界　《申报》（香港版）　1938 年 6 月 21 日　第 356 册　第 850 页

38104　勖郭蒋两公使　《中央日报》　1932 年 7 月 6 日　第 18 册　第 450 页

38105　勖国货工业　《申报》　1934 年 12 月 17 日　第 323 册　第 493 页

38106　勖国民自强社　《大公报》　1940 年 3 月 2 日　第 144 册　第 246 页

38107　勖何刘一致讨唐（社论）　《民国日报》　1927 年 10 月 29 日　第 70 册　第 859 页

38108　勖蒋军委员长　《申报》　1933 年 3 月 10 日　第 302 册　第 275 页

38109　勖教师　《申报》　1939 年 8 月 26 日　第 365 册　第 924 页

38110　勖空军美志愿队　《大公报》　1942 年 4 月 18 日　第 148 册　第 462 页

38111　勖林崇墉局长　《中央日报》　1948 年 1 月 28 日　第 58 册　第 262 页

38112　勖刘文岛氏并告意政府当局　《申报》　1934 年 10 月 19 日　第 321 册　第 565 页

38113　勖麦克阿瑟将军　《大公报》　1942 年 3 月 19 日　第 148 册　第 330 页

38114　勖勉党国当局　《大公报》　1937 年 2 月 23 日　第 136 册　第 696 页

38115　勖勉内迁工厂　《中央日报》　1942 年 1 月 10 日　第 45 册　第 678 页

38116　勖勉青年　《大公报》　1936 年 6 月 13 日　第 132 册　第 606 页

38117　勖前线将士　《申报》　1933 年 3 月 17 日　第 302 册　第 483 页

38118　勖青年暑期服务　《中央日报》　1942 年 7 月 14 日　第 46 册　第 406 页

38119　勖全国财政会议　《大公报》　1941 年 6 月 16 日　第 146 册　第 680 页

38120　勖全国学术研究机关：祝南开经济研究所二十周年纪念　《大公报》　1947 年 9 月 10 日　第 161 册　第 56 页

38121　勖善后救济工作人员　《大公报》　1946 年 7 月 16 日　第 157 册　第 62 页

38122　勖升大学的学生　《大公报》　1942 年 7 月 31 日　第 149 册　第 136 页

38123　勖施代表　《申报》　1931 年 12 月 7 日　第 289 册　第 157 页

38124　勖孙良诚将军　《申报》　1945 年 1 月 19 日　第 387 册　第 55 页

38125　勖讨逆将士　《中央日报》　1930 年 5 月 15 日　第 10 册　第 531 页

38126　勖投考国立院校的青年　《申报》　1939 年 8 月 6 日　第 365 册　第

612 页

38127 勘新任驻日蒋公使 《申报》 1931 年 8 月 10 日 第 285 册 第 252 页

38128 勘哉新共和之国民 《申报》 1912 年 2 月 21 日 第 116 册 第 427 页

38129 勘哉新共和之国民续 《申报》 1912 年 2 月 22 日 第 116 册 第 437 页

38130 勘张学良氏 《申报》 1934 年 1 月 13 日 第 312 册 第 289 页

38131 勘智识青年从军 《大公报》 1944 年 9 月 20 日 第 153 册 第 374 页

38132 勘中国卫生教育社 《中央日报》 1943 年 8 月 21 日 第 48 册 第 552 页

38133 勘驻日占领军 《大公报》 1946 年 8 月 24 日 第 157 册 第 264 页

38134 绪论中西文字 《申报》 1873 年 12 月 5 日 第 3 册 第 541 页

38135 续澳门猪仔论 《申报》 1872 年 8 月 6 日 第 1 册 第 329 页

38136 续办奸论 《申报》 1894 年 12 月 1 日 第 48 册 第 571 页

38137 续保教策 《申报》 1900 年 8 月 6 日 第 65 册 第 687 页

38138 续辨惑论：湖北自强学堂中学教习嫉恶居士撰 《申报》 1901 年 5 月 21 日 第 68 册 第 121 页

38139 续辨谣 《申报》 1884 年 4 月 30 日 第 24 册 第 669 页

38140 续捕蛇者说 《申报》 1875 年 7 月 6 日 第 7 册 第 17 页

38141 续惩蠹说 《申报》 1893 年 8 月 29 日 第 44 册 第 847 页

38142 续抽米税以赎铁路借款议 《申报》 1906 年 1 月 9 日 第 82 册 第 65 页

38143 续筹接济赈务策 《申报》 1877 年 8 月 16 日 第 11 册 第 161 页

38144 续筹晋赈事势奇难论 《申报》 1879 年 6 月 22 日 第 14 册 第 623 页

38145 续道异说 《申报》 1887 年 9 月 27 日 第 31 册 第 557 页

38146 续登吏部奏请变通则例折 《申报》 1903 年 7 月 23 日 第 74 册 第 579 页

38147 续登顺天乡试题名全录 《申报》 1902 年 11 月 5 日 第 72 册 第 451 页

38148 续登盐城陈惕庵孝廉呈都察院请代奏书 《申报》 1901 年 4 月 25 日 第 67 册 第 641 页

38149 续登直隶总督北洋大臣袁宫保颁发各州县教案简明要览 《申报》 1904 年 7 月 28 日 第 77 册 第 587 页

38150 续防患刍言 《申报》 1901 年 1 月 3 日 第 67 册 第 13 页

38151 续防患未然说 《申报》 1894 年 6 月 8 日 第 47 册 第 271 页

38152 续孤愤 《申报》 1885 年 2 月 24 日 第 26 册 第 273 页

38153 续和与绝和 《申报》 1919 年 9 月 18 日 第 160 册 第 311 页

38154 续湖广总督张宫保奏结施南教案情形折 《申报》 1904 年 11 月 13 日

38178　续兰士甸公司控安南国王事　《申报》　1873 年 12 月 3 日　第 3 册　第 533 页

38179　续留日学生姚明德上张殿撰条陈请注重机械以兴实业　《申报》　1906 年 7 月 20 日　第 84 册　第 187 页

38180　续陆中书宗舆立宪私议　《申报》　1905 年 8 月 12 日　第 80 册　第 865 页

38181　续录报律译述　《申报》　1903 年 9 月 12 日　第 75 册　第 83 页

38182　续录出使俄国大臣胡星使奏陈俄人建造东三省铁路工竣情形折片　《申报》　1904 年 6 月 1 日　第 77 册　第 223 页

38183　续录滇督丁滇抚林会奏营员办匪烧毙多命知府妄听捏报掩过图功审明定拟折　《申报》　1903 年 8 月 10 日　第 74 册　第 707 页

38184　续录鄂督张制军江督魏制军会奏江南制造局移建新厂折　《申报》　1904 年 6 月 19 日　第 77 册　第 341 页

38185　续录公道老人劝息争论　《申报》　1874 年 1 月 10 日　第 4 册　第 33 页

38186　续录海面缉盗论　《申报》　1872 年 5 月 17 日　第 1 册　第 53 页

38187　续录和倭统策　《申报》　1895 年 2 月 6 日　第 49 册　第 175 页

38188　续录湖广总督张宫保湖北巡抚端抚军会奏鄂省筹设大学堂折　《申报》　1903 年 1 月 14 日　第 73 册　第 79 页

38189　续录湖广总督张香涛宫保奏复赫德税务司条陈筹饷利害情形折　《申报》　1904 年 11 月 3 日　第 78 册　第 431 页

38190　续录湖南邓沅专造国家纸币以扩充银行之事宜条陈　《申报》　1904 年 12 月 28 日　第 78 册　第 795 页

38191　续录华亭沈思齐大令浙盐刍议　《申报》　1901 年 12 月 26 日　第 69 册　第 713 页

38192　续录江督刘岘帅复陈盐枭劫人勒赎折　《申报》　1902 年 8 月 4 日　第 71 册　第 651 页

38193　续录江西巡抚李勉林中丞复奏变通政务折稿　《申报》　1901 年 7 月 1 日　第 68 册　第 367 页

38194　续录江西巡抚李勉林中丞所订防军营制　《申报》　1902 年 5 月 21 日　第 71 册　第 139 页

38195　续录两江总督魏午帅奏现办江宁省城并各府厅州县学堂大概情形折　《申报》　1904 年 10 月 12 日　第 78 册　第 275 页

38196　续录两江总督魏午庄制军复奏江南参案折案　《申报》　1904 年 6 月 15 日　第 77 册　第 315 页

38197　续录刘张两制军合奏变通政事先育人才折　《申报》　1901 年 8 月 11 日　第 68 册　第 613 页

38271　续内阁学士吴郁生奏沪宁铁路用款过巨请另筹接济以免续借受亏折　《申报》　1906 年 5 月 31 日　第 83 册　第 587 页

38272　续朋党论　《申报》　1895 年 9 月 24 日　第 51 册　第 155 页

38273　续辟虚说　《申报》　1902 年 1 月 24 日　第 70 册　第 139 页

38274　续前论德员教习自强军因及其兵制　《申报》　1896 年 8 月 7 日　第 53 册　第 635 页

38275　续前论教案宜严惩煽惑　《申报》　1896 年 8 月 21 日　第 53 册　第 727 页

38276　续前南漕折色私议　《申报》　1896 年 1 月 10 日　第 52 册　第 59 页

38277　续强丐害民说　《申报》　1872 年 12 月 24 日　第 1 册　第 809 页

38278　续切问篇/刘约斯　《申报》　1887 年 3 月 26 日　第 30 册　第 469 页

38279　续庆贺新年说　《申报》　1874 年 2 月 24 日　第 4 册　第 161 页

38280　续劝各国停战说　《申报》　1900 年 8 月 11 日　第 65 册　第 717 页

38281　续劝晋赈号捐说　《申报》　1879 年 5 月 25 日　第 14 册　第 511 页

38282　续日本全体留学生敬告我国人　《申报》　1905 年 10 月 3 日　第 81 册　第 269 页

38283　续三乘槎客自由界说　《申报》　1904 年 4 月 12 日　第 76 册　第 591 页

38284　续陕抚升竹帅拟订大学堂详细章程　《申报》　1902 年 6 月 18 日　第 71 册　第 329 页

38285　续上节饷减厘论　《申报》　1893 年 1 月 9 日　第 43 册　第 53 页

38286　续上问商务赢绌　《申报》　1892 年 7 月 3 日　第 41 册　第 409 页

38287　续上裁洋药议　《申报》　1890 年 3 月 9 日　第 36 册　第 361 页

38288　续师说　《申报》　1880 年 4 月 6 日　第 16 册　第 361 页

38289　续师说　《申报》　1880 年 8 月 10 日　第 17 册　第 161 页

38290　续时髦能干论　《申报》　1889 年 4 月 5 日　第 34 册　第 499 页

38291　续史楼主人再启　《申报》　1874 年 9 月 15 日　第 5 册　第 263 页

38292　续述提货事　《申报》　1874 年 7 月 23 日　第 5 册　第 77 页

38293　续说电　《申报》　1890 年 3 月 24 日　第 36 册　第 455 页

38294　续说竞　《申报》　1906 年 1 月 4 日　第 82 册　第 25 页

38295　续说马力三　《申报》　1904 年 9 月 26 日　第 78 册　第 175 页

38296　续四明独臂翁理财管见　《申报》　1904 年 5 月 21 日　第 77 册　第 145 页

38297　续速葬说　《申报》　1885 年 6 月 30 日　第 26 册　第 993 页

38298　续唐学使奏立宪政策豫筹大要折　《申报》　1906 年 6 月 26 日　第 83 册　第 843 页

38299　续天问　《申报》　1893 年 5 月 8 日　第 44 册　第 53 页

38300 续外蒙古俄罗斯接境侵占论 《申报》 1872 年 8 月 10 日 第 1 册 第 345 页

38301 续妄言 《申报》 1894 年 10 月 25 日 第 48 册 第 341 页

38302 续望榜说 《申报》 1891 年 10 月 19 日 第 39 册 第 671 页

38303 续卫生说 《申报》 1896 年 8 月 17 日 第 53 册 第 699 页

38304 续武阳同乡为沪宁铁路致盛杏荪宫保书 《申报》 1905 年 9 月 4 日 第 81 册 第 27 页

38305 续务实说 《申报》 1900 年 9 月 4 日 第 66 册 第 19 页

38306 续新定学务章程 《申报》 1904 年 3 月 31 日 第 76 册 第 515 页

38307 续兴利说 《申报》 1889 年 5 月 12 日 第 34 册 第 723 页

38308 续行捐募北洋轮船太平棺木章程 《申报》 1887 年 5 月 4 日 第 30 册 第 723 页

38309 续亚东平情人辨惑论 《申报》 1903 年 4 月 28 日 第 73 册 第 719 页

38310 续译查治福案件 《申报》 1873 年 10 月 31 日 第 3 册 第 421 页

38311 续译旧金山气孙论 《申报》 1873 年 10 月 4 日 第 3 册 第 329 页

38312 续隐忧篇 《申报》 1882 年 7 月 12 日 第 21 册 第 67 页

38313 续友于篇 《申报》 1887 年 10 月 8 日 第 31 册 第 629 页

38314 续玉峰游记 《申报》 1883 年 5 月 12 日 第 22 册 第 667 页

38315 续远东共和国宣言 《民国日报》 1920 年 5 月 24 日 第 27 册 第 312 页

38316 续远东共和国宣言（二） 《民国日报》 1920 年 5 月 25 日 第 27 册 第 326 页

38317 续赈谈 《申报》 1889 年 10 月 10 日 第 35 册 第 629 页

38318 续直隶山东江苏三省留学生为津镇铁路事致父老书 《申报》 1905 年 10 月 8 日 第 81 册 第 311 页

38319 续中西礼节悬殊不必强同论 《申报》 1897 年 4 月 12 日 第 55 册 第 579 页

38320 续自强说 《申报》 1901 年 1 月 2 日 第 67 册 第 7 页

38321 续昨报所登说马力一 《申报》 1904 年 7 月 31 日 第 77 册 第 609 页

38322 蓄势 《申报》 1926 年 2 月 16 日 第 220 册 第 828 页

38323 宣布断交 《申报》 1917 年 3 月 15 日 第 145 册 第 258 页

38324 宣布密约的形式 《民国日报》 1919 年 10 月 17 日 第 23 册 第 566 页

38325 宣布条约 《申报》 1919 年 3 月 15 日 第 157 册 第 226 页

38326 宣传"自由"的我见 《民国日报》 1920 年 8 月 14 日 第 28 册 第 618 页

38327 宣传背后的事实与企图 《中央日报》 1946 年 1 月 24 日 第 52 册 第

38390　选战中的美国经济与政治　《大公报》　1948 年 8 月 3 日　第 163 册　第 566 页

38391　薛叔耘廉访去思碑　《申报》　1889 年 3 月 24 日　第 34 册　第 425 页

38392　学部奏拟订视学官章程折　《申报》　1909 年 12 月 28 日　第 103 册　第 948 页

38393　学潮　《申报》　1920 年 3 月 25 日　第 163 册　第 459 页

38394　学潮　《申报》　1928 年 12 月 7 日　第 253 册　第 176 页

38395　学潮的处理　《中央日报》　1947 年 5 月 22 日　第 56 册　第 218 页

38396　学潮的回顾及其教训　《中央日报》　1947 年 6 月 10 日　第 56 册　第 402 页

38397　学潮感言　《大公报》　1936 年 2 月 15 日　第 130 册　第 498 页

38398　学潮里的调人啊　《民国日报》　1921 年 7 月 27 日　第 34 册　第 366 页

38399　学潮善后　《申报》　1920 年 5 月 16 日　第 164 册　第 281 页

38400　学潮与政府　《申报》　1920 年 4 月 27 日　第 163 册　第 1047 页

38401　学潮与秩序　《申报》　1920 年 4 月 24 日　第 163 册　第 991 页

38402　学潮原因只这三个吗　《民国日报》　1924 年 7 月 3 日　第 52 册　第 34 页

38403　学潮中的保定女师　《民国日报》　1924 年 4 月 4 日　第 50 册　第 430 页

38404　学潮中的魔手与陷阱　《中央日报》　1947 年 5 月 30 日　第 56 册　第 290 页

38405　学潮中教授的地位　《申报》　1948 年 4 月 26 日　第 397 册　第 202 页

38406　学潮中最大之牺牲　《申报》　1920 年 5 月 11 日　第 164 册　第 193 页

38407　学费·教师生活·教育制度　《申报》　1948 年 8 月 14 日　第 398 册　第 354 页

38408　学费征收标准与教员薪给支配问题/曾尼维（星期评论）　《申报》　1945 年 1 月 21 日　第 387 册　第 61 页

38409　学费征收问题　《申报》　1945 年 1 月 5 日　第 387 册　第 11 页

38410　学风与师资　《申报》　1932 年 9 月 6 日　第 296 册　第 149 页

38411　学风与学潮　《申报》　1948 年 3 月 1 日　第 396 册　第 550 页

38412　学府代表的议论　《民国日报》　1922 年 7 月 28 日　第 40 册　第 372 页

38413　学府里免于恐惧的自由：为大学教授与学生诸君再进一言　《申报》　1948 年 6 月 30 日　第 397 册　第 752 页

38414　学贵实用论上　《申报》　1873 年 6 月 12 日　第 2 册　第 533 页

38415　学贵实用论下　《申报》　1873 年 6 月 13 日　第 2 册　第 537 页

38416　学坏样不学好样　《申报》　1920 年 12 月 4 日　第 167 册　第 592 页

38417　学荒　《申报》　1920 年 12 月 20 日　第 167 册　第 859 页

38418 学界的新对头 《民国日报》 1920 年 1 月 7 日 第 25 册 第 80 页

38419 学界果嚣张乎 《民国日报》 1919 年 12 月 28 日 第 24 册 第 674 页

38420 学界前途之悲观 《申报》 1909 年 12 月 17 日 第 103 册 第 750 页

38421 学界谈话会之影响 《大公报》 1936 年 1 月 15 日 第 130 册 第 162 页

38422 学界应起废除北庭运动 《民国日报》 1922 年 3 月 12 日 第 38 册 第 152 页

38423 学究语 《申报》 1898 年 7 月 15 日 第 59 册 第 505 页

38424 学年开始中之教育界 《中央日报》 1936 年 9 月 6 日 第 35 册 第 809 页

38425 学生爱国运动平议 《申报》 1931 年 12 月 8 日 第 289 册 第 178 页

38426 学生从军运动的发展 《中央日报》 1944 年 9 月 13 日 第 50 册 第 56 页

38427 学生党员之重大责任 《中央日报》 1929 年 11 月 17 日 第 8 册 第 195 页

38428 学生的处境与修养（言论） 《民国日报》 1925 年 8 月 12 日 第 58 册 第 450 页

38429 学生底立志 《中央日报》 1947 年 10 月 7 日 第 57 册 第 376 页

38430 学生会声明罢课意旨书 《民国日报》 1920 年 4 月 24 日 第 26 册 第 728 页

38431 学生军训与教育国策 《大公报》 1934 年 7 月 11 日 第 121 册 第 152 页

38432 学生军应有之认识 《申报》 1931 年 10 月 22 日 第 287 册 第 511 页

38433 学生流血之痛言 《申报》 1925 年 6 月 1 日 第 213 册 第 4 页

38434 学生年假中之工商界 《民国日报》 1919 年 12 月 30 日 第 24 册 第 698 页

38435 学生请愿潮 《大公报》 1931 年 12 月 5 日 第 105 册 第 268 页

38436 学生确应悬崖勒马了！ 《申报》 1947 年 5 月 27 日 第 393 册 第 566 页

38437 学生善后策 《申报》 1902 年 8 月 18 日 第 71 册 第 745 页

38438 学生是觉悟了 《民国日报》 1923 年 3 月 29 日 第 44 册 第 384 页

38439 学生暑期服务农村之意义 《申报》 1937 年 6 月 18 日 第 353 册 第 456 页

38440 学生体育界之退步 《大公报》 1927 年 5 月 18 日 第 79 册 第 377 页

38441 学生卫生与民族健康 《中央日报》 1941 年 8 月 1 日 第 45 册 第 2 页

38442 学生新劫 《民国日报》 1924 年 4 月 1 日 第 50 册 第 394 页

38443 "学生应以学业为重" 《大公报》 1929 年 11 月 17 日 第 93 册 第

260 页

38444　学生与兼业　《中央日报》　1942 年 11 月 21 日　第 47 册　第 130 页

38445　学生与军警　《申报》　1920 年 3 月 27 日　第 163 册　第 487 页

38446　学生与军事　《大公报》　1937 年 11 月 28 日　第 139 册　第 649 页

38447　学生与政党（言论）　《民国日报》　1925 年 5 月 8 日　第 57 册　第 90 页

38448　学生与政治　《大公报》　1930 年 4 月 28 日　第 95 册　第 932 页

38449　学生与政治　《大公报》　1933 年 12 月 5 日　第 117 册　第 480 页

38450　学生运动之复兴　《申报》　1935 年 12 月 11 日　第 335 册　第 249 页

38451　学生重乎抑警察重乎　《申报》　1907 年 6 月 14 日　第 88 册　第 563 页

38452　学生滋事宜筹善后说　《申报》　1902 年 12 月 25 日　第 72 册　第 811 页

38453　学生最近行动之重要申明：办对日行动之误解　《民国日报》　1919 年 5 月 28 日　第 21 册　第 326 页

38454　学术家之职责　《中央日报》　1932 年 7 月 8 日　第 18 册　第 466 页

38455　学术奖励问题/程其保（星期论文）　《大公报》　1939 年 12 月 24 日　第 143 册　第 460 页

38456　学术界团结之新风气　《大公报》　1933 年 8 月 28 日　第 115 册　第 816 页

38457　学术界与国家问题　《大公报》　1935 年 3 月 21 日　第 125 册　第 324 页

38458　学术为治术之根本论　《申报》　1899 年 1 月 16 日　第 61 册　第 91 页

38459　学术研究工作的途径　《大公报》　1934 年 9 月 22 日　第 122 册　第 318 页

38460　学术与建国/陶孟和（星期论文）　《大公报》　1943 年 10 月 17 日　第 151 册　第 480 页

38461　学术与政治　《中央日报》　1945 年 11 月 1 日　第 51 册　第 924 页

38462　学堂董事说　《申报》　1905 年 3 月 12 日　第 79 册　第 451 页

38463　学堂科举得失论　《申报》　1903 年 8 月 13 日　第 74 册　第 729 页

38464　学问上的良心　《民国日报》　1922 年 4 月 11 日　第 38 册　第 564 页

38465　学务刍言　《申报》　1906 年 10 月 24 日　第 85 册　第 193 页

38466　学务刍言（续）　《申报》　1906 年 10 月 25 日　第 85 册　第 201 页

38467　学务大臣等会奏递减科举折　《申报》　1904 年 1 月 27 日　第 76 册　第 167 页

38468　学习林则徐先生的精神！　《申报》　1948 年 6 月 3 日　第 397 册　第 536 页

38469　学校毕业生之就业难　《大公报》　1926 年 9 月 13 日　第 77 册　第 97 页

38470　学校不是单给学生工具的　《民国日报》　1923 年 5 月 20 日　第 45 册

第 260 页

38471 学校党部与青年团 《大公报》 1945 年 8 月 2 日 第 155 册 第 140 页

38472 学校工厂合一 《申报》 1944 年 3 月 25 日 第 385 册 第 297 页

38473 学校回乡问题 《中央日报》 1946 年 3 月 26 日 第 52 册 第 698 页

38474 学校加军事教练事 《大公报》 1928 年 5 月 28 日 第 84 册 第 271 页

38475 学校可以暂缓复员 《大公报》 1946 年 4 月 24 日 第 156 册 第 452 页

38476 学校里的军训与团务 《大公报》 1941 年 11 月 25 日 第 147 册 第 580 页

38477 学校青年 《申报》 1939 年 9 月 10 日 第 366 册 第 138 页

38478 学校青年的烦闷 《大公报》 1946 年 11 月 11 日 第 158 册 第 266 页

38479 学校现象之一 《申报》 1920 年 5 月 27 日 第 164 册 第 481 页

38480 学校现象之二 《申报》 1920 年 5 月 28 日 第 164 册 第 497 页

38481 学校现象之三 《申报》 1920 年 6 月 2 日 第 164 册 第 587 页

38482 学校学生应该拒绝祭孔 《民国日报》 1919 年 10 月 18 日 第 23 册 第 578 页

38483 学校应准备疏散 《申报》 1945 年 7 月 25 日 第 387 册 第 507 页

38484 学校有益于商务说 《申报》 1901 年 12 月 31 日 第 69 册 第 743 页

38485 学校与奖券：名人与社会 《中央日报》 1929 年 5 月 11 日 第 6 册 第 93 页

38486 学校与学风 《大公报》 1940 年 4 月 25 日 第 144 册 第 464 页

38487 学校中有洋务人才说 《申报》 1885 年 5 月 13 日 第 26 册 第 705 页

38488 "学运"底作用 《中央日报》 1948 年 7 月 20 日 第 59 册 第 682 页

38489 学者的良心和责任 《民国日报》 1921 年 3 月 31 日 第 32 册 第 420 页

38490 学者会谈救国 《申报》 1932 年 7 月 10 日 第 294 册 第 237 页

38491 学制会议与同一何关 《民国日报》 1922 年 9 月 24 日 第 41 册 第 316 页

38492 雪耻的五月节 《中央日报》 1939 年 5 月 9 日 第 42 册 第 11 页

38493 雪耻复仇 《大公报》 1938 年 2 月 23 日 第 140 册 第 220 页

38494 雪谈 《申报》 1893 年 1 月 31 日 第 43 册 第 187 页

38495 血不是白流的 《申报》 1937 年 10 月 8 日 第 355 册 第 679 页

38496 血的五三 《大公报》 1940 年 5 月 3 日 第 144 册 第 496 页

38497 血火中奋斗 《大公报》 1939 年 5 月 4 日 第 142 册 第 493 页

38498 血泪痕传奇序 《申报》 1906 年 10 月 15 日 第 85 册 第 117 页

38499 血泪文章 《中央日报》 1929 年 2 月 27 日 第 5 册 第 75 页

38500 血去无咎说 《申报》 1887 年 4 月 15 日 第 30 册 第 609 页

38533 训练与生存/胡汉民   《民国日报》   1929 年 8 月 21 日   第 81 册   第 853 页

38534 训蒙说   《申报》   1903 年 8 月 16 日   第 74 册   第 753 页

38535 训政规约   《大公报》   1930 年 9 月 18 日   第 98 册   第 208 页

38536 训政开始的开始：澄清吏治   《民国日报》   1928 年 6 月 24 日   第 74 册   第 870 页

38537 训政期内之政府与人民   《中央日报》   1929 年 6 月 18 日   第 6 册   第 553 页

38538 训政前两大整理工作：实施编会决议与剿匪   《中央日报》   1929 年 7 月 8 日   第 6 册   第 793 页

38539 训政时期的社会基本建设   续/邵元冲   《民国日报》   1929 年 9 月 22 日   第 82 册   第 354 页

38540 训政时期的社会基本建设   续/邵元冲   《民国日报》   1929 年 9 月 23 日   第 82 册   第 370 页

38541 训政时期的社会基本建设/邵元冲   《民国日报》   1929 年 9 月 20 日   第 82 册   第 322 页

38542 训政时期基本工作   续/邵元冲   《民国日报》   1929 年 7 月 27 日   第 81 册   第 440 页

38543 训政时期基本工作/邵元冲   《民国日报》   1929 年 7 月 26 日   第 81 册   第 424 页

38544 训政时期约法之任务（上）   《中央日报》   1931 年 5 月 7 日   第 14 册   第 443 页

38545 训政时期约法之任务（下）   《中央日报》   1931 年 5 月 8 日   第 14 册   第 459 页

38546 训政时期约法之特性与特点（专载）/唐生楠   《民国日报》   1931 年 6 月 16 日   第 92 册   第 531 页

38547 训政时期约法之特性与特点（专载）/唐生楠   《民国日报》   1931 年 6 月 17 日   第 92 册   第 545 页

38548 训政时期约法之特性与特点（专载）/唐生楠   《民国日报》   1931 年 6 月 19 日   第 92 册   第 560 页

38549 训政时期约法之特性与特点（专载）/唐生楠   《民国日报》   1931 年 6 月 20 日   第 92 册   第 573 页

38550 训政时期之国民政府   《申报》   1928 年 10 月 12 日   第 251 册   第 297 页

38551 训政时期之五权制度   《民国日报》   1928 年 10 月 14 日   第 76 册   第 780 页

38552   训政实施之前提   《大公报》   1928 年 9 月 8 日   第 86 册   第 85 页

38553   训政与铲赤   《中央日报》   1931 年 5 月 23 日   第 14 册   第 647 页

38554   训政与宣传   《大公报》   1931 年 1 月 13 日   第 100 册   第 112 页

38555   "训政约法"与国民会议   《大公报》   1931 年 3 月 18 日   第 101 册   第 208 页

38556   "训政约法"与国民会议   《大公报》   1931 年 4 月 3 日   第 101 册   第 400 页

38557   "训政约法"与信托法理   《大公报》   1931 年 3 月 17 日   第 101 册   第 196 页

38558   讯案砭言   《申报》   1881 年 9 月 17 日   第 19 册   第 313 页

38559   迅筹黄泛区善后的必要   《申报》   1947 年 3 月 22 日   第 392 册   第 846 页

38560   迅开政治协商会议   《中央日报》   1945 年 12 月 12 日   第 52 册   第 68 页

38561   迅雷毙马说   《申报》   1886 年 8 月 2 日   第 29 册   第 195 页

38562   迅速改善公教人员待遇!   《大公报》   1947 年 5 月 10 日   第 160 册   第 62 页

38563   迅速改善公教人员待遇   《申报》   1948 年 11 月 11 日   第 399 册   第 276 页

38564   迅速和彻底地击溃日本   《中央日报》   1943 年 8 月 24 日   第 48 册   第 566 页

38565   迅速击溃日寇的道路   《中央日报》   1944 年 4 月 12 日   第 49 册   第 460 页

38566   迅速击溃日寇的守势   《中央日报》   1943 年 10 月 1 日   第 48 册   第 726 页

38567   迅速击溃倭寇的初步   《中央日报》   1944 年 9 月 26 日   第 50 册   第 118 页

38568   迅速建立中央民意机关   《申报》   1944 年 9 月 6 日   第 386 册   第 221 页

38569   迅速解决   《申报》   1925 年 8 月 19 日   第 215 册   第 366 页

38570   迅速解决粮食问题   《申报》   1945 年 6 月 14 日   第 387 册   第 417 页

38571   迅速扩大空军   《申报》   1939 年 1 月 14 日   第 361 册   第 244 页

38572   迅速扩大我国空军   《申报》（香港版）   1939 年 1 月 21 日   第 357 册   第 756 页

38573   迅速与欲速   《申报》   1928 年 4 月 30 日   第 245 册   第 744 页

38574   殉情与诡媚   《大公报》   1943 年 12 月 2 日   第 151 册   第 686 页

Y

38630　烟税私议　《申报》　1887 年 4 月 23 日　第 30 册　第 657 页

38631　烟台变局与北方大势　《大公报》　1929 年 3 月 28 日　第 89 册　第 436 页

38632　烟土加税余意　《申报》　1885 年 7 月 17 日　第 27 册　第 97 页

38633　延安的光复　《申报》　1947 年 3 月 20 日　第 392 册　第 826 页

38634　延安视察的感想　《大公报》　1944 年 8 月 5 日　第 153 册　第 160 页

38635　延不解决之交通工潮　《申报》　1940 年 9 月 28 日　第 372 册　第 362 页

38636　延长汉冶萍　《申报》　1914 年 2 月 27 日　第 126 册　第 728 页

38637　延长休战八　《民国日报》　1946 年 6 月 22 日　第 98 册　第 213 页

38638　延搁与威信　《申报》　1921 年 3 月 7 日　第 169 册　第 109 页

38639　延期　《申报》　1915 年 11 月 12 日　第 137 册　第 180 页

38640　延期不延期　《申报》　1915 年 11 月 1 日　第 137 册　第 2 页

38641　延期与缩期　《申报》　1916 年 1 月 23 日　第 138 册　第 316 页

38642　延期之两面观　《申报》　1915 年 11 月 14 日　第 137 册　第 212 页

38643　延师说　《申报》　1890 年 4 月 2 日　第 36 册　第 511 页

38644　延时　《申报》　1919 年 10 月 6 日　第 160 册　第 639 页

38645　延寿篇　《申报》　1895 年 11 月 23 日　第 51 册　第 551 页

38646　延友赴京以广申报说　《申报》　1875 年 3 月 9 日　第 6 册　第 209 页

38647　延债问题与银价　《大公报》　1931 年 7 月 16 日　第 103 册　第 184 页

38648　严办流氓说　《申报》　1896 年 6 月 7 日　第 53 册　第 245 页

38649　严办流民论　《申报》　1896 年 7 月 23 日　第 53 册　第 539 页

38650　严保甲以靖匪徒说　《申报》　1887 年 7 月 9 日　第 31 册　第 51 页

38651　严查小客寓说　《申报》　1883 年 4 月 28 日　第 22 册　第 589 页

38652　严惩暴行罪魁　《中央日报》　1942 年 1 月 16 日　第 45 册　第 702 页

38653　严惩敌寇罪行　《大公报》　1945 年 7 月 26 日　第 155 册　第 110 页

38654　严惩蠹役说　《申报》　1887 年 1 月 8 日　第 30 册　第 43 页

38655　严惩蠹役说　《申报》　1899 年 11 月 3 日　第 63 册　第 445 页

38656　严惩犯僧议　《申报》　1888 年 11 月 28 日　第 33 册　第 973 页

38657　严惩放火图赔说　《申报》　1896 年 3 月 22 日　第 52 册　第 463 页

38658　严惩匪棍说　《申报》　1900 年 6 月 15 日　第 65 册　第 353 页

38659　严惩匪类说　《申报》　1890 年 8 月 25 日　第 37 册　第 361 页

38660　严惩拐贩说　《申报》　1884 年 6 月 9 日　第 24 册　第 909 页

38661　严惩拐匪议　《申报》　1899 年 3 月 30 日　第 61 册　第 519 页

38662　严惩假照说　《申报》　1880 年 6 月 11 日　第 16 册　第 625 页

38663　严惩局赌说　《申报》　1885 年 4 月 25 日　第 26 册　第 601 页

38664　严惩凌虐养媳议　《申报》　1897 年 5 月 6 日　第 56 册　第 33 页

38694　严禁妇女入烟馆议　《申报》　1881 年 3 月 17 日　第 18 册　第 273 页

38695　严禁济敌刍言　《申报》　1894 年 12 月 14 日　第 48 册　第 651 页

38696　严禁奸商运米出口说　《申报》　1898 年 11 月 11 日　第 60 册　第 513 页

38697　严禁接济说　《申报》　1884 年 9 月 8 日　第 25 册　第 411 页

38698　严禁亏空倒账以维市面说　《申报》　1899 年 1 月 20 日　第 61 册　第 115 页

38699　严禁买良为娼说　《申报》　1905 年 2 月 16 日　第 79 册　第 259 页

38700　严禁请托论　《申报》　1894 年 4 月 3 日　第 46 册　第 563 页

38701　严禁台基刍议　《申报》　1897 年 2 月 15 日　第 55 册　第 237 页

38702　严禁通衢驰马说　《申报》　1899 年 2 月 23 日　第 61 册　第 285 页

38703　严禁虚糜火药说　《申报》　1894 年 11 月 26 日　第 48 册　第 541 页

38704　严禁运米出口致坏中立之局论　《申报》　1904 年 4 月 26 日　第 76 册　第 681 页

38705　严禁诈骗以维商务说　《申报》　1899 年 3 月 31 日　第 61 册　第 527 页

38706　严究航机惨案责任　《民国日报》　1946 年 12 月 28 日　第 99 册　第 556 页

38707　严酒禁说　《申报》　1899 年 12 月 6 日　第 63 册　第 683 页

38708　严厉制止"吃光运动"　《中央日报》　1947 年 5 月 19 日　第 56 册　第 188 页

38709　严门禁说　《申报》　1901 年 5 月 10 日　第 68 册　第 55 页

38710　严密政治会议的组织　《中央日报》　1929 年 4 月 13 日　第 5 册　第 569 页

38711　严明战时赏罚大权/张君劢（星期论文）　《大公报》　1937 年 10 月 17 日　第 139 册　第 481 页

38712　严审军律议　《申报》　1895 年 3 月 31 日　第 49 册　第 507 页

38713　严守中立之各省　《申报》　1922 年 4 月 28 日　第 179 册　第 565 页

38714　严肃、庄重、勇敢　《申报》　1927 年 5 月 30 日　第 234 册　第 587 页

38715　严肃官常　《申报》　1943 年 9 月 6 日　第 384 册　第 445 页

38716　严肃刻苦　《申报》　1944 年 8 月 24 日　第 386 册　第 179 页

38717　严约巡捕说　《申报》　1890 年 6 月 14 日　第 36 册　第 967 页

38718　严责碰头风俗论　《申报》　1873 年 1 月 21 日　第 2 册　第 69 页

38719　严治亲王奴仆殴辱职官论　《申报》　1901 年 10 月 20 日　第 69 册　第 301 页

38720　严重的桂豫灾情　《大公报》　1946 年 4 月 1 日　第 156 册　第 360 页

38721　严重的文化用纸问题　《申报》　1943 年 3 月 26 日　第 383 册　第 590 页

38722　严重的物价问题　《申报》　1945 年 3 月 5 日　第 387 册　第 183 页

38749　言论自由与思想自由/张其昀（星期论文）　《大公报》　1941 年 3 月 2 日　第 146 册　第 252 页

38750　言论自由与肃清贪污　《大公报》　1944 年 5 月 11 日　第 152 册　第 594 页

38751　言论自由之限界　《中央日报》　1943 年 10 月 2 日　第 48 册　第 730 页

38752　言论自由之要求　《中央日报》　1930 年 9 月 27 日　第 11 册　第 1093 页

38753　言论自由之真义　《申报》　1931 年 12 月 13 日　第 289 册　第 306 页

38754　言难行易　《申报》　1927 年 11 月 26 日　第 240 册　第 565 页

38755　言情　《申报》　1888 年 10 月 24 日　第 33 册　第 755 页

38756　言行一致建国（专论）/胡朴安　《民国日报》　1946 年 5 月 8 日　第 98 册　第 33 页

38757　言语上的政治性/吉田东祐（星期评论）　《申报》　1943 年 8 月 22 日　第 384 册　第 389 页

38758　言战　《申报》　1884 年 8 月 9 日　第 25 册　第 235 页

38759　言之价值　《申报》　1916 年 10 月 1 日　第 142 册　第 504 页

38760　言之作用　《申报》　1928 年 2 月 16 日　第 243 册　第 372 页

38761　沿海边防大势论　《申报》　1883 年 3 月 2 日　第 22 册　第 273 页

38762　沿海设立保商局说　《申报》　1899 年 6 月 4 日　第 62 册　第 261 页

38763　沿海渔村之改进（时论）/侯朝海　《民国日报》　1931 年 4 月 9 日　第 91 册　第 478 页

38764　炎凉说　《申报》　1897 年 9 月 9 日　第 57 册　第 49 页

38765　炎暑与战争　《大公报》　1928 年 5 月 30 日　第 84 册　第 291 页

38766　研究币制主位议案　《申报》　1910 年 7 月 16 日　第 107 册　第 254 页

38767　研究币制主位议案（续）　《申报》　1910 年 7 月 17 日　第 107 册　第 270 页

38768　研究东北（一）　《申报》　1931 年 7 月 16 日　第 284 册　第 412 页

38769　研究东北（二）　《申报》　1931 年 7 月 17 日　第 284 册　第 438 页

38770　研究东北（三）　《申报》　1931 年 7 月 18 日　第 284 册　第 464 页

38771　研究会破坏宪法　《民国日报》　1916 年 12 月 10 日　第 6 册　第 470 页

38772　研究日本（一）　《申报》　1931 年 7 月 19 日　第 284 册　第 493 页

38773　研究日本（二）　《申报》　1931 年 7 月 20 日　第 284 册　第 521 页

38774　研究日本（三）　《申报》　1931 年 7 月 21 日　第 284 册　第 546 页

38775　研究时局说　《申报》　1925 年 11 月 2 日　第 218 册　第 23 页

38776　研究苏联　《申报》　1932 年 5 月 15 日　第 292 册　第 245 页

38777　研究西北开发西北　《申报》　1932 年 7 月 22 日　第 294 册　第 537 页

38778　研究宪草的指针　《中央日报》　1943 年 12 月 20 日　第 48 册　第

1070 页

38779　研讨日阀武力侵华之因果　《大公报》　1932 年 3 月 17 日　第 107 册　第 164 页

38780　研讨宪草运动的任务　《中央日报》　1944 年 1 月 3 日　第 49 册　第 26 页

38781　研习自然科学之奖助：读林故主席第二遗嘱感言！　《中央日报》　1943 年 8 月 4 日　第 48 册　第 480 页

38782　盐案　《申报》　1919 年 1 月 25 日　第 156 册　第 354 页

38783　盐案答问　《申报》　1889 年 6 月 10 日　第 34 册　第 909 页

38784　盐城陈惕庵明府拟上皇帝书一　《申报》　1901 年 7 月 8 日　第 68 册　第 409 页

38785　盐城陈惕庵明府拟上皇帝书二　《申报》　1901 年 7 月 20 日　第 68 册　第 481 页

38786　盐城陈惕庵孝廉呈都察院请代奏书　《申报》　1901 年 4 月 24 日　第 67 册　第 635 页

38787　盐城陈惕庵孝廉拟敬陈管见折　《申报》　1902 年 12 月 10 日　第 72 册　第 703 页

38788　盐城陈惕庵孝廉拟请屏斥优伶疏稿　《申报》　1905 年 6 月 21 日　第 80 册　第 447 页

38789　盐城陈惕庵孝廉上粤督岑云阶制府书　《申报》　1903 年 11 月 17 日　第 75 册　第 545 页

38790　盐城陈惕庵孝廉敕弊刍言　《申报》　1903 年 8 月 11 日　第 74 册　第 713 页

38791　盐城县典商加利感言　《申报》　1920 年 8 月 17 日　第 165 册　第 845 页

38792　盐的问题　《大公报》　1938 年 12 月 30 日　第 141 册　第 564 页

38793　盐法之重大改革　《大公报》　1931 年 2 月 10 日　第 100 册　第 448 页

38794　盐话　《申报》　1893 年 5 月 9 日　第 44 册　第 61 页

38795　盐商　《申报》　1914 年 5 月 9 日　第 128 册　第 134 页

38796　盐田议　《申报》　1889 年 9 月 5 日　第 35 册　第 413 页

38797　盐铁论　《申报》　1873 年 10 月 2 日　第 3 册　第 321 页

38798　盐务客谈　《申报》　1892 年 12 月 24 日　第 42 册　第 721 页

38799　盐务署　《申报》　1914 年 2 月 12 日　第 126 册　第 494 页

38800　盐枭不禁自绝说　《申报》　1885 年 10 月 31 日　第 27 册　第 749 页

38801　盐业平议　《申报》　1912 年 3 月 12 日　第 116 册　第 595 页

38802　盐余酒余烟余唾余　《申报》　1921 年 10 月 30 日　第 174 册　第 645 页

38803　盐余停交　《民国日报》　1919 年 10 月 7 日　第 23 册　第 434 页

114 页

38828　颜鲍之病与疾　《申报》　1922 年 3 月 20 日　第 178 册　第 371 页

38829　颜辞通电　《申报》　1926 年 6 月 23 日　第 224 册　第 540 页

38830　颜阁　《申报》　1924 年 7 月 6 日　第 204 册　第 128 页

38831　颜阁　《申报》　1926 年 5 月 13 日　第 223 册　第 294 页

38832　颜阁与索饷　《申报》　1926 年 5 月 20 日　第 223 册　第 470 页

38833　颜阁之争　《申报》　1926 年 6 月 15 日　第 224 册　第 346 页

38834　颜面　《申报》　1916 年 8 月 11 日　第 141 册　第 676 页

38835　颜外长之责任谭　《申报》　1920 年 11 月 20 日　第 167 册　第 339 页

38836　兖州兵变　《申报》　1920 年 9 月 2 日　第 166 册　第 23 页

38837　掩耳盗铃　《中央日报》　1929 年 2 月 24 日　第 5 册　第 39 页

38838　掩耳盗铃之通电　《申报》　1923 年 6 月 18 日　第 192 册　第 375 页

38839　掩骼埋胔说　《申报》　1896 年 1 月 5 日　第 52 册　第 29 页

38840　掩护匪军之又一运动　《中央日报》　1948 年 7 月 1 日　第 59 册　第 526 页

38841　掩饰之手段　《申报》　1919 年 5 月 20 日　第 158 册　第 312 页

38842　眼光放远（专论）/胡朴安　《民国日报》　1946 年 4 月 30 日　第 97 册　第 462 页

38843　眼泪与枪弹（言论）　《民国日报》　1925 年 3 月 20 日　第 56 册　第 268 页

38844　眼前的国际形势　《大公报》　1938 年 1 月 2 日　第 140 册　第 8 页

38845　眼前的几个要点　《大公报》　1937 年 11 月 27 日　第 139 册　第 645 页

38846　眼前清净　《申报》　1914 年 4 月 13 日　第 127 册　第 706 页

38847　演变中的国际形势　《申报》　1940 年 7 月 3 日　第 371 册　第 30 页

38848　演变中的美日关系：深可注目之美空军西飞　《中央日报》　1939 年 9 月 22 日　第 42 册　第 536 页

38849　演变中的学潮　《大公报》　1947 年 5 月 21 日　第 160 册　第 132 页

38850　演变中之国际　《申报》　1939 年 5 月 8 日　第 363 册　第 666 页

38851　演成世界大战的新机运　《申报》　1941 年 4 月 7 日　第 375 册　第 472 页

38852　演进中的国际三方面　《申报》　1941 年 1 月 10 日　第 374 册　第 102 页

38853　演说篇　《申报》　1903 年 9 月 17 日　第 75 册　第 117 页

38854　厌恶　《申报》　1919 年 11 月 14 日　第 161 册　第 235 页

38855　厌烦的话（言论）　《民国日报》　1926 年 8 月 14 日　第 64 册　第 442 页

38856　厌战与喜战　《大公报》　1931 年 4 月 29 日　第 101 册　第 712 页

38857　验尸说　《申报》　1892 年 7 月 25 日　第 41 册　第 555 页

38858　燕大募款与教会教育　《大公报》　1934 年 5 月 7 日　第 120 册　第 90 页

38859　燕雀处堂　《申报》　1919 年 9 月 7 日　第 160 册　第 107 页

38860　谳员宜慎选贤能说　《申报》　1900 年 10 月 25 日　第 66 册　第 319 页

38861　扬州饥民惨状记　《申报》　1907 年 1 月 4 日　第 86 册　第 31 页

38862　扬州吴观察示谕书后　《申报》　1886 年 9 月 16 日　第 29 册　第 475 页

38863　扬州徐军统自请取消军政分府感言　《申报》　1912 年 4 月 18 日　第 117 册　第 165 页

38864　羊毛可织绒毯以兴大利说　《申报》　1879 年 3 月 7 日　第 14 册　第 205 页

38865　阳春杂感　《大公报》　1943 年 3 月 22 日　第 150 册　第 352 页

38866　阳奉阴违为事实勿许　《中央日报》　1929 年 8 月 5 日　第 7 册　第 53 页

38867　杨案的深刻性　《中央日报》　1940 年 12 月 25 日　第 44 册　第 224 页

38868　杨度　《申报》　1915 年 8 月 27 日　第 135 册　第 948 页

38869　杨度演说要求开设国会文　《申报》　1908 年 5 月 20 日　第 94 册　第 244 页

38870　杨度之一人坚持　《申报》　1915 年 9 月 9 日　第 136 册　第 128 页

38871　杨君度复伍侍郎廷芳书　《申报》　1905 年 1 月 22 日　第 79 册　第 127 页

38872　杨梅琴明府上粤督平治黎匪条陈　《申报》　1886 年 12 月 20 日　第 29 册　第 1061 页

38873　杨善德　《民国日报》　1916 年 4 月 16 日　第 2 册　第 554 页

38874　杨廷栋致王胜之太史书：为咨议局事　《申报》　1908 年 8 月 15 日　第 95 册　第 628 页

38875　杨杏佛暗杀案感言　《大公报》　1933 年 6 月 20 日　第 114 册　第 704 页

38876　杨永泰氏被狙的善后问题　《大公报》　1936 年 10 月 30 日　第 134 册　第 838 页

38877　洋场妇女出入烟馆茶楼说　《申报》　1885 年 1 月 9 日　第 26 册　第 49 页

38878　洋场屡变说　《申报》　1876 年 2 月 7 日　第 8 册　第 105 页

38879　洋场求食论　《申报》　1872 年 9 月 4 日　第 1 册　第 429 页

38880　洋场述见篇　《申报》　1888 年 3 月 31 日　第 32 册　第 503 页

38881　洋场问答　《申报》　1890 年 12 月 18 日　第 37 册　第 1085 页

38882　洋场序仿滕王阁序体　《申报》　1874 年 3 月 17 日　第 4 册　第 233 页

38883　洋大人心目中已经没有了中国国民　《民国日报》　1924 年 10 月 29 日　第 53 册　第 553 页

38884　洋关宜抽零货捐说　《申报》　1883 年 9 月 12 日　第 23 册　第 441 页

38885　洋关应设子厂说　《申报》　1885 年 5 月 26 日　第 26 册　第 783 页

38886　洋货信义通商论　《申报》　1872 年 6 月 12 日　第 1 册　第 141 页

38887　洋泾浜序　《申报》　1872 年 6 月 25 日　第 1 册　第 185 页

38888　洋沙应包税平价议　《申报》　1895 年 8 月 8 日　第 50 册　第 641 页

38889　洋商急功好义说　《申报》　1883 年 8 月 22 日　第 23 册　第 315 页

38890　洋土加税必兼中土加厘说　《申报》　1882 年 3 月 2 日　第 20 册　第 217 页

38891　洋务刍言上　《申报》　1895 年 5 月 6 日　第 50 册　第 33 页

38892　洋务刍言下　《申报》　1895 年 5 月 13 日　第 50 册　第 77 页

38893　洋务扼要篇　《申报》　1887 年 5 月 19 日　第 30 册　第 819 页

38894　洋务愤谈　《申报》　1886 年 3 月 26 日　第 28 册　第 461 页

38895　洋务愤言　《申报》　1890 年 4 月 28 日　第 36 册　第 673 页

38896　洋务论　《申报》　1888 年 11 月 15 日　第 33 册　第 893 页

38897　洋务论　《申报》　1889 年 9 月 2 日　第 35 册　第 395 页

38898　洋务难易说　《申报》　1879 年 4 月 3 日　第 14 册　第 307 页

38899　洋务需才说　《申报》　1882 年 9 月 6 日　第 21 册　第 403 页

38900　洋务要谈　《申报》　1885 年 5 月 9 日　第 26 册　第 681 页

38901　洋药加税后论　《申报》　1885 年 6 月 1 日　第 26 册　第 819 页

38902　洋药捐税厄言　《申报》　1886 年 8 月 13 日　第 29 册　第 263 页

38903　仰光陷落　《大公报》　1942 年 3 月 11 日　第 148 册　第 294 页

38904　养兵费与裁兵费　《申报》　1920 年 12 月 24 日　第 167 册　第 925 页

38905　养兵危言　《申报》　1912 年 4 月 10 日　第 117 册　第 87 页

38906　养才与用才　《大公报》　1942 年 7 月 30 日　第 149 册　第 132 页

38907　养成公务员的人格　《中央日报》　1939 年 8 月 7 日　第 42 册　第 350 页

38908　养军箴言　《申报》　1912 年 3 月 20 日　第 116 册　第 659 页

38909　养廉以益薄俸说　《申报》　1884 年 12 月 19 日　第 25 册　第 977 页

38910　养蒙说　《申报》　1880 年 1 月 18 日　第 16 册　第 69 页

38911　养士与用士/朱光潜（专论）　《申报》　1948 年 3 月 26 日　第 396 册　第 796 页

38912　养手足说　《申报》　1896 年 4 月 25 日　第 52 册　第 673 页

38913　"养言"之尾（社论）　《民国日报》　1927 年 12 月 2 日　第 71 册　第 453 页

38914　怏怏　《申报》　1922 年 8 月 6 日　第 183 册　第 109 页

38915　漾电之联想　《中央日报》　1930 年 3 月 4 日　第 9 册　第 789 页

38916　妖道论　《申报》　1888 年 4 月 18 日　第 32 册　第 611 页

39001　冻结资金与中国经济　《申报》　1941 年 7 月 27 日　第 376 册　第 1088 页

39002　一百六十人　《申报》　1915 年 2 月 28 日　第 132 册　第 726 页

39003　一般人对于国民会议应有的认识（专载）/潘公展　《民国日报》　1931 年 5 月 4 日　第 92 册　第 43 页

39004　一般人对于国民会议应有的认识（专载）/潘公展　《民国日报》　1931 年 5 月 4 日　第 92 册　第 30 页

39005　一般人对于国民会议应有的认识（专载）/潘公展　《民国日报》　1931 年 5 月 6 日　第 92 册　第 56 页

39006　一般社会之保健问题　《申报》　1940 年 8 月 3 日　第 371 册　第 440 页

39007　一般生活将何所取偿　《申报》　1941 年 6 月 24 日　第 376 册　第 666 页

39008　一般生活问题之调整　《申报》　1939 年 12 月 23 日　第 367 册　第 716 页

39009　一般问题　《申报》　1915 年 4 月 9 日　第 133 册　第 624 页

39010　一边收买一边配给　《申报》　1943 年 8 月 27 日　第 384 册　第 407 页

39011　一秉至公论　《申报》　1889 年 7 月 20 日　第 35 册　第 121 页

39012　一波三折　《申报》　1914 年 4 月 9 日　第 127 册　第 640 页

39013　一波未平一波又起的战争（言论）　《民国日报》　1925 年 11 月 23 日　第 60 册　第 266 页

39014　一部分日人之对华错觉　《大公报》　1930 年 12 月 11 日　第 99 册　第 484 页

39015　一部分之辞职　《申报》　1917 年 11 月 21 日　第 149 册　第 332 页

39016　一场春梦　《申报》　1917 年 10 月 13 日　第 148 册　第 711 页

39017　一场戏剧　《申报》　1917 年 11 月 18 日　第 149 册　第 284 页

39018　一筹莫展　《申报》　1921 年 11 月 2 日　第 175 册　第 27 页

39019　一出一入　《申报》　1921 年 12 月 30 日　第 176 册　第 574 页

39020　一串神经攻势　《大公报》　1948 年 4 月 14 日　第 162 册　第 628 页

39021　一次太平洋会议之召集难　《申报》　1934 年 11 月 20 日　第 322 册　第 589 页

39022　一得刍言　《申报》　1887 年 7 月 2 日　第 31 册　第 7 页

39023　一的　《申报》　1919 年 5 月 12 日　第 158 册　第 183 页

39024　一的　《申报》　1925 年 9 月 26 日　第 216 册　第 558 页

39025　一等战绩　《大公报》　1939 年 10 月 17 日　第 143 册　第 188 页

39026　一滴之水　《申报》　1927 年 7 月 12 日　第 236 册　第 246 页

39027　一点　《申报》　1927 年 9 月 11 日　第 238 册　第 220 页

39028　一点慰藉　《中央日报》　1937 年 8 月 2 日　第 40 册　第 391 页

706 页

39054　一个调和美苏意见的建议　《申报》　1947 年 11 月 21 日　第 395 册　第
516 页

39055　一个对照　一种说明　《大公报》　1944 年 9 月 22 日　第 153 册　第
382 页

39056　一个阁倒的公因　《民国日报》　1923 年 3 月 13 日　第 44 册　第 166 页

39057　一个国民党大会的报告　《民国日报》　1924 年 2 月 9 日　第 49 册　第
450 页

39058　一个国民党大会的报告　《民国日报》　1924 年 2 月 10 日　第 49 册　第
462 页

39059　一个国民党大会的报告　《民国日报》　1924 年 2 月 11 日　第 49 册　第
474 页

39060　一个很好的政治家　《民国日报》　1921 年 3 月 14 日　第 32 册　第
182 页

39061　一个极有关系的问题：工部局取缔印刷品议案　《民国日报》　1921 年 4
月 11 日　第 32 册　第 574 页

39062　一个极有关系的问题：工部局取缔印刷品议案　《民国日报》　1921 年 4
月 12 日　第 32 册　第 588 页

39063　一个既成事实底宣布　《中央日报》　1947 年 10 月 29 日　第 57 册　第
608 页

39064　一个建议　《大公报》　1938 年 5 月 25 日　第 140 册　第 642 页

39065　一个建议　《申报》（汉口版）　1938 年 6 月 8 日　第 356 册　第 293 页

39066　一个建议　《申报》（香港版）　1938 年 6 月 9 日　第 356 册　第 802 页

39067　一个建议　《申报》　1944 年 6 月 10 日　第 385 册　第 559 页

39068　一个紧急呼吁：治河　《中央日报》　1945 年 11 月 3 日　第 51 册　第
936 页

39069　一个惊人的谣言　《申报》　1937 年 11 月 20 日　第 355 册　第 1052 页

39070　一个拒债的努力点　《民国日报》　1922 年 6 月 30 日　第 39 册　第
820 页

39071　一个可怜的选举梦　《民国日报》　1920 年 12 月 27 日　第 30 册　第
788 页

39072　一个可怕的观念　《大公报》　1946 年 11 月 21 日　第 158 册　第 332 页

39073　一个可喜的现象　《大公报》　1944 年 8 月 18 日　第 153 册　第 220 页

39074　一个可喜的消息　《民国日报》　1928 年 10 月 9 日　第 76 册　第 617 页

39075　一个理想/周毓英（星期评论）　《申报》　1945 年 3 月 18 日　第 387 册
第 213 页

39076　一个历史的教训：中国大一统的局面不容破坏/陈高傭（星期论坛）　《申报》　1945 年 12 月 2 日　第 387 册　第 659 页

39077　一个模范的空军　《中央日报》　1944 年 3 月 10 日　第 49 册　第 314 页

39078　一个内政问题　《中央日报》　1943 年 9 月 16 日　第 48 册　第 662 页

39079　一个弄傀儡的一个看的　《民国日报》　1923 年 9 月 12 日　第 47 册　第 158 页

39080　一个平实的提案　《中央日报》　1938 年 11 月 9 日　第 41 册　第 242 页

39081　一个平贼弭乱的基础　《民国日报》　1924 年 6 月 18 日　第 51 册　第 644 页

39082　一个迫切呼吁：请求政府豁免国民小学学费　《申报》　1944 年 1 月 12 日　第 385 册　第 45 页

39083　一个世界一个战争：英国抗战四周年感言　《中央日报》　1943 年 9 月 3 日　第 48 册　第 608 页

39084　一个顺拟祸福的肉薄点　《民国日报》　1923 年 7 月 13 日　第 46 册　第 170 页

39085　一个苏沪安宁的紧急问题　《民国日报》　1922 年 6 月 21 日　第 39 册　第 698 页

39086　一个问题急待解答　《中央日报》　1948 年 10 月 9 日　第 60 册　第 296 页

39087　一个五年计划　《申报》　1947 年 8 月 13 日　第 394 册　第 432 页

39088　一个喜讯　《大公报》　1942 年 5 月 15 日　第 148 册　第 578 页

39089　一个响应　《申报》（香港版）　1938 年 10 月 20 日　第 357 册　第 201 页

39090　一个新传统的完成　《大公报》　1943 年 7 月 4 日　第 151 册　第 14 页

39091　一个新农村制度　《中央日报》　1939 年 11 月 9 日　第 42 册　第 732 页

39092　一个新印刷方法的尝试：中国科学期刊协会年会印刷报告之一（星期论坛）　《申报》　1949 年 3 月 6 日　第 400 册　第 400 页

39093　一个新战略的建议：以质诸美苏英朝野人士/公孙震（星期论文）　《大公报》　1942 年 3 月 1 日　第 148 册　第 252 页

39094　一个行政的"结"　《大公报》　1943 年 4 月 30 日　第 150 册　第 532 页

39095　一个行政统系问题（言论）　《民国日报》　1925 年 7 月 31 日　第 58 册　第 304 页

39096　一个严肃的考验　《大公报》　1948 年 12 月 20 日　第 164 册　第 591 页

39097　一个疑问：不许官僚政客入国民大会　为什么还把中国托付他　《民国日报》　1920 年 8 月 29 日　第 28 册　第 828 页

39098　一个政策两个世界：华莱士辞职的感想　《大公报》　1946 年 9 月 25 日　第 157 册　第 456 页

221 页

39123 "一九学术考查团"之教训 《大公报》 1931 年 6 月 29 日 第 103 册 第 712 页

39124 一九一八与一九四〇/沙学浚（星期论文） 《大公报》 1940 年 1 月 28 日 第 144 册 第 110 页

39125 一句决心改造中国的话 《民国日报》 1922 年 2 月 13 日 第 37 册 第 492 页

39126 一句赞助直接交涉的谎话 《民国日报》 1921 年 12 月 7 日 第 36 册 第 486 页

39127 一冷一热中的忠告 《民国日报》 1923 年 10 月 4 日 第 47 册 第 474 页

39128 一例 《申报》 1919 年 7 月 1 日 第 159 册 第 3 页

39129 一面拥护一面督促 《申报》 1943 年 4 月 24 日 第 383 册 第 763 页

39130 一年 《申报》 1925 年 11 月 30 日 第 218 册 第 591 页

39131 一年来工业的回顾与展望 《大公报》 1937 年 1 月 12 日 第 136 册 第 150 页

39132 一年来国共商谈的总结 《申报》 1946 年 8 月 21 日 第 389 册 第 856 页

39133 一年来欧局之演变 《中央日报》 1940 年 9 月 8 日 第 43 册 第 952 页

39134 一年来日本渔轮在江苏沿海捕鱼及侵占上海渔业中心之计划（时评）/王德发 《民国日报》 1931 年 4 月 8 日 第 91 册 第 460 页

39135 一年来铁道事业回想 《中央日报》 1929 年 11 月 1 日 第 8 册 第 2 页

39136 一年来之德国军备问题 《大公报》 1936 年 3 月 9 日 第 131 册 第 116 页

39137 一年来之广东战场 《大公报》 1939 年 10 月 11 日 第 143 册 第 164 页

39138 一年来之上海金融动态 《申报》 1932 年 9 月 3 日 第 296 册 第 59 页

39139 一年内击溃日寇! 《中央日报》 1944 年 10 月 13 日 第 50 册 第 200 页

39140 一年内政府与国民之大举动 《申报》 1910 年 1 月 29 日 第 104 册 第 506 页

39141 一年内政府与国民之大举动（续） 《申报》 1910 年 1 月 30 日 第 104 册 第 524 页

39142 一年之计 《大公报》 1948 年 1 月 8 日 第 162 册 第 52 页

39143 一年之计在于春 《大公报》 1930 年 2 月 1 日 第 94 册 第 436 页

39144 一年之计在于春 《大公报》 1933 年 1 月 27 日 第 112 册 第 292 页

39170　一人之内政外交（续）　《民国日报》　1916 年 3 月 1 日　第 2 册　第 2 页

39171　一时间之辅币恐慌　《申报》　1941 年 9 月 6 日　第 377 册　第 466 页

39172　一时一事　《申报》　1929 年 7 月 8 日　第 260 册　第 217 页

39173　一时与永久　《申报》　1922 年 3 月 22 日　第 178 册　第 407 页

39174　一时重要　《申报》　1928 年 4 月 5 日　第 245 册　第 110 页

39175　一事数方　《申报》　1924 年 3 月 31 日　第 200 册　第 653 页

39176　一事无成　《申报》　1918 年 11 月 29 日　第 155 册　第 450 页

39177　一事无成　《申报》　1923 年 11 月 8 日　第 197 册　第 149 页

39178　一事一业　《申报》　1925 年 3 月 1 日　第 210 册　第 4 页

39179　一手一足之力　《申报》　1926 年 5 月 27 日　第 223 册　第 647 页

39180　一条临死的活路　《民国日报》　1921 年 12 月 11 日　第 36 册　第 540 页

39181　一条路上的十万人（言论）　《民国日报》　1925 年 4 月 12 日　第 56 册　第 572 页

39182　一条生路（言论）　《民国日报》　1927 年 5 月 15 日　第 68 册　第 208 页

39183　一条整齐步调确定重心的民国路　《民国日报》　1923 年 7 月 5 日　第 46 册　第 58 页

39184　一条走不通的路：礼让为国　《中央日报》　1930 年 2 月 18 日　第 9 册　第 613 页

39185　一团高兴　《民国日报》　1921 年 10 月 10 日　第 35 册　第 539 页

39186　一团糟的川局　《民国日报》　1928 年 3 月 7 日　第 73 册　第 89 页

39187　一万万元金融公债与工商业之救济　《申报》　1935 年 3 月 26 日　第 326 册　第 749 页

39188　一位值得我们崇拜的伟大人格/陈衡哲（星期论文）　《大公报》　1935 年 7 月 28 日　第 127 册　第 394 页

39189　一文一武两帝孽　《民国日报》　1917 年 7 月 1 日　第 10 册　第 2 页

39190　一物　《申报》　1924 年 12 月 5 日　第 208 册　第 69 页

39191　一误不堪再误　《大公报》　1928 年 9 月 3 日　第 86 册　第 25 页

39192　一夕杂感/傅孟真（星期论文）　《大公报》　1935 年 8 月 11 日　第 127 册　第 596 页

39193　一喜一惧　《大公报》　1930 年 10 月 21 日　第 98 册　第 592 页

39194　一喜一惧的国际局面/傅孟真（星期论文）　《大公报》　1935 年 10 月 6 日　第 128 册　第 508 页

39195　一续沪宁铁路条议　《申报》　1905 年 9 月 13 日　第 81 册　第 105 页

39196　一续盛宣怀答复江苏京官沪宁铁路函稿并附驳义　《申报》　1905 年 10 月

17 日　第 81 册　第 387 页

39197　一言兴邦　《大公报》　1936 年 12 月 28 日　第 135 册　第 904 页

39198　一言一义　《申报》　1927 年 9 月 24 日　第 238 册　第 494 页

39199　一言一义主张　《申报》　1928 年 6 月 17 日　第 247 册　第 465 页

39200　一言之咎　《申报》　1915 年 7 月 9 日　第 135 册　第 146 页

39201　一样爱国程度不同　《民国日报》　1921 年 5 月 31 日　第 33 册　第 424 页

39202　一样十五元钞两段旧新闻　《民国日报》　1928 年 6 月 14 日　第 74 册　第 704 页

39203　一叶知秋　《大公报》　1940 年 10 月 31 日　第 145 册　第 464 页

39204　一一相反　《申报》　1925 年 5 月 30 日　第 212 册　第 612 页

39205　一疑团　《申报》　1918 年 1 月 28 日　第 150 册　第 378 页

39206　一意孤行　《申报》　1923 年 2 月 11 日　第 188 册　第 816 页

39207　一圆法议　《申报》　1900 年 3 月 14 日　第 64 册　第 407 页

39208　一月来世界新生之事　《申报》　1930 年 2 月 18 日　第 267 册　第 465 页

39209　一月来之苏德战事与世界　《申报》　1941 年 7 月 21 日　第 376 册　第 1014 页

39210　一月十日停战协定　《中央日报》　1946 年 10 月 8 日　第 54 册　第 74 页

39211　一张废纸！　《中央日报》　1940 年 12 月 1 日　第 44 册　第 126 页

39212　一直线　《申报》　1926 年 10 月 1 日　第 228 册　第 4 页

39213　一致　《申报》　1914 年 11 月 22 日　第 131 册　第 308 页

39214　一致　《申报》　1917 年 4 月 11 日　第 145 册　第 736 页

39215　一致对外的真意义　《民国日报》　1919 年 12 月 6 日　第 24 册　第 422 页

39216　一致对外究待何时　《申报》　1931 年 10 月 5 日　第 287 册　第 112 页

39217　一致对外之声浪不足恃　《大公报》　1928 年 5 月 12 日　第 84 册　第 111 页

39218　一致合作为对外前提　《大公报》　1933 年 4 月 16 日　第 113 册　第 648 页

39219　一致篇　《申报》　1911 年 11 月 19 日　第 115 册　第 271 页

39220　一致与进行：患不在不一致　患在不进行　《民国日报》　1919 年 8 月 10 日　第 22 册　第 446 页

39221　一致御侮　《申报》　1933 年 1 月 25 日　第 300 册　第 540 页

39222　一致御侮始能争得自由　《中央日报》　1932 年 4 月 9 日　第 17 册　第 513 页

39223　一中全会开幕　《民国日报》　1931 年 12 月 21 日　第 95 册　第 623 页

39224 一中全会通过中央政制案 《大公报》 1931 年 12 月 26 日 第 105 册 第 442 页

39225 一种论人的常识：莫对孙总统作无据的猜测 《民国日报》 1922 年 8 月 19 日 第 40 册 第 672 页

39226 一种势力之内 《申报》 1924 年 1 月 9 日 第 199 册 第 174 页

39227 一种问题 《申报》 1925 年 2 月 15 日 第 209 册 第 727 页

39228 一种有害运动的企图 《中央日报》 1945 年 11 月 15 日 第 51 册 第 1008 页

39229 一周经过告师友（来论） 《民国日报》 1927 年 8 月 23 日 第 69 册 第 769 页

39230 一字治天下论 《申报》 1872 年 8 月 21 日 第 1 册 第 381 页

39231 伊拉克战事及其前瞻 《大公报》 1941 年 5 月 12 日 第 146 册 第 548 页

39232 伊拉克政局亦有变动 《申报》 1930 年 9 月 15 日 第 274 册 第 368 页

39233 伊朗的局势 《大公报》 1945 年 12 月 19 日 第 155 册 第 732 页

39234 伊朗局势的新开展 《申报》 1946 年 3 月 27 日 第 388 册 第 466 页

39235 伊朗问题仍可虑 《大公报》 1941 年 8 月 25 日 第 147 册 第 200 页

39236 伊朗问题死灰复燃 《申报》 1946 年 8 月 5 日 第 389 册 第 656 页

39237 伊朗与联合国 《申报》 1946 年 3 月 30 日 第 388 册 第 484 页

39238 伊犁将军奏请试办官茶折 《申报》 1903 年 8 月 17 日 第 74 册 第 761 页

39239 伊姆法尔之战 《中央日报》 1944 年 4 月 7 日 第 49 册 第 438 页

39240 伊斯兰世界的动荡 《申报》 1946 年 8 月 29 日 第 389 册 第 952 页

39241 伊斯兰世界的动荡 《申报》 1948 年 1 月 13 日 第 396 册 第 104 页

39242 衣被苍生论 《申报》 1892 年 12 月 29 日 第 42 册 第 751 页

39243 衣食住限用国货之提议 《大公报》 1934 年 4 月 28 日 第 119 册 第 842 页

39244 医病莫劝人吸洋烟论/吴虹玉 《申报》 1888 年 12 月 18 日 第 33 册 第 1097 页

39245 医不可不学论 《申报》 1876 年 10 月 6 日 第 9 册 第 333 页

39246 医国论 《申报》 1876 年 6 月 8 日 第 8 册 第 525 页

39247 医国篇 《申报》 1888 年 5 月 17 日 第 32 册 第 785 页

39248 医国篇 《申报》 1888 年 9 月 29 日 第 33 册 第 599 页

39249 医国篇 《申报》 1898 年 1 月 3 日 第 58 册 第 13 页

39250 医家应添设长沙太守张仲景神位供奉论 《申报》 1872 年 10 月 22 日 第 1 册 第 593 页

39251 医论 《申报》 1872 年 5 月 23 日 第 1 册 第 73 页

39252 医命说 《申报》 1889 年 7 月 24 日 第 35 册 第 149 页

39253 医生贵通儒术论 《申报》 1893 年 1 月 16 日 第 43 册 第 95 页

39254 医生与病家 《申报》 1943 年 12 月 4 日 第 384 册 第 807 页

39255 医师公会举办防疫运动 《申报》 1941 年 6 月 3 日 第 376 册 第 400 页

39256 医俗论 《申报》 1883 年 4 月 5 日 第 22 册 第 459 页

39257 医谈 《申报》 1888 年 6 月 18 日 第 32 册 第 1005 页

39258 医学大会开幕 《申报》 1944 年 4 月 25 日 第 385 册 第 401 页

39259 医学教育方针 《中央日报》 1934 年 4 月 8 日 第 26 册 第 86 页

39260 医学宜会通中西说 《申报》 1905 年 4 月 29 日 第 79 册 第 869 页

39261 医药当以自验者为信说 《申报》 1887 年 12 月 24 日 第 31 册 第 1139 页

39262 医药高贵之公众保健 《申报》 1940 年 5 月 11 日 第 370 册 第 124 页

39263 医药救护与棉衣 《大公报》 1938 年 9 月 15 日 第 141 册 第 316 页

39264 医药问题 《中央日报》 1943 年 8 月 31 日 第 48 册 第 596 页

39265 医药与抚恤：整军工作中同待解决的问题 《大公报》 1945 年 5 月 18 日 第 154 册 第 582 页

39266 医药杂投 《申报》 1925 年 1 月 18 日 第 209 册 第 318 页

39267 医喻 《申报》 1888 年 1 月 2 日 第 32 册 第 7 页

39268 医院说 《申报》 1883 年 7 月 20 日 第 23 册 第 115 页

39269 医院治病记 《申报》 1895 年 8 月 1 日 第 50 册 第 593 页

39270 医箴 《申报》 1887 年 8 月 1 日 第 31 册 第 195 页

39271 医箴 《申报》 1893 年 11 月 27 日 第 45 册 第 589 页

39272 依赖英美抑独立解放/陈彬龢（代论） 《申报》 1944 年 10 月 24 日 第 386 册 第 371 页

39273 依然 《申报》 1917 年 2 月 28 日 第 144 册 第 840 页

39274 依然倾轧 《申报》 1918 年 2 月 4 日 第 150 册 第 474 页

39275 依然无进步 《申报》 1917 年 6 月 29 日 第 146 册 第 1032 页

39276 依然现在情况 《申报》 1921 年 4 月 30 日 第 169 册 第 1036 页

39277 噫今后更无和道矣：条件已完全撤销 再和益入魔道 《民国日报》 1918 年 7 月 15 日 第 16 册 第 146 页

39278 噫今后更无和道矣（续）：条件已完全撤销 再和益入魔道 《民国日报》 1918 年 7 月 16 日 第 16 册 第 158 页

39279 噫颂词 《民国日报》 1917 年 12 月 25 日 第 12 册 第 650 页

39280 噫谢日本借款：制造第二吴光新傅良佐 《民国日报》 1918 年 1 月 10 日

第 13 册　第 98 页

39281　噫谢日本政府：军费一千万元　《民国日报》　1918 年 1 月 9 日　第 13 册
第 86 页

39282　夷字辨　《申报》　1874 年 1 月 27 日　第 4 册　第 89 页

39283　宜布方针之时会　《申报》　1920 年 4 月 27 日　第 163 册　第 1043 页

39284　宜昌大胜的重大性　《中央日报》　1941 年 10 月 11 日　第 45 册　第
304 页

39285　宜昌战信之相歧　《申报》　1921 年 9 月 26 日　第 173 册　第 495 页

39286　宜昌之军变　《申报》　1921 年 6 月 8 日　第 170 册　第 674 页

39287　宜仿西法以裨时事论二　《申报》　1892 年 8 月 23 日　第 41 册　第
745 页

39288　宜仿西法以裨时事论三　《申报》　1892 年 8 月 24 日　第 41 册　第
753 页

39289　宜仿西法以裨时事论四　《申报》　1892 年 8 月 25 日　第 41 册　第
761 页

39290　宜仿西法以裨时事论五　《申报》　1892 年 10 月 6 日　第 42 册　第
225 页

39291　宜仿西法以裨时事论六　《申报》　1892 年 10 月 20 日　第 42 册　第
313 页

39292　宜广开煤矿说　《申报》　1896 年 10 月 9 日　第 54 册　第 239 页

39293　宜及时修省论　《申报》　1895 年 2 月 25 日　第 49 册　第 289 页

39294　宜亟振兴西学议　《申报》　1892 年 1 月 10 日　第 40 册　第 57 页

39295　宜急援台北说　《申报》　1884 年 10 月 26 日　第 25 册　第 677 页

39296　宜禁售卖手枪论　《申报》　1890 年 2 月 4 日　第 36 册　第 157 页

39297　宜联络与国以御外侮　《申报》　1894 年 7 月 2 日　第 47 册　第 455 页

39298　宜若何保守朝鲜论上　《申报》　1891 年 6 月 14 日　第 38 册　第 921 页

39299　宜若何保守朝鲜论下　《申报》　1891 年 6 月 21 日　第 38 册　第 963 页

39300　宜设革命总机关于上海　《申报》　1911 年 11 月 12 日　第 115 册　第
170 页

39301　宜设银肆以保利源论　《申报》　1890 年 2 月 2 日　第 36 册　第 145 页

39302　宜速确立军事中心　《大公报》　1932 年 3 月 10 日　第 107 册　第 94 页

39303　宜严修火律说　《申报》　1893 年 11 月 29 日　第 45 册　第 601 页

39304　宜一致拥护学术自由（言论）　《民国日报》　1925 年 2 月 7 日　第 55 册
第 386 页

39305　宜隐弭盗患以安东省论　《申报》　1889 年 5 月 6 日　第 34 册　第 685 页

39306　宜用自来水以却疾疫论　《申报》　1882 年 11 月 12 日　第 21 册　第

805 页

39307　宜有大牺牲之准备与决心　《申报》（汉口版）　1938 年 6 月 4 日　第 356 册　第 285 页

39308　宜有牺牲精神　《申报》（香港版）　1938 年 6 月 7 日　第 356 册　第 793 页

39309　宜在上海倡设众善堂　《申报》　1895 年 9 月 30 日　第 51 册　第 193 页

39310　宜早给田价以慰民情而济农困论　《申报》　1896 年 5 月 25 日　第 53 册　第 159 页

39311　宜招考索习西学之人以佐理海部说　《申报》　1885 年 11 月 11 日　第 27 册　第 815 页

39312　宜组织债务专律论　《申报》　1913 年 6 月 23 日　第 122 册　第 709 页

39313　宜组织债务专律论续　《申报》　1913 年 6 月 24 日　第 122 册　第 723 页

39314　"移诚挚热情于言行"：读河边总参谋长"告在华日军将士"志感并略申我国民之态度　《申报》　1942 年 12 月 9 日　第 382 册　第 458 页

39315　移费济军说敬注八月二十七日谕旨后　《申报》　1884 年 10 月 31 日　第 25 册　第 699 页

39316　移会费以助赈款说　《申报》　1883 年 8 月 26 日　第 23 册　第 339 页

39317　移监犯屯垦　《申报》　1933 年 8 月 21 日　第 307 册　第 582 页

39318　移交英美敌产以后　《申报》　1943 年 11 月 2 日　第 384 册　第 679 页

39319　移军队与洪水作战　《申报》　1931 年 8 月 17 日　第 285 册　第 450 页

39320　移军就饷　《申报》　1925 年 5 月 22 日　第 212 册　第 432 页

39321　移军实边与开发西北　《申报》　1933 年 7 月 17 日　第 306 册　第 502 页

39322　移民屯垦计划　《中央日报》　1932 年 7 月 21 日　第 18 册　第 570 页

39323　移民问题　《申报》　1929 年 11 月 2 日　第 264 册　第 36 页

39324　移民殖边之最好时机　《中央日报》　1931 年 8 月 28 日　第 15 册　第 671 页

39325　移师东伐议　《申报》　1894 年 8 月 19 日　第 47 册　第 791 页

39326　移香资以助急赈说　《申报》　1901 年 4 月 14 日　第 67 册　第 575 页

39327　移转承认的理由　《民国日报》　1921 年 11 月 15 日　第 36 册　第 194 页

39328　移转管辖后之叶翼熊案　《大公报》　1931 年 2 月 12 日　第 100 册　第 472 页

39329　移资助赈论　《申报》　1878 年 5 月 7 日　第 12 册　第 409 页

39330　遗产税的立法原则　《申报》　1936 年 12 月 7 日　第 347 册　第 172 页

39331　遗产税与非常财政　《中央日报》　1936 年 12 月 8 日　第 36 册　第 835 页

39332　遗产税之筹征　《申报》　1936 年 3 月 8 日　第 338 册　第 188 页

39333 遗诏 《申报》 1881年4月16日 第18册 第397页

39334 疑 《申报》 1929年3月24日 第256册 第686页

39335 疑虑与信用 《申报》 1914年8月28日 第129册 第874页

39336 疑似 《申报》 1925年11月5日 第218册 第81页

39337 疑似与隐忍 《申报》 1927年12月1日 第241册 第6页

39338 疑问 《申报》 1915年9月25日 第136册 第384页

39339 疑问 《申报》 1916年5月5日 第140册 第62页

39340 疑问 《申报》 1925年11月20日 第218册 第383页

39341 疑问？ 《大公报》 1928年7月31日 第85册 第302页

39342 疑心 《申报》 1920年7月28日 第165册 第487页

39343 疑义与解释 《申报》 1920年5月28日 第164册 第489页

39344 疑与信 《申报》 1926年10月23日 第228册 第578页

39345 乙卯年的今日：追悼陈英士先生 《民国日报》 1921年12月5日 第36册 第460页

39346 乙巳周年中国大事记（其二夏季） 《申报》 1906年1月18日 第82册 第137页

39347 乙巳周年中国大事记（其三秋季） 《申报》 1906年1月19日 第82册 第145页

39348 乙巳周年中国大事记（其四冬季） 《申报》 1906年1月20日 第82册 第153页

39349 乙巳周年中国大事记（其一春季） 《申报》 1906年1月17日 第82册 第129页

39350 乙未年上海市面大概情形论 《申报》 1896年2月11日 第52册 第243页

39351 乙未起义五十一周年 《中央日报》 1946年9月9日 第53册 第894页

39352 已嫁女子追溯继承财产 《大公报》 1929年8月6日 第91册 第580页

39353 以报复代替抗议！ 《大公报》 1939年3月16日 第142册 第298页

39354 以暴易暴之不可 《大公报》 1930年8月16日 第97册 第556页

39355 以必死之决心作最后之奋斗：呜呼幸灾乐祸之日本帝国主义者 《中央日报》 1931年9月20日 第15册 第947页

39356 以不变应万变 《大公报》 1939年8月30日 第142册 第564页

39357 以尝试对付恶谣 《中央日报》 1946年8月30日 第53册 第778页

39358 以沉着答复冒险 《大公报》 1941年10月1日 第147册 第350页

39359 以创造精神完成抗建 《中央日报》 1941年6月16日 第44册 第

972 页

39383 以空运加强中国战场并将战争带至日本工业区 《大公报》 1943 年 8 月 25 日 第 151 册 第 248 页

39384 以李督之心为心 《申报》 1920 年 10 月 18 日 第 166 册 第 837 页

39385 以力 《申报》 1920 年 6 月 24 日 第 164 册 第 991 页

39386 以临省为壑 《申报》 1925 年 4 月 6 日 第 211 册 第 97 页

39387 以美西事告政府 《申报》 1913 年 9 月 7 日 第 124 册 第 80 页

39388 "以密切合作争取胜利" 《申报》 1941 年 11 月 9 日 第 378 册 第 491 页

39389 以民意为从违 《申报》 1920 年 9 月 29 日 第 166 册 第 488 页

39390 以逆产赈北灾 《民国日报》 1928 年 6 月 9 日 第 74 册 第 621 页

39391 以气节廉耻为立党立国之本(特载)/蒋中正 《民国日报》 1930 年 1 月 1 日 第 84 册 第 2 页

39392 以亲爱代替仇恨:向中共进一忠告 《申报》 1946 年 5 月 30 日 第 388 册 第 938 页

39393 以去就争 《申报》 1920 年 10 月 7 日 第 166 册 第 609 页

39394 以全面措施平压物价 《中央日报》 1948 年 6 月 28 日 第 59 册 第 500 页

39395 以群众力量抑制豪强 《中央日报》 1948 年 9 月 25 日 第 60 册 第 188 页

39396 以人而论 《申报》 1922 年 8 月 9 日 第 183 册 第 174 页

39397 以柔远为防奸之法论 《申报》 1894 年 11 月 20 日 第 48 册 第 505 页

39398 以色列的厄运! 《申报》 1948 年 5 月 27 日 第 397 册 第 480 页

39399 以身作则 《申报》 1927 年 9 月 23 日 第 238 册 第 476 页

39400 以实力抵抗苏俄狡计 《中央日报》 1929 年 11 月 2 日 第 8 册 第 15 页

39401 以实战为演习 《中央日报》 1942 年 8 月 22 日 第 46 册 第 650 页

39402 以事实息谣 《申报》 1929 年 3 月 6 日 第 256 册 第 154 页

39403 以事实自白于全国 《中央日报》 1936 年 6 月 14 日 第 34 册 第 893 页

39404 以水雷阻敌胜负以岸战待敌说 《申报》 1884 年 10 月 25 日 第 25 册 第 671 页

39405 以孙易高 《申报》 1924 年 1 月 14 日 第 199 册 第 279 页

39406 以统一来保障胜利 《中央日报》 1941 年 1 月 4 日 第 44 册 第 278 页

39407 以外 《申报》 1916 年 1 月 22 日 第 138 册 第 302 页

39408 以伪迎伪的武昌会议 《民国日报》 1921 年 7 月 21 日 第 34 册 第 282 页

39409 以文教增植民族新种子 《中央日报》 1942 年 12 月 19 日 第 47 册 第 306 页

39410 以我度之 《申报》 1916 年 3 月 30 日 第 139 册 第 466 页

39411 以我度之 《申报》 1917 年 10 月 3 日 第 148 册 第 540 页

39412 以武力为挟制之误（专论）/胡朴安 《民国日报》 1946 年 3 月 19 日 第 97 册 第 293 页

39413 以小喻大 《民国日报》 1930 年 2 月 28 日 第 84 册 第 760 页

39414 以新的情绪来迎"八一三"：并贺上海市参议会成立 《申报》 1946 年 8 月 13 日 第 389 册 第 752 页

39415 以行动影响皓电 《中央日报》 1939 年 1 月 23 日 第 41 册 第 602 页

39416 以行动制止日本南侵 《中央日报》 1941 年 3 月 7 日 第 44 册 第 532 页

39417 以虚应实 《申报》 1922 年 1 月 9 日 第 177 册 第 144 页

39418 以血汗确保胜利 《申报》 1946 年 8 月 15 日 第 389 册 第 781 页

39419 以一敌八 《申报》 1923 年 4 月 22 日 第 190 册 第 445 页

39420 以一贯精神继续努力 《中央日报》 1929 年 12 月 22 日 第 8 册 第 645 页

39421 "以夷治夷"论 《大公报》 1927 年 12 月 6 日 第 81 册 第 527 页

39422 以逸待劳 《申报》 1925 年 7 月 13 日 第 214 册 第 239 页

39423 以印度为鉴 《大公报》 1946 年 11 月 4 日 第 158 册 第 222 页

39424 以硬币支持金圆券 《中央日报》 1948 年 11 月 13 日 第 60 册 第 562 页

39425 以怨报德的反美宣传 《中央日报》 1946 年 7 月 8 日 第 53 册 第 324 页

39426 以战辟谣! 《大公报》 1939 年 9 月 25 日 第 143 册 第 98 页

39427 以张代倪说 《申报》 1920 年 6 月 24 日 第 164 册 第 995 页

39428 以真凭实据诉之公理! 《大公报》 1932 年 3 月 25 日 第 107 册 第 244 页

39429 以职权为武器 《申报》 1923 年 1 月 18 日 第 188 册 第 341 页

39430 以主义战胜暴日 《中央日报》 1931 年 12 月 7 日 第 16 册 第 811 页

39431 以自由破坏自由 《中央日报》 1948 年 8 月 10 日 第 59 册 第 844 页

39432 蚁鸨皆有可诛之罪说 《申报》 1892 年 8 月 27 日 第 41 册 第 773 页

39433 倚赖推诿与研究日本 《申报》 1934 年 4 月 6 日 第 315 册 第 155 页

39434 倚赖外交与自主外交 《大公报》 1932 年 4 月 21 日 第 107 册 第 514 页

39435 倚桥闲论 《申报》 1875 年 10 月 22 日 第 7 册 第 389 页

39546 议政机构之扩大 《中央日报》 1947年2月25日 第55册 第618页

39547 议阻华人原情说 《申报》 1882年4月28日 第20册 第533页

39548 亦无办法 《申报》 1918年3月15日 第151册 第208页

39549 亦一教训 《申报》 1920年6月14日 第164册 第811页

39550 亦有所为 《申报》 1917年9月20日 第148册 第324页

39551 亦争是非 《申报》 1923年12月20日 第198册 第405页

39552 屹立不动的湖南战场 《中央日报》 1944年7月20日 第49册 第900页

39553 异乎我所闻之联邦 《民国日报》 1916年2月8日 第1册 第144页

39554 异乎寻常的傀儡 《民国日报》 1923年8月19日 第46册 第688页

39555 异僧论 上 《申报》 1889年3月20日 第34册 第399页

39556 异僧论 下 《申报》 1889年3月22日 第34册 第413页

39557 异哉！中共的全面作战 《申报》 1946年9月1日 第390册 第2页

39558 异哉，北大学生案之判辞 《民国日报》 1919年8月29日 第22册 第674页

39559 异哉，北平舞业之盛！ 《大公报》 1931年7月21日 第103册 第244页

39560 异哉，赤色帝国主义之凶焰 《大公报》 1927年12月26日 第81册 第687页

39561 异哉，国家公债募集之困难 《大公报》 1929年9月19日 第92册 第292页

39562 异哉，国民对于裁兵之冷淡 《大公报》 1929年9月10日 第92册 第148页

39563 异哉，湖北省立银行之资本 《大公报》 1926年11月24日 第77册 第659页

39564 异哉，济案交涉之中变 《大公报》 1929年2月10日 第88册 第616页

39565 异哉，今之所谓党争 《民国日报》 1917年7月14日 第10册 第158页

39566 异哉，拒绝顾维钧到东北？ 《大公报》 1932年4月6日 第107册 第364页

39567 异哉，领袖荷使之覆牒 《中央日报》 1929年7月14日 第6册 第853页

39568 异哉，美国记者又一怪论 《大公报》 1929年10月1日 第92册 第484页

39569 异哉，日本所谓亚细亚同盟 《大公报》 1933年4月25日 第113册

第 411 页

39612　译通闻馆论贵州提督索欠饷事　《申报》　1873 年 4 月 1 日　第 2 册　第 285 页

39613　译西报工部局会议租界戏馆事系之以论　《申报》　1894 年 1 月 13 日　第 46 册　第 81 页

39614　译西报记美国某将军以枪炮致雨事系之以论　《申报》　1893 年 1 月 30 日　第 43 册　第 181 页

39615　译西报记暹罗孪生奇人略　《申报》　1874 年 4 月 10 日　第 4 册　第 319 页

39616　译西报论俄使臣与中华议定事件　《申报》　1872 年 11 月 11 日　第 1 册　第 661 页

39617　译西报论口子事　《申报》　1885 年 12 月 18 日　第 27 册　第 1039 页

39618　译西报论李伯相奏议事　《申报》　1873 年 9 月 18 日　第 3 册　第 273 页

39619　译西报论炮厂事　《申报》　1886 年 10 月 31 日　第 29 册　第 753 页

39620　译西报论书信馆事并书其后　《申报》　1890 年 8 月 7 日　第 37 册　第 241 页

39621　译西报论巡捕事书后　《申报》　1886 年 8 月 23 日　第 29 册　第 325 页

39622　译西报论洋棉纱不准加捐事　《申报》　1890 年 7 月 12 日　第 37 册　第 73 页

39623　译西报论印督除虎害　《申报》　1885 年 8 月 25 日　第 27 册　第 331 页

39624　译西报论云南募勇事　《申报》　1875 年 7 月 22 日　第 7 册　第 73 页

39625　译西报论曾侯使旋事　《申报》　1886 年 11 月 24 日　第 29 册　第 901 页

39626　译西报论中国茶叶亟宜整顿　《申报》　1890 年 10 月 22 日　第 37 册　第 725 页

39627　译西报论中国管驾　《申报》　1885 年 8 月 19 日　第 27 册　第 295 页

39628　译西报论中西意见离合答问　《申报》　1888 年 11 月 13 日　第 33 册　第 881 页

39629　译西报美国已定驱逐华人之例再抒其论　《申报》　1892 年 4 月 12 日　第 40 册　第 575 页

39630　译西报女子说书后　《申报》　1886 年 7 月 4 日　第 29 册　第 19 页

39631　译西报述澳门事书后　《申报》　1887 年 12 月 2 日　第 31 册　第 1001 页

39632　译西报述般岛近事书后　《申报》　1888 年 2 月 28 日　第 32 册　第 307 页

39633　译西报述福尔康船厂事即书其后　《申报》　1894 年 5 月 14 日　第 47 册　第 95 页

39634　译西报述考试医学事书后　《申报》　1887 年 7 月 21 日　第 31 册　第

125 页

39635 译西报言中国内地广种罂粟事书后 《申报》 1887 年 5 月 11 日 第 30 册 第 767 页

39636 译西商公所上两礼拜红绿茶行情单 《申报》 1872 年 9 月 23 日 第 1 册 第 493 页

39637 译西信言英俄大势 《申报》 1885 年 5 月 30 日 第 26 册 第 807 页

39638 译西友寄字林报馆函 《申报》 1875 年 4 月 12 日 第 6 册 第 325 页

39639 译西友群论觐见事 《申报》 1873 年 7 月 23 日 第 3 册 第 77 页

39640 译西字报论中外大局 《申报》 1878 年 11 月 2 日 第 13 册 第 429 页

39641 译西字新报论禁止种植鸦片 《申报》 1872 年 9 月 28 日 第 1 册 第 513 页

39642 译西字新报述 《申报》 1872 年 10 月 30 日 第 1 册 第 621 页

39643 译西字新闻纸论中国规模 《申报》 1872 年 7 月 6 日 第 1 册 第 225 页

39644 译英报论俄日事 《申报》 1897 年 5 月 23 日 第 56 册 第 137 页

39645 译英国伦敦代麦士新闻纸论中国事 《申报》 1874 年 1 月 1 日 第 4 册 第 1 页

39646 译英国驻华钦差电音言洋药税捐并归海关事书后 《申报》 1887 年 1 月 20 日 第 30 册 第 115 页

39647 译英京日报友人游瑙威国记 《申报》 1874 年 11 月 19 日 第 5 册 第 487 页

39648 译爪哇市语书后 《申报》 1886 年 2 月 22 日 第 28 册 第 269 页

39649 译字林报述天津友人来函 《申报》 1874 年 9 月 10 日 第 5 册 第 247 页

39650 译字林西字日报 《申报》 1874 年 3 月 13 日 第 4 册 第 221 页

39651 译字林新报论中华新行告贷一事 《申报》 1875 年 3 月 15 日 第 6 册 第 229 页

39652 易变与不变 《申报》 1929 年 3 月 5 日 第 256 册 第 127 页

39653 易服色辨 《申报》 1903 年 1 月 19 日 第 73 册 第 109 页

39654 易经的伟大（专论）/胡朴安 《民国日报》 1946 年 8 月 18 日 第 98 册 第 476 页

39655 易俗论 《申报》 1878 年 4 月 3 日 第 12 册 第 293 页

39656 易素服色辨 《申报》 1875 年 2 月 11 日 第 6 册 第 121 页

39657 易纨士北归 《大公报》 1928 年 2 月 26 日 第 82 册 第 499 页

39658 易纨士投机惨败 《民国日报》 1929 年 1 月 11 日 第 78 册 第 172 页

39659 易纨士先生的如意算盘 《民国日报》 1928 年 2 月 12 日 第 72 册 第

636 页

39688　意大利问题与四国外长会议　《中央日报》　1946 年 5 月 8 日　第 52 册 第 956 页

39689　意大利应知回头是岸!　《中央日报》　1943 年 7 月 13 日　第 48 册　第 386 页

39690　意大利与阿比西尼亚之冲突　《申报》　1934 年 11 月 21 日　第 322 册 第 617 页

39691　意大利与国际联盟　《申报》　1933 年 12 月 10 日　第 311 册　第 277 页

39692　意大利与欧战　《中央日报》　1940 年 4 月 21 日　第 43 册　第 364 页

39693　意大利与五强会议　《中央日报》　1936 年 8 月 2 日　第 35 册　第 389 页

39694　意大利与战局　《申报》　1914 年 8 月 25 日　第 129 册　第 832 页

39695　意大利在欧洲之地位　《申报》　1930 年 5 月 14 日　第 270 册　第 340 页

39696　意大利政教冲突　《中央日报》　1931 年 6 月 7 日　第 14 册　第 823 页

39697　意大利之党教纠纷　《申报》　1931 年 6 月 2 日　第 283 册　第 35 页

39698　意大利之趋向　《中央日报》　1940 年 5 月 16 日　第 43 册　第 474 页

39699　意大利之新选举　《民国日报》　1924 年 4 月 10 日　第 50 册　第 502 页

39700　意德结合与欧局危机　《申报》　1936 年 10 月 27 日　第 345 册　第 672 页

39701　意德军事同盟说之观测　《中央日报》　1937 年 5 月 9 日　第 39 册　第 101 页

39702　意对法外相造舰声明之态度　《申报》　1930 年 7 月 13 日　第 272 册　第 302 页

39703　意法关系紧张　《申报》　1930 年 6 月 2 日　第 271 册　第 38 页

39704　意飞机抵沪　《申报》　1920 年 5 月 3 日　第 164 册　第 53 页

39705　意飞行家散放传单之交涉　《申报》　1930 年 7 月 16 日　第 272 册　第 374 页

39706　意国承认伪满　《申报》　1936 年 11 月 29 日　第 346 册　第 736 页

39707　意国实施军国主义　《申报》　1930 年 11 月 22 日　第 276 册　第 573 页

39708　意国之经济恐慌　《申报》　1935 年 7 月 30 日　第 330 册　第 751 页

39709　意见不融洽　《申报》　1925 年 3 月 31 日　第 210 册　第 582 页

39710　意见用事　《申报》　1914 年 3 月 10 日　第 127 册　第 146 页

39711　意军侵阿的第一旬　《申报》　1935 年 10 月 14 日　第 333 册　第 375 页

39712　意料之外　《申报》　1913 年 12 月 21 日　第 125 册　第 722 页

39713　意料之外　《申报》　1918 年 5 月 3 日　第 152 册　第 34 页

39714　意南关系之前瞻与后顾　《申报》　1934 年 10 月 13 日　第 321 册　第 381 页

39715 意南协定的影响 《申报》 1937 年 3 月 30 日 第 350 册 第 715 页

39716 意南震灾感言 《中央日报》 1930 年 8 月 1 日 第 11 册 第 379 页

39717 意气 《申报》 1916 年 9 月 16 日 第 142 册 第 246 页

39718 意气消散 《申报》 1917 年 4 月 17 日 第 145 册 第 840 页

39719 意气与事实 《申报》 1926 年 8 月 17 日 第 226 册 第 398 页

39720 意琴室主送人序 《申报》 1887 年 12 月 14 日 第 31 册 第 1077 页

39721 意思 《申报》 1920 年 4 月 22 日 第 163 册 第 959 页

39722 意思表示说 《申报》 1921 年 2 月 2 日 第 168 册 第 523 页

39723 意思与权力 《申报》 1925 年 12 月 28 日 第 219 册 第 555 页

39724 意思与事实：新闻记者之觉悟 《民国日报》 1917 年 1 月 29 日 第 7 册
第 242 页

39725 意思与性情 《申报》 1927 年 5 月 21 日 第 234 册 第 399 页

39726 意苏对日之言论 《申报》 1934 年 1 月 31 日 第 312 册 第 795 页

39727 意苏交欢与远东形势 《申报》 1933 年 12 月 5 日 第 311 册 第 131 页

39728 意土开战感言 《申报》 1911 年 10 月 5 日 第 114 册 第 599 页

39729 意土开战之危机 《申报》 1911 年 10 月 1 日 第 114 册 第 532 页

39730 意外 《申报》 1925 年 11 月 26 日 第 218 册 第 509 页

39731 意外长访德 《申报》 1936 年 10 月 22 日 第 345 册 第 545 页

39732 意外交政策之基调 《中央日报》 1937 年 3 月 26 日 第 38 册 第
305 页

39733 意外相之平等说 《申报》 1931 年 3 月 17 日 第 280 册 第 427 页

39734 意外与意中 《申报》 1929 年 6 月 5 日 第 259 册 第 101 页

39735 意相北非之行与英国 《申报》 1937 年 3 月 17 日 第 350 册 第 403 页

39736 意相对西国内战果厌倦乎 《申报》 1937 年 5 月 26 日 第 352 册 第
604 页

39737 意相解除兼职感言 《申报》 1929 年 9 月 14 日 第 262 册 第 403 页

39738 意想以外之时局 《申报》 1911 年 11 月 4 日 第 115 册 第 49 页

39739 意械案与对华外交 《民国日报》 1924 年 3 月 12 日 第 50 册 第
154 页

39740 意义深长的八一三 《中央日报》 1944 年 8 月 13 日 第 49 册 第
1000 页

39741 意义深巨之儿童节 《中央日报》 1933 年 4 月 4 日 第 22 册 第 30 页

39742 意义重大的会见 《中央日报》 1945 年 12 月 22 日 第 52 册 第 128 页

39743 意之反棒喝与反教 《申报》 1931 年 6 月 4 日 第 283 册 第 88 页

39744 意之义 《申报》 1928 年 1 月 31 日 第 242 册 第 545 页

39745 意志即是力量 《中央日报》 1942 年 11 月 28 日 第 47 册 第 174 页

270 页

册　第 137 页

39921　应竭力避免中日第二次冲突　《大公报》　1928年5月6日　第84册　第51页

39922　应尽先注意西北建设　《大公报》　1933年8月1日　第115册　第438页

39923　应请国联调查团严重注意者数事　《中央日报》　1932年3月19日　第17册　第429页

39924　应如何努力于雪国耻　《中央日报》　1930年5月10日　第10册　第467页

39925　应时命令　《申报》　1921年1月3日　第168册　第35页

39926　应思为马歇尔元帅之助　《民国日报》　1946年4月19日　第97册　第417页

39927　应速成立行政法院　《大公报》　1930年12月25日　第99册　第652页

39928　应为东北开创崭新的前途/张其昀（星期论文）　《大公报》　1946年3月17日　第156册　第300页

39929　应为收回特权作准备　《大公报》　1942年10月26日　第149册　第514页

39930　应以前线军人为模范　《大公报》　1938年4月22日　第140册　第482页

39931　应由国民推举代表　《民国日报》　1921年9月17日　第35册　第224页

39932　应有超生死的见解　《民国日报》　1946年3月29日　第97册　第333页

39933　应有的警惕与反省　《申报》　1944年12月4日　第386册　第505页

39934　应有坚强果敢的决定　《民国日报》　1946年8月4日　第98册　第391页

39935　应有所感动　《民国日报》　1946年12月23日　第99册　第525页

39936　应于西安新建教育中心　《大公报》　1933年1月29日　第112册　第308页

39937　应在大处着眼　《民国日报》　1946年3月16日　第97册　第281页

39938　应战之第一声　《中央日报》　1937年7月29日　第40册　第341页

39939　应战之准备　《申报》　1929年8月23日　第261册　第644册

39940　应注意的两事　《民国日报》　1946年5月16日　第98册　第65页

39941　应组织正式政府　《民国日报》　1919年10月26日　第23册　第662页

39942　英埃的新关系　《申报》　1936年9月1日　第344册　第12页

39943　英埃关系的前瞻　《申报》　1936年7月19日　第342册　第492页

39944　英埃间之悬案　《申报》　1930年3月28日　第268册　第754页

39968　英搭交兵英未必能胜搭论　《申报》　1899 年 10 月 28 日　第 63 册　第 399 页

39969　英搭交兵中国宜派兵船观战说　《申报》　1899 年 10 月 23 日　第 63 册 第 361 页

39970　英大使许阁森中弹受伤　《申报》　1937 年 8 月 27 日　第 355 册　第 342 页

39971　英德对苏外交之角逐　《申报》　1940 年 10 月 20 日　第 372 册　第 652 页

39972　英德海军协定签字　《申报》　1935 年 6 月 21 日　第 329 册　第 546 页

39973　英德海战对于日本的影响　《大公报》　1941 年 5 月 31 日　第 146 册　第 618 页

39974　英德空中霸权的争取　《大公报》　1940 年 11 月 23 日　第 145 册　第 558 页

39975　英德两国铁路多寡考　《申报》　1891 年 11 月 2 日　第 39 册　第 755 页

39976　英德两国与国际变局　《申报》　1939 年 8 月 27 日　第 365 册　第 940 页

39977　英德谈判与和平　《大公报》　1935 年 3 月 29 日　第 125 册　第 452 页

39978　英德外交谈话　《申报》　1937 年 11 月 19 日　第 355 册　第 1044 页

39979　英德已宣战矣　《申报》　1914 年 8 月 6 日　第 129 册　第 564 页

39980　英德义外交的新动向　《大公报》　1937 年 11 月 20 日　第 139 册　第 617 页

39981　英德战略的检讨　《申报》　1940 年 8 月 21 日　第 371 册　第 672 页

39982　英德战争的前瞻　《申报》　1940 年 7 月 31 日　第 371 册　第 402 页

39983　英帝国会议　《中央日报》　1932 年 7 月 26 日　第 18 册　第 610 页

39984　英帝国会议的前途　《申报》　1937 年 5 月 14 日　第 352 册　第 312 页

39985　英帝国会议之收获　《中央日报》　1937 年 6 月 16 日　第 39 册　第 565 页

39986　英帝国会议之展望　《中央日报》　1937 年 5 月 16 日　第 39 册　第 187 页

39987　英帝国会议终结之感想　《大公报》　1926 年 11 月 27 日　第 77 册　第 683 页

39988　英帝国内部的矛盾　《申报》　1937 年 5 月 17 日　第 352 册　第 387 页

39989　英帝国外交讨论与远东问题　《申报》　1935 年 5 月 15 日　第 328 册　第 377 页

39990　英帝国之凝固力/沙学浚（星期论文）　《大公报》　1941 年 3 月 30 日 第 146 册　第 370 页

39991　英帝国总理会议　《大公报》　1944 年 5 月 13 日　第 152 册　第 602 页

39992　英对华新贷款成立　《申报》（香港版）　1939 年 3 月 10 日　第 358 册 第 74 页

39993　英俄必因西藏失和论　《申报》　1903 年 7 月 27 日　第 74 册　第 607 页

39994　英俄猜忌说　《申报》　1898 年 10 月 6 日　第 60 册　第 255 页

39995　英俄大战前之暗斗（言论）　《民国日报》　1927 年 6 月 1 日　第 68 册 第 453 页

39996　英俄断交　《大公报》　1927 年 5 月 27 日　第 79 册　第 449 页

39997　英俄断交案通过　《大公报》　1927 年 5 月 28 日　第 79 册　第 457 页

39998　英俄法日同盟　《申报》　1915 年 4 月 24 日　第 133 册　第 876 页

39999　英俄法日之劝告　《申报》　1915 年 10 月 30 日　第 136 册　第 950 页

40000　英俄干涉蒙藏问题　《申报》　1912 年 9 月 2 日　第 118 册　第 631 页

40001　英俄干涉蒙藏问题续　《申报》　1912 年 9 月 3 日　第 118 册　第 641 页

40002　英俄关系之改善　《大公报》　1929 年 4 月 13 日　第 89 册　第 692 页

40003　英俄关系之前途　《大公报》　1927 年 3 月 3 日　第 78 册　第 437 页

40004　英俄和战闲评　《申报》　1885 年 5 月 19 日　第 26 册　第 741 页

40005　英俄两国猜忌日深说　《申报》　1898 年 4 月 10 日　第 58 册　第 595 页

40006　英俄日之共同政策　《申报》　1912 年 9 月 17 日　第 118 册　第 781 页

40007　英俄实行复交　《大公报》　1929 年 11 月 8 日　第 93 册　第 116 页

40008　英俄通商协定　《申报》　1930 年 4 月 21 日　第 269 册　第 565 页

40009　英俄协商之影响　《申报》　1907 年 5 月 13 日　第 88 册　第 163 页

40010　英俄约章亟宜修改说（接昨稿）　《申报》　1901 年 1 月 21 日　第 67 册 第 121 页

40011　英俄战争与民族自决　《大公报》　1926 年 12 月 24 日　第 77 册　第 899 页

40012　英俄争阿富汗有关中国边务说　《申报》　1885 年 4 月 14 日　第 26 册 第 535 页

40013　英法比参谋人员谈话　《大公报》　1936 年 4 月 17 日　第 131 册　第 664 页

40014　英法必争埃及说　《申报》　1884 年 5 月 27 日　第 24 册　第 831 页

40015　英法成立不干涉协定　《申报》　1936 年 8 月 18 日　第 343 册　第 453 页

40016　英法承认保留案观　《民国日报》　1919 年 12 月 13 日　第 24 册　第 506 页

40017　英法承认西国民军政府以后　《申报》　1939 年 2 月 28 日　第 362 册　第 444 页

40018　英法德政潮近状　《申报》　1931 年 6 月 18 日　第 283 册　第 473 页

40019　英法德之政局　《申报》　1930 年 3 月 13 日　第 268 册　第 339 页

40044 英法谈话与法德宣言 《申报》 1938 年 11 月 26 日 第 359 册 第 746 页

40045 英法谈话与远东 《申报》 1938 年 11 月 23 日 第 359 册 第 702 页

40046 英法谈判的展望 《申报》（香港版） 1938 年 5 月 1 日 第 356 册 第 645 页

40047 英法谈判以后 《申报》（汉口版） 1938 年 5 月 3 日 第 356 册 第 221 页

40048 英法谈判之展望 《申报》 1935 年 1 月 22 日 第 324 册 第 547 页

40049 英法同盟的趋势与巴黎和会的前途/储玉坤（星期论坛） 《申报》 1946 年 4 月 7 日 第 388 册 第 534 页

40050 英法同盟条约的签订 《申报》 1947 年 3 月 4 日 第 392 册 第 666 页

40051 英法协调之意义 《申报》 1934 年 7 月 13 日 第 318 册 第 377 页

40052 英法协定成立后之欧洲 《大公报》 1935 年 2 月 7 日 第 124 册 第 536 页

40053 英法协定之发表 《大公报》 1928 年 10 月 7 日 第 86 册 第 433 页

40054 英法宜捐弃前嫌论 《申报》 1898 年 11 月 29 日 第 60 册 第 639 页

40055 英法义海军协定之成功 《大公报》 1931 年 3 月 14 日 第 101 册 第 160 页

40056 英法意协定之难关 《申报》 1931 年 4 月 29 日 第 281 册 第 744 页

40057 英法应作严正表示 《大公报》 1938 年 6 月 23 日 第 140 册 第 770 页

40058 英法与三强会议 《中央日报》 1936 年 7 月 21 日 第 35 册 第 245 页

40059 英法照会意大利 《中央日报》 1940 年 4 月 24 日 第 43 册 第 378 页

40060 英法之信用问题 《申报》 1939 年 3 月 24 日 第 362 册 第 852 页

40061 英法诸国与广东 《申报》 1938 年 10 月 21 日 第 359 册 第 212 页

40062 英阁潮显示之意义 《中央日报》 1932 年 10 月 6 日 第 19 册 第 530 页

40063 英阁改进后的美国与远东 《申报》 1940 年 5 月 16 日 第 370 册 第 196 页

40064 英阁局部改组的感想 《申报》 1946 年 10 月 7 日 第 390 册 第 450 页

40065 英阁再度改组 《大公报》 1942 年 2 月 26 日 第 148 册 第 240 页

40066 英工党内阁之更迭 《申报》 1931 年 8 月 26 日 第 285 册 第 700 页

40067 英工党政府与保守党 《申报》 1931 年 2 月 5 日 第 279 册 第 115 页

40068 英工党执政一年 《大公报》 1946 年 8 月 30 日 第 157 册 第 300 页

40069 英公使从缅甸礼论 《申报》 1876 年 2 月 25 日 第 8 册 第 169 页

40070 英官请中朝惩办莫美事 《申报》 1875 年 4 月 8 日 第 6 册 第 313 页

40071 英贵院远东辩论感言 《大公报》 1935 年 4 月 26 日 第 125 册 第

40098　英国动态　《中央日报》　1939 年 3 月 31 日　第 41 册　第 1004 页

40099　英国对埃及的新政策　《申报》　1946 年 5 月 11 日　第 388 册　第 786 页

40100　英国对巴勒斯坦的宣言　《申报》　1936 年 9 月 10 日　第 344 册　第 269 页

40101　英国对德抗议文之透视　《申报》　1935 年 3 月 21 日　第 326 册　第 608 页

40102　英国对德宣战　《申报》　1939 年 9 月 4 日　第 366 册　第 54 页

40103　英国对东京会谈之态度　《中央日报》　1939 年 7 月 26 日　第 42 册　第 302 页

40104　英国对华新声明之重要点　《大公报》　1928 年 2 月 10 日　第 82 册　第 339 页

40105　英国对华政策的展望　《申报》　1937 年 1 月 15 日　第 348 册　第 303 页

40106　英国对华政策无所忧疑　《申报》　1940 年 3 月 6 日　第 369 册　第 72 页

40107　英国对华之态度与妥洽主义者　《申报》　1933 年 2 月 7 日　第 301 册　第 188 页

40108　英国对日和会意见的自私　《大公报》　1948 年 1 月 15 日　第 162 册　第 94 页

40109　英国对日让步　《申报》　1939 年 7 月 24 日　第 365 册　第 404 页

40110　英国对日伸出铁拳　《大公报》　1945 年 4 月 12 日　第 154 册　第 432 页

40111　英国对苏政策　《中央日报》　1940 年 3 月 23 日　第 43 册　第 224 页

40112　英国对印的建议　《中央日报》　1942 年 3 月 31 日　第 45 册　第 1006 页

40113　英国对印度的新诺言　《大公报》　1946 年 3 月 26 日　第 156 册　第 336 页

40114　英国对远东能否中立?　《申报》　1939 年 7 月 14 日　第 365 册　第 240 页

40115　英国对远东之愿望　《申报》　1939 年 8 月 5 日　第 365 册　第 596 页

40116　英国防白皮书的意义及其影响　《申报》　1937 年 2 月 19 日　第 349 册　第 355 页

40117　英国各新报论与中国交战　《申报》　1875 年 11 月 29 日　第 7 册　第 517 页

40118　英国庚款应从速解决　《大公报》　1929 年 1 月 27 日　第 88 册　第 392 页

40119　英国工党的成就　《中央日报》　1947 年 6 月 5 日　第 56 册　第 350 页

40120　英国工党内阁成立　《民国日报》　1924 年 1 月 25 日　第 49 册　第 340 页

40121　英国工党内阁的前途　《申报》　1949 年 4 月 14 日　第 400 册　第 702 页

40122 英国工党内阁之前途 《民国日报》 1924 年 3 月 30 日 第 50 册 第 370 页

40123 英国工党与中国 《大公报》 1927 年 2 月 13 日 第 78 册 第 293 页

40124 英国工党政府的政绩 《申报》 1947 年 5 月 30 日 第 393 册 第 596 页

40125 英国工党政府下之煤矿案 《申报》 1930 年 3 月 18 日 第 268 册 第 485 页

40126 英国工党政府与中国革命的前途 《民国日报》 1924 年 1 月 30 日 第 49 册 第 410 页

40127 英国国防白皮书之影响 《申报》 1935 年 3 月 9 日 第 326 册 第 237 页

40128 英国国防计划与集体安全 《申报》 1936 年 3 月 7 日 第 338 册 第 162 页

40129 英国国民内阁之前途 《申报》 1935 年 5 月 18 日 第 328 册 第 462 页

40130 英国海空军援苏 《大公报》 1941 年 9 月 25 日 第 147 册 第 324 页

40131 英国海权与远东时局 《大公报》 1934 年 2 月 1 日 第 118 册 第 426 页

40132 英国海上通路问题 《中央日报》 1936 年 10 月 2 日 第 36 册 第 15 页

40133 英国海外贸易发展会 《申报》 1930 年 4 月 11 日 第 269 册 第 287 页

40134 英国和中国/祁东（星期论文） 《大公报》 1945 年 6 月 10 日 第 154 册 第 680 页

40135 英国皇位问题 《申报》 1936 年 12 月 11 日 第 347 册 第 272 页

40136 英国皇在位五十五年祝词 《申报》 1887 年 6 月 21 日 第 30 册 第 1031 页

40137 英国建议案中之关税问题 《大公报》 1926 年 12 月 29 日 第 77 册 第 935 页

40138 英国交通访华团的东来 《申报》 1947 年 2 月 9 日 第 392 册 第 422 页

40139 英国禁令军火供给中日 《申报》 1933 年 3 月 2 日 第 302 册 第 38 页

40140 英国拒绝息战言和之后 《申报》 1940 年 7 月 24 日 第 371 册 第 314 页

40141 英国开发非洲计划 《大公报》 1948 年 12 月 3 日 第 164 册 第 526 页

40142 英国开放滇缅公路 《中央日报》 1940 年 10 月 11 日 第 43 册 第 1088 页

40143 英国开始"对抗侵略" 《申报》 1939 年 9 月 11 日 第 366 册 第 154 页

40144 英国抗议中一要点 《中央日报》 1937 年 8 月 31 日 第 40 册 第

40194　英国远东考察团行将来华　《中央日报》　1930 年 10 月 5 日　第 12 册
第 51 页

40195　英国远东政策不变　《中央日报》　1939 年 8 月 3 日　第 42 册　第 334 页

40196　英国远东政策的关键　《中央日报》　1939 年 1 月 17 日　第 41 册　第
566 页

40197　英国远东政策的重估　《申报》　1936 年 10 月 28 日　第 345 册　第
695 页

40198　英国远东政策之烦闷　《大公报》　1934 年 11 月 16 日　第 123 册　第
224 页

40199　英国在地中海上的新攻势　《申报》　1936 年 9 月 25 日　第 344 册　第
675 页

40200　英国在歧路口　《中央日报》　1948 年 1 月 21 日　第 58 册　第 200 页

40201　英国在歧途上　《申报》　1940 年 8 月 1 日　第 371 册　第 414 页

40202　英国在世界市场的近势　《申报》　1935 年 9 月 15 日　第 332 册　第
414 页

40203　英国在远东　《申报》　1939 年 11 月 15 日　第 367 册　第 192 页

40204　英国在远东的地位　《申报》　1938 年 12 月 3 日　第 360 册　第 38 页

40205　英国在远东的军事准备　《申报》　1939 年 10 月 21 日　第 366 册　第
708 页

40206　英国增防香港　《申报》　1937 年 2 月 20 日　第 349 册　第 381 页

40207　英国战时人口之繁殖　《中央日报》　1943 年 3 月 15 日　第 47 册　第
798 页

40208　英国照会　《大公报》　1939 年 1 月 17 日　第 142 册　第 66 页

40209　英国争取领导权的好机会　《申报》（香港版）　1939 年 4 月 5 日　第 358
册　第 282 页

40210　英国政策之失败　《大公报》　1936 年 5 月 7 日　第 132 册　第 88 页

40211　英国政党近观　《申报》　1930 年 3 月 10 日　第 268 册　第 258 页

40212　英国政党领袖之轻党重国　《申报》　1931 年 10 月 31 日　第 287 册　第
728 页

40213　英国政党之分离　《申报》　1931 年 2 月 24 日　第 279 册　第 592 页

40214　英国政局与北非战局　《中央日报》　1942 年 7 月 5 日　第 46 册　第
344 页

40215　英国政局之前途　《大公报》　1929 年 3 月 26 日　第 89 册　第 404 页

40216　英国政局之前途　《民国日报》　1931 年 8 月 29 日　第 93 册　第 748 页

40217　英国政情不安之病源　《大公报》　1930 年 7 月 11 日　第 97 册　第
124 页

40218　英国政治的新蜕变　《大公报》　1947 年 5 月 31 日　第 160 册　第 194 页

40219　英国政治上之大波澜　《申报》　1935 年 12 月 22 日　第 335 册　第 525 页

40220　英国政治之新动向　《大公报》　1933 年 12 月 26 日　第 117 册　第 778 页

40221　英国之财政困难　《民国日报》　1931 年 8 月 21 日　第 93 册　第 644 页

40222　英国之大扩军计划　《大公报》　1937 年 2 月 20 日　第 136 册　第 654 页

40223　英国之调查户口　《申报》　1931 年 4 月 28 日　第 281 册　第 720 页

40224　英国之对华新政策　《大公报》　1926 年 11 月 13 日　第 77 册　第 571 页

40225　英国之对外积极政策　《大公报》　1935 年 3 月 13 日　第 125 册　第 196 页

40226　英国之工潮　《申报》　1931 年 1 月 12 日　第 278 册　第 92 页

40227　英国之国防外交与欧陆政治　《申报》　1935 年 5 月 27 日　第 328 册　第 711 页

40228　英国之借款方针　《申报》　1913 年 9 月 30 日　第 124 册　第 384 页

40229　英国之近东及远东政策之动摇　《大公报》　1936 年 6 月 11 日　第 132 册　第 578 页

40230　英国之商业救济　《申报》　1930 年 7 月 26 日　第 272 册　第 612 页

40231　英国之外交政策　《申报》　1939 年 8 月 2 日　第 365 册　第 548 页

40232　英国之犹豫：注意在百年后的中英关系　《中央日报》　1932 年 8 月 31 日　第 19 册　第 242 页

40233　英国之远东政策　《申报》　1939 年 8 月 30 日　第 365 册　第 984 页

40234　英国之征兵制问题与国际　《申报》　1939 年 4 月 26 日　第 363 册　第 456 页

40235　英国之自尊心与外交风度　《申报》　1940 年 2 月 2 日　第 368 册　第 454 页

40236　英国制裁日本的具体化　《申报》（香港版）　1939 年 1 月 18 日　第 357 册　第 732 页

40237　英国重视远东局势　《申报》　1935 年 2 月 24 日　第 325 册　第 587 页

40238　英国属地考　《申报》　1891 年 12 月 28 日　第 39 册　第 1093 页

40239　英国总选举的展望　《申报》　1935 年 11 月 10 日　第 334 册　第 232 页

40240　英国总选举说　《申报》　1930 年 2 月 20 日　第 267 册　第 523 页

40241　英国总选举战今日开始　《大公报》　1929 年 5 月 30 日　第 90 册　第 468 页

40242　英国总选举之展望　《大公报》　1935 年 10 月 25 日　第 128 册　第 776 页

40243　英海军调停提议失败　《申报》　1933 年 1 月 14 日　第 300 册　第 261 页

40244　英海军经苏彝士东来　《中央日报》　1943 年 9 月 17 日　第 48 册　第 666 页

40245　英荷密约与英海军会议　《申报》　1934 年 1 月 24 日　第 312 册　第 597 页

40246　英皇访法　《申报》（香港版）　1938 年 7 月 21 日　第 356 册　第 969 页

40247　英皇维多利亚述　《申报》　1901 年 1 月 25 日　第 67 册　第 145 页

40248　英记者对华之危言　《大公报》　1929 年 12 月 19 日　第 93 册　第 772 页

40249　英舰队访问康斯丹柴港事　《申报》　1930 年 8 月 18 日　第 273 册　第 411 页

40250　英舰队开来远东　《申报》　1941 年 12 月 4 日　第 378 册　第 803 页

40251　英舰轰击万县　《大公报》　1926 年 9 月 15 日　第 77 册　第 114 页

40252　英界工部局科捐改章末议　《申报》　1879 年 11 月 16 日　第 15 册　第 553 页

40253　英经济考察团与中国棉织业：望参加工商会议诸君注意　《中央日报》　1930 年 11 月 7 日　第 12 册　第 451 页

40254　英军登陆后的巴尔干　《中央日报》　1941 年 3 月 27 日　第 44 册　第 620 页

40255　英军进攻利比亚　《申报》　1941 年 11 月 21 日　第 378 册　第 639 页

40256　英军利比亚之挫　《大公报》　1942 年 6 月 26 日　第 148 册　第 748 页

40257　英军在北非之胜利　《中央日报》　1941 年 1 月 30 日　第 44 册　第 384 页

40258　英君主取印度皇帝号续记　《申报》　1877 年 2 月 2 日　第 10 册　第 113 页

40259　英空军的活跃　《大公报》　1941 年 8 月 9 日　第 147 册　第 152 页

40260　英伦举行印度圆桌会议　《申报》　1930 年 11 月 13 日　第 276 册　第 333 页

40261　英伦新战时内阁　《中央日报》　1942 年 2 月 21 日　第 45 册　第 848 页

40262　英美·美加商约成立　《申报》　1938 年 11 月 19 日　第 359 册　第 642 页

40263　英美表示后之日本态度　《申报》　1934 年 5 月 4 日　第 316 册　第 70 页

40264　英美策动西班牙政变（译论）　《申报》　1943 年 6 月 19 日　第 384 册　第 109 页

40265　英美贷款之内外意义　《大公报》　1942 年 2 月 4 日　第 148 册　第 150 页

40266　英美的和平政策　《中央日报》　1939 年 2 月 6 日　第 41 册　第 686 页

40267　英美的远东政策　《申报》　1937 年 10 月 17 日　第 355 册　第 754 页

40268　英美的远东政策应该一致　《中央日报》　1939 年 8 月 9 日　第 42 册　第 358 页

40269　英美的战时妇女　《大公报》　1942 年 12 月 29 日　第 149 册　第 786 页

40270　英美缔盟的传说　《申报》　1946 年 12 月 4 日　第 391 册　第 406 页

40271　英美对封日本资金　《中央日报》　1941 年 7 月 27 日　第 44 册　第 1156 页

40272　英美对华的积极援助　《中央日报》　1940 年 10 月 9 日　第 43 册　第 1076 页

40273　英美对日之经济报复／柏菴（星期评论）　《申报》（香港版）　1939 年 1 月 22 日　第 357 册　第 764 页

40274　英美俄与日本　《大公报》　1936 年 2 月 13 日　第 130 册　第 474 页

40275　英美法汇兑战争之影响　《申报》　1934 年 1 月 22 日　第 312 册　第 546 页

40276　英美法货币协定成立　《申报》　1936 年 9 月 30 日　第 344 册　第 811 页

40277　英美法联合对日　《申报》（香港版）　1939 年 5 月 19 日　第 358 册　第 634 页

40278　英美法三国和平协定之传说　《申报》　1936 年 9 月 5 日　第 344 册　第 132 页

40279　英美法诸使斡旋和平　《中央日报》　1932 年 3 月 1 日　第 17 册　第 357 页

40280　英美封存日本资金的意义　《大公报》　1941 年 7 月 28 日　第 147 册　第 110 页

40281　英美共鸣与远东　《中央日报》　1938 年 11 月 1 日　第 41 册　第 208 页

40282　英美关系的剖视　《申报》　1940 年 8 月 28 日　第 371 册　第 760 页

40283　英美关系之新趋势　《申报》　1935 年 12 月 23 日　第 335 册　第 550 页

40284　英美果能合作乎　《申报》　1935 年 7 月 19 日　第 330 册　第 487 页

40285　英美海军示威说的检讨　《大公报》　1937 年 12 月 22 日　第 139 册　第 747 页

40286　英美海军协定之意义　《中央日报》　1940 年 9 月 6 日　第 43 册　第 944 页

40287　英美合作问题　《中央日报》　1938 年 11 月 19 日　第 41 册　第 284 页

40288　英美合作与世界和平　《中央日报》　1941 年 10 月 5 日　第 45 册　第 274 页

40289　英美合作与远东大局　《申报》（香港版）　1938 年 11 月 16 日　第 357 册　第 311 页

725 页

40315　英美日关心中之远东问题　《申报》　1935 年 2 月 11 日　第 325 册　第188 页

40316　英美日海军问题　《大公报》　1938 年 2 月 9 日　第 140 册　第 162 页

40317　英美日三国海军竞赛（上）　《申报》　1933 年 9 月 8 日　第 308 册　第236 页

40318　英美日三国海军竞赛（下）　《申报》　1933 年 9 月 9 日　第 308 册　第266 页

40319　英美日三国之海军军缩会议：华府伦敦会议以后世界军缩之最大关键　《申报》　1933 年 9 月 13 日　第 308 册　第 398 页

40320　英美日政局之安定与中国　《大公报》　1928 年 1 月 16 日　第 82 册　第153 页

40321　英美商约谈判基础的成立　《大公报》　1937 年 11 月 22 日　第 139 册第 625 页

40322　英美失业人数激增　《申报》　1930 年 7 月 10 日　第 272 册　第 231 页

40323　英美苏关系又进一步　《大公报》　1942 年 6 月 12 日　第 148 册　第690 页

40324　英美太平洋舰队之调动　《申报》　1935 年 9 月 22 日　第 332 册　第603 页

40325　英美态度的剖视　《申报》（汉口版）　1938 年 6 月 20 日　第 356 册　第317 页

40326　英美态度的剖视　《申报》（香港版）　1938 年 6 月 23 日　第 356 册　第857 页

40327　英美提高银价之计划　《申报》　1930 年 9 月 18 日　第 274 册　第 442 页

40328　英美外交之动向/张忠绂（星期论文）　《大公报》　1938 年 9 月 17 日第 141 册　第 324 页

40329　英美协定的重要性　《大公报》　1940 年 9 月 12 日　第 145 册　第 270 页

40330　英美协助我统制外汇之意义及其评价　《大公报》　1941 年 11 月 21 日第 147 册　第 564 页

40331　英美烟公司工潮平议（社论）　《民国日报》　1927 年 10 月 21 日　第 70册　第 747 页

40332　英美要正确判断日本的力量　《大公报》　1943 年 3 月 25 日　第 150 册第 364 页

40333　英美宜互结奥援论　《申报》　1898 年 12 月 2 日　第 60 册　第 661 页

40334　英美已感觉自身责任　《中央日报》　1929 年 12 月 4 日　第 8 册　第415 页

40335 英美应该怎样援助苏联？ 《大公报》 1941 年 7 月 1 日 第 147 册 第 2 页

40336 英美与国联 《大公报》 1939 年 1 月 16 日 第 142 册 第 62 页

40337 英美与日本南进 《中央日报》 1940 年 6 月 29 日 第 43 册 第 660 页

40338 英美与世界和平 《中央日报》 1938 年 9 月 16 日 第 41 册 第 6 页

40339 英美与英日 《申报》 1921 年 11 月 22 日 第 175 册 第 489 页

40340 英美与远东 《申报》 1941 年 10 月 6 日 第 378 册 第 72 页

40341 英美之救济失业方法 《申报》 1930 年 8 月 4 日 第 273 册 第 76 页

40342 英美之开发满洲论 《申报》 1929 年 10 月 31 日 第 263 册 第 899 页

40343 英美注意！ 《大公报》 1941 年 7 月 24 日 第 147 册 第 94 页

40344 英美租界工部局宜拨款开设学堂以教华童议 《申报》 1899 年 3 月 1 日 第 61 册 第 321 页

40345 英美最近的举动与中国 《申报》 1940 年 12 月 13 日 第 373 册 第 572 页

40346 英美最近之表示 《大公报》 1935 年 12 月 7 日 第 129 册 第 504 页

40347 英内阁辞职 《申报》 1922 年 10 月 21 日 第 185 册 第 446 页

40348 英内阁的难关 《申报》 1936 年 5 月 25 日 第 340 册 第 619 页

40349 英内阁外交政策之检讨 《大公报》 1935 年 7 月 20 日 第 127 册 第 278 页

40350 英内阁之改组 《申报》 1935 年 6 月 11 日 第 329 册 第 277 页

40351 英人出让开滦煤矿之可能性 《申报》 1935 年 7 月 26 日 第 330 册 第 658 页

40352 英人的愤慨与美政府的关怀 《申报》（香港版） 1939 年 6 月 27 日 第 358 册 第 946 页

40353 英人救饥民之法 《申报》 1874 年 7 月 4 日 第 5 册 第 13 页

40354 英人论英廷新简驻华公使说 《申报》 1883 年 5 月 11 日 第 22 册 第 661 页

40355 英人民对英政府的热望 《申报》（香港版） 1939 年 4 月 15 日 第 358 册 第 362 页

40356 英人通商始末考 《申报》 1890 年 5 月 11 日 第 36 册 第 753 页

40357 英人未必助中说 《申报》 1880 年 6 月 21 日 第 16 册 第 665 页

40358 英人眼中的中国文化 《中央日报》 1935 年 11 月 30 日 第 32 册 第 730 页

40359 英人议献火车铁路论 《申报》 1873 年 8 月 30 日 第 3 册 第 209 页

40360 英人与阿非加利将启战端说 《申报》 1899 年 10 月 8 日 第 63 册 第 259 页

40361   英人之大借款谈   《申报》   1913 年 6 月 8 日   第 122 册   第 507 页

40362   英人之上海治安论   《申报》   1913 年 9 月 6 日   第 124 册   第 65 页

40363   英人之态度   《申报》   1914 年 8 月 5 日   第 129 册   第 550 页

40364   英日不能两立于远东   《大公报》   1942 年 11 月 13 日   第 149 册   第 590 页

40365   英日初步协定   《申报》   1939 年 7 月 26 日   第 365 册   第 436 页

40366   英日的接触   《申报》   1941 年 3 月 7 日   第 375 册   第 79 页

40367   英日东京谈判   《申报》   1939 年 7 月 21 日   第 365 册   第 358 页

40368   英日对华合作的传说   《申报》   1937 年 5 月 5 日   第 352 册   第 89 页

40369   英日对我沪关款处分问题   《申报》（香港版）   1938 年 5 月 8 日   第 356 册   第 673 页

40370   英日法之对华态度   《大公报》   1926 年 9 月 14 日   第 77 册   第 105 页

40371   英日关系的动态   《申报》   1936 年 3 月 27 日   第 338 册   第 671 页

40372   英日关系究将如何?   《中央日报》   1940 年 8 月 8 日   第 43 册   第 828 页

40373   英日关系与中国   《申报》   1937 年 3 月 27 日   第 350 册   第 648 页

40374   英日关系之史的检讨   《申报》   1941 年 2 月 6 日   第 374 册   第 418 页

40375   英日果能合作么   《申报》   1936 年 8 月 8 日   第 343 册   第 190 页

40376   英日果妥协乎   《申报》   1933 年 1 月 18 日   第 300 册   第 360 页

40377   英日会议与中国   《中央日报》   1939 年 7 月 17 日   第 42 册   第 264 页

40378   英日会议之酝酿   《申报》   1935 年 8 月 12 日   第 331 册   第 293 页

40379   英日间之沪关款处分问题   《申报》（汉口版）   1938 年 5 月 5 日   第 356 册   第 225 页

40380   英日交涉   《大公报》   1937 年 6 月 28 日   第 138 册   第 843 页

40381   英日交涉与中国   《大公报》   1937 年 5 月 5 日   第 138 册   第 60 页

40382   英日紧张之展望   《申报》   1940 年 8 月 6 日   第 371 册   第 480 页

40383   英日联盟俄法联盟合论   《申报》   1902 年 3 月 30 日   第 70 册   第 503 页

40384   英日矛盾与中国抗战   《申报》   1938 年 10 月 18 日   第 359 册   第 164 页

40385   英日矛盾之尖锐化   《申报》   1935 年 7 月 15 日   第 330 册   第 383 页

40386   英日密约论   《申报》   1940 年 2 月 23 日   第 368 册   第 676 页

40387   英日缅甸协定的平议/张忠绂（星期论文）   《大公报》   1940 年 8 月 4 日   第 145 册   第 124 页

40388   英日内部的不宁（言论）   《民国日报》   1925 年 8 月 1 日   第 58 册   第 316 页

40389　英日内阁新政策之表现　《大公报》　1929年7月16日　第91册　第244页

40390　英日岂有和谐之望　《申报》　1940年4月5日　第369册　第476页

40391　英日商务会议之前途　《申报》　1934年2月18日　第313册　第411页

40392　英日商战与我国　《申报》　1934年5月8日　第316册　第191页

40393　英日商战展开　《申报》　1934年5月14日　第316册　第370页

40394　英日谈判/张忠绂（星期论坛）　《申报》　1937年7月11日　第354册　第286页

40395　英日同盟之将来　《申报》　1921年6月19日　第170册　第860页

40396　英日妥协声中之英国　《大公报》　1934年11月27日　第123册　第382页

40397　英日续盟与林权助　《民国日报》　1920年9月8日　第29册　第100页

40398　英日续盟与小幡归国　《民国日报》　1921年5月15日　第33册　第196页

40399　英日与澳洲　《大公报》　1934年1月20日　第118册　第258页

40400　英日在华经济提携问题　《大公报》　1936年6月16日　第132册　第648页

40401　英日之东京谈判　《申报》　1939年6月30日　第364册　第582页

40402　英日之将来　《申报》　1915年4月15日　第133册　第728页

40403　英日之两大辞职　《申报》　1914年3月25日　第127册　第390页

40404　英日之政潮　《申报》　1930年7月9日　第272册　第207页

40405　英日重订同盟说　《申报》　1934年9月1日　第320册　第12页

40406　英使返平　《大公报》　1932年5月10日　第108册　第94页

40407　英首相渡美（上）　《申报》　1933年4月10日　第303册　第283页

40408　英首相渡美（下）　《申报》　1933年4月11日　第303册　第313页

40409　英首相演词　《申报》（汉口版）　1938年3月26日　第356册　第141页

40410　英首相之更迭　《中央日报》　1937年5月30日　第39册　第359页

40411　英苏法军事同盟的影响　《申报》（香港版）　1939年5月23日　第358册　第666页

40412　英苏法三国互助协定的前途　《申报》（香港版）　1939年5月31日　第358册　第730页

40413　英苏关系的新展望　《申报》　1947年1月28日　第392册　第278页

40414　英苏关系恶化给予远东之影响　《申报》　1933年4月17日　第303册　第469页

40415　英苏关系良化之征　《大公报》　1936年8月4日　第133册　第492页

40468　英印军克复瓦城　《中央日报》　1945 年 3 月 22 日　第 50 册　第 880 页

40469　英印谈判不可中止　《中央日报》　1942 年 4 月 13 日　第 45 册　第 1062 页

40470　英印谈判到最后关头　《大公报》　1942 年 4 月 9 日　第 148 册　第 426 页

40471　英印圆桌会议之结果与印度独立的根本问题（上）　《民国日报》　1930 年 12 月 8 日　第 89 册　第 454 页

40472　英印圆桌会议之结果与印度独立的根本问题（下）　《民国日报》　1930 年 12 月 9 日　第 89 册　第 466 页

40473　英勇壮烈的战斗　《中央日报》　1949 年 1 月 17 日　第 60 册　第 884 页

40474　英在新加坡继续筑港说　《申报》　1934 年 4 月 12 日　第 315 册　第 330 页

40475　英政府党竞选获胜后：对于国联及满案之态度如何　《民国日报》　1931 年 10 月 31 日　第 94 册　第 753 页

40476　英政府决议用印度兵　《申报》　1914 年 8 月 30 日　第 129 册　第 902 页

40477　英政府之国际观　《申报》　1913 年 7 月 4 日　第 123 册　第 43 页

40478　英政局又可暂安　《申报》　1930 年 5 月 24 日　第 270 册　第 600 页

40479　英政治家的远识　《中央日报》　1939 年 4 月 21 日　第 41 册　第 1098 页

40480　英属侨胞教育问题：先要求缓期实行　《民国日报》　1921 年 1 月 4 日　第 31 册　第 38 页

40481　英驻华新大使访日　《申报》　1936 年 9 月 7 日　第 344 册　第 193 页

40482　英自由党与工党合作　《申报》　1930 年 3 月 25 日　第 268 册　第 672 页

40483　英自由党之救济失业意见　《申报》　1930 年 10 月 19 日　第 275 册　第 473 页

40484　鹰犬式之北廷　《民国日报》　1919 年 5 月 29 日　第 21 册　第 338 页

40485　鹰洋新旧式样通行论　《申报》　1872 年 8 月 8 日　第 1 册　第 337 页

40486　迎贝志高大使　《中央日报》　1944 年 12 月 19 日　第 50 册　第 490 页

40487　迎川越大使来华　《中央日报》　1936 年 6 月 23 日　第 34 册　第 1001 页

40488　迎大东亚战争的三年　《申报》　1943 年 12 月 8 日　第 384 册　第 823 页

40489　迎段芝泉先生　《中央日报》　1933 年 1 月 22 日　第 21 册　第 186 页

40490　迎烽火中的归客　《中央日报》　1942 年 3 月 21 日　第 45 册　第 964 页

40491　迎归自庐山的蒋主席　《中央日报》　1946 年 9 月 27 日　第 53 册　第 1082 页

40492　迎韩国代表　《中央日报》　1948 年 9 月 13 日　第 60 册　第 96 页

40493　迎胡佛专使莅华　《申报》　1946 年 4 月 30 日　第 388 册　第 692 页

40494　迎击日本的政略进攻　《申报》（香港版）　1939 年 2 月 9 日　第 357 册

第 908 页

40495 迎建国年（专论）/叶楚伧 《民国日报》 1946 年 1 月 1 日 第 97 册 第 2 页

40496 迎蒋委员长入京 《大公报》 1936 年 12 月 27 日 第 135 册 第 790 页

40497 迎蒋主席 《申报》 1945 年 12 月 20 日 第 387 册 第 741 页

40498 迎蒋主席 《民国日报》 1946 年 2 月 12 日 第 97 册 第 161 页

40499 迎接黎明来临的新年 《中央日报》 1942 年 1 月 1 日 第 45 册 第 634 页

40500 迎接宪政之双十节 《中央日报》 1947 年 10 月 10 日 第 57 册 第 408 页

40501 迎接中国司法的新纪元 《中央日报》 1943 年 1 月 5 日 第 47 册 第 412 页

40502 迎居里先生 《大公报》 1942 年 7 月 22 日 第 149 册 第 98 页

40503 迎抗战第四年代 《大公报》 1940 年 1 月 1 日 第 144 册 第 2 页

40504 迎马歇尔元帅返任 《申报》 1946 年 4 月 18 日 第 388 册 第 600 页

40505 迎美国经济考察团 《大公报》 1935 年 5 月 6 日 第 126 册 第 84 页

40506 迎民国二十二年 《大公报》 1933 年 1 月 1 日 第 112 册 第 4 页

40507 迎民国二十一年 《大公报》 1932 年 1 月 1 日 第 106 册 第 4 页

40508 迎民国三十八年：和比战难 《中央日报》 1949 年 1 月 1 日 第 60 册 第 810 页

40509 迎民国三十六年 《中央日报》 1947 年 1 月 1 日 第 55 册 第 2 页

40510 迎民国四年 《申报》 1915 年 1 月 1 日 第 132 册 第 2 页

40511 迎年之辞 《大公报》 1934 年 1 月 1 日 第 118 册 第 4 页

40512 迎年之辞 《大公报》 1935 年 1 月 1 日 第 124 册 第 4 页

40513 迎欧非两战场的捷报：盟国胜利对于日义的影响 《中央日报》 1942 年 12 月 16 日 第 47 册 第 288 页

40514 迎胜利日 《大公报》 1945 年 9 月 3 日 第 155 册 第 278 页

40515 迎宋 《申报》 1933 年 8 月 29 日 第 307 册 第 815 页

40516 迎岁之辞 《大公报》 1949 年 1 月 1 日 第 164 册 第 615 页

40517 迎汪主席入都 《中央日报》 1937 年 1 月 18 日 第 37 册 第 193 页

40518 迎吴副市长 《申报》 1945 年 8 月 24 日 第 387 册 第 567 页

40519 迎五月 《申报》 1939 年 5 月 1 日 第 363 册 第 548 页

40520 迎西藏商务代表团来华 《申报》 1948 年 2 月 3 日 第 396 册 第 314 页

40521 迎宪政年 《民国日报》 1947 年 1 月 1 日 第 99 册 第 580 页

40522 迎新六军 《民国日报》 1945 年 11 月 1 日 第 96 册 第 245 页

40523　迎英国议会访问团　《大公报》　1947 年 10 月 15 日　第 161 册　第 272 页

40524　迎远东区基本教育会议　《中央日报》　1947 年 9 月 3 日　第 57 册　第 23 页

40525　迎再度来华的洛克氏　《中央日报》　1945 年 10 月 18 日　第 51 册　第 840 页

40526　迎智利商业考察团　《中央日报》　1937 年 5 月 22 日　第 39 册　第 261 页

40527　迎最后胜利：告沦陷区同胞　《中央日报》　1940 年 8 月 15 日　第 43 册　第 856 页

40528　营官不及管驾说　《申报》　1885 年 9 月 27 日　第 27 册　第 541 页

40529　营业税　《申报》　1928 年 7 月 21 日　第 248 册　第 606 页

40530　营业税与牙税　《大公报》　1931 年 6 月 14 日　第 102 册　第 532 页

40531　瀛台考　《申报》　1900 年 6 月 4 日　第 65 册　第 271 页

40532　影片问题一勺　《大公报》　1946 年 9 月 17 日　第 157 册　第 408 页

40533　影响远大的"罗马进军"　《中央日报》　1944 年 6 月 6 日　第 49 册　第 700 页

40534　影响重大的琉球海战　《中央日报》　1945 年 4 月 9 日　第 50 册　第 952 页

40535　影印四库全书问题　《申报》　1933 年 9 月 2 日　第 308 册　第 48 页

40536　硬与软　《申报》　1925 年 8 月 21 日　第 215 册　第 408 页

40537　佣工非奴仆说　《申报》　1883 年 1 月 9 日　第 22 册　第 47 页

40538　拥兵自卫与遣兵自卫/胡汉民　《民国日报》　1929 年 8 月 7 日　第 81 册　第 620 页

40539　拥护裁厘人人有责　《大公报》　1931 年 1 月 6 日　第 100 册　第 28 页

40540　拥护长期抗战国策案　《申报》（香港版）　1938 年 7 月 16 日　第 356 册　第 949 页

40541　拥护长期抗战国策案之意义　《申报》（汉口版）　1938 年 7 月 13 日　第 356 册　第 363 页

40542　拥护当前急需的经济政策　《中央日报》　1941 年 4 月 19 日　第 44 册　第 720 页

40543　拥护反轰炸大会并抒所见　《申报》（汉口版）　1938 年 7 月 23 日　第 356 册　第 383 页

40544　拥护国际法的新原则　《申报》　1946 年 5 月 28 日　第 388 册　第 922 页

40545　拥护国家武力之完整统一　《中央日报》　1936 年 6 月 20 日　第 34 册　第 965 页

40546 拥护国民革命军（言论） 《民国日报》 1926 年 3 月 31 日 第 62 册 第 302 页

40547 拥护国民政府出师北伐（言论） 《民国日报》 1926 年 6 月 4 日 第 63 册 第 331 页

40548 拥护和平建设：青年学生应有的努力 《中央日报》 1945 年 11 月 17 日 第 51 册 第 1020 页

40549 拥护基于仁慈博爱的中心势力 《民国日报》 1930 年 9 月 28 日 第 88 册 第 348 页

40550 拥护加强粮食政策 《中央日报》 1947 年 7 月 28 日 第 56 册 第 896 页

40551 拥护抗战与统一：纪念济南惨案十周年 《申报》（香港版） 1939 年 5 月 3 日 第 358 册 第 506 页

40552 拥护米粮紧急措置 《申报》 1945 年 6 月 16 日 第 387 册 第 421 页

40553 拥护民族利益为一切前提 《大公报》 1932 年 2 月 28 日 第 106 册 第 568 页

40554 拥护实行抗战建国纲领 《大公报》 1938 年 4 月 12 日 第 140 册 第 438 页

40555 拥护统一之必要及方法 《大公报》 1933 年 7 月 5 日 第 115 册 第 60 页

40556 拥护新兵役法 《中央日报》 1943 年 3 月 18 日 第 47 册 第 816 页

40557 拥护新闻自由：迎美国同业代表团 《中央日报》 1945 年 3 月 30 日 第 50 册 第 912 页

40558 拥护修明政治案 《大公报》 1941 年 12 月 22 日 第 147 册 第 688 页

40559 拥护"有钱出钱"! 《大公报》 1944 年 4 月 12 日 第 152 册 第 460 页

40560 拥护预备会议非干政 《民国日报》 1924 年 12 月 24 日 第 54 册 第 514 页

40561 拥护约法之战争 《民国日报》 1916 年 5 月 3 日 第 3 册 第 26 页

40562 拥护政府保留对日和会否决权 《大公报》 1947 年 10 月 29 日 第 161 册 第 356 页

40563 拥护总裁的领导 《中央日报》 1939 年 1 月 27 日 第 41 册 第 626 页

40564 拥挤与姑息：为徐树铮发 《民国日报》 1916 年 10 月 25 日 第 5 册 第 650 页

40565 拥空名之督军 《申报》 1920 年 6 月 30 日 第 164 册 第 1111 页

40566 庸人自扰 《申报》 1943 年 8 月 30 日 第 384 册 第 419 页

40567 永保我国家民族的独立自由平等/胡汉民 《民国日报》 1929 年 7 月 28

日   第81册   第456页

40568   永定河堵筑工程落成   《大公报》   1930年7月20日   第97册   第232页

40569   永定河应该早日施工   《大公报》   1947年7月1日   第160册   第388页

40570   永久和平   《申报》   1915年3月16日   第133册   第238页

40571   永久和平之保证（二）：惩治卖国助暴力之曹陆   《民国日报》   1918年12月8日   第18册   第446页

40572   永久和平之保证：惩治督军团   《民国日报》   1918年12月7日   第18册   第434页

40573   永远保存独立自由！：我们必须不负主席的属望   《申报》   1946年2月15日   第388册   第249页

40574   勇猛迈进   《申报》   1944年7月25日   第386册   第83页

40575   勇私怯公   《申报》   1921年6月23日   第170册   第932页

40576   勇往   《申报》   1916年9月11日   第142册   第166页

40577   勇与怯   《申报》   1920年10月28日   第166册   第1011页

40578   勇与怯，勤与怠   《申报》   1921年5月21日   第170册   第351页

40579   踊跃从军的模范   《中央日报》   1942年12月3日   第47册   第206页

40580   踊跃捐献·救国恤灾：论救国特捐   《中央日报》   1948年2月2日   第58册   第306页

40581   用爱用威殊途同归   《申报》   1892年5月14日   第41册   第83页

40582   用兵   《申报》   1918年4月17日   第151册   第734页

40583   用兵贵整暇论   《申报》   1896年1月20日   第52册   第121页

40584   用兵贵作其气   《申报》   1894年9月3日   第48册   第15页

40585   用兵缓急辨   《申报》   1894年9月23日   第48册   第143页

40586   用兵首争地利说   《申报》   1883年12月23日   第23册   第1053页

40587   用兵要看是非：譬如警察与强盗   《民国日报》   1924年9月6日   第53册   第62页

40588   用兵与借债非二事   《申报》   1921年11月13日   第175册   第282页

40589   用兵之道   《申报》   1916年3月16日   第139册   第242页

40590   用才论   《申报》   1878年2月11日   第12册   第117页

40591   用财说   《申报》   1897年3月10日   第55册   第375页

40592   用常识来判断   《中央日报》   1930年2月17日   第9册   第601页

40593   用力   《申报》   1926年9月6日   第227册   第144页

40594   用力   《申报》   1927年6月6日   第235册   第111页

40595   用力与生力   《申报》   1927年7月8日   第236册   第158页

40596　用力与效果　《申报》　1927 年 3 月 19 日　第 232 册　第 390 页

40597　用仆宜慎　《申报》　1873 年 12 月 9 日　第 3 册　第 553 页

40598　用其所长　《申报》　1927 年 1 月 15 日　第 231 册　第 323 页

40599　用情说　《申报》　1872 年 12 月 11 日　第 1 册　第 765 页

40600　用权　《申报》　1927 年 8 月 24 日　第 237 册　第 492 页

40601　用权　《申报》　1928 年 11 月 22 日　第 252 册　第 610 页

40602　用权　《申报》　1929 年 1 月 27 日　第 254 册　第 715 页

40603　用权难　《申报》　1927 年 10 月 17 日　第 239 册　第 358 页

40604　用人　《申报》　1922 年 11 月 7 日　第 186 册　第 134 页

40605　用人　《申报》　1929 年 7 月 12 日　第 260 册　第 330 页

40606　用人不当　《申报》　1919 年 10 月 14 日　第 160 册　第 798 页

40607　用人不可太刻论　《申报》　1881 年 10 月 30 日　第 19 册　第 485 页

40608　用人说　《申报》　1894 年 9 月 8 日　第 48 册　第 49 页

40609　用人谈　《申报》　1928 年 10 月 24 日　第 251 册　第 634 页

40610　用人新论　《申报》　1887 年 1 月 6 日　第 30 册　第 31 页

40611　用人与教人　《申报》　1928 年 6 月 19 日　第 247 册　第 519 页

40612　用人与教人（下）　《申报》　1928 年 6 月 20 日　第 247 册　第 545 页

40613　用人与人用　《申报》　1920 年 8 月 18 日　第 165 册　第 866 页

40614　用人与为人用者观念的错误（专论）/胡朴安　《民国日报》　1945 年 10 月 25 日　第 96 册　第 233 页

40615　用人与兴论　《申报》　1912 年 5 月 1 日　第 117 册　第 291 页

40616　用人与舆论　《申报》　1920 年 8 月 21 日　第 165 册　第 905 页

40617　用痧药宜先辨痧证说　《申报》　1887 年 7 月 3 日　第 31 册　第 13 页

40618　用势　《申报》　1922 年 1 月 16 日　第 177 册　第 274 页

40619　用统一的力量守卫国家！/胡适（星期论文）　《大公报》　1935 年 11 月 17 日　第 129 册　第 234 页

40620　用严法以惩贪吏说　《申报》　1898 年 8 月 27 日　第 59 册　第 813 页

40621　用药宜辨说　《申报》　1887 年 8 月 18 日　第 31 册　第 297 页

40622　用真凭实据再与汪先生商榷（一）（言论）　《民国日报》　1927 年 5 月 21 日　第 68 册　第 298 页

40623　用真凭实据再与汪先生商榷（一）（续）（言论）　《民国日报》　1927 年 5 月 22 日　第 68 册　第 314 页

40624　用真凭实据再与汪先生商榷（二）（言论）　《民国日报》　1927 年 5 月 26 日　第 68 册　第 375 页

40625　用佐杂为幕宾续议　《申报》　1888 年 9 月 14 日　第 33 册　第 505 页

40626　用佐杂为幕宾议　《申报》　1888 年 9 月 12 日　第 33 册　第 493 页

40627　优待条件废止议　《申报》　1921 年 1 月 28 日　第 168 册　第 440 页

40628　优点弱点　《申报》　1924 年 9 月 23 日　第 206 册　第 388 页

40629　优秀学生升学问题　《中央日报》　1943 年 6 月 25 日　第 48 册　第 298 页

40630　忧俄篇　《申报》　1899 年 7 月 2 日　第 62 册　第 479 页

40631　忧俄篇　《申报》　1902 年 6 月 1 日　第 71 册　第 213 页

40632　忧国篇　《申报》　1904 年 2 月 19 日　第 76 册　第 257 页

40633　忧患里的中国/张其昀（星期论文）　《大公报》　1947 年 9 月 21 日　第 161 册　第 124 页

40634　忧患篇　《申报》　1912 年 4 月 9 日　第 117 册　第 77 页

40635　忧患未已的朝鲜问题　《申报》　1947 年 11 月 20 日　第 395 册　第 506 页

40636　忧患与猛进　《民国日报》　1917 年 8 月 16 日　第 10 册　第 554 页

40637　忧劳为国·感激轻生：再悼陈布雷先生　《中央日报》　1948 年 11 月 19 日　第 60 册　第 602 页

40638　忧潦说　《申报》　1889 年 10 月 7 日　第 35 册　第 611 页

40639　忧乐说　《申报》　1890 年 2 月 20 日　第 36 册　第 253 页

40640　忧内讧说　《申报》　1898 年 5 月 15 日　第 59 册　第 85 页

40641　忧柔　《申报》　1926 年 6 月 7 日　第 224 册　第 150 页

40642　忧时篇　《申报》　1884 年 4 月 8 日　第 24 册　第 537 页

40643　忧时私议　《申报》　1898 年 6 月 11 日　第 59 册　第 259 页

40644　忧与喜　《申报》　1929 年 3 月 14 日　第 256 册　第 391 页

40645　由阿部内阁的颠荡看日本军阀之没落　《大公报》　1939 年 12 月 28 日　第 143 册　第 476 页

40646　由艾登外相访美京说起　《大公报》　1943 年 3 月 17 日　第 150 册　第 328 页

40647　由暴日之民族性知我必战胜久安　《大公报》　1939 年 10 月 16 日　第 143 册　第 184 页

40648　由北方人民负担说起　《大公报》　1948 年 5 月 25 日　第 163 册　第 146 页

40649　由北平检查行人说起　《大公报》　1946 年 11 月 11 日　第 158 册　第 266 页

40650　由藏印公路说起　《大公报》　1948 年 7 月 2 日　第 163 册　第 374 页

40651　由钞荒谈到银元储蓄/何师琦（星期论坛）　《申报》　1949 年 3 月 27 日　第 400 册　第 562 页

40652　由朝鲜征兵说到消耗日本　《大公报》　1942 年 5 月 21 日　第 148 册　第

602 页

40653 由大赦说到法治 《中央日报》 1946 年 6 月 28 日 第 53 册 第 232 页

40654 由大学增经常费说起 《大公报》 1948 年 2 月 20 日 第 162 册 第 298 页

40655 由党的力行来挽回风气/叶楚伧 《民国日报》 1929 年 10 月 10 日 第 82 册 第 660 页

40656 由德义承认汪傀儡说到敌国御前会议 《大公报》 1941 年 7 月 3 日 第 147 册 第 10 页

40657 由敌军侵印论东南亚战事 《大公报》 1944 年 3 月 30 日 第 152 册 第 400 页

40658 由抵抗牺牲达到伸张公理正义 《中央日报》 1932 年 2 月 1 日 第 17 册 第 235 页

40659 由东北大学罢教说起 《大公报》 1947 年 5 月 14 日 第 160 册 第 88 页

40660 由东北局面说起 《大公报》 1947 年 7 月 2 日 第 160 册 第 394 页

40661 由多布鲁克说起 《大公报》 1941 年 1 月 25 日 第 146 册 第 108 页

40662 由二而四 《申报》 1925 年 3 月 9 日 第 210 册 第 160 页

40663 由分币荒到角票荒 《申报》 1939 年 11 月 30 日 第 367 册 第 392 页

40664 由妇指会纪念说起 《大公报》 1945 年 7 月 2 日 第 155 册 第 9 页

40665 由根本而至外表 《申报》 1927 年 3 月 18 日 第 232 册 第 370 页

40666 由工商关系论工业前途 《中央日报》 1943 年 11 月 16 日 第 48 册 第 922 页

40667 由公用事业涨价核减说起：诚恳呼吁中央重视此一问题 《申报》 1948 年 8 月 18 日 第 398 册 第 386 页

40668 由公债看日本 《大公报》 1941 年 1 月 22 日 第 146 册 第 94 页

40669 由桂南战局看军事转形 《大公报》 1940 年 2 月 19 日 第 144 册 第 198 页

40670 由哈尔滨到东京：北满紧张东京驰缓 《申报》 1933 年 11 月 7 日 第 310 册 第 185 页

40671 由和平说到佛教戒杀：为息灾法会及佛教青年征求会员而作/潘公展（星期论坛） 《申报》 1949 年 2 月 20 日 第 400 册 第 302 页

40672 由华南战事泛论抗战前途 《申报》（香港版） 1938 年 10 月 16 日 第 357 册 第 185 页

40673 由华泰轮失事所得之教训 《申报》 1943 年 12 月 22 日 第 384 册 第 883 页

40674 由缓靖区政委会说起 《大公报》 1946 年 10 月 8 日 第 158 册 第

44 页

40675　由汇率问题看和平的需要　《大公报》　1946 年 9 月 10 日　第 157 册　第
366 页

40676　由蒋委员长印度之行瞻望今后的亚洲大局　《大公报》　1942 年 2 月 14 日
第 148 册　第 192 页

40677　由节制游资说到国民财产总登记/章乃器（星期论文）　《大公报》　1941
年 11 月 23 日　第 147 册　第 572 页

40678　由金潮想到农民　《申报》　1947 年 2 月 5 日　第 392 册　第 374 页

40679　由经济观点看敌军之退　《大公报》　1940 年 11 月 2 日　第 145 册　第
472 页

40680　由旧启新说　《申报》　1902 年 3 月 10 日　第 70 册　第 371 页

40681　由军训风潮谈到军训问题　《大公报》　1934 年 12 月 11 日　第 123 册
第 592 页

40682　由抗战到建国　《大公报》　1945 年 9 月 10 日　第 155 册　第 310 页

40683　由李彦青想到曹锟　《民国日报》　1924 年 12 月 17 日　第 54 册　第
429 页

40684　由联合国筹委会说起　《大公报》　1945 年 11 月 28 日　第 155 册　第
648 页

40685　由联合阵线到统一作战　《中央日报》　1941 年 12 月 12 日　第 45 册　第
554 页

40686　由龙陵看全局　《中央日报》　1944 年 11 月 4 日　第 50 册　第 294 页

40687　由乱之治　《申报》　1929 年 7 月 11 日　第 260 册　第 303 页

40688　由伦敦想到重庆　《大公报》　1940 年 8 月 19 日　第 145 册　第 174 页

40689　由罗马不设防说到千岛轰炸　《中央日报》　1943 年 8 月 17 日　第 48 册
第 536 页

40690　由罗斯福的人望说起　《大公报》　1940 年 8 月 2 日　第 145 册　第
116 页

40691　由马绍尔看太平洋战局　《大公报》　1944 年 2 月 8 日　第 152 册　第
168 页

40692　由美国大选看民主政治　《大公报》　1940 年 11 月 8 日　第 145 册　第
496 页

40693　由美南关系看世界大局　《申报》　1946 年 8 月 24 日　第 389 册　第
892 页

40694　由美援麦粉说到掌握物资　《申报》　1948 年 1 月 20 日　第 396 册　第
174 页

40695　由蒙巴顿访华展望远东战局　《大公报》　1943 年 10 月 22 日　第 151 册

第 504 页

40696　由密芝那说到小笠原　《大公报》　1944 年 8 月 7 日　第 153 册　第
172 页

40697　由民生说到战争　《大公报》　1947 年 10 月 24 日　第 161 册　第 326 页

40698　由名由人　《申报》　1918 年 8 月 4 日　第 153 册　第 555 页

40699　由明年度预算谈紧缩　《大公报》　1941 年 12 月 3 日　第 147 册　第
612 页

40700　由莫洛托夫声明说起　《大公报》　1944 年 4 月 7 日　第 152 册　第
436 页

40701　由莫斯科说到新加坡　《大公报》　1942 年 1 月 17 日　第 148 册　第
74 页

40702　由南京沦陷到长期制胜　《大公报》　1939 年 12 月 13 日　第 143 册　第
416 页

40703　由陪都盛会看盟国的团结　《中央日报》　1943 年 7 月 12 日　第 48 册
第 380 页

40704　由七七书告看政治进步　《大公报》　1940 年 7 月 12 日　第 145 册　第
32 页

40705　由全局看浙赣线敌军之退　《大公报》　1942 年 8 月 25 日　第 149 册　第
242 页

40706　由全局看浙江之战　《大公报》　1942 年 5 月 28 日　第 148 册　第 630 页

40707　由人民来主持战局（言论）　《民国日报》　1925 年 1 月 13 日　第 55 册
第 150 页

40708　由日本普选说起　《大公报》　1945 年 9 月 19 日　第 155 册　第 348 页

40709　由日俄侵略满蒙说到移民　《中央日报》　1930 年 5 月 27 日　第 10 册
第 683 页

40710　由日俄侵略满蒙说到移民（续）　《中央日报》　1930 年 5 月 28 日　第 10
册　第 695 页

40711　由萨凡奇看中国未来　《大公报》　1946 年 4 月 22 日　第 156 册　第
444 页

40712　由珊瑚海之捷说起　《大公报》　1942 年 5 月 11 日　第 148 册　第 562 页

40713　由上海市场看国家需要　《大公报》　1947 年 2 月 7 日　第 159 册　第
270 页

40714　由上海市总工会选举说起　《申报》　1946 年 9 月 7 日　第 390 册　第
78 页

40715　由胜利到和平——民主国家应有的认识/王籁愚（星期论文）　《大公报》
1941 年 8 月 17 日　第 147 册　第 170 页

40716　由史达林的和平姿态说起　《申报》　1949 年 2 月 3 日　第 400 册　第 194 页

40717　由史达林五一手令说到第二战场　《大公报》　1944 年 5 月 3 日　第 152 册　第 560 页

40718　由苏联西线之胜说起　《大公报》　1941 年 12 月 19 日　第 147 册　第 676 页

40719　由缩减政费到行政改造　《大公报》　1935 年 5 月 16 日　第 126 册　第 244 页

40720　由台湾海空战到菲律宾登陆　《大公报》　1944 年 10 月 21 日　第 153 册　第 506 页

40721　由"太平海"瞩望太平：大时代的伟大文化建设　《中央日报》　1943 年 3 月 17 日　第 47 册　第 810 页

40722　由天津市面衰落说明阎冯罪恶　《中央日报》　1930 年 6 月 21 日　第 10 册　第 995 页

40723　由天空加强中国战场!　《大公报》　1943 年 2 月 11 日　第 150 册　第 174 页

40724　由土耳其证明苏联政策兼斥暴日的无耻谣言　《大公报》　1939 年 10 月 24 日　第 143 册　第 216 页

40725　由妥洽到团结　《申报》　1933 年 9 月 30 日　第 308 册　第 926 页

40726　由瓦城克复说起　《大公报》　1945 年 3 月 22 日　第 154 册　第 342 页

40727　由"五七"证今天　《大公报》　1943 年 5 月 7 日　第 150 册　第 564 页

40728　由暹罗蚁案论侨界前途　《大公报》　1939 年 12 月 4 日　第 143 册　第 380 页

40729　由"小型大会"说起　《大公报》　1947 年 10 月 22 日　第 161 册　第 314 页

40730　由新民报停刊谈出版法　《大公报》　1948 年 7 月 11 日　第 163 册　第 428 页

40731　由训政达到"真"宪政之质疑/彬　《申报》　1932 年 4 月 6 日　第 291 册　第 283 页

40732　由一点看日本　《大公报》　1943 年 6 月 23 日　第 150 册　第 768 页

40733　由一而散　《申报》　1926 年 9 月 21 日　第 227 册　第 515 页

40734　由伊朗问题说起　《大公报》　1941 年 8 月 16 日　第 147 册　第 168 页

40735　由义希战局说到义大利　《大公报》　1940 年 11 月 28 日　第 145 册　第 578 页

40736　由义亚纷争到但泽纠纷　《大公报》　1936 年 7 月 9 日　第 133 册　第 116 页

40737　由印度暴动说起　《大公报》　1941 年 4 月 21 日　第 146 册　第 464 页

40738　由印度看亚洲战局　《大公报》　1943 年 6 月 28 日　第 150 册　第 788 页

40739　由英美放弃在华特权说起　《大公报》　1941 年 7 月 16 日　第 147 册　第 62 页

40740　由英美民意测验说起　《大公报》　1943 年 8 月 5 日　第 151 册　第 160 页

40741　由英日关系看暴日作风　《大公报》　1940 年 8 月 9 日　第 145 册　第 144 页

40742　由远东看英国　《大公报》　1942 年 11 月 12 日　第 149 册　第 586 页

40743　由增加税率谈到整顿税政　《中央日报》　1948 年 3 月 23 日　第 58 册　第 730 页

40744　由战时经济到平时经济/伍启元（星期论文）　《大公报》　1945 年 8 月 26 日　第 155 册　第 244 页

40745　由战争到政争　《大公报》　1929 年 6 月 21 日　第 90 册　第 820 页

40746　由招商局事件引起之感想　《申报》　1932 年 11 月 22 日　第 298 册　第 573 页

40747　由征服到突围　《申报》　1941 年 8 月 6 日　第 377 册　第 68 页

40748　由职业教育论及教育全局　《大公报》　1937 年 5 月 10 日　第 138 册　第 132 页

40749　由中共的荒谬声明说起　《申报》　1946 年 11 月 6 日　第 391 册　第 62 页

40750　由中共对马帅的答复说起　《大公报》　1946 年 12 月 10 日　第 158 册　第 456 页

40751　由中国建国立场看国际通商会议　《大公报》　1944 年 11 月 16 日　第 153 册　第 618 页

40752　由中美农业合作说起　《申报》　1946 年 6 月 28 日　第 389 册　第 250 页

40753　由中意通使说到使节升格问题　《申报》　1934 年 9 月 29 日　第 320 册　第 884 页

40754　由朱森教授之死说起　《大公报》　1942 年 7 月 16 日　第 149 册　第 72 页

40755　由总动员到自力更生　《大公报》　1942 年 5 月 7 日　第 148 册　第 546 页

40756　由租借法论美国的战略　《大公报》　1944 年 5 月 24 日　第 152 册　第 654 页

40757　由左宗棠平定新疆说到甘新铁路之兴筑/凌鸿勋（星期论文）　《大公报》　1943 年 10 月 11 日　第 151 册　第 454 页

40758　犹阿纠纷如何解决？　《大公报》　1947 年 5 月 2 日　第 160 册　第 8 页

40759　犹太人的苦难　《申报》　1938 年 11 月 15 日　第 359 册　第 582 页

40760　犹太人的苦难　《申报》（香港版）　1938 年 11 月 21 日　第 357 册　第 331 页

40761　犹贤乎己说　《申报》　1896 年 6 月 25 日　第 53 册　第 359 页

40762　邮部借款奏折评议　《申报》　1908 年 10 月 27 日　第 96 册　第 815 页

40763　邮程略记　《申报》　1888 年 7 月 15 日　第 33 册　第 101 页

40764　邮传部拟定外债条例说明书　《申报》　1910 年 10 月 12 日　第 108 册　第 657 页

40765　邮传部奏电政拟归官办折　《申报》　1908 年 6 月 21 日　第 94 册　第 674 页

40766　邮传部奏订汇丰汇理两银行借款合同折　《申报》　1908 年 10 月 26 日　第 96 册　第 802 页

40767　邮电加价驳议　《民国日报》　1922 年 11 月 1 日　第 42 册　第 2 页

40768　邮电加价影响报业　《申报》　1946 年 12 月 10 日　第 391 册　第 478 页

40769　邮电加价与报业　《中央日报》　1946 年 11 月 28 日　第 54 册　第 730 页

40770　邮工问题经过之感想　《大公报》　1928 年 10 月 19 日　第 86 册　第 569 页

40771　邮局罢工之当局态度（言论）　《民国日报》　1926 年 7 月 18 日　第 64 册　第 172 页

40772　邮务工友宜即复工　《民国日报》　1928 年 10 月 3 日　第 76 册　第 518 页

40773　邮务职工罢工平议　《申报》　1932 年 5 月 23 日　第 292 册　第 413 页

40774　邮政罢工不容久延　《大公报》　1932 年 5 月 25 日　第 108 册　第 244 页

40775　邮政罢工风潮扩大　《大公报》　1932 年 5 月 24 日　第 108 册　第 234 页

40776　邮政的回顾与前瞻：中华邮政五十三周年纪念词/王裕光（星期论坛）　《申报》　1949 年 3 月 20 日　第 400 册　第 508 页

40777　邮政的新措施　《申报》　1947 年 9 月 22 日　第 394 册　第 846 页

40778　邮政客谈　《申报》　1887 年 2 月 8 日　第 30 册　第 187 页

40779　邮资加价平议/翰　《申报》　1932 年 4 月 23 日　第 291 册　第 537 页

40780　油铁借款与中日银行　《申报》　1914 年 12 月 5 日　第 131 册　第 492 页

40781　游大花园记　《申报》　1889 年 9 月 14 日　第 35 册　第 469 页

40782　游福利公司记　《申报》　1886 年 6 月 26 日　第 28 册　第 1027 页

40783　游杭小记　《申报》　1888 年 9 月 24 日　第 33 册　第 569 页

40784　游击区之劝惩　《申报》　1939 年 2 月 17 日　第 362 册　第 300 页

40785　游击战和组织民众　《申报》（香港版）　1938 年 11 月 1 日　第 357 册

第 249 页

40786　游击战区的文化教育　《大公报》　1939 年 2 月 15 日　第 142 册　第 182 页

40787　游江南制造局记　《申报》　1892 年 1 月 5 日　第 40 册　第 27 页

40788　游历记 上　《申报》　1896 年 6 月 21 日　第 53 册　第 333 页

40789　游历记 下　《申报》　1896 年 6 月 22 日　第 53 册　第 339 页

40790　游龙华寺记　《申报》　1891 年 4 月 21 日　第 38 册　第 595 页

40791　游民　《申报》　1921 年 1 月 4 日　第 168 册　第 47 页

40792　游民说　《申报》　1890 年 5 月 12 日　第 36 册　第 759 页

40793　游民为患说　《申报》　1879 年 9 月 17 日　第 15 册　第 313 页

40794　游欧所谈/子昇　《申报》　1919 年 3 月 24 日　第 157 册　第 391 页

40795　游平山堂记　《申报》　1874 年 5 月 26 日　第 4 册　第 475 页

40796　游日观感/吴嘉棠（专论）　《申报》　1948 年 6 月 23 日　第 397 册　第 696 页

40797　游侍口奏覆东省河工疏书后　《申报》　1883 年 5 月 27 日　第 22 册　第 757 页

40798　游宋拉兵船记　《申报》　1884 年 7 月 14 日　第 25 册　第 79 页

40799　游味莼园记　《申报》　1885 年 4 月 22 日　第 26 册　第 583 页

40800　游学说略　《申报》　1878 年 2 月 18 日　第 12 册　第 141 页

40801　游雪宝寺记　《申报》　1873 年 10 月 28 日　第 3 册　第 409 页

40802　游耶松船厂记　《申报》　1887 年 12 月 13 日　第 31 册　第 1071 页

40803　游艺救国总动员　《申报》　1932 年 12 月 1 日　第 299 册　第 10 页

40804　游勇论　《申报》　1886 年 10 月 23 日　第 29 册　第 703 页

40805　游员与随员不同说　《申报》　1887 年 11 月 15 日　第 31 册　第 887 页

40806　游资出路两条大道　《申报》　1943 年 6 月 10 日　第 384 册　第 55 页

40807　游资的根源　《中央日报》　1947 年 12 月 29 日　第 57 册　第 1220 页

40808　游资泛滥中之宣洩　《申报》　1941 年 6 月 17 日　第 376 册　第 574 页

40809　游资作祟必须戡定　《中央日报》　1948 年 6 月 21 日　第 59 册　第 440 页

40810　友邦勿助长吾内乱　《民国日报》　1920 年 7 月 12 日　第 28 册　第 156 页

40811　友邦致力和平之精神　《中央日报》　1932 年 3 月 17 日　第 17 册　第 421 页

40812　友好　《申报》　1929 年 7 月 14 日　第 260 册　第 385 页

40813　友说　《申报》　1873 年 2 月 21 日　第 2 册　第 153 页

40814　友于篇　《申报》　1887 年 9 月 17 日　第 31 册　第 487 页

40815   有备无患   《申报》   1929 年 8 月 27 日   第 261 册   第 763 页

40816   有不为   《申报》   1929 年 6 月 16 日   第 259 册   第 427 页

40817   有不为而后可以有为   《申报》   1927 年 1 月 27 日   第 231 册   第 589 页

40818   有待中过日   《申报》   1926 年 5 月 25 日   第 223 册   第 601 页

40819   有的与无的   《申报》   1926 年 2 月 19 日   第 220 册   第 897 页

40820   有地方之责者   《申报》   1928 年 4 月 12 日   第 245 册   第 279 页

40821   有法即哄   《申报》   1922 年 9 月 7 日   第 184 册   第 132 页

40822   有感于波茨坦会议   《大公报》   1945 年 7 月 19 日   第 155 册   第 80 页

40823   有感于及时之雨   《大公报》   1943 年 6 月 25 日   第 150 册   第 776 页

40824   有感于交通大学程校长的谈话   《中央日报》   1948 年 6 月 19 日   第 59 册   第 422 页

40825   有关限价的几个问题   《中央日报》   1948 年 10 月 26 日   第 60 册   第 426 页

40826   有关政府威信的一件大事   《大公报》   1947 年 3 月 24 日   第 159 册   第 580 页

40827   有关中共的传说   《申报》   1940 年 12 月 27 日   第 373 册   第 782 页

40828   有害市面续说   《申报》   1882 年 11 月 1 日   第 21 册   第 739 页

40829   有何信用可以担保   《民国日报》   1919 年 7 月 2 日   第 22 册   第 14 页

40830   有何意思   《申报》   1928 年 4 月 27 日   第 245 册   第 660 页

40831   有贺之帝政论   《申报》   1915 年 8 月 30 日   第 135 册   第 994 页

40832   有悔过而无调和   《民国日报》   1924 年 6 月 28 日   第 51 册   第 810 页

40833   有会必散   《申报》   1924 年 7 月 20 日   第 204 册   第 444 页

40834   有吉大使到任   《申报》   1935 年 6 月 14 日   第 329 册   第 354 页

40835   有吉大使将再入京   《大公报》   1935 年 11 月 26 日   第 129 册   第 360 页

40836   有计划的国家与无计划的国家   《申报》   1932 年 6 月 6 日   第 293 册   第 90 页

40837   有计划的造谣   《中央日报》   1948 年 12 月 17 日   第 60 册   第 746 页

40838   有计划否   《申报》   1927 年 9 月 28 日   第 238 册   第 581 页

40839   有金者献金   《中央日报》   1945 年 7 月 31 日   第 51 册   第 362 页

40840   有进无退   《申报》   1911 年 12 月 6 日   第 115 册   第 510 页

40841   有举无废   《申报》   1920 年 11 月 13 日   第 167 册   第 213 页

40842   有可修正的日常生活   《申报》   1941 年 1 月 21 日   第 374 册   第 262 页

40843   有理之事   《申报》   1928 年 11 月 16 日   第 252 册   第 430 页

40844   有了办法再见，不要见了再谈办法   《中央日报》   1929 年 2 月 23 日   第 5 册   第 27 页

40845　有绿气成分的和平空气　《民国日报》　1928 年 3 月 4 日　第 73 册　第 48 页

40846　有民族主义才可以讲世界主义/胡汉民　《民国日报》　1929 年 1 月 20 日　第 78 册　第 327 页

40847　有民族主义才可以讲世界主义/胡汉民　《民国日报》　1929 年 1 月 21 日　第 78 册　第 345 页

40848　有民族主义才可以讲世界主义/胡汉民　《民国日报》　1929 年 1 月 22 日　第 78 册　第 361 页

40849　有名人物　《申报》　1918 年 7 月 15 日　第 153 册　第 224 页

40850　有名无实　《申报》　1921 年 1 月 6 日　第 168 册　第 76 页

40851　有名无实的敌议会　《中央日报》　1941 年 1 月 24 日　第 44 册　第 360 页

40852　有起有息　《申报》　1927 年 10 月 27 日　第 239 册　第 569 页

40853　有钱出钱此其时　《申报》（香港版）　1938 年 4 月 27 日　第 356 册　第 630 页

40854　有钱出钱此正其时　《申报》（汉口版）　1938 年 4 月 23 日　第 356 册　第 201 页

40855　有若无之政府　《申报》　1923 年 2 月 7 日　第 188 册　第 737 页

40856　有实力才有办法　《民国日报》　1923 年 3 月 15 日　第 44 册　第 192 页

40857　有事报捕房弗迁延以自误说　《申报》　1885 年 6 月 10 日　第 26 册　第 873 页

40858　有所取与有所予　《民国日报》　1946 年 1 月 31 日　第 97 册　第 123 页

40859　有添设而无消灭之改革观　《申报》　1911 年 8 月 1 日　第 113 册　第 511 页

40860　有田大使来华　《申报》　1936 年 2 月 26 日　第 337 册　第 679 页

40861　有田上台后的日本外交　《申报》（香港版）　1938 年 11 月 2 日　第 357 册　第 253 页

40862　有田外交之检讨　《申报》　1936 年 4 月 24 日　第 339 册　第 589 页

40863　有田外相的外交报告　《申报》　1936 年 8 月 15 日　第 343 册　第 372 页

40864　有为者亦若是：美国制宪的故事/费孝通（星期论文）　《大公报》　1946 年 4 月 14 日　第 156 册　第 412 页

40865　有无　《申报》　1915 年 8 月 6 日　第 135 册　第 604 页

40866　有线无线电之管辖问题　《大公报》　1928 年 12 月 26 日　第 87 册　第 661 页

40867　有线无线电之争执问题　《大公报》　1929 年 2 月 4 日　第 88 册　第 520 页

40868 有限 《申报》 1916年5月18日 第140册 第268页

40869 有宪法才能训政吗 《民国日报》 1929年9月17日 第82册 第273页

40870 有效 《申报》 1917年1月16日 第144册 第216页

40871 有效的急救缅甸！ 《中央日报》 1942年4月20日 第45册 第1092页

40872 有效的制日案 《中央日报》 1941年5月25日 第44册 第878页

40873 有效力的工作（专论）/胡朴安 《民国日报》 1946年9月7日 第99册 第38页

40874 有效无效 《申报》 1918年7月28日 第153册 第441页

40875 有心无法 《申报》 1925年2月12日 第209册 第665页

40876 有形的内战与无形的内战（专论）/胡朴安 《民国日报》 1945年11月14日 第96册 第271页

40877 有幸有不幸的工人 《民国日报》 1922年11月20日 第42册 第262页

40878 有一必有二 《申报》 1927年4月2日 第233册 第24页

40879 有意识的战争 《民国日报》 1922年4月7日 第38册 第508页

40880 有意与偶然 《申报》 1927年12月3日 第241册 第50页

40881 有与理 《申报》 1925年9月10日 第216册 第203页

40882 有志的青年/张其昀（星期论文） 《大公报》 1940年10月20日 第145册 第420页

40883 有志青年立志从军 《申报》 1947年8月23日 第394册 第532页

40884 有主义与无主义（言论） 《民国日报》 1926年9月14日 第65册 第131页

40885 有主义者必胜 续/胡汉民 《民国日报》 1929年10月29日 第82册 第972页

40886 有主义者必胜/胡汉民 《民国日报》 1929年10月27日 第82册 第934页

40887 有主张不可无实力 《民国日报》 1922年5月3日 第39册 第22页

40888 有着落的爱国表示 《民国日报》 1919年11月28日 第24册 第326页

40889 有组织才有力 《民国日报》 1923年8月2日 第46册 第450页

40890 莠言 《申报》 1925年4月20日 第211册 第359页

40891 又安租界篇 《申报》 1904年11月22日 第78册 第565页

40892 又该有群众热烈运动 《民国日报》 1920年10月1日 第29册 第422页

40893　又将变化　《申报》　1918 年 4 月 3 日　第 151 册　第 510 页

40894　又将有张阁　《申报》　1922 年 12 月 6 日　第 187 册　第 113 页

40895　又紧一步　《申报》　1914 年 8 月 2 日　第 129 册　第 504 页

40896　又经一次教训（言论）　《民国日报》　1926 年 9 月 23 日　第 65 册　第 222 页

40897　又开一幕　《申报》　1926 年 8 月 22 日　第 226 册　第 528 页

40898　又论铁路火车　《申报》　1877 年 10 月 27 日　第 11 册　第 409 页

40899　又是国库券方法　《申报》　1923 年 1 月 30 日　第 188 册　第 581 页

40900　又是人之问题　《申报》　1916 年 10 月 21 日　第 142 册　第 868 页

40901　又是一个谣言（言论）　《民国日报》　1925 年 4 月 4 日　第 56 册　第 460 页

40902　又书无上上法人论后　《申报》　1874 年 10 月 24 日　第 5 册　第 399 页

40903　又一变化之南北大局观　《大公报》　1927 年 8 月 12 日　第 80 册　第 337 页

40904　又一次的宣传攻势　《中央日报》　1946 年 8 月 27 日　第 53 册　第 752 页

40905　又一次侵略行动　《申报》　1937 年 7 月 9 日　第 354 册　第 235 页

40906　又一邮补祝百花祠香尉生日记　《申报》　1887 年 8 月 30 日　第 31 册　第 371 页

40907　又一个严重教训　《申报》　1944 年 7 月 7 日　第 386 册　第 21 页

40908　又一借债机会　《申报》　1918 年 8 月 1 日　第 153 册　第 506 页

40909　又一纠葛之因　《申报》　1924 年 12 月 1 日　第 208 册　第 4 页

40910　又一侵略计划的开始　《申报》　1948 年 2 月 6 日　第 396 册　第 344 页

40911　又一外交攻势　《申报》　1940 年 12 月 12 日　第 373 册　第 558 页

40912　又一循环　《大公报》　1928 年 1 月 18 日　第 82 册　第 173 页

40913　又一主顾　《申报》　1923 年 10 月 21 日　第 196 册　第 461 页

40914　又有贿案　《申报》　1917 年 4 月 27 日　第 145 册　第 1014 页

40915　又有两大疑团　《申报》　1916 年 1 月 10 日　第 138 册　第 126 页

40916　又有天津会议　《申报》　1918 年 6 月 13 日　第 152 册　第 678 页

40917　又有王代阁　《申报》　1922 年 12 月 13 日　第 187 册　第 270 页

40918　又有一幕　《申报》　1925 年 1 月 31 日　第 209 册　第 434 页

40919　又有主和之说　《申报》　1918 年 2 月 17 日　第 150 册　第 562 页

40920　宥盗篇　《申报》　1906 年 12 月 9 日　第 85 册　第 609 页

40921　渝参政会与国民大会问题　《申报》　1945 年 7 月 23 日　第 387 册　第 503 页

40922　渝共的关系　《申报》　1945 年 1 月 13 日　第 387 册　第 35 页

40952　舆论　《申报》　1914 年 3 月 20 日　第 127 册　第 308 页

40953　舆论的活用　《申报》　1944 年 8 月 30 日　第 386 册　第 199 页

40954　舆论界的紧要关头　《中央日报》　1939 年 7 月 18 日　第 42 册　第 268 页

40955　舆论界应定言论标准（言论）　《民国日报》　1926 年 8 月 1 日　第 64 册　第 313 页

40956　舆论界责任之一　《民国日报》　1922 年 8 月 29 日　第 40 册　第 810 页

40957　舆论界之自觉　《中央日报》　1930 年 1 月 1 日　第 9 册　第 3 页

40958　舆论与政党　《申报》　1916 年 6 月 25 日　第 140 册　第 856 页

40959　舆论政治时代的来临　《中央日报》　1945 年 10 月 1 日　第 51 册　第 732 页

40960　舆论之意义　《申报》　1935 年 9 月 24 日　第 332 册　第 655 页

40961　舆僭也而未阅　《民国日报》　1924 年 10 月 8 日　第 53 册　第 392 页

40962　舆图测量说上　《申报》　1895 年 2 月 27 日　第 49 册　第 301 页

40963　舆图测量说下　《申报》　1895 年 3 月 2 日　第 49 册　第 319 页

40964　舆图测量说中　《申报》　1895 年 2 月 28 日　第 49 册　第 307 页

40965　与敌人进行"封锁"战　《申报》　1937 年 9 月 7 日　第 355 册　第 431 页

40966　与敌人争沦陷区的建设　《大公报》　1938 年 12 月 6 日　第 141 册　第 468 页

40967　与读者话别　《中央日报》　1930 年 12 月 1 日　第 12 册　第 747 页

40968　与读者诸君贺年并道歉　《大公报》　1927 年 1 月 1 日　第 78 册　第 5 页

40969　与法战宜筑铁路说　《申报》　1884 年 3 月 1 日　第 24 册　第 311 页

40970　与各国通商以绝一国觊觎说　《申报》　1884 年 6 月 27 日　第 24 册　第 1017 页

40971　与工商会议代表赠别　《中央日报》　1930 年 11 月 8 日　第 12 册　第 461 页

40972　与故乡人论新学党　《申报》　1902 年 11 月 10 日　第 72 册　第 487 页

40973　与灌园叟闲话　《申报》　1892 年 5 月 2 日　第 41 册　第 7 页

40974　与国同寿　《申报》　1943 年 5 月 5 日　第 383 册　第 829 页

40975　与虎谋皮　《申报》　1922 年 6 月 25 日　第 181 册　第 500 页

40976　与虎谋皮的关税会议（言论）　《民国日报》　1925 年 11 月 11 日　第 60 册　第 122 页

40977　与或人论吕盛两大臣所订商税约章　《申报》　1902 年 9 月 15 日　第 72 册　第 95 页

40978　与客论阿搽基司忒与侠士之殊　《申报》　1904 年 11 月 28 日　第 78 册

第 609 页

40979 与客论保甲团练 《申报》 1899 年 8 月 15 日 第 62 册 第 781 页

40980 与客论本报所登活捉事 《申报》 1892 年 12 月 5 日 第 42 册 第 599 页

40981 与客论抵制洋盐事 《申报》 1901 年 6 月 25 日 第 68 册 第 331 页

40982 与客论东三省事 《申报》 1903 年 5 月 6 日 第 74 册 第 35 页

40983 与客论董福祥 《申报》 1903 年 2 月 18 日 第 73 册 第 247 页

40984 与客论端董造反谣言 《申报》 1901 年 4 月 15 日 第 67 册 第 581 页

40985 与客论俄京乱耗 《申报》 1902 年 3 月 18 日 第 70 册 第 425 页

40986 与客论公法 《申报》 1888 年 12 月 17 日 第 33 册 第 1091 页

40987 与客论关禁之严 《申报》 1897 年 3 月 26 日 第 55 册 第 479 页

40988 与客论和议纲领中停止考试事 《申报》 1901 年 1 月 7 日 第 67 册 第 37 页

40989 与客论华人犯事寄禁西狱事 《申报》 1901 年 3 月 25 日 第 67 册 第 455 页

40990 与客论交友 《申报》 1887 年 5 月 9 日 第 30 册 第 755 页

40991 与客论禁彩票 《申报》 1901 年 4 月 23 日 第 67 册 第 629 页

40992 与客论举人大挑 《申报》 1898 年 3 月 25 日 第 58 册 第 497 页

40993 与客论康梁逆党私售富有匪票事 《申报》 1900 年 9 月 26 日 第 66 册 第 145 页

40994 与客论黎莼齐观察因病去官事 《申报》 1895 年 12 月 22 日 第 51 册 第 735 页

40995 与客论轮船致火之由 《申报》 1891 年 1 月 3 日 第 38 册 第 13 页

40996 与客论浦左演说肇祸后情形 《申报》 1903 年 9 月 3 日 第 75 册 第 17 页

40997 与客论日本地震海啸事 《申报》 1896 年 6 月 28 日 第 53 册 第 379 页

40998 与客论日本所购春日日进二军舰 《申报》 1904 年 3 月 28 日 第 76 册 第 497 页

40999 与客论日欲联俄 《申报》 1901 年 12 月 17 日 第 69 册 第 659 页

41000 与客论荣文忠得谥之由 《申报》 1903 年 4 月 19 日 第 73 册 第 651 页

41001 与客论申报宗旨 《申报》 1900 年 12 月 24 日 第 66 册 第 677 页

41002 与客论示禁佛店事 《申报》 1894 年 11 月 5 日 第 48 册 第 409 页

41003 与客论水灾 《申报》 1889 年 10 月 28 日 第 35 册 第 741 页

41004 与客论松江储火药事 《申报》 1896 年 5 月 22 日 第 53 册 第 141 页

41057　与申报馆论中英时事书　《申报》　1876 年 7 月 18 日　第 9 册　第 57 页

41058　与申报论学习轮船事　《申报》　1875 年 12 月 1 日　第 7 册　第 525 页

41059　与四川同乡诸君子论宜速修川汉铁路并续修川藏川滇川陕各路书　《申报》　1904 年 10 月 5 日　第 78 册　第 231 页

41060　与陶孟和先生论儒家（专论）/胡朴安　《民国日报》　1946 年 11 月 21 日　第 99 册　第 359 页

41061　与陶孟和先生论儒家（续）（专论）/胡朴安　《民国日报》　1946 年 11 月 22 日　第 99 册　第 363 页

41062　与魏德迈将军谈对华政策　《大公报》　1947 年 7 月 29 日　第 160 册　第 558 页

41063　与魏德迈特使道别　《申报》　1947 年 8 月 24 日　第 394 册　第 542 页

41064　与西友论报纸体例　《申报》　1897 年 10 月 17 日　第 57 册　第 285 页

41065　与西友论济川小轮船失事　《申报》　1889 年 8 月 24 日　第 35 册　第 339 页

41066　与西友论开矿　《申报》　1885 年 11 月 4 日　第 27 册　第 773 页

41067　与西友论水口　《申报》　1886 年 1 月 28 日　第 28 册　第 163 页

41068　与西友论英缅近事　《申报》　1885 年 11 月 24 日　第 27 册　第 893 页

41069　与西友论赈　《申报》　1889 年 10 月 22 日　第 35 册　第 703 页

41070　与西友论中国管驾人材　《申报》　1886 年 5 月 5 日　第 28 册　第 701 页

41071　与西友言性　《申报》　1889 年 9 月 9 日　第 35 册　第 439 页

41072　与学生谈暑假　《大公报》　1943 年 7 月 1 日　第 151 册　第 2 页

41073　与印度爱而好君谈欧化　《申报》　1923 年 4 月 17 日　第 190 册　第 340 页

41074　与友论商务　《申报》　1891 年 10 月 7 日　第 39 册　第 599 页

41075　与友论新报所论事　《申报》　1874 年 11 月 14 日　第 5 册　第 471 页

41076　与友论恤婢　《申报》　1886 年 1 月 6 日　第 28 册　第 31 页

41077　与友人论台湾善后事宜　《申报》　1874 年 11 月 12 日　第 5 册　第 463 页

41078　与友人论中俄界务　《申报》　1898 年 10 月 9 日　第 60 册　第 277 页

41079　与友人论中外书塾　《申报》　1876 年 2 月 19 日　第 8 册　第 149 页

41080　与友人谈上海居不大易　《申报》　1898 年 4 月 22 日　第 58 册　第 671 页

41081　与友人谈上海居大不易　《申报》　1898 年 4 月 24 日　第 58 册　第 685 页

41082　与友人谈医　《申报》　1896 年 9 月 7 日　第 54 册　第 39 页

41083　与张东荪书　《民国日报》　1920 年 7 月 21 日　第 28 册　第 282 页

41084　与众乐乐老人致本馆书　《申报》　1874 年 1 月 13 日　第 4 册　第 41 页

41085　宇垣的辞职　《大公报》　1938 年 10 月 3 日　第 141 册　第 388 页

41086　宇垣的寓言　《大公报》　1939 年 12 月 29 日　第 143 册　第 480 页

41087　宇垣也是毫无办法！：对于最近敌国外交之看法/邵毓麟（星期论文）
　　《大公报》　1938 年 7 月 17 日　第 141 册　第 76 页

41088　羽翼已成　《申报》　1916 年 5 月 27 日　第 140 册　第 412 页

41089　语文展览　《申报》　1939 年 10 月 29 日　第 366 册　第 812 页

41090　语新　《申报》　1903 年 2 月 3 日　第 73 册　第 157 页

41091　语言文字　《申报》　1929 年 1 月 30 日　第 254 册　第 798 页

41092　玉峰游记　《申报》　1883 年 5 月 9 日　第 22 册　第 649 页

41093　玉碎精神　《申报》　1944 年 2 月 26 日　第 385 册　第 201 页

41094　驳差役说　《申报》　1903 年 5 月 8 日　第 74 册　第 49 页

41095　驳吏刍言　《申报》　1901 年 11 月 6 日　第 69 册　第 409 页

41096　驳吏说　《申报》　1897 年 1 月 21 日　第 55 册　第 119 页

41097　驳下素严　《申报》　1921 年 1 月 4 日　第 168 册　第 47 页

41098　育才篇　《申报》　1893 年 6 月 16 日　第 44 册　第 335 页

41099　育才说　《申报》　1893 年 8 月 9 日　第 44 册　第 709 页

41100　育闺才议　《申报》　1889 年 2 月 18 日　第 34 册　第 217 页

41101　育婴善局遗议　《申报》　1889 年 1 月 25 日　第 34 册　第 121 页

41102　郁冈之望甘霖　《申报》　1946 年 7 月 16 日　第 389 册　第 434 页

41103　狱贵有辞说　《申报》　1887 年 8 月 10 日　第 31 册　第 249 页

41104　狱之北京　《申报》　1919 年 7 月 31 日　第 159 册　第 495 页

41105　预备　《申报》　1916 年 4 月 24 日　第 139 册　第 864 页

41106　预备卷逃：卖国新借款　《民国日报》　1918 年 9 月 23 日　第 17 册　第 224 页

41107　预备立宪公会致各处教育会论各地方亟宜遍设宣讲所书　《申报》　1907 年 10 月 27 日　第 90 册　第 681 页

41108　预备期间　《申报》　1920 年 8 月 28 日　第 165 册　第 1029 页

41109　预备期中之国货银行　《中央日报》　1929 年 6 月 27 日　第 6 册　第 661 页

41110　预备之解释　《申报》　1927 年 3 月 11 日　第 232 册　第 226 页

41111　预测今后的北庭　《民国日报》　1923 年 3 月 27 日　第 44 册　第 358 页

41112　预测今后中国之时局　《申报》　1917 年 8 月 10 日　第 147 册　第 692 页

41113　预筹火患说　《申报》　1888 年 6 月 13 日　第 32 册　第 971 页

41114　预防敌人进攻法币的阴谋　《中央日报》　1939 年 2 月 9 日　第 41 册　第 704 页

41142   欲心不死   《申报》   1923 年 7 月 8 日   第 193 册   第 160 页

41143   欲兴矿务宜选子弟赴欧西矿务学堂肄习论   《申报》   1901 年 10 月 15 日   第 69 册   第 271 页

41144   欲兴商务亟宜设法制造以杜外人觊觎论   《申报》   1902 年 5 月 6 日   第 71 册   第 39 页

41145   欲兴商务宜知所取法说   《申报》   1890 年 11 月 17 日   第 37 册   第 887 页

41146   欲战与欲不战   《申报》   1921 年 2 月 22 日   第 168 册   第 752 页

41147   谕旨恭录   《申报》   1884 年 11 月 26 日   第 25 册   第 845 页

41148   谕旨恭录   《申报》   1884 年 11 月 28 日   第 25 册   第 857 页

41149   喻言   《申报》   1899 年 6 月 3 日   第 62 册   第 253 页

41150   喻言   《申报》   1901 年 1 月 8 日   第 67 册   第 43 页

41151   寓兵于农论   《申报》   1872 年 12 月 16 日   第 1 册   第 781 页

41152   寓兵于商论   《申报》   1893 年 4 月 17 日   第 43 册   第 627 页

41153   寓兵于商说   《申报》   1897 年 3 月 17 日   第 55 册   第 421 页

41154   寓兵于学   《民国日报》   1921 年 6 月 25 日   第 33 册   第 779 页

41155   寓兵于学   《民国日报》   1921 年 6 月 26 日   第 33 册   第 792 页

41156   寓兵于学   《民国日报》   1921 年 6 月 27 日   第 33 册   第 806 页

41157   寓沪西商庆贺开埠五十年系之以论   《申报》   1893 年 11 月 16 日   第 45 册   第 517 页

41158   寓言   《申报》   1901 年 2 月 1 日   第 67 册   第 187 页

41159   寓言（接昨稿）   《申报》   1901 年 2 月 2 日   第 67 册   第 193 页

41160   寓言（接昨稿）   《申报》   1901 年 2 月 3 日   第 67 册   第 199 页

41161   御得风雨的房屋   《民国日报》   1921 年 6 月 21 日   第 33 册   第 720 页

41162   御寒说   《申报》   1883 年 1 月 23 日   第 22 册   第 127 页

41163   御患勿忘祛毒   《大公报》   1931 年 10 月 30 日   第 104 册   第 700 页

41164   御史俾寿奏救荒备荒六策折   《申报》   1907 年 1 月 16 日   第 86 册   第 145 页

41165   御史黄昌年奏粤汉铁路议久无成亟宜速筹结局折   《申报》   1905 年 3 月 28 日   第 79 册   第 589 页

41166   御史赵炳麟请从速印刷官报折   《申报》   1906 年 12 月 28 日   第 85 册   第 787 页

41167   御外侮之第一方法   《申报》   1919 年 2 月 9 日   第 156 册   第 483 页

41168   御侮兴国之先例（一）/彬   《申报》   1932 年 2 月 22 日   第 290 册   第 747 页

41169   御侮兴国之先例（二）/彬   《申报》   1932 年 2 月 23 日   第 290 册   第

753 页

41170 御侮与治安 《申报》 1928 年 4 月 23 日 第 245 册 第 567 页

41171 裕关税当先恤商说 《申报》 1887 年 12 月 10 日 第 31 册 第 1053 页

41172 裕国当筹其大局论 《申报》 1877 年 11 月 6 日 第 11 册 第 441 页

41173 裕仁的战责与天皇制 《申报》 1948 年 9 月 10 日 第 398 册 第 560 页

41174 遇事求了之误事 《民国日报》 1916 年 10 月 24 日 第 5 册 第 638 页

41175 遇灾而惧论 《申报》 1889 年 10 月 12 日 第 35 册 第 641 页

41176 遇灾而惧说 《申报》 1903 年 7 月 31 日 第 74 册 第 635 页

41177 愈恶劣 《申报》 1922 年 8 月 11 日 第 183 册 第 215 页

41178 愈激愈烈 《申报》 1926 年 3 月 21 日 第 221 册 第 446 页

41179 愈近胜利愈应努力 《中央日报》 1941 年 2 月 25 日 第 44 册 第 488 页

41180 愈近愈远 《申报》 1920 年 11 月 3 日 第 167 册 第 37 页

41181 愈趋愈远 《申报》 1919 年 9 月 13 日 第 160 册 第 215 页

41182 愈移愈远之交涉说 《申报》 1925 年 7 月 18 日 第 214 册 第 335 页

41183 豫北伪军三万反正 《大公报》 1941 年 9 月 20 日 第 147 册 第 304 页

41184 豫督 《申报》 1925 年 4 月 18 日 第 211 册 第 318 页

41185 豫鄂战役论 《申报》 1940 年 5 月 14 日 第 370 册 第 168 页

41186 豫匪 《申报》 1922 年 10 月 31 日 第 185 册 第 655 页

41187 豫局 《申报》 1927 年 2 月 15 日 第 231 册 第 891 页

41188 豫局 《大公报》 1927 年 2 月 26 日 第 78 册 第 397 页

41189 豫局 《大公报》 1927 年 3 月 13 日 第 78 册 第 517 页

41190 豫南鄂北之战 《大公报》 1945 年 3 月 28 日 第 154 册 第 368 页

41191 豫南会战之胜利 《中央日报》 1941 年 2 月 15 日 第 44 册 第 446 页

41192 豫南饥民图/梁建章 《民国日报》 1929 年 6 月 29 日 第 80 册 第 957 页

41193 豫南战事 《申报》 1941 年 2 月 3 日 第 374 册 第 380 页

41194 豫省之奉军 《申报》 1920 年 3 月 24 日 第 163 册 第 439 页

41195 豫省助贫受教 《民国日报》 1931 年 8 月 4 日 第 93 册 第 430 页

41196 豫西南鄂北之战 《大公报》 1945 年 4 月 21 日 第 154 册 第 468 页

41197 豫圆蕙兰雅集说 《申报》 1883 年 5 月 18 日 第 22 册 第 703 页

41198 豫灾 《申报》 1929 年 10 月 6 日 第 263 册 第 163 页

41199 豫战之一段落 《大公报》 1927 年 3 月 19 日 第 78 册 第 565 页

41200 冤杀案 《申报》 1920 年 8 月 15 日 第 165 册 第 805 页

41201 冤狱赔偿运动 《申报》 1935 年 5 月 16 日 第 328 册 第 407 页

41202 冤狱赔偿制度 《中央日报》 1932 年 9 月 24 日 第 19 册 第 434 页

41203   冤哉山东请愿代表：徐世昌太骄倨昧良 《民国日报》 1919年6月23日
第21册 第626页

41204   元旦的期望：今年是"革新年" 《申报》 1944年1月1日 第385册
第2页

41205   元旦的愿望 《申报》 1943年1月1日 第383册 第2页

41206   元旦敬祝行宪 《申报》 1948年1月1日 第396册 第2页

41207   元旦立春说 《申报》 1886年2月9日 第28册 第193页

41208   元旦献辞 《申报》 1939年1月1日 第361册 第4页

41209   元旦献辞 《大公报》 1940年1月1日 第144册 第2页

41210   元旦献辞 《申报》 1945年1月1日 第387册 第1页

41211   元旦献辞 《大公报》 1946年1月1日 第156册 第2页

41212   元旦献辞：论今后救亡图存惟有修明内政 《申报》 1935年1月1日
第324册 第3页

41213   员工待遇与生活指数 《民国日报》 1946年3月11日 第97册 第
262页

41214   原才 《申报》 1890年6月15日 第36册 第973页

41215   原耻 《申报》 1907年2月1日 第86册 第301页

41216   原耻（续） 《申报》 1907年2月2日 第86册 第311页

41217   原盗 《申报》 1881年10月17日 第19册 第433页

41218   原盗 《申报》 1890年6月17日 第36册 第985页

41219   原癫 《申报》 1881年5月24日 第18册 第549页

41220   原风 《申报》 1887年4月29日 第30册 第693页

41221   原佛 《申报》 1885年12月27日 第27册 第1093页

41222   原革 《申报》 1907年6月23日 第88册 第671页

41223   原拐 《申报》 1881年10月19日 第19册 第441页

41224   原鬼 《申报》 1886年1月2日 第28册 第7页

41225   原杭湖属客民滋事之由 《申报》 1881年5月16日 第18册 第
517页

41226   原沪上商务之衰 《申报》 1900年10月11日 第66册 第235页

41227   原沪市衰象 《申报》 1883年3月18日 第22册 第355页

41228   原荒 《申报》 1878年7月13日 第13册 第45页

41229   原妓 《申报》 1920年12月11日 第167册 第710页

41230   原假 《申报》 1881年10月13日 第19册 第417页

41231   原交 《申报》 1888年7月26日 第33册 第175页

41232   原教 《申报》 1888年12月14日 第33册 第1073页

41233   原教 《申报》 1893年2月2日 第43册 第199页

41262　原王照功罪　《申报》　1900 年 4 月 10 日　第 64 册　第 611 页

41263　原小流氓　《申报》　1889 年 8 月 7 日　第 35 册　第 237 页

41264　原疫　《申报》　1881 年 10 月 15 日　第 19 册　第 425 页

41265　原疫　《申报》　1902 年 6 月 23 日　第 71 册　第 361 页

41266　原因何在　《申报》　1919 年 1 月 13 日　第 156 册　第 179 页

41267　原灾　《申报》　1893 年 12 月 25 日　第 45 册　第 773 页

41268　原则确定后的救济特捐　《申报》　1948 年 3 月 24 日　第 396 册　第 776 页

41269　原则战争　《中央日报》　1939 年 9 月 6 日　第 42 册　第 472 页

41270　原质　《申报》　1925 年 12 月 15 日　第 219 册　第 291 页

41271　原中国积弱之由　《申报》　1903 年 12 月 4 日　第 75 册　第 657 页

41272　原重又轻武之俗　《申报》　1881 年 3 月 29 日　第 18 册　第 321 页

41273　原子弹日　《大公报》　1948 年 8 月 7 日　第 163 册　第 590 页

41274　原子弹试验后的世界　《申报》　1946 年 7 月 3 日　第 389 册　第 300 页

41275　原子能的管制　《申报》　1945 年 11 月 24 日　第 387 册　第 627 页

41276　原子能的管制　《申报》　1946 年 10 月 5 日　第 390 册　第 426 页

41277　原子能时代的和平／周太玄（星期论文）　《大公报》　1946 年 9 月 15 日　第 157 册　第 396 页

41278　原子能与中国之前途／赵曾庄（星期论坛）　《申报》　1945 年 12 月 9 日　第 387 册　第 687 页

41279　原子能之经济价值／赵曾珏（星期论坛）　《申报》　1946 年 2 月 10 日　第 388 册　第 219 页

41280　原字　《申报》　1893 年 6 月 10 日　第 44 册　第 289 页

41281　圆　《民国日报》　1917 年 9 月 30 日　第 11 册　第 350 页

41282　圆法厄言　《申报》　1896 年 8 月 31 日　第 53 册　第 791 页

41283　圆桌会议　《中央日报》　1932 年 6 月 15 日　第 18 册　第 282 页

41284　袁岑两督奉命治军感言　《申报》　1911 年 10 月 16 日　第 114 册　第 789 页

41285　袁大总统莅任感言　《申报》　1912 年 3 月 11 日　第 116 册　第 585 页

41286　袁冯段之今昔：辛亥回顾录　《民国日报》　1916 年 5 月 18 日　第 3 册　第 206 页

41287　袁规徐随的肃政观　《民国日报》　1922 年 3 月 21 日　第 38 册　第 276 页

41288　袁军败兆：兵制　《民国日报》　1916 年 3 月 16 日　第 2 册　第 182 页

41289　袁令：帝制复治之伏笔　《民国日报》　1916 年 3 月 25 日　第 2 册　第 290 页

all

41290　袁令黎氏代行总统之危言　《民国日报》　1916 年 3 月 31 日　第 2 册　第 362 页

41291　袁氏撤销唐使之疑问　《申报》　1912 年 1 月 4 日　第 116 册　第 43 页

41292　袁氏搅乱金融之罪　《民国日报》　1916 年 5 月 6 日　第 3 册　第 62 页

41293　袁氏究竟之推测　《民国日报》　1916 年 3 月 22 日　第 2 册　第 254 页

41294　袁氏停战调和之片面观　《民国日报》　1916 年 3 月 29 日　第 2 册　第 338 页

41295　袁氏隐痛之隐谋　《民国日报》　1916 年 3 月 30 日　第 2 册　第 350 页

41296　袁氏之立法院与责任内阁　《民国日报》　1916 年 3 月 3 日　第 2 册　第 26 页

41297　袁氏最近之诡计：挑拨诸将感情，移转人民目光　《民国日报》　1916 年 3 月 28 日　第 2 册　第 326 页

41298　袁世凯黩式之惯技　《民国日报》　1916 年 4 月 27 日　第 2 册　第 686 页

41299　袁世凯死　《民国日报》　1916 年 6 月 8 日　第 3 册　第 458 页

41300　袁世凯死后之时局：军民之责任未完也　《民国日报》　1916 年 6 月 7 日　第 3 册　第 446 页

41301　袁世凯之狡赖：军政、财政　《民国日报》　1916 年 5 月 11 日　第 3 册　第 122 页

41302　袁世凯之难境　《申报》　1911 年 11 月 28 日　第 115 册　第 397 页

41303　袁世凯之前途　《申报》　1911 年 10 月 29 日　第 114 册　第 1024 页

41304　袁世凯之逐满策　《申报》　1911 年 12 月 9 日　第 115 册　第 552 页

41305　袁树勋奏中央集权宜先有责任政府及监察机关折　《申报》　1910 年 5 月 31 日　第 106 册　第 486 页

41306　袁树勋奏中央集权宜先有责任政府及监察机关折（续）　《申报》　1910 年 6 月 1 日　第 106 册　第 502 页

41307　袁铁两大臣奏陈校阅大操详细情形折（续）　《申报》　1906 年 11 月 10 日　第 85 册　第 351 页

41308　袁铁两大臣奏陈校阅大操详细情形折（再续）　《申报》　1906 年 11 月 14 日　第 85 册　第 389 页

41309　袁铁两大臣奏陈校阅大操详细情形折　《申报》　1906 年 11 月 9 日　第 85 册　第 341 页

41310　援　《申报》　1926 年 9 月 18 日　第 227 册　第 438 页

41311　援各国议院先例敬告我咨议局　《申报》　1909 年 10 月 16 日　第 102 册　第 674 页

41312　援桂不可再缓了　《民国日报》　1921 年 4 月 13 日　第 32 册　第 602 页

41313　援桂问题的我观　《民国日报》　1921 年 3 月 27 日　第 32 册　第 364 页

41314　援华的呼声　《大公报》　1942 年 5 月 25 日　第 148 册　第 618 页

41315　援华与苏联　《申报》　1941 年 4 月 29 日　第 375 册　第 747 页

41316　援库　《申报》　1920 年 11 月 6 日　第 167 册　第 93 页

41317　援库　《申报》　1921 年 2 月 17 日　第 168 册　第 662 页

41318　援缅即援澳印　《中央日报》　1942 年 4 月 3 日　第 45 册　第 1022 页

41319　援苏的两个途径　《中央日报》　1941 年 7 月 24 日　第 44 册　第 1144 页

41320　援苏路线的安全问题　《申报》　1941 年 10 月 24 日　第 378 册　第
291 页

41321　援苏物资的路线　《大公报》　1941 年 8 月 29 日　第 147 册　第 214 页

41322　援台必克论　《申报》　1885 年 1 月 12 日　第 26 册　第 67 页

41323　援台不可再迟说　《申报》　1884 年 11 月 24 日　第 25 册　第 833 页

41324　援湘　《申报》　1920 年 5 月 29 日　第 164 册　第 505 页

41325　援湘与援桂　《申报》　1920 年 12 月 26 日　第 167 册　第 963 页

41326　援越末议　《申报》　1883 年 6 月 10 日　第 22 册　第 841 页

41327　援助被封的爱国团体（言论）　《民国日报》　1925 年 7 月 24 日　第 58
册　第 233 页

41328　援助被难同胞的义务　《申报》　1937 年 11 月 12 日　第 355 册　第
985 页

41329　援助工业斗士　《大公报》　1945 年 1 月 31 日　第 154 册　第 130 页

41330　援助民主国案与孤立案　《大公报》　1941 年 1 月 15 日　第 146 册　第
64 页

41331　援助日本革命　《大公报》　1942 年 3 月 21 日　第 148 册　第 338 页

41332　缘原　《申报》　1925 年 12 月 4 日　第 219 册　第 64 页

41333　远东备战中之中国　《大公报》　1933 年 12 月 3 日　第 117 册　第 452 页

41334　远东大局瞻望　《申报》　1941 年 8 月 10 日　第 377 册　第 118 页

41335　远东的非常时期　《申报》　1941 年 8 月 7 日　第 377 册　第 80 页

41336　远东的国际新动向　《大公报》　1937 年 5 月 18 日　第 138 册　第 244 页

41337　远东的军事形势　《申报》　1937 年 4 月 9 日　第 351 册　第 208 页

41338　远东反侵略阵线　《申报》　1941 年 11 月 5 日　第 378 册　第 443 页

41339　远东反侵略阵线问题　《申报》　1941 年 7 月 17 日　第 376 册　第 960 页

41340　远东防共的国际联合阵线：不妨从上海开始　《申报》　1948 年 11 月 30
日　第 399 册　第 390 页

41341　远东共产情报局的设立　《申报》　1947 年 12 月 2 日　第 395 册　第
626 页

41342　远东国际外交的动态　《中央日报》　1938 年 12 月 22 日　第 41 册　第
426 页

41392 愿大家厉行节约 《申报》 1946 年 5 月 18 日 第 388 册 第 842 页

41393 愿大家同做建设的工人 《民国日报》 1921 年 4 月 17 日 第 32 册 第 658 页

41394 愿到新政治实验室去参观吗? 《民国日报》 1921 年 7 月 2 日 第 34 册 第 16 页

41395 愿芳泽君勿让蓝博森君专美于前 《大公报》 1929 年 1 月 22 日 第 88 册 第 312 页

41396 愿工商界与政府合作 《中央日报》 1946 年 8 月 11 日 第 53 册 第 611 页

41397 愿国大制宪能见其大! 《申报》 1946 年 11 月 23 日 第 391 册 第 274 页

41398 愿国府当局努力尽职 《大公报》 1928 年 10 月 15 日 第 86 册 第 521 页

41399 愿国民力倡拥护人权 《大公报》 1928 年 3 月 18 日 第 83 册 第 171 页

41400 愿国民清夜自问 《大公报》 1932 年 5 月 7 日 第 108 册 第 64 页

41401 愿国人尽力救灾 《申报》 1937 年 5 月 6 日 第 352 册 第 115 页

41402 愿国人勿忘九七纪念 《中央日报》 1930 年 9 月 7 日 第 11 册 第 843 页

41403 愿国人注意亢旱声中的蝗灾! 《申报》 1934 年 7 月 14 日 第 318 册 第 404 页

41404 愿后方人士速起劳军 《中央日报》 1944 年 6 月 26 日 第 49 册 第 788 页

41405 愿明年今日有何以告慰孙先生 《大公报》 1932 年 3 月 12 日 第 107 册 第 114 页

41406 愿青年勉抑感情诉之理智 《大公报》 1931 年 12 月 7 日 第 105 册 第 286 页

41407 愿日本国民反省 《大公报》 1931 年 9 月 26 日 第 104 册 第 304 页

41408 愿日人自省自制 《中央日报》 1945 年 8 月 24 日 第 51 册 第 504 页

41409 愿丝厂同业更进一步 《申报》 1936 年 3 月 4 日 第 338 册 第 88 页

41410 愿泰国自重 《申报》 1940 年 10 月 14 日 第 372 册 第 574 页

41411 愿我友邦尽其最善! 《中央日报》 1939 年 1 月 20 日 第 41 册 第 584 页

41412 愿毋以意旨不一资敌 《民国日报》 1916 年 6 月 6 日 第 3 册 第 434 页

41413 愿学校与家庭对儿童废止体罚 《申报》 1935 年 5 月 29 日 第 328 册

第 763 页

41414　愿以两事正告美国　《大公报》　1948 年 12 月 11 日　第 164 册　第 558 页

41415　愿议员莫贪饵上钩　《民国日报》　1922 年 7 月 10 日　第 40 册　第 126 页

41416　愿与国联努力制裁公敌　《大公报》　1932 年 2 月 1 日　第 106 册　第 304 页

41417　愿张学良实践所言　《大公报》　1929 年 1 月 14 日　第 88 册　第 184 页

41418　愿政府国民勿再忽视边务　《大公报》　1930 年 11 月 5 日　第 99 册　第 52 页

41419　愿政府积极扶植言论界　《申报》　1937 年 3 月 1 日　第 350 册　第 7 页

41420　愿中苏百年友好　《大公报》　1945 年 8 月 18 日　第 155 册　第 208 页

41421　愿自今始　《民国日报》　1931 年 1 月 11 日　第 90 册　第 29 页

41422　愿自今始　《民国日报》　1932 年 1 月 7 日　第 96 册　第 18 页

41423　约法　《申报》　1916 年 6 月 27 日　第 140 册　第 888 页

41424　约法案审查成立　《民国日报》　1928 年 8 月 11 日　第 75 册　第 709 页

41425　约法草案中之政治制度　《大公报》　1931 年 4 月 24 日　第 101 册　第 652 页

41426　约法公布后党员之努力　《中央日报》　1931 年 6 月 4 日　第 14 册　第 787 页

41427　约法公布后的政府与人民　《民国日报》　1931 年 6 月 10 日　第 92 册　第 458 页

41428　约法恢复后之内阁　《民国日报》　1916 年 6 月 30 日　第 3 册　第 722 页

41429　约法会议诞生　《申报》　1914 年 3 月 18 日　第 127 册　第 276 页

41430　约法通过以后　《民国日报》　1931 年 5 月 14 日　第 92 册　第 147 页

41431　约法问题　《大公报》　1928 年 10 月 17 日　第 86 册　第 545 页

41432　约法问题　《大公报》　1930 年 4 月 18 日　第 95 册　第 772 页

41433　约法问题与人民　《大公报》　1930 年 9 月 14 日　第 98 册　第 160 页

41434　约法问题之解决　《大公报》　1931 年 3 月 4 日　第 101 册　第 40 页

41435　"约法问题之研究"（专载）　郑国材　《民国日报》　1931 年 3 月 31 日　第 91 册　第 372 页

41436　约法修改矣　《申报》　1914 年 5 月 1 日　第 128 册　第 2 页

41437　约法议员资格　《申报》　1914 年 2 月 20 日　第 126 册　第 618 页

41438　约法之分水岭　《申报》　1914 年 4 月 14 日　第 127 册　第 722 页

41439　约法之史的观察与今后制定之要点　《民国日报》　1931 年 3 月 8 日　第 91 册　第 86 页

41440　约法之要点　《申报》　1921 年 1 月 5 日　第 168 册　第 72 页

41441　约束兵勇议　《申报》　1894 年 12 月 28 日　第 48 册　第 733 页

41442　约束号军刍议　《申报》　1897 年 9 月 6 日　第 57 册　第 31 页

41443　约束顽童议　《申报》　1903 年 6 月 13 日　第 74 册　第 283 页

41444　约束顽童议　《申报》　1904 年 9 月 22 日　第 78 册　第 149 页

41445　约束西童议　《申报》　1903 年 6 月 18 日　第 74 册　第 317 页

41446　约章成案汇览例言　《申报》　1905 年 11 月 23 日　第 81 册　第 709 页

41447　约纵连横　《申报》　1917 年 9 月 28 日　第 148 册　第 459 页

41448　约纵连横之借款　《申报》　1916 年 12 月 1 日　第 143 册　第 564 页

41449　月蚀解　《申报》　1892 年 10 月 31 日　第 42 册　第 385 页

41450　岳郑张姜令　《申报》　1925 年 4 月 26 日　第 211 册　第 474 页

41451　岳州失败感言　《民国日报》　1918 年 3 月 22 日　第 14 册　第 254 页

41452　岳州失守与湖北　《申报》　1920 年 7 月 1 日　第 165 册　第 7 页

41453　岳州下后（言论）　《民国日报》　1926 年 8 月 27 日　第 64 册　第 573 页

41454　岳州之失：勉湘桂联军　《民国日报》　1918 年 3 月 19 日　第 14 册　第 218 页

41455　阅□抚疏报衢山案书后　《申报》　1878 年 10 月 15 日　第 13 册　第 365 页

41456　阅报记皇上召见德员汉纳根事感而书此　《申报》　1894 年 11 月 12 日　第 48 册　第 455 页

41457　阅报纪兵船惨劫因而书此　《申报》　1902 年 7 月 1 日　第 71 册　第 413 页

41458　阅报纪裁兵节饷一则书后　《申报》　1897 年 11 月 27 日　第 57 册　第 543 页

41459　阅报纪畅谈商务一则有感而书　《申报》　1899 年 2 月 15 日　第 61 册　第 235 页

41460　阅报纪大员处死事感书　《申报》　1900 年 11 月 11 日　第 66 册　第 421 页

41461　阅报纪德兵残暴事率笔书此　《申报》　1900 年 12 月 19 日　第 66 册　第 647 页

41462　阅报纪德美猜忌及英美交深二节因合而推论之　《申报》　1903 年 3 月 14 日　第 73 册　第 399 页

41463　阅报纪典吏作贼事慨而论之　《申报》　1902 年 12 月 23 日　第 72 册　第 799 页

41464　阅报纪定远民变事因论之　《申报》　1902 年 11 月 1 日　第 72 册　第

425 页

41465   阅报纪督查谷米一则因论苏省各属仓积米谷皆宜平粜   《申报》   1898 年 6 月 25 日   第 59 册   第 355 页

41466   阅报纪俄人之论有感而书   《申报》   1898 年 1 月 19 日   第 58 册   第 103 页

41467   阅报纪俄人之言慨而论之   《申报》   1901 年 12 月 7 日   第 69 册   第 599 页

41468   阅报纪非刑酿命率然书此   《申报》   1899 年 12 月 10 日   第 63 册   第 715 页

41469   阅报纪公所裁撤事感而书此   《申报》   1901 年 3 月 9 日   第 67 册   第 355 页

41470   阅报纪和尚有妻事有感而书   《申报》   1896 年 4 月 8 日   第 52 册   第 567 页

41471   阅报纪毁圣讹言一则率书其后   《申报》   1898 年 5 月 29 日   第 59 册   第 173 页

41472   阅报纪火车发轫喜而书此   《申报》   1897 年 5 月 3 日   第 56 册   第 13 页

41473   阅报纪火药肇祸事系之以论   《申报》   1897 年 3 月 21 日   第 55 册   第 449 页

41474   阅报纪饥民攫米事有感而书   《申报》   1898 年 7 月 3 日   第 59 册   第 415 页

41475   阅报纪劫狱骇闻因推论之   《申报》   1901 年 4 月 30 日   第 67 册   第 671 页

41476   阅报纪捐纳重开慨而论之   《申报》   1902 年 4 月 22 日   第 70 册   第 657 页

41477   阅报纪婪索无厌一则因论中国此时不如广开通商口岸   《申报》   1898 年 8 月 26 日   第 59 册   第 807 页

41478   阅报纪力扶新学系之以论   《申报》   1902 年 8 月 12 日   第 71 册   第 705 页

41479   阅报纪临别赠言喜而论之   《申报》   1897 年 5 月 27 日   第 56 册   第 161 页

41480   阅报纪弭兵停议率笔书之   《申报》   1899 年 8 月 13 日   第 62 册   第 767 页

41481   阅报纪拟请免厘因而论之   《申报》   1902 年 3 月 11 日   第 70 册   第 377 页

41482   阅报纪虐媳致毙因书云南宁洱县贞烈黄李氏事   《申报》   1897 年 10 月 2

41501　阅本报登词严义正一则感而书此　《申报》　1897 年 12 月 19 日　第 57 册
第 675 页

41502　阅本报迭载赌输自尽系之以论　《申报》　1896 年 3 月 27 日　第 52 册
第 495 页

41503　阅本报高乱近闻有感而言　《申报》　1896 年 3 月 29 日　第 52 册　第
507 页

41504　阅本报归耕无日与西商会议二则书后　《申报》　1878 年 6 月 14 日　第 12
册　第 541 页

41505　阅本报记德政流芳事直书与客问答语以讽有牧民之责者　《申报》　1894
年 3 月 18 日　第 46 册　第 455 页

41506　阅本报记判语解颐事有感而书　《申报》　1896 年 1 月 25 日　第 52 册
第 151 页

41507　阅本报记粤东禁赌事推广言之　《申报》　1895 年 6 月 30 日　第 50 册
第 393 页

41508　阅本报纪被害索偿事感而书此　《申报》　1900 年 4 月 7 日　第 64 册　第
587 页

41509　阅本报纪蚕桑利薄及鄂丝得利两则论以广之　《申报》　1897 年 9 月 3 日
第 57 册　第 13 页

41510　阅本报纪饬撤学堂毋庸练将二则因合而书之　《申报》　1899 年 7 月 23 日
第 62 册　第 629 页

41511　阅本报纪德员课士感而书此　《申报》　1901 年 3 月 29 日　第 67 册　第
479 页

41512　阅本报纪俄日交涉事感而书此　《申报》　1899 年 10 月 29 日　第 63 册
第 407 页

41513　阅本报纪房捐中止事喜而论之　《申报》　1898 年 5 月 31 日　第 59 册
第 185 页

41514　阅本报纪匪平喜电率笔书此　《申报》　1900 年 6 月 30 日　第 65 册　第
465 页

41515　阅本报纪贵阳教案及游员遇祸二节感而书此　《申报》　1898 年 12 月 22
日　第 60 册　第 795 页

41516　阅本报纪沪南琐语感而书此　《申报》　1896 年 12 月 3 日　第 54 册　第
593 页

41517　阅本报纪毁体修容事系之以论　《申报》　1897 年 5 月 26 日　第 56 册
第 155 页

41518　阅本报纪缉获匪僧事感书　《申报》　1900 年 11 月 21 日　第 66 册　第
479 页

41537   阅本报纪西兵酿命事率书其后   《申报》   1900 年 12 月 6 日   第 66 册
第 569 页

41538   阅本报纪贤令记功一节喜而论之   《申报》   1895 年 11 月 15 日   第 51 册
第 497 页

41539   阅本报纪献策图韩感而书此   《申报》   1898 年 5 月 24 日   第 59 册   第
139 页

41540   阅本报纪议设自来水事系之以论   《申报》   1896 年 9 月 17 日   第 54 册
第 101 页

41541   阅本报纪议行印税率笔书此   《申报》   1902 年 5 月 10 日   第 71 册   第
65 页

41542   阅本报纪张香帅武备学堂招考章程示率书其后   《申报》   1896 年 11 月 3
日   第 54 册   第 401 页

41543   阅本报纪中俄密约事推广论之   《申报》   1901 年 3 月 20 日   第 67 册
第 423 页

41544   阅本报纪中韩订约事感而书此   《申报》   1899 年 11 月 8 日   第 63 册
第 477 页

41545   阅本报纪竹林启衅事系之以论   《申报》   1897 年 1 月 10 日   第 55 册
第 55 页

41546   阅本报纪电局丰盈事抒鄙见以引申之   《申报》   1888 年 8 月 20 日   第 33
册   第 341 页

41547   阅本报纪宜昌闹事系之以论   《申报》   1892 年 12 月 12 日   第 42 册   第
647 页

41548   阅本报兰州捷电书后   《申报》   1896 年 3 月 6 日   第 52 册   第 359 页

41549   阅本报两纪演雷事系之以论   《申报》   1896 年 12 月 13 日   第 54 册   第
653 页

41550   阅本报两纪演雷事系之以论   《申报》   1896 年 12 月 6 日   第 54 册   第
611 页

41551   阅本报南漕折色缓议书后   《申报》   1896 年 1 月 31 日   第 52 册   第
187 页

41552   阅本报逆案纪闻一事慨而论之   《申报》   1895 年 10 月 22 日   第 51 册
第 335 页

41553   阅本报女郎斗力事有感而言   《申报》   1891 年 9 月 7 日   第 39 册   第
417 页

41554   阅本报所登大学始基一节因推论之   《申报》   1902 年 8 月 19 日   第 71
册   第 753 页

41555   阅本报所登俄约早废及俄求订约事试申论之   《申报》   1901 年 4 月 18 日
第 67 册   第 599 页

41556   阅本报所登鄂省筹饷新章试推论之   《申报》   1899 年 12 月 18 日   第 63

册 第 771 页

41557 阅本报所等黜华崇实示系之以论 《申报》 1900 年 2 月 20 日 第 64 册 第 269 页

41558 阅本报所纪俄谋甚狡系之以论 《申报》 1900 年 10 月 23 日 第 66 册 第 307 页

41559 阅本报所纪劫案送县及衅起萧墙二则感而论之 《申报》 1895 年 10 月 8 日 第 51 册 第 245 页

41560 阅本报所纪炮台被占事感而书此 《申报》 1900 年 6 月 22 日 第 65 册 第 409 页

41561 阅本报所纪票匪哄营事感而书此 《申报》 1901 年 3 月 18 日 第 67 册 第 411 页

41562 阅本报所纪新药灵奇事试引申之 《申报》 1896 年 10 月 12 日 第 54 册 第 257 页

41563 阅本报所纪严惩国事犯事有感而书 《申报》 1903 年 7 月 19 日 第 74 册 第 551 页

41564 阅本报所纪中俄和约略抒管见 《申报》 1896 年 11 月 4 日 第 54 册 第 407 页

41565 阅本报所载条陈时务试申论之 《申报》 1895 年 10 月 12 日 第 51 册 第 269 页

41566 阅本报所载条陈时务试申论之 《申报》 1895 年 10 月 16 日 第 51 册 第 295 页

41567 阅本报所载条陈时务试申论之 《申报》 1895 年 10 月 23 日 第 51 册 第 343 页

41568 阅本报吴君客死事书以志感 《申报》 1885 年 9 月 10 日 第 27 册 第 429 页

41569 阅本报西官阅犯事有感而书 《申报》 1894 年 1 月 1 日 第 46 册 第 1 页

41570 阅本报信局事拉杂论之 《申报》 1896 年 8 月 28 日 第 53 册 第 771 页

41571 阅本报续述皖省水灾书后 《申报》 1896 年 8 月 1 日 第 53 册 第 599 页

41572 阅本报训蒙受累慨而论之 《申报》 1896 年 3 月 17 日 第 52 册 第 431 页

41573 阅本报训蒙受累慨而论之 《申报》 1896 年 3 月 24 日 第 52 册 第 475 页

41574 阅本埠法工部局收付总账书后 《申报》 1883 年 2 月 21 日 第 22 册 第 237 页

41575 阅本埠英工部局收付总账书后 《申报》 1883 年 2 月 16 日 第 22 册

第 211 页

41576　阅兵　《申报》　1917 年 10 月 11 日　第 148 册　第 677 页

41577　阅朝鲜近事书后　《申报》　1884 年 3 月 2 日　第 24 册　第 317 页

41578　阅崇将军变通奉省隶制章程疏书后　《申报》　1875 年 9 月 20 日　第 7 册
第 277 页

41579　阅筹赈同人劝筹美赈公启书后　《申报》　1886 年 10 月 29 日　第 29 册
第 741 页

41580　阅初九日本报载有饬毁淫书事喜而书此　《申报》　1896 年 10 月 17 日
第 54 册　第 291 页

41581　阅初十日报纪玩耍肇祸事推论丧仪之非礼　《申报》　1896 年 3 月 28 日
第 52 册　第 501 页

41582　阅德国十好船厂章程书后　《申报》　1893 年 1 月 23 日　第 43 册　第
139 页

41583　阅邸抄丁制军废中丞两夹片书后　《申报》　1881 年 5 月 11 日　第 18 册
第 497 页

41584　阅邸抄历载奏结京控案书后　《申报》　1875 年 5 月 14 日　第 6 册　第
437 页

41585　阅邸抄浙抚奏抚恤琉球难番折有感而书　《申报》　1890 年 10 月 23 日
第 37 册　第 731 页

41586　阅丁制军奏请奖赏盐茶道夹片书后　《申报》　1880 年 9 月 17 日　第 17
册　第 313 页

41587　阅丰将军筹办边防疏书后　《申报》　1876 年 6 月 3 日　第 8 册　第
509 页

41588　阅福州驱逐武弁近事因论兵船用人之法　《申报》　1881 年 11 月 26 日
第 19 册　第 593 页

41589　阅抚恤琉球难人批折书后　《申报》　1879 年 12 月 6 日　第 15 册　第
633 页

41590　阅港督论定例局户口册籍事书后　《申报》　1881 年 6 月 29 日　第 18 册
第 693 页

41591　阅告白书后　《申报》　1880 年 6 月 16 日　第 16 册　第 645 页

41592　阅各省乡榜书后　《申报》　1885 年 10 月 27 日　第 27 册　第 725 页

41593　阅各廷臣奏请垦荒田兴水利诸疏书后　《申报》　1878 年 3 月 23 日　第 12
册　第 257 页

41594　阅光绪八年招商局帐略书后　《申报》　1882 年 10 月 21 日　第 21 册　第
673 页

41595　阅光绪二十二年通商各关华洋贸易总册撮其大略系之以论　《申报》　1897
年 8 月 15 日　第 56 册　第 657 页

41596　阅光绪二十二年通商各关华洋贸易总册撮其大略系之以论　《申报》　1897

年 8 月 17 日　第 56 册　第 669 页

41597　阅光绪二十二年通商各关华洋贸易总册撮其大略系之以论　《申报》　1897
年 8 月 18 日　第 56 册　第 675 页

41598　阅光绪二十二年通商各关华洋贸易总册撮其大略系之以论　《申报》　1897
年 8 月 24 日　第 56 册　第 713 页

41599　阅光绪二十九年通商各关贸易总册率书于后　《申报》　1904 年 12 月 14
日　第 78 册　第 707 页

41600　阅光绪二十一年通商各关华洋贸易总册撮其大略系之以论　《申报》　1896
年 8 月 3 日　第 53 册　第 611 页

41601　阅光绪二十一年通商各关华洋贸易总册撮其大略系之以论　《申报》　1896
年 8 月 4 日　第 53 册　第 617 页

41602　阅光绪二十一年通商各关华洋贸易总册撮其大略系之以论　《申报》　1896
年 8 月 6 日　第 53 册　第 629 页

41603　阅光绪庚辰科武会试题名录书后　《申报》　1880 年 11 月 4 日　第 17 册
第 507 页

41604　阅广学会第六年纪略书后　《申报》　1894 年 3 月 21 日　第 46 册　第
475 页

41605　阅贵报闲散人官盐减价书后　《申报》　1875 年 5 月 21 日　第 6 册　第
461 页

41606　阅河内海防最近消息书后　《申报》　1884 年 1 月 18 日　第 24 册　第
103 页

41607　阅河南奇荒铁泪图书后　《申报》　1878 年 3 月 15 日　第 12 册　第
229 页

41608　阅画报书后　《申报》　1884 年 6 月 19 日　第 24 册　第 969 页

41609　阅经君莲珊述北直隶水利书书后　《申报》　1880 年 6 月 14 日　第 16 册
第 637 页

41610　阅两日滇事消息书后　《申报》　1875 年 9 月 9 日　第 7 册　第 241 页

41611　阅六月二十日邸抄都察院折书后　《申报》　1891 年 8 月 12 日　第 39 册
第 257 页

41612　阅轮船招商局第二年帐略书后　《申报》　1875 年 9 月 7 日　第 7 册　第
233 页

41613　阅明季稗史感而书其后　《申报》　1904 年 4 月 9 日　第 76 册　第 571 页

41614　阅前报饥民聚众事辄抒鄙意论之　《申报》　1889 年 7 月 22 日　第 35 册
第 137 页

41615　阅前报所纪中国多才事因论我华学生肄业欧西之善　《申报》　1902 年 9
月 8 日　第 72 册　第 47 页

41616　阅前报所载日本检书受贿事慨而论之　《申报》　1902 年 12 月 29 日　第
72 册　第 835 页

41617 阅前日本报所登逆焰复张事感而书此 《申报》 1902 年 5 月 12 日 第 71 册 第 79 页

41618 阅去老农论质库宜宽期以广财源书后 《申报》 1878 年 2 月 14 日 第 12 册 第 129 页

41619 阅日本报纪英京近事引申言之 《申报》 1887 年 11 月 28 日 第 31 册 第 973 页

41620 阅日本大言书后 《申报》 1881 年 3 月 16 日 第 18 册 第 269 页

41621 阅日使上朝鲜国王疏愤而书此 《申报》 1894 年 7 月 18 日 第 47 册 第 569 页

41622 阅上海轮船执事人供词书后 《申报》 1891 年 1 月 10 日 第 38 册 第 57 页

41623 阅申报记曾侯恶耗书此志悼 《申报》 1890 年 4 月 21 日 第 36 册 第 629 页

41624 阅申报纪巨憝成禽因而论之 《申报》 1902 年 9 月 17 日 第 72 册 第 107 页

41625 阅申报纪漏卮未塞慨而书此 《申报》 1903 年 4 月 5 日 第 73 册 第 551 页

41626 阅申报纪蒙王兴学事喜而论之 《申报》 1902 年 12 月 28 日 第 72 册 第 829 页

41627 阅申报纪墨筹金币及劝改金币二事因而论之 《申报》 1903 年 1 月 4 日 第 73 册 第 19 页

41628 阅申报纪墨难用金事推而论之 《申报》 1903 年 2 月 27 日 第 73 册 第 301 页

41629 阅申报纪学生无状系之以论 《申报》 1904 年 1 月 4 日 第 76 册 第 19 页

41630 阅申报纪英人格琳珊事缀之以论 《申报》 1893 年 5 月 26 日 第 44 册 第 179 页

41631 阅申报屡见箝价翔贵率笔书此 《申报》 1903 年 4 月 18 日 第 73 册 第 643 页

41632 阅申报论台湾事 《申报》 1874 年 4 月 22 日 第 4 册 第 359 页

41633 阅申报论吴中丞请减厘捐事书后 《申报》 1875 年 6 月 24 日 第 6 册 第 577 页

41634 阅申报所登商部章程率笔书此 《申报》 1903 年 10 月 20 日 第 75 册 第 347 页

41635 阅申报所纪沪城巨劫因而论之 《申报》 1903 年 1 月 20 日 第 73 册 第 115 页

41636 阅申报所纪黄堂雅度及太守虚怀二事推广言之 《申报》 1901 年 12 月 9 日 第 69 册 第 611 页

41637　阅申报所载各时事书后　《申报》　1875 年 4 月 24 日　第 6 册　第 369 页

41638　阅申报浙宁海关事书后　《申报》　1875 年 4 月 21 日　第 6 册　第 357 页

41639　阅十四日本报纪烈女殉夫事有感而书　《申报》　1896 年 10 月 23 日　第 54 册　第 331 页

41640　阅十月三十日申报所登晋府岑云帅饬议译书事宜札以鄙见发明之　《申报》　1901 年 12 月 14 日　第 69 册　第 641 页

41641　阅世管见　《申报》　1888 年 11 月 23 日　第 33 册　第 943 页

41642　阅顺德矿务局先后呈报李爵相禀稿书后　《申报》　1882 年 10 月 29 日　第 21 册　第 721 页

41643　阅苏抚赵中丞奏革举人王希善片系之以论　《申报》　1896 年 9 月 6 日　第 54 册　第 33 页

41644　阅唐宦声明书此代简　《申报》　1897 年 8 月 8 日　第 56 册　第 613 页

41645　阅同仁医馆公启书后　《申报》　1882 年 8 月 1 日　第 21 册　第 187 页

41646　阅同文馆题名录书后　《申报》　1880 年 2 月 21 日　第 16 册　第 181 页

41647　阅万国公报录载中国王大臣请设西学科目各疏书后　《申报》　1875 年 8 月 3 日　第 7 册　第 113 页

41648　阅西报法兵部大臣议论书后　《申报》　1885 年 3 月 4 日　第 26 册　第 315 页

41649　阅西报载铁甲船炸裂事系之以论　《申报》　1894 年 4 月 16 日　第 46 册　第 651 页

41650　阅西友论缲丝局书后　《申报》　1882 年 11 月 30 日　第 21 册　第 913 页

41651　阅暹事近闻书后　《申报》　1893 年 5 月 27 日　第 44 册　第 187 页

41652　阅香港报载缅甸白象书后　《申报》　1875 年 9 月 15 日　第 7 册　第 261 页

41653　阅湘抚遵旨口议奏稿书后　《申报》　1880 年 6 月 26 日　第 16 册　第 685 页

41654　阅小操记　《申报》　1891 年 8 月 5 日　第 39 册　第 213 页

41655　阅循环日报所刊檀香山众华商公启二函书后　《申报》　1878 年 6 月 1 日　第 12 册　第 497 页

41656　阅伊犁金将军移屯省费折子书后　《申报》　1881 年 4 月 15 日　第 18 册　第 393 页

41657　阅医馆账略书后　《申报》　1879 年 1 月 1 日　第 14 册　第 1 页

41658　阅义记行东致西字报信书后　《申报》　1883 年 3 月 17 日　第 22 册　第 349 页

41659　阅英工部局清单书后　《申报》　1894 年 2 月 24 日　第 46 册　第 313 页

41660　阅英宫保惩罚勇丁告示书后　《申报》　1875 年 5 月 20 日　第 6 册　第 457 页

41661　阅张制军裕中丞批赈董禀词书后　《申报》　1880 年 7 月 9 日　第 17 册

第 33 页

41662　阅真仙降世事有感而书　《申报》　1878 年 9 月 23 日　第 13 册　第 289 页

41663　阅中东报说　《申报》　1891 年 9 月 28 日　第 39 册　第 543 页

41664　阅中东和约杂论　《申报》　1875 年 11 月 19 日　第 7 册　第 485 页

41665　阅周军门撤勇报捐疏书后　《申报》　1875 年 5 月 18 日　第 6 册　第 449 页

41666　阅字林报所载英国刑律书后　《申报》　1880 年 8 月 21 日　第 17 册　第 205 页

41667　阅昨报纪鄂省创兴官报事特抒鄙意如左　《申报》　1902 年 2 月 22 日　第 70 册　第 275 页

41668　阅昨报纪稳婆害人事市试申论之　《申报》　1896 年 12 月 28 日　第 54 册　第 743 页

41669　阅昨报纪英习华文因申论之　《申报》　1902 年 9 月 9 日　第 72 册　第 53 页

41670　阅昨报书礼尚往来事试申言之　《申报》　1895 年 9 月 29 日　第 51 册　第 187 页

41671　阅昨报所登美国虐待华人事感而书此　《申报》　1900 年 4 月 16 日　第 64 册　第 657 页

41672　阅昨日本报纪俄国崇儒事为之引申其说　《申报》　1896 年 10 月 19 日　第 54 册　第 305 页

41673　阅昨日本报所登中韩商约愤而书此　《申报》　1899 年 4 月 3 日　第 61 册　第 549 页

41674　阅昨日本报所录痛陈烟害事试引申之　《申报》　1899 年 1 月 9 日　第 61 册　第 49 页

41675　阅昨日申报所登江西萍乡县顾大令情殷造士事略贡刍言　《申报》　1902 年 1 月 11 日　第 70 册　第 61 页

41676　粤北大捷　《中央日报》　1940 年 1 月 4 日　第 42 册　第 960 页

41677　粤北之捷　《大公报》　1940 年 1 月 5 日　第 144 册　第 18 页

41678　粤变的里面（社论）　《民国日报》　1927 年 11 月 22 日　第 71 册　第 308 页

41679　粤变与西南各省　《民国日报》　1923 年 4 月 20 日　第 44 册　第 686 页

41680　粤变杂感　《大公报》　1927 年 12 月 14 日　第 81 册　第 591 页

41681　粤变中的秘戏　《民国日报》　1923 年 2 月 1 日　第 43 册　第 418 页

41682　粤参议会的成就与展望　《申报》（香港版）　1939 年 6 月 7 日　第 358 册　第 788 页

41683　粤潮的过虑：不要冲动西南大学呀！　《民国日报》　1920 年 4 月 9 日　第 26 册　第 528 页

41684　粤陈密卖省的新警告　《民国日报》　1922年10月25日　第41册　第744页

41685　粤盗记　《申报》　1888年7月23日　第33册　第155页

41686　粤东盗风宜速弭论　《申报》　1878年8月16日　第13册　第161页

41687　粤东盗风愈盛恐有他患说　《申报》　1879年2月1日　第14册　第89页

41688　粤东近事　《申报》　1917年8月31日　第147册　第1044页

41689　粤东客匪案书后　《申报》　1881年1月3日　第18册　第9页

41690　粤督岑宫保粤抚张中丞奏复筹饷练兵折　《申报》　1904年9月21日　第78册　第141页

41691　粤督岑云帅痛饬属员斥退门丁论　《申报》　1903年9月29日　第75册　第203页

41692　粤督岑云帅奏广西匪势及致乱缘由体察情形妥筹办法折　《申报》　1903年9月13日　第75册　第89页

41693　粤督陶制军薨逝感言　《申报》　1902年11月7日　第72册　第465页

41694　粤督问题　《申报》　1920年10月9日　第166册　第645页

41695　粤港报界考察平津　《大公报》　1934年6月9日　第120册　第572页

41696　粤港间之中英交欢　《大公报》　1928年3月4日　第83册　第31页

41697　粤关事件了后的滑稽现象（言论）　《民国日报》　1926年2月28日　第61册　第590页

41698　粤桂川鄂　《申报》　1923年1月4日　第188册　第63页

41699　粤桂乱平后之内政外交　《中央日报》　1936年7月27日　第35册　第317页

41700　粤桂人民同负的责任　《民国日报》　1920年9月17日　第29册　第226页

41701　粤桂形势紧张　《大公报》　1929年5月8日　第90册　第116页

41702　粤桂战事　《申报》　1921年7月21日　第171册　第407页

41703　粤桂战事鸟瞰　《申报》　1939年12月13日　第367册　第574页

41704　粤海关案中对美的国民态度　《民国日报》　1923年12月21日　第48册　第706页

41705　粤汉路打通的意义与影响　《申报》　1945年2月3日　第387册　第99页

41706　粤汉路全线通车　《申报》　1936年9月4日　第344册　第103页

41707　粤汉南段的战事　《大公报》　1945年1月24日　第154册　第100页

41708　粤汉铁路全线通车　《中央日报》　1936年9月5日　第35册　第797页

41709　粤汉铁路行将通车　《大公报》　1936年3月27日　第131册　第366页

41710　粤沪旧议员　《申报》　1920年5月6日　第164册　第105页

41711　粤会波折感言　《大公报》　1931年11月27日　第105册　第196页

Z

41819　杂评二：反对借款　《申报》　1920 年 2 月 25 日　第 162 册　第 787 页

41820　杂评二：反对认税制度　《申报》　1920 年 3 月 18 日　第 163 册　第 335 页

41821　杂评二：改订荷约之请愿　《申报》　1920 年 1 月 19 日　第 162 册　第 305 页

41822　杂评二：告负米禁责任者　《申报》　1920 年 1 月 12 日　第 162 册　第 187 页

41823　杂评二：告殖边债权人　《申报》　1920 年 3 月 1 日　第 163 册　第 11 页

41824　杂评二：公文上之劝业　《申报》　1920 年 1 月 26 日　第 162 册　第 419 页

41825　杂评二：国民大会　《申报》　1920 年 2 月 9 日　第 162 册　第 645 页

41826　杂评二：过激主义　《申报》　1920 年 2 月 6 日　第 162 册　第 593 页

41827　杂评二：海军学生风潮扩大　《申报》　1920 年 1 月 18 日　第 162 册　第 281 页

41828　杂评二：沪公团与天津事件　《申报》　1920 年 2 月 4 日　第 162 册　第 563 页

41829　杂评二：华工捐资感言　《申报》　1920 年 2 月 24 日　第 162 册　第 771 页

41830　杂评二：欢迎陆王之感想　《申报》　1920 年 1 月 24 日　第 162 册　第 379 页

41831　杂评二：贿案将成悬案　《申报》　1920 年 3 月 11 日　第 163 册　第 203 页

41832　杂评二：江苏禁烟之关键　《申报》　1920 年 1 月 6 日　第 162 册　第 87 页

41833　杂评二：江苏警务处成立　《申报》　1920 年 3 月 4 日　第 163 册　第 65 页

41834　杂评二：结束　《申报》　1920 年 2 月 15 日　第 162 册　第 727 页

41835　杂评二：今年之民食　《申报》　1920 年 2 月 7 日　第 162 册　第 607 页

41836　杂评二：警厅禁止新年赌　《申报》　1920 年 3 月 2 日　第 163 册　第 29 页

41837　杂评二：九年之一希望　《申报》　1920 年 1 月 1 日　第 162 册　第 11 页

41838　杂评二：九月元旦日之上海　《申报》　1920 年 1 月 3 日　第 162 册　第 31 页

41839　杂评二：旧历年之恶习　《申报》　1920 年 2 月 27 日　第 162 册　第 819 页

41840　杂评二：旧历年之感慨　《申报》　1920 年 3 月 5 日　第 163 册　第 83 页

41841　杂评二：粮食调查会　《申报》　1920 年 3 月 15 日　第 163 册　第 285 页

41842　杂评二：米贵与劳动界　《申报》　1920 年 1 月 15 日　第 162 册　第

233 页

41843 杂评二：米价岂空言可平耶 《申报》 1920 年 3 月 13 日 第 163 册 第 241 页

41844 杂评二：米粮检查所 《申报》 1920 年 3 月 9 日 第 163 册 第 167 页

41845 杂评二：米业公所之讼案 《申报》 1920 年 3 月 6 日 第 163 册 第 103 页

41846 杂评二：谬至此乎 《申报》 1920 年 3 月 17 日 第 163 册 第 319 页

41847 杂评二：亩捐举手数料 《申报》 1920 年 1 月 21 日 第 162 册 第 333 页

41848 杂评二：内地自来水 《申报》 1920 年 2 月 8 日 第 162 册 第 621 页

41849 杂评二：内地自来水之烦言 《申报》 1920 年 1 月 11 日 第 162 册 第 163 页

41850 杂评二：农商部办奖券 《申报》 1920 年 3 月 21 日 第 163 册 第 383 页

41851 杂评二：汽车伤人之罪责问题 《申报》 1920 年 1 月 30 日 第 162 册 第 481 页

41852 杂评二：取缔渡夫 《申报》 1920 年 3 月 10 日 第 163 册 第 185 页

41853 杂评二：山东问题 《申报》 1920 年 1 月 31 日 第 162 册 第 495 页

41854 杂评二：商界之自动 《申报》 1920 年 1 月 25 日 第 162 册 第 395 页

41855 杂评二：商业公团之过滤 《申报》 1920 年 2 月 10 日 第 162 册 第 659 页

41856 杂评二：商业上之新希望 《申报》 1920 年 2 月 23 日 第 162 册 第 755 页

41857 杂评二：商业消息 《申报》 1920 年 2 月 26 日 第 162 册 第 803 页

41858 杂评二：申新纱厂之建筑纠葛 《申报》 1920 年 3 月 14 日 第 163 册 第 261 页

41859 杂评二：水路检查印花之创例 《申报》 1920 年 1 月 10 日 第 162 册 第 147 页

41860 杂评二：税所病民之一般 《申报》 1920 年 1 月 5 日 第 162 册 第 71 页

41861 杂评二：提倡阳历 《申报》 1920 年 1 月 29 日 第 162 册 第 465 页

41862 杂评二：统一纪念之感言 《申报》 1920 年 2 月 12 日 第 162 册 第 689 页

41863 杂评二：屠宰认商之扰累 《申报》 1920 年 2 月 14 日 第 162 册 第 715 页

41864 杂评二：屠宰税争认感言 《申报》 1920 年 3 月 12 日 第 163 册 第 221 页

41865 杂评二：王揖唐之活动 《申报》 1920 年 1 月 22 日 第 162 册 第

349 页

41866 杂评二：新年中之米 《申报》 1920 年 2 月 29 日 第 162 册 第 853 页
41867 杂评二：新银元问题 《申报》 1920 年 1 月 4 日 第 162 册 第 47 页
41868 杂评二：虚伪之体面 《申报》 1920 年 1 月 7 日 第 162 册 第 103 页
41869 杂评二：勖茶商 《申报》 1920 年 1 月 16 日 第 162 册 第 249 页
41870 杂评二：学生之劫运 《申报》 1920 年 1 月 9 日 第 162 册 第 131 页
41871 杂评二：循例之否认 《申报》 1920 年 3 月 3 日 第 163 册 第 49 页
41872 杂评二：烟酒公债之疑问 《申报》 1920 年 3 月 22 日 第 163 册 第 407 页
41873 杂评二：烟酒业之反对借款 《申报》 1920 年 3 月 8 日 第 163 册 第 147 页
41874 杂评二：烟土案 《申报》 1920 年 1 月 28 日 第 162 册 第 449 页
41875 杂评二：药业争潮感言 《申报》 1920 年 1 月 8 日 第 162 册 第 119 页
41876 杂评二：再论地检厅之纵犯案 《申报》 1920 年 2 月 3 日 第 162 册 第 549 页
41877 杂评二：闸北火警惨剧 《申报》 1920 年 1 月 14 日 第 162 册 第 217 页
41878 杂评二：知己知彼 《申报》 1920 年 2 月 11 日 第 162 册 第 673 页
41879 杂评二：租借印花税问题 《申报》 1920 年 1 月 17 日 第 162 册 第 265 页
41880 杂评二；救火会干涉占河 《申报》 1920 年 1 月 23 日 第 162 册 第 365 页
41881 杂评一：汴鲁两大会 《申报》 1920 年 3 月 13 日 第 163 册 第 237 页
41882 杂评一：汴人拒吴 《申报》 1920 年 3 月 5 日 第 163 册 第 79 页
41883 杂评一：不可进退失据 《申报》 1920 年 1 月 30 日 第 162 册 第 477 页
41884 杂评一：裁兵与统一 《申报》 1920 年 2 月 27 日 第 162 册 第 815 页
41885 杂评一：拆台政策 《申报》 1920 年 3 月 10 日 第 163 册 第 181 页
41886 杂评一：撤赵与撤李 《申报》 1920 年 3 月 4 日 第 163 册 第 61 页
41887 杂评一：惩杨与释代表 《申报》 1920 年 2 月 4 日 第 162 册 第 559 页
41888 杂评一：动督军 《申报》 1920 年 1 月 3 日 第 162 册 第 27 页
41889 杂评一：反对直接交涉 《申报》 1920 年 3 月 18 日 第 163 册 第 331 页
41890 杂评一：否认直接 《申报》 1920 年 3 月 22 日 第 163 册 第 403 页
41891 杂评一：傅屈之见解 《申报》 1920 年 1 月 8 日 第 162 册 第 115 页
41892 杂评一：傅狱菜 《申报》 1920 年 1 月 9 日 第 162 册 第 127 页

41893　杂评一：傅张　《申报》　1920 年 1 月 4 日　第 162 册　第 43 页

41894　杂评一：赣四师之反对校长潮　《申报》　1920 年 2 月 5 日　第 162 册　第 575 页

41895　杂评一：阁员问题　《申报》　1920 年 2 月 29 日　第 162 册　第 849 页

41896　杂评一：攻守同盟　《申报》　1920 年 2 月 24 日　第 162 册　第 767 页

41897　杂评一：广东学潮平息感言　《申报》　1920 年 2 月 8 日　第 162 册　第 617 页

41898　杂评一：轨内与轨外　《申报》　1920 年 2 月 10 日　第 162 册　第 655 页

41899　杂评一：滑稽之调解　《申报》　1920 年 3 月 11 日　第 163 册　第 199 页

41900　杂评一：欢迎陆征祥　《申报》　1920 年 1 月 21 日　第 162 册　第 329 页

41901　杂评一：济南二次惨剧　《申报》　1920 年 1 月 7 日　第 162 册　第 99 页

41902　杂评一：教育命令　《申报》　1920 年 3 月 21 日　第 163 册　第 379 页

41903　杂评一：津事　《申报》　1920 年 1 月 27 日　第 162 册　第 429 页

41904　杂评一：津事感言　《申报》　1920 年 2 月 2 日　第 162 册　第 529 页

41905　杂评一：进退与国民性　《申报》　1920 年 2 月 12 日　第 162 册　第 685 页

41906　杂评一：靳内阁之前途　《申报》　1920 年 3 月 3 日　第 163 册　第 45 页

41907　杂评一：考虑　《申报》　1920 年 2 月 26 日　第 162 册　第 799 页

41908　杂评一：力之分合　《申报》　1920 年 2 月 7 日　第 162 册　第 603 页

41909　杂评一：鲁案与边警　《申报》　1920 年 1 月 14 日　第 162 册　第 213 页

41910　杂评一：鲁案之两要义　《申报》　1920 年 2 月 3 日　第 162 册　第 545 页

41911　杂评一：鲁人请撤警厅长　《申报》　1920 年 1 月 10 日　第 162 册　第 143 页

41912　杂评一：鲁省长与议员之武剧　《申报》　1920 年 3 月 8 日　第 163 册　第 143 页

41913　杂评一：闽案与鲁案　《申报》　1920 年 1 月 23 日　第 162 册　第 361 页

41914　杂评一：南北实力派　《申报》　1920 年 2 月 25 日　第 162 册　第 783 页

41915　杂评一：南北之政潮　《申报》　1920 年 1 月 18 日　第 162 册　第 277 页

41916　杂评一：南宁学潮已平　《申报》　1920 年 1 月 20 日　第 162 册　第 315 页

41917　杂评一：能否坚持　《申报》　1920 年 1 月 19 日　第 162 册　第 301 页

41918　杂评一：取消军约之院电　《申报》　1920 年 3 月 19 日　第 163 册　第 347 页

41919　杂评一：权力　《申报》　1920 年 2 月 6 日　第 162 册　第 589 页

41920　杂评一：山东规仿山西政治　《申报》　1920 年 2 月 13 日　第 162 册　第 699 页

41921　杂评一：山东又发现大骗案　《申报》　1920 年 3 月 14 日　第 163 册　第

257 页

41922　杂评一：四川商学界大冲突　《申报》　1920 年 1 月 17 日　第 162 册　第 261 页

41923　杂评一：停顿与进行　《申报》　1920 年 2 月 15 日　第 162 册　第 723 页

41924　杂评一：外部与部外　《申报》　1920 年 2 月 11 日　第 162 册　第 669 页

41925　杂评一：呜呼吾国之经济战争　《申报》　1920 年 3 月 17 日　第 163 册　第 315 页

41926　杂评一：无法　《申报》　1920 年 1 月 6 日　第 162 册　第 83 页

41927　杂评一：勿忘根本　《申报》　1920 年 3 月 9 日　第 163 册　第 163 页

41928　杂评一：希望自己　《申报》　1920 年 1 月 1 日　第 162 册　第 7 页

41929　杂评一：宪会停止　《申报》　1920 年 2 月 9 日　第 162 册　第 641 页

41930　杂评一：湘学生上课说　《申报》　1920 年 1 月 26 日　第 162 册　第 415 页

41931　杂评一：湘垣之抢劫案　《申报》　1920 年 1 月 13 日　第 162 册　第 197 页

41932　杂评一：新借款与时局　《申报》　1920 年 1 月 29 日　第 162 册　第 461 页

41933　杂评一：新旧之争　《申报》　1920 年 3 月 23 日　第 163 册　第 423 页

41934　杂评一：虚张声势之督团　《申报》　1920 年 2 月 28 日　第 162 册　第 831 页

41935　杂评一：勖武汉国货会　《申报》　1920 年 1 月 24 日　第 162 册　第 375 页

41936　杂评一：学潮中之人的问题　《申报》　1920 年 1 月 11 日　第 162 册　第 159 页

41937　杂评一：学生为质　《申报》　1920 年 2 月 14 日　第 162 册　第 711 页

41938　杂评一：延宕中之学潮　《申报》　1920 年 3 月 6 日　第 163 册　第 95 页

41939　杂评一：一星期中之消息　《申报》　1920 年 2 月 23 日　第 162 册　第 750 页

41940　杂评一：异哉赣人之救国新主义　《申报》　1920 年 1 月 22 日　第 162 册　第 345 页

41941　杂评一：用财与取财　《申报》　1920 年 3 月 1 日　第 163 册　第 7 页

41942　杂评一：豫督问题　《申报》　1920 年 3 月 2 日　第 163 册　第 25 页

41943　杂评一：圆赖　《申报》　1920 年 1 月 12 日　第 162 册　第 183 页

41944　杂评一：援例　《申报》　1920 年 1 月 5 日　第 162 册　第 67 页

41945　杂评一：粤事感言　《申报》　1920 年 3 月 15 日　第 163 册　第 281 页

41946　杂评一：运盐六公司之呼吁　《申报》　1920 年 3 月 7 日　第 163 册　第 119 页

41947　杂评一：再论津事　《申报》　1920 年 1 月 28 日　第 162 册　第 445 页

225 页

41979　再读十一日上谕谨注续　《申报》　1910 年 11 月 17 日　第 109 册　第 257 页

41980　再度动荡之越南问题　《申报》　1940 年 9 月 26 日　第 372 册　第 338 页

41981　再度诉诸常识与良心　《大公报》　1937 年 1 月 20 日　第 136 册　第 262 页

41982　再分析日本　《大公报》　1941 年 7 月 8 日　第 147 册　第 32 页

41983　再复日本游客书　《申报》　1874 年 8 月 31 日　第 5 册　第 209 页

41984　再告安福派　《申报》　1919 年 6 月 17 日　第 158 册　第 792 页

41985　再告芳泽公使（社论）　《民国日报》　1927 年 8 月 6 日　第 69 册　第 521 页

41986　再告国民党全体同志（言论）　《民国日报》　1925 年 11 月 30 日　第 60 册　第 350 页

41987　再告学界　《申报》　1919 年 8 月 28 日　第 159 册　第 975 页

41988　再告直隶山东军人　《民国日报》　1922 年 5 月 14 日　第 39 册　第 176 页

41989　再贡献于商统会　《申报》　1944 年 7 月 15 日　第 386 册　第 49 页

41990　"再过二十日"!　《中央日报》　1942 年 9 月 19 日　第 46 册　第 826 页

41991　再过两月　《中央日报》　1942 年 9 月 5 日　第 46 册　第 738 页

41992　再获最后胜利必须尽最大努力　《申报》（汉口版）　1938 年 7 月 29 日　第 356 册　第 395 页

41993　再记客言赛会事　《申报》　1893 年 11 月 22 日　第 45 册　第 555 页

41994　再纪滇南省近年官军攻剿并肃清始末　《申报》　1873 年 9 月 9 日　第 3 册　第 241 页

41995　再检讨中共阴谋　《中央日报》　1947 年 5 月 11 日　第 56 册　第 104 页

41996　再建西北之管见　《大公报》　1942 年 9 月 23 日　第 149 册　第 368 页

41997　再接兰州捷电书后　《申报》　1896 年 3 月 20 日　第 52 册　第 451 页

41998　再接论商务　《申报》　1895 年 6 月 29 日　第 50 册　第 387 页

41999　再接再厉抗战到底　《中央日报》　1932 年 3 月 4 日　第 17 册　第 369 页

42000　再接再厉之法权交涉　《中央日报》　1931 年 4 月 23 日　第 14 册　第 279 页

42001　再接中国利弊宜变通治法为善后议　《申报》　1895 年 4 月 2 日　第 49 册　第 519 页

42002　再接中西交涉损益论　《申报》　1894 年 6 月 21 日　第 47 册　第 369 页

42003　再揭袁氏取消帝制之奸计　《民国日报》　1916 年 3 月 24 日　第 2 册　第 278 页

42004　再介绍建设新利器　《大公报》　1930 年 7 月 13 日　第 97 册　第 148 页

42005　再进一步（言论）　《民国日报》　1926 年 10 月 18 日　第 65 册　第

474 页

42006 再拒日牒 《申报》 1920 年 6 月 21 日 第 164 册 第 943 页

42007 再看一套日本把戏 《申报》(汉口版) 1938 年 7 月 4 日 第 356 册 第 345 页

42008 再看一套日本把戏 《申报》(香港版) 1938 年 7 月 6 日 第 356 册 第 909 页

42009 再抗议武装日本！ 《申报》 1949 年 1 月 8 日 第 400 册 第 36 页

42010 再来试试银本位吗？ 《大公报》 1948 年 4 月 1 日 第 162 册 第 546 页

42011 再论安格联免职事 《大公报》 1927 年 2 月 15 日 第 78 册 第 309 页

42012 再论安徽马炮营兵变事 《申报》 1908 年 11 月 30 日 第 97 册 第 452 页

42013 再论八小时工作制 《大公报》 1930 年 3 月 5 日 第 95 册 第 68 页

42014 再论巴尔战争与苏联 《申报》 1941 年 4 月 14 日 第 375 册 第 556 页

42015 再论巴西招工 《申报》 1893 年 7 月 28 日 第 44 册 第 625 页

42016 再论巴西招工事 《申报》 1893 年 6 月 26 日 第 44 册 第 405 页

42017 再论办赈请奖 《申报》 1879 年 10 月 28 日 第 15 册 第 477 页

42018 再论保护商局 《申报》 1883 年 11 月 3 日 第 23 册 第 753 页

42019 再论暴利主义 《申报》 1944 年 5 月 31 日 第 385 册 第 525 页

42020 再论暴日对苏联之挑衅 《大公报》 1939 年 2 月 18 日 第 142 册 第 194 页

42021 再论北平学界事 《大公报》 1935 年 12 月 17 日 第 129 册 第 626 页

42022 再论变通园法 《申报》 1887 年 4 月 8 日 第 30 册 第 567 页

42023 再论兵役 《大公报》 1939 年 1 月 30 日 第 142 册 第 118 页

42024 再论捕房押犯宜有区别 《申报》 1885 年 12 月 20 日 第 27 册 第 1051 页

42025 再论漕粮停运事 《申报》 1885 年 3 月 17 日 第 26 册 第 377 页

42026 再论查烟膏事 《申报》 1878 年 10 月 29 日 第 13 册 第 413 页

42027 再论长江轮船搭客事 《申报》 1882 年 2 月 3 日 第 20 册 第 133 页

42028 再论长芦盐输出之根本问题 《大公报》 1936 年 4 月 19 日 第 131 册 第 692 页

42029 再论长沙大捷 《大公报》 1942 年 1 月 8 日 第 148 册 第 38 页

42030 再论撤销领事裁判权 《中央日报》 1931 年 3 月 2 日 第 13 册 第 703 页

42031 再论陈刘等之神游日本 《中央日报》 1931 年 7 月 27 日 第 15 册 第 303 页

42032 再论吃苦抗战 《大公报》 1938 年 12 月 19 日 第 141 册 第 520 页

42033 再论筹办咨议局之日期 《申报》 1908 年 9 月 27 日 第 96 册 第

370 页

42034　再论筹捐助赈　《申报》　1882 年 7 月 25 日　第 21 册　第 145 页

42035　再论川事　《大公报》　1938 年 1 月 28 日　第 140 册　第 112 页

42036　再论达于汪三使分赴日德英考察宪政　《申报》　1907 年 9 月 14 日　第 90 册　第 157 页

42037　再论达于汪三使分赴日德英考察宪政（续）　《申报》　1907 年 9 月 15 日　第 90 册　第 169 页

42038　再论大沽事件　《申报》　1926 年 3 月 18 日　第 221 册　第 380 页

42039　再论大隈之言　《申报》　1915 年 4 月 8 日　第 133 册　第 606 页

42040　再论大学教育之合理化　《大公报》　1930 年 4 月 22 日　第 95 册　第 836 页

42041　再论道胜银行事　《大公报》　1926 年 10 月 7 日　第 77 册　第 281 页

42042　再论德奥问题　《申报》（香港版）　1938 年 3 月 15 日　第 356 册　第 457 页

42043　再论德苏关系　《申报》　1941 年 6 月 22 日　第 376 册　第 640 页

42044　再论敌国的社会危机　《大公报》　1940 年 2 月 28 日　第 144 册　第 234 页

42045　再论敌人的军火力　《大公报》　1940 年 1 月 13 日　第 144 册　第 50 页

42046　再论地方行政制度问题　《大公报》　1933 年 11 月 2 日　第 117 册　第 18 页

42047　再论地方之害　《申报》　1883 年 1 月 31 日　第 22 册　第 167 页

42048　再论东北问题　《中央日报》　1948 年 1 月 12 日　第 58 册　第 114 页

42049　再论东北问题与美日关系　《申报》　1932 年 9 月 1 日　第 296 册　第 3 页

42050　再论"东大"风潮　《民国日报》　1925 年 3 月 12 日　第 56 册　第 156 页

42051　再论东洋伐台湾事　《申报》　1874 年 5 月 21 日　第 4 册　第 459 页

42052　再论东洋将征台湾事　《申报》　1874 年 4 月 17 日　第 4 册　第 343 页

42053　再论东洋进征台湾略　《申报》　1874 年 4 月 23 日　第 4 册　第 363 页

42054　再论对俄复交问题　《大公报》　1932 年 5 月 19 日　第 108 册　第 184 页

42055　再论对日贸易不应开放　《大公报》　1947 年 7 月 31 日　第 160 册　第 570 页

42056　再论对日问题　《大公报》　1934 年 3 月 19 日　第 119 册　第 258 页

42057　再论俄人索费事　《申报》　1896 年 3 月 12 日　第 52 册　第 395 页

42058　再论俄人阴谋　《申报》　1880 年 8 月 29 日　第 17 册　第 237 页

42059　再论发堂择配之善　《申报》　1889 年 6 月 27 日　第 34 册　第 1019 页

42060　再论法兵攻取安南海内　《申报》　1882 年 5 月 12 日　第 20 册　第 617 页

42061 再论法国币制改革之影响 《大公报》 1936 年 10 月 3 日 第 134 册 第 460 页

42062 再论法国的第三势力 《大公报》 1948 年 8 月 11 日 第 163 册 第 614 页

42063 再论法占我国南海九小岛 《申报》 1933 年 7 月 31 日 第 306 册 第 895 页

42064 再论贩运机器章程 《申报》 1894 年 4 月 5 日 第 46 册 第 577 页

42065 再论房捐 《申报》 1902 年 1 月 17 日 第 70 册 第 97 页

42066 再论访拿台基事 《申报》 1890 年 8 月 29 日 第 37 册 第 387 页

42067 再论纺织洋布事 《申报》 1876 年 3 月 18 日 第 8 册 第 245 页

42068 再论放火 《申报》 1880 年 10 月 12 日 第 17 册 第 413 页

42069 再论菲岛提早独立问题 《申报》 1937 年 3 月 24 日 第 350 册 第 574 页

42070 再论废战运动 《大公报》 1932 年 7 月 22 日 第 109 册 第 256 页

42071 再论废止限制华人入境条例 《大公报》 1943 年 10 月 5 日 第 151 册 第 426 页

42072 再论费唐报告之谬妄 《中央日报》 1931 年 7 月 18 日 第 15 册 第 203 页

42073 再论分化与团结/陶希圣（星期论文） 《大公报》 1936 年 8 月 23 日 第 133 册 第 780 页

42074 再论枫站之米 《申报》 1920 年 6 月 4 日 第 164 册 第 623 页

42075 再论冯耿光宅案 《大公报》 1927 年 9 月 21 日 第 80 册 第 655 页

42076 再论改造教育 《申报》 1932 年 7 月 7 日 第 294 册 第 161 页

42077 再论高事 《申报》 1885 年 1 月 10 日 第 26 册 第 55 页

42078 再论各国在华治外法权的范围（代论） 《民国日报》 1926 年 5 月 12 日 第 63 册 第 102 页

42079 再论各国在华治外法权的范围（续）（代论） 《民国日报》 1926 年 5 月 13 日 第 63 册 第 112 页

42080 再论公务员生活问题 《申报》 1943 年 6 月 9 日 第 384 册 第 49 页

42081 再论公益重于私利 《申报》 1945 年 2 月 8 日 第 387 册 第 115 页

42082 再论共管日本问题 《大公报》 1946 年 1 月 17 日 第 156 册 第 68 页

42083 再论拐匪宜设法重惩 《申报》 1886 年 4 月 3 日 第 28 册 第 509 页

42084 再论关外灾赈 《大公报》 1930 年 9 月 5 日 第 98 册 第 52 页

42085 再论广东盗患 《申报》 1890 年 12 月 13 日 第 37 册 第 1055 页

42086 再论国府组织法草案 《大公报》 1928 年 9 月 30 日 第 86 册 第 349 页

42087 再论国际银价会议 《中央日报》 1931 年 5 月 27 日 第 14 册 第 699 页

42119　再论教会　《申报》　1877 年 5 月 22 日　第 10 册　第 461 页

42120　再论教育的忏悔/潘光旦（星期论文）　《大公报》　1936 年 8 月 2 日　第 133 册　第 462 页

42121　再论节建储蓄：祝渝市节建储蓄分会成立　《中央日报》　1940 年 9 月 3 日　第 43 册　第 932 页

42122　再论节省度支　《申报》　1891 年 6 月 27 日　第 38 册　第 1001 页

42123　再论结社集会律　《申报》　1911 年 1 月 9 日　第 110 册　第 130 页

42124　再论结社集会律　续　《申报》　1911 年 1 月 10 日　第 110 册　第 145 页

42125　再论捷克问题　《申报》（汉口版）　1938 年 5 月 27 日　第 356 册　第 269 页

42126　再论借贷征回事　《申报》　1876 年 3 月 27 日　第 8 册　第 273 页

42127　再论今后之江苏省政　《申报》　1943 年 9 月 13 日　第 384 册　第 473 页

42128　再论今年丝事　《申报》　1885 年 10 月 15 日　第 27 册　第 651 页

42129　再论今日不容有李鸿章　《大公报》　1933 年 3 月 15 日　第 113 册　第 200 页

42130　再论今日中国之国家与政府　《中央日报》　1933 年 5 月 7 日　第 22 册　第 346 页

42131　再论金币借款　《民国日报》　1918 年 8 月 13 日　第 16 册　第 494 页

42132　再论金陵下关盗劫事　《申报》　1872 年 12 月 28 日　第 1 册　第 825 页

42133　再论晋局　《大公报》　1936 年 3 月 5 日　第 131 册　第 60 页

42134　再论禁开矿务　《申报》　1883 年 5 月 28 日　第 22 册　第 763 页

42135　再论禁杀耕牛事　《申报》　1877 年 10 月 3 日　第 11 册　第 325 页

42136　再论京师盗贼之横　《申报》　1891 年 4 月 7 日　第 38 册　第 511 页

42137　再论经济紧急措施方案　《大公报》　1947 年 2 月 18 日　第 159 册　第 356 页

42138　再论经济紧急措施方案　《中央日报》　1947 年 2 月 18 日　第 55 册　第 556 页

42139　再论旧金山会议　《申报》　1945 年 4 月 25 日　第 387 册　第 303 页

42140　再论旧金山驱逐华人事　《申报》　1876 年 6 月 13 日　第 8 册　第 541 页

42141　再论旧金山欲逐华人事　《申报》　1879 年 12 月 11 日　第 15 册　第 653 页

42142　再论救国纲领草案　《大公报》　1932 年 4 月 29 日　第 107 册　第 594 页

42143　再论救济渔业　《申报》　1934 年 6 月 23 日　第 317 册　第 680 页

42144　再论救农　《申报》　1932 年 10 月 20 日　第 297 册　第 493 页

42145　再论救时之才　《申报》　1877 年 10 月 10 日　第 11 册　第 349 页

42146　再论救中国的第一步（言论）　《民国日报》　1926 年 6 月 28 日　第 63 册　第 572 页

42147　再论捐纳事　《申报》　1877 年 7 月 6 日　第 11 册　第 17 页

42179　再论美军在马绍尔登陆　《中央日报》　1944 年 2 月 4 日　第 49 册　第 166 页

42180　再论美前总统游历事　《申报》　1879 年 6 月 5 日　第 14 册　第 555 页

42181　再论美日关系　《申报》　1941 年 10 月 26 日　第 378 册　第 317 页

42182　再论美廷准阻华佣事　《申报》　1882 年 5 月 17 日　第 20 册　第 645 页

42183　再论美援的使用　《中央日报》　1948 年 4 月 13 日　第 58 册　第 924 页

42184　再论米贵问题　《申报》　1920 年 5 月 18 日　第 164 册　第 321 页

42185　再论民教不和事　《申报》　1876 年 5 月 13 日　第 8 册　第 437 页

42186　再论民教失和　《申报》　1891 年 6 月 3 日　第 38 册　第 853 页

42187　再论民有　《申报》　1922 年 1 月 23 日　第 177 册　第 392 页

42188　再论民治与独裁/丁文江（星期论文）　《大公报》　1935 年 1 月 20 日　第 124 册　第 296 页

42189　再论民族革命的三阶段/萧一山（星期论文）　《大公报》　1938 年 12 月 11 日　第 141 册　第 488 页

42190　再论墨索里尼的下台　《大公报》　1943 年 7 月 28 日　第 151 册　第 124 页

42191　再论目前预防水灾之重要　《申报》　1932 年 5 月 26 日　第 292 册　第 475 页

42192　再论内阁改组问题　《民国日报》　1917 年 3 月 2 日　第 8 册　第 10 页

42193　再论内田继任满铁总裁事　《申报》　1931 年 6 月 14 日　第 283 册　第 356 页

42194　再论南洋战局　《大公报》　1942 年 1 月 13 日　第 148 册　第 58 页

42195　再论尼灾　《申报》　1931 年 4 月 4 日　第 281 册　第 88 页

42196　再论女学　《申报》　1876 年 4 月 11 日　第 8 册　第 325 页

42197　再论欧局　《大公报》　1938 年 5 月 24 日　第 140 册　第 636 页

42198　再论欧洲合众国　《申报》　1930 年 5 月 20 日　第 270 册　第 498 页

42199　再论欧洲政局　《大公报》　1935 年 10 月 4 日　第 128 册　第 480 页

42200　再论平衡物价　《民国日报》　1945 年 10 月 19 日　第 96 册　第 221 页

42201　再论平民生计　《申报》　1915 年 6 月 18 日　第 134 册　第 812 页

42202　再论平抑物价问题　《中央日报》　1939 年 7 月 23 日　第 42 册　第 288 页

42203　再论请禁纳妾事　《申报》　1907 年 4 月 6 日　第 87 册　第 399 页

42204　再论衢山妄杀金氏事　《申报》　1878 年 9 月 18 日　第 13 册　第 273 页

42205　再论取缔投机　《申报》　1945 年 4 月 12 日　第 387 册　第 273 页

42206　再论取缔投机　《民国日报》　1946 年 2 月 20 日　第 97 册　第 193 页

42207　再论取水事　《申报》　1877 年 2 月 22 日　第 10 册　第 157 页

42208　再论全面和平　《申报》　1943 年 11 月 1 日　第 384 册　第 675 页

42209　再论全面限价及实施办法　《申报》　1943 年 2 月 23 日　第 383 册　第

362 页

42210 再论热河问题 《中央日报》 1932 年 7 月 28 日 第 18 册 第 626 页

42211 再论认税 《申报》 1920 年 3 月 28 日 第 163 册 第 507 页

42212 再论日本出兵山东 《大公报》 1927 年 6 月 1 日 第 79 册 第 489 页

42213 再论日本大陆政策 《大公报》 1931 年 7 月 12 日 第 103 册 第 136 页

42214 再论日本近事 《申报》 1876 年 1 月 24 日 第 8 册 第 77 页

42215 再论日本人口问题及移民案 《民国日报》 1921 年 11 月 17 日 第 36 册
第 220 页

42216 再论日德协定 《大公报》 1936 年 11 月 25 日 第 135 册 第 342 页

42217 再论日俄关系 《大公报》 1932 年 4 月 22 日 第 107 册 第 524 页

42218 再论日前福州风潮 《大公报》 1927 年 1 月 24 日 第 78 册 第 181 页

42219 再论日人议还战艇事 《申报》 1899 年 6 月 27 日 第 62 册 第 441 页

42220 再论日苏冲突 《申报》（香港版） 1938 年 7 月 22 日 第 356 册 第
973 页

42221 再论茸城近事 《申报》 1886 年 3 月 17 日 第 28 册 第 407 页

42222 再论三国会议 《申报》 1945 年 2 月 16 日 第 387 册 第 135 页

42223 再论杀法教师事 《申报》 1873 年 10 月 13 日 第 3 册 第 357 页

42224 再论山西战事 《申报》（香港版） 1938 年 3 月 7 日 第 356 册 第
425 页

42225 再论陕甘军事 《大公报》 1935 年 10 月 15 日 第 128 册 第 636 页

42226 再论善堂积弊 《申报》 1887 年 3 月 30 日 第 30 册 第 499 页

42227 再论上海工业界出路 《申报》 1945 年 4 月 10 日 第 387 册 第 269 页

42228 再论上海特区法院改组问题 《中央日报》 1932 年 7 月 27 日 第 18 册
第 618 页

42229 再论上海屋荒问题 《申报》 1946 年 4 月 16 日 第 388 册 第 588 页

42230 再论设立领事各官 《申报》 1876 年 9 月 27 日 第 9 册 第 301 页

42231 再论社会节约 《大公报》 1938 年 7 月 1 日 第 141 册 第 2 页

42232 再论神风精神 《申报》 1944 年 11 月 28 日 第 386 册 第 485 页

42233 再论生产贷款和农贷 《中央日报》 1948 年 3 月 19 日 第 58 册 第
694 页

42234 再论生产贷款与物价管制：重申我们对经济措施的两项主张 《中央日报》
1947 年 2 月 26 日 第 55 册 第 626 页

42235 再论失窃军火 《申报》 1879 年 4 月 1 日 第 14 册 第 297 页

42236 再论实施义务教育 《大公报》 1935 年 6 月 3 日 第 126 册 第 532 页

42237 再论食米对策 《申报》 1944 年 12 月 18 日 第 386 册 第 551 页

42238 再论士 《申报》 1892 年 12 月 17 日 第 42 册 第 677 页

42239 再论士习 《申报》 1876 年 10 月 28 日 第 9 册 第 409 页

42240 再论士习 《申报》 1876 年 10 月 31 日 第 9 册 第 417 页

42241 再论世界失业问题 《申报》 1930 年 3 月 8 日 第 268 册 第 203 页

42242 再论市政与人事 《申报》 1944 年 8 月 26 日 第 386 册 第 185 页

42243 再论收捐积弊 《申报》 1888 年 8 月 23 日 第 33 册 第 361 页

42244 再论收买棉纱棉布 《申报》 1943 年 8 月 13 日 第 384 册 第 355 页

42245 再论赎田事 《申报》 1877 年 11 月 28 日 第 11 册 第 517 页

42246 再论双轨政治/费孝通（星期论文） 《大公报》 1947 年 11 月 2 日 第 161 册 第 380 页

42247 再论水师学堂章程 《申报》 1881 年 3 月 14 日 第 18 册 第 261 页

42248 再论私土案 《民国日报》 1916 年 8 月 17 日 第 4 册 第 566 页

42249 再论四明公所事 《申报》 1898 年 7 月 19 日 第 59 册 第 533 页

42250 再论祀孤 《申报》 1877 年 8 月 28 日 第 11 册 第 201 页

42251 再论苏敌关系 《中央日报》 1939 年 12 月 4 日 第 42 册 第 832 页

42252 再论苏俄之拙计 《申报》 1929 年 9 月 20 日 第 262 册 第 584 页

42253 再论苏杭甬铁路借款事 《申报》 1907 年 10 月 8 日 第 90 册 第 445 页

42254 再论苏日关系 《大公报》 1938 年 7 月 22 日 第 141 册 第 98 页

42255 再论苏日纠纷 《申报》（汉口版） 1938 年 7 月 25 日 第 356 册 第 387 页

42256 再论苏议会 《申报》 1920 年 5 月 7 日 第 164 册 第 117 页

42257 再论速葬以除疫 《申报》 1890 年 8 月 30 日 第 37 册 第 393 页

42258 再论缩小省区 《中央日报》 1947 年 12 月 15 日 第 57 册 第 1085 页

42259 再论所谓"解放区工作大纲" 《中央日报》 1946 年 9 月 3 日 第 53 册 第 819 页

42260 再论索地归囚 《申报》 1879 年 1 月 6 日 第 14 册 第 17 页

42261 再论台湾事件 《大公报》 1947 年 3 月 14 日 第 159 册 第 514 页

42262 再论台湾治番之难 《申报》 1888 年 11 月 14 日 第 33 册 第 887 页

42263 再论坍屋伤人 《申报》 1883 年 3 月 30 日 第 22 册 第 423 页

42264 再论坍屋伤人 《申报》 1896 年 10 月 8 日 第 54 册 第 231 页

42265 再论体育比赛 《大公报》 1928 年 4 月 6 日 第 83 册 第 361 页

42266 再论体育问题 《大公报》 1932 年 8 月 23 日 第 109 册 第 640 页

42267 再论天津变局与英国 《申报》（香港版） 1939 年 6 月 24 日 第 358 册 第 922 页

42268 再论天台事 《申报》 1875 年 1 月 11 日 第 6 册 第 33 页

42269 再论贴票事 《申报》 1897 年 12 月 9 日 第 57 册 第 615 页

42270 再论铁路火车 《申报》 1877 年 10 月 29 日 第 11 册 第 413 页

42271 再论铁路事 《申报》 1876 年 3 月 28 日 第 8 册 第 277 页

42272 再论铜元充斥之由来及应从速筹议补救之方法 《申报》 1909 年 6 月 4 日 第 100 册 第 481 页

722 页

42298　再论徐州会议　《申报》　1916 年 9 月 28 日　第 142 册　第 447 页

42299　再论续选学生出洋　《申报》　1882 年 1 月 24 日　第 20 册　第 93 页

42300　再论学生兵役　《中央日报》　1943 年 12 月 15 日　第 48 册　第 1048 页

42301　再论学生问题　《大公报》　1936 年 2 月 20 日　第 130 册　第 558 页

42302　再论巡防委员纵勇酿命之非　《申报》　1894 年 1 月 29 日　第 46 册　第 183 页

42303　再论亚洲区域集团　《中央日报》　1948 年 10 月 14 日　第 60 册　第 334 页

42304　再论烟酒之捐　《申报》　1891 年 4 月 16 日　第 38 册　第 565 页

42305　再论烟约不废禁烟万无收效之理　《申报》　1911 年 4 月 12 日　第 111 册　第 673 页

42306　再论严治流民事　《申报》　1896 年 12 月 22 日　第 54 册　第 707 页

42307　再论沿途乞丐　《申报》　1880 年 2 月 1 日　第 16 册　第 125 页

42308　再论盐务　《申报》　1876 年 7 月 12 日　第 9 册　第 37 页

42309　再论洋拆关系　《申报》　1883 年 4 月 20 日　第 22 册　第 541 页

42310　再论谣言与通电　《申报》　1922 年 7 月 3 日　第 182 册　第 54 页

42311　再论一般问题　《申报》　1915 年 4 月 10 日　第 133 册　第 642 页

42312　再论宜开浚河道行以工代赈法　《申报》　1889 年 1 月 27 日　第 34 册　第 131 页

42313　再论倚赖心　《申报》　1920 年 6 月 19 日　第 164 册　第 911 页

42314　再论意人占取三门湾事　《申报》　1899 年 3 月 29 日　第 61 册　第 511 页

42315　再论银价问题　《大公报》　1931 年 1 月 12 日　第 100 册　第 100 页

42316　再论银债利害与货币本位　《民国日报》　1931 年 2 月 14 日　第 90 册　第 445 页

42317　再论银债利害与货币本位　续　《民国日报》　1931 年 2 月 16 日　第 90 册　第 469 页

42318　再论印度问题　《中央日报》　1942 年 7 月 29 日　第 46 册　第 500 页

42319　再论印刷附律　《民国日报》　1924 年 4 月 16 日　第 50 册　第 574 页

42320　再论应当重视台湾　《大公报》　1948 年 11 月 26 日　第 164 册　第 498 页

42321　再论英法协定与国际政治动向　《大公报》　1935 年 2 月 13 日　第 124 册　第 632 页

42322　再论英国之远东商业考察团　《申报》　1930 年 7 月 27 日　第 272 册　第 640 页

42323　再论英日关系　《申报》　1935 年 7 月 23 日　第 330 册　第 587 页

42324　再论英日天津问题谈判　《中央日报》　1939 年 7 月 20 日　第 42 册　第

276 页

42325　再论英日同盟说　《申报》　1934 年 9 月 7 日　第 320 册　第 206 页

42326　再论用火轮船上下川滩事　《申报》　1875 年 9 月 16 日　第 7 册　第 265 页

42327　再论邮资加价/翰　《申报》　1932 年 4 月 29 日　第 291 册　第 627 页

42328　再论于式枚奏陈立宪之谬　《申报》　1908 年 6 月 29 日　第 94 册　第 778 页

42329　再论于式枚奏陈立宪之谬（续昨）　《申报》　1908 年 6 月 30 日　第 94 册　第 790 页

42330　再论欲效西法　《申报》　1877 年 9 月 11 日　第 11 册　第 249 页

42331　再论袁世凯　《申报》　1911 年 11 月 25 日　第 115 册　第 355 页

42332　再论粤海关事件　《民国日报》　1923 年 12 月 10 日　第 48 册　第 548 页

42333　再论粤疆乱事　《申报》　1878 年 11 月 6 日　第 13 册　第 441 页

42334　再论怎样实践政治竞赛　《申报》　1945 年 1 月 3 日　第 387 册　第 7 页

42335　再论战时交通　《大公报》　1939 年 10 月 28 日　第 143 册　第 232 页

42336　再论战时金融　《申报》　1937 年 9 月 26 日　第 355 册　第 581 页

42337　再论招抚枭匪事　《申报》　1904 年 4 月 2 日　第 76 册　第 529 页

42338　再论招募蚕妇　《申报》　1891 年 3 月 12 日　第 38 册　第 357 页

42339　再论招商局案　《大公报》　1932 年 11 月 23 日　第 111 册　第 268 页

42340　再论浙江抚署有疯人闯进内厅事　《申报》　1873 年 4 月 7 日　第 2 册　第 305 页

42341　再论浙闽沿海军事　《大公报》　1941 年 4 月 25 日　第 146 册　第 480 页

42342　再论浙绅公禀事　《申报》　1876 年 2 月 9 日　第 8 册　第 113 页

42343　再论浙闱事宜　《申报》　1876 年 7 月 22 日　第 9 册　第 73 页

42344　再论浙学潮　《申报》　1920 年 3 月 29 日　第 163 册　第 527 页

42345　再论赈饥　《申报》　1877 年 3 月 13 日　第 10 册　第 221 页

42346　再论赈捐　《申报》　1920 年 12 月 13 日　第 167 册　第 741 页

42347　再论镇海盗案　《申报》　1879 年 3 月 3 日　第 14 册　第 189 页

42348　再论镇洋奇案　《申报》　1893 年 12 月 10 日　第 45 册　第 677 页

42349　再论整顿北京高等教育　《大公报》　1927 年 9 月 7 日　第 80 册　第 543 页

42350　再论整顿学风　《大公报》　1930 年 12 月 13 日　第 99 册　第 508 页

42351　再论整顿巡捕　《申报》　1883 年 8 月 8 日　第 23 册　第 229 页

42352　再论整顿中国茶务　《申报》　1886 年 3 月 8 日　第 28 册　第 353 页

42353　再论政党内阁　《申报》　1912 年 7 月 8 日　第 118 册　第 71 页

42354　再论知难行易的根本问题/张振之　《民国日报》　1929 年 9 月 5 日　第 82 册　第 74 页

42355　再论知难行易的根本问题　续/张振之　《民国日报》　1929 年 9 月 6 日

42415 再书乞赈图说后 《申报》 1899 年 3 月 26 日 第 61 册 第 491 页

42416 再书前报高丽乱信后 《申报》 1884 年 12 月 26 日 第 25 册 第 1013 页

42417 再书前论后 《申报》 1875 年 1 月 1 日 第 6 册 第 1 页

42418 再书日本绅民公禀后 《申报》 1874 年 8 月 19 日 第 5 册 第 169 页

42419 再书慎刑说后 《申报》 1882 年 4 月 5 日 第 20 册 第 395 页

42420 再书孙廉访禁刊药符告示后 《申报》 1881 年 2 月 28 日 第 18 册 第 205 页

42421 再书汪少司成奏参侵蚀赈银各官折谕旨后 《申报》 1878 年 4 月 22 日 第 12 册 第 357 页

42422 再书西学设科后 《申报》 1875 年 4 月 15 日 第 6 册 第 337 页

42423 再书循环日报后 《申报》 1874 年 7 月 25 日 第 5 册 第 85 页

42424 再书杨侍御奏请裁撤待质公所折后 《申报》 1895 年 10 月 20 日 第 51 册 第 321 页

42425 再书英俄警电后 《申报》 1897 年 12 月 26 日 第 57 册 第 717 页

42426 再书英俄警电后 《申报》 1897 年 12 月 30 日 第 57 册 第 741 页

42427 再书英将策略后 《申报》 1880 年 9 月 9 日 第 17 册 第 281 页

42428 再书元魁夺彩章程后 《申报》 1882 年 8 月 18 日 第 21 册 第 289 页

42429 再书袁御史奏议后 《申报》 1874 年 9 月 29 日 第 5 册 第 311 页

42430 再述本报之旨趣（言论） 《民国日报》 1926 年 2 月 16 日 第 61 册 第 468 页

42431 再说 《申报》 1922 年 8 月 17 日 第 183 册 第 344 页

42432 再说地方自守 《申报》 1920 年 11 月 25 日 第 167 册 第 423 页

42433 再说两句粤人治粤话 《民国日报》 1920 年 3 月 24 日 第 26 册 第 322 页

42434 再说罗斯福总统的演说 《大公报》 1941 年 3 月 20 日 第 146 册 第 326 页

42435 再说心思之解放 《申报》 1920 年 10 月 7 日 第 166 册 第 622 页

42436 再谈和局 《申报》 1918 年 1 月 24 日 第 150 册 第 322 页

42437 再谈节约储蓄 《大公报》 1940 年 11 月 22 日 第 145 册 第 554 页

42438 再谈粮食问题 《申报》 1942 年 12 月 14 日 第 382 册 第 498 页

42439 再谈民食问题 《申报》 1937 年 11 月 26 日 第 355 册 第 1088 页

42440 再谈实践中日条约 《申报》 1943 年 1 月 26 日 第 383 册 第 178 页

42441 再谈提高战时生产 《申报》 1943 年 3 月 11 日 第 383 册 第 490 页

42442 再谈希腊之战 《申报》 1940 年 11 月 10 日 第 373 册 第 122 页

42443 再谈学生爱国运动 《申报》 1935 年 12 月 20 日 第 335 册 第 475 页

42444 再谈学术文化事业之救济 《大公报》 1940 年 6 月 15 日 第 144 册 第 668 页

第 77 册　第 321 页

42469　再续刘张两制军合奏变通政事先育人才折　《申报》　1901 年 8 月 12 日
第 68 册　第 619 页

42470　再续刘张两制军遵旨筹议变法第二折　《申报》　1901 年 8 月 26 日　第 68
册　第 705 页

42471　再续刘张两制军遵旨谨拟采用西法第三折　《申报》　1901 年 9 月 1 日
第 69 册　第 1 页

42472　再续平情人辨惑论　《申报》　1903 年 4 月 29 日　第 73 册　第 727 页

42473　再续三乘槎客自由界说　《申报》　1904 年 4 月 14 日　第 76 册　第
603 页

42474　再续陕抚升竹帅拟订大学堂详细章程　《申报》　1902 年 6 月 19 日　第 71
册　第 335 页

42475　再续商部奏定商会简明章程　《申报》　1904 年 3 月 25 日　第 76 册　第
479 页

42476　再续说马力三　《申报》　1904 年 9 月 25 日　第 78 册　第 169 页

42477　再续松江瞿□岑明经继昌创练全国民兵及筹款事宜万言书　《申报》　1904
年 7 月 18 日　第 77 册　第 525 页

42478　再续唐学使奏立宪政策豫筹大要折　《申报》　1906 年 6 月 27 日　第 83
册　第 853 页

42479　再续皖抚诚遵旨查明知县被参各款折　《申报》　1904 年 9 月 15 日　第 78
册　第 101 页

42480　再续新订学务章程　《申报》　1904 年 4 月 7 日　第 76 册　第 559 页

42481　再续盐城陈惕庵明府拟上皇帝书一　《申报》　1901 年 7 月 10 日　第 68
册　第 421 页

42482　再续盐城陈惕庵孝廉呈都察院请代奏书　《申报》　1901 年 4 月 26 日　第
67 册　第 647 页

42483　再也不敢明白说打了　《民国日报》　1921 年 7 月 12 日　第 34 册　第
156 页

42484　再议屯田　《申报》　1878 年 6 月 26 日　第 12 册　第 581 页

42485　再译晋源西报论中英事　《申报》　1876 年 6 月 30 日　第 8 册　第 601 页

42486　再迎南侨回国慰劳团　《大公报》　1940 年 4 月 16 日　第 144 册　第
428 页

42487　再拥戴北庭太肉麻了　《民国日报》　1921 年 12 月 4 日　第 36 册　第
448 页

42488　再造中国黄金时代的繁荣　《民国日报》　1929 年 12 月 4 日　第 83 册
第 559 页

42489　再征国会同意　《申报》　1917 年 3 月 30 日　第 145 册　第 524 页

42490　再忠告英政府　《申报》　1933 年 1 月 17 日　第 300 册　第 338 页

42515 在向前进的路上 《民国日报》 1928 年 4 月 21 日 第 73 册 第 750 页

42516 在严寒下奋战的德苏：十二月廿二日大阪每日新闻社论（译论） 《申报》
1942 年 12 月 29 日 第 382 册 第 618 页

42517 在野党的特权 《中央日报》 1948 年 7 月 16 日 第 59 册 第 653 页

42518 在野与在朝/彬 《申报》 1932 年 4 月 3 日 第 291 册 第 249 页

42519 在野者之责任 《民国日报》 1916 年 10 月 16 日 第 5 册 第 542 页

42520 在粤议员 《申报》 1920 年 4 月 26 日 第 163 册 第 1027 页

42521 在总理诞辰说几句话 《民国日报》 1928 年 11 月 12 日 第 77 册 第
179 页

42522 在总统大政方针之下：三论立法院的同意权 《中央日报》 1948 年 5 月
21 日 第 59 册 第 174 页

42523 暂保锦州以东现状之提议 《大公报》 1931 年 12 月 9 日 第 105 册 第
302 页

42524 暂搁 《申报》 1917 年 12 月 22 日 第 149 册 第 828 页

42525 暂搁与永拒 《申报》 1920 年 5 月 6 日 第 164 册 第 93 页

42526 暂静 《申报》 1919 年 9 月 29 日 第 160 册 第 511 页

42527 暂局 《申报》 1922 年 12 月 3 日 第 187 册 第 49 页

42528 暂局 《申报》 1926 年 7 月 21 日 第 225 册 第 509 页

42529 暂局 《大公报》 1930 年 10 月 23 日 第 98 册 第 616 页

42530 暂时不谈 《申报》 1926 年 6 月 21 日 第 224 册 第 492 页

42531 暂时与根本 《申报》 1927 年 11 月 23 日 第 240 册 第 499 页

42532 暂停垫款偿还关税担保债务问题 《申报》（香港版） 1939 年 1 月 20 日
第 357 册 第 748 页

42533 暂停烧锅以裕民食议 《申报》 1910 年 5 月 8 日 第 106 册 第 114 页

42534 暂行 《申报》 1922 年 6 月 12 日 第 181 册 第 227 页

42535 暂休与决裂 《申报》 1921 年 12 月 23 日 第 176 册 第 443 页

42536 暂与代之政局 《申报》 1922 年 8 月 1 日 第 183 册 第 4 页

42537 赞成报馆记者同盟会之论 《申报》 1905 年 3 月 14 日 第 79 册 第
469 页

42538 赞成改革税制的提案 《民国日报》 1928 年 6 月 26 日 第 74 册 第
907 页

42539 赞成纠正口号说（社论） 《民国日报》 1927 年 5 月 24 日 第 68 册
第 343 页

42540 赞成取销召集国难会议 《大公报》 1932 年 2 月 7 日 第 106 册 第
362 页

42541 赞成新闻自由 《大公报》 1944 年 9 月 29 日 第 153 册 第 408 页

42542 赞成"知难行易"说 《大公报》 1929 年 9 月 14 日 第 92 册 第
212 页

42543　赞空军健儿并为袭渝敌机算账　《大公报》　1940 年 6 月 17 日　第 144 册
　　　　第 676 页

42544　赞劳动大学（言论）　《民国日报》　1927 年 5 月 13 日　第 68 册　第
　　　　176 页

42545　赞美国空军　《大公报》　1944 年 7 月 5 日　第 153 册　第 20 页

42546　赞美国驻华空军　《大公报》　1942 年 8 月 8 日　第 149 册　第 168 页

42547　赞同奈土公使的主张　《中央日报》　1942 年 7 月 1 日　第 46 册　第
　　　　320 页

42548　赞同孙科对俄复交之主张　《大公报》　1932 年 8 月 12 日　第 109 册　第
　　　　508 页

42549　赞同太平洋宪章的提议　《大公报》　1942 年 4 月 6 日　第 148 册　第
　　　　412 页

42550　赞英美并勖反侵略阵线　《大公报》　1941 年 8 月 6 日　第 147 册　第
　　　　140 页

42551　赞助北伐是唯一解决国事的途径　《民国日报》　1922 年 1 月 31 日　第 37
　　　　册　第 316 页

42552　赞助警察消费合作社　《申报》　1944 年 3 月 23 日　第 385 册　第 289 页

42553　赞助庐山会的电报　《民国日报》　1921 年 9 月 12 日　第 35 册　第
　　　　154 页

42554　臧杨　《申报》　1924 年 8 月 21 日　第 205 册　第 466 页

42555　葬送敌人于其自掘之坟墓　《申报》（汉口版）　1938 年 3 月 24 日　第 356
　　　　册　第 137 页

42556　葬送希特勒主义　《中央日报》　1941 年 10 月 29 日　第 45 册　第 376 页

42556.1　藏本案之大白　《大公报》　1934 年 6 月 14 日　第 120 册　第 650 页

42556.2　藏本失踪事件之责任问题　《申报》　1934 年 6 月 12 日　第 317 册　第
　　　　351 页

42556.3　藏事感言　《申报》　1904 年 10 月 17 日　第 78 册　第 311 页

42556.4　藏事决裂　《申报》　1914 年 7 月 13 日　第 129 册　第 194 页

42556.5　藏事平议　《申报》　1904 年 10 月 8 日　第 78 册　第 249 页

42557　早产的近卫内阁　《大公报》　1940 年 7 月 19 日　第 145 册　第 60 页

42558　早婚与乱婚　《申报》　1920 年 6 月 17 日　第 164 册　第 875 页

42559　早日召开对日和会！　《申报》　1948 年 7 月 2 日　第 398 册　第 10 页

42560　枣阳克复　豫鄂大捷！　《大公报》　1940 年 5 月 18 日　第 144 册　第
　　　　556 页

42561　造成军阀者中国兵制也（言论）　《民国日报》　1926 年 8 月 19 日　第 64
　　　　册　第 491 页

42562　造成南京和约的原因：也就是努力废约的借□　《中央日报》　1929 年 8
　　　　月 29 日　第 7 册　第 347 页

42563　造成实践节储的风气　《中央日报》　1941 年 6 月 1 日　第 44 册　第 908 页

42564　造福论　《申报》　1895 年 8 月 6 日　第 50 册　第 629 页

42565　造林与国计民生　《民国日报》　1931 年 2 月 17 日　第 90 册　第 484 页

42566　造路与国民经济之发展/唐生楠　《民国日报》　1931 年 4 月 21 日　第 91 册　第 622 页

42567　造乱和戡乱　《民国日报》　1930 年 2 月 22 日　第 84 册　第 672 页

42568　造乱与止乱　《申报》　1925 年 4 月 27 日　第 211 册　第 495 页

42569　造屋先宜防火患说　《申报》　1889 年 5 月 4 日　第 34 册　第 673 页

42570　造谣的成绩（言论）　《民国日报》　1925 年 11 月 26 日　第 60 册　第 302 页

42571　造谣家的阴谋和背景　《民国日报》　1930 年 8 月 26 日　第 87 册　第 736 页

42572　造谣者可以休矣（社评）　《民国日报》　1927 年 8 月 4 日　第 69 册　第 494 页

42573　造谣者之影像　《民国日报》　1918 年 7 月 17 日　第 16 册　第 170 页

42574　择百揆以协同寅　《申报》　1895 年 6 月 24 日　第 50 册　第 353 页

42575　择妇须知　《申报》　1920 年 11 月 17 日　第 167 册　第 299 页

42576　择校难升学亦难　《申报》　1941 年 6 月 21 日　第 376 册　第 626 页

42577　责护法各省　《民国日报》　1922 年 7 月 20 日　第 40 册　第 262 页

42578　责江苏人：愧告吉林人矣　《民国日报》　1918 年 7 月 18 日　第 16 册　第 182 页

42579　责难北京学生代表　《民国日报》　1921 年 8 月 29 日　第 34 册　第 820 页

42580　责难陕事　《民国日报》　1919 年 4 月 18 日　第 20 册　第 576 页

42581　责人　《申报》　1919 年 4 月 8 日　第 157 册　第 623 页

42582　责任　《民国日报》　1919 年 3 月 30 日　第 20 册　第 348 页

42583　责任　《申报》　1920 年 11 月 26 日　第 167 册　第 454 页

42584　责任　《申报》　1927 年 11 月 27 日　第 240 册　第 591 页

42585　责任观念　《中央日报》　1929 年 5 月 13 日　第 6 册　第 117 页

42586　责任内阁说　《申报》　1909 年 4 月 12 日　第 99 册　第 610 页

42587　责任问题　《申报》　1920 年 11 月 18 日　第 167 册　第 303 页

42588　责任问题　《申报》　1929 年 12 月 29 日　第 265 册　第 792 页

42589　责任心　《申报》　1931 年 9 月 16 日　第 286 册　第 440 页

42590　责苏路驻京办事处　《申报》　1907 年 11 月 26 日　第 91 册　第 327 页

42591　责望代表诸君　《民国日报》　1919 年 3 月 22 日　第 20 册　第 252 页

42592　责无责任之政府　《申报》　1919 年 6 月 1 日　第 158 册　第 528 页

42593　责政府迟延之咎　《申报》　1912 年 11 月 16 日　第 119 册　第 523 页

42594   责直奉军人   《申报》   1920 年 10 月 28 日   第 166 册   第 997 页

42595   责主和人物   《民国日报》   1918 年 6 月 4 日   第 15 册   第 410 页

42596   贼即是盗说   《申报》   1879 年 6 月 29 日   第 14 册   第 651 页

42597   怎么对太会开幕致辞   《民国日报》   1921 年 11 月 5 日   第 36 册   第 56 页

42598   怎么规律我们的支配欲   续/胡汉民   《民国日报》   1929 年 10 月 31 日   第 82 册   第 1004 页

42599   怎么规律我们的支配欲/胡汉民   《民国日报》   1929 年 10 月 30 日   第 82 册   第 984 页

42600   怎么能讲和?   《申报》（香港版）   1938 年 10 月 23 日   第 357 册   第 213 页

42601   怎么应付暴俄的恫吓   《民国日报》   1929 年 7 月 23 日   第 81 册   第 376 页

42602   怎样安定高涨中的物价   《申报》   1940 年 1 月 18 日   第 368 册   第 244 页

42603   怎样保持既得的胜利   《中央日报》   1929 年 3 月 6 日   第 5 册   第 159 页

42604   怎样才不愧对殉国的将士   《申报》   1937 年 10 月 19 日   第 355 册   第 772 页

42605   怎样才对得起卫国将士?   《大公报》   1937 年 11 月 18 日   第 139 册   第 609 页

42606   怎样才能遏止谣言的发生   《民国日报》   1929 年 3 月 7 日   第 79 册   第 103 页

42607   怎样才能巩固党的基础   《民国日报》   1928 年 10 月 18 日   第 76 册   第 843 页

42608   怎样才能绝灭匪劫于永久   《民国日报》   1923 年 5 月 16 日   第 45 册   第 204 页

42609   怎样才能实行民生主义   《民国日报》   1924 年 5 月 20 日   第 51 册   第 230 页

42610   怎样才能世界和平   《申报》（香港版）   1938 年 10 月 19 日   第 357 册   第 197 页

42611   怎样才真能弭兵   《民国日报》   1922 年 4 月 23 日   第 38 册   第 728 页

42612   怎样铲除黑市   《申报》   1943 年 4 月 2 日   第 383 册   第 632 页

42613   怎样处置冯玉祥   《民国日报》   1929 年 6 月 25 日   第 80 册   第 891 页

42614   怎样处置汉奸   《大公报》   1945 年 6 月 11 日   第 154 册   第 686 页

42615   怎样处置战败的日本?   《申报》   1946 年 9 月 11 日   第 390 册   第 138 页

42616   怎样从长时期后取得抗战最终胜利?/黄炎培（星期论文）   《大公报》

1941 年 12 月 21 日　第 147 册　第 684 页

42617　怎样促进全面和平？《申报》　1949 年 2 月 8 日　第 400 册　第 226 页

42618　怎样打倒日本帝国主义/楼桐荪　《民国日报》　1931 年 7 月 23 日　第 93 册　第 281 页

42619　怎样打日本？《大公报》　1944 年 9 月 12 日　第 153 册　第 340 页

42620　怎样担当更大的艰苦？《大公报》　1937 年 10 月 15 日　第 139 册　第 473 页

42621　怎样担负起远东责任来　《民国日报》　1919 年 12 月 18 日　第 24 册　第 566 页

42622　怎样对付日本货币战的进攻　《申报》（香港版）　1939 年 6 月 10 日　第 358 册　第 812 页

42623　怎样防止以后的卖国　《民国日报》　1920 年 7 月 25 日　第 28 册　第 338 页

42624　怎样奋斗　《申报》　1944 年 8 月 19 日　第 386 册　第 163 页

42625　怎样感谢拼命的粤军　《民国日报》　1921 年 6 月 28 日　第 33 册　第 820 页

42626　怎样给民众一个表率　《大公报》　1938 年 6 月 25 日　第 140 册　第 778 页

42627　怎样根除贪污　《申报》　1936 年 7 月 30 日　第 342 册　第 766 页

42628　怎样观察日寇的动向　《中央日报》　1943 年 5 月 12 日　第 48 册　第 68 页

42629　怎样过"五七""五九"（一）　《民国日报》　1920 年 5 月 5 日　第 27 册　第 44 页

42630　怎样过"五七""五九"（二）　《民国日报》　1920 年 5 月 6 日　第 27 册　第 58 页

42631　怎样欢迎我二十九年抗战最后胜利/黄炎培（星期论文）　《大公报》　1940 年 1 月 14 日　第 144 册　第 54 页

42632　怎样恢复和谈？《大公报》　1947 年 1 月 18 日　第 159 册　第 136 页

42633　怎样获致和平　《中央日报》　1949 年 2 月 8 日　第 60 册　第 947 页

42634　怎样即"救教育"呢？《民国日报》　1921 年 6 月 6 日　第 33 册　第 508 页

42635　怎样纪念世界学生日？《中央日报》　1944 年 11 月 17 日　第 50 册　第 354 页

42636　怎样纪念五四　《中央日报》　1929 年 5 月 4 日　第 6 册　第 21 页

42637　怎样纪念"一二八"　《申报》　1939 年 1 月 28 日　第 361 册　第 492 页

42638　怎样加强自卫力量？《大公报》　1937 年 12 月 9 日　第 139 册　第 693 页

42639　怎样解放职业学生？《中央日报》　1948 年 5 月 10 日　第 59 册　第

80 页

42640　怎样解决川局　《民国日报》　1928 年 7 月 27 日　第 75 册　第 457 页

42641　怎样解决民食问题/胡汉民　《民国日报》　1929 年 11 月 25 日　第 83 册　第 409 页

42642　怎样"竟伍公未竟之志"　《民国日报》　1922 年 12 月 18 日　第 42 册　第 636 页

42643　怎样救济难民？　《申报》　1947 年 12 月 5 日　第 395 册　第 656 页

42644　怎样可使叛乱永绝　《中央日报》　1930 年 2 月 12 日　第 9 册　第 535 页

42645　怎样平衡国家的预算？　《申报》　1948 年 2 月 8 日　第 396 册　第 364 页

42646　怎样平衡物价？　《中央日报》　1939 年 10 月 8 日　第 42 册　第 600 页

42647　怎样平息学潮　《大公报》　1948 年 4 月 10 日　第 162 册　第 602 页

42648　怎样去用我们的枪杆子？：在中央军校第六期毕业典礼讲/胡汉民　《民国日报》　1929 年 5 月 26 日　第 80 册　第 405 页

42649　怎样实践新政治道德　《申报》　1943 年 5 月 10 日　第 383 册　第 859 页

42650　怎样实践政治竞赛　《申报》　1945 年 1 月 2 日　第 387 册　第 5 页

42651　怎样实现机关的政治　《民国日报》　1922 年 4 月 1 日　第 38 册　第 426 页

42652　怎样实现中美国家的携手：承认新政府　《民国日报》　1921 年 6 月 20 日　第 33 册　第 706 页

42653　怎样使民众由冷漠而热烈　《民国日报》　1923 年 8 月 18 日　第 46 册　第 674 页

42654　怎样使全国妇女能行使女权（续）　《民国日报》　1930 年 7 月 3 日　第 87 册　第 30 页

42655　怎样使全国妇女能行使女权：在南京女中毕业典礼训词（专载）/胡汉民　《民国日报》　1930 年 7 月 2 日　第 87 册　第 18 页

42656　怎样是自决　《民国日报》　1920 年 9 月 5 日　第 29 册　第 58 页

42657　怎样肃清汉奸　《申报》　1937 年 9 月 5 日　第 355 册　第 412 页

42658　怎样体认田中奏折（一）　《申报》　1931 年 11 月 9 日　第 288 册　第 213 页

42659　怎样体认田中奏折（二）　《申报》　1931 年 11 月 10 日　第 288 册　第 236 页

42660　怎样体认田中奏折（三）　《申报》　1931 年 11 月 13 日　第 288 册　第 308 页

42661　怎样推进有利的国际形势　《申报》　1937 年 9 月 12 日　第 355 册　第 471 页

42662　怎样挽救颓风　《中央日报》　1930 年 2 月 16 日　第 9 册　第 585 页

42663　怎样维持写家们的生活/老舍（星期论文）　《大公报》　1940 年 2 月 11

日　第 144 册　第 166 页

42664　怎样消灭无意之战　《民国日报》　1922 年 9 月 29 日　第 41 册　第 384 页

42665　怎样选国民大会代表　《民国日报》　1920 年 8 月 12 日　第 28 册　第 590 页

42666　怎样训练司法实务人才　《中央日报》　1932 年 8 月 20 日　第 19 册　第 154 页

42667　怎样研究才会成功：从历史上来看学术研究工作/蔡尚思（星期论文）《大公报》　1948 年 2 月 8 日　第 162 册　第 238 页

42668　怎样抑平高利贷？　《申报》　1946 年 11 月 7 日　第 391 册　第 74 页

42669　怎样应付当前的经济困难？　《申报》　1947 年 2 月 14 日　第 392 册　第 482 页

42670　怎样应付苏俄的骚扰　《中央日报》　1929 年 8 月 18 日　第 7 册　第 211 页

42671　怎样应付严重的中俄冲突　《民国日报》　1929 年 12 月 5 日　第 83 册　第 575 页

42672　怎样应付谣言　《中央日报》　1929 年 3 月 4 日　第 5 册　第 135 页

42673　怎样迎头赶上　《大公报》　1940 年 6 月 14 日　第 144 册　第 664 页

42674　怎样援助苏联　《中央日报》　1941 年 6 月 26 日　第 44 册　第 1016 页

42675　怎样早日戡平赤祸？　《中央日报》　1948 年 8 月 13 日　第 59 册　第 868 页

42676　怎样展开国际援华运动　《申报》　1938 年 12 月 17 日　第 360 册　第 260 页

42677　怎样展开国际援华运动　《申报》（香港版）　1938 年 12 月 26 日　第 357 册　第 561 页

42678　怎样赈济俄灾　《民国日报》　1922 年 2 月 24 日　第 37 册　第 642 页

42679　怎样争取战争的胜利　怎样争取和平的胜利——寄太平洋国际学会第八界大会　《大公报》　1942 年 12 月 4 日　第 149 册　第 678 页

42680　怎样做大事业：在立法院纪念周席上讲演（专载）/胡汉民　《民国日报》　1930 年 4 月 26 日　第 85 册　第 796 页

42681　怎样做伤兵之友　《中央日报》　1940 年 2 月 22 日　第 43 册　第 88 页

42682　曾侯使旋恭纪　《申报》　1886 年 11 月 19 日　第 29 册　第 871 页

42683　曾文正家书书后　《申报》　1886 年 7 月 1 日　第 29 册　第 1 页

42684　曾襄侯致李中堂书　《申报》　1884 年 5 月 11 日　第 24 册　第 735 页

42685　增比借款　《申报》　1921 年 8 月 1 日　第 172 册　第 7 页

42686　增产节约与储蓄　《大公报》　1944 年 3 月 13 日　第 152 册　第 322 页

42687　增产年与革新年　《申报》　1944 年 1 月 24 日　第 385 册　第 93 页

42688　增发通货提高汇率和调整待遇对物价的影响/伍启元（星期论文）　《大公

报》　1946 年 6 月 23 日　第 156 册　第 692 页

42689　增防与疏通　《申报》　1919 年 10 月 22 日　第 160 册　第 938 页

42690　增改现行律例议　《申报》　1902 年 10 月 2 日　第 72 册　第 209 页

42691　增改现行律例议（续昨稿）　《申报》　1902 年 10 月 3 日　第 72 册　第 217 页

42692　增加教育经费　《申报》　1944 年 7 月 10 日　第 386 册　第 33 页

42693　增加生产稳定物价　《中央日报》　1945 年 3 月 19 日　第 50 册　第 868 页

42694　增加生产须迎头赶上　《申报》　1943 年 8 月 31 日　第 384 册　第 421 页

42695　增加消费税议　《申报》　1910 年 3 月 3 日　第 105 册　第 34 页

42696　增加支出之提议　《中央日报》　1948 年 9 月 27 日　第 60 册　第 204 页

42697　增进生产掌握物资：勖物资管制人员　《中央日报》　1943 年 6 月 21 日　第 48 册　第 280 页

42698　增进战时财政实力的新法令　《申报》（香港版）　1939 年 7 月 4 日　第 358 册　第 1002 页

42699　增进中的苏土关系　《中央日报》　1942 年 12 月 15 日　第 47 册　第 282 页

42700　增进中美合作　《中央日报》　1945 年 10 月 25 日　第 51 册　第 882 页

42701　增进中美两国互相了解　《中央日报》　1947 年 7 月 27 日　第 56 册　第 884 页

42702　增进中苏邦交　《大公报》　1942 年 12 月 18 日　第 149 册　第 738 页

42703　增强军队抗战中的政治工作　《申报》（香港版）　1939 年 1 月 3 日　第 357 册　第 611 页

42704　增强军队中的政治工作　《申报》　1938 年 12 月 24 日　第 360 册　第 378 页

42705　增强科学教育　《申报》　1944 年 5 月 3 日　第 385 册　第 429 页

42706　增强中日合作　《申报》　1944 年 11 月 8 日　第 386 册　第 423 页

42707　增设船政学堂论　《申报》　1894 年 5 月 28 日　第 47 册　第 193 页

42708　增设流刑与疏通监所　《大公报》　1933 年 8 月 19 日　第 115 册　第 690 页

42709　增与减　《申报》　1920 年 12 月 18 日　第 167 册　第 832 页

42710　增与减　《申报》　1921 年 4 月 16 日　第 169 册　第 789 页

42711　增援澳洲！增援中国　《中央日报》　1943 年 5 月 6 日　第 48 册　第 32 页

42712　憎恶北廷之心理解剖　《民国日报》　1919 年 8 月 6 日　第 22 册　第 398 页

42713　赠本届去国留学者　《民国日报》　1923 年 8 月 3 日　第 46 册　第 464 页

42714　赠本年出洋学生　《中央日报》　1932 年 8 月 12 日　第 19 册　第 90 页

42715 赠别出国留学诸君 《大公报》 1934 年 8 月 17 日 第 121 册 第 692 页

42716 赠别蒙古会议代表诸君 《民国日报》 1930 年 6 月 12 日 第 86 册 第 557 页

42717 赠别内政会议诸君 《中央日报》 1931 年 1 月 25 日 第 13 册 第 255 页

42718 赠卡尔大使之行 《大公报》 1942 年 2 月 3 日 第 148 册 第 144 页

42719 赠与今年的大学毕业生/胡适（星期论文） 《大公报》 1934 年 6 月 24 日 第 120 册 第 796 页

42720 闸北孤军奉令退出 《大公报》 1937 年 11 月 1 日 第 139 册 第 541 页

42721 闸北战事损失之责任者（言论） 《民国日报》 1927 年 3 月 24 日 第 67 册 第 82 页

42722 炸弹 《申报》 1915 年 10 月 29 日 第 136 册 第 934 页

42723 炸弹应投落日本何处？ 《大公报》 1942 年 4 月 25 日 第 148 册 第 492 页

42724 炸东京与登陆硫磺岛 《大公报》 1945 年 2 月 21 日 第 154 册 第 218 页

42725 炸台湾 念台湾 《大公报》 1944 年 10 月 18 日 第 153 册 第 494 页

42726 斋戒辨 《申报》 1879 年 9 月 11 日 第 15 册 第 289 页

42727 摘录上山东抚宪河务条陈 《申报》 1886 年 3 月 24 日 第 28 册 第 449 页

42728 摘录西游欧洲客论伦敦情形书 《申报》 1878 年 1 月 26 日 第 12 册 第 89 页

42729 摘录香港教士王炳耀上合肥傅相要政条陈十则 《申报》 1901 年 6 月 22 日 第 68 册 第 313 页

42730 债务共管 《申报》 1921 年 11 月 25 日 第 175 册 第 555 页

42731 债与还 《申报》 1921 年 11 月 9 日 第 175 册 第 190 页

42732 詹森去职与美国产业复兴计划 《大公报》 1934 年 10 月 3 日 第 122 册 第 480 页

42733 瞻念我国的学术前途 《申报》 1947 年 8 月 16 日 第 394 册 第 462 页

42734 瞻望北方胜利 《大公报》 1940 年 9 月 5 日 第 145 册 第 242 页

42735 瞻望勃鲁姆内阁的前途 《申报》 1946 年 12 月 16 日 第 391 册 第 550 页

42736 瞻望和局 《中央日报》 1949 年 2 月 1 日 第 60 册 第 933 页

42737 瞻望今后的卫生事业：为卫生部成立暨中华医学会第七届年会作/尹集廷（专论） 《申报》 1947 年 5 月 6 日 第 393 册 第 356 页

42738 展开法治运动 《中央日报》 1946 年 9 月 23 日 第 53 册 第 1042 页

42739 展开反汪运动 《申报》 1939 年 4 月 22 日 第 363 册 第 382 页

42740 展开建设性的文化工作 《中央日报》 1945 年 10 月 14 日 第 51 册 第

816 页

42741　展开救国运动　《中央日报》　1948 年 12 月 6 日　第 60 册　第 700 页

42742　展开科学运动　《申报》　1943 年 5 月 6 日　第 383 册　第 835 页

42743　展开民主宪政的坦途　《大公报》　1945 年 1 月 29 日　第 154 册　第 122 页

42744　展开三民主义教育　《中央日报》　1939 年 2 月 13 日　第 41 册　第 728 页

42745　展开上海文化复兴运动　《申报》　1942 年 12 月 13 日　第 382 册　第 490 页

42746　展开统一建国运动　《中央日报》　1947 年 2 月 4 日　第 55 册　第 388 页

42747　展开现阶段的青年运动　《中央日报》　1945 年 5 月 4 日　第 50 册　第 1072 页

42748　展开游击区民众运动　《申报》（香港版）　1939 年 1 月 17 日　第 357 册　第 723 页

42749　展开游击区民众运动　《申报》　1939 年 1 月 8 日　第 361 册　第 144 页

42750　展开中的节约运动　《申报》　1947 年 10 月 18 日　第 395 册　第 176 页

42751　展开中英邦交的新页　《申报》　1946 年 7 月 31 日　第 389 册　第 596 页

42752　展望巴黎和会　《中央日报》　1946 年 9 月 18 日　第 53 册　第 989 页

42753　展望北非之捷　《大公报》　1942 年 11 月 9 日　第 149 册　第 574 页

42754　展望第三战场　《大公报》　1942 年 12 月 21 日　第 149 册　第 752 页

42755　展望东北局势　《民国日报》　1945 年 11 月 22 日　第 96 册　第 287 页

42756　展望东南亚大战　《中央日报》　1945 年 3 月 9 日　第 50 册　第 826 页

42757　展望东南亚战场　《大公报》　1943 年 10 月 18 日　第 151 册　第 486 页

42758　展望东南亚州会议　《申报》　1949 年 1 月 14 日　第 400 册　第 76 页

42759　展望东欧联盟　《大公报》　1948 年 11 月 10 日　第 164 册　第 422 页

42760　展望杜鲁门的新猷　《大公报》　1948 年 11 月 15 日　第 164 册　第 452 页

42761　展望对日全面进攻　《大公报》　1945 年 2 月 8 日　第 154 册　第 164 页

42762　展望福州战事　《大公报》　1945 年 5 月 15 日　第 154 册　第 570 页

42763　展望华北局势　《中央日报》　1947 年 7 月 4 日　第 56 册　第 646 页

42764　展望锦州　《民国日报》　1945 年 11 月 25 日　第 96 册　第 293 页

42765　展望美国八一界国会　《申报》　1949 年 1 月 6 日　第 400 册　第 24 页

42766　展望美国大选　《大公报》　1944 年 4 月 13 日　第 152 册　第 464 页

42767　展望美苏关系的好转　《申报》　1949 年 1 月 21 日　第 400 册　第 124 页

42768　展望明日　《民国日报》　1946 年 4 月 27 日　第 97 册　第 450 页

42769　展望全局与总攻日寇　《中央日报》　1942 年 11 月 22 日　第 47 册　第 136 页

42770　展望五国外长会议　《中央日报》　1945 年 9 月 8 日　第 51 册　第 594 页

42771　展望亚洲大陆战争　《中央日报》　1945 年 3 月 14 日　第 50 册　第 846 页

42772　展望一九四一之日本　《大公报》　1941 年 1 月 3 日　第 146 册　第 18 页

42773　展望英苏外交　《大公报》　1947 年 1 月 30 日　第 159 册　第 206 页

42774　展望中英关系并及中英美苏/杭立武（星期论文）　《大公报》　1942 年 11 月 23 日　第 149 册　第 632 页

42775　展望自由平等的新世界　《大公报》　1942 年 11 月 19 日　第 149 册　第 616 页

42776　占领　《申报》　1914 年 9 月 17 日　第 130 册　第 226 页

42777　战败可成天堂　《大公报》　1947 年 4 月 25 日　第 159 册　第 790 页

42778　战败之预防　《申报》　1922 年 5 月 2 日　第 180 册　第 24 页

42779　战必胜说　《申报》　1894 年 7 月 11 日　第 47 册　第 519 页

42780　战卜　《大公报》　1926 年 9 月 2 日　第 77 册　第 9 页

42781　战弛和渺的欧局　《大公报》　1939 年 10 月 14 日　第 143 册　第 176 页

42782　战地党务之指导　《民国日报》　1928 年 4 月 4 日　第 73 册　第 490 页

42783　战地的抗敌工作　《中央日报》　1939 年 2 月 18 日　第 41 册　第 758 页

42784　战地的民众运动　《中央日报》　1937 年 11 月 25 日　第 40 册　第 895 页

42785　战地军民之苦痛　《大公报》　1930 年 7 月 1 日　第 97 册　第 4 页

42786　战地与外商　《申报》　1922 年 6 月 22 日　第 181 册　第 434 页

42787　战电释疑　《申报》　1914 年 8 月 14 日　第 129 册　第 678 页

42788　战斗力量的新生　《中央日报》　1944 年 12 月 5 日　第 50 册　第 432 页

42789　战斗体制　《中央日报》　1948 年 11 月 6 日　第 60 册　第 512 页

42790　"战犯"与"新政协"　《中央日报》　1949 年 2 月 4 日　第 60 册　第 939 页

42791　战费负担与收益分配之臆测（星期论文）/谷春帆　《大公报》　1942 年 10 月 25 日　第 149 册　第 508 页

42792　战费膨胀下的日本纸币膨胀　《申报》　1939 年 2 月 7 日　第 362 册　第 118 页

42793　战氛中的印度　《大公报》　1940 年 8 月 17 日　第 145 册　第 168 页

42794　战和末策　《申报》　1895 年 2 月 11 日　第 49 册　第 205 页

42795　战后　《申报》　1922 年 5 月 5 日　第 180 册　第 83 页

42796　战后处置日本问题　《中央日报》　1943 年 10 月 15 日　第 48 册　第 790 页

42797　战后的主意　《民国日报》　1924 年 9 月 13 日　第 53 册　第 146 页

42798　战后第一个七七：警惕与自信　《中央日报》　1946 年 7 月 7 日　第 53 册　第 308 页

42799　战后法国的重大使命　《中央日报》　1946 年 7 月 14 日　第 53 册　第 376 页

42800　战后工业化的一个条件　《大公报》　1943 年 5 月 22 日　第 150 册　第 628 页

42801　战后工业建设与金融政策　《中央日报》　1943 年 10 月 6 日　第 48 册　第 746 页

42802　战后工业建设与外资　《中央日报》　1943 年 9 月 15 日　第 48 册　第 658 页

42803　战后国都宜在北方　《大公报》　1943 年 9 月 25 日　第 151 册　第 382 页

42804　战后国际金融计画（星期论文）/谷春帆　《大公报》　1943 年 9 月 5 日　第 151 册　第 296 页

42805　战后国际贸易的新起点　《大公报》　1945 年 12 月 22 日　第 155 册　第 744 页

42806　战后国际投资机构（星期论文）/谷春帆　《大公报》　1943 年 11 月 8 日　第 151 册　第 580 页

42807　战后航空交通建设　《中央日报》　1944 年 8 月 21 日　第 49 册　第 1038 页

42808　战后和平机构的性质　《大公报》　1944 年 6 月 1 日　第 152 册　第 684 页

42809　战后建都问题/傅孟真（星期论文）　《大公报》　1943 年 11 月 29 日　第 151 册　第 674 页

42810　战后建设无取"乌托邦"　《大公报》　1942 年 7 月 28 日　第 149 册　第 124 页

42811　战后江苏之教育（星期评论）/马放元　《申报》（香港版）　1939 年 5 月 14 日　第 358 册　第 594 页

42812　战后经济问题　《中央日报》　1943 年 4 月 26 日　第 47 册　第 1042 页

42813　战后空运的展望　《大公报》　1943 年 9 月 2 日　第 151 册　第 282 页

42814　战后利用外资问题　《中央日报》　1943 年 8 月 25 日　第 48 册　第 570 页

42815　战后美国对外经济政策的展望（星期论文）/方显廷　《大公报》　1944 年 6 月 25 日　第 152 册　第 786 页

42816　战后民航事业的展望　《大公报》　1943 年 11 月 18 日　第 151 册　第 626 页

42817　战后人心的分析/陈高佣（星期论坛）　《申报》　1946 年 1 月 6 日　第 388 册　第 35 页

42818　战后社会救济与民生　《中央日报》　1943 年 9 月 11 日　第 48 册　第 640 页

42819　战后世界和平的缔造　《中央日报》　1944 年 7 月 6 日　第 49 册　第 830 页

42820　战后世界建设　《大公报》　1943 年 4 月 1 日　第 150 册　第 400 页

42821 战后世界建设之研究（星期论文）/孙科 《大公报》 1943 年 2 月 14 日
第 150 册 第 186 页

42822 战后世界经济建设（星期论文）/方显廷 《大公报》 1944 年 3 月 19 日
第 152 册 第 346 页

42823 战后世界经济展望 《大公报》 1943 年 9 月 15 日 第 151 册 第 338 页

42824 "战后问题"是英美的烟幕（译论） 《申报》 1943 年 4 月 14 日 第
383 册 第 704 页

42825 战后宣战论 《申报》 1904 年 2 月 27 日 第 76 册 第 305 页

42826 战后永久和平的树立 《中央日报》 1942 年 6 月 13 日 第 46 册 第
206 页

42827 战后与光明 《申报》 1922 年 5 月 21 日 第 180 册 第 416 页

42828 战后与劫案 《申报》 1925 年 3 月 14 日 第 210 册 第 252 页

42829 战后之南洋华侨 《大公报》 1944 年 9 月 2 日 第 153 册 第 292 页

42830 战后之世界建设 《申报》 1941 年 9 月 30 日 第 377 册 第 786 页

42831 战后中国工业化问题 《大公报》 1943 年 1 月 21 日 第 150 册 第
96 页

42832 战后中国利用外资发凡（星期论文）/谷春帆 《大公报》 1942 年 8 月 9
日 第 149 册 第 172 页

42833 战后中国利用外资问题（星期论文）/谷春帆 《大公报》 1942 年 8 月 30
日 第 149 册 第 262 页

42834 战后中国之重大问题（星期论文）/张其昀 《大公报》 1943 年 5 月 23
日 第 150 册 第 632 页

42835 战后中美经济合作之我见（星期论文）/方显廷 《大公报》 1944 年 2 月
27 日 第 152 册 第 252 页

42836 战火燃近土耳其 《大公报》 1941 年 4 月 19 日 第 146 册 第 456 页

42837 战火中的悲剧 《大公报》 1948 年 12 月 23 日 第 164 册 第 597 页

42838 战祸可救说 《申报》 1903 年 11 月 13 日 第 75 册 第 515 页

42839 战祸与兵祸 《大公报》 1929 年 6 月 5 日 第 90 册 第 564 页

42840 战祸之利用 《申报》 1920 年 6 月 4 日 第 164 册 第 615 页

42841 战祸之预测 《申报》 1921 年 7 月 27 日 第 171 册 第 531 页

42842 战祸最严重之时期 《大公报》 1930 年 8 月 27 日 第 97 册 第 688 页

42843 战机又动 《申报》 1922 年 4 月 13 日 第 179 册 第 254 页

42844 战绩辉煌的美空军 《中央日报》 1944 年 11 月 16 日 第 50 册 第
350 页

42845 战就是胜 主和者奸 《大公报》 1939 年 8 月 14 日 第 142 册 第
500 页

42846 战局 《申报》 1917 年 11 月 4 日 第 149 册 第 54 页

42847 战局 《申报》 1926 年 9 月 2 日 第 227 册 第 32 页

42848　战局概观　《中央日报》　1944 年 5 月 17 日　第 49 册　第 614 页

42849　战局今日观　《申报》　1914 年 8 月 20 日　第 129 册　第 762 页

42850　战局鸟瞰　《中央日报》　1947 年 3 月 19 日　第 55 册　第 796 页

42851　战局已逐渐于我有利　《申报》（香港版）　1938 年 6 月 25 日　第 356 册　第 866 页

42852　战局又成　《申报》　1918 年 1 月 30 日　第 150 册　第 406 页

42853　战局与和局　《申报》　1920 年 9 月 16 日　第 166 册　第 254 页

42854　战局与苏　《申报》　1921 年 7 月 31 日　第 171 册　第 611 页

42855　战局杂感　《大公报》　1926 年 9 月 13 日　第 77 册　第 97 页

42856　战局瞻望　《申报》　1937 年 10 月 1 日　第 355 册　第 623 页

42857　战局展望　《申报》（香港版）　1938 年 8 月 12 日　第 356 册　第 1058 页

42858　战局之前瞻　《申报》　1939 年 1 月 22 日　第 361 册　第 388 页

42859　战况　《中央日报》　1939 年 2 月 10 日　第 41 册　第 710 页

42860　战乱声中谈抢救教育（星期论文）/周缉熙　《大公报》　1946 年 8 月 18 日　第 157 册　第 228 页

42861　战略的杰作　《申报》　1937 年 11 月 11 日　第 355 册　第 975 页

42862　战略上必要之措置　《中央日报》　1937 年 10 月 29 日　第 40 册　第 800 页

42863　战略上的欧局观　《大公报》　1938 年 9 月 14 日　第 141 册　第 312 页

42864　战略谈　《申报》　1924 年 9 月 7 日　第 206 册　第 123 页

42865　战判：有是非无先后　为国战则是　为己战则非　《民国日报》　1919 年 10 月 30 日　第 23 册　第 710 页

42866　战期与战线　《申报》　1924 年 10 月 8 日　第 206 册　第 622 页

42867　战前存款的诉讼　《中央日报》　1946 年 10 月 25 日　第 54 册　第 282 页

42868　战前国际形势的回复　《申报》　1936 年 1 月 19 日　第 336 册　第 413 页

42869　战前银行存款清偿办法　《申报》　1947 年 12 月 24 日　第 395 册　第 846 页

42870　战前战后　《申报》　1924 年 9 月 2 日　第 206 册　第 26 页

42871　战区撤兵　《申报》　1915 年 1 月 10 日　第 132 册　第 118 页

42872　战区撤兵问题　《申报》　1915 年 1 月 14 日　第 132 册　第 174 页

42873　战区剿匪为日本试金石　《大公报》　1933 年 10 月 5 日　第 116 册　第 498 页

42874　战区接收以后　《大公报》　1933 年 7 月 27 日　第 115 册　第 368 页

42875　战区善后　《大公报》　1927 年 10 月 25 日　第 81 册　第 195 页

42876　战区善后之急迫问题　《大公报》　1933 年 8 月 27 日　第 115 册　第 802 页

42877　"战区"整理的要谛　《大公报》　1934 年 9 月 24 日　第 122 册　第 350 页

42878　战声中之旧国会　《申报》　1920 年 5 月 30 日　第 164 册　第 529 页

42879　战胜与成功　《申报》　1925 年 12 月 21 日　第 219 册　第 417 页

42880　战胜之害　《申报》　1924 年 3 月 2 日　第 200 册　第 30 页

42881　战时报业之质的变化（星期评论）/范长江　《申报》（香港版）　1939 年 4 月 30 日　第 358 册　第 482 页

42882　战时必须增产　《申报》　1944 年 5 月 26 日　第 385 册　第 507 页

42883　战时财政与生产　《大公报》　1939 年 3 月 23 日　第 142 册　第 326 页

42884　战时财政与债信　《大公报》　1939 年 3 月 31 日　第 142 册　第 358 页

42885　战时财政之特点与德国（星期论文）/吴本中　《大公报》　1941 年 3 月 9 日　第 146 册　第 282 页

42886　战时出版物的预防和追惩　《中央日报》　1938 年 12 月 6 日　第 41 册　第 358 页

42887　战时道德与战时经济　《申报》　1945 年 7 月 10 日　第 387 册　第 477 页

42888　战时的军事建设　《大公报》　1937 年 10 月 30 日　第 139 册　第 533 页

42889　战时的农业/董时进（星期论文）　《大公报》　1938 年 5 月 8 日　第 140 册　第 558 页

42890　战时的生活　《中央日报》　1940 年 12 月 11 日　第 44 册　第 166 页

42891　战时的新澳洲　《大公报》　1941 年 5 月 7 日　第 146 册　第 530 页

42892　战时的新闻记者　《申报》（香港版）　1938 年 8 月 7 日　第 356 册　第 1038 页

42893　战时对外贸易　《中央日报》　1940 年 6 月 9 日　第 43 册　第 576 页

42894　战时对外贸易的要义　《中央日报》　1938 年 12 月 29 日　第 41 册　第 456 页

42895　战时儿童保育工作　《中央日报》　1939 年 10 月 18 日　第 42 册　第 644 页

42896　战时防疫的重要　《申报》　1949 年 5 月 18 日　第 400 册　第 877 页

42897　战时工业的分散与集中　《大公报》　1937 年 11 月 9 日　第 139 册　第 573 页

42898　战时工业问题　《大公报》　1938 年 2 月 17 日　第 140 册　第 194 页

42899　战时公务员服务纪律　《中央日报》　1939 年 6 月 13 日　第 42 册　第 128 页

42900　战时公务员工的精神　《中央日报》　1940 年 12 月 5 日　第 44 册　第 142 页

42901　战时官纪与信赏必罚　《申报》　1944 年 1 月 22 日　第 385 册　第 85 页

42902　战时国际宣传的运用　《申报》　1940 年 9 月 15 日　第 372 册　第 194 页

42903　战时监察权的发挥　《中央日报》　1941 年 3 月 1 日　第 44 册　第 506 页

42904　战时教育　《中央日报》　1939 年 3 月 6 日　第 41 册　第 854 页

42905　战时教育　《申报》　1944 年 6 月 2 日　第 385 册　第 531 页

42906　战时经济财政第三年的回顾　《中央日报》　1939 年 12 月 30 日　第 42 册　第 936 页

42907　战时经济与取缔投机　《申报》　1943 年 2 月 1 日　第 383 册　第 226 页

42908　战时经济与社会道德　《申报》　1943 年 8 月 5 日　第 384 册　第 325 页

42909　战时经济政策之配合运用与物价问题　《中央日报》　1942 年 12 月 26 日　第 47 册　第 348 页

42910　战时粮食有通盘调节之必要　《申报》　1937 年 9 月 23 日　第 355 册　第 559 页

42911　战时民众代表会谈献词　《申报》　1945 年 3 月 27 日　第 387 册　第 235 页

42912　战时农业基本政策　《中央日报》　1939 年 10 月 16 日　第 42 册　第 636 页

42913　战时强制储蓄：介绍经济学者 Keynes 之主张　《中央日报》　1940 年 1 月 8 日　第 42 册　第 976 页

42914　战时青年的苦闷　《申报》（香港版）　1939 年 5 月 20 日　第 358 册　第 642 页

42915　战时青年训练的重要　《申报》（香港版）　1938 年 8 月 15 日　第 356 册　第 1069 页

42916　战时轻工业之出路　《申报》　1945 年 3 月 22 日　第 387 册　第 223 页

42917　战时人民团体的组织　《中央日报》　1939 年 4 月 8 日　第 41 册　第 1040 页

42918　战时人民应有的努力　《申报》　1937 年 8 月 26 日　第 355 册　第 336 页

42919　战时三爱　《申报》　1924 年 9 月 21 日　第 206 册　第 356 页

42920　战时三畏　《申报》　1924 年 10 月 15 日　第 206 册　第 746 页

42921　战时社会保险与国民生活/周光琦（星期论文）　《大公报》　1940 年 11 月 24 日　第 145 册　第 562 页

42922　战时社会的矛盾现象：工厂与舞场之对照　《申报》　1943 年 5 月 22 日　第 383 册　第 931 页

42923　战时社会问题：勉社会福利部成立　《申报》　1943 年 2 月 19 日　第 383 册　第 330 页

42924　战时社会与妇女　《大公报》　1943 年 3 月 8 日　第 150 册　第 286 页

42925　战时社会政策问题/任远（星期评论）　《申报》　1943 年 9 月 12 日　第 384 册　第 469 页

42926　战时生产管制　《中央日报》　1937 年 8 月 9 日　第 40 册　第 463 页

42927　战时生产合理化　《申报》　1943 年 1 月 16 日　第 383 册　第 98 页

42928　战时生产与战时消费的关联　《中央日报》　1940 年 2 月 23 日　第 43 册　第 92 页

42929　战时生产与中小工业　《申报》　1943 年 1 月 13 日　第 383 册　第 74 页

42930 战时生活程度问题 《中央日报》 1939 年 11 月 10 日 第 42 册 第 736 页

42931 战时生活与节约 《中央日报》 1942 年 10 月 2 日 第 46 册 第 908 页

42932 战时生活与勤俭 《申报》 1943 年 3 月 29 日 第 383 册 第 608 页

42933 战时生活中的交通问题 《中央日报》 1941 年 5 月 24 日 第 44 册 第 872 页

42934 战时事业心的表现 《申报》 1943 年 9 月 27 日 第 384 册 第 531 页

42935 战时物资节约 《中央日报》 1941 年 4 月 25 日 第 44 册 第 746 页

42936 战时消费税 《中央日报》 1942 年 9 月 1 日 第 46 册 第 714 页

42937 战时行政实务之改进 《中央日报》 1938 年 10 月 6 日 第 41 册 第 90 页

42938 战时宣传工作的检讨 《申报》 1937 年 9 月 22 日 第 355 册 第 551 页

42939 战时言论自由平议 《申报》（汉口版） 1938 年 4 月 24 日 第 356 册 第 203 页

42940 战时应有言论自由吗? 《申报》（香港版） 1938 年 4 月 21 日 第 356 册 第 605 页

42941 战时与平时 《申报》 1943 年 12 月 28 日 第 384 册 第 907 页

42942 战时之纺织业 《中央日报》 1939 年 4 月 28 日 第 41 册 第 1126 页

42943 战时之神经过敏 《申报》 1924 年 9 月 9 日 第 206 册 第 161 页

42944 战时之言论出版自由 《中央日报》 1938 年 11 月 3 日 第 41 册 第 216 页

42945 战时中国妇女的责任 《申报》 1943 年 8 月 26 日 第 384 册 第 403 页

42946 战时注意保民之必要 《大公报》 1933 年 12 月 24 日 第 117 册 第 750 页

42947 战时专卖与平价 《中央日报》 1942 年 4 月 16 日 第 45 册 第 1074 页

42948 战士保健 《大公报》 1939 年 2 月 8 日 第 142 册 第 154 页

42949 战士授田与耕者有其田 《中央日报》 1948 年 3 月 31 日 第 58 册 第 808 页

42950 战事答问 《申报》 1894 年 8 月 14 日 第 47 册 第 753 页

42951 战事第四期之前瞻 《申报》 1938 年 10 月 28 日 第 359 册 第 318 页

42952 战事风云 《申报》 1925 年 10 月 17 日 第 217 册 第 367 页

42953 战事进步之次第 《申报》 1928 年 4 月 13 日 第 245 册 第 305 页

42954 战事旧例 《申报》 1924 年 10 月 4 日 第 206 册 第 560 页

42955 战事末议 《申报》 1880 年 12 月 10 日 第 17 册 第 649 页

42956 战事损失 《申报》 1924 年 10 月 2 日 第 206 册 第 528 页

42957 战事闲评 《申报》 1904 年 2 月 29 日 第 76 册 第 317 页

42958 战事闲评 《申报》 1904 年 8 月 7 日 第 77 册 第 663 页

42959 战事消息 《申报》 1914 年 8 月 7 日 第 129 册 第 578 页

42960　战事消息愈难　《申报》　1914 年 8 月 16 日　第 129 册　第 706 页

42961　战事已了，多兵何用　《大公报》　1928 年 9 月 24 日　第 86 册　第 277 页

42962　战事以外之波澜　《申报》　1914 年 8 月 17 日　第 129 册　第 720 页

42963　战事与和局　《申报》　1919 年 10 月 18 日　第 160 册　第 863 页

42964　战事与进行　《申报》　1914 年 10 月 29 日　第 130 册　第 814 页

42965　战事与人种　《申报》　1914 年 9 月 9 日　第 130 册　第 114 页

42966　战事与上海　《申报》　1925 年 1 月 29 日　第 209 册　第 398 页

42967　战事与颜阁　《申报》　1924 年 9 月 14 日　第 206 册　第 243 页

42968　战事与政局　《申报》　1926 年 5 月 6 日　第 223 册　第 121 页

42969　战事与中国人之生活　《申报》　1914 年 10 月 22 日　第 130 册　第 716 页

42970　战事杂感　《申报》　1926 年 8 月 14 日　第 226 册　第 322 页

42971　战事杂感　《大公报》　1927 年 10 月 20 日　第 81 册　第 235 页

42972　战事杂感　《大公报》　1928 年 4 月 13 日　第 83 册　第 431 页

42973　战事之结局　《申报》　1914 年 9 月 2 日　第 130 册　第 16 页

42974　战事之今后　《申报》　1927 年 5 月 13 日　第 234 册　第 248 页

42975　战事之收束与蔓延　《申报》　1921 年 10 月 8 日　第 174 册　第 147 页

42976　战事之推测　《申报》　1924 年 9 月 5 日　第 206 册　第 85 页

42977　战事之余波　《申报》　1926 年 1 月 17 日　第 220 册　第 346 页

42978　战事之中心　《申报》　1926 年 2 月 28 日　第 220 册　第 1104 页

42979　战事中之缺乏　《申报》　1924 年 10 月 6 日　第 206 册　第 590 页

42980　战守宜相辅而行说　《申报》　1884 年 11 月 19 日　第 25 册　第 805 页

42981　战守异宜论　《申报》　1904 年 6 月 28 日　第 77 册　第 397 页

42982　战速战　《申报》　1913 年 7 月 21 日　第 123 册　第 278 页

42983　战外国之厉害　《申报》　1914 年 9 月 18 日　第 130 册　第 240 页

42984　战无可战　《申报》　1918 年 5 月 19 日　第 152 册　第 280 页

42985　战线外之中立　《申报》　1914 年 9 月 5 日　第 130 册　第 58 页

42986　战讯　《申报》　1933 年 4 月 27 日　第 303 册　第 723 页

42987　战亦有异同也：为言停战者告　《民国日报》　1918 年 7 月 25 日　第 16 册　第 266 页

42988　战有目的·和有立场：阻止共产主义的清算斗争　《中央日报》　1949 年 1 月 11 日　第 60 册　第 858 页

42989　战于议场　《申报》　1918 年 12 月 13 日　第 155 册　第 674 页

42990　战与不战之战　《申报》　1924 年 10 月 29 日　第 206 册　第 971 页

42991　战与和　《申报》　1922 年 6 月 20 日　第 181 册　第 394 页

42992　战与力　《申报》　1924 年 10 月 3 日　第 206 册　第 542 页

42993　战与自治　《申报》　1920 年 9 月 30 日　第 166 册　第 495 页

42994　战云四起　《申报》　1925年3月11日　第210册　第196页

42995　战债解决之可能性　《中央日报》　1937年4月30日　第38册　第733页

42996　战债延期案与英国　《民国日报》　1931年6月26日　第92册　第667页

42997　战债与裁军　《中央日报》　1932年6月27日　第18册　第378页

42998　战战兢兢　《申报》　1917年7月31日　第147册　第524页

42999　战战兢兢　《申报》　1927年4月9日　第233册　第161页

43000　战者皆不利　《申报》　1922年4月25日　第179册　第507页

43001　战争的苦难时期　《申报》（汉口版）　1938年2月16日　第356册　第65页

43002　战争的人道问题　《大公报》　1946年8月9日　第157册　第174页

43003　战争的政治基础　《大公报》　1944年4月15日　第152册　第474页

43004　"战争结束"观念的正解　《中央日报》　1942年12月11日　第47册　第256页

43005　战争进入德国本土　《大公报》　1944年9月13日　第153册　第344页

43006　战争考验文化　《中央日报》　1943年4月12日　第47册　第958页

43007　战争恐怖与国际趋势　《大公报》　1933年10月11日　第116册　第590页

43008　战争目的与胜利前途：读德富猪一郎氏文书后　《申报》　1943年3月1日　第383册　第410页

43009　战争伸至中太平洋　《大公报》　1943年9月21日　第151册　第364页

43010　战争危机中之中国经济　《申报》　1935年10月17日　第333册　第463页

43011　战争与犯罪/大森洪太（星期译论）　《申报》　1945年3月25日　第387册　第229页

43012　战争与革命　《申报》　1917年3月23日　第145册　第398页

43013　战争与革命/樊仲云（星期评论）　《申报》　1943年8月15日　第384册　第363页

43014　战争与国庆日　《申报》　1914年10月10日　第130册　第548页

43015　战争与和平　《申报》（香港版）　1938年9月24日　第357册　第93页

43016　战争与人道问题　《申报》　1945年8月14日　第387册　第547页

43017　战争之前程　《申报》　1933年2月24日　第301册　第669页

43018　战争之牺牲　《大公报》　1927年10月17日　第81册　第131页

43019　战争之政治目的　《中央日报》　1949年1月2日　第60册　第820页

43020　战争只有一个　《中央日报》　1942年1月25日　第45册　第738页

43021　战争走向小笠原　《大公报》　1944年7月8日　第153册　第36页

43022　战之变化　《申报》　1924年9月10日　第206册　第179页

43081 张倪 《申报》 1918 年 6 月 16 日 第 152 册 第 724 页

43082 张群访日之行 《申报》 1948 年 8 月 26 日 第 398 册 第 450 页

43083 张瑞玑 《申报》 1919 年 3 月 9 日 第 157 册 第 131 页

43084 张瑞玑电不可信：须得于总司令三原电以证明之 《民国日报》 1919 年 3 月 26 日 第 20 册 第 300 页

43085 张瑞玑君何故急欲离陕乎 《民国日报》 1919 年 4 月 3 日 第 20 册 第 396 页

43086 张尚书袁宫保约章成案汇览序 《申报》 1905 年 11 月 22 日 第 81 册 第 701 页

43087 张绍曾不肯抛弃武力 《民国日报》 1922 年 12 月 30 日 第 42 册 第 800 页

43088 张绍曾的统一 《民国日报》 1922 年 12 月 20 日 第 42 册 第 664 页

43089 张绍曾登台后的第一着 《民国日报》 1922 年 12 月 8 日 第 42 册 第 498 页

43090 张绍曾去留中南方态度 《民国日报》 1923 年 3 月 20 日 第 44 册 第 262 页

43091 张绍曾上台的奇形怪状 《民国日报》 1923 年 1 月 7 日 第 43 册 第 76 页

43092 张孙合作之解剖（言论） 《民国日报》 1926 年 9 月 19 日 第 65 册 第 182 页

43093 张外长演词之诠释 《大公报》 1936 年 5 月 27 日 第 132 册 第 368 页

43094 张吴何如 《申报》 1926 年 4 月 17 日 第 222 册 第 366 页

43095 张吴之间 《申报》 1926 年 5 月 5 日 第 223 册 第 98 页

43096 张吴之战 《申报》 1924 年 9 月 19 日 第 206 册 第 325 页

43097 张学良捕杀杨常事件 《民国日报》 1929 年 1 月 12 日 第 78 册 第 189 页

43098 张学良的叛国（星期论文）/胡适 《大公报》 1936 年 12 月 20 日 第 135 册 第 692 页

43099 张学良何以自处？ 《民国日报》 1928 年 10 月 12 日 第 76 册 第 745 页

43100 张学良如何自赎 《中央日报》 1937 年 1 月 5 日 第 37 册 第 37 页

43101 张学良氏再起 《大公报》 1934 年 2 月 27 日 第 118 册 第 750 页

43102 张勋 《申报》 1917 年 7 月 12 日 第 147 册 第 194 页

43103 张勋不死 《申报》 1917 年 7 月 13 日 第 147 册 第 212 页

43104 张勋评论 《申报》 1913 年 9 月 15 日 第 124 册 第 184 页

43105 张勋通电 《申报》 1920 年 7 月 24 日 第 165 册 第 427 页

43106 张勋与平匪 《申报》 1918 年 10 月 26 日 第 154 册 第 908 页

43107 张勋与时局之关系 《申报》 1921 年 1 月 31 日 第 168 册 第 492 页

43108　张勋之处置　《申报》　1917年7月9日　第147册　第142页

43109　张一□将为东南大学校长　《民国日报》　1925年4月8日　第56册　第515页

43110　张英华力尽辞职　《申报》　1923年6月27日　第192册　第569页

43111　张幼师折　《申报》　1884年10月5日　第25册　第559页

43112　张俞叛变如昙花一现　《中央日报》　1929年10月6日　第7册　第813页

43113　张宗昌被刺案　《中央日报》　1932年9月8日　第19册　第306页

43114　张宗昌如此结局！　《大公报》　1932年9月5日　第110册　第52页

43115　张作霖出京　《申报》　1924年12月3日　第208册　第37页

43116　张作霖的命运（社评）　《民国日报》　1927年10月5日　第70册　第494页

43117　张作霖二次入关说　《申报》　1920年7月25日　第165册　第445页

43118　张作霖赴津：徐树铮牵来争大总统者　《民国日报》　1918年7月31日　第16册　第338页

43119　张作霖佳电之解剖：不仅滑稽而已其中诡计多端　《民国日报》　1928年5月13日　第74册　第180页

43120　张作霖死亡之公表　《大公报》　1928年6月20日　第84册　第501页

43121　张作霖太恶作剧了　《民国日报》　1922年2月3日　第37册　第356页

43122　张作霖退兵出关　《申报》　1922年5月22日　第180册　第439页

43123　张作霖又做出来了　《民国日报》　1920年9月24日　第29册　第324页

43124　张作霖与东三省　《申报》　1922年5月14日　第180册　第272页

43125　张作霖与徐树铮　《申报》　1920年6月21日　第164册　第939页

43126　张作霖之车　《申报》　1921年8月5日　第172册　第86页

43127　张作霖之死活问题　《申报》　1928年6月6日　第247册　第155页

43128　张作霖之主张　《申报》　1918年3月9日　第151册　第118页

43129　章曹外放　《申报》　1914年6月4日　第128册　第546页

43130　彰法　《申报》　1893年11月21日　第45册　第549页

43131　涨价休战/章乃器（星期论文）　《大公报》　1942年8月23日　第149册　第232页

43132　涨滩可添筑马路议　《申报》　1890年4月17日　第36册　第605页

43133　掌握物资，管理物资：读十七教授"为民请命书"以后　《中央日报》　1948年10月27日　第60册　第434页

43134　账　《申报》　1921年9月8日　第173册　第151页

43135　招兵　《申报》　1920年11月14日　第167册　第239页

43136　招匪欤与散匪　《申报》　1913年9月29日　第124册　第370页

43137　招护法议员　《民国日报》　1923年6月5日　第45册　第484页

43138　招回在美华工垦辟荒地说　《申报》　1902年5月22日　第71册　第147页

43139　招刊告白引　《申报》　1872年5月7日　第1册　第17页

43140　招垦封禁山议　《申报》　1878年5月4日　第12册　第401页

43141　招青年党兵的罪过　《民国日报》　1922年10月26日　第41册　第756页

43142　招商局　《申报》　1914年5月22日　第128册　第342页

43143　招商局借款案　《大公报》　1932年11月16日　第111册　第184页

43144　招商局可以企业界之殷鉴　《大公报》　1930年8月9日　第97册　第472页

43145　招商局收归国营　《大公报》　1930年10月30日　第98册　第700页

43146　招商局问题　《中央日报》　1929年9月15日　第7册　第555页

43147　招商局问题平议　《民国日报》　1929年1月8日　第78册　第125页

43148　招商局与汉冶萍公司　《大公报》　1927年11月19日　第81册　第391页

43149　招勇不若练兵说　《申报》　1895年9月6日　第51册　第35页

43150　招致沿海游民以杜汉奸说　《申报》　1885年3月24日　第26册　第419页

43150.1　着急两点　《大公报》　1945年6月1日　第154册　第642页

43151　找出一条治道来走　《民国日报》　1930年1月26日　第84册　第328页

43152　找款　《申报》　1923年12月27日　第198册　第556页

43153　召对不拘官阶以去蒙蔽议　《申报》　1898年9月17日　第60册　第117页

43154　召集二中全会之意义　《中央日报》　1929年6月4日　第6册　第383页

43155　召集国民会议　《大公报》　1930年11月16日　第99册　第184页

43156　召集国难会议平议：何谓"国难"其职与权如何（上）／彬　《申报》1932年1月28日　第290册　第578页

43157　召集临时参议院令：书生装束之督军团会议　参政院之后身　《民国日报》1917年10月1日　第11册　第362页

43158　召开国民大会的新决定　《中央日报》　1946年7月4日　第53册　第284页

43159　召张作霖入关者：非段祺瑞而谁　《民国日报》　1918年3月4日　第14册　第38页

43160　赵秉钧与张勋　《申报》　1914年2月28日　第126册　第744页

43161　赵铎伯多禄与西教士论灾书　《申报》　1878年3月29日　第12册　第277页

43162 赵恒惕假面具撕破（时论） 《民国日报》 1926 年 7 月 16 日 第 64 册 第 151 页

43163 赵恒惕等反对选举总统观 《民国日报》 1921 年 4 月 20 日 第 32 册 第 700 页

43164 赵孟之自治 《申报》 1921 年 8 月 31 日 第 172 册 第 621 页

43165 赵侍御奏参宪政编查馆感言 《申报》 1909 年 12 月 30 日 第 103 册 第 983 页

43166 赵御史奏请逐年刊布内外要政折稿 《申报》 1906 年 12 月 21 日 第 85 册 第 719 页

43167 照例 《申报》 1916 年 4 月 18 日 第 139 册 第 768 页

43168 照例无聊的和谣 《民国日报》 1924 年 4 月 8 日 第 50 册 第 478 页

43169 照录岑大中丞清理山西教案章程 《申报》 1901 年 6 月 24 日 第 68 册 第 325 页

43170 照录江西巡抚李勉林中丞所订防军营制 《申报》 1902 年 5 月 20 日 第 71 册 第 133 页

43171 照录今狱青二尹呈请大府开凿建滩说 《申报》 1883 年 3 月 26 日 第 22 册 第 401 页

43172 照录九月初三日赵佑翁来信 《申报》 1878 年 10 月 23 日 第 13 册 第 393 页

43173 照录李穆堂先生与云南李参政论铜务书 《申报》 1878 年 4 月 6 日 第 12 册 第 305 页

43174 照录秦君度周再上河院禀 《申报》 1889 年 1 月 28 日 第 34 册 第 137 页

43175 照录去年陕西巡抚升中丞奏参宗亲大臣阿谀附和折 《申报》 1904 年 6 月 4 日 第 77 册 第 245 页

43176 照录谢方山主政条陈拟稿 《申报》 1886 年 6 月 4 日 第 28 册 第 887 页

43177 照译英三月四号纽约堡士日报载道理实属奇怪论 《申报》 1886 年 5 月 2 日 第 28 册 第 683 页

43178 照贼像不如刺贼面说 《申报》 1889 年 3 月 30 日 第 34 册 第 463 页

43179 肇和发难纪念 《中央日报》 1931 年 12 月 5 日 第 16 册 第 787 页

43180 肇和军舰举义纪念 《民国日报》 1930 年 12 月 5 日 第 89 册 第 418 页

43181 肇和军舰举义纪念 《民国日报》 1945 年 12 月 5 日 第 96 册 第 313 页

43182 肇和起义二十七周年 《中央日报》 1942 年 12 月 5 日 第 47 册 第

218 页

43183 肇和加入护法：国庆前之吉神　《民国日报》　1918 年 10 月 9 日　第 17
册　第 416 页

43184 折桂送行图记　《申报》　1888 年 8 月 28 日　第 33 册　第 395 页

43185 折回　《申报》　1918 年 1 月 29 日　第 150 册　第 392 页

43186 折垒明堂内外全图题名记　《申报》　1888 年 10 月 23 日　第 33 册　第
749 页

43187 折狱非难说　《申报》　1887 年 5 月 30 日　第 30 册　第 889 页

43188 折狱客问　《申报》　1883 年 11 月 24 日　第 23 册　第 879 页

43189 折狱篇　《申报》　1900 年 5 月 28 日　第 65 册　第 215 页

43190 折中说　《申报》　1914 年 2 月 4 日　第 126 册　第 372 页

43191 这不仅是中国民众的不幸（言论）　《民国日报》　1925 年 5 月 13 日　第
57 册　第 160 页

43192 这不是江浙的事　《民国日报》　1924 年 8 月 22 日　第 52 册　第 638 页

43193 这次不提再没机会　《民国日报》　1921 年 12 月 2 日　第 36 册　第
424 页

43194 这次总登记的重要性　《民国日报》　1928 年 6 月 2 日　第 74 册　第
505 页

43195 这该对北庭绝望了　《民国日报》　1921 年 10 月 29 日　第 35 册　第
794 页

43196 这回的自觉运动　《民国日报》　1919 年 6 月 14 日　第 21 册　第 531 页

43197 这回的自觉运动　《民国日报》　1919 年 6 月 15 日　第 21 册　第 543 页

43198 这回的自觉运动：学生界之指挥　《民国日报》　1919 年 6 月 16 日　第 21
册　第 555 页

43199 这回的自觉运动：组织与效能　《民国日报》　1919 年 6 月 17 日　第 21
册　第 567 页

43200 这篇账须从头算起　《申报》　1937 年 10 月 14 日　第 355 册　第 730 页

43201 这七八年来：对外政策的一个教训　《民国日报》　1928 年 6 月 3 日　第
74 册　第 522 页

43202 这三个月　《申报》　1940 年 7 月 19 日　第 371 册　第 248 页

43203 这是必然的结果：论济南惨案　《民国日报》　1928 年 5 月 10 日　第 74
册　第 133 页

43204 这是个根本解决国是的机会：中国国民党不问枝枝节节的事只率领民众来找
立国的命根　《民国日报》　1924 年 12 月 15 日　第 54 册　第 405 页

43205 这是国人的没用了　《民国日报》　1922 年 12 月 5 日　第 42 册　第
460 页

43206 这是人民的声音！ 《大公报》 1947 年 6 月 4 日 第 160 册 第 220 页

43207 这是日本对美的新答复 《申报》 1940 年 12 月 21 日 第 373 册 第 694 页

43208 这是什么立场？ 《中央日报》 1936 年 6 月 29 日 第 34 册 第 1073 页

43209 这是谁的成功？ 《中央日报》 1943 年 1 月 14 日 第 47 册 第 464 页

43210 这算什么局面（时论） 《民国日报》 1926 年 7 月 4 日 第 64 册 第 31 页

43211 这一次应该坚决执行 《中央日报》 1947 年 12 月 18 日 第 57 册 第 1114 页

43212 这一次助学金的新检讨/张一鹏（星期评论） 《申报》 1943 年 6 月 27 日 第 384 册 第 157 页

43213 "这一代比上一代更好" 《中央日报》 1943 年 4 月 3 日 第 47 册 第 908 页

43214 这一段宝贵的时间：徐州会战大捷以后政治革新与美元加强应即同时并进 《申报》 1948 年 11 月 20 日 第 399 册 第 330 页

43215 这一回是米价先抬 《中央日报》 1947 年 12 月 16 日 第 57 册 第 1094 页

43216 这一年：这一年来的经济（上） 《申报》 1931 年 12 月 30 日 第 289 册 第 726 页

43217 这一年：这一年来的经济（下） 《申报》 1931 年 12 月 31 日 第 289 册 第 751 页

43218 这一年：这一年来的天灾和人祸 《申报》 1931 年 12 月 29 日 第 289 册 第 704 页

43219 这一年：这一年来的我国教育 《申报》 1931 年 12 月 28 日 第 289 册 第 683 页

43220 这一年的回顾 《申报》 1936 年 12 月 31 日 第 347 册 第 783 页

43221 这一月中（一）（言论） 《民国日报》 1925 年 12 月 18 日 第 60 册 第 568 页

43222 这一月中（二）（言论） 《民国日报》 1925 年 12 月 19 日 第 60 册 第 580 页

43223 这一月中（三）（言论） 《民国日报》 1925 年 12 月 20 日 第 60 册 第 592 页

43224 这一战 《大公报》 1938 年 4 月 26 日 第 140 册 第 500 页

43225 这一周（言论） 《民国日报》 1925 年 1 月 27 日 第 55 册 第 238 页

43226 这一周（言论） 《民国日报》 1926 年 3 月 8 日 第 62 册 第 72 页

43227 这仗不能再打了 《大公报》 1947 年 5 月 28 日 第 160 册 第 176 页

43228　这只是上海的事吗？（言论）　《民国日报》　1925 年 6 月 4 日　第 57 册
　　　　第 469 页

43229　浙财厅长　《申报》　1920 年 8 月 30 日　第 165 册　第 1075 页

43230　浙财厅长辞职感言　《申报》　1920 年 6 月 19 日　第 164 册　第 905 页

43231　浙东军事　《申报》　1940 年 1 月 28 日　第 368 册　第 382 页

43232　浙东之金融危机　《申报》　1935 年 8 月 20 日　第 331 册　第 497 页

43233　浙赣大捷的意义　《中央日报》　1942 年 8 月 25 日　第 46 册　第 670 页

43234　浙赣线战事的经验　《大公报》　1942 年 8 月 26 日　第 149 册　第 246 页

43235　浙赣线战事几点感想　《大公报》　1942 年 6 月 20 日　第 148 册　第
　　　　724 页

43236　浙赣战事与全局　《中央日报》　1942 年 6 月 20 日　第 46 册　第 250 页

43237　浙江（一）：冯军犯浙说　《民国日报》　1916 年 6 月 2 日　第 3 册　第
　　　　386 页

43238　浙江变化无害于义师：好意的观察错误　《民国日报》　1924 年 9 月 21 日
　　　　第 53 册　第 242 页

43239　浙江潮平论（一）　《民国日报》　1916 年 12 月 28 日　第 6 册　第
　　　　686 页

43240　浙江潮平论（二）　《民国日报》　1916 年 12 月 29 日　第 6 册　第
　　　　698 页

43241　浙江潮平论（三）　《民国日报》　1916 年 12 月 30 日　第 6 册　第
　　　　710 页

43242　浙江独立　《申报》　1916 年 4 月 13 日　第 139 册　第 690 页

43243　浙江交给孙传芳的是谁　《民国日报》　1924 年 9 月 26 日　第 53 册　第
　　　　293 页

43244　浙江拒款会通告各府县士民文　《申报》　1907 年 11 月 1 日　第 91 册
　　　　第 2 页

43245　浙江师范学堂冲突风潮感言　《申报》　1910 年 1 月 13 日　第 104 册　第
　　　　217 页

43246　浙江师范学堂冲突风潮感言（续）　《申报》　1910 年 1 月 14 日　第 104
　　　　册　第 235 页

43247　浙江提学使与议绅之冲突　《申报》　1907 年 5 月 15 日　第 88 册　第
　　　　187 页

43248　浙江巡抚聂大中丞奏结宁海教案折　《申报》　1904 年 9 月 1 日　第 78 册
　　　　第 1 页

43249　浙江义结匪人闹教各案合同　《申报》　1904 年 8 月 27 日　第 77 册　第
　　　　805 页

43274　浙议员提议停办一师说　《申报》　1920 年 5 月 28 日　第 164 册　第 493 页

43275　浙友论今年两浙灾欠书　《申报》　1873 年 11 月 3 日　第 3 册　第 429 页

43276　浙灾赈议　《申报》　1882 年 8 月 27 日　第 21 册　第 343 页

43277　针锋　《申报》　1919 年 1 月 12 日　第 156 册　第 163 页

43278　侦探队　《申报》　1914 年 5 月 24 日　第 128 册　第 374 页

43279　侦探死刑　《申报》　1914 年 6 月 9 日　第 128 册　第 622 页

43280　珍品助赈奖券之发行　《大公报》　1930 年 7 月 5 日　第 97 册　第 52 页

43281　珍视立法权　《中央日报》　1948 年 1 月 23 日　第 58 册　第 218 页

43282　珍视胜利积极建设　《中央日报》　1945 年 9 月 4 日　第 51 册　第 570 页

43283　珍惜这一点工业基础　《大公报》　1948 年 12 月 21 日　第 164 册　第 593 页

43284　珍惜这一个机会　《大公报》　1946 年 10 月 23 日　第 158 册　第 142 页

43285　珍重这一阵清风　《大公报》　1946 年 9 月 5 日　第 157 册　第 336 页

43286　珍重自己的这一票！　《申报》　1947 年 11 月 19 日　第 395 册　第 496 页

43287　珍珠港事变三周年　《大公报》　1944 年 12 月 7 日　第 153 册　第 706 页

43288　真爱国者　《申报》　1919 年 6 月 15 日　第 158 册　第 760 页

43289　真爱国者不应误国　《大公报》　1931 年 12 月 28 日　第 105 册　第 460 页

43290　真爱和平者（时论）　《民国日报》　1926 年 9 月 27 日　第 65 册　第 262 页

43291　真点　《申报》　1914 年 7 月 27 日　第 129 册　第 414 页

43292　真点　《申报》　1916 年 10 月 13 日　第 142 册　第 728 页

43293　真功夫用在开会以后　《民国日报》　1924 年 1 月 7 日　第 49 册　第 82 页

43294　真和平的认识与把握：对何院长希望之五　《申报》　1949 年 3 月 21 日　第 400 册　第 516 页

43295　真假互相讥讽记　《申报》　1873 年 10 月 23 日　第 3 册　第 393 页

43296　真假与预测　《申报》　1927 年 8 月 27 日　第 237 册　第 553 页

43297　真解决　《申报》　1921 年 6 月 2 日　第 170 册　第 566 页

43298　真精神　《申报》　1927 年 5 月 3 日　第 234 册　第 47 页

43299　真觉悟与真团结　《申报》　1928 年 1 月 18 日　第 242 册　第 388 页

43300　真理　《申报》　1927 年 3 月 4 日　第 232 册　第 70 页

43301　真力　《申报》　1926 年 8 月 7 日　第 226 册　第 149 页

43302　真力量　《申报》　1917 年 7 月 2 日　第 147 册　第 20 页

43303　真力量（二）　《申报》　1917 年 7 月 3 日　第 147 册　第 36 页

43304　真力量（三）　《申报》　1917 年 7 月 4 日　第 147 册　第 54 页

43305　真力量（四）　《申报》　1917 年 7 月 5 日　第 147 册　第 72 页

43306　真力真能　《申报》　1926 年 9 月 4 日　第 227 册　第 85 页

43307　真利就是就是理　《民国日报》　1920 年 12 月 28 日　第 30 册　第 802 页

43308　真民党　《申报》　1919 年 8 月 17 日　第 159 册　第 788 页

43309　真民意　《申报》　1920 年 7 月 13 日　第 165 册　第 243 页

43310　真情实状　《申报》　1918 年 10 月 13 日　第 154 册　第 700 页

43311　真确之内战　《申报》　1924 年 8 月 8 日　第 205 册　第 166 页

43312　真实无妄　《申报》　1917 年 11 月 12 日　第 149 册　第 188 页

43313　真实无妄　《申报》　1926 年 8 月 18 日　第 226 册　第 422 页

43314　真实与手段　《申报》　1927 年 1 月 28 日　第 231 册　第 612 页

43315　真实与运动　《申报》　1920 年 4 月 25 日　第 163 册　第 999 页

43316　真实之处　《申报》　1921 年 12 月 12 日　第 176 册　第 234 页

43317　真实之结合　《申报》　1927 年 3 月 24 日　第 232 册　第 494 页

43318　真同心　《申报》　1927 年 10 月 26 日　第 239 册　第 546 页

43319　真相何如　《申报》　1920 年 4 月 20 日　第 163 册　第 923 页

43320　真相渐露　《申报》　1921 年 5 月 23 日　第 170 册　第 390 页

43321　真相之关系　《申报》　1927 年 7 月 6 日　第 236 册　第 117 页

43322　真心话　《申报》　1928 年 7 月 9 日　第 248 册　第 258 页

43323　真心悔祸　《申报》　1918 年 11 月 26 日　第 155 册　第 402 页

43324　真意　《申报》　1917 年 6 月 6 日　第 146 册　第 638 页

43325　真意　《申报》　1922 年 5 月 23 日　第 180 册　第 457 页

43326　真意何在　《申报》　1919 年 5 月 25 日　第 158 册　第 400 页

43327　真意所在　《申报》　1925 年 4 月 5 日　第 211 册　第 78 页

43328　真与假　《申报》　1920 年 8 月 13 日　第 165 册　第 778 页

43329　真欲　《申报》　1928 年 4 月 26 日　第 245 册　第 635 页

43330　真战争是曲线进行的　《民国日报》　1924 年 9 月 19 日　第 53 册　第 218 页

43331　真者假者　《申报》　1927 年 4 月 16 日　第 233 册　第 298 页

43332　真正"日本通"与"中国通"的话/吉田东祐（星期评论）　《申报》 1943 年 6 月 13 日　第 384 册　第 73 页

43333　真正之中国人　《申报》　1914 年 8 月 29 日　第 129 册　第 888 页

43334　真之损益　《申报》　1920 年 5 月 9 日　第 164 册　第 149 页

43335　真知　《申报》　1927 年 6 月 8 日　第 235 册　第 151 页

43336　真挚的友谊　《中央日报》　1942 年 8 月 1 日　第 46 册　第 518 页

43366 振兴女学议 《申报》 1897 年 7 月 11 日 第 56 册 第 433 页

43367 振兴人才不在废八股而在停捐纳论 《申报》 1900 年 3 月 13 日 第 64 册 第 399 页

43368 振兴商务必先开设银行说 《申报》 1903 年 10 月 3 日 第 75 册 第 229 页

43369 振兴时文说 《申报》 1901 年 9 月 23 日 第 69 册 第 133 页

43370 振兴丝业刍言 ·《申报》 1894 年 4 月 10 日 第 46 册 第 611 页

43371 振兴算学说 《申报》 1881 年 5 月 31 日 第 18 册 第 577 页

43372 振兴铁路刍言 《申报》 1897 年 4 月 6 日 第 55 册 第 543 页

43373 振兴新学宜严杜邪说议 《申报》 1901 年 9 月 16 日 第 69 册 第 91 页

43374 振兴学校论 《申报》 1890 年 6 月 23 日 第 36 册 第 1023 页

43375 振兴医学议 《申报》 1891 年 8 月 3 日 第 39 册 第 201 页

43376 振兴医学议 《申报》 1895 年 2 月 3 日 第 49 册 第 159 页

43377 振兴渔业与国民经济（时论）/蓝渭滨 《民国日报》 1931 年 4 月 2 日 第 91 册 第 396 页

43378 振兴渔业与国民经济（时论）/蓝渭滨 《民国日报》 1931 年 4 月 4 日 第 91 册 第 420 页

43379 振兴渔业与国民经济（时论）/蓝渭滨 《民国日报》 1931 年 4 月 5 日 第 91 册 第 429 页

43380 振兴种植畜牧说 《申报》 1904 年 7 月 10 日 第 77 册 第 473 页

43381 振灾能力的试验 《中央日报》 1943 年 2 月 4 日 第 47 册 第 584 页

43382 振助印灾 《大公报》 1943 年 11 月 4 日 第 151 册 第 562 页

43383 振作士风论 《申报》 1892 年 4 月 6 日 第 40 册 第 539 页

43384 赈荒与权限 《申报》 1920 年 9 月 14 日 第 166 册 第 225 页

43385 赈饥十二善说 《申报》 1872 年 11 月 5 日 第 1 册 第 641 页

43386 赈捐宜缓就急论 《申报》 1889 年 6 月 4 日 第 34 册 第 871 页

43387 赈款保障问题 《申报》 1937 年 5 月 25 日 第 352 册 第 579 页

43388 赈款附税与政府 《申报》 1921 年 8 月 6 日 第 172 册 第 106 页

43389 赈粮车 《大公报》 1929 年 5 月 12 日 第 90 册 第 180 页

43390 赈谈 《申报》 1889 年 9 月 27 日 第 35 册 第 551 页

43391 赈务奇闻辨 《申报》 1877 年 9 月 21 日 第 11 册 第 285 页

43392 赈务太缓慢官民速努力！ 《大公报》 1931 年 9 月 9 日 第 104 册 第 99 页

43393 赈务推暨说 《申报》 1893 年 7 月 14 日 第 44 册 第 531 页

43394 赈务宜权轻重说 《申报》 1883 年 8 月 11 日 第 23 册 第 247 页

43395 赈灾问题 《民国日报》 1928 年 2 月 29 日 第 72 册 第 738 页

43396 赈灾与移民 《大公报》 1929 年 7 月 18 日 第 91 册 第 276 页

43397 赈灾与造灾 《大公报》 1927 年 12 月 17 日 第 81 册 第 615 页

43398 赈灾杂谈 《申报》 1929 年 12 月 22 日 第 265 册 第 599 页

43399 赈中有赈议 《申报》 1880 年 8 月 5 日 第 17 册 第 141 页

43400 赈资尚有可筹说 《申报》 1884 年 1 月 1 日 第 24 册 第 1 页

43401 镇定坚决与最后胜利 《申报》 1938 年 10 月 25 日 第 359 册 第 276 页

43402 镇静 《申报》 1915 年 2 月 22 日 第 132 册 第 632 页

43403 镇静 《申报》 1920 年 4 月 18 日 第 163 册 第 879 页

43404 镇静沉着 《申报》 1945 年 8 月 16 日 第 387 册 第 551 页

43405 镇静第一秩序第一 《申报》 1949 年 5 月 22 日 第 400 册 第 893 页

43406 镇静与麻木 《民国日报》 1916 年 10 月 5 日 第 5 册 第 410 页

43407 镇静与忍耐 《申报》 1932 年 2 月 27 日 第 290 册 第 784 页

43408 镇静与准备 《申报》 1931 年 10 月 8 日 第 287 册 第 184 页

43409 镇压反革命后治安问题的商榷 《民国日报》 1924 年 10 月 24 日 第 53 册 第 516 页

43410 镇压恐怖 《民国日报》 1928 年 1 月 6 日 第 72 册 第 71 页

43411 震动世界的大凶案 《大公报》 1934 年 10 月 12 日 第 122 册 第 609 页

43412 震动世界之二工人案 《大公报》 1927 年 8 月 13 日 第 80 册 第 345 页

43413 震动世界之一日 《中央日报》 1945 年 4 月 6 日 第 50 册 第 940 页

43414 震撼中之华北现局 《申报》 1936 年 6 月 3 日 第 341 册 第 66 页

43415 争 《申报》 1916 年 11 月 14 日 第 143 册 第 244 页

43416 争存之国民性 《申报》 1928 年 5 月 22 日 第 246 册 第 588 页

43417 争斗与娱乐 《大公报》 1927 年 9 月 24 日 第 80 册 第 679 页

43418 争夺之进步 《申报》 1925 年 10 月 31 日 第 217 册 第 645 页

43419 争法 《申报》 1920 年 8 月 2 日 第 165 册 第 589 页

43420 争法 《申报》 1926 年 5 月 1 日 第 223 册 第 4 页

43421 争防 《申报》 1925 年 5 月 5 日 第 212 册 第 88 页

43422 争非法总统之镇魔法：速召集合法正式国会 《民国日报》 1918 年 4 月 25 日 第 14 册 第 658 页

43423 争和与争战 《申报》 1920 年 6 月 9 日 第 164 册 第 711 页

43424 争军人人格：护法连带责任 《民国日报》 1918 年 7 月 19 日 第 16 册 第 194 页

43425 争利反以失利论 《申报》 1888 年 12 月 20 日 第 33 册 第 1109 页

43426　争利失利说　《申报》　1890 年 4 月 12 日　第 36 册　第 575 页

43427　争利说　《申报》　1888 年 5 月 4 日　第 32 册　第 707 页

43428　争路权与立宪之关系　《申报》　1907 年 11 月 19 日　第 91 册　第 239 页

43429　争路权与立宪之关系（续）十四日　《申报》　1907 年 11 月 27 日　第 91 册　第 339 页

43430　争路权与立宪之关系（再续）　《申报》　1907 年 11 月 28 日　第 91 册　第 353 页

43431　争民主卫国权　《大公报》　1946 年 3 月 18 日　第 156 册　第 304 页

43432　争名　《申报》　1922 年 2 月 11 日　第 177 册　第 620 页

43433　争取彻底胜利！　《中央日报》　1943 年 7 月 10 日　第 48 册　第 372 页

43434　争取大陆战争的胜利　《中央日报》　1944 年 11 月 24 日　第 50 册　第 384 页

43435　争取东亚总解放　《大公报》　1940 年 1 月 8 日　第 144 册　第 30 页

43436　争取和平，安定秩序　《中央日报》　1947 年 5 月 26 日　第 56 册　第 256 页

43437　争取和平的方向　《申报》　1947 年 5 月 28 日　第 393 册　第 576 页

43438　争取金融战的最后胜利　《申报》（香港版）　1939 年 6 月 9 日　第 358 册　第 804 页

43439　争取经济战的主动地位　《中央日报》　1940 年 6 月 27 日　第 43 册　第 652 页

43440　争取经济自由的前哨战　《申报》　1941 年 7 月 22 日　第 376 册　第 1026 页

43441　争取民主国家胜利　《中央日报》　1941 年 11 月 2 日　第 45 册　第 392 页

43442　争取外交的主动！：中苏缔约二周年感言　《申报》　1947 年 8 月 14 日　第 394 册　第 442 页

43443　争取外交上更大的胜利　《申报》（香港版）　1939 年 1 月 19 日　第 357 册　第 740 页

43444　争取物资与自给自足　《中央日报》　1942 年 5 月 19 日　第 46 册　第 80 页

43445　争取学术独立的必要与可能　《中央日报》　1947 年 10 月 21 日　第 57 册　第 526 页

43446　争取一个有原则的世界　《大公报》　1946 年 3 月 5 日　第 156 册　第 252 页

43447　争取真正的和平　《中央日报》　1949 年 1 月 24 日　第 60 册　第 914 页

43448　争取最后胜利实现大同世界　《中央日报》　1942 年 6 月 14 日　第 46 册

第 212 页

43449　争取最后五分钟：对于失败主义的批判/郭沫若（星期评论）　《申报》（香港版）　1939 年 5 月 28 日　第 358 册　第 706 页

43450　争权与革命　《民国日报》　1923 年 2 月 21 日　第 43 册　第 598 页

43451　争权之两解　《申报》　1927 年 11 月 25 日　第 240 册　第 543 页

43452　争学校　《申报》　1939 年 7 月 10 日　第 365 册　第 172 页

43453　争与不争　《申报》　1919 年 11 月 9 日　第 161 册　第 142 页

43454　争与局外　《申报》　1916 年 12 月 27 日　第 143 册　第 1014 页

43455　争与议　《申报》　1928 年 9 月 29 日　第 250 册　第 816 页

43456　争战者　《申报》　1916 年 1 月 7 日　第 138 册　第 82 页

43457　争之点　《申报》　1913 年 6 月 17 日　第 122 册　第 630 页

43458　争之焦点　《申报》　1926 年 7 月 4 日　第 225 册　第 80 页

43459　争之进步　《申报》　1926 年 8 月 23 日　第 226 册　第 556 页

43460　争之途径　《申报》　1919 年 9 月 30 日　第 160 册　第 527 页

43461　争执　《申报》　1929 年 1 月 12 日　第 254 册　第 283 页

43462　征兵课兵平议　《申报》　1902 年 12 月 15 日　第 72 册　第 741 页

43463　征兵制的推进　《中央日报》　1938 年 11 月 5 日　第 41 册　第 224 页

43464　征购资产建议/谷春帆（星期论文）　《大公报》　1943 年 1 月 24 日　第 150 册　第 108 页

43465　征募寒衣　《中央日报》　1938 年 9 月 30 日　第 41 册　第 64 页

43466　征求革命事实资料书　《申报》　1913 年 3 月 25 日　第 121 册　第 295 页

43467　征求军用物品　《申报》　1937 年 10 月 5 日　第 355 册　第 655 页

43468　征求苛捐杂税调查报告　《大公报》　1933 年 12 月 27 日　第 117 册　第 792 页

43469　征求民意　《申报》　1915 年 10 月 2 日　第 136 册　第 496 页

43470　征实与信仰　《申报》　1925 年 2 月 11 日　第 209 册　第 645 页

43471　征实与征借　《大公报》　1947 年 8 月 26 日　第 160 册　第 726 页

43472　征收财产捐的商榷　《申报》　1947 年 8 月 21 日　第 394 册　第 512 页

43473　征收所得税问题　《申报》　1936 年 7 月 3 日　第 342 册　第 66 页

43474　征收遗产税问题　《申报》　1936 年 8 月 1 日　第 343 册　第 8 页

43475　征收遗产税之商榷　《申报》　1933 年 12 月 11 日　第 311 册　第 307 页

43476　征收银出口税之意义　《中央日报》　1934 年 10 月 18 日　第 28 册　第 198 页

43477　征税当先为民兴利说　《申报》　1901 年 6 月 1 日　第 68 册　第 187 页

43478　征用国货与促进工商业　《中央日报》　1936 年 11 月 14 日　第 36 册　第 541 页

43479 挣持外交战略 《中央日报》 1939 年 1 月 11 日 第 41 册 第 530 页

43480 挣扎 《申报》 1926 年 4 月 19 日 第 222 册 第 417 页

43481 挣扎中的"孤岛"教育 《申报》（香港版） 1938 年 9 月 8 日 第 357 册 第 29 页

43482 拯救东北同胞脱离水灾！ 《申报》 1948 年 2 月 25 日 第 396 册 第 502 页

43483 拯救人类的厄运 《中央日报》 1941 年 12 月 5 日 第 45 册 第 526 页

43484 拯溺刍言 《申报》 1875 年 5 月 25 日 第 6 册 第 473 页

43485 拯贫民论 《申报》 1875 年 12 月 29 日 第 7 册 第 621 页

43486 整备与进行 《申报》 1927 年 1 月 14 日 第 231 册 第 302 页

43487 整编川康军队 《中央日报》 1937 年 6 月 26 日 第 39 册 第 685 页

43488 整编为续开大会之先决问题 《民国日报》 1946 年 1 月 22 日 第 97 册 第 87 页

43489 整兵设备不系于和不和论 《申报》 1885 年 5 月 15 日 第 26 册 第 717 页

43490 整饬边政不容忽视 《申报》 1946 年 11 月 21 日 第 391 册 第 250 页

43491 整饬街道论 《申报》 1889 年 5 月 9 日 第 34 册 第 705 页

43492 整饬金融市场 《申报》 1945 年 7 月 14 日 第 387 册 第 485 页

43493 整饬军纪 准备反攻 《大公报》 1941 年 1 月 29 日 第 146 册 第 124 页

43494 整饬西蒙边防何可再缓？ 《申报》 1934 年 10 月 22 日 第 321 册 第 662 页

43495 整饬县政（一） 《中央日报》 1929 年 4 月 27 日 第 5 册 第 713 页

43496 整饬县政（二） 《中央日报》 1929 年 4 月 28 日 第 5 册 第 725 页

43497 整饬县政（三） 《中央日报》 1929 年 4 月 29 日 第 5 册 第 737 页

43498 整饬县政与地方自治 《大公报》 1945 年 8 月 9 日 第 155 册 第 170 页

43499 整饬学风声中教授与学生应有的觉悟：在立法院纪念周讲演（专载）/胡汉民 《民国日报》 1931 年 2 月 4 日 第 90 册 第 325 页

43500 整饬学风声中教授与学生应有的觉悟：在立法院纪念周讲演（专载）/胡汉民 《民国日报》 1931 年 2 月 5 日 第 90 册 第 339 页

43501 整顿报务余言 《申报》 1898 年 8 月 24 日 第 59 册 第 791 页

43502 整顿报纸刍言 《申报》 1898 年 8 月 15 日 第 59 册 第 725 页

43503 整顿兵船议 《申报》 1890 年 12 月 23 日 第 37 册 第 1115 页

43504 整顿捕务以安闾阎说 《申报》 1899 年 7 月 21 日 第 62 册 第 617 页

43505 整顿长江防务说 《申报》 1898 年 10 月 13 日 第 60 册 第 307 页

43506　整顿磁业说　《申报》　1901 年 4 月 19 日　第 67 册　第 605 页

43507　整顿电业维护生产　《大公报》　1942 年 6 月 27 日　第 148 册　第 752 页

43508　整顿渡船议　《申报》　1892 年 12 月 26 日　第 42 册　第 733 页

43509　整顿趸船说　《申报》　1889 年 5 月 11 日　第 34 册　第 717 页

43510　整顿高等教育的几点意义/梁实秋（星期论文）　《大公报》　1935 年 8 月 25 日　第 127 册　第 798 页

43511　整顿海军刍议　《申报》　1892 年 5 月 24 日　第 41 册　第 149 页

43512　整顿海军刍议　《申报》　1892 年 5 月 25 日　第 41 册　第 155 页

43513　整顿海军议　《申报》　1898 年 12 月 13 日　第 60 册　第 733 页

43514　整顿海军议　《申报》　1898 年 12 月 15 日　第 60 册　第 747 页

43515　整顿华北教育之进行　《大公报》　1931 年 3 月 7 日　第 101 册　第 76 页

43516　整顿华中铁道交通　《申报》　1943 年 10 月 22 日　第 384 册　第 635 页

43517　整顿积谷说　《申报》　1902 年 7 月 24 日　第 71 册　第 573 页

43518　整顿冀生地方团队：对军纪吏治督察团的期望　《大公报》　1947 年 8 月 21 日　第 160 册　第 696 页

43519　整顿教育风化　《中央日报》　1929 年 9 月 16 日　第 7 册　第 569 页

43520　整顿教育令　《中央日报》　1932 年 7 月 25 日　第 18 册　第 602 页

43521　整顿教育与学潮　《大公报》　1933 年 7 月 20 日　第 115 册　第 270 页

43522　整顿教育之根本问题　《申报》　1932 年 12 月 23 日　第 299 册　第 633 页

43523　整顿科场论　《申报》　1893 年 2 月 27 日　第 43 册　第 315 页

43524　整顿厘卡议　《申报》　1891 年 8 月 28 日　第 39 册　第 357 页

43525　整顿路政　《民国日报》　1931 年 3 月 17 日　第 91 册　第 198 页

43526　整顿轮船各弊说　《申报》　1900 年 5 月 20 日　第 65 册　第 151 页

43527　整顿民团说　《申报》　1900 年 9 月 23 日　第 66 册　第 129 页

43528　整顿内政的必要/翁文灏（星期论文）　《大公报》　1935 年 7 月 2 日　第 127 册　第 18 页

43529　整顿钱业说　《申报》　1883 年 10 月 24 日　第 23 册　第 693 页

43530　整顿僧尼说　《申报》　1892 年 8 月 15 日　第 41 册　第 695 页

43531　整顿上海国民教育的商榷　《申报》　1943 年 10 月 15 日　第 384 册　第 607 页

43532　整顿市面要策　《申报》　1884 年 2 月 2 日　第 24 册　第 151 页

43533　整顿书院以宏造就论　《申报》　1893 年 12 月 18 日　第 45 册　第 729 页

43534　整顿丝茶说　《申报》　1901 年 12 月 10 日　第 69 册　第 617 页

43535　整顿铁路积弊说　《申报》　1906 年 3 月 27 日　第 82 册　第 679 页

43536　整顿铁路交通　《申报》　1943 年 12 月 13 日　第 384 册　第 847 页

43593　整理内外债　《申报》　1922 年 11 月 17 日　第 186 册　第 339 页

43594　整理内外债　《大公报》　1930 年 11 月 30 日　第 99 册　第 352 页

43595　整理田赋与新县制　《大公报》　1941 年 7 月 9 日　第 147 册　第 36 页

43596　整理铁路电报之两要点　《大公报》　1928 年 8 月 25 日　第 85 册　第 551 页

43597　整理外债与西原借款问题　《申报》　1934 年 6 月 10 日　第 317 册　第 292 页

43598　整理刑事特别法令问题　《申报》　1935 年 3 月 16 日　第 326 册　第 452 页

43599　整理原有薪工资之时机　《申报》　1940 年 12 月 22 日　第 373 册　第 710 页

43600　整理直隶省钞　《大公报》　1927 年 10 月 13 日　第 81 册　第 99 页

43601　整理中国币制建议案（时论）/张家骧　《民国日报》　1930 年 1 月 11 日　第 84 册　第 124 页

43602　整理中国田赋问题　《中央日报》　1930 年 11 月 11 日　第 12 册　第 503 页

43603　整理中日关系之先决问题　《大公报》　1929 年 9 月 29 日　第 92 册　第 452 页

43604　整理中之高等教育　《大公报》　1934 年 8 月 14 日　第 121 册　第 648 页

43605　整肃官方！　《申报》　1945 年 12 月 1 日　第 387 册　第 655 页

43606　整肃军纪　《申报》　1933 年 11 月 9 日　第 310 册　第 246 页

43607　整肃市容问题　《中央日报》　1946 年 10 月 26 日　第 54 册　第 294 页

43608　整肃私生活　《中央日报》　1938 年 12 月 19 日　第 41 册　第 414 页

43609　整治沪城末议　《申报》　1883 年 2 月 15 日　第 22 册　第 205 页

43610　正本论　《申报》　1909 年 9 月 5 日　第 102 册　第 60 页

43611　正本清源论　《申报》　1885 年 10 月 17 日　第 27 册　第 663 页

43612　正币制论　《申报》　1903 年 11 月 16 日　第 75 册　第 537 页

43613　正常的道路　《中央日报》　1939 年 8 月 18 日　第 42 册　第 396 页

43614　正当之势力　《申报》　1916 年 8 月 14 日　第 141 册　第 730 页

43615　正告国民　《民国日报》　1916 年 1 月 25 日　第 1 册　第 38 页

43616　正告中外　《民国日报》　1916 年 2 月 29 日　第 1 册　第 396 页

43617　正告阿部信行氏　《申报》　1940 年 4 月 24 日　第 369 册　第 740 页

43618　正告出席太平洋国际学会代表　《申报》　1933 年 6 月 18 日　第 305 册　第 493 页

43619　正告二中全会/彬　《申报》　1932 年 3 月 4 日　第 291 册　第 19 页

43620　正告二中全会（二）/彬　《申报》　1932 年 3 月 5 日　第 291 册　第

25 页

43621　正告樊迪文先生　《民国日报》　1930 年 9 月 29 日　第 88 册　第 362 页

43622　正告芳泽公使（社论）　《民国日报》　1927 年 8 月 5 日　第 69 册　第 505 页

43623　正告广东人　《民国日报》　1923 年 6 月 9 日　第 45 册　第 540 页

43624　正告华洋德律风公司华股东　《民国日报》　1930 年 6 月 27 日　第 86 册　第 762 页

43625　正告经济绝交下之日商　《民国日报》　1931 年 12 月 3 日　第 95 册　第 409 页

43626　正告美领司蒂芬　《民国日报》　1929 年 2 月 24 日　第 78 册　第 855 页

43627　正告侨沪外人　《申报》　1937 年 8 月 15 日　第 355 册　第 271 页

43628　正告青年学生　《申报》　1945 年 1 月 25 日　第 387 册　第 73 页

43629　正告日军　《申报》　1914 年 9 月 21 日　第 130 册　第 282 页

43630　正告泰国人士　《中央日报》　1942 年 2 月 14 日　第 45 册　第 820 页

43631　正告宇垣！　《大公报》　1938 年 6 月 21 日　第 140 册　第 762 页

43632　正告政府与国民/彬　《申报》　1932 年 1 月 13 日　第 290 册　第 205 页

43633　正婚姻议　《申报》　1899 年 12 月 11 日　第 63 册　第 721 页

43634　正己　《申报》　1943 年 10 月 16 日　第 384 册　第 611 页

43635　正局杂感：（一）荐举　《民国日报》　1916 年 11 月 29 日　第 6 册　第 338 页

43636　正开销　《申报》　1918 年 4 月 10 日　第 151 册　第 622 页

43637　正论美苏关系　《申报》　1947 年 4 月 13 日　第 393 册　第 122 页

43638　正美货之名以定实行抵制办法说　《申报》　1905 年 7 月 24 日　第 80 册　第 713 页

43639　正名　《民国日报》　1917 年 9 月 25 日　第 11 册　第 290 页

43640　正名（言论）　《民国日报》　1926 年 8 月 3 日　第 64 册　第 332 页

43641　正名（专论）/胡朴安　《民国日报》　1946 年 7 月 22 日　第 98 册　第 333 页

43642　正女教说　《申报》　1904 年 12 月 13 日　第 78 册　第 701 页

43643　正气伸张公理不减：东条等战犯的绞决　《申报》　1948 年 12 月 24 日　第 399 册　第 540 页

43644　正确认识远东　《大公报》　1939 年 5 月 2 日　第 142 册　第 486 页

43645　正人心说　《申报》　1896 年 2 月 26 日　第 52 册　第 305 页

43646　正人心说　《申报》　1896 年 3 月 4 日　第 52 册　第 347 页

43647　正人心以维风俗说　《申报》　1881 年 4 月 12 日　第 18 册　第 381 页

43648　正式承认大韩民国　《中央日报》　1949 年 1 月 3 日　第 60 册　第 824 页

43649　正式国会召集后之难题　《申报》　1913 年 3 月 4 日　第 121 册　第 37 页

43650　正式以后之中国　《申报》　1913 年 11 月 24 日　第 125 册　第 328 页

43651　正式制宪工作的开始　《申报》　1946 年 11 月 28 日　第 391 册　第 334 页

43652　正式组阁　《申报》　1919 年 10 月 25 日　第 160 册　第 987 页

43653　正视朝鲜的危局　《申报》　1948 年 5 月 7 日　第 397 册　第 294 页

43654　正视当前的工资问题　《申报》　1947 年 6 月 13 日　第 393 册　第 736 页

43655　正视当前的教育危机　《申报》　1947 年 5 月 9 日　第 393 册　第 386 页

43656　正视东南亚的危机　《申报》　1948 年 9 月 24 日　第 398 册　第 672 页

43657　正视工厂原料问题！　《申报》　1948 年 3 月 2 日　第 396 册　第 558 页

43658　正视公用事业涨价问题　《申报》　1948 年 8 月 6 日　第 398 册　第 290 页

43659　正视美苏的对立　《大公报》　1947 年 4 月 2 日　第 159 册　第 638 页

43660　正视美苏微妙关系　《申报》　1947 年 6 月 18 日　第 393 册　第 786 页

43661　正视目前的经济危机　《申报》　1947 年 5 月 7 日　第 393 册　第 366 页

43662　正视"内乱"的本质　《申报》　1947 年 6 月 19 日　第 393 册　第 796 页

43663　正视难民的救济问题　《申报》　1948 年 5 月 3 日　第 397 册　第 258 页

43664　正视上海市的几个现实问题　《申报》　1948 年 6 月 21 日　第 397 册　第 680 页

43665　正视我国的对外贸易：力图减少中美间无谓的误会　《申报》　1947 年 6 月 24 日　第 393 册　第 846 页

43666　正视物价问题！　《中央日报》　1940 年 9 月 10 日　第 43 册　第 960 页

43667　正视现实　加强精神　《大公报》　1942 年 4 月 21 日　第 148 册　第 476 页

43668　正视中国当前的局势：并迎魏德迈将军莅沪　《申报》　1947 年 7 月 26 日　第 394 册　第 252 页

43669　正视助学运动　《中央日报》　1948 年 2 月 16 日　第 58 册　第 404 页

43670　正学篇　《申报》　1901 年 11 月 30 日　第 69 册　第 555 页

43671　正学篇　《申报》　1902 年 5 月 26 日　第 71 册　第 175 页

43672　正义·团结·权力　《中央日报》　1945 年 4 月 7 日　第 50 册　第 944 页

43673　正义的呼声：响应东乡外相声明　《申报》　1945 年 5 月 8 日　第 387 册　第 333 页

43674　正义的要求　《中央日报》　1937 年 10 月 8 日　第 40 册　第 714 页

43675　正义的拥护者　《中央日报》　1937 年 11 月 3 日　第 40 册　第 820 页

43676　正义呼声：颜露尔上将的卓见　《中央日报》　1939 年 12 月 17 日　第 42 册　第 884 页

43677　正义即是力量　《中央日报》　1945 年 4 月 17 日　第 50 册　第 986 页

43678　正义师三的　《民国日报》　1918 年 8 月 19 日　第 16 册　第 566 页

43679　正义外交的倡导　《申报》　1946 年 9 月 14 日　第 390 册　第 175 页

43680　正义与暴力的搏斗　《申报》　1941 年 7 月 9 日　第 376 册　第 860 页

43681　正佐官论　《申报》　1876 年 11 月 4 日　第 9 册　第 433 页

43682　证据渐渐明了　《申报》　1913 年 11 月 27 日　第 125 册　第 370 页

43683　证明强分南北说之谬误：共和派与非共和派之战　《民国日报》　1918 年 3 月 29 日　第 14 册　第 338 页

43684　证明英人无可干涉藏事之理由　《申报》　1912 年 9 月 9 日　第 118 册　第 701 页

43685　证明英人无可干涉藏事之理由续　《申报》　1912 年 9 月 10 日　第 118 册　第 711 页

43686　证明英人无可干涉藏事之理由二续　《申报》　1912 年 9 月 11 日　第 118 册　第 721 页

43687　证明英人无可干涉藏事之理由三续　《申报》　1912 年 9 月 14 日　第 118 册　第 751 页

43688　证明之难　《申报》　1927 年 12 月 6 日　第 241 册　第 123 页

43689　证券交易所复业　《申报》　1943 年 9 月 30 日　第 384 册　第 543 页

43690　证券交易所复业问题　《申报》　1943 年 7 月 16 日　第 384 册　第 241 页

43691　证实　《申报》　1916 年 2 月 22 日　第 138 册　第 678 页

43692　证实　《申报》　1926 年 12 月 6 日　第 230 册　第 121 页

43693　证实今天的日本　《大公报》　1947 年 5 月 5 日　第 160 册　第 30 页

43694　郑陈之于江苏　《申报》　1925 年 3 月 16 日　第 210 册　第 293 页

43695　郑工新例亟宜相纳说　《申报》　1888 年 1 月 18 日　第 32 册　第 111 页

43696　郑工幸有成效书此志喜　《申报》　1888 年 5 月 19 日　第 32 册　第 799 页

43697　郑光禄拟禁华工来美议略　《申报》　1889 年 2 月 17 日　第 34 册　第 213 页

43698　郑桂林部兵变之教训　《大公报》　1933 年 8 月 8 日　第 115 册　第 536 页

43699　郑家屯案　《申报》　1917 年 1 月 28 日　第 144 册　第 297 页

43700　郑苏龛京卿演说稿　《申报》　1906 年 9 月 17 日　第 84 册　第 767 页

43701　郑杨弹劾案　《中央日报》　1933 年 1 月 15 日　第 21 册　第 116 页

43702　郑重　《申报》　1927 年 7 月 20 日　第 236 册　第 415 页

43703　郑重否认"满洲国"存在！　《大公报》　1932 年 9 月 15 日　第 110 册　第 172 页

第 239 页

43732　政府对内国银行之信用安在　《大公报》　1926 年 11 月 21 日　第 77 册
第 635 页

43733　政府对人民之责任　《申报》　1935 年 12 月 18 日　第 335 册　第 422 页

43734　政府对于军事上之责任　《大公报》　1933 年 2 月 18 日　第 112 册　第
560 页

43735　政府对于金价的政策　《中央日报》　1943 年 7 月 1 日　第 48 册　第
324 页

43736　政府方案与共党提案　《民国日报》　1946 年 1 月 4 日　第 97 册　第
15 页

43737　政府放弃了限价政策　《大公报》　1948 年 11 月 1 日　第 164 册　第
368 页

43738　政府改造之时局的意义　《大公报》　1935 年 12 月 13 日　第 129 册　第
578 页

43739　政府改组　《申报》　1921 年 12 月 19 日　第 176 册　第 370 页

43740　政府改组全部成功　《中央日报》　1947 年 4 月 24 日　第 55 册　第
1092 页

43741　政府改组问题　《大公报》　1946 年 4 月 25 日　第 156 册　第 456 页

43742　政府果和乎　《申报》　1932 年 3 月 27 日　第 291 册　第 179 页

43743　政府盍速发起内国军事公债乎　《申报》　1912 年 11 月 17 日　第 119 册
第 535 页

43744　政府亟应定御俄方针　《大公报》　1929 年 9 月 11 日　第 92 册　第
164 页

43745　政府减政与民间节约：解救中国产业现状之要着　《中央日报》　1930 年 2
月 4 日　第 9 册　第 435 页

43746　政府渐入难途　《申报》　1923 年 2 月 8 日　第 188 册　第 755 页

43747　政府节俭策　《申报》　1913 年 6 月 29 日　第 122 册　第 794 页

43748　政府借麦之处置　《申报》　1934 年 1 月 11 日　第 312 册　第 233 页

43749　政府借债之奇幻　《申报》　1921 年 9 月 13 日　第 173 册　第 250 页

43750　政府今后之工作　《大公报》　1932 年 12 月 1 日　第 111 册　第 364 页

43751　政府究竟是否禁吸禁种？　《大公报》　1931 年 7 月 2 日　第 103 册　第
16 页

43752　政府究在何处？　《大公报》　1932 年 4 月 18 日　第 107 册　第 484 页

43753　政府救济钱业之成效　《申报》　1935 年 6 月 22 日　第 329 册　第 570 页

43754　政府决定严办凶案　《民国日报》　1946 年 7 月 19 日　第 98 册　第
321 页

43755　政府可以先做一件事　《大公报》　1945 年 9 月 1 日　第 155 册　第 270 页

43756　政府屡受打击　《申报》　1918 年 8 月 22 日　第 153 册　第 864 页

43757　政府能否抑平纱价？　《申报》　1946 年 8 月 27 日　第 389 册　第 928 页

43758　政府能顺国民开国会之情愿乎　《申报》　1908 年 5 月 1 日　第 94 册　第 2 页

43759　政府派员清查抗日捐款之不容稍缓　《申报》　1933 年 8 月 19 日　第 307 册　第 522 页

43760　政府确定收束军队办法　《申报》　1921 年 1 月 24 日　第 168 册　第 376 页

43761　政府仍伸和平商谈之手　《中央日报》　1946 年 10 月 9 日　第 54 册　第 84 页

43762　政府示最后决心之时至矣　《大公报》　1933 年 1 月 6 日　第 112 册　第 52 页

43763　政府收回电报商股展筑洙昭直线感言　《申报》　1908 年 5 月 22 日　第 94 册　第 273 页

43764　政府速抚慰东北民众！　《大公报》　1931 年 10 月 4 日　第 104 册　第 400 页

43765　"政府同僚意见完全一致"　《申报》　1937 年 8 月 5 日　第 355 册　第 98 页

43766　政府外交气焰　《民国日报》　1917 年 4 月 8 日　第 8 册　第 442 页

43767　政府无人　《申报》　1923 年 3 月 28 日　第 189 册　第 576 页

43768　政府先要坚定信心　《大公报》　1947 年 6 月 25 日　第 160 册　第 352 页

43769　政府心目中之要事　《申报》　1920 年 9 月 17 日　第 166 册　第 271 页

43770　政府宣慰与人民陈诉　《申报》　1945 年 12 月 14 日　第 387 册　第 708 页

43771　政府宜以全力治水　《大公报》　1933 年 8 月 15 日　第 115 册　第 634 页

43772　政府应发表对俄交涉经过　《大公报》　1929 年 9 月 20 日　第 92 册　第 308 页

43773　政府应负之责任　《申报》　1920 年 10 月 26 日　第 166 册　第 973 页

43774　政府应该感觉责任了　《大公报》　1948 年 10 月 31 日　第 164 册　第 362 页

43775　政府应积极为陕赈负责　《大公报》　1931 年 1 月 10 日　第 100 册　第 76 页

43776　政府应努力筹赈　《大公报》　1935 年 8 月 28 日　第 127 册　第 842 页

43777　政府应速处决川鲁纠纷　《大公报》　1932 年 10 月 7 日　第 110 册　第

436 页

43778   政府应速定对蒙政策   《大公报》   1933 年 10 月 9 日   第 116 册   第 558 页

43779   政府应速挽救经济总崩溃   《大公报》   1934 年 2 月 8 日   第 118 册   第 524 页

43780   政府应严办韩复榘   《申报》（汉口版）   1938 年 1 月 20 日   第 356 册   第 11 页

43781   政府应严厉监督慈善机关   《中央日报》   1931 年 9 月 8 日   第 15 册   第 799 页

43782   政府应轸念工业人才与工厂   《民国日报》   1946 年 3 月 1 日   第 97 册   第 229 页

43783   政府用人置棋   《申报》   1911 年 8 月 4 日   第 113 册   第 561 页

43784   政府与财   《申报》   1926 年 4 月 27 日   第 222 册   第 601 页

43785   政府与对日外交/傅孟真（星期论文）   《大公报》   1934 年 6 月 10 日   第 120 册   第 586 页

43786   政府与官事   《申报》   1920 年 9 月 29 日   第 166 册   第 479 页

43787   政府与国民（一）   《申报》   1921 年 3 月 16 日   第 169 册   第 262 页

43788   政府与国民（二）   《申报》   1921 年 3 月 17 日   第 169 册   第 281 页

43789   政府与国民心理   《大公报》   1936 年 7 月 13 日   第 133 册   第 172 页

43790   政府与彭   《申报》   1923 年 1 月 20 日   第 188 册   第 379 页

43791   政府与人民之今日   《申报》   1920 年 8 月 16 日   第 165 册   第 821 页

43792   政府与施政   《大公报》   1927 年 1 月 26 日   第 78 册   第 197 页

43793   政府与时局   《申报》   1914 年 10 月 21 日   第 130 册   第 702 页

43794   政府与提倡道德/傅孟真（星期论文）   《大公报》   1934 年 11 月 25 日   第 123 册   第 352 页

43795   政府与外交   《大公报》   1934 年 4 月 16 日   第 119 册   第 660 页

43796   政府与中共的会谈   《中央日报》   1945 年 10 月 12 日   第 51 册   第 804 页

43797   政府正式迁回南京   《大公报》   1932 年 11 月 18 日   第 111 册   第 208 页

43798   政府之惯例   《申报》   1920 年 10 月 14 日   第 166 册   第 761 页

43799   政府之力   《申报》   1920 年 12 月 20 日   第 167 册   第 863 页

43800   政府之荣誉即人民之荣誉：为川省行政会议进一言   《中央日报》   1943 年 7 月 15 日   第 48 册   第 394 页

43801   政府之生命   《申报》   1923 年 2 月 10 日   第 188 册   第 792 页

43802   政府之失职   《申报》   1916 年 11 月 27 日   第 143 册   第 492 页

43803　政府之收束政策　《申报》　1913 年 6 月 20 日　第 122 册　第 668 页

43804　政府之说　《申报》　1919 年 2 月 11 日　第 156 册　第 515 页

43805　政府之所不为：悍将不诛　吾疑不息　《民国日报》　1916 年 9 月 4 日　第 5 册　第 38 页

43806　政府之态　《申报》　1920 年 10 月 21 日　第 166 册　第 877 页

43807　政府之威信　《申报》　1914 年 3 月 13 日　第 127 册　第 194 页

43808　政府之威信：约法者威信之所由出也　《民国日报》　1916 年 6 月 25 日　第 3 册　第 662 页

43809　政府之心腹手足　《申报》　1918 年 8 月 21 日　第 153 册　第 848 页

43810　政府之主意　《申报》　1919 年 2 月 10 日　第 156 册　第 499 页

43811　政府中断是不怕的　《民国日报》　1923 年 6 月 16 日　第 45 册　第 638 页

43812　政府中之地盘　《申报》　1921 年 12 月 15 日　第 176 册　第 290 页

43813　政府组织问题　《民国日报》　1946 年 1 月 16 日　第 97 册　第 64 页

43814　政府组织之改变　《申报》　1914 年 2 月 19 日　第 126 册　第 602 页

43815　政府最近的人事更动　《申报》　1946 年 5 月 17 日　第 388 册　第 834 页

43816　政府最起码的义务：替私小教师及家长呼吁　《大公报》　1948 年 8 月 12 日　第 163 册　第 620 页

43817　政工典范与建军前途　《中央日报》　1942 年 12 月 30 日　第 47 册　第 372 页

43818　政轨　《大公报》　1928 年 5 月 2 日　第 84 册　第 11 页

43819　政贵因时论　《申报》　1893 年 10 月 30 日　第 45 册　第 397 页

43820　政界之竞争　《申报》　1919 年 8 月 15 日　第 159 册　第 756 页

43821　政局不定与交涉　《申报》　1926 年 7 月 14 日　第 225 册　第 331 页

43822　政局的划期改变　《中央日报》　1947 年 4 月 18 日　第 55 册　第 1042 页

43823　政局的新动向　《申报》　1947 年 3 月 2 日　第 392 册　第 646 页

43824　政局感言　《大公报》　1932 年 1 月 7 日　第 106 册　第 54 页

43825　政局惯例　《申报》　1918 年 8 月 14 日　第 153 册　第 726 页

43826　政局急转　《申报》　1922 年 8 月 19 日　第 183 册　第 388 页

43827　政局急转　《大公报》　1931 年 12 月 16 日　第 105 册　第 360 页

43828　政局解决　《大公报》　1932 年 8 月 18 日　第 109 册　第 580 页

43829　政局前途之预测（一）内阁问题：军人势力之错误　露立内阁之前途　《民国日报》　1916 年 11 月 25 日　第 6 册　第 290 页

43830　政局前途之预测（二）府院问题：院秘书长之职权解释　根本之府院融洽法　《民国日报》　1916 年 11 月 26 日　第 6 册　第 302 页

43831　政局须速决　《大公报》　1932 年 8 月 10 日　第 109 册　第 484 页

43832　政局又一忠告　《大公报》　1933 年 11 月 17 日　第 117 册　第 228 页

43833　政局与利用　《申报》　1916 年 10 月 15 日　第 142 册　第 764 页

43834　政局与社会　《申报》　1926 年 8 月 10 日　第 226 册　第 226 页

43835　政局之根本救济　《大公报》　1929 年 3 月 27 日　第 89 册　第 420 页

43836　政局之解剖　《民国日报》　1916 年 11 月 9 日　第 6 册　第 98 页

43837　政局之可危　《申报》　1916 年 9 月 23 日　第 142 册　第 362 页

43838　政局之小变动　《申报》　1914 年 2 月 10 日　第 126 册　第 464 页

43839　政局之战与胜　《申报》　1922 年 2 月 2 日　第 177 册　第 452 页

43840　政局之忠告　《大公报》　1933 年 11 月 3 日　第 117 册　第 32 页

43841　政局中人之末路　《申报》　1923 年 12 月 31 日　第 198 册　第 640 页

43842　政客诱说　《申报》　1919 年 11 月 5 日　第 161 册　第 78 页

43843　政客与苍蝇　《申报》　1920 年 6 月 22 日　第 164 册　第 969 页

43844　政客与灾民　《申报》　1920 年 12 月 2 日　第 167 册　第 545 页

43845　政令不行之一　《申报》　1920 年 11 月 10 日　第 167 册　第 160 页

43846　政略战略脱节的日本盲动　《大公报》　1941 年 9 月 26 日　第 147 册　第 328 页

43847　政略战略与军制　续/刘文岛　《民国日报》　1929 年 9 月 29 日　第 82 册　第 469 页

43848　政略战略与军制/刘文岛　《民国日报》　1929 年 9 月 28 日　第 82 册　第 452 页

43849　政略主义与法治主义　《民国日报》　1916 年 5 月 31 日　第 3 册　第 362 页

43850　政权说　《申报》　1928 年 8 月 12 日　第 249 册　第 316 页

43851　政权与国民　《申报》　1920 年 8 月 13 日　第 165 册　第 773 页

43852　政权与胜利　《申报》　1925 年 5 月 17 日　第 212 册　第 326 页

43853　政权与政治权　《申报》　1944 年 1 月 31 日　第 385 册　第 105 页

43854　政权与组织　《民国日报》　1924 年 1 月 26 日　第 49 册　第 354 页

43855　政权之有无　《申报》　1928 年 12 月 16 日　第 253 册　第 450 页

43856　政事犯与常事犯　《申报》　1920 年 8 月 2 日　第 165 册　第 581 页

43857　政事堂公所之虚设　《申报》　1914 年 5 月 26 日　第 128 册　第 406 页

43858　政体论　《申报》　1877 年 9 月 25 日　第 11 册　第 297 页

43859　政体篇　《申报》　1887 年 6 月 18 日　第 30 册　第 1011 页

43860　政团合作的标准（言论）　《民国日报》　1926 年 1 月 3 日　第 61 册　第 22 页

43861　政团破裂　《申报》　1916 年 11 月 16 日　第 143 册　第 282 页

43862　政涡　《申报》　1925 年 9 月 13 日　第 216 册　第 278 页

43863　政务，事务，技术　《大公报》　1933 年 9 月 12 日　第 116 册　第 164 页

43864　政务处复奏袁军机预备立宪折　《申报》　1907 年 9 月 25 日　第 90 册　第 289 页

43865　政务处会奏画一币制铸一两银圆折　《申报》　1908 年 10 月 12 日　第 96 册　第 594 页

43866　政务处外务部复奏振贝子条陈折　《申报》　1902 年 12 月 7 日　第 72 册　第 681 页

43867　政务处奏变通会试事宜折　《申报》　1903 年 1 月 22 日　第 73 册　第 127 页

43868　政务处奏遵旨议复改漕运总督为江淮巡抚折　《申报》　1905 年 3 月 24 日　第 79 册　第 553 页

43869　政务会法之新解释　《申报》　1920 年 4 月 19 日　第 163 册　第 903 页

43870　政协会议圆满闭幕　《申报》　1946 年 2 月 2 日　第 388 册　第 187 页

43871　政协决议是怎样破坏的？　《中央日报》　1946 年 6 月 21 日　第 53 册　第 172 页

43872　政协决议之实施与东北问题　《中央日报》　1946 年 4 月 17 日　第 52 册　第 830 页

43873　政学会解散　《申报》　1920 年 8 月 22 日　第 165 册　第 925 页

43874　政谣　《民国日报》　1916 年 12 月 18 日　第 6 册　第 566 页

43875　政争　《申报》　1920 年 7 月 26 日　第 165 册　第 465 页

43876　政争　《申报》　1922 年 10 月 16 日　第 185 册　第 349 页

43877　政争之烈　《申报》　1916 年 11 月 21 日　第 143 册　第 378 页

43878　政制的建立/陈之迈（星期论文）　《大公报》　1943 年 3 月 28 日　第 150 册　第 380 页

43879　政制问题与全代会　《大公报》　1935 年 10 月 3 日　第 128 册　第 466 页

43880　政治　《申报》　1917 年 6 月 20 日　第 146 册　第 882 页

43881　政治·党派·人物　《大公报》　1946 年 5 月 6 日　第 156 册　第 500 页

43882　政治安定与经济建设/何廉（星期论文）　《大公报》　1936 年 7 月 5 日　第 133 册　第 60 页

43883　政治必胜论/陈彬龢（代论）　《申报》　1944 年 8 月 29 日　第 386 册　第 195 页

43884　政治变动中的国民　《民国日报》　1922 年 4 月 14 日　第 38 册　第 604 页

43885　政治变化的根底　《民国日报》　1923 年 9 月 16 日　第 47 册　第 216 页

43886　政治病与谋和议　《申报》　1938 年 12 月 28 日　第 360 册　第 440 页

43887　政治不安与经济萎敝　《大公报》　1935 年 10 月 31 日　第 128 册　第

862 页

43888　政治道德之堕落　《申报》　1915 年 6 月 27 日　第 134 册　第 956 页

43889　政治的出发与归宿点　《中央日报》　1947 年 1 月 16 日　第 55 册　第 198 页

43890　政治的斗争/陶孟和（星期论文）　《大公报》　1945 年 1 月 28 日　第 154 册　第 116 页

43891　政治的对峙局面之回溯　《大公报》　1930 年 9 月 10 日　第 98 册　第 112 页

43892　政治的根本在文化/梁漱溟（星期论文）　《大公报》　1947 年 1 月 19 日　第 159 册　第 144 页

43893　政治的审计之必要　《大公报》　1935 年 1 月 4 日　第 124 册　第 40 页

43894　政治的是非与民意上达/陈孚木（星期评论）　《申报》　1943 年 7 月 18 日　第 384 册　第 249 页

43895　政治的制度精神/陈之迈（星期论文）　《大公报》　1942 年 6 月 28 日　第 148 册　第 756 页

43896　政治纷乱与学潮　《申报》　1932 年 6 月 15 日　第 293 册　第 301 页

43897　政治风纪问题　《民国日报》　1946 年 8 月 2 日　第 98 册　第 380 页

43898　政治改革第一　《中央日报》　1948 年 11 月 25 日　第 60 册　第 640 页

43899　政治改革与人才问题（上）/杜佐周（星期论坛）　《申报》　1947 年 9 月 28 日　第 394 册　第 906 页

43900　政治改革与人才问题（下）/杜佐周（星期论坛）　《申报》　1947 年 9 月 29 日　第 394 册　第 916 页

43901　政治关系　《申报》　1914 年 3 月 8 日　第 127 册　第 114 页

43902　政治黑暗与教育破产/彬　《申报》　1932 年 3 月 31 日　第 291 册　第 215 页

43903　政治会议之两机关　《申报》　1914 年 1 月 9 日　第 126 册　第 100 页

43904　政治会议之能力　《申报》　1914 年 1 月 5 日　第 126 册　第 44 页

43905　政治机构与抗战胜利　《申报》（香港版）　1938 年 11 月 22 日　第 357 册　第 335 页

43906　政治家与批评家　《申报》　1946 年 6 月 21 日　第 389 册　第 184 页

43907　政治家之进退　《大公报》　1931 年 7 月 24 日　第 103 册　第 280 页

43908　政治解决之具体策　《大公报》　1936 年 7 月 1 日　第 133 册　第 4 页

43909　政治精神之新创造　《大公报》　1930 年 7 月 26 日　第 97 册　第 304 页

43910　政治领袖　《中央日报》　1932 年 5 月 17 日　第 18 册　第 66 页

43911　政治领袖的资格　《中央日报》　1932 年 5 月 30 日　第 18 册　第 154 页

43912　政治民主·国家统一　《中央日报》　1947 年 3 月 24 日　第 55 册　第

838 页

43913　政治目的与经济目的之冲突　《申报》　1913 年 1 月 15 日　第 120 册　第 147 页

43914　政治前进之路：读蒋主席宪协会演词的认识　《大公报》　1945 年 3 月 2 日　第 154 册　第 256 页

43915　政治前途之曙光　《中央日报》　1932 年 8 月 18 日　第 19 册　第 138 页

43916　"政治上的东京大地震"　《中央日报》　1939 年 1 月 13 日　第 41 册　第 542 页

43917　政治上轨道之前提条件　《大公报》　1930 年 10 月 31 日　第 98 册　第 712 页

43918　政治上简单之要求　《大公报》　1928 年 10 月 10 日　第 86 册　第 481 页

43919　政治上之奖罚　《申报》　1932 年 6 月 10 日　第 293 册　第 187 页

43920　政治堂　《申报》　1914 年 4 月 15 日　第 127 册　第 738 页

43921　政治堂之改组说　《申报》　1914 年 5 月 13 日　第 128 册　第 198 页

43922　政治统一与工业化/方显廷（星期论文）　《大公报》　1936 年 9 月 20 日　第 134 册　第 272 页

43923　政治团结问题的症结　《中央日报》　1945 年 12 月 26 日　第 52 册　第 152 页

43924　政治团结与军事统一　《大公报》　1940 年 12 月 19 日　第 145 册　第 656 页

43925　政治效能与言论自由　《中央日报》　1944 年 5 月 28 日　第 49 册　第 660 页

43926　政治协商的成功条件　《申报》　1946 年 1 月 4 日　第 388 册　第 23 页

43927　政治协商会议/章士钊（星期论坛）　《申报》　1945 年 11 月 25 日　第 387 册　第 631 页

43928　政治协商会议闭幕　《中央日报》　1946 年 2 月 1 日　第 52 册　第 380 页

43929　政治协商会议的成就　《大公报》　1946 年 2 月 3 日　第 156 册　第 132 页

43930　政治协商会议的价值　《中央日报》　1946 年 3 月 22 日　第 52 册　第 674 页

43931　政治协商会议开会　《中央日报》　1946 年 1 月 10 日　第 52 册　第 248 页

43932　政治与法律　《中央日报》　1930 年 11 月 26 日　第 12 册　第 683 页

43933　政治与军事　《申报》　1927 年 9 月 7 日　第 238 册　第 136 页

43934　政治与军事　《大公报》　1939 年 3 月 4 日　第 142 册　第 250 页

43935　政治与军事（言论）　《民国日报》　1926 年 10 月 14 日　第 65 册　第

434 页

43936 政治与学术（言论） 《民国日报》 1926 年 9 月 26 日 第 65 册 第 252 页

43937 政治之连锁性 《申报》 1945 年 2 月 28 日 第 387 册 第 169 页

43938 政治之正轨与常道 《大公报》 1931 年 3 月 5 日 第 101 册 第 52 页

43939 政治支配力之活用 《大公报》 1930 年 6 月 30 日 第 96 册 第 848 页

43940 政治重于经济 《申报》 1947 年 2 月 18 日 第 392 册 第 526 页

43941 政治重于军事 《大公报》 1929 年 10 月 20 日 第 92 册 第 772 页

43942 政治主张之比较观 《大公报》 1930 年 8 月 8 日 第 97 册 第 460 页

43943 症结何在？ 《申报》 1944 年 2 月 25 日 第 385 册 第 197 页

43944 支持获得更大的胜利 《申报》（汉口版） 1938 年 4 月 13 日 第 356 册 第 181 页

43945 支持获得更大的胜利 《申报》（香港版） 1938 年 4 月 15 日 第 356 册 第 581 页

43946 支持战争的经济力量 《申报》 1943 年 4 月 15 日 第 383 册 第 710 页

43947 支离疏 《大公报》 1927 年 3 月 24 日 第 78 册 第 605 页

43948 支那国债篇 《申报》 1909 年 7 月 1 日 第 101 册 第 2 页

43949 支配争潮 《申报》 1924 年 6 月 11 日 第 203 册 第 223 页

43950 支援剿匪军事：为七七纪念作 《中央日报》 1948 年 7 月 7 日 第 59 册 第 576 页

43951 枝节与根本 《申报》 1919 年 12 月 4 日 第 161 册 第 579 页

43952 枝蔓 《申报》 1925 年 7 月 10 日 第 214 册 第 178 页

43953 枝枝节节 《申报》 1926 年 7 月 1 日 第 225 册 第 7 页

43954 知彼不知己 《申报》 1923 年 10 月 4 日 第 196 册 第 59 页

43955 知彼之一解 《申报》 1927 年 6 月 15 日 第 235 册 第 303 页

43956 "知彼知己" 《大公报》 1931 年 7 月 7 日 第 103 册 第 76 页

43957 知彼知己 《大公报》 1938 年 2 月 1 日 第 140 册 第 130 页

43958 知彼知己 《大公报》 1939 年 3 月 9 日 第 142 册 第 270 页

43959 知耻 知惧 知勉 《大公报》 1940 年 11 月 1 日 第 145 册 第 468 页

43960 知耻！ 《大公报》 1938 年 3 月 15 日 第 140 册 第 312 页

43961 知法犯法解 《申报》 1881 年 10 月 7 日 第 19 册 第 393 页

43962 知己之一解 《申报》 1929 年 6 月 21 日 第 259 册 第 569 页

43963 知己知彼 《申报》 1919 年 1 月 7 日 第 156 册 第 83 页

43964 知己知彼 《申报》 1926 年 9 月 27 日 第 227 册 第 656 页

43965 知己知彼说 《申报》 1887 年 10 月 26 日 第 31 册 第 753 页

43966 知觉说 《申报》 1901 年 5 月 25 日 第 68 册 第 145 页

43967 知难 《申报》 1922 年 6 月 26 日 第 181 册 第 524 页

43968 知难行易的根本问题：驳胡适"知难行亦不易"论/张振之 《民国日报》 1929 年 8 月 27 日 第 81 册 第 952 页

43969 知难行易的根本问题：驳胡适"知难行亦不易"论/张振之 《民国日报》 1929 年 8 月 28 日 第 81 册 第 968 页

43970 知难行易的根本问题：驳胡适"知难行亦不易"论/张振之 《民国日报》 1929 年 8 月 30 日 第 81 册 第 10001 页

43971 知其名矣 《申报》 1915 年 6 月 20 日 第 134 册 第 844 页

43972 知识分子的又一课题 《中央日报》 1944 年 10 月 16 日 第 50 册 第 214 页

43973 知识分子应该觉悟了 《中央日报》 1929 年 12 月 26 日 第 8 册 第 701 页

43974 知识分子最后之努力 《中央日报》 1935 年 11 月 26 日 第 32 册 第 682 页

43975 知识富于精神 《申报》 1928 年 8 月 14 日 第 249 册 第 374 页

43976 知识青年从军的方案 《中央日报》 1944 年 10 月 14 日 第 50 册 第 204 页

43977 知识青年的楷模 《中央日报》 1944 年 10 月 30 日 第 50 册 第 278 页

43978 知识青年的新动向 《中央日报》 1944 年 12 月 2 日 第 50 册 第 418 页

43979 知识青年底警觉 《中央日报》 1947 年 9 月 26 日 第 57 册 第 264 页

43980 知识与武器 《申报》 1925 年 3 月 17 日 第 210 册 第 312 页

43981 知识与习惯 《申报》 1928 年 4 月 24 日 第 245 册 第 587 页

43982 知识与习染 《申报》 1927 年 7 月 16 日 第 236 册 第 329 页

43983 知识欲 《申报》 1927 年 11 月 12 日 第 240 册 第 254 页

43984 知所止 《申报》 1928 年 8 月 18 日 第 249 册 第 488 页

43985 知新篇 《申报》 1901 年 3 月 21 日 第 67 册 第 429 页

43986 知医说 《申报》 1888 年 7 月 18 日 第 33 册 第 121 页

43987 知有国家 《申报》 1928 年 12 月 24 日 第 253 册 第 690 页

43988 知有正义不知有恐惧 《中央日报》 1929 年 7 月 19 日 第 6 册 第 913 页

43989 知足论 《申报》 1892 年 3 月 30 日 第 40 册 第 493 页

43990 知足与知止 《申报》 1927 年 1 月 11 日 第 231 册 第 238 页

43991 织布局宜亟图规复说 《申报》 1893 年 10 月 26 日 第 45 册 第 367 页

43992 织合法政府何在 《民国日报》 1916 年 6 月 19 日 第 3 册 第 590 页

43993 执行美援如何有效！：对赖普汉先生的期望 《申报》 1948 年 6 月 8 日

44017 直隶山东江苏三省留学生为津镇铁路事致父老书 《申报》 1905 年 10 月 7 日 第 81 册 第 303 页

44018 直隶绅民请开民选议院书 《申报》 1908 年 8 月 3 日 第 95 册 第 454 页

44019 直隶绅民争赎开平矿公呈 《申报》 1910 年 11 月 3 日 第 109 册 第 33 页

44020 直隶提督马军门奏首逆已诛请奖在事各员折 《申报》 1902 年 12 月 21 日 第 72 册 第 785 页

44021 直隶总督北洋大臣袁宫保颁发各州县教案简明要览 《申报》 1904 年 7 月 26 日 第 77 册 第 573 页

44022 直鲁残军 《申报》 1928 年 8 月 24 日 第 249 册 第 668 页

44023 直鲁豫 《申报》 1926 年 3 月 6 日 第 221 册 第 114 页

44024 直派宣言之能否实践 《申报》 1920 年 7 月 21 日 第 165 册 第 371 页

44025 直省水利刍言 《申报》 1880 年 3 月 26 日 第 16 册 第 317 页

44026 直省咨议局联合会呈都察院代奏增练备补兵为征兵预备文 《申报》 1911 年 6 月 16 日 第 112 册 第 796 页

44027 直省咨议局联合会呈都察院代奏增练备补兵为征兵预备文续 《申报》 1911 年 6 月 17 日 第 112 册 第 811 页

44028 直皖之情势 《申报》 1920 年 6 月 8 日 第 164 册 第 697 页

44029 直系公罪的定评 《民国日报》 1920 年 7 月 23 日 第 28 册 第 310 页

44030 直系军阀的末路 《民国日报》 1924 年 9 月 11 日 第 53 册 第 122 页

44031 直系两种电报的作用 《民国日报》 1923 年 5 月 7 日 第 45 册 第 78 页

44032 直系莫做湖南梦 《民国日报》 1921 年 1 月 10 日 第 31 册 第 122 页

44033 直系新发现的两奇事 《民国日报》 1922 年 9 月 16 日 第 41 册 第 206 页

44034 直系与军械借款：反对亦自全策也 《民国日报》 1917 年 11 月 2 日 第 12 册 第 14 页

44035 直系之罪恶 《民国日报》 1924 年 9 月 7 日 第 53 册 第 74 页

44036 值得监察院注意的一件事 《大公报》 1931 年 4 月 18 日 第 101 册 第 580 页

44037 值得培植的清寒学子 《申报》 1944 年 12 月 7 日 第 386 册 第 513 页

44038 值得与宁使 《申报》 1929 年 3 月 27 日 第 256 册 第 776 页

44039 值得注意之教育问题 《大公报》 1932 年 12 月 19 日 第 111 册 第 580 页

44040 职分 《申报》 1917 年 3 月 29 日 第 145 册 第 506 页

44070　只有政治安宁中国（专论）/胡朴安　《民国日报》　1946 年 11 月 10 日
　　第 99 册　第 315 页

44071　只知有国　《申报》　1921 年 1 月 6 日　第 168 册　第 79 页

44072　纸币不兑换　《申报》　1916 年 5 月 15 日　第 140 册　第 220 页

44073　纸币与币制　《申报》　1913 年 10 月 23 日　第 124 册　第 712 页

44074　纸币之害　《申报》　1913 年 6 月 12 日　第 122 册　第 562 页

44075　纸币之流毒　《申报》　1914 年 1 月 8 日　第 126 册　第 86 页

44076　纸荒声中之造纸工业　《中央日报》　1936 年 12 月 29 日　第 36 册　第
　　1089 页

44077　纸荒问题　《大公报》　1942 年 1 月 21 日　第 148 册　第 90 页

44078　纸上谈兵　《大公报》　1927 年 3 月 20 日　第 78 册　第 573 页

44079　纸上之战争　《申报》　1921 年 10 月 21 日　第 174 册　第 449 页

44080　纸殃　《申报》　1925 年 3 月 24 日　第 210 册　第 448 页

44081　纸与粮食同等重要　《中央日报》　1942 年 1 月 21 日　第 45 册　第
　　722 页

44082　指挥监督　《申报》　1920 年 11 月 16 日　第 167 册　第 275 页

44083　指责日本宣言书　《申报》　1937 年 11 月 15 日　第 355 册　第 1012 页

44084　至诚与热诚　《中央日报》　1939 年 1 月 24 日　第 41 册　第 608 页

44085　至可注意之二事　《申报》　1919 年 7 月 13 日　第 159 册　第 199 页

44086　至美之名辞　《申报》　1921 年 10 月 28 日　第 174 册　第 602 页

44087　志得意满　《申报》　1917 年 6 月 22 日　第 146 册　第 918 页

44088　志得意满　《申报》　1922 年 12 月 18 日　第 187 册　第 379 页

44089　志得意满　《申报》　1926 年 3 月 30 日　第 221 册　第 651 页

44090　志喜　《申报》　1914 年 6 月 29 日　第 128 册　第 942 页

44091　志与气　《申报》　1926 年 1 月 18 日　第 220 册　第 368 页

44092　志愿兵制与选兵制　《中央日报》　1944 年 10 月 26 日　第 50 册　第
　　256 页

44093　志愿与果效　《申报》　1927 年 12 月 29 日　第 241 册　第 635 页

44094　制裁暴日！　《大公报》　1938 年 6 月 10 日　第 140 册　第 712 页

44095　制裁食米之投机　《申报》　1939 年 11 月 25 日　第 367 册　第 322 页

44096　制敌要策　《申报》　1884 年 11 月 27 日　第 25 册　第 851 页

44097　制定国宪应注意的几条原则　《民国日报》　1923 年 12 月 8 日　第 48 册
　　第 520 页

44098　制定河北省单行惩治毒犯条例　《大公报》　1931 年 5 月 2 日　第 102 册
　　第 16 页

44099　制定约法之完成　《大公报》　1931 年 5 月 14 日　第 102 册　第 160 页

44100　制度·政策·政党　《中央日报》　1948 年 5 月 6 日　第 59 册　第 46 页

44101　制度与人物　《大公报》　1930 年 3 月 17 日　第 95 册　第 260 页

44102　制俄篇　《申报》　1903 年 2 月 12 日　第 73 册　第 211 页

44103　制器穷原说　《申报》　1890 年 4 月 15 日　第 36 册　第 593 页

44104　制签末议　《申报》　1882 年 4 月 22 日　第 20 册　第 497 页

44105　制人权法不如剿土匪　《中央日报》　1930 年 1 月 24 日　第 9 册　第 291 页

44106　制倭策　《申报》　1894 年 12 月 25 日　第 48 册　第 717 页

44107　制宪　《申报》　1919 年 8 月 10 日　第 159 册　第 664 页

44108　制宪大业的完成　《申报》　1946 年 12 月 26 日　第 391 册　第 670 页

44109　制宪大业告成　《中央日报》　1946 年 12 月 26 日　第 54 册　第 1076 页

44110　制宪后心理的改变（专论）/胡朴安　《民国日报》　1946 年 12 月 25 日　第 99 册　第 537 页

44111　制宪会议的妥协性　《中央日报》　1946 年 11 月 4 日　第 54 册　第 420 页

44112　制宪竞争　《申报》　1919 年 1 月 11 日　第 156 册　第 147 页

44113　制宪论战感言　《申报》　1933 年 7 月 2 日　第 306 册　第 47 页

44114　制宪手续之研究　《申报》　1920 年 8 月 3 日　第 165 册　第 610 页

44115　制宪通电　《申报》　1923 年 7 月 31 日　第 193 册　第 659 页

44116　制宪问题　《申报》　1933 年 2 月 9 日　第 301 册　第 250 页

44117　制宪与良心　《申报》　1923 年 1 月 13 日　第 188 册　第 239 页

44118　制宪与讨贼　《民国日报》　1923 年 12 月 2 日　第 48 册　第 434 页

44119　制宪之时间：与其束缚于时间　不如求助于宪法　《民国日报》　1916 年 12 月 3 日　第 6 册　第 386 页

44120　制造不可轻试说　《申报》　1881 年 1 月 25 日　第 18 册　第 97 页

44121　制造革命的四方八面　《民国日报》　1924 年 4 月 28 日　第 50 册　第 718 页

44122　制造局六号轮船告竣　《申报》　1873 年 12 月 27 日　第 3 册　第 617 页

44123　制造局六号轮船告竣落水　《申报》　1873 年 12 月 24 日　第 3 册　第 605 页

44124　制造军械局不宜建近海口说　《申报》　1903 年 2 月 11 日　第 73 册　第 205 页

44125　制造空气　《申报》　1922 年 1 月 13 日　第 177 册　第 216 页

44126　制造民意下的弹性体　《民国日报》　1920 年 9 月 21 日　第 29 册　第 282 页

44127　制造民意下的弹性体（二）　《民国日报》　1920 年 9 月 22 日　第 29 册

第 296 页

44128 制造总统厂：人奴之应选人 《民国日报》 1918 年 5 月 14 日 第 15 册
第 158 页

44129 制之变迁 《申报》 1924 年 12 月 27 日 第 208 册 第 520 页

44130 制止暴行不容再缓 《中央日报》 1932 年 2 月 7 日 第 17 册 第 267 页

44131 制止公用事业指数暴涨 《申报》 1949 年 5 月 5 日 第 400 册 第
826 页

44132 制止銮披汶的排华运动 《申报》 1948 年 6 月 11 日 第 397 册 第
600 页

44133 制止日本侵渔有效办法/陆养浩（星期论文） 《大公报》 1948 年 7 月 4
日 第 163 册 第 386 页

44134 制止四川混战 《申报》 1933 年 5 月 23 日 第 304 册 第 580 页

44135 制止野蛮民族屠杀侨胞 《民国日报》 1946 年 6 月 10 日 第 98 册 第
165 页

44136 制治篇 《申报》 1891 年 10 月 30 日 第 39 册 第 737 页

44137 制置府的机关问题 《民国日报》 1922 年 10 月 31 日 第 41 册 第
824 页

44138 治安 《申报》 1916 年 3 月 12 日 第 139 册 第 178 页

44139 治安末议 《申报》 1888 年 7 月 1 日 第 33 册 第 1 页

44140 治安问题 《申报》 1922 年 4 月 17 日 第 179 册 第 341 页

44141 治安问题 《申报》 1924 年 10 月 14 日 第 206 册 第 732 页

44142 治安问题 《申报》 1928 年 2 月 26 日 第 243 册 第 616 页

44143 治安与节约 《申报》 1944 年 12 月 23 日 第 386 册 第 565 页

44144 治安与选举 《中央日报》 1947 年 9 月 15 日 第 57 册 第 152 页

44145 治本之道 《大公报》 1933 年 7 月 9 日 第 115 册 第 116 页

44146 治边无异于内地说 《申报》 1880 年 11 月 30 日 第 17 册 第 609 页

44147 治标 《申报》 1922 年 3 月 25 日 第 178 册 第 464 页

44148 治标莫忘治本 《申报》 1946 年 12 月 19 日 第 391 册 第 586 页

44149 治病不可轻信俗说论 《申报》 1896 年 5 月 3 日 第 53 册 第 15 页

44150 治盗例 《申报》 1914 年 6 月 8 日 第 128 册 第 608 页

44151 治盗说 《申报》 1904 年 10 月 25 日 第 78 册 第 367 页

44152 治道路以利交通论/季理斐 《申报》 1913 年 12 月 15 日 第 125 册 第
636 页

44153 治道路以利交通论/季理斐（续） 《申报》 1913 年 12 月 16 日 第 125
册 第 649 页

44154 治东省水患策 《申报》 1883 年 8 月 12 日 第 23 册 第 253 页

44155　治番策　《申报》　1886年12月25日　第29册　第1091页

44156　治方外贪淫说　《申报》　1878年12月4日　第13册　第537页

44157　治贵务本说　《申报》　1880年9月6日　第17册　第269页

44158　治河刍言　《申报》　1889年2月10日　第34册　第175页

44159　治河扼要论　《申报》　1887年11月8日　第31册　第843页

44160　治河管见　《申报》　1888年6月14日　第32册　第979页

44161　治河亟务中之亟务　《大公报》　1935年9月3日　第128册　第32页

44162　治河客谈　《申报》　1893年11月30日　第45册　第607页

44163　治河客谈三　《申报》　1893年12月3日　第45册　第629页

44164　治河客谈四　《申报》　1893年12月6日　第45册　第649页

44165　治河末议　《申报》　1888年12月3日　第33册　第1003页

44166　治河浅说　《申报》　1899年4月20日　第61册　第675页

44167　治河说　《申报》　1872年5月27日　第1册　第85页

44168　治河探源说　《申报》　1894年2月20日　第46册　第287页

44169　治河条陈　《申报》　1888年6月16日　第32册　第991页

44170　治河新法　《申报》　1888年7月12日　第33册　第81页

44171　治河续说　《申报》　1891年2月15日　第38册　第217页

44172　治河赘言　《申报》　1883年8月21日　第23册　第309页

44173　治沪宜用重典说　《申报》　1898年9月1日　第60册　第1页

44174　治黄与疏浚河道　《申报》　1933年12月12日　第311册　第335页

44175　治蝗不容再缓　《大公报》　1930年4月19日　第95册　第788页

44176　治霍乱证说　《申报》　1890年9月14日　第37册　第483页

44177　治疾不用药弭说　《申报》　1898年12月9日　第60册　第707页

44178　治教匪探源说　《申报》　1883年6月16日　第22册　第877页

44179　治巨棍宜用重典论　《申报》　1899年10月25日　第63册　第377页

44180　治军清军为剿匪先务　《大公报》　1932年6月15日　第108册　第454页

44181　治乱　《申报》　1917年6月15日　第146册　第792页

44182　治乱解　《申报》　1916年12月19日　第143册　第880页

44183　治乱解（二）　《申报》　1916年12月20日　第143册　第898页

44184　治乱之机存乎一念　《大公报》　1930年11月4日　第99册　第40页

44185　治乱之机在财政　《大公报》　1929年6月13日　第90册　第692页

44186　治乱之距离　《申报》　1917年1月8日　第144册　第100页

44187　治蒙策　《申报》　1912年9月16日　第118册　第771页

44188　治蒙策　《申报》　1912年9月8日　第118册　第691页

44189　治苗客述　《申报》　1889年6月13日　第34册　第929页

44190　治人者亟须根本觉悟　《大公报》　1931 年 6 月 6 日　第 102 册　第 436 页

44191　治术匪与弭盗贼无关论　《申报》　1879 年 5 月 30 日　第 14 册　第 531 页

44192　治术篇　《申报》　1892 年 8 月 11 日　第 41 册　第 665 页

44193　治术与兴趣　《民国日报》　1922 年 10 月 5 日　第 41 册　第 466 页

44194　治水扼要救急论　《申报》　1888 年 1 月 16 日　第 32 册　第 99 页

44195　治水客谈二　《申报》　1893 年 12 月 2 日　第 45 册　第 623 页

44196　治水条陈　《申报》　1889 年 4 月 30 日　第 34 册　第 649 页

44197　治台策要　《申报》　1888 年 11 月 18 日　第 33 册　第 911 页

44198　治台策要　接录前稿　《申报》　1888 年 12 月 2 日　第 33 册　第 997 页

44199　治台策要　接续前稿　《申报》　1888 年 12 月 9 日　第 33 册　第 1043 页

44200　治台湾宜分缓急说　《申报》　1887 年 1 月 4 日　第 30 册　第 19 页

44201　治枭策　《申报》　1908 年 1 月 18 日　第 92 册　第 205 页

44202　治枭得失论　《申报》　1904 年 10 月 20 日　第 78 册　第 333 页

44203　治枭匪议　《申报》　1907 年 12 月 20 日　第 91 册　第 619 页

44204　治枭说　《申报》　1900 年 9 月 18 日　第 66 册　第 99 页

44205　治心之一道　《申报》　1927 年 12 月 22 日　第 241 册　第 477 页

44206　治狱说　《申报》　1888 年 7 月 29 日　第 33 册　第 195 页

44207　治贼宜先清查押店说　《申报》　1900 年 12 月 27 日　第 66 册　第 695 页

44208　质当异同利弊论　《申报》　1882 年 2 月 4 日　第 20 册　第 137 页

44209　质市卫生当局　《民国日报》　1946 年 1 月 25 日　第 97 册　第 99 页

44210　质问北京教育部干涉欢迎孙先生事　《民国日报》　1924 年 12 月 9 日　第 54 册　第 337 页

44211　质问关内东北军/彬　《申报》　1932 年 2 月 12 日　第 290 册　第 683 页

44212　质问美副国务卿　《申报》　1931 年 11 月 2 日　第 288 册　第 37 页

44213　质湘事的第三者　《民国日报》　1923 年 10 月 5 日　第 47 册　第 488 页

44214　质阎先生　《民国日报》　1930 年 2 月 19 日　第 84 册　第 630 页

44215　质中共　《大公报》　1945 年 11 月 20 日　第 155 册　第 614 页

44216　秩父宫与日本皇室：对和谣提一个警告　《大公报》　1945 年 5 月 31 日　第 154 册　第 638 页

44217　秩序！法纪！　《申报》　1947 年 7 月 29 日　第 394 册　第 282 页

44218　致本报同人书（代论）　《民国日报》　1926 年 3 月 30 日　第 62 册　第 292 页

44219　致蔡孑民先生书/熊十力　《民国日报》　1928 年 7 月 12 日　第 75 册　第 207 页

册　第 737 页

44244　智识阶级之苦闷　《大公报》　1931 年 11 月 5 日　第 105 册　第 52 页

44245　置货可以顿致巨富论　《申报》　1873 年 8 月 6 日　第 3 册　第 125 页

44246　置之死地而后生　《大公报》　1937 年 12 月 11 日　第 139 册　第 701 页

44247　雊鸣篇　《申报》　1893 年 5 月 18 日　第 44 册　第 121 页

44248　中阿友好条约签字　《中央日报》　1944 年 3 月 6 日　第 49 册　第 298 页

44249　中巴美高各条约总论　《申报》　1882 年 6 月 12 日　第 20 册　第 801 页

44250　中巴睦谊的增进　《中央日报》　1944 年 1 月 14 日　第 49 册　第 76 页

44251　中比关系　《大公报》　1926 年 11 月 7 日　第 77 册　第 523 页

44252　中比条约与领事裁判权　《大公报》　1928 年 12 月 1 日　第 87 册　第 361 页

44253　中产阶级　《申报》　1930 年 12 月 30 日　第 277 册　第 779 页

44254　中常会之决议案　《中央日报》　1933 年 4 月 1 日　第 22 册　第 2 页

44255　"中村事件"　《大公报》　1931 年 9 月 10 日　第 104 册　第 112 页

44256　中大问题应如何解决　《中央日报》　1932 年 7 月 2 日　第 18 册　第 418 页

44257　中大学潮平议　《申报》　1932 年 7 月 3 日　第 294 册　第 57 页

44258　中大之暴动事件　《中央日报》　1932 年 6 月 30 日　第 18 册　第 402 页

44259　中道与我执（专论）/胡朴安　《民国日报》　1946 年 12 月 10 日　第 99 册　第 447 页

44260　中德关系　《大公报》　1938 年 12 月 15 日　第 141 册　第 504 页

44261　中德关系大变化　《大公报》　1938 年 2 月 21 日　第 140 册　第 212 页

44262　中德间两大之提携　《申报》　1912 年 11 月 7 日　第 119 册　第 415 页

44263　中德新约之批评　《民国日报》　1928 年 9 月 9 日　第 76 册　第 133 页

44264　中德友谊之增进　欢迎慕尔夫人　《申报》　1932 年 10 月 9 日　第 297 册　第 211 页

44265　中等教育的当前问题　《申报》　1944 年 9 月 12 日　第 386 册　第 239 页

44266　中等教育改造问题/庄泽宣（星期评论）　《申报》（香港版）　1938 年 12 月 25 日　第 357 册　第 553 页

44267　中等学校教员之检定　《大公报》　1935 年 4 月 20 日　第 125 册　第 808 页

44268　中等学校设置问题　《中央日报》　1933 年 9 月 24 日　第 23 册　第 846 页

44269　中东风云的紧急　《申报》　1946 年 3 月 15 日　第 388 册　第 398 页

44270　中东合纵说　《申报》　1880 年 3 月 18 日　第 16 册　第 285 页

44271　中东和战比较说　《申报》　1879 年 11 月 10 日　第 15 册　第 529 页

44298 中毒 《申报》 1916 年 5 月 31 日 第 140 册 第 474 页

44299 中俄邦交终要恢复的 《民国日报》 1924 年 3 月 23 日 第 50 册 第 286 页

44300 中俄大势论 《申报》 1891 年 10 月 20 日 第 39 册 第 677 页

44301 中俄大势论二 《申报》 1891 年 10 月 22 日 第 39 册 第 689 页

44302 中俄断交 《大公报》 1929 年 7 月 19 日 第 91 册 第 292 页

44303 中俄断交以后 《大公报》 1929 年 7 月 21 日 第 91 册 第 324 页

44304 中俄复交问题 《大公报》 1932 年 5 月 14 日 第 108 册 第 134 页

44305 中俄复交矣 《大公报》 1932 年 12 月 14 日 第 111 册 第 520 页

44306 中俄复交与日本 《中央日报》 1932 年 12 月 16 日 第 20 册 第 402 页

44307 中俄复交与中东铁路 《大公报》 1929 年 8 月 4 日 第 91 册 第 548 页

44308 中俄复交之反响 《大公报》 1932 年 12 月 24 日 第 111 册 第 640 页

44309 中俄关系 《大公报》 1927 年 4 月 13 日 第 79 册 第 97 页

44310 中俄关系之根本问题 《大公报》 1931 年 4 月 6 日 第 101 册 第 436 页

44311 中俄关系之根本研究 《大公报》 1929 年 11 月 21 日 第 93 册 第 324 页

44312 中俄关系之新调整 《大公报》 1932 年 6 月 10 日 第 108 册 第 404 页

44313 中俄关于蒙古问题之趋势 《申报》 1913 年 9 月 2 日 第 124 册 第 13 页

44314 中俄恢复邦交 《中央日报》 1932 年 12 月 14 日 第 20 册 第 384 页

44315 中俄会议结果难期 《大公报》 1930 年 6 月 6 日 第 96 册 第 560 页

44316 中俄会议扩张范围 《大公报》 1930 年 9 月 28 日 第 98 册 第 328 页

44317 中俄会议续开 《民国日报》 1930 年 12 月 4 日 第 89 册 第 406 页

44318 中俄会议再开 《大公报》 1930 年 12 月 2 日 第 99 册 第 376 页

44319 中俄会议之真相如何 《大公报》 1930 年 7 月 8 日 第 97 册 第 88 页

44320 中俄会议中的洛吴代表 《民国日报》 1924 年 6 月 5 日 第 51 册 第 430 页

44321 中俄会议中国人应有之注意 《中央日报》 1930 年 11 月 20 日 第 12 册 第 605 页

44322 中俄间几个具体问题 《大公报》 1932 年 12 月 25 日 第 111 册 第 652 页

44323 中俄疆界大势论 《申报》 1881 年 5 月 27 日 第 18 册 第 561 页

44324 中俄交涉接近消息：论互让精神 《申报》 1929 年 9 月 1 日 第 262 册 第 10 页

44325 中俄交涉停顿说 《申报》 1924 年 3 月 22 日 第 200 册 第 454 页

44326　中俄交涉与呼伦贝尔问题　《大公报》　1929 年 12 月 18 日　第 93 册　第 756 页

44327　中俄交涉之悲观　《申报》　1929 年 11 月 24 日　第 264 册　第 653 页

44328　中俄交涉之观察　《申报》　1929 年 9 月 3 日　第 262 册　第 67 页

44329　中俄交涉之近闻　《申报》　1929 年 12 月 2 日　第 265 册　第 39 页

44330　中俄交涉之前途　《申报》　1929 年 12 月 8 日　第 265 册　第 212 页

44331　中俄交涉之途径　《申报》　1929 年 9 月 4 日　第 262 册　第 97 页

44332　中俄交涉中的怪象　《民国日报》　1924 年 3 月 18 日　第 50 册　第 226 页

44333　中俄今昔情形不同考　《申报》　1880 年 4 月 7 日　第 16 册　第 365 页

44334　中俄近事论　《申报》　1903 年 11 月 9 日　第 75 册　第 485 页

44335　中俄纠纷如何解决　《大公报》　1929 年 11 月 18 日　第 93 册　第 276 页

44336　中俄亲善的动机　《民国日报》　1923 年 1 月 29 日　第 43 册　第 378 页

44337　中俄曲直探原论　《申报》　1880 年 8 月 19 日　第 17 册　第 197 页

44338　中俄商约与全国消费协社　《申报》　1933 年 4 月 3 日　第 303 册　第 72 页

44339　中俄双方之最后壁垒　《大公报》　1929 年 9 月 25 日　第 92 册　第 388 页

44340　中俄谈判之前提　《大公报》　1929 年 8 月 1 日　第 91 册　第 500 页

44341　中俄谈判之前提：以五者示信，以五者立诚　《申报》　1929 年 8 月 7 日　第 261 册　第 177 页

44342　中俄通好后之政治与经济（四）　《申报》　1924 年 6 月 25 日　第 203 册　第 538 页

44343　中俄通商问题　《大公报》　1933 年 9 月 4 日　第 116 册　第 192 页

44344　中俄问题　《大公报》　1931 年 6 月 28 日　第 103 册　第 700 页

44345　中俄问题近日之形势　《大公报》　1929 年 10 月 12 日　第 92 册　第 644 页

44346　中俄问题与各国公论　《大公报》　1929 年 8 月 22 日　第 91 册　第 836 页

44347　中俄问题与国际　《大公报》　1929 年 11 月 28 日　第 93 册　第 436 页

44348　中俄问题之调查与调停　《申报》　1929 年 11 月 9 日　第 264 册　第 225 页

44349　中俄问题之归结点　《大公报》　1929 年 8 月 30 日　第 91 册　第 964 页

44350　中俄问题之善后　《大公报》　1929 年 12 月 6 日　第 93 册　第 564 页

44351　中俄问题之新形势　《大公报》　1929 年 9 月 22 日　第 92 册　第 340 页

44352　中俄协定签字　《申报》　1924 年 6 月 1 日　第 203 册　第 4 页

第 13 册　第 242 页

44382　中共撤军与本市民生问题　《民国日报》　1945 年 10 月 23 日　第 96 册　第 229 页

44383　中共代表团谈话的主旨　《中央日报》　1946 年 6 月 16 日　第 53 册　第 130 页

44384　中共的备忘录　《申报》　1946 年 10 月 2 日　第 390 册　第 390 页

44385　中共的斗争口号　《中央日报》　1947 年 2 月 5 日　第 55 册　第 400 页

44386　中共的反美行动　《申报》　1946 年 8 月 3 日　第 389 册　第 632 页

44387　中共的军事预势与政治攻势　《中央日报》　1947 年 5 月 23 日　第 56 册　第 228 页

44388　中共的四个月学习：怎样消灭民族和民主思想　《中央日报》　1948 年 9 月 15 日　第 60 册　第 110 页

44389　中共的宣传战术　《申报》　1946 年 9 月 19 日　第 390 册　第 234 页

44390　中共的血手与血口　《中央日报》　1947 年 1 月 29 日　第 55 册　第 314 页

44391　中共的幼稚宣传　《中央日报》　1946 年 8 月 17 日　第 53 册　第 662 页

44392　中共对南共事件的声明　《中央日报》　1948 年 7 月 23 日　第 59 册　第 706 页

44393　中共发表声明以后　《申报》　1946 年 8 月 27 日　第 389 册　第 928 页

44394　中共建议书之分析　《民国日报》　1946 年 6 月 25 日　第 98 册　第 225 页

44395　中共究欲何为?　《申报》　1946 年 10 月 6 日　第 390 册　第 438 页

44396　中共拒绝和平呼吁后　《申报》　1947 年 6 月 10 日　第 393 册　第 706 页

44397　中共拒绝和谈之后　《申报》　1947 年 1 月 20 日　第 392 册　第 222 页

44398　中共秘密文件的分析：评土地革命政策　《民国日报》　1946 年 9 月 2 日　第 99 册　第 8 页

44399　中共人员的限期撤退　《申报》　1947 年 3 月 1 日　第 392 册　第 636 页

44400　中共是否反对停战?　《中央日报》　1946 年 11 月 13 日　第 54 册　第 538 页

44401　中共首领的被通缉　《申报》　1947 年 6 月 30 日　第 393 册　第 906 页

44402　中共拖延问题的策略　《中央日报》　1946 年 10 月 2 日　第 54 册　第 12 页

44403　中共问题之公开　民主统一的进步　《大公报》　1944 年 9 月 16 日　第 153 册　第 356 页

44404　中共也斥责狄托　《中央日报》　1948 年 7 月 15 日　第 59 册　第 644 页

44405　中共又一次的大屠杀　《中央日报》　1946 年 12 月 25 日　第 54 册　第

第 299 页

44428　中国不能实行立宪之大纪念　《申报》　1907 年 12 月 30 日　第 91 册　第 739 页

44429　中国不是摩纳哥/吉田东祐（星期评论）（社会生活）　《申报》　1944 年 2 月 20 日　第 385 册　第 181 页

44430　中国不是西班牙　《中央日报》　1939 年 2 月 8 日　第 41 册　第 698 页

44431　中国不适于独裁　《大公报》　1935 年 2 月 18 日　第 124 册　第 712 页

44432　中国不要开放对日贸易　《大公报》　1947 年 7 月 22 日　第 160 册　第 516 页

44433　中国不宜以西人荐于高丽说　《申报》　1886 年 10 月 16 日　第 29 册　第 659 页

44434　中国不做西班牙　《大公报》　1936 年 12 月 23 日　第 135 册　第 734 页

44435　中国财政之浩劫　《申报》　1911 年 8 月 25 日　第 113 册　第 924 页

44436　中国参战第二年　《申报》　1944 年 1 月 9 日　第 385 册　第 31 页

44437　中国茶叶会　《申报》　1907 年 5 月 8 日　第 88 册　第 99 页

44438　中国出版事业复兴之曙光　《申报》　1943 年 6 月 1 日　第 384 册　第 1 页

44439　中国创设海军议　《申报》　1887 年 2 月 14 日　第 30 册　第 223 页

44440　中国创设学堂宜先除流弊说　《申报》　1901 年 11 月 18 日　第 69 册　第 483 页

44441　中国创行铁路利弊论　《申报》　1888 年 8 月 2 日　第 33 册　第 223 页

44442　中国此刻尚不到有宪法成功的时候（星期论文）/梁漱溟　《大公报》　1934 年 4 月 22 日　第 119 册　第 750 页

44443　中国措置南洋群岛说　《申报》　1882 年 9 月 21 日　第 21 册　第 493 页

44444　中国大陆的战斗形势　《大公报》　1945 年 8 月 8 日　第 155 册　第 166 页

44445　中国大陆的战局　《申报》　1944 年 11 月 23 日　第 386 册　第 469 页

44446　中国大势之说明　《大公报》　1936 年 11 月 16 日　第 135 册　第 214 页

44447　中国大学之改造（星期论文）/沙学浚　《大公报》　1940 年 5 月 26 日　第 144 册　第 588 页

44448　中国代表团对合会的贡献　《申报》　1946 年 8 月 25 日　第 389 册　第 904 页

44449　中国代表团在旧金山　《大公报》　1945 年 6 月 9 日　第 154 册　第 676 页

44450　中国代阁式　《申报》　1922 年 12 月 24 日　第 187 册　第 507 页

44451　中国当奋志振兴　《申报》　1874 年 9 月 11 日　第 5 册　第 251 页

44452 中国当宜自强为本论 《申报》 1874 年 12 月 26 日 第 5 册 第 615 页

44453 中国当自用其长论 《申报》 1891 年 7 月 11 日 第 39 册 第 61 页

44454 中国的本位建设/汪向荣（星期评论） 《申报》 1945 年 4 月 1 日 第 387 册 第 249 页

44455 中国的闭关政策与开放主义 《中央日报》 1943 年 10 月 30 日 第 48 册 第 850 页

44456 中国的出路何在/彬 《申报》 1932 年 2 月 11 日 第 290 册 第 675 页

44457 中国的毒瘤 《大公报》 1947 年 7 月 9 日 第 160 册 第 438 页

44458 中国的工农问题：并祝劳动协会及农民银行 《中央日报》 1943 年 4 月 2 日 第 47 册 第 902 页

44459 中国的工业化问题/章乃器（星期论文） 《大公报》 1941 年 10 月 13 日 第 147 册 第 406 页

44460 中国的国际地位与时局 《民国日报》 1924 年 11 月 2 日 第 54 册 第 9 页

44461 中国的国际环境 《申报》 1940 年 7 月 10 日 第 371 册 第 126 页

44462 中国的国际环境/张忠绂（星期论文） 《大公报》 1939 年 2 月 5 日 第 142 册 第 142 页

44463 中国的国际政策 《中央日报》 1946 年 10 月 30 日 第 54 册 第 344 页

44464 中国的海权 《中央日报》 1946 年 2 月 7 日 第 52 册 第 416 页

44465 中国的合作运动 《中央日报》 1936 年 7 月 4 日 第 35 册 第 41 页

44466 中国的环境与抗战 《申报》 1939 年 7 月 30 日 第 365 册 第 498 页

44467 中国的进步/君达（星期论文） 《大公报》 1934 年 1 月 28 日 第 118 册 第 370 页

44468 中国的乱源（言论） 《民国日报》 1926 年 6 月 22 日 第 63 册 第 512 页

44469 中国的命运与教育的内容 《中央日报》 1943 年 4 月 10 日 第 47 册 第 948 页

44470 中国的青年心理 《大公报》 1936 年 10 月 26 日 第 134 册 第 782 页

44471 中国的生命线 《中央日报》 1947 年 9 月 29 日 第 57 册 第 294 页

44472 中国的外交态度 《大公报》 1937 年 10 月 20 日 第 139 册 第 493 页

44473 中国的武化问题/顾毓琇（星期论文） 《大公报》 1937 年 3 月 28 日 第 137 册 第 382 页

44474 中国的折衷办法 《申报》 1947 年 7 月 28 日 第 394 册 第 272 页

44475 中国的政制问题/吴景超（星期论文） 《大公报》 1934 年 12 月 30 日 第 123 册 第 870 页

44476 中国的政治方向 为英美人士解惑 《大公报》 1942 年 11 月 17 日 第

149 册　第 608 页

44477　中国的制药问题　《大公报》　1948 年 5 月 19 日　第 163 册　第 110 页

44478　中国地学会地学丛书序（专载）/蔡元培　《民国日报》　1928 年 9 月 5 日　第 76 册　第 72 页

44479　中国对美及对日经济关系之合理化　《大公报》　1935 年 4 月 27 日　第 125 册　第 920 页

44480　中国对世界和平的助力　《中央日报》　1946 年 4 月 8 日　第 52 册　第 776 页

44481　中国对外关系的低潮/董霖（专论）　《申报》　1947 年 2 月 13 日　第 392 册　第 470 页

44482　中国对外贸易与日本　《申报》　1939 年 10 月 26 日　第 366 册　第 774 页

44483　中国对外贸易之改进　《中央日报》　1937 年 5 月 1 日　第 39 册　第 3 页

44484　中国对外贸易之新姿态　《申报》　1936 年 2 月 24 日　第 337 册　第 631 页

44485　中国对于外交上无上之利益　《申报》　1908 年 4 月 11 日　第 93 册　第 557 页

44486　中国法币的前途　《申报》　1941 年 11 月 4 日　第 378 册　第 431 页

44487　中国法币基础之检讨　《申报》　1940 年 1 月 20 日　第 368 册　第 272 页

44488　中国法治精神　《中央日报》　1943 年 10 月 23 日　第 48 册　第 822 页

44489　中国"反对党"的问题/黎耐安（专论）　《申报》　1945 年 12 月 24 日　第 387 册　第 765 页

44490　中国防疫医院落成记　《申报》　1904 年 10 月 4 日　第 78 册　第 225 页

44491　中国仿行金币策　《申报》　1902 年 12 月 5 日　第 72 册　第 667 页

44492　中国访英团的历史使命　《大公报》　1943 年 11 月 11 日　第 151 册　第 594 页

44493　中国访英团之使命　《中央日报》　1943 年 11 月 11 日　第 48 册　第 898 页

44494　中国纺织业近事感言　《大公报》　1931 年 3 月 21 日　第 101 册　第 244 页

44495　中国非美比也：威尔逊氏宣战意见事实上之反证　《民国日报》　1917 年 4 月 6 日　第 8 册　第 418 页

44496　中国非贫弱论　《申报》　1876 年 10 月 9 日　第 9 册　第 341 页

44497　"中国非无路可走"　《大公报》　1934 年 2 月 6 日　第 118 册　第 496 页

44498　中国复兴金融公司如何推进?　《申报》　1947 年 7 月 10 日　第 394 册

第 92 页

日　第57册　第456页

44521　中国国民党反对上海租界工部局（言论）：提案之宣言　《民国日报》
1925年6月1日　第57册　第428页

44522　中国国民党上海执行部对时局宣言（言论）　《民国日报》　1925年10月
30日　第59册　第710页

44523　中国国民党上海执行部对于上海双十节国民大会流血事件之宣言　《民国日报》　1924年10月14日　第53册　第433页

44524　中国国民党时局的供献　《民国日报》　1924年9月25日　第53册　第
285页

44525　中国国民党万岁（言论）　《民国日报》　1927年4月15日　第67册
第278页

44526　中国国民党之精神　《中央日报》　1943年9月9日　第48册　第632页

44527　中国国民党中央执行委员会宣言（言论）　《民国日报》　1925年7月7
日　第58册　第61页

44528　中国国民党最近两个光荣的行动　《民国日报》　1924年10月19日　第
53册　第473页

44529　中国国民的衣食住　《大公报》　1927年8月23日　第80册　第425页

44530　中国国民应有的自信　《大公报》　1938年3月8日　第140册　第
280页

44531　中国国民正严阵以待　《中央日报》　1929年7月20日　第6册　第
925页

44532　中国国民之实在态度　《大公报》　1926年12月23日　第77册　第
891页

44533　中国国民之真意　《大公报》　1927年1月14日　第78册　第101页

44534　"中国国旗日"在英伦　《大公报》　1945年6月26日　第154册　第
750页

44535　中国海防与西洋异势论　上　《申报》　1883年3月16日　第22册　第
343页

44536　中国海防与西洋异势论　下　《申报》　1883年3月22日　第22册　第
377页

44537　中国海关引用洋员论　《申报》　1897年12月10日　第57册　第621页

44538　中国海军改造问题　《大公报》　1929年1月28日　第88册　第408页

44539　中国海员的地位　《大公报》　1943年7月30日　第151册　第134页

44540　中国航空事业之前途　《大公报》　1928年11月17日　第87册　第
193页

44541　中国航业的展望（星期论坛）/徐学禹　《申报》　1948年7月4日　第

398 册　第 26 页

44542　中国航业界之悲鸣　《大公报》　1929 年 10 月 6 日　第 92 册　第 708 页

44543　中国航运问题　《中央日报》　1930 年 5 月 16 日　第 10 册　第 543 页

44544　中国合作学社年会开幕　《申报》　1936 年 10 月 7 日　第 345 册　第 163 页

44545　中国合作学社五届年会　《中央日报》　1936 年 10 月 6 日　第 36 册　第 63 页

44546　中国合作运动之展望：为中国合作学社四届大会及仙舟图书馆开幕作　《中央日报》　1934 年 10 月 7 日　第 28 册　第 74 页

44547　中国何日可见坦白光明之政治　《大公报》　1929 年 6 月 16 日　第 90 册　第 740 页

44548　中国何为竟受侮辱？　《申报》　1946 年 7 月 8 日　第 389 册　第 352 页

44549　中国和平之大梗　《申报》　1946 年 7 月 30 日　第 389 册　第 586 页

44550　中国还是整个的中国　《申报》　1936 年 12 月 14 日　第 347 册　第 347 页

44551　中国基地问题　《大公报》　1945 年 1 月 13 日　第 154 册　第 54 页

44552　中国及其未来：读吉瑟浦先生文章后感想　《大公报》　1943 年 10 月 6 日　第 151 册　第 430 页

44553　中国及其意志　《大公报》　1943 年 8 月 11 日　第 151 册　第 186 页

44554　中国亟宜创兴红十字说　《申报》　1899 年 4 月 10 日　第 61 册　第 601 页

44555　中国亟宜大兴矿务说　《申报》　1902 年 7 月 22 日　第 71 册　第 561 页

44556　中国亟宜经营海运说　《申报》　1910 年 4 月 15 日　第 105 册　第 722 页

44557　中国亟宜考订交涉刑律论　《申报》　1905 年 1 月 27 日　第 79 册　第 157 页

44558　中国亟宜收回治外法权论　《申报》　1902 年 12 月 18 日　第 72 册　第 761 页

44559　中国亟宜宣布对日整个方针　《大公报》　1931 年 12 月 6 日　第 105 册　第 278 页

44560　中国亟宜在暹罗添设领事以保护华民说　《申报》　1900 年 5 月 3 日　第 65 册　第 17 页

44561　中国急需科学：为科学社三十周年纪念作/周太玄（星期论文）　《大公报》　1944 年 11 月 5 日　第 153 册　第 570 页

44562　中国加入非美国宣战之比（节录朱执信君所著中国存亡问题之第三章）　《民国日报》　1917 年 4 月 29 日　第 8 册　第 694 页

44563　中国健儿今后应如何努力　《大公报》　1930 年 6 月 2 日　第 96 册　第

512 页

44564 中国将来之难关 《申报》 1916 年 12 月 28 日 第 143 册 第 1030 页

44565 中国交通史上新纪念 《大公报》 1930 年 10 月 9 日 第 98 册 第 460 页

44566 中国教化未尝愚民辨 《申报》 1896 年 12 月 9 日 第 54 册 第 629 页

44567 中国教育问题：在中央纪念周报告/戴季陶 《民国日报》 1928 年 8 月 15 日 第 75 册 第 783 页

44568 中国教育学会成立 《申报》 1933 年 1 月 30 日 第 300 册 第 582 页

44569 中国教育学会所得之感想 《申报》 1934 年 1 月 29 日 第 312 册 第 741 页

44570 中国教育之前途 《申报》 1913 年 9 月 27 日 第 124 册 第 342 页

44571 中国教育制度论一 《申报》 1912 年 7 月 19 日 第 118 册 第 181 页

44572 中国教育制度论一续 《申报》 1912 年 7 月 20 日 第 118 册 第 191 页

44573 中国教育制度论二 《申报》 1912 年 8 月 3 日 第 118 册 第 331 页

44574 中国教育制度论二续 《申报》 1912 年 8 月 5 日 第 118 册 第 351 页

44575 中国教育制度论三 《申报》 1912 年 8 月 10 日 第 118 册 第 401 页

44576 中国教育制度论三 《申报》 1912 年 8 月 19 日 第 118 册 第 491 页

44577 中国教育制度论三再续 《申报》 1912 年 8 月 22 日 第 118 册 第 521 页

44578 中国解放运动之公敌 《民国日报》 1924 年 5 月 21 日 第 51 册 第 242 页

44579 中国今后之妇女问题 《大公报》 1931 年 3 月 8 日 第 101 册 第 88 页

44580 中国今后之外交纲领 《大公报》 1932 年 12 月 7 日 第 111 册 第 436 页

44581 中国今后之文化/太虚（星期论文） 《大公报》 1943 年 9 月 19 日 第 151 册 第 356 页

44582 中国今日大势 《申报》 1923 年 10 月 20 日 第 196 册 第 437 页

44583 中国今日收回威海卫 《大公报》 1930 年 10 月 1 日 第 98 册 第 364 页

44584 中国今日应取之态度 《申报》 1917 年 2 月 8 日 第 144 册 第 493 页

44585 中国今日之大患在民困 《大公报》 1929 年 7 月 27 日 第 91 册 第 420 页

44586 中国紧张与世界紧张 《大公报》 1933 年 4 月 7 日 第 113 册 第 522 页

44587 中国近代的工程师/吴承洛（星期论文） 《大公报》 1941 年 6 月 8 日 第 146 册 第 648 页

44610 中国决无排日教育 《大公报》 1935 年 5 月 13 日 第 126 册 第 196 页

44611 中国军队入缅作战 《中央日报》 1942 年 2 月 10 日 第 45 册 第 804 页

44612 中国军阀与日本军阀 《大公报》 1932 年 10 月 17 日 第 110 册 第 560 页

44613 中国军人的进步 《大公报》 1937 年 12 月 18 日 第 139 册 第 729 页

44614 中国开办所得税之商榷（星期论文）/何廉 《大公报》 1936 年 4 月 26 日 第 131 册 第 790 页

44615 中国开设银行末议 《申报》 1882 年 3 月 21 日 第 20 册 第 311 页

44616 中国抗战的初衰 《中央日报》 1944 年 5 月 9 日 第 49 册 第 580 页

44617 中国抗战的真实力量 《中央日报》 1942 年 5 月 24 日 第 46 册 第 100 页

44618 中国抗战第四年 《申报》 1940 年 7 月 7 日 第 371 册 第 84 页

44619 中国抗战第四年的初期大胜 《申报》 1940 年 8 月 30 日 第 371 册 第 784 页

44620 中国抗战与海洋自由 《中央日报》 1943 年 10 月 18 日 第 48 册 第 802 页

44621 中国抗战与美国的独立战争（星期评论）/胡适 《申报》（香港版） 1939 年 7 月 9 日 第 358 册 第 1042 页

44622 中国抗战与世界和平 《大公报》 1938 年 3 月 31 日 第 140 册 第 384 页

44623 中国科学发展的前途 《大公报》 1944 年 3 月 20 日 第 152 册 第 354 页

44624 中国科学家与国家建设：祝十科学团体联合年会成功 《申报》 1948 年 10 月 13 日 第 399 册 第 88 页

44625 中国科学事业的危机（星期论文）/李春昱 《大公报》 1948 年 8 月 29 日 第 163 册 第 722 页

44626 中国劳动界拥护抗战 《申报》（香港版） 1939 年 5 月 1 日 第 358 册 第 490 页

44627 中国劳资问题应注意之点 《大公报》 1928 年 3 月 7 日 第 83 册 第 61 页

44628 中国立国之道 《中央日报》 1944 年 4 月 5 日 第 49 册 第 430 页

44629 中国利弊宜变通治法为善后议 《申报》 1895 年 3 月 27 日 第 49 册 第 481 页

44630 中国联英俄不如联日本论 《申报》 1899 年 5 月 30 日 第 62 册 第 221 页

44631　中国轮船宜往来外洋说　《申报》　1889 年 12 月 30 日　第 35 册　第 1127 页

44632　中国民族的严重试验　《大公报》　1937 年 11 月 11 日　第 139 册　第 581 页

44633　中国民族根本无排外观念　《中央日报》　1932 年 3 月 29 日　第 17 册　第 469 页

44634　中国民族运动与国际现象　《申报》　1940 年 10 月 10 日　第 372 册　第 522 页

44635　中国民族之三大危机　《民国日报》　1930 年 6 月 25 日　第 86 册　第 738 页

44636　中国目前的四大问题：董霖在平市党部纪念周讲演（专载）　《民国日报》　1931 年 9 月 18 日　第 94 册　第 230 页

44637　中国目前三大病症　《民国日报》　1930 年 12 月 26 日　第 89 册　第 670 页

44638　中国内战与生活缺憾　《申报》　1932 年 8 月 30 日　第 295 册　第 741 页

44639　中国内争之总结束　《中央日报》　1932 年 2 月 28 日　第 17 册　第 349 页

44640　中国内政大势之改善　《大公报》　1935 年 2 月 23 日　第 124 册　第 792 页

44641　中国南部之经营　《申报》　1912 年 7 月 21 日　第 118 册　第 201 页

44642　中国难救之原因　《申报》　1915 年 6 月 6 日　第 134 册　第 610 页

44643　中国农村经济之复兴/方显廷（星期论文）　《大公报》　1936 年 6 月 7 日　第 132 册　第 522 页

44644　中国农村救济问题　《大公报》　1930 年 8 月 7 日　第 97 册　第 448 页

44645　中国农民生活程度的前瞻（星期论文）/吴景超　《大公报》　1945 年 6 月 17 日　第 154 册　第 710

44646　中国农民银行应负之使命及其经营之途径（星期论文）/徐继庄　《大公报》　1943 年 2 月 21 日　第 150 册　第 218 页

44647　中国农民在今日之地位/陈管生　《民国日报》　1931 年 6 月 7 日　第 92 册　第 422 页

44648　中国农业机械化之可能（星期论文）/沈宗瀚　《大公报》　1945 年 1 月 21 日　第 154 册　第 86 页

44649　中国女子之退步　《大公报》　1930 年 7 月 17 日　第 97 册　第 196 页

44650　中国企业之"合法化"与"合理化"　《大公报》　1928 年 12 月 9 日　第 87 册　第 457 页

44651　中国企业之危机　《申报》　1932 年 8 月 5 日　第 295 册　第 101 页

44652 中国岂堪被人零割！ 《大公报》 1933 年 1 月 11 日 第 112 册 第 112 页

44653 中国岂畏封锁海口 《大公报》 1932 年 1 月 11 日 第 106 册 第 94 页

44654 中国岂坐以待毙乎？ 《大公报》 1932 年 7 月 11 日 第 109 册 第 124 页

44655 中国前途 《申报》 1928 年 8 月 1 日 第 249 册 第 9 页

44656 中国前途之福 《申报》 1916 年 6 月 8 日 第 140 册 第 596 页

44657 中国前途只有抗战 《中央日报》 1938 年 10 月 29 日 第 41 册 第 194 页

44658 中国巧拙辨 《申报》 1886 年 2 月 27 日 第 28 册 第 299 页

44659 中国勤修武备答问 《申报》 1882 年 1 月 30 日 第 20 册 第 117 页

44660 中国青年 《大公报》 1938 年 2 月 8 日 第 140 册 第 158 页

44661 中国青年的苦闷 《申报》 1944 年 9 月 7 日 第 386 册 第 223 页

44662 中国青年今日应有之觉悟（专载）/吴铁城 《民国日报》 1931 年 4 月 10 日 第 91 册 第 487 页

44663 中国青年往何处去？ 《申报》 1945 年 5 月 5 日 第 387 册 第 325 页

44664 中国青年与日本 《大公报》 1936 年 6 月 1 日 第 132 册 第 438 页

44665 中国人的毛病 《民国日报》 1924 年 7 月 2 日 第 52 册 第 18 页

44666 中国人的生命 《民国日报》 1921 年 2 月 16 日 第 31 册 第 534 页

44667 中国人都应注意的工潮（言论） 《民国日报》 1925 年 2 月 13 日 第 55 册 第 454 页

44668 中国人急易救济日灾 《民国日报》 1923 年 9 月 5 日 第 47 册 第 58 页

44669 中国人口问题之严重 《大公报》 1933 年 10 月 15 日 第 116 册 第 646 页

44670 中国人民的对美态度 《申报》 1946 年 6 月 27 日 第 389 册 第 240 页

44671 中国人特性之公例 《申报》 1915 年 12 月 18 日 第 137 册 第 774 页

44672 中国人特性之公例（二） 《申报》 1915 年 12 月 19 日 第 137 册 第 792 页

44673 中国人特性之公例（三） 《申报》 1915 年 12 月 20 日 第 137 册 第 808 页

44674 中国人特性之公例（四） 《申报》 1915 年 12 月 21 日 第 137 册 第 824 页

44675 中国人特性之公例（五） 《申报》 1915 年 12 月 22 日 第 137 册 第 840 页

44676 中国人特性之公例（六） 《申报》 1915 年 12 月 23 日 第 137 册 第

44698　中国商人宜亲出洋贸易论　《申报》　1872 年 7 月 8 日　第 1 册　第 229 页

44699　中国设立医学堂议　《申报》　1896 年 12 月 7 日　第 54 册　第 617 页

44700　中国社会之新波澜　《大公报》　1927 年 3 月 7 日　第 78 册　第 469 页

44701　中国生产教育之路（星期论坛）/张文昌　《申报》　1948 年 12 月 19 日　第 399 册　第 506 页

44702　中国生机之推测　《申报》　1925 年 1 月 3 日　第 209 册　第 50 页

44703　中国胜利的保证　《中央日报》　1940 年 11 月 17 日　第 44 册　第 70 页

44704　中国胜利与各国在华利益　《申报》　1939 年 3 月 10 日　第 362 册　第 614 页

44705　中国失疆土，国联失存在　《大公报》　1931 年 11 月 19 日　第 105 册　第 121 页

44706　中国时局与各国舆论　《大公报》　1930 年 8 月 12 日　第 97 册　第 508 页

44707　中国时局与外国新闻记者　《大公报》　1927 年 3 月 28 日　第 78 册　第 637 页

44708　中国时局之预测（一）　《申报》　1915 年 10 月 23 日　第 136 册　第 836 页

44709　中国时局之预测（二）　《申报》　1915 年 10 月 24 日　第 136 册　第 852 页

44710　中国时局之预测（三）　《申报》　1915 年 10 月 25 日　第 136 册　第 870 页

44711　中国时局之预测（四）　《申报》　1915 年 10 月 26 日　第 136 册　第 886 页

44712　中国时局之预测（五）　《申报》　1915 年 10 月 27 日　第 136 册　第 902 页

44713　中国史上之大教育家（星期论文）/张其昀　《大公报》　1941 年 8 月 23 日　第 147 册　第 194 页

44714　中国市场与日本　《大公报》　1936 年 5 月 29 日　第 132 册　第 396 页

44715　中国市政改革论　《申报》　1910 年 12 月 9 日　第 109 册　第 609 页

44716　中国式政治怪现状之一端　《大公报》　1929 年 12 月 21 日　第 93 册　第 804 页

44717　中国是独立自由的国家!　《中央日报》　1947 年 3 月 13 日　第 55 册　第 746 页

44718　中国是远东的安定力　《中央日报》　1940 年 11 月 6 日　第 44 册　第 22 页

44719　中国守旧维新之人均不得其要领说　《申报》　1900 年 9 月 25 日　第 66 册　第 139 页

44720　中国衰弱病症在此（上）　《民国日报》　1931 年 8 月 26 日　第 93 册 第 710 页

44721　中国衰弱病症在此（下）　《民国日报》　1931 年 8 月 27 日　第 93 册 第 722 页

44722　中国思想的危机/朱光潜（星期论文）　《大公报》　1937 年 4 月 4 日　第 137 册　第 480 页

44723　中国四千年文学变迁大势论　《申报》　1907 年 4 月 21 日　第 87 册　第 584 页

44724　中国四千年文学变迁大势论（一续）　《申报》　1907 年 4 月 24 日　第 87 册　第 619 页

44725　中国四千年文学变迁大势论（二续）　《申报》　1907 年 4 月 26 日　第 87 册　第 644 页

44726　中国四千年文学变迁大势论（三续）　《申报》　1907 年 4 月 29 日　第 87 册　第 686 页

44727　中国四千年文学变迁大势论（四续）　《申报》　1907 年 5 月 6 日　第 88 册　第 71 页

44728　中国四千年文学变迁大势论（五续）　《申报》　1907 年 5 月 7 日　第 88 册　第 85 页

44729　中国铁路近谈　《申报》　1911 年 9 月 16 日　第 114 册　第 270 页

44730　中国铁路无管理法之弊害　《申报》　1908 年 4 月 17 日　第 93 册　第 642 页

44731　中国铁路无管理法之弊害（续）　《申报》　1908 年 4 月 18 日　第 93 册　第 656 页

44732　中国铁路之前途　《申报》　1915 年 7 月 15 日　第 135 册　第 246 页

44733　中国铁路之三时期　《申报》　1919 年 2 月 19 日　第 156 册　第 643 页

44734　中国铜像之无价值　《申报》　1920 年 12 月 2 日　第 167 册　第 559 页

44735　中国图书有限公司缘起　《申报》　1906 年 4 月 25 日　第 83 册　第 241 页

44736　中国退出国联说　《申报》　1933 年 2 月 3 日　第 301 册　第 72 页

44737　中国外币流通史略　《民国日报》　1930 年 5 月 21 日　第 86 册　第 265 页

44738　中国外汇问题之我见（星期论文）/张禹九　《大公报》　1945 年 11 月 18 日　第 155 册　第 606 页

44739　中国外交之检讨与展望　《申报》　1941 年 4 月 21 日　第 375 册　第

646 页

44740　中国危亡警告书　《申报》　1911 年 3 月 20 日　第 111 册　第 306 页

44741　中国危亡警告书再续　《申报》　1911 年 3 月 21 日　第 111 册　第 322 页

44742　中国危亡警告书三续　《申报》　1911 年 3 月 22 日　第 111 册　第 338 页

44743　中国危亡警告书四续　《申报》　1911 年 3 月 23 日　第 111 册　第 354 页

44744　中国危亡警告书五续　《申报》　1911 年 3 月 24 日　第 111 册　第 370 页

44745　中国文化的评价　《中央日报》　1943 年 12 月 17 日　第 48 册　第 1056 页

44746　中国文化的统一性　《中央日报》　1943 年 6 月 5 日　第 48 册　第 210 页

44747　中国文化建设与中日文化事业　《大公报》　1935 年 7 月 3 日　第 127 册 第 32 页

44748　中国文化与中国军人/钱穆（星期论文）　《大公报》　1941 年 12 月 14 日 第 147 册　第 656 页

44749　中国文化与中国青年/钱穆（星期论文）　《大公报》　1941 年 11 月 9 日 第 147 册　第 516 页

44750　中国文化运动之新开展　《大公报》　1935 年 4 月 3 日　第 125 册　第 532 页

44751　中国文化之复兴（星期论文）/萧一山　《大公报》　1943 年 10 月 24 日 第 151 册　第 512 页

44752　中国文化之建设　《中央日报》　1937 年 7 月 14 日　第 40 册　第 159 页

44753　中国文明在那里？　《大公报》　1930 年 11 月 2 日　第 99 册　第 16 页

44754　中国问题之解决：孙中山先生在美国议员欢迎席上的演说　《民国日报》 1920 年 8 月 7 日　第 28 册　第 520 页

44755　中国问题之解决（续）：二十一条款的效果　《民国日报》　1920 年 8 月 8 日　第 28 册　第 534 页

44756　中国无排外思想之新证明　《大公报》　1928 年 5 月 14 日　第 84 册　第 131 页

44757　中国无人才　《申报》　1916 年 11 月 18 日　第 143 册　第 320 页

44758　中国无事君人说　《申报》　1905 年 2 月 15 日　第 79 册　第 251 页

44759　中国武备续论　《申报》　1882 年 3 月 11 日　第 20 册　第 261 页

44760　中国勿为和议所误说　《申报》　1884 年 11 月 13 日　第 25 册　第 769 页

44761　中国物价问题：朝日新闻二月十三日社评（译论）　《申报》　1945 年 3 月 5 日　第 387 册　第 183 页

44762　中国戏剧问题　《大公报》　1930 年 8 月 5 日　第 97 册　第 424 页

44763　中国先睡后醒论　《申报》　1887 年 6 月 14 日　第 30 册　第 985 页

44764　中国向前进/伍朝枢　《民国日报》　1929 年 6 月 22 日　第 80 册　第

839 页

44765　中国新经济政策刍议（星期论坛）/寿勉成　《申报》　1949 年 1 月 10 日
第 400 册　第 48 页

44766　中国新经济政策之具体办法（星期论坛）/寿勉成　《申报》　1949 年 1 月
23 日　第 400 册　第 138 页

44767　中国新历史底第一页（言论）　《民国日报》　1926 年 6 月 16 日　第 63
册　第 451 页

44768　中国新闻学会宣言　《大公报》　1941 年 3 月 17 日　第 146 册　第 314 页

44769　中国兴业银行停业感言　《申报》　1934 年 10 月 14 日　第 321 册　第
415 页

44770　中国需要的不仅是同情　《大公报》　1938 年 5 月 30 日　第 140 册　第
664 页

44771　中国需要的援助　《中央日报》　1941 年 3 月 16 日　第 44 册　第 572 页

44772　中国续招考选西学肄业生章程随时变通论　《申报》　1883 年 4 月 30 日
第 22 册　第 601 页

44773　中国学生误染俄人习气说　《申报》　1904 年 3 月 19 日　第 76 册　第
439 页

44774　中国学生在美国：旅美感观之二（星期论文）/陈衡哲　《大公报》　1948
年 5 月 2 日　第 163 册　第 8 页

44775　中国学术研究的前程：中央研究院第二届评议会开幕献辞　《申报》　1948
年 3 月 25 日　第 396 册　第 786 页

44776　中国学院风潮　《大公报》　1946 年 8 月 24 日　第 157 册　第 264 页

44777　中国烟业失败的影响：可惊的南洋公司停顿消息　《中央日报》　1930 年 2
月 3 日　第 9 册　第 419 页

44778　中国言论上之国耻　《民国日报》　1929 年 4 月 10 日　第 79 册　第
703 页

44779　中国言语不同宜设同音书塾议　《申报》　1897 年 5 月 30 日　第 56 册
第 179 页

44780　中国言语不同宜设同音学塾议　《申报》　1897 年 6 月 9 日　第 56 册　第
239 页

44781　中国要和东北共存亡（星期论文）/傅孟真　《大公报》　1946 年 3 月 3 日
第 156 册　第 244 页

44782　中国宜参用泰西律法论　《申报》　1898 年 11 月 8 日　第 60 册　第
493 页

44783　中国宜多派学生出洋专习矿学说　《申报》　1902 年 5 月 27 日　第 71 册
第 181 页

44784　中国宜多派学生赴泰西游学论　《申报》　1903 年 2 月 17 日　第 73 册　第 241 页

44785　中国宜多请西人查矿说略　《申报》　1877 年 10 月 11 日　第 11 册　第 353 页

44786　中国宜仿造洋货议　《申报》　1892 年 1 月 18 日　第 40 册　第 103 页

44787　中国宜更兵制论　《申报》　1901 年 7 月 18 日　第 68 册　第 469 页

44788　中国宜广设武备学堂议　《申报》　1897 年 8 月 21 日　第 56 册　第 695 页

44789　中国宜亟采煤说　《申报》　1897 年 8 月 29 日　第 56 册　第 743 页

44790　中国宜亟铸金币说　《申报》　1902 年 2 月 21 日　第 70 册　第 269 页

44791　中国宜讲求工学论　《申报》　1898 年 11 月 13 日　第 60 册　第 527 页

44792　中国宜精西法以期富强说　《申报》　1885 年 12 月 11 日　第 27 册　第 997 页

44793　中国宜就外洋设立轮船公司议　《申报》　1887 年 4 月 18 日　第 30 册　第 627 页

44794　中国宜开西文报馆说　《申报》　1891 年 11 月 10 日　第 39 册　第 803 页

44795　中国宜开洋文报馆说　《申报》　1884 年 9 月 12 日　第 25 册　第 433 页

44796　中国宜力争参与日俄和议说　《申报》　1905 年 8 月 5 日　第 80 册　第 809 页

44797　中国宜练海军说　《申报》　1884 年 6 月 10 日　第 24 册　第 915 页

44798　中国宜留意养民之政说　《申报》　1899 年 1 月 8 日　第 61 册　第 43 页

44799　中国宜派水师出洋保卫商人论　《申报》　1902 年 3 月 6 日　第 70 册　第 347 页

44800　中国宜入红十字会说　《申报》　1904 年 3 月 5 日　第 76 册　第 347 页

44801　中国宜设立疯狂院说　《申报》　1879 年 7 月 5 日　第 15 册　第 17 页

44802　中国宜设医塾论　《申报》　1892 年 4 月 16 日　第 40 册　第 603 页

44803　中国宜设银行论　《申报》　1896 年 7 月 26 日　第 53 册　第 557 页

44804　中国宜特开武科议　《申报》　1904 年 2 月 25 日　第 76 册　第 293 页

44805　中国宜特设法律学堂议　《申报》　1903 年 12 月 29 日　第 75 册　第 819 页

44806　中国宜勿受欺于人说　《申报》　1886 年 1 月 12 日　第 28 册　第 67 页

44807　中国宜先制定工商法律议　《申报》　1905 年 4 月 23 日　第 79 册　第 815 页

44808　中国宜兴博览会说　《申报》　1892 年 6 月 27 日　第 41 册　第 371 页

44809　中国宜行金币说　《申报》　1902 年 4 月 30 日　第 70 册　第 709 页

44810　中国宜行新政论　《申报》　1895 年 6 月 10 日　第 50 册　第 263 页

44811 中国宜在台湾派设理事官论 《申报》 1896 年 10 月 5 日 第 54 册 第 213 页

44812 中国宜增商轮说 《申报》 1887 年 9 月 10 日 第 31 册 第 441 页

44813 中国宜招人开垦边省荒地说 《申报》 1900 年 5 月 22 日 第 65 册 第 167 页

44814 中国宜止各国调兵论 《申报》 1900 年 9 月 22 日 第 66 册 第 123 页

44815 中国宜自设西字日报论 《申报》 1892 年 10 月 16 日 第 42 册 第 289 页

44816 中国以爱民为本论 《申报》 1892 年 2 月 6 日 第 40 册 第 165 页

44817 中国倚日拒俄试陈其说 《申报》 1903 年 11 月 10 日 第 75 册 第 493 页

44818 中国议和宜先痛剿拳匪说 《申报》 1900 年 9 月 27 日 第 66 册 第 151 页

44819 中国议将更改护卫西教之约 《申报》 1874 年 10 月 8 日 第 5 册 第 343 页

44820 中国银行业的前途 《申报》 1947 年 4 月 19 日 第 393 册 第 182 页

44821 中国应连任国联理事 《大公报》 1934 年 9 月 14 日 第 122 册 第 198 页

44822 中国应明确表示对日和会态度 《大公报》 1947 年 8 月 1 日 第 160 册 第 576 页

44823 中国应如何自决 《大公报》 1926 年 12 月 12 日 第 77 册 第 803 页

44824 中国应速实施遗产税 《民国日报》 1928 年 6 月 17 日 第 74 册 第 754 页

44825 中国应向国际联盟提出金银比价协定 《申报》 1930 年 1 月 24 日 第 266 册 第 579 页

44826 中国永久和平之前途：主持和平者注意 陕西人民注意 舆论界注意 《民国日报》 1919 年 3 月 12 日 第 20 册 第 132 页

44827 中国用人制度宜从选举不宜从委任 《申报》 1912 年 6 月 28 日 第 117 册 第 869 页

44828 中国用人制度宜从选举不宜从委任续 《申报》 1912 年 6 月 30 日 第 117 册 第 889 页

44829 中国由乱而治之常例 《申报》 1927 年 5 月 17 日 第 234 册 第 326 页

44830 中国犹足以自振说 《申报》 1900 年 7 月 8 日 第 65 册 第 515 页

44831 中国邮政局之现状 《民国日报》 1928 年 6 月 30 日 第 74 册 第 973 页

44832 中国与巴尔干 《大公报》 1927 年 4 月 14 日 第 79 册 第 105 页

44860　中国欲兴商务宜先赛会论　《申报》　1898 年 11 月 6 日　第 60 册　第
479 页

44861　中国欲振海军宜扩充船政局自制战舰论　《申报》　1898 年 11 月 3 日　第
60 册　第 459 页

44862　中国在保卫世界和平前线上（星期评论）　《申报》（香港版）　1939 年 3
月 19 日　第 358 册　第 146 页

44863　中国赞助非战公约　《大公报》　1928 年 8 月 31 日　第 85 册　第 611 页

44864　中国斋匪未靖宜先安反侧论　《申报》　1883 年 6 月 12 日　第 22 册　第
853 页

44865　中国债信与英美利益　《申报》　1939 年 1 月 18 日　第 361 册　第 318 页

44866　中国债信与英美利益　《申报》（香港版）　1939 年 1 月 23 日　第 357 册
第 772 页

44867　中国战场的空军　《中央日报》　1943 年 6 月 23 日　第 48 册　第 290 页

44868　中国战场敌寇动态　《大公报》　1945 年 6 月 25 日　第 154 册　第 746 页

44869　中国战场与中国决心　《中央日报》　1943 年 8 月 12 日　第 48 册　第
514 页

44870　中国战后的农业建设　《中央日报》　1943 年 12 月 23 日　第 48 册　第
1082 页

44871　中国战后问题/张忠绂（星期论文）　《大公报》　1942 年 7 月 12 日　第
149 册　第 54 页

44872　中国战时财政的特质（星期论文）/章乃器　《大公报》　1939 年 11 月 5
日　第 143 册　第 264 页

44873　中国真楚歌四起矣　《申报》　1911 年 2 月 21 日　第 110 册　第 725 页

44874　中国真正赤化者（言论）　《民国日报》　1926 年 9 月 6 日　第 65 册　第
52 页

44875　中国振兴日报论　《申报》　1890 年 11 月 15 日　第 37 册　第 873 页

44876　中国征信所创立感言　《申报》　1932 年 6 月 7 日　第 293 册　第 115 页

44877　中国政府不宜专事秘密说　《申报》　1905 年 3 月 5 日　第 79 册　第
395 页

44878　中国政局与国际关系　《民国日报》　1945 年 12 月 16 日　第 96 册　第
335 页

44879　中国政务日兴喜而论之　《申报》　1896 年 5 月 7 日　第 53 册　第 39 页

44880　中国政治底分野　《中央日报》　1947 年 10 月 24 日　第 57 册　第 558 页

44881　中国政治史上的盛事　《中央日报》　1946 年 11 月 26 日　第 54 册　第
706 页

44882　中国政治之路　《大公报》　1945 年 11 月 2 日　第 155 册　第 538 页

44883　中国政治之路　《大公报》　1945 年 12 月 4 日　第 155 册　第 672 页

44884　中国政治之前途　《大公报》　1932 年 4 月 24 日　第 107 册　第 544 页

44885　中国之兵机又动　《申报》　1915 年 12 月 28 日　第 137 册　第 938 页

44886　中国之出兵　《申报》　1918 年 3 月 6 日　第 151 册　第 76 页

44887　中国之对外态度　《大公报》　1933 年 2 月 5 日　第 112 册　第 392 页

44888　中国之反共战/赖琏（星期论坛）　《申报》　1948 年 10 月 17 日　第 399
册　第 118 页

44889　中国之高等会议　《申报》　1921 年 5 月 3 日　第 170 册　第 41 页

44890　中国之工业问题　《大公报》　1932 年 5 月 1 日　第 108 册　第 4 页

44891　中国之荒　《申报》　1920 年 9 月 16 日　第 166 册　第 263 页

44892　中国之祸源（言论）　《民国日报》　1926 年 6 月 12 日　第 63 册　第
411 页

44893　中国之今日　《申报》　1915 年 11 月 23 日　第 137 册　第 356 页

44894　中国之经济开发　《中央日报》　1944 年 1 月 13 日　第 49 册　第 72 页

44895　中国之经济问题　《申报》　1905 年 3 月 1 日　第 79 册　第 363 页

44896　中国之经济问题（专论）/王德泉　《申报》　1946 年 6 月 20 日　第 389
册　第 174 页

44897　中国之军队　《申报》　1920 年 9 月 29 日　第 166 册　第 475 页

44898　中国之劳工问题　《大公报》　1930 年 5 月 1 日　第 96 册　第 4 页

44899　中国之劳农与经济（时论）　《民国日报》　1927 年 10 月 14 日　第 70 册
第 652 页

44900　中国之劳资问题　《大公报》　1928 年 8 月 21 日　第 85 册　第 511 页

44901　中国之立场　《中央日报》　1937 年 7 月 21 日　第 40 册　第 245 页

44902　中国之粮食问题　《申报》　1934 年 2 月 4 日　第 313 册　第 100 页

44903　中国之粮食与人口问题　《大公报》　1927 年 10 月 21 日　第 81 册　第
163 页

44904　"中国之命运"　《中央日报》　1943 年 2 月 1 日　第 47 册　第 566 页

44905　中国之前途　《大公报》　1936 年 11 月 30 日　第 135 册　第 412 页

44906　中国之屈辱力　《申报》　1915 年 5 月 11 日　第 134 册　第 176 页

44907　中国之人心　《申报》　1922 年 1 月 12 日　第 177 册　第 196 页

44908　中国之三权　《申报》　1923 年 11 月 5 日　第 197 册　第 89 页

44909　中国之社会问题　《申报》　1907 年 4 月 22 日　第 87 册　第 595 页

44910　中国之胜利（星期论文）/龚德柏　《大公报》　1938 年 8 月 14 日　第 141
册　第 192 页

44911　中国之失业问题　《大公报》　1929 年 8 月 17 日　第 91 册　第 756 页

44912　中国之所谓幼稚园者　《申报》　1907 年 3 月 10 日　第 87 册　第 95 页

44913　中国之外交方针　《大公报》　1935 年 5 月 18 日　第 126 册　第 276 页

44914　中国之外交环境　《大公报》　1928 年 5 月 19 日　第 84 册　第 181 页

44915　中国之外交政策　《民国日报》　1928 年 7 月 13 日　第 75 册　第 225 页

44916　中国之文化建设问题：有赶速多设研究院之必要　《申报》　1935 年 1 月 13 日　第 324 册　第 287 页

44917　中国之新生命与青年　《申报》　1940 年 8 月 13 日　第 371 册　第 570 页

44918　中国之新提案　《申报》　1915 年 5 月 2 日　第 134 册　第 18 页

44919　中国之一大危机　《大公报》　1932 年 6 月 16 日　第 108 册　第 464 页

44920　中国之医药事业　《大公报》　1928 年 2 月 5 日　第 82 册　第 289 页

44921　中国之应付与局势　《申报》　1914 年 12 月 10 日　第 131 册　第 562 页

44922　中国之战后建设　《大公报》　1942 年 7 月 14 日　第 149 册　第 64 页

44923　中国之政治家　《申报》　1915 年 8 月 20 日　第 135 册　第 836 页

44924　中国之中立：被动中之加入问题　《民国日报》　1917 年 2 月 8 日　第 7 册　第 362 页

44925　中国之中立（二）：被动中之加入问题　《民国日报》　1917 年 2 月 9 日　第 7 册　第 374 页

44926　中国之中立（三）：被动中之加入问题　《民国日报》　1917 年 2 月 10 日　第 7 册　第 386 页

44927　中国之中立态度　《申报》　1914 年 8 月 23 日　第 129 册　第 804 页

44928　中国之中枢区域与首都（星期论文）/沙学浚　《大公报》　1943 年 12 月 19 日　第 151 册　第 758 页

44929　中国之状态　《申报》　1917 年 4 月 8 日　第 145 册　第 686 页

44930　"中国之自由平等"　《申报》　1941 年 11 月 12 日　第 378 册　第 529 页

44931　中国知识阶级的骑墙主义（星期评论）/吉田东祐　《申报》　1943 年 5 月 16 日　第 383 册　第 895 页

44932　中国制药业之前途：五洲药房新厦落成之感想　《申报》　1936 年 10 月 9 日　第 345 册　第 215 页

44933　中国中央官制改革案　《申报》　1910 年 11 月 21 日　第 109 册　第 321 页

44934　中国中央官制改革案续　《申报》　1910 年 11 月 23 日　第 109 册　第 353 页

44935　中国中央集权问题　《申报》　1910 年 10 月 15 日　第 108 册　第 705 页

44936　中国重建海军宜多储战舰变通章程议　《申报》　1896 年 8 月 30 日　第 53 册　第 785 页

44937　中国重任国联理事　《申报》　1936 年 10 月 1 日　第 345 册　第 8 页

44961　中华民国海外侨民之学务事项　《民国日报》　1921 年 11 月 23 日　第 36 册　第 304 页

44962　中华民国海外侨民之学务事项　《民国日报》　1921 年 11 月 24 日　第 36 册　第 316 页

44963　中华民国海外侨民之学务事项　《民国日报》　1921 年 11 月 25 日　第 36 册　第 330 页

44964　中华民国还存在吗?　《民国日报》　1921 年 5 月 12 日　第 33 册　第 154 页

44965　中华民国临时政府组织大纲　《申报》　1911 年 12 月 11 日　第 115 册 第 579 页

44966　中华民国三十六年国庆辞　《大公报》　1947 年 10 月 10 日　第 161 册 第 238 页

44967　中华民国三十七年国庆感言　《大公报》　1948 年 10 月 10 日　第 164 册 第 236 页

44968　中华民国三十三年国庆献辞　《大公报》　1944 年 10 月 10 日　第 153 册 第 458 页

44969　中华民国讨逆军檄告天下（起义文章）　《民国日报》　1917 年 12 月 25 日　第 12 册　第 650 页

44970　中华民国统一的动机　《民国日报》　1923 年 1 月 23 日　第 43 册　第 296 页

44971　"中华民国万岁万万岁一样"　《中央日报》　1938 年 11 月 8 日　第 41 册　第 238 页

44972　中华民国之将来　《申报》　1912 年 6 月 6 日　第 117 册　第 649 页

44973　中华民族的团结/顾颉刚（星期论坛）　《申报》　1937 年 1 月 10 日　第 348 册　第 183 页

44974　中华民族革命同盟宣告解散感言　《大公报》　1937 年 11 月 2 日　第 139 册　第 545 页

44975　中华民族气节论/盛克献（星期论文）　《大公报》　1940 年 5 月 5 日　第 144 册　第 504 页

44976　中华民族是整个的/傅孟真（星期论文）　《大公报》　1935 年 12 月 1 日 第 129 册　第 430 页

44977　中华民族之精神堡垒　《中央日报》　1940 年 7 月 23 日　第 43 册　第 762 页

44978　中华战士们注意!　《大公报》　1938 年 3 月 26 日　第 140 册　第 362 页

44979　中加新约的成立　《中央日报》　1944 年 4 月 16 日　第 49 册　第 476 页

44980　中加新约发生效力　《中央日报》　1945 年 4 月 4 日　第 50 册　第 932 页

44981　中加友谊的增强　《中央日报》　1943 年 12 月 11 日　第 48 册　第 1030 页

44982　中间商何处去?　《申报》　1946 年 10 月 8 日　第 390 册　第 462 页

44983　中交两行的裁并问题　《申报》　1949 年 4 月 18 日　第 400 册　第 734 页

44984　中交纸币下之白骨　《民国日报》　1917 年 11 月 14 日　第 12 册　第 158 页

44985　中立法的修改或废止　《申报》　1941 年 9 月 26 日　第 377 册　第 726 页

44986　中立非可托诸空言说　《申报》　1904 年 3 月 20 日　第 76 册　第 447 页

44987　中立国唯一的道路　《中央日报》　1944 年 4 月 15 日　第 49 册　第 472 页

44988　中立国争取的展开　《申报》　1940 年 2 月 27 日　第 368 册　第 732 页

44989　中立态度　《申报》　1920 年 7 月 23 日　第 165 册　第 411 页

44990　中立与中间派的北欧　《大公报》　1948 年 6 月 8 日　第 163 册　第 230 页

44991　中立者祸首也　《民国日报》　1917 年 6 月 8 日　第 9 册　第 458 页

44992　中立之种类　《申报》　1914 年 8 月 31 日　第 129 册　第 916 页

44993　中论捐票之弊　《申报》　1878 年 3 月 16 日　第 12 册　第 233 页

44994　中美邦交的演进　《中央日报》　1944 年 11 月 29 日　第 50 册　第 406 页

44995　中美比肩作战　《大公报》　1944 年 3 月 16 日　第 152 册　第 334 页

44996　中美比肩作战的基础　《中央日报》　1944 年 3 月 14 日　第 49 册　第 334 页

44997　中美茶烟问题　《申报》　1911 年 9 月 1 日　第 114 册　第 2 页

44998　中美俄三国之态度　《申报》　1917 年 4 月 5 日　第 145 册　第 632 页

44999　中美改订条约说　《申报》　1928 年 7 月 26 日　第 248 册　第 745 页

45000　中美革命潮　《申报》　1931 年 4 月 21 日　第 281 册　第 533 页

45001　中美关税条约　《申报》　1928 年 7 月 29 日　第 248 册　第 829 页

45002　中美关税条约签定之后　《大公报》　1928 年 7 月 29 日　第 85 册　第 282 页

45003　中美关系的彻底检讨/程天放（星期论坛）　《申报》　1947 年 10 月 19 日　第 395 册　第 186 页

45004　中美关系的过去未来　《大公报》　1937 年 9 月 28 日　第 139 册　第 405 页

45005　中美国民信念的交流　《中央日报》　1941 年 6 月 2 日　第 44 册　第 914 页

45006　中美航空协约问题　《大公报》　1929 年 5 月 9 日　第 90 册　第 132 页

45007　中美合作开发台湾　《申报》　1948 年 2 月 5 日　第 396 册　第 334 页

45034　中美银借款问题之研究：在立法院纪念周席上演讲（专载）/胡汉民　《民国日报》　1931年1月24日　第90册　第187页

45035　中美应真正互相了解：读蒋夫人在国际妇协演词后的感想　《申报》　1947年9月24日　第394册　第866页

45036　中美英关系的新时代　《中央日报》　1942年10月11日　第46册　第968页

45037　中美英日四角关系　《申报》　1933年2月1日　第301册　第12页

45038　中美英三国对日公告　《中央日报》　1945年7月28日　第51册　第344页

45039　中美英苏合作与世界大局　《中央日报》　1943年10月7日　第48册　第750页

45040　中美友谊的现阶段　《中央日报》　1947年7月26日　第56册　第874页

45041　中美友谊的又一表现：罗太夫人出任援华会名誉主席　《中央日报》　1939年10月28日　第42册　第684页

45042　中美与日美两共同宣言　《大公报》　1933年5月30日　第114册　第410页

45043　中美在重建世界中的任务　《中央日报》　1943年1月2日　第47册　第396页

45044　中美之合作与外交　《申报》　1941年6月30日　第376册　第742页

45045　中美之态度　《申报》　1917年3月25日　第145册　第434页

45046　中美中英新约成立　《中央日报》　1943年1月12日　第47册　第452页

45047　中美租界协定签字　《中央日报》　1942年6月5日　第46册　第156页

45048　中缅边界问题之解决　《申报》　1941年6月20日　第376册　第612页

45049　中缅关系与南洋　《大公报》　1941年1月24日　第146册　第104页

45050　中缅协力抗倭之意义与中缅人士应有之历史认识（星期论文）/罗香林　《大公报》　1942年5月24日　第148册　第614页

45051　中墨订交刍议　《申报》　1900年1月15日　第64册　第93页

45052　"中南"半岛之范围与命名问题/于右任（星期论文）　《大公报》　1941年2月9日　第146册　第168页

45053　中南美与我国　《中央日报》　1941年3月23日　第44册　第604页

45054　中南美之革命潮　《申报》　1930年10月4日　第275册　第82页

45055　中欧公约与德奥关系　《申报》　1935年3月1日　第326册　第8页

45056　中欧经济会议　《申报》　1931年3月20日　第280册　第504页

45057　中欧纠纷之具体表现：意奥匈三国会商之展望　《申报》　1934年3月17

45083　中日关系之难境　《大公报》　1928 年 8 月 2 日　第 85 册　第 321 页

45084　中日关系之前途　《大公报》　1935 年 11 月 22 日　第 129 册　第 304 页

45085　中日关系之前途　《大公报》　1936 年 11 月 13 日　第 135 册　第 172 页

45086　中日关系之现阶段　《大公报》　1934 年 3 月 17 日　第 119 册　第 228 页

45087　中日关系之真认识　《大公报》　1932 年 3 月 23 日　第 107 册　第 224 页

45088　中日国交殆有转机乎　《大公报》　1929 年 2 月 6 日　第 88 册　第 552 页

45089　中日国交调整之关键　《大公报》　1935 年 12 月 19 日　第 129 册　第 650 页

45090　中日国交之前途　《大公报》　1937 年 6 月 29 日　第 138 册　第 858 页

45091　中日国民浸成不解之仇　《大公报》　1932 年 8 月 6 日　第 109 册　第 436 页

45092　中日国民应有之觉悟　《民国日报》　1919 年 2 月 11 日　第 19 册　第 398 页

45093　中日合办矿务痛史　《民国日报》　1916 年 9 月 25 日　第 5 册　第 290 页

45094　中日合办矿务痛史（一续）　《民国日报》　1916 年 9 月 26 日　第 5 册　第 302 页

45095　中日合办矿务痛史（一续）：附庙儿沟铁矿　《民国日报》　1916 年 9 月 27 日　第 5 册　第 314 页

45096　中日合作的新诠释　《申报》　1944 年 2 月 11 日　第 385 册　第 149 页

45097　中日合作的新生面（译论）　《申报》　1943 年 6 月 27 日　第 384 册　第 157 页

45098　中日互惠税率将满期　《大公报》　1933 年 2 月 9 日　第 112 册　第 440 页

45099　中日互惠税率问题　《申报》　1933 年 2 月 17 日　第 301 册　第 474 页

45100　中日互惠协定问题　《大公报》　1930 年 3 月 10 日　第 95 册　第 148 页

45101　中日间的距离　《大公报》　1938 年 8 月 9 日　第 141 册　第 172 页

45102　中日间反常之商业　《申报》　1930 年 12 月 8 日　第 277 册　第 195 页

45103　中日间又一新惨案　《民国日报》　1920 年 4 月 17 日　第 26 册　第 640 页

45104　中日间之重要一点　《大公报》　1934 年 7 月 30 日　第 121 册　第 432 页

45105　中日间最近之三问题　《大公报》　1928 年 7 月 25 日　第 85 册　第 242 页

45106　中日交好之关键　《申报》　1934 年 12 月 4 日　第 323 册　第 109 页

45107　中日交涉　《申报》　1915 年 3 月 8 日　第 133 册　第 114 页

45108　中日交涉（二）　《申报》　1915 年 3 月 9 日　第 133 册　第 130 页

45109　中日交涉　《大公报》　1928 年 11 月 24 日　第 87 册　第 277 页

45110　中日交涉的主要点：废除中日间一切不平等条约　《民国日报》　1928 年 11 月 25 日　第 77 册　第 392 页

45111　中日交涉果有转机乎　《大公报》　1929 年 1 月 15 日　第 88 册　第 200 页

45112　中日交涉前途　《申报》　1928 年 11 月 24 日　第 252 册　第 668 页

45113　中日交涉与列国　《申报》　1928 年 11 月 26 日　第 252 册　第 730 页

45114　中日交涉与五院成立何关　《大公报》　1928 年 10 月 14 日　第 86 册　第 509 页

45115　中日交涉之怪现状　《大公报》　1929 年 2 月 18 日　第 88 册　第 744 页

45116　中日交涉之过去现在未来　《大公报》　1936 年 12 月 7 日　第 135 册　第 510 页

45117　中日交涉之将来　《申报》　1915 年 4 月 16 日　第 133 册　第 746 页

45118　中日交涉之前途　《大公报》　1928 年 10 月 31 日　·第 86 册　第 713 页

45119　中日交涉之前途　《大公报》　1929 年 2 月 14 日　第 88 册　第 680 页

45120　中日交涉之外交技术　《大公报》　1929 年 2 月 25 日　第 88 册　第 856 页

45121　中日交涉之危机　《大公报》　1936 年 9 月 25 日　第 134 册　第 344 页

45122　中日交涉之滋蔓　《申报》　1913 年 9 月 25 日　第 124 册　第 316 页

45123　中日今后相处之道　《大公报》　1945 年 9 月 6 日　第 155 册　第 292 页

45124　中日经济调整之根本义　《大公报》　1935 年 2 月 20 日　第 124 册　第 744 页

45125　中日经济合作再检讨　《申报》　1943 年 8 月 17 日　第 384 册　第 369 页

45126　中日经济提携的推进（译论）　《申报》　1943 年 7 月 9 日　第 384 册　第 213 页

45127　中日经济提携论的肆应　《大公报》　1935 年 7 月 5 日　第 127 册　第 60 页

45128　中日经济提携前途　《申报》　1937 年 3 月 29 日　第 350 册　第 695 页

45129　中日“经济提携”与走私（星期论文）/穆藕初　《大公报》　1937 年 5 月 16 日　第 138 册　第 216 页

45130　中日“经济提携”之途径（星期论文）/方显廷　《大公报》　1937 年 6 月 27 日　第 138 册　第 828 页

45131　中日经济协力的前瞻　《申报》　1943 年 7 月 19 日　第 384 册　第 253 页

45132　中日经济战的一面　《大公报》　1942 年 10 月 13 日　第 149 册　第 458 页

45133　中日纠纷非调停方法所能解决　《中央日报》　1932 年 3 月 10 日　第 17 册　第 393 页

45134　中日局势是否已临最后关头　《申报》　1937 年 7 月 28 日　第 354 册　第 697 页

45135　中日历史上光荣之一页：敬谢东条首相访华　《申报》　1943 年 3 月 16 日　第 383 册　第 530 页

45136　中日联合与中日平民联合　《民国日报》　1924 年 6 月 24 日　第 51 册　第 744 页

45137　中日两国国民的公敌　《中央日报》　1940 年 2 月 3 日　第 43 册　第 10 页

45138　中日两国之对内问题　《申报》　1915 年 6 月 30 日　第 134 册　第 1004 页

45139　中日贸易协会成立　《大公报》　1936 年 1 月 27 日　第 130 册　第 270 页

45140　中日贸易协会之发起　《大公报》　1935 年 10 月 23 日　第 128 册　第 748 页

45141　中日盟好不利于俄论　《申报》　1899 年 8 月 20 日　第 62 册　第 815 页

45142　中日密约与履行　《民国日报》　1918 年 7 月 10 日　第 16 册　第 86 页

45143　中日难和说　《申报》　1887 年 8 月 8 日　第 31 册　第 237 页

45144　中日亲善　《申报》　1917 年 2 月 2 日　第 144 册　第 385 页

45145　中日人民的共同努力点（言论）　《民国日报》　1925 年 12 月 31 日　第 60 册　第 724 页

45146　中日商务考略系之以论　《申报》　1891 年 8 月 10 日　第 39 册　第 245 页

45147　中日使节升格　《大公报》　1935 年 5 月 17 日　第 126 册　第 260 页

45148　中日使节之更易　《申报》　1936 年 2 月 5 日　第 337 册　第 119 页

45149　中日事件与意阿事件　《申报》　1935 年 9 月 19 日　第 332 册　第 523 页

45150　中日提携　《申报》　1914 年 12 月 2 日　第 131 册　第 450 页

45151　中日铁路交涉　《申报》　1931 年 6 月 3 日　第 283 册　第 61 页

45152　中日铁路交涉亟应公开　《大公报》　1931 年 3 月 1 日　第 101 册　第 4 页

45153　中日停战协定痛言　《大公报》　1933 年 6 月 1 日　第 114 册　第 438 页

45154　中日通商条约失效问题　《大公报》　1928 年 7 月 22 日　第 85 册　第 211 页

45155　中日通商条约问题　《大公报》　1928 年 7 月 19 日　第 85 册　第 181 页

45156　中日通商议　《申报》　1890 年 6 月 30 日　第 36 册　第 1069 页

45157　中日同盟一周年　《申报》　1944 年 10 月 30 日　第 386 册　第 393 页

45158　中日同盟与全面和平　《申报》　1943 年 10 月 31 日　第 384 册　第 671 页

45235　中苏商约谈判与新疆问题　《申报》　1949 年 2 月 16 日　第 400 册　第 274 页

45236　中苏商约与中苏　《申报》　1939 年 6 月 27 日　第 364 册　第 526 页

45237　中苏条约二周年　《中央日报》　1947 年 8 月 14 日　第 56 册　第 1070 页

45238　中苏通航感言　《大公报》　1939 年 3 月 25 日　第 142 册　第 334 页

45239　中苏同盟新约的订立　《中央日报》　1945 年 8 月 17 日　第 51 册　第 462 页

45240　中苏友好的前途　《大公报》　1938 年 9 月 6 日　第 141 册　第 280 页

45241　中苏友好同盟条约　《大公报》　1945 年 8 月 27 日　第 155 册　第 250 页

45242　中苏友谊的凝固性　《中央日报》　1941 年 4 月 5 日　第 44 册　第 660 页

45243　中苏友谊的重要性　《中央日报》　1946 年 11 月 2 日　第 54 册　第 394 页

45244　中土民情探原论　《申报》　1877 年 10 月 17 日　第 11 册　第 373 页

45245　中外风气大开说　《申报》　1878 年 2 月 19 日　第 12 册　第 145 页

45246　中外工部不同说　《申报》　1888 年 12 月 15 日　第 33 册　第 1079 页

45247　中外共弃之当局　《申报》　1921 年 6 月 16 日　第 170 册　第 809 页

45248　中外关心的东北问题　《申报》　1946 年 2 月 16 日　第 388 册　第 253 页

45249　中外合作禁毒　《申报》　1934 年 9 月 16 日　第 320 册　第 489 页

45250　中外情形未易尽知说　《申报》　1889 年 9 月 17 日　第 35 册　第 487 页

45251　中外人士的陈腐观念　《申报》　1946 年 1 月 5 日　第 388 册　第 29 页

45252　中外人心公私不同说　《申报》　1902 年 3 月 4 日　第 70 册　第 335 页

45253　中外殊刑后说　《申报》　1890 年 3 月 22 日　第 36 册　第 443 页

45254　中外殊刑说　《申报》　1890 年 3 月 18 日　第 36 册　第 417 页

45255　中外通商利弊说　《申报》　1906 年 11 月 24 日　第 85 册　第 477 页

45256　中外通商其得利益孰优论　《申报》　1905 年 1 月 20 日　第 79 册　第 115 页

45257　中外心理异点　《申报》　1914 年 8 月 15 日　第 129 册　第 692 页

45258　中外一家论　《申报》　1891 年 12 月 15 日　第 39 册　第 1013 页

45259　中外之交以利合论　《申报》　1883 年 12 月 11 日　第 23 册　第 981 页

45260　中外注意之沪土案　《大公报》　1928 年 12 月 6 日　第 87 册　第 421 页

45261　中委分区视察党务　《中央日报》　1931 年 2 月 20 日　第 13 册　第 579 页

45262　中西爱民不同说　《申报》　1887 年 11 月 26 日　第 31 册　第 953 页

45263　中西兵法异同得失论　《申报》　1898 年 10 月 11 日　第 60 册　第 291 页

45264　中西兵法异同得失论　《申报》　1901 年 12 月 23 日　第 69 册　第 695 页

45265　中西船论　《申报》　1874 年 5 月 22 日　第 4 册　第 463 页

45299　中西戏馆不同说　《申报》　1883 年 11 月 16 日　第 23 册　第 831 页

45300　中西刑律宽严得失论　《申报》　1894 年 4 月 30 日　第 46 册　第 745 页

45301　中西刑律异同说　《申报》　1881 年 2 月 9 日　第 18 册　第 129 页

45302　中西行乐不同说　《申报》　1899 年 8 月 17 日　第 62 册　第 793 页

45303　中西言雷不同说　《申报》　1899 年 7 月 20 日　第 62 册　第 609 页

45304　中西一贯之道论　《申报》　1897 年 4 月 18 日　第 55 册　第 619 页

45305　中西一贯之道论　《申报》　1897 年 4 月 20 日　第 55 册　第 631 页

45306　中西医术不同说　《申报》　1881 年 10 月 9 日　第 19 册　第 401 页

45307　中西医学刍言　《申报》　1903 年 9 月 28 日　第 75 册　第 197 页

45308　中西医学良楛论　《申报》　1891 年 11 月 30 日　第 39 册　第 923 页

45309　中西医学源流先后考　《申报》　1893 年 11 月 28 日　第 45 册　第 595 页

45310　中西医药论　《申报》　1888 年 5 月 7 日　第 32 册　第 725 页

45311　中西仪文不同论辨正　《申报》　1876 年 12 月 2 日　第 9 册　第 529 页

45312　中西异好说　《申报》　1890 年 7 月 8 日　第 37 册　第 45 页

45313　中西异同论　《申报》　1875 年 7 月 3 日　第 7 册　第 9 页

45314　中西饮食异宜说　《申报》　1886 年 9 月 9 日　第 29 册　第 431 页

45315　中暹邦交的展望　《申报》　1948 年 3 月 9 日　第 396 册　第 628 页

45316　中暹关系的新页　《申报》　1946 年 12 月 30 日　第 391 册　第 718 页

45317　中暹关系难乐观　《大公报》　1948 年 3 月 10 日　第 162 册　第 412 页

45318　中暹友好成立　《大公报》　1946 年 4 月 5 日　第 156 册　第 376 页

45319　中暹友好还得进一步　《申报》　1946 年 12 月 17 日　第 391 册　第 562 页

45320　中暹之共同利害观　《中央日报》　1935 年 5 月 29 日　第 30 册　第 698 页

45321　中小工业问题　《中央日报》　1946 年 2 月 13 日　第 52 册　第 452 页

45322　中小学课程标准之修订　《申报》　1935 年 11 月 5 日　第 334 册　第 111 页

45323　中心　《申报》　1918 年 4 月 13 日　第 151 册　第 670 页

45324　中心　《申报》　1925 年 5 月 25 日　第 212 册　第 506 页

45325　中心思想　《申报》　1943 年 11 月 23 日　第 384 册　第 763 页

45326　中心问题　《申报》　1928 年 8 月 6 日　第 249 册　第 148 页

45327　中心信仰　《申报》　1944 年 9 月 19 日　第 386 册　第 261 页

45328　中学毕业生升学问题　《大公报》　1934 年 6 月 26 日　第 120 册　第 826 页

45329　中学毕业生自杀事件　《大公报》　1930 年 8 月 6 日　第 97 册　第 436 页

45330　中学会考不应恢复　《大公报》　1947 年 5 月 8 日　第 160 册　第 50 页

45331　中学军训感言/傅孟真（星期论文）　《大公报》　1935 年 6 月 2 日　第 126 册　第 516 页

45332　中研院评议会的使命　《中央日报》　1944 年 3 月 9 日　第 49 册　第 310 页

45333　中研院评议会的召开　《申报》　1946 年 10 月 24 日　第 390 册　第 666 页

45334　中央财集权与地方分权之争点　《申报》　1912 年 7 月 2 日　第 118 册　第 11 页

45335　中央财政概论　《申报》　1912 年 5 月 18 日　第 117 册　第 461 页

45336　中央财政概论续　《申报》　1912 年 5 月 19 日　第 117 册　第 471 页

45337　中央处理台变原则宣布以后　《申报》　1947 年 3 月 19 日　第 392 册　第 816 页

45338　中央大学风潮感言　《大公报》　1930 年 11 月 3 日　第 99 册　第 28 页

45339　中央大学之校务纠纷　《中央日报》　1930 年 10 月 24 日　第 12 册　第 275 页

45340　中央代表赴粤之展望　《申报》　1933 年 12 月 14 日　第 311 册　第 394 页

45341　中央党部迁粤　《中央日报》　1949 年 1 月 27 日　第 60 册　第 926 页

45342　中央地方关系之调整　《大公报》　1936 年 9 月 14 日　第 134 册　第 188 页

45343　中央地方权责的划分/陈之迈（星期论文）　《大公报》　1943 年 6 月 27 日　第 150 册　第 784 页

45344　中央地方人才之调剂　《大公报》　1935 年 2 月 26 日　第 124 册　第 840 页

45345　中央对冯之态度　《中央日报》　1929 年 6 月 24 日　第 6 册　第 625 页

45346　中央何以慰北平民众　《大公报》　1929 年 2 月 23 日　第 88 册　第 824 页

45347　中央会议受粤变影响耶（社论）　《民国日报》　1927 年 11 月 23 日　第 71 册　第 322 页

45348　中央急宜注意海外宣传　《民国日报》　1928 年 11 月 17 日　第 77 册　第 264 页

45349　中央集权与地方分权之争点　《申报》　1912 年 6 月 21 日　第 117 册　第 799 页

45350　中央教育会议事成绩之评论　《申报》　1911 年 8 月 12 日　第 113 册　第 695 页

45351　中央决定对俄方针感言　《大公报》　1930 年 2 月 9 日　第 94 册　第

564 页

45352　中央军校十周年纪念　《大公报》　1934 年 6 月 16 日　第 120 册　第 678 页

45353　中央军心理上之胜利　《中央日报》　1929 年 12 月 21 日　第 8 册　第 633 页

45354　中央派遣党员留学之意义与留学党员之责任　《民国日报》　1930 年 1 月 12 日　第 84 册　第 133 页

45355　中央全会之前途（社论）　《民国日报》　1927 年 12 月 6 日　第 71 册　第 512 页

45356　中央全会之曙光（社论）　《民国日报》　1927 年 12 月 9 日　第 71 册　第 554 页

45357　中央设计局的初期工作是什么？/黄宁（星期论文）　《大公报》　1940 年 7 月 28 日　第 145 册　第 96 页

45358　中央威信与拥护中央　《大公报》　1929 年 4 月 23 日　第 89 册　第 852 页

45359　中央须速负全局责任　《大公报》　1933 年 2 月 27 日　第 112 册　第 688 页

45360　中央研究院的使命　《申报》　1947 年 10 月 16 日　第 395 册　第 156 页

45361　中央宜施行党政总检查　《大公报》　1933 年 10 月 13 日　第 116 册　第 618 页

45362　中央宜速发表解决湘事办法　《大公报》　1929 年 3 月 10 日　第 89 册　第 148 页

45363　中央银行业务会议　《申报》　1946 年 10 月 16 日　第 390 册　第 570 页

45364　中央银行之将来　《中央日报》　1943 年 4 月 21 日　第 47 册　第 1012 页

45365　中央应为国人准备经济绝交之实力　《民国日报》　1931 年 10 月 3 日　第 94 册　第 411 页

45366　中央应有为国际盟约牺牲之准备　《民国日报》　1931 年 10 月 13 日　第 94 册　第 527 页

45367　中央应召集禁烟会议　《民国日报》　1928 年 1 月 27 日　第 72 册　第 268 页

45368　中央与地方　《申报》　1920 年 3 月 30 日　第 163 册　第 543 页

45369　中央与地方　《大公报》　1937 年 3 月 8 日　第 137 册　第 102 页

45370　中央与地方之关系　《民国日报》　1928 年 2 月 15 日　第 72 册　第 542 页

45371　中央与东北　《大公报》　1928 年 10 月 30 日　第 86 册　第 701 页

45372　中央与东北　《大公报》　1929 年 7 月 8 日　第 91 册　第 116 页

45424　中英友谊的促进：送英国议会访华团　《中央日报》　1947 年 10 月 25 日　第 57 册　第 568 页

45425　中英有可合之机说　《申报》　1885 年 4 月 19 日　第 26 册　第 565 页

45426　中原大战中的空军　《中央日报》　1944 年 5 月 11 日　第 49 册　第 588 页

45427　中原社会之大危机　《大公报》　1928 年 5 月 23 日　第 84 册　第 221 页

45428　中越商约亟应复活　《申报》　1934 年 12 月 14 日　第 323 册　第 396 页

45429　中政会讨论党员犯罪加重处罚　《中央日报》　1931 年 4 月 10 日　第 14 册　第 115 页

45430　中政会通过国家总概算感言　《大公报》　1937 年 5 月 14 日　第 138 册　第 188 页

45431　中政会重订弹劾案办法　《大公报》　1934 年 11 月 2 日　第 123 册　第 20 页

45432　中政会注意民食问题　《中央日报》　1929 年 11 月 14 日　第 8 册　第 159 页

45433　中政校十周年纪念　《中央日报》　1937 年 5 月 20 日　第 39 册　第 237 页

45434　中止与终止　《申报》　1919 年 10 月 23 日　第 160 册　第 955 页

45435　忠爱国家与爱护青年：追悼张季鸾先生　《申报》　1948 年 9 月 6 日　第 398 册　第 528 页

45436　忠告　《申报》（汉口版）　1938 年 3 月 28 日　第 356 册　第 145 页

45437　忠告播弄副总统问题者　《民国日报》　1916 年 10 月 22 日　第 5 册　第 614 页

45438　忠告不出席议宪者　《民国日报》　1920 年 1 月 20 日　第 25 册　第 264 页

45439　忠告不经济的牺牲者：湘粤是前车　江苏莫蹈覆辙　《民国日报》　1920 年 10 月 20 日　第 29 册　第 698 页

45440　忠告法国当局　《中央日报》　1940 年 11 月 13 日　第 44 册　第 54 页

45441　忠告广肇公所　《民国日报》　1922 年 7 月 16 日　第 40 册　第 208 页

45442　忠告假借者　《申报》　1919 年 6 月 12 日　第 158 册　第 711 页

45443　忠告联总署长拉加第亚　《中央日报》　1946 年 7 月 13 日　第 53 册　第 366 页

45444　忠告两院议员（一）　《申报》　1913 年 5 月 10 日　第 122 册　第 116 页

45445　忠告两院议员（二）　《申报》　1913 年 5 月 11 日　第 122 册　第 130 页

45446　忠告两院议员（三）　《申报》　1913 年 5 月 12 日　第 122 册　第 144 页

45447　忠告留粤中委　《中央日报》　1933 年 5 月 21 日　第 22 册　第 486 页

45448　忠告买总统的　《民国日报》　1923 年 6 月 3 日　第 45 册　第 456 页

45449　忠告缅甸及南洋民众：并向同盟国建议　《中央日报》　1943 年 8 月 3 日　第 48 册　第 476 页

45450　忠告明达之日人士：真言亲善者　当救政府之失策　《民国日报》　1918 年 4 月 12 日　第 14 册　第 502 页

45451　忠告某报　《民国日报》　1917 年 8 月 28 日　第 10 册　第 698 页

45452　忠告日本当局　《申报》　1928 年 4 月 22 日　第 245 册　第 540 页

45453　忠告上海工部局　《申报》（香港版）　1938 年 8 月 11 日　第 356 册　第 1054 页

45454　忠告社会中心人物　《民国日报》　1918 年 4 月 1 日　第 14 册　第 370 页

45455　忠告苏赣鄂三督军　《民国日报》　1917 年 12 月 7 日　第 12 册　第 434 页

45456　忠告苏联　《大公报》　1930 年 4 月 2 日　第 95 册　第 516 页

45457　忠告唐生智底部下（社论）　《民国日报》　1927 年 10 月 26 日　第 70 册　第 818 页

45458　忠告推波助澜者　《申报》　1913 年 5 月 18 日　第 122 册　第 224 页

45459　忠告西南：承认召集新国会等于自杀　《民国日报》　1918 年 1 月 7 日　第 13 册　第 62 页

45460　忠告西南（二）：驳让步之一说　《民国日报》　1918 年 1 月 8 日　第 13 册　第 74 页

45461　忠告西南各省　《民国日报》　1921 年 5 月 19 日　第 33 册　第 254 页

45462　忠告兴办银行者　《申报》　1909 年 6 月 19 日　第 100 册　第 702 页

45463　忠告学生善用理智　《申报》　1947 年 1 月 4 日　第 392 册　第 30 页

45464　忠告一般反曹运动者　《民国日报》　1923 年 9 月 26 日　第 47 册　第 358 页

45465　忠告袁大总统　《申报》　1912 年 5 月 2 日　第 117 册　第 301 页

45466　忠告袁世凯　《申报》　1912 年 1 月 9 日　第 116 册　第 107 页

45467　忠告在中国纷扰状态中的各国　《民国日报》　1923 年 7 月 10 日　第 46 册　第 128 页

45468　忠告战时同胞　《申报》（香港版）　1938 年 4 月 2 日　第 356 册　第 529 页

45469　忠告执政政府　《民国日报》　1924 年 12 月 22 日　第 54 册　第 489 页

45470　忠君爱国议　《申报》　1894 年 10 月 26 日　第 48 册　第 347 页

45471　忠实　《申报》　1925 年 7 月 1 日　第 214 册　第 5 页

45472　忠实　《申报》　1927 年 3 月 27 日　第 232 册　第 550 页

45473　忠实的国民党领袖团结起来（社论）　《民国日报》　1927 年 11 月 19 日

第 71 册　第 266 页

45474　忠实与不贰　《申报》　1929 年 5 月 3 日　第 258 册　第 35 页

45475　忠实之进一解　《申报》　1928 年 8 月 15 日　第 249 册　第 402 页

45476　忠义广义　《民国日报》　1917 年 2 月 1 日　第 7 册　第 278 页

45477　忠勇奋发之前敌将士　《中央日报》　1929 年 11 月 19 日　第 8 册　第 223 页

45478　忠勇哉马占山将军　《申报》　1931 年 11 月 14 日　第 288 册　第 329 页

45479　忠于民国　《申报》　1921 年 8 月 19 日　第 172 册　第 375 页

45480　忠于所事　《申报》　1919 年 4 月 15 日　第 157 册　第 735 页

45481　忠于为国　《申报》　1928 年 8 月 3 日　第 249 册　第 69 页

45482　终究发现　《申报》　1921 年 1 月 27 日　第 168 册　第 424 页

45483　终了　《申报》　1915 年 12 月 5 日　第 137 册　第 562 页

45484　终露其丑　《申报》　1924 年 6 月 23 日　第 203 册　第 492 页

45485　终胜　《申报》　1918 年 10 月 3 日　第 154 册　第 533 页

45486　终始　《申报》　1917 年 10 月 9 日　第 148 册　第 641 页

45487　终始　《申报》　1919 年 12 月 9 日　第 161 册　第 666 页

45488　终与安乐　《申报》　1920 年 7 月 27 日　第 165 册　第 501 页

45489　终止物价波动的手段　《中央日报》　1946 年 9 月 25 日　第 53 册　第 1062 页

45490　种根　《申报》　1915 年 11 月 2 日　第 137 册　第 20 页

45491　种树能备水旱说　《申报》　1878 年 8 月 23 日　第 13 册　第 185 页

45492　种银奇闻书后　《申报》　1879 年 7 月 4 日　第 15 册　第 13 页

45493　种蔗制糖说　《申报》　1891 年 2 月 4 日　第 38 册　第 199 页

45494　种植备荒说　《申报》　1889 年 5 月 22 日　第 34 册　第 787 页

45495　种种反革命与革命人生观/胡汉民　《民国日报》　1929 年 10 月 16 日　第 82 册　第 756 页

45496　种族平等的倡导：埃及提案的通过　《申报》　1946 年 11 月 22 日　第 391 册　第 262 页

45497　仲裁条约与不侵犯条约　《大公报》　1931 年 10 月 29 日　第 104 册　第 688 页

45498　仲裁条约在撤兵以后　《民国日报》　1931 年 10 月 29 日　第 94 册　第 727 页

45499　众咀胜于众祝说　《申报》　1887 年 10 月 31 日　第 31 册　第 785 页

45500　众说纷纷　《申报》　1917 年 2 月 17 日　第 144 册　第 650 页

45501　众与专　《申报》　1927 年 7 月 24 日　第 236 册　第 499 页

45502　众院之哄　《申报》　1924 年 6 月 14 日　第 203 册　第 286 页

45599 州县稽查保甲宜先安置游民论 《申报》 1901 年 1 月 30 日 第 67 册 第 175 页

45600 州县亏空由于委调太纷论 《申报》 1880 年 12 月 6 日 第 17 册 第 633 页

45601 州县以亲民为要说 《申报》 1887 年 4 月 14 日 第 30 册 第 603 页

45602 周恩来返南京 《大公报》 1946 年 10 月 22 日 第 158 册 第 136 页

45603 周佛海丁默邨怎样呢? 《大公报》 1946 年 8 月 28 日 第 157 册 第 288 页

45604 周密与奋往 《申报》 1927 年 8 月 23 日 第 237 册 第 472 页

45605 周逆佛海判处死弄 《大公报》 1946 年 11 月 8 日 第 158 册 第 246 页

45606 周浦塘记略 《申报》 1875 年 5 月 22 日 第 6 册 第 465 页

45607 周自齐就职 《申报》 1922 年 4 月 12 日 第 179 册 第 231 页

45608 周自齐署阁 《申报》 1922 年 4 月 10 日 第 179 册 第 191 页

45609 诛逆 《大公报》 1940 年 3 月 15 日 第 144 册 第 298 页

45610 轴心春季攻势的展望 《申报》 1941 年 4 月 13 日 第 375 册 第 544 页

45611 轴心盗匪的"无条件投降":热烈期待罗邱西非会谈之结果 《中央日报》 1943 年 1 月 28 日 第 47 册 第 544 页

45612 轴心的春节攻势 《中央日报》 1942 年 2 月 11 日 第 45 册 第 808 页

45613 轴心的小伙伴 《大公报》 1940 年 12 月 14 日 第 145 册 第 632 页

45614 轴心攻势的再检讨 《申报》 1941 年 6 月 8 日 第 376 册 第 459 页

45615 轴心国的苦闷 《申报》 1940 年 10 月 6 日 第 372 册 第 468 页

45616 轴心国家的外交攻势 《大公报》 1940 年 9 月 25 日 第 145 册 第 322 页

45617 轴心两巨头会晤与欧战前途 《申报》 1941 年 6 月 5 日 第 376 册 第 424 页

45618 轴心颓势中之日本 《申报》 1941 年 3 月 31 日 第 375 册 第 382 页

45619 轴心威胁下之南美危机 《申报》 1941 年 10 月 31 日 第 378 册 第 376 页

45620 轴心阴谋的自白 论日德义经济合作协定 《大公报》 1943 年 1 月 23 日 第 150 册 第 104 页

45621 轴心阵线的损益账 《申报》 1941 年 3 月 16 日 第 375 册 第 192 页

45622 骤之与渐 《申报》 1929 年 5 月 24 日 第 258 册 第 642 页

45623 朱毛扩大战祸! 《申报》 1949 年 4 月 22 日 第 400 册 第 764 页

45624 朱毛之祸 《大公报》 1930 年 3 月 25 日 第 95 册 第 388 页

45625 朱聘三太史上徐州尚书请置训方员书 《申报》 1906 年 5 月 8 日 第 83 册 第 367 页

514 页

45680　主义之战（社论）　《民国日报》　1926 年 10 月 20 日　第 65 册　第 496 页

45681　主义之争与南北之争　《民国日报》　1923 年 10 月 31 日　第 47 册　第 862 页

45682　主意　《申报》　1918 年 9 月 9 日　第 154 册　第 142 页

45683　主与仆　《申报》　1920 年 9 月 20 日　第 166 册　第 336 页

45684　主战说　《申报》　1912 年 11 月 18 日　第 119 册　第 547 页

45685　主战与内阁　《民国日报》　1917 年 12 月 19 日　第 12 册　第 578 页

45686　主战者之消息　《申报》　1918 年 2 月 22 日　第 150 册　第 640 页

45687　主战者之战　《申报》　1918 年 2 月 21 日　第 150 册　第 625 页

45688　主张分日本退回之庚子赔款办应用科学研究所于广州/李敦化　《民国日报》　1924 年 3 月 8 日　第 50 册　第 96 页

45689　主张好人奋斗者的失言　《民国日报》　1922 年 6 月 6 日　第 39 册　第 492 页

45690　主张派代表：为山东人后盾　《民国日报》　1919 年 6 月 26 日　第 21 册　第 662 页

45691　主张普遍选举之理由　《申报》　1909 年 1 月 27 日　第 98 册　第 241 页

45692　主张普遍选举之理由（续）　《申报》　1909 年 1 月 28 日　第 98 册　第 255 页

45693　主张伪国会制宪的心理　《民国日报》　1922 年 8 月 6 日　第 40 册　第 494 页

45694　主张与没趣　《申报》　1922 年 8 月 14 日　第 183 册　第 284 页

45695　属耳目　《申报》　1928 年 9 月 4 日　第 250 册　第 107 页

45696　属国重轻说　《申报》　1883 年 6 月 5 日　第 22 册　第 811 页

45697　煮雪品茗记　《申报》　1891 年 2 月 3 日　第 38 册　第 195 页

45698　瞩望台湾的新政　《申报》　1948 年 12 月 31 日　第 399 册　第 584 页

45699　瞩望西北　《大公报》　1942 年 7 月 23 日　第 149 册　第 102 页

45700　瞩望亚洲会议　《中央日报》　1949 年 1 月 23 日　第 60 册　第 910 页

45701　住宅问题　《中央日报》　1945 年 12 月 7 日　第 52 册　第 38 页

45702　助工人是义务不是送礼（言论）　《民国日报》　1925 年 7 月 21 日　第 58 册　第 204 页

45703　助国民军　《民国日报》　1926 年 3 月 22 日　第 62 册　第 212 页

45704　助国人认识东北问题之一席谈话　《申报》　1933 年 10 月 7 日　第 309 册　第 197 页

45705　助龙都督北伐　《民国日报》　1916 年 4 月 11 日　第 2 册　第 494 页

240 页

45735   注意存土质问案   《民国日报》   1917 年 2 月 22 日   第 7 册   第 506 页

45736   注意当前外交上之严重情势   《申报》   1931 年 12 月 4 日   第 289 册   第 81 页

45737   注意第九届太平洋学会   《大公报》   1944 年 11 月 30 日   第 153 册   第 678 页

45738   注意东京裁判的宣判   《申报》   1948 年 11 月 4 日   第 399 册   第 230 页

45739   注意芳泽之致词   《申报》   1931 年 10 月 16 日   第 287 册   第 363 页

45740   注意公共租界纳税外人会麦氏之报告/彬   《申报》   1932 年 4 月 14 日   第 291 册   第 401 页

45741   注意共党的阴谋   《民国日报》   1928 年 9 月 11 日   第 76 册   第 167 页

45742   注意国内与国际之变化   《大公报》   1926 年 9 月 5 日   第 77 册   第 33 页

45743   注意江河水利工程   《中央日报》   1946 年 4 月 22 日   第 52 册   第 860 页

45744   注意交涉   《申报》   1913 年 9 月 17 日   第 124 册   第 212 页

45745   注意交通安全   《大公报》   1948 年 12 月 9 日   第 164 册   第 550 页

45746   注意经济行政   《中央日报》   1938 年 12 月 4 日   第 41 册   第 348 页

45747   注意开滦矿权问题   《大公报》   1931 年 4 月 4 日   第 101 册   第 412 页

45748   注意来年民食之大恐慌   《大公报》   1926 年 12 月 20 日   第 77 册   第 867 页

45749   注意两大潜势力之暴发   《大公报》   1926 年 9 月 12 日   第 77 册   第 89 页

45750   注意买总统的"买"字   《民国日报》   1923 年 5 月 23 日   第 45 册   第 302 页

45751   注意内田演说之重要性   《大公报》   1932 年 8 月 26 日   第 109 册   第 676 页

45752   注意纳粹的新阴谋   《大公报》   1941 年 12 月 30 日   第 147 册   第 720 页

45753   注意青年（专论）/胡朴安   《民国日报》   1946 年 8 月 1 日   第 98 册   第 373 页

45754   注意青年的健康   《中央日报》   1942 年 9 月 24 日   第 46 册   第 858 页

45755   注意热河问题！   《大公报》   1932 年 7 月 6 日   第 109 册   第 64 页

45756   注意人的问题   《大公报》   1938 年 3 月 24 日   第 140 册   第 354 页

45757   注意日本的态度（社评）   《民国日报》   1927 年 10 月 9 日   第 70 册   第 551 页

45758　注意日本帝国主义的鬼计　《民国日报》　1929 年 4 月 4 日　第 79 册　第 604 页

45759　注意日本覆牒两点　《民国日报》　1920 年 6 月 20 日　第 27 册　第 692 页

45760　注意日本军部之态度　《中央日报》　1932 年 10 月 7 日　第 19 册　第 538 页

45761　注意日本满铁改制案　《大公报》　1933 年 11 月 15 日　第 117 册　第 200 页

45762　注意日本破坏中国法币的阴谋　《申报》　1939 年 2 月 16 日　第 362 册　第 282 页

45763　注意日本新政局！　《大公报》　1932 年 5 月 20 日　第 108 册　第 194 页

45764　注意日军之残酷行动/彬　《申报》　1932 年 2 月 18 日　第 290 册　第 719 页

45765　注意日人计划寻衅　《中央日报》　1931 年 11 月 11 日　第 16 册　第 499 页

45766　注意日英态度　《大公报》　1926 年 9 月 6 日　第 77 册　第 41 页

45767　注意善后救济工作　《大公报》　1945 年 8 月 15 日　第 155 册　第 196 页

45768　注意上海租界的事　《中央日报》　1929 年 3 月 7 日　第 5 册　第 167 页

45769　注意外交乎荒愒内政耳　《民国日报》　1917 年 4 月 4 日　第 8 册　第 394 页

45770　注意我国西南的门户——康藏！/洪石波（星期论坛）　《申报》　1947 年 8 月 18 日　第 394 册　第 482 页

45771　注意武汉的防务！　《申报》　1949 年 4 月 13 日　第 400 册　第 694 页

45772　注意武人的称呼　《民国日报》　1920 年 8 月 13 日　第 28 册　第 604 页

45773　注意西北的水利　《大公报》　1944 年 6 月 16 日　第 152 册　第 748 页

45774　注意协定又遇难关　《申报》　1931 年 4 月 5 日　第 281 册　第 116 页

45775　注意新银团借款：国民该再切实声明　《民国日报》　1920 年 11 月 3 日　第 30 册　第 30 页

45776　注意一个严肃的问题！　《大公报》　1940 年 2 月 8 日　第 144 册　第 154 页

45777　注意英国修筑印藏公路！　《申报》　1948 年 7 月 12 日　第 398 册　第 90 页

45778　注意这几天的卖国呀　《民国日报》　1920 年 2 月 11 日　第 25 册　第 500 页

45779　注意整个生活的调剂（专论）/胡朴安　《民国日报》　1946 年 5 月 31 日　第 98 册　第 125 页

45780　注意之一点　《申报》　1928 年 12 月 13 日　第 253 册　第 356 页

45781　注意直接勾结　《民国日报》　1920 年 2 月 15 日　第 25 册　第 548 页

45782　注意中东路上已收回之权利　《大公报》　1930 年 1 月 20 日　第 94 册　第 276 页

45783　注意中国电政主权之危机　《大公报》　1926 年 11 月 29 日　第 77 册　第 699 页

45784　注意中国航业之危机　《中央日报》　1929 年 7 月 28 日　第 6 册　第 1021 页

45785　注意中原之危机　《大公报》　1927 年 1 月 20 日　第 78 册　第 149 页

45786　注意轴心新攻势　《大公报》　1942 年 2 月 11 日　第 148 册　第 178 页

45787　注意注意北方的事　《民国日报》　1928 年 9 月 7 日　第 76 册　第 101 页

45788　注意自今日起中比关系是否仍根据满期后旧约　《大公报》　1926 年 10 月 28 日　第 77 册　第 443 页

45789　注重　《申报》　1929 年 3 月 23 日　第 256 册　第 655 页

45790　注重现在　《申报》　1928 年 9 月 1 日　第 250 册　第 8 页

45791　驻东陕西留学生监督徐炯致学务处书　《申报》　1906 年 4 月 23 日　第 83 册　第 221 页

45792　驻法刘星使式训奏条陈出使事宜拟请变通章程折并附片　《申报》　1906 年 9 月 10 日　第 84 册　第 699 页

45793　驻防旗兵亟宜变通说　《申报》　1880 年 12 月 1 日　第 17 册　第 613 页

45794　驻华的美大使更迭　《中央日报》　1941 年 2 月 8 日　第 44 册　第 420 页

45795　驻津外军之军纪问题　《大公报》　1927 年 8 月 4 日　第 80 册　第 273 页

45796　驻美德两国公使之重要　《申报》　1931 年 8 月 15 日　第 285 册　第 389 页

45797　驻印军打回了老家　《中央日报》　1945 年 1 月 17 日　第 50 册　第 612 页

45798　祝巴黎和会开幕　《民国日报》　1946 年 7 月 29 日　第 98 册　第 361 页

45799　祝北方请愿团奋斗　《大公报》　1948 年 1 月 22 日　第 162 册　第 136 页

45800　祝北洋大学五十一周年　《大公报》　1946 年 10 月 2 日　第 158 册　第 8 页

45801　祝不列颠帝国日　《申报》　1941 年 5 月 24 日　第 376 册　第 277 页

45802　祝参政会第五次大会　《中央日报》　1940 年 4 月 2 日　第 43 册　第 276 页

45803　祝朝鲜独立解放　《大公报》　1943 年 3 月 1 日　第 150 册　第 256 页

45804　祝朝鲜解放　《大公报》　1945 年 9 月 12 日　第 155 册　第 318 页

45805　祝川省沦区行政会议　《大公报》　1942 年 8 月 3 日　第 149 册　第

148 页

45806　祝川省校长会谈　《大公报》　1939 年 2 月 25 日　第 142 册　第 222 页

45807　祝川省渝区行政会议　《大公报》　1943 年 7 月 14 日　第 151 册　第 60 页

45808　祝词　《民国日报》　1918 年 11 月 21 日　第 18 册　第 242 页

45809　祝达赖坐床并论藏事　《中央日报》　1940 年 2 月 24 日　第 43 册　第 96 页

45810　祝第二届戏剧节　《中央日报》　1939 年 10 月 11 日　第 42 册　第 616 页

45811　祝第六届体育节　《大公报》　1947 年 9 月 9 日　第 161 册　第 50 页

45812　祝第四届记者节　《大公报》　1947 年 9 月 1 日　第 161 册　第 2 页

45813　祝儿童节　《大公报》　1936 年 4 月 4 日　第 131 册　第 482 页

45814　祝法国国庆　《申报》　1947 年 7 月 14 日　第 394 册　第 132 页

45815　祝法国国庆与复兴　《大公报》　1944 年 7 月 14 日　第 153 册　第 62 页

45816　祝法兰西国庆　《中央日报》　1945 年 7 月 14 日　第 51 册　第 260 页

45817　祝法兰西国庆纪念　《中央日报》　1939 年 7 月 14 日　第 42 册　第 252 页

45818　祝菲律宾独立　《申报》　1943 年 10 月 14 日　第 384 册　第 603 页

45819　祝福甘地悬念印度　《中央日报》　1943 年 2 月 23 日　第 47 册　第 684 页

45820　祝甘地先生健康　《民国日报》　1930 年 5 月 7 日　第 86 册　第 80 页

45821　祝工程师节　《大公报》　1946 年 6 月 6 日　第 156 册　第 624 页

45822　祝工程师年会　《大公报》　1945 年 6 月 6 日　第 154 册　第 664 页

45823　祝工程师学会第十届年会　《大公报》　1941 年 10 月 22 日　第 147 册　第 442 页

45824　祝工业发展及工人福利　《大公报》　1937 年 5 月 1 日　第 138 册　第 4 页

45825　祝工业建设计画会议　《大公报》　1943 年 4 月 20 日　第 150 册　第 488 页

45826　祝公理之大战胜：世界太平之先机　《民国日报》　1918 年 11 月 13 日　第 18 册　第 146 页

45827　祝公理之大战胜（二）：新欧洲纪元　《民国日报》　1918 年 11 月 14 日　第 18 册　第 158 页

45828　祝嘏记　《申报》　1886 年 10 月 6 日　第 29 册　第 597 页

45829　祝国府成立三周纪念　《民国日报》　1928 年 7 月 1 日　第 75 册　第 3 页

45830　祝国府在重庆开始办公　《大公报》　1937 年 11 月 30 日　第 139 册　第 657 页

45860 祝今年 《中央日报》 1937年1月1日 第37册 第3页

45861 祝今日 《中央日报》 1939年12月25日 第42册 第916页

45862 祝今日开幕的两大会 《民国日报》 1930年3月1日 第85册 第6页

45863 祝泾惠渠 《大公报》 1932年6月20日 第108册 第504页

45864 祝九一节 《大公报》 1939年9月1日 第143册 第2页

45865 祝旧金山会议 《大公报》 1945年4月25日 第154册 第486页

45866 祝科学团体联合年会 《大公报》 1948年10月9日 第164册 第230页

45867 祝克济南 《中央日报》 1930年8月18日 第11册 第595页

45868 祝克郑州 《中央日报》 1930年10月8日 第12册 第91页

45869 祝空军节 《中央日报》 1940年8月14日 第43册 第852页

45870 祝空军节 《大公报》 1941年8月14日 第147册 第164页

45871 祝空军节 并论建设中国空军 《大公报》 1942年8月14日 第149册 第194页

45872 祝联合国大会 《大公报》 1946年1月12日 第156册 第48页

45873 祝联合国大会成功 《申报》 1946年10月23日 第390册 第654页

45874 祝联合国大会开幕 《中央日报》 1945年4月25日 第50册 第1018页

45875 祝联合国日 《大公报》 1942年6月14日 第148册 第698页

45876 祝联合国日 《大公报》 1944年6月14日 第152册 第740页

45877 祝罗斯福氏三任总统就职 《申报》 1941年1月20日 第374册 第248页

45878 祝罗素先生不死 《民国日报》 1921年3月29日 第32册 第392页

45879 祝美阿公路通车 《大公报》 1942年11月16日 第149册 第604页

45880 祝美菲二国国庆 《中央日报》 1947年7月4日 第56册 第647页

45881 祝美共和党选举胜利 《民国日报》 1920年11月5日 第30册 第58页

45882 祝美国"不参加日本侵略委员会" 《中央日报》 1939年1月21日 第41册 第590页

45883 祝美国独立纪念 《大公报》 1941年7月4日 第147册 第14页

45884 祝美国独立纪念 《大公报》 1942年7月4日 第149册 第14页

45885 祝美国国庆 《大公报》 1944年7月4日 第153册 第16页

45886 祝美国国庆 《中央日报》 1946年7月4日 第53册 第284页

45887 祝美国国庆：并祝华副总统使命完成 《中央日报》 1944年7月4日 第49册 第822页

45888 祝美国国庆日 《中央日报》 1945年7月4日 第51册 第200页

45889　祝美国空军节　《中央日报》　1945 年 8 月 1 日　第 51 册　第 368 页

45890　祝美国新总统　《申报》　1920 年 11 月 5 日　第 167 册　第 79 页

45891　祝缅甸共和国诞生　《大公报》　1947 年 12 月 13 日　第 161 册　第 628 页

45892　祝缅甸共和国的诞生：愿望中缅关系有新的开始　《申报》　1948 年 1 月 5 日　第 396 册　第 24 页

45893　祝民国八年国庆日　《申报》　1919 年 10 月 10 日　第 160 册　第 703 页

45894　祝民国纪念与总统履任　《申报》　1913 年 10 月 10 日　第 124 册　第 524 页

45895　祝民国三年　《申报》　1914 年 1 月 1 日　第 126 册　第 2 页

45896　祝民国十六年　《申报》　1927 年 1 月 1 日　第 231 册　第 10 页

45897　祝欧洲大战告成　《申报》　1918 年 11 月 12 日　第 155 册　第 178 页

45898　祝欧洲和会成功！　《申报》　1946 年 7 月 29 日　第 389 册　第 576 页

45899　祝平市参议会成立　《大公报》　1947 年 11 月 1 日　第 161 册　第 374 页

45900　祝青年军结业　《中央日报》　1946 年 5 月 31 日　第 52 册　第 1094 页

45901　祝全国各界联合会成立　《民国日报》　1919 年 11 月 10 日　第 24 册　第 110 页

45902　祝全国基督教大学教育会议　《申报》（香港版）　1939 年 4 月 19 日　第 358 册　第 394 页

45903　祝全国教学联会年会　《中央日报》　1938 年 11 月 27 日　第 41 册　第 318 页

45904　祝全国教育会议开幕　《申报》（香港版）　1939 年 3 月 1 日　第 358 册　第 2 页

45905　祝全国内政会议　《大公报》　1941 年 12 月 8 日　第 147 册　第 632 页

45906　祝全国行政会议　《大公报》　1944 年 5 月 29 日　第 152 册　第 672 页

45907　祝全国行政会议之成功　《中央日报》　1944 年 6 月 2 日　第 49 册　第 682 页

45908　祝全国运动会开幕　《大公报》　1948 年 5 月 5 日　第 163 册　第 26 页

45909　祝三八节　《中央日报》　1940 年 3 月 8 日　第 43 册　第 152 页

45910　祝三八节　《中央日报》　1943 年 3 月 8 日　第 47 册　第 758 页

45911　祝三巨头会议之成功　《中央日报》　1945 年 2 月 9 日　第 50 册　第 710 页

45912　祝三路齐起之义师　《民国日报》　1924 年 9 月 8 日　第 53 册　第 86 页

45913　祝上海市民福利协会成立　《申报》　1943 年 4 月 11 日　第 383 册　第 686 页

45914　祝上海特别市商民协会成立　《民国日报》　1928 年 3 月 1 日　第 73 册　第 3 页

45915　祝上海新闻联合会成立　《申报》　1943 年 1 月 28 日　第 383 册　第 194 页

45916　祝十一中全会：把握胜利奠定国基　《大公报》　1943 年 9 月 7 日　第 151 册　第 304 页

45917　祝十月革命二十二周年　《大公报》　1939 年 11 月 7 日　第 143 册　第 272 页

45918　祝世界青年大会　《大公报》　1938 年 8 月 15 日　第 141 册　第 196 页

45919　祝市参议会揭幕　《民国日报》　1946 年 8 月 13 日　第 98 册　第 445 页

45920　祝市参议会首次大会闭幕：并纪念九九胜利日　《申报》　1946 年 9 月 9 日　第 390 册　第 102 页

45921　祝寿　《中央日报》　1936 年 10 月 31 日　第 36 册　第 371 页

45922　祝寿说　《申报》　1886 年 3 月 5 日　第 28 册　第 335 页

45923　祝寿与报国　《申报》　1946 年 10 月 31 日　第 390 册　第 750 页

45924　祝双十节（社评）　《民国日报》　1927 年 10 月 10 日　第 70 册　第 565 页

45925　祝苏军今冬的初捷　《大公报》　1942 年 11 月 24 日　第 149 册　第 636 页

45926　祝苏联二十六周年国庆　《中央日报》　1943 年 11 月 7 日　第 48 册　第 882 页

45927　祝苏联国庆　《大公报》　1940 年 11 月 7 日　第 145 册　第 492 页

45928　祝苏联国庆　《大公报》　1944 年 11 月 7 日　第 153 册　第 580 页

45929　祝苏联国庆　《大公报》　1945 年 11 月 7 日　第 155 册　第 560 页

45930　祝苏联国庆　《中央日报》　1945 年 11 月 7 日　第 51 册　第 960 页

45931　祝苏联红军的成就　《中央日报》　1942 年 2 月 23 日　第 45 册　第 856 页

45932　祝苏联建军节　《大公报》　1943 年 2 月 23 日　第 150 册　第 228 页

45933　祝苏联建军节　《大公报》　1946 年 2 月 23 日　第 156 册　第 212 页

45934　祝苏联廿七年周年国庆　《中央日报》　1944 年 11 月 7 日　第 50 册　第 308 页

45935　祝苏省会光荣的解散　《民国日报》　1920 年 10 月 12 日　第 29 册　第 586 页

45936　祝岁之辞　《大公报》　1937 年 1 月 1 日　第 136 册　第 4 页

45937　祝孙桐岗君全国飞行　《大公报》　1933 年 9 月 6 日　第 116 册　第 76 页

45938　祝孙先生康宁　《民国日报》　1918 年 6 月 27 日　第 15 册　第 686 页

45939　祝孙总统安全　《民国日报》　1922 年 7 月 13 日　第 40 册　第 166 页

45940　祝孙总统就职演说词　《民国日报》　1921 年 5 月 6 日　第 33 册　第 70 页

45967　祝战胜（三）　《申报》　1918 年 11 月 23 日　第 155 册　第 354 页

45968　祝政治协商会议成功　《民国日报》　1946 年 1 月 10 日　第 97 册　第 39 页

45969　祝中国工程师学会年会　《大公报》　1932 年 8 月 22 日　第 109 册　第 628 页

45970　祝中国工程师学会年会　《中央日报》　1940 年 12 月 13 日　第 44 册　第 174 页

45971　祝中国海军之前途　《申报》　1909 年 9 月 12 日　第 102 册　第 160 页

45972　祝中国交通界之前途　《申报》　1909 年 11 月 10 日　第 103 册　第 145 页

45973　祝中国交通界之前途（续）　《申报》　1909 年 11 月 11 日　第 103 册　第 161 页

45974　祝中国交通界之前途（二续）　《申报》　1909 年 11 月 12 日　第 103 册　第 178 页

45975　祝中国新闻学会　《大公报》　1941 年 3 月 16 日　第 146 册　第 310 页

45976　祝中美定期航空线通航　《申报》　1937 年 4 月 28 日　第 351 册　第 660 页

45977　祝中美混合大队！　《大公报》　1943 年 11 月 6 日　第 151 册　第 570 页

45978　祝中美文化协会的成立　《申报》（香港版）　1939 年 2 月 28 日　第 357 册　第 1004 页

45979　祝中日文化协会：上海分会改组成立　《申报》　1943 年 10 月 5 日　第 384 册　第 563 页

45980　祝中央人事行政会议　《中央日报》　1940 年 3 月 4 日　第 43 册　第 132 页

45981　祝中央人事行政会议　《大公报》　1940 年 3 月 4 日　第 144 册　第 254 页

45982　祝忠实的革命领袖团结开始（社论）　《民国日报》　1927 年 12 月 4 日　第 71 册　第 482 页

45983　祝重庆陪都　《大公报》　1940 年 9 月 9 日　第 145 册　第 258 页

45984　祝总统选举　《申报》　1913 年 10 月 7 日　第 124 册　第 482 页

45985　著录金元杂剧序　《申报》　1907 年 6 月 15 日　第 88 册　第 575 页

45986　筑马路以立铁路之初基说　《申报》　1884 年 9 月 30 日　第 25 册　第 533 页

45987　筑田圩不如浚下流说　《申报》　1879 年 3 月 5 日　第 14 册　第 197 页

45988　铸钱说　《申报》　1897 年 4 月 19 日　第 55 册　第 625 页

45989　铸钱余论　《申报》　1889 年 4 月 19 日　第 34 册　第 583 页

45990　铸银余论　《申报》　1889 年 3 月 4 日　第 34 册　第 301 页

45991　专家与通人/雷海宗（星期论文）　《大公报》　1940年2月4日　第144册　第138页

45992　专科以上学校教职员应予保障　《大公报》　1935年3月25日　第125册　第388页

45993　专利论　《申报》　1872年10月26日　第1册　第609页

45994　专利论　《申报》　1893年1月3日　第43册　第13页

45995　专卖与国策　《中央日报》　1942年6月17日　第46册　第232页

45996　专卖制度在战时财政上之重要性及其实施步骤之商榷/寿景伟（星期论文）　《大公报》　1941年4月13日　第146册　第432页

45997　专门学与官　《申报》　1915年7月10日　第135册　第164页

45998　专设测绘学馆说并章程四条　《申报》　1887年1月15日　第30册　第85页

45999　专事　《申报》　1918年7月20日　第153册　第308页

46000　专心致志于一　《申报》　1928年3月6日　第244册　第128页

46001　专制辨　《申报》　1903年6月12日　第74册　第277页

46002　专制脑筋洗涤法之一：在政党之觉悟　《民国日报》　1918年9月14日　第17册　第118页

46003　专制脑筋之祸根与洗涤法　《民国日报》　1918年9月13日　第17册　第106页

46004　专注　《申报》　1929年3月7日　第256册　第185页

46005　转变的时代　《申报》　1944年3月2日　第385册　第217页

46006　转变上海风气（代论）/陈彬龢　《申报》　1945年8月2日　第387册　第523页

46007　转变中的法国之苦闷　《大公报》　1936年4月30日　第131册　第846页

46008　转变中的欧局　《中央日报》　1939年1月31日　第41册　第650页

46009　转变中的战局与太平洋　《中央日报》　1942年10月18日　第46册　第1010页

46010　转变中之巴尔干　《中央日报》　1939年9月25日　第42册　第548页

46011　转变中之日本外交政策　《大公报》　1936年8月7日　第133册　第536页

46012　转变中之中国的检讨/黄炎培（星期论文）　《大公报》　1936年11月22日　第135册　第300页

46013　转换期之党的意识　《中央日报》　1945年6月18日　第51册　第104页

46014　转换人类历史的一年　《中央日报》　1943年12月31日　第48册　第1118页

46038　状师论　《申报》　1873 年 9 月 16 日　第 3 册　第 265 页

46039　追悼北京死难市民的意义（言论）　《民国日报》　1926 年 3 月 27 日　第 62 册　第 262 页

46040　追悼陈英士贻赠后人　《民国日报》　1920 年 5 月 18 日　第 27 册　第 226 页

46041　追悼东北阵亡将士　《大公报》　1930 年 1 月 25 日　第 94 册　第 356 页

46042　追悼各地死难烈士感言（社论）　《民国日报》　1927 年 5 月 25 日　第 68 册　第 359 页

46043　追悼郭烈士之哀感：警告商人　警告学生　《民国日报》　1919 年 6 月 1 日　第 21 册　第 374 页

46044　追悼沪战殉国将士　《申报》　1932 年 5 月 28 日　第 292 册　第 515 页

46045　追悼会与慰劳会　《申报》　1929 年 11 月 15 日　第 264 册　第 395 页

46046　追悼列宁之点滴　《民国日报》　1924 年 3 月 9 日　第 50 册　第 110 页

46047　追悼马相伯先生　《中央日报》　1939 年 11 月 26 日　第 42 册　第 800 页

46048　追悼青年团死难团员　《中央日报》　1939 年 1 月 15 日　第 41 册　第 554 页

46049　追悼讨逆阵亡将士　《中央日报》　1931 年 3 月 10 日　第 13 册　第 803 页

46050　追悼讨逆阵亡将士以后　《民国日报》　1931 年 3 月 11 日　第 91 册　第 124 页

46051　追悼"五卅"烈士（言论）　《民国日报》　1925 年 6 月 30 日　第 57 册　第 722 页

46052　追悼张辉瓒：国人应共起剿共　《中央日报》　1931 年 3 月 15 日　第 13 册　第 839 页

46053　追纪各省咨议局最初之动议（续）　《申报》　1908 年 10 月 10 日　第 96 册　第 564 页

46054　追纪各省咨议局最初之动议　《申报》　1908 年 10 月 9 日　第 96 册　第 550 页

46055　追纪国会请愿之历史　《申报》　1908 年 9 月 14 日　第 96 册　第 178 页

46056　追纪国会请愿之历史（续）　《申报》　1908 年 9 月 15 日　第 96 册　第 192 页

46057　追纪予谥诸臣事略　《申报》　1909 年 5 月 12 日　第 100 册　第 156 页

46058　追纪予谥诸臣事略（续）　《申报》　1909 年 5 月 14 日　第 100 册　第 184 页

46059　追纪西使陛见盛典　《申报》　1891 年 6 月 7 日　第 38 册　第 877 页

46060　追究祥经织厂的灾星　《民国日报》　1924 年 3 月 14 日　第 50 册　第 178 页

46089　捉人的进步　《民国日报》　1922 年 11 月 21 日　第 42 册　第 276 页

46090　涿州开战　《申报》　1920 年 7 月 11 日　第 165 册　第 193 页

46091　涿州善后　《大公报》　1928 年 1 月 9 日　第 82 册　第 83 页

46092　灼艾分痛解　《申报》　1873 年 10 月 26 日　第 3 册　第 405 页

46093　酌提积谷以救灾黎说　《申报》　1889 年 3 月 25 日　第 34 册　第 431 页

46095　咨议局时期之迫促（续昨）　《申报》　1908 年 9 月 10 日　第 96 册　第 122 页

46096　咨议局时期之迫促　《申报》　1908 年 9 月 9 日　第 96 册　第 108 页

46097　咨议局行开幕礼祝辞　《申报》　1909 年 10 月 14 日　第 102 册　第 642 页

46098　咨议局选举区制解　《申报》　1908 年 9 月 5 日　第 96 册　第 54 页

46099　咨议局选举区制解（再续）　《申报》　1908 年 9 月 7 日　第 96 册　第 80 页

46100　咨议局议员章程第六条疏证　《申报》　1908 年 10 月 28 日　第 96 册　第 832 页

46101　咨议局员须有自治之经验　《申报》　1908 年 9 月 12 日　第 96 册　第 149 页

46102　咨议局章程内复选举人之资格如何　《申报》　1908 年 10 月 6 日　第 96 册　第 504 页

46103　咨议局章程评议　《申报》　1908 年 8 月 5 日　第 95 册　第 482 页

46104　咨议局章程评议（续初九日稿）　《申报》　1908 年 8 月 18 日　第 95 册　第 670 页

46105　咨议局章程评议（续廿二日稿）　《申报》　1908 年 8 月 20 日　第 95 册　第 698 页

46106　资本·乡土工业·工业化（星期论文）/汪馥荪　《大公报》　1948 年 6 月 13 日　第 163 册　第 260 页

46107　资本市场之创造问题　《大公报》　1936 年 12 月 3 日　第 135 册　第 454 页

46108　资本主义之功罪（星期论文）/何永佶　《大公报》　1945 年 3 月 4 日　第 154 册　第 264 页

46109　资金动员　《申报》　1937 年 8 月 6 日　第 355 册　第 117 页

46110　资金复活之实现　《申报》　1937 年 9 月 2 日　第 355 册　第 388 页

46111　资金之复原运动　《申报》　1939 年 7 月 29 日　第 365 册　第 482 页

46112　资遣华人说　《申报》　1888 年 4 月 17 日　第 32 册　第 605 页

46113　资政院长更替　《申报》　1911 年 9 月 2 日　第 114 册　第 20 页

46114　资政院改章问题　《申报》　1911 年 7 月 11 日　第 113 册　第 168 页

46115　资政院江苏议员为咨议局议员辞职事呈资政院文　《申报》　1911 年 6 月

20 日　第 112 册　第 863 页

46116　资政院议决权之效力　《申报》　1910 年 10 月 11 日　第 108 册　第 641 页

46117　资政院议员问题　《申报》　1908 年 2 月 17 日　第 92 册　第 482 页

46118　资政院议员选举章程　《申报》　1909 年 11 月 3 日　第 103 册　第 33 页

46119　资政院议员选举章程（续）　《申报》　1909 年 11 月 4 日　第 103 册　第 49 页

46120　资政院议员选举章程（二续）　《申报》　1909 年 11 月 5 日　第 103 册　第 65 页

46121　资政院章程质疑　《申报》　1910 年 9 月 8 日　第 108 册　第 114 页

46122　资政院章程质疑续　《申报》　1910 年 9 月 9 日　第 108 册　第 129 页

46123　资政院章程质疑再续　《申报》　1910 年 9 月 11 日　第 108 册　第 161 页

46124　资政院之好整以暇　《申报》　1909 年 5 月 25 日　第 100 册　第 337 页

46125　资政院咨议局之新现象　《申报》　1910 年 10 月 23 日　第 108 册　第 833 页

46126　资政院奏拟订资政院院章折　《申报》　1908 年 7 月 18 日　第 95 册　第 232 页

46127　淄川煤矿水淹工人事件　《申报》　1935 年 5 月 21 日　第 328 册　第 543 页

46128　缁流犯法宜加等治罪说　《申报》　1899 年 8 月 2 日　第 62 册　第 695 页

46129　孜孜为善　《申报》　1928 年 12 月 31 日　第 253 册　第 889 页

46130　字林报论西南战事　《申报》　1916 年 2 月 16 日　第 138 册　第 578 页

46131　字林报社论书后　《民国日报》　1921 年 4 月 19 日　第 32 册　第 686 页

46132　字林西报所称誉的"最良又最有势力之华字报纸"——时事新报　《民国日报》　1927 年 10 月 20 日　第 70 册　第 734 页

46133　字米双惜篇　《申报》　1888 年 6 月 25 日　第 32 册　第 1055 页

46134　自　《申报》　1925 年 8 月 14 日　第 215 册　第 263 页

46135　自爱　《申报》　1916 年 6 月 21 日　第 140 册　第 792 页

46136　自爱　《申报》　1916 年 8 月 10 日　第 141 册　第 658 页

46137　自爱爱国之消极精神　《大公报》　1933 年 8 月 13 日　第 115 册　第 606 页

46138　自北至南　《申报》　1933 年 3 月 26 日　第 302 册　第 755 页

46139　自残之可忧　《申报》　1925 年 8 月 23 日　第 215 册　第 454 页

46140　自称皇帝　《申报》　1921 年 4 月 1 日　第 169 册　第 533 页

46141　自抵自制　《申报》　1925 年 8 月 24 日　第 215 册　第 478 页

46142　自动　《申报》　1918 年 8 月 20 日　第 153 册　第 830 页

46143　自动　《申报》　1920 年 12 月 17 日　第 167 册　第 801 页

46177 自力更生 《大公报》 1946 年 5 月 20 日 第 156 册 第 556 页

46178 自力更生吧！ 《申报》 1947 年 8 月 31 日 第 394 册 第 612 页

46179 自力更生的重建资本：乡土复员论之六/费孝通（星期论文） 《大公报》
1948 年 5 月 23 日 第 163 册 第 134 页

46180 自力更生与国际合作 《大公报》 1943 年 9 月 11 日 第 151 册 第
320 页

46181 自力更生与外来援助 《中央日报》 1948 年 1 月 29 日 第 58 册 第
272 页

46182 自力更生与自主外交 《中央日报》 1947 年 10 月 14 日 第 57 册 第
454 页

46183 自力自助之财政金融 《大公报》 1935 年 3 月 30 日 第 125 册 第
468 页

46184 自立更生与国际合作 《中央日报》 1947 年 8 月 20 日 第 56 册 第
1130 页

46185 自立篇 《申报》 1889 年 4 月 6 日 第 34 册 第 505 页

46186 自裂与横出 《申报》 1925 年 6 月 14 日 第 213 册 第 236 页

46187 自露真相 《申报》 1917 年 11 月 23 日 第 149 册 第 364 页

46188 自谋 《申报》 1926 年 11 月 13 日 第 229 册 第 289 页

46189 自内自外 《申报》 1929 年 4 月 30 日 第 257 册 第 830 页

46190 自欺欺人：就正于宣传会议与同业诸君子 《申报》 1943 年 11 月 20 日
第 384 册 第 751 页

46191 自欺欺人多言何益 《中央日报》 1930 年 2 月 24 日 第 9 册 第 687 页

46192 自欺政策 《申报》 1919 年 10 月 8 日 第 160 册 第 671 页

46193 自起自落政策 《申报》 1921 年 6 月 18 日 第 170 册 第 842 页

46194 自戕之议阀 《申报》 1923 年 11 月 3 日 第 197 册 第 43 页

46195 自强必先自治说 《申报》 1905 年 5 月 23 日 第 80 册 第 201 页

46196 自强策 《申报》 1895 年 3 月 8 日 第 49 册 第 355 页

46197 自强策 《申报》 1895 年 3 月 15 日 第 49 册 第 397 页

46198 自强策 《申报》 1895 年 3 月 17 日 第 49 册 第 413 页

46199 自强策 《申报》 1895 年 3 月 29 日 第 49 册 第 495 页

46200 自强首宜变法论 《申报》 1896 年 2 月 3 日 第 52 册 第 205 页

46201 自强说 《申报》 1901 年 1 月 1 日 第 67 册 第 1 页

46202 自屈 《申报》 1916 年 4 月 1 日 第 139 册 第 498 页

46203 自取灭亡的陈炯明 《民国日报》 1923 年 1 月 4 日 第 43 册 第 34 页

46204 自取之辱！ 《大公报》 1931 年 6 月 19 日 第 102 册 第 592 页

46205 自然程序中的一段 《中央日报》 1933 年 1 月 12 日 第 21 册 第 86 页

46206 自然节约 《申报》 1930 年 6 月 10 日 第 271 册 第 246 页

46207　自然解决　《大公报》　1929 年 8 月 25 日　第 91 册　第 884 页

46208　自然丧失　《申报》　1924 年 4 月 13 日　第 201 册　第 262 页

46209　自扰　《申报》　1918 年 5 月 13 日　第 152 册　第 190 页

46210　自塞其途　《申报》　1919 年 8 月 20 日　第 159 册　第 840 页

46211　自杀是罪恶　《大公报》　1948 年 5 月 10 日　第 163 册　第 56 页

46212　自杀与杀人　《申报》　1931 年 4 月 24 日　第 281 册　第 611 页

46213　自杀与投降：日本民族性一问题　《大公报》　1945 年 7 月 5 日　第 155 册　第 20 页

46214　自杀政策　《申报》　1914 年 11 月 15 日　第 131 册　第 206 页

46215　自杀政策　《申报》　1916 年 5 月 14 日　第 140 册　第 204 页

46216　自杀之分别观　《申报》　1920 年 10 月 22 日　第 166 册　第 907 页

46217　自身　《申报》　1921 年 11 月 23 日　第 175 册　第 511 页

46218　自身发展　《申报》　1919 年 9 月 2 日　第 160 册　第 19 页

46219　自身解决　《申报》　1921 年 4 月 18 日　第 169 册　第 827 页

46220　自生之道（专论）/胡朴安（政治）　《民国日报》　1946 年 6 月 19 日　第 98 册　第 201 页

46221　自省果觉悟否　《申报》　1920 年 4 月 13 日　第 163 册　第 795 页

46222　自食其害　《申报》　1929 年 5 月 26 日　第 258 册　第 698 页

46223　自视　《申报》　1916 年 7 月 7 日　第 141 册　第 98 页

46224　自视过高　《申报》　1916 年 6 月 2 日　第 140 册　第 506 页

46225　自恃之失败　《申报》　1920 年 9 月 9 日　第 166 册　第 137 页

46226　自书释马后　《申报》　1890 年 4 月 23 日　第 36 册　第 641 页

46227　自思与自知　《申报》　1927 年 4 月 11 日　第 233 册　第 204 页

46228　自速覆亡　《申报》　1920 年 7 月 11 日　第 165 册　第 197 页

46229　自为计　《申报》　1927 年 3 月 1 日　第 232 册　第 5 页

46230　自为中国人计　《申报》　1927 年 5 月 9 日　第 234 册　第 172 页

46231　自卫　《民国日报》　1917 年 7 月 12 日　第 10 册　第 134 页

46232　自卫　《申报》　1929 年 8 月 12 日　第 261 册　第 323 页

46233　自卫方策　《申报》　1922 年 8 月 20 日　第 183 册　第 410 页

46234　自卫期中大可注意之日本分化外交策略　《中央日报》　1932 年 2 月 12 日　第 17 册　第 287 页

46235　自卫说　《申报》　1924 年 9 月 15 日　第 206 册　第 261 页

46236　自卫之策　《大公报》　1932 年 6 月 26 日　第 108 册　第 564 页

46237　自谓安民　《申报》　1924 年 12 月 25 日　第 208 册　第 483 页

46238　自侮　《申报》　1916 年 8 月 17 日　第 141 册　第 784 页

46239　自相残杀　《申报》　1918 年 6 月 19 日　第 152 册　第 770 页

46240　自信　《申报》　1915 年 12 月 29 日　第 137 册　第 954 页

46241　自信　《申报》　1917 年 6 月 26 日　第 146 册　第 984 页

46242　自信　《申报》　1919 年 8 月 19 日　第 159 册　第 824 页

46243　自信力与夸大狂（星期论文）/梁实秋　《大公报》　1935 年 6 月 9 日　第 126 册　第 628 页

46244　自信心的根据（星期论文）/吴景超　《大公报》　1935 年 7 月 7 日　第 127 册　第 90 页

46245　自信与不自信　《申报》　1928 年 4 月 15 日　第 245 册　第 360 页

46246　自信与反省　《大公报》　1944 年 5 月 19 日　第 152 册　第 628 页

46247　自信与人信　《申报》　1918 年 5 月 16 日　第 152 册　第 232 页

46248　自信与人信　《申报》　1927 年 8 月 21 日　第 237 册　第 433 页

46249　自信与疑惧：时局的两种心理病　《大公报》　1946 年 6 月 19 日　第 156 册　第 676 页

46250　自信与自量　《申报》　1924 年 12 月 11 日　第 208 册　第 182 页

46251　自信与自省　《申报》　1929 年 5 月 5 日　第 258 册　第 96 页

46252　自以为成功　《申报》　1920 年 8 月 17 日　第 165 册　第 837 页

46253　自由·法治·公益　《中央日报》　1946 年 3 月 5 日　第 52 册　第 572 页

46254　自由辨　《申报》　1903 年 2 月 6 日　第 73 册　第 175 页

46255　自由出于安分说　《申报》　1903 年 4 月 9 日　第 73 册　第 579 页

46256　自由从自家做起：再论联合国新闻自由会议　《大公报》　1948 年 3 月 25 日　第 162 册　第 502 页

46257　"自由"的宣传与解释　《民国日报》　1920 年 8 月 10 日　第 28 册　第 562 页

46258　自由法国统一在望!　《中央日报》　1943 年 5 月 31 日　第 48 册　第 182 页

46259　自由教育　《申报》　1914 年 3 月 21 日　第 127 册　第 324 页

46260　自由论　《申报》　1902 年 12 月 1 日　第 72 册　第 639 页

46261　自由平等同样需要!：人民和平的主要原则　《申报》　1949 年 3 月 2 日　第 400 册　第 368 页

46262　自由平等与法律　《申报》　1914 年 5 月 27 日　第 128 册　第 422 页

46263　自由社会之计划建设　《中央日报》　1945 年 11 月 27 日　第 51 册　第 1080 页

46264　自由世界的重建　《中央日报》　1943 年 2 月 13 日　第 47 册　第 628 页

46265　自由为改革之母：论英国安定的由来　《大公报》　1948 年 9 月 27 日　第 164 册　第 158 页

46266　自由行动　《申报》　1929 年 10 月 26 日　第 263 册　第 744 页

46267　自由选择　《申报》　1918 年 7 月 23 日　第 153 册　第 358 页

46268　自由与民主的新思潮　《中央日报》　1944 年 5 月 26 日　第 49 册　第

652 页

46269　自由中国之呼声：读蒋夫人在美国国会演词的感想　《中央日报》　1943
年 2 月 20 日　第 47 册　第 668 页

46270　自由主义的计划经济（星期论文）/方显廷　《大公报》　1946 年 10 月 13
日　第 158 册　第 76 页

46271　自由主义的罪人　《中央日报》　1948 年 4 月 22 日　第 58 册　第 1002 页

46272　自由主义者的信念：辟妥协？骑墙？中间路线　《大公报》　1948 年 1 月
10 日　第 162 册　第 64 页

46273　自造银币利弊论　《申报》　1890 年 12 月 14 日　第 37 册　第 1061 页

46274　自造银币利弊论　《申报》　1890 年 12 月 16 日　第 37 册　第 1073 页

46275　自造银币利弊论　《申报》　1890 年 12 月 20 日　第 37 册　第 1097 页

46276　自责自勉与自信　《中央日报》　1946 年 7 月 15 日　第 53 册　第 384 页

46277　自知　《申报》　1918 年 12 月 27 日　第 155 册　第 898 页

46278　自制风潮慨言　《申报》　1911 年 3 月 8 日　第 111 册　第 113 页

46279　自制与互助　《中央日报》　1945 年 8 月 7 日　第 51 册　第 404 页

46280　自治　《申报》　1920 年 11 月 19 日　第 167 册　第 323 页

46281　自治的奇论　《民国日报》　1919 年 8 月 24 日　第 22 册　第 614 页

46282　自治管见　《申报》　1921 年 6 月 15 日　第 170 册　第 793 页

46283　自治军　《申报》　1921 年 7 月 30 日　第 171 册　第 591 页

46284　自治款产　《申报》　1920 年 12 月 29 日　第 167 册　第 1019 页

46285　自治声中的一个教训　《民国日报》　1921 年 1 月 20 日　第 31 册　第
262 页

46286　自治通则草案之批判/童行白（星期论坛）　《申报》　1948 年 7 月 25 日
第 398 册　第 194 页

46287　自治与力行　《申报》　1920 年 10 月 29 日　第 166 册　第 1019 页

46288　自治与议员人格　《申报》　1920 年 12 月 24 日　第 167 册　第 929 页

46289　自治与约法　《民国日报》　1931 年 4 月 4 日　第 91 册　第 417 页

46290　自治与自主　《申报》　1920 年 11 月 12 日　第 167 册　第 203 页

46291　自重　《申报》　1920 年 12 月 28 日　第 167 册　第 1008 页

46292　自重　《申报》　1929 年 1 月 29 日　第 254 册　第 772 页

46293　自助　《申报》　1919 年 4 月 24 日　第 157 册　第 878 页

46294　自助的救国　《民国日报》　1919 年 5 月 17 日　第 21 册　第 194 页

46295　自尊说　《申报》　1893 年 1 月 18 日　第 43 册　第 107 页

46296　自作孽　《申报》　1916 年 2 月 15 日　第 138 册　第 562 页

46297　自作孽　《申报》　1916 年 9 月 20 日　第 142 册　第 312 页

46298　自做孽　《申报》　1923 年 5 月 16 日　第 191 册　第 327 页

46299　宗法制度上之修正刑法观　《大公报》　1928 年 3 月 15 日　第 83 册　第

141 页

46321　综论本报近日和议情形　《申报》　1885 年 4 月 23 日　第 26 册　第 589 页

46322　综论本年沪上市景　《申报》　1898 年 1 月 20 日　第 58 册　第 109 页

46323　综论本年沪市情形　《申报》　1901 年 2 月 13 日　第 67 册　第 259 页

46324　综论本年上海市景　《申报》　1903 年 1 月 25 日　第 73 册　第 145 页

46325　综论本年上海市面　《申报》　1882 年 2 月 13 日　第 20 册　第 173 页

46326　综论本年上海市面情形　《申报》　1883 年 1 月 30 日　第 22 册　第 163 页

46327　综论本年上海市面情形　《申报》　1887 年 1 月 21 日　第 30 册　第 121 页

46328　综论丁亥年上海市面　《申报》　1888 年 2 月 9 日　第 32 册　第 239 页

46329　综论法人残暴各迹　《申报》　1885 年 3 月 27 日　第 26 册　第 437 页

46330　综论法越胜负形势　《申报》　1883 年 9 月 13 日　第 23 册　第 447 页

46331　综论各处匪盗之多　《申报》　1896 年 11 月 5 日　第 54 册　第 413 页

46332　综论癸巳年上海市面　《申报》　1894 年 2 月 3 日　第 46 册　第 211 页

46333　综论癸卯年沪市情形　《申报》　1904 年 2 月 13 日　第 76 册　第 243 页

46334　综论沪市情形　《申报》　1884 年 1 月 23 日　第 24 册　第 133 页

46335　综论吉林铁路情形　《申报》　1899 年 5 月 11 日　第 62 册　第 75 页

46336　综论己丑年上海市面　《申报》　1890 年 1 月 18 日　第 36 册　第 97 页

46337　综论假照各案　《申报》　1880 年 8 月 4 日　第 17 册　第 137 页

46338　综论今年时局　《申报》　1892 年 1 月 27 日　第 40 册　第 149 页

46339　综论今岁市面情形　《申报》　1891 年 2 月 6 日　第 38 册　第 207 页

46340　综论近日臣工之进退　《申报》　1909 年 2 月 17 日　第 98 册　第 516 页

46341　综论近日米市　《申报》　1899 年 11 月 17 日　第 63 册　第 541 页

46342　综论欧洲兵数　《申报》　1887 年 3 月 15 日　第 30 册　第 403 页

46343　综论欧洲近日时局　《申报》　1885 年 3 月 14 日　第 26 册　第 365 页

46344　综论清议报诬上之罪　《申报》　1899 年 12 月 28 日　第 63 册　第 839 页

46345　综论上海市面　《申报》　1885 年 2 月 9 日　第 26 册　第 229 页

46346　综论世界大局　《大公报》　1941 年 5 月 19 日　第 146 册　第 570 页

46347　综论戊子年沪市情形　《申报》　1889 年 1 月 29 日　第 34 册　第 141 页

46348　综论辛卯年上海市面　《申报》　1892 年 1 月 26 日　第 40 册　第 145 页

46349　综论乙酉年本埠市面　《申报》　1886 年 2 月 1 日　第 28 册　第 187 页

46350　综论永吉祥等号船户鸣冤情形　《申报》　1885 年 4 月 5 日　第 26 册　第 487 页

46351　综论中国防务　《申报》　1884 年 7 月 31 日　第 25 册　第 181 页

46352　综论中国之外交　《申报》　1908 年 3 月 21 日　第 93 册　第 254 页

46353　综论中日和局　《申报》　1895 年 5 月 17 日　第 50 册　第 103 页

58 册　第 534 页

46403　总商会关门事件　《民国日报》　1929 年 4 月 26 日　第 79 册　第 969 页

46404　总商会今后之希望　《申报》　1920 年 8 月 24 日　第 165 册　第 971 页

46405　总商会选举　《申报》　1920 年 8 月 8 日　第 165 册　第 685 页

46406　总司令与李厚基　《申报》　1922 年 10 月 29 日　第 185 册　第 615 页

46407　总算账　《申报》　1922 年 11 月 4 日　第 186 册　第 65 页

46408　总统·宪法·国大　《大公报》　1948 年 4 月 21 日　第 162 册　第 670 页

46409　总统辞职说　《申报》　1918 年 3 月 4 日　第 151 册　第 48 页

46410　总统的竞选与谦让　《申报》　1948 年 4 月 8 日　第 397 册　第 58 页

46411　总统的信念与决心　《中央日报》　1948 年 8 月 23 日　第 59 册　第 946 页

46412　总统就职　《中央日报》　1948 年 5 月 20 日　第 59 册　第 166 页

46413　总统免段以后　《民国日报》　1917 年 5 月 25 日　第 9 册　第 290 页

46414　总统谋和之诚意　《申报》　1949 年 1 月 22 日　第 400 册　第 130 页

46415　总统提名取决于国民大会　《中央日报》　1948 年 4 月 7 日　第 58 册　第 872 页

46416　总统问题　《申报》　1918 年 4 月 23 日　第 151 册　第 828 页

46417　总统问题　《申报》　1922 年 6 月 11 日　第 181 册　第 204 页

46418　总统问题　《申报》　1922 年 10 月 18 日　第 185 册　第 386 页

46419　总统问题的商榷　《民国日报》　1923 年 1 月 3 日　第 43 册　第 22 页

46420　总统问题之大危机　《民国日报》　1918 年 5 月 5 日　第 15 册　第 50 页

46421　总统之辞职与交代　《申报》　1918 年 3 月 8 日　第 151 册　第 104 页

46422　总统之否认书　《申报》　1915 年 10 月 3 日　第 136 册　第 512 页

46423　总统之凄凉生活：江朝宗代理总统　《民国日报》　1917 年 6 月 16 日　第 9 册　第 554 页

46424　总选举后的日本　《申报》　1946 年 4 月 17 日　第 388 册　第 594 页

46425　总组织运动中的忠告（言论）　《民国日报》　1925 年 7 月 13 日　第 58 册　第 122 页

46426　纵观滇缅路开放之后　《申报》　1940 年 10 月 18 日　第 372 册　第 624 页

46427　纵横捭阖之内政　《申报》　1925 年 8 月 5 日　第 215 册　第 85 页

46428　纵横策　《申报》　1926 年 9 月 16 日　第 227 册　第 393 页

46429　纵横错杂　《申报》　1922 年 6 月 30 日　第 181 册　第 606 页

46430　纵横之术　《申报》　1913 年 11 月 26 日　第 125 册　第 356 页

46431　纵横之说　《申报》　1915 年 1 月 6 日　第 132 册　第 62 页

46432　纵论海陆防务　《申报》　1896 年 7 月 13 日　第 53 册　第 473 页

46433　纵论甲午年上海市情　《申报》　1895 年 1 月 23 日　第 49 册　第 127 页

46456　奏设检书处议　《申报》　1901 年 9 月 9 日　第 69 册　第 49 页

46457　奏设学部并择举切要办法折并片　《申报》　1905 年 11 月 27 日　第 81 册　第 745 页

46458　租界，安乐窝耶?（社论）　《民国日报》　1927 年 11 月 18 日　第 71 册　第 252 页

46459　租界捕房宜添捕巡街说　《申报》　1883 年 1 月 22 日　第 22 册　第 121 页

46460　租界不能无华人说　《申报》　1885 年 10 月 10 日　第 27 册　第 621 页

46461　租界地位之动摇　《民国日报》　1929 年 1 月 27 日　第 78 册　第 443 页

46462　租界华顾问就职问题　《民国日报》　1921 年 1 月 7 日　第 31 册　第 80 页

46463　租界华人当暂行团练自相保卫说　《申报》　1884 年 8 月 21 日　第 25 册　第 307 页

46464　租界获盗论　《申报》　1904 年 9 月 27 日　第 78 册　第 181 页

46465　租界将禁妇女烧香啜茗推广应禁事宜说　《申报》　1888 年 3 月 15 日　第 32 册　第 401 页

46466　租界街道洁清说　《申报》　1872 年 7 月 20 日　第 1 册　第 273 页

46467　租界禁烟议案之感言　《申报》　1908 年 3 月 22 日　第 93 册　第 267 页

46468　租界居民应有的努力　《民国日报》　1929 年 4 月 18 日　第 79 册　第 835 页

46469　租界内华人教育问题　《民国日报》　1928 年 2 月 9 日　第 72 册　第 458 页

46470　租界内华人之身体安全问题　《民国日报》　1930 年 9 月 8 日　第 88 册　第 98 页

46471　租界纳税人年会　《申报》　1920 年 4 月 7 日　第 163 册　第 691 页

46472　租界速宜恢复原状　《民国日报》　1927 年 3 月 29 日　第 67 册　第 122 页

46473　租界应保持其中立性/彬　《申报》　1932 年 2 月 6 日　第 290 册　第 653 页

46474　租界与战争　《申报》（香港版）　1939 年 6 月 15 日　第 358 册　第 852 页

46475　租界与战争　《申报》　1939 年 6 月 7 日　第 364 册　第 124 页

46476　租界之罪恶　《中央日报》　1931 年 1 月 13 日　第 13 册　第 111 页

46477　租界资金应亟向内地移转　《申报》　1939 年 4 月 6 日　第 363 册　第 106 页

46478　租借法案延长与援华　《大公报》　1944 年 5 月 10 日　第 152 册　第 590 页

46508　最不可者　《申报》　1917年5月6日　第146册　第88页

46509　最不善之事　《申报》　1928年3月9日　第244册　第199页

46510　最大的容忍　《中央日报》　1945年6月21日　第51册　第122页

46511　最大决心与最低打算　《大公报》　1937年11月25日　第139册　第637页

46512　最低调的和战论　《大公报》　1937年12月8日　第139册　第689页

46513　最低调的战时政治论　《大公报》　1941年3月25日　第146册　第346页

46514　最低度之和议条件　《民国日报》　1919年1月18日　第19册　第194页

46515　最低限度?　《申报》　1937年7月27日　第354册　第675页

46516　最低限度的要求　《大公报》　1947年3月3日　第159册　第442页

46517　最低限度的义务　《中央日报》　1944年12月7日　第50册　第440页

46518　最低限度之遵守条件：国难期间人人应尽之责任　《申报》　1936年6月14日　第341册　第354页

46519　最低要求：小康生活　《申报》　1928年7月10日　第248册　第291页

46520　最高的判断者　《中央日报》　1946年8月13日　第53册　第628页

46521　最高经济委员会的设立　《大公报》　1945年11月30日　第155册　第656页

46522　最高领袖的坚决表示　《申报》（香港版）　1939年4月20日　第358册　第402页

46523　最高问题之筹备　《申报》　1923年3月2日　第189册　第26页

46524　最后　《申报》　1916年4月22日　第139册　第832页

46525　最后　《申报》　1929年1月10日　第254册　第226页

46526　最后成败全在自己　《大公报》　1941年6月14日　第146册　第672页

46527　最后的剿匪段落　《中央日报》　1933年10月15日　第24册　第156页

46528　最后的时机　《民国日报》　1946年8月24日　第98册　第510页

46529　最后关头的苏倭关系　《中央日报》　1939年2月20日　第41册　第770页

46530　最后会议　《申报》　1918年5月31日　第152册　第470页

46531　最后决心如何　《申报》　1933年1月13日　第300册　第234页

46532　最后努力·最后成功　《中央日报》　1945年4月23日　第50册　第1010页

46533　最后三天的努力　《中央日报》　1946年11月12日　第54册　第518页

46534　最后胜利的关键　《申报》（香港版）　1938年8月4日　第356册　第1025页

46535　最后胜利与民更始　《大公报》　1945年8月17日　第155册　第204页

46536 最后胜利与最大艰苦 《中央日报》 1943 年 7 月 8 日 第 48 册 第 364 页

46537 最后胜利之先路 《大公报》 1940 年 4 月 24 日 第 144 册 第 460 页

46538 最后手段 《申报》 1927 年 6 月 10 日 第 235 册 第 193 页

46539 最后停战令的颁发 《申报》 1946 年 11 月 9 日 第 391 册 第 98 页

46540 最后通牒 《申报》 1915 年 5 月 5 日 第 134 册 第 70 页

46541 最后通牒专对十九路军？ 《大公报》 1932 年 2 月 19 日 第 106 册 第 478 页

46542 最后五分钟之法权交涉 《大公报》 1931 年 3 月 24 日 第 101 册 第 280 页

46543 最后一念 《申报》 1929 年 3 月 11 日 第 256 册 第 307 页

46544 最后一天！ 《大公报》 1946 年 6 月 21 日 第 156 册 第 684 页

46545 最后议案 《申报》 1918 年 1 月 18 日 第 150 册 第 238 页

46546 最后之决心 《申报》 1933 年 2 月 27 日 第 301 册 第 757 页

46547 最后之目的已达 《申报》 1916 年 7 月 1.日 第 141 册 第 2 页

46548 最后之期待：五届一中全会献辞 《中央日报》 1935 年 12 月 2 日 第 32 册 第 754 页

46549 最后之手段 《申报》 1915 年 4 月 25 日 第 133 册 第 894 页

46550 最后之一刻 《申报》 1933 年 1 月 31 日 第 300 册 第 612 页

46551 最后忠告汪精卫先生！ 《申报》（香港版） 1938 年 12 月 31 日 第 357 册 第 601 页

46552 最简单之理智：请求日本国民反省 《中央日报》 1937 年 8 月 4 日 第 40 册 第 415 页

46553 最简之官制谈 《申报》 1913 年 6 月 30 日 第 122 册 第 808 页

46554 最简之中国治理谈 《申报》 1913 年 7 月 1 日 第 123 册 第 2 页

46555 最简之中国治理谈 《申报》 1913 年 7 月 2 日 第 123 册 第 16 页

46556 最近成立之两重要机关（上） 《中央日报》 1931 年 11 月 15 日 第 16 册 第 547 页

46557 最近成立之两重要机关（下） 《中央日报》 1931 年 11 月 16 日 第 16 册 第 559 页

46558 最近出版界之文字案 《申报》 1932 年 11 月 13 日 第 298 册 第 324 页

46559 最近德意立场与欧局 《中央日报》 1937 年 3 月 19 日 第 38 册 第 221 页

46560 最近的吃饭问题（言论） 《民国日报》 1926 年 3 月 15 日 第 62 册 第 142 页

46561 最近的敌情 《大公报》 1938 年 7 月 2 日 第 141 册 第 6 页

46562　最近的敌情动向　《大公报》　1945 年 1 月 27 日　第 154 册　第 112 页

46563　最近的沪宁路：一个忠实的报告　《民国日报》　1929 年 1 月 29 日　第 78 册　第 477 页

46564　最近的两个战斗　《大公报》　1941 年 8 月 5 日　第 147 册　第 136 页

46565　最近的美法关系　《中央日报》　1939 年 2 月 3 日　第 41 册　第 668 页

46566　最近的山西战局　《申报》（香港版）　1938 年 3 月 17 日　第 356 册　第 465 页

46567　最近的战局观　《大公报》　1944 年 12 月 4 日　第 153 册　第 694 页

46568　最近东南欧政局的动荡　《申报》　1936 年 6 月 2 日　第 341 册　第 39 页

46569　最近对党国之感想（专载）/蒋中正　《民国日报》　1928 年 9 月 3 日　第 76 册　第 40 页

46570　最近俄日两抗议　《申报》　1929 年 10 月 2 日　第 263 册　第 40 页

46571　最近发生之川粤两外交事件　《申报》　1936 年 9 月 13 日　第 344 册　第 350 页

46572　最近各国之革命观　《申报》　1931 年 4 月 25 日　第 281 册　第 640 页

46573　最近各国之内扰　《申报》　1930 年 10 月 8 日　第 275 册　第 195 页

46574　最近国际关系集团化之进展　《大公报》　1934 年 6 月 20 日　第 120 册　第 740 页

46575　最近国际形势感言　《大公报》　1926 年 12 月 18 日　第 77 册　第 851 页

46576　最近国际形势之转变　《民国日报》　1932 年 1 月 1 日　第 96 册　第 3 页

46577　最近国际政局之一瞥　《大公报》　1929 年 2 月 19 日　第 88 册　第 760 页

46578　最近河北之水患　《大公报》　1929 年 8 月 5 日　第 91 册　第 564 页

46579　最近沪各工厂劳资纠纷平议　《大公报》　1937 年 4 月 7 日　第 137 册　第 522 页

46580　最近寄汪精卫先生书（代论）　《民国日报》　1927 年 7 月 27 日　第 69 册　第 365 页

46581　最近寄汪精卫先生书（续）（言论）　《民国日报》　1927 年 7 月 28 日　第 69 册　第 381 页

46582　最近教育动态杂评　《申报》　1948 年 6 月 1 日　第 397 册　第 520 页

46583　最近金价的波动　《中央日报》　1946 年 2 月 19 日　第 52 册　第 488 页

46584　最近金融市场的波动证明惟有中国最可靠　《大公报》　1940 年 5 月 17 日　第 144 册　第 552 页

46585　最近军队行动　《民国日报》　1916 年 7 月 5 日　第 4 册　第 50 页

46586　最近军队行动（一续）：军人同德会　《民国日报》　1916 年 7 月 6 日　第 4 册　第 62 页

46587　最近军队行动（二续）：撤兵与统一　《民国日报》　1916 年 7 月 7 日　第

4 册　第 74 页

46588　最近"凯陀赛"外交的活跃　《申报》　1936 年 9 月 9 日　第 344 册　第 243 页

46589　最近抗战之形势　《申报》（香港版）　1938 年 11 月 19 日　第 357 册　第 323 页

46590　最近两股热潮　《民国日报》　1921 年 6 月 11 日　第 33 册　第 578 页

46591　最近两件银行行员窃钞案之透视　《申报》　1935 年 3 月 3 日　第 326 册　第 70 页

46592　最近伦敦金价暴落暴涨之谜　《大公报》　1937 年 6 月 14 日　第 138 册　第 638 页

46593　最近美国外交的动向　《中央日报》　1940 年 2 月 27 日　第 43 册　第 108 页

46594　最近美日关系分析　《中央日报》　1941 年 9 月 21 日　第 45 册　第 218 页

46595　最近欧洲时局之变化　《申报》　1934 年 6 月 13 日　第 317 册　第 380 页

46596　最近欧洲新阵容：十二月二十二日东京日日新闻社论（译论）　《申报》 1942 年 12 月 30 日　第 382 册　第 626 页

46597　最近欧洲政局之动向　《大公报》　1934 年 7 月 18 日　第 121 册　第 254 页

46598　最近破坏的情形与今后建设的计划　《民国日报》　1929 年 7 月 7 日　第 81 册　第 101 页

46599　最近破坏的情形与今后建设的计划（二）　《民国日报》　1929 年 7 月 9 日　第 81 册　第 137 页

46600　最近全线胜利的意义　《中央日报》　1939 年 4 月 27 日　第 41 册　第 1122 页

46601　最近日本对华政策之谬误（言论）　《民国日报》　1927 年 4 月 16 日　第 67 册　第 295 页

46602　最近日本经济之剖视　《申报》　1940 年 2 月 29 日　第 368 册　第 760 页

46603　最近日俄间之浓云密雨/彬　《申报》　1932 年 4 月 24 日　第 291 册　第 553 页

46604　最近日苏关系之动向　《大公报》　1934 年 8 月 22 日　第 121 册　第 764 页

46605　最近日苏关系之转好观　《大公报》　1936 年 10 月 13 日　第 134 册　第 600 页

46606　最近上海之劳资纠纷　《申报》　1932 年 9 月 4 日　第 296 册　第 89 页

46607　最近时局开展的预测　《民国日报》　1923 年 10 月 20 日　第 47 册　第 706 页

46608　最近苏德战争展望　《中央日报》　1942 年 7 月 12 日　第 46 册　第 392 页

46609　最近太平洋上之四角关系　《申报》　1936 年 2 月 17 日　第 337 册　第 443 页

46610　最近天津会议　《民国日报》　1918 年 7 月 30 日　第 16 册　第 326 页

46611　最近外交上的两大问题　《民国日报》　1921 年 5 月 11 日　第 33 册　第 140 页

46612　最近外交问题：国内外之考察　《民国日报》　1918 年 3 月 11 日　第 14 册　第 122 页

46613　最近外交问题（一续）：德俘与西伯利亚　《民国日报》　1918 年 3 月 12 日　第 14 册　第 134 页

46614　最近外交问题（二续）：德俘与西伯利亚　《民国日报》　1918 年 3 月 13 日　第 14 册　第 146 页

46615　最近外交问题（三续）：西欧诸国之希望　《民国日报》　1918 年 3 月 14 日　第 14 册　第 158 页

46616　最近外交问题（四续）：日本与远东（续）　《民国日报》　1918 年 3 月 15 日　第 14 册　第 170 页

46617　最近外交问题（五续）：国民应有之觉悟　《民国日报》　1918 年 3 月 16 日　第 14 册　第 182 页

46619　最近武人之变迁　《申报》　1918 年 8 月 30 日　第 153 册　第 1002 页

46620　最近物价的波动　《中央日报》　1942 年 3 月 10 日　第 45 册　第 918 页

46621　最近物价的波动　《大公报》　1942 年 3 月 2 日　第 148 册　第 256 页

46622　最近物价的波动　《大公报》　1942 年 8 月 28 日　第 149 册　第 254 页

46623　最近一年来世界经济大势之回顾（上）　《申报》　1934 年 12 月 30 日　第 323 册　第 858 页

46624　最近一年来世界经济大势之回顾（下）　《申报》　1934 年 12 月 31 日　第 323 册　第 889 页

46625　最近义勇军总攻之形势　《申报》　1932 年 8 月 7 日　第 295 册　第 149 页

46626　最近英义间之摩擦　《大公报》　1937 年 3 月 27 日　第 137 册　第 368 页

46627　最近英意关系的分析　《申报》　1936 年 5 月 28 日　第 340 册　第 694 页

46628　最近远东局势的推移　《申报》　1936 年 3 月 21 日　第 338 册　第 522 页

46629　最近远东情况之剖视　《申报》　1939 年 8 月 18 日　第 365 册　第 798 页

46630　最近酝酿中日本政变之预测　《中央日报》　1932 年 9 月 11 日　第 19 册　第 330 页

46631　最近在华北举行之两个学会　《中央日报》　1932 年 8 月 29 日　第 19 册　第 226 页

月 26 日　第 12 册　第 662 页

46657　最近之日本政局及其对华政策（十四）（外论）　《民国日报》　1917 年 12
月 27 日　第 12 册　第 674 页

46658　最近之日本政局及其对华政策（十五）（外论）　《民国日报》　1917 年 12
月 28 日　第 12 册　第 686 页

46659　最近之日本政局及其对华政策（十七）（外论）　《民国日报》　1917 年 12
月 30 日　第 12 册　第 706 页

46660　最近之日本政局及其对华政策（十八）（外论）　《民国日报》　1917 年 12
月 31 日　第 12 册　第 718 页

46661　最近之日本政局及其对华政策（十九）（外论）　《民国日报》　1918 年 1
月 3 日　第 13 册　第 14 页

46662　最近之日本政局及其对华政策（二十）（外论）　《民国日报》　1918 年 1
月 4 日　第 13 册　第 26 页

46663　最近之日本政局及其对华政策（二十一）（外论）　《民国日报》　1918 年
1 月 5 日　第 13 册　第 38 页

46664　最近之日本政局及其对华政策（二十二）（外论）　《民国日报》　1918 年
1 月 6 日　第 13 册　第 50 页

46665　最近之日本政局及其对华政策（二十三）（外论）　《民国日报》　1918 年
1 月 7 日　第 13 册　第 62 页

46666　最近之日本政局及其对华政策（二十四）（外论）　《民国日报》　1918 年
1 月 8 日　第 13 册　第 74 页

46667　最近之日本政局及其对华政策（二十五）（外论）　《民国日报》　1918 年
1 月 9 日　第 13 册　第 86 页

46668　最近之日本政局及其对华政策（二十六）（外论）　《民国日报》　1918 年
1 月 10 日　第 13 册　第 98 页

46669　最近之日本政局及其对华政策（二十七）（外论）　《民国日报》　1918 年
1 月 11 日　第 13 册　第 110 页

46670　最近之日本政局及其对华政策（二十八）（外论）　《民国日报》　1918 年
1 月 13 日　第 13 册　第 122 页

46671　最近之日本政局及其对华政策（二十九）（外论）　《民国日报》　1918 年
1 月 14 日　第 13 册　第 134 页

46672　最近之日本政局及其对华政策（三十）（外论）　《民国日报》　1918 年 1
月 15 日　第 13 册　第 146 页

46673　最近之日本政局及其对华政策（三十一）（外论）　《民国日报》　1918 年
1 月 16 日　第 13 册　第 158 页

46674　最近之日本政局及其对华政策（三十二）（外论）　《民国日报》　1918 年
1 月 17 日　第 13 册　第 170 页

46675　最近之日本政局及其对华政策（三十三）（外论）　《民国日报》　1918 年
1 月 18 日　第 13 册　第 182 页

46676　最近之日本政局及其对华政策（三十四）（外论）　《民国日报》　1918 年
1 月 19 日　第 13 册　第 194 页

46677　最近之日本政局及其对华政策（三十五）（外论）　《民国日报》　1918 年
1 月 20 日　第 13 册　第 206 页

46678　最近之日本政局及其对华政策（三十六）（外论）　《民国日报》　1918 年
1 月 21 日　第 13 册　第 218 页

46679　最近之日本政局及其对华政策（三十七）（外论）　《民国日报》　1918 年
1 月 22 日　第 13 册　第 230 页

46680　最近之日本政局及其对华政策（三十八）（外论）　《民国日报》　1918 年
1 月 23 日　第 13 册　第 242 页

46681　最近之日俄关系　《大公报》　1932 年 4 月 19 日　第 107 册　第 494 页

46682　最近之日苏关系　《申报》　1935 年 10 月 24 日　第 333 册　第 653 页

46683　最近之日苏关系　《大公报》　1935 年 8 月 2 日　第 127 册　第 468 页

46684　最近之日英协调观　《大公报》　1928 年 11 月 30 日　第 87 册　第 349 页

46685　最近之三问题　《申报》　1920 年 5 月 20 日　第 164 册　第 345 页

46686　最近之时局　《大公报》　1935 年 6 月 1 日　第 126 册　第 500 页

46687　最近之世界新闻　《申报》　1930 年 6 月 7 日　第 271 册　第 168 页

46688　最近之外交大势　《大公报》　1937 年 6 月 9 日　第 138 册　第 560 页

46689　最近之外交问题　《申报》　1931 年 6 月 17 日　第 283 册　第 443 页

46690　最近之物品投机市场　《申报》　1936 年 4 月 8 日　第 339 册　第 193 页

46691　最近之政局　《大公报》　1935 年 10 月 24 日　第 128 册　第 762 页

46692　最近之中日军事动态　《申报》　1940 年 2 月 12 日　第 368 册　第 526 页

46693　最近中国学术界之两大年会（一）中国科学社与中华农学会　《申报》
1931 年 8 月 28 日　第 285 册　第 755 页

46694　最近中国学术界之两大年会（二）中国科学社与中华农学会　《申报》
1931 年 8 月 29 日　第 285 册　第 783 页

46695　最近中国学术界之两大年会（三）中国科学社与中华农学会　《申报》
1931 年 8 月 30 日　第 285 册　第 812 页

46695.1 最近我国学术界之两大年会（四）中国科学社与中华农学会　《申报》
1931 年 8 月 31 日　第 285 册　第 842 页

46696　最近中日关系之症结　《大公报》　1936 年 4 月 6 日　第 131 册　第
510 页

46697　最近中日战局概观　《申报》　1940 年 1 月 8 日　第 368 册　第 108 页

46698　最可感动的友情　《中央日报》　1942 年 7 月 10 日　第 46 册　第 380 页

46699　最可珍贵的友情　《中央日报》　1941 年 5 月 20 日　第 44 册　第 856 页

46700　最难之谈判　《申报》　1923 年 5 月 17 日　第 191 册　第 349 页

46701　最强有力的诺言　《中央日报》　1942 年 8 月 2 日　第 46 册　第 524 页

46702　最恕之一言　《申报》　1920 年 8 月 10 日　第 165 册　第 717 页

46703　最危险时期　《申报》　1922 年 8 月 15 日　第 183 册　第 304 页

46704　最伟大的纪念（言论）　《民国日报》　1925 年 3 月 27 日　第 56 册　第 356 页

46705　最小范围之用人标准　《大公报》　1928 年 7 月 12 日　第 85 册　第 111 页

46706　最小限度勿再犯亡国病　《大公报》　1934 年 8 月 21 日　第 121 册　第 750 页

46707　最新之手段　《申报》　1922 年 3 月 31 日　第 178 册　第 579 页

46708　最新中学化学教科书序附跋　《申报》　1906 年 8 月 9 日　第 84 册　第 385 页

46709　最严重的廿四小时　《民国日报》　1946 年 6 月 29 日　第 98 册　第 241 页

46710　最严重阶段中参政会的任务　《中央日报》　1938 年 10 月 30 日　第 41 册　第 198 页

46711　最要关头　《申报》　1915 年 3 月 17 日　第 133 册　第 254 页

46712　最要之点　《申报》　1925 年 8 月 15 日　第 215 册　第 283 页

46713　最要之事　《申报》　1916 年 8 月 21 日　第 141 册　第 854 页

46714　最宜留意之一种人　《申报》　1927 年 7 月 9 日　第 236 册　第 178 页

46715　最愉快的声明　《中央日报》　1942 年 6 月 29 日　第 46 册　第 308 页

46716　最重要的农村改造问题　《申报》　1946 年 8 月 22 日　第 389 册　第 868 页

46717　罪案抵销法　《申报》　1926 年 4 月 14 日　第 222 册　第 302 页

46718　罪大恶极之外援说：协约御敌之造谣犯　《民国日报》　1918 年 8 月 29 日　第 16 册　第 686 页

46719　罪等　《大公报》　1927 年 6 月 2 日　第 79 册　第 497 页

46720　罪犯宜兴工作论　《申报》　1893 年 12 月 5 日　第 45 册　第 643 页

46721　罪己令　《申报》　1918 年 2 月 2 日　第 150 册　第 448 页

46722　罪己令　《申报》　1920 年 8 月 5 日　第 165 册　第 629 页

46723　罪魁　《申报》　1920 年 7 月 29 日　第 165 册　第 521 页

46724　罪魁功首之今日　《申报》　1920 年 8 月 11 日　第 165 册　第 732 页

46725　罪魁何止十个：曹陆章怎样了　《民国日报》　1920 年 8 月 1 日　第 28 册　第 436 页

46726　罪魁与疏通　《申报》　1922 年 9 月 28 日　第 184 册　第 579 页

46727　罪孽　《申报》　1924 年 12 月 31 日　第 208 册　第 592 页

46728　罪言　《申报》　1873 年 10 月 7 日　第 3 册　第 337 页

46729　罪言　《申报》　1894 年 10 月 5 日　第 48 册　第 217 页

46730　罪言赘言　《申报》　1885 年 3 月 15 日　第 26 册　第 369 页

46731　尊敬负伤将士　《中央日报》　1940 年 1 月 24 日　第 42 册　第 1044 页

46732　尊敬受伤的将士！　《大公报》　1938 年 4 月 7 日　第 140 册　第 414 页

46733　尊敬小学教师　《中央日报》　1940 年 1 月 18 日　第 42 册　第 1016 页

46734　尊权论　《申报》　1879 年 2 月 5 日　第 14 册　第 101 页

46735　尊师说　《申报》　1880 年 12 月 15 日　第 17 册　第 669 页

46736　尊师说　《申报》　1892 年 11 月 15 日　第 42 册　第 475 页

46737　尊师运动的真意义（专论）/胡朴安　《民国日报》　1946 年 4 月 21 日
　　　第 97 册　第 425 页

46738　尊重　《申报》　1923 年 2 月 4 日　第 188 册　第 679 页

46739　尊重法律·争取团结　《中央日报》　1948 年 4 月 26 日　第 58 册　第
　　　1038 页

46740　尊重反对者：论"民主"的基本原则（星期论文）/钱实甫　《大公报》
　　　1947 年 7 月 20 日　第 160 册　第 504 页

46741　尊重无知的良心　《民国日报》　1920 年 4 月 12 日　第 26 册　第 570 页

46742　尊重友邦的既得利益　《申报》　1937 年 9 月 4 日　第 355 册　第 404 页

46743　尊重舆论与改善检查　《大公报》　1944 年 5 月 31 日　第 152 册　第
　　　680 页

46744　遵守防空法令　《申报》　1945 年 5 月 9 日　第 387 册　第 335 页

46745　遵守孙先生的遗嘱（言论）　《民国日报》　1925 年 3 月 14 日　第 56 册
　　　第 184 页

46746　遵守条约的义务　《申报》　1947 年 1 月 26 日　第 392 册　第 258 页

46747　遵循指示努力（专论）/胡朴安　《民国日报》　1946 年 8 月 15 日　第 98
　　　册　第 457 页

46748　遵依总理遗教开国民会议　续：五日在立法院纪念周演讲（专载）/胡汉民
　　　《民国日报》　1931 年 1 月 13 日　第 90 册　第 53 页

46749　遵依总理遗教开国民会议：五日在立法院纪念周演讲（专载）/胡汉民
　　　《民国日报》　1931 年 1 月 12 日　第 90 册　第 41 页

46750　昨报纪示禁赌博一则率书其后　《申报》　1897 年 7 月 18 日　第 56 册
　　　第 481 页

46751　昨报客述论圆法意犹未尽因推论之　《申报》　1898 年 4 月 4 日　第 58 册
　　　第 559 页

46752　昨报论地震事再申言之　《申报》　1895 年 9 月 22 日　第 51 册　第
　　　143 页

46753　昨日的半旗　《中央日报》　1932 年 5 月 10 日　第 18 册　第 38 页

46780　佐二人员当各还专司说　《申报》　1879 年 1 月 27 日　第 14 册　第 69 页

46781　佐分利又有被杀疑点　《申报》　1929 年 12 月 1 日　第 265 册　第 6 页

46782　佐藤外交的剖视　《申报》　1937 年 3 月 10 日　第 350 册　第 227 页

46783　佐藤在莫斯科干什么?　《大公报》　1942 年 6 月 24 日　第 148 册　第 740 页

46784　佐杂不得干预词讼论　《申报》　1904 年 3 月 24 日　第 76 册　第 473 页

46785　作怪的可怜　《民国日报》　1923 年 4 月 23 日　第 44 册　第 728 页

46786　作如是观（言论）　《民国日报》　1926 年 12 月 5 日　第 66 册　第 152 页

46787　作事之程序　《申报》　1917 年 9 月 29 日　第 148 册　第 474 页

46788　作势　《申报》　1920 年 7 月 13 日　第 165 册　第 239 页

46789　作用　《申报》　1918 年 5 月 28 日　第 152 册　第 422 页

46790　作贼之决心　《民国日报》　1918 年 8 月 7 日　第 16 册　第 422 页

46791　作战心理必须改变　《中央日报》　1942 年 2 月 26 日　第 45 册　第 868 页

46792　作战之准备　《申报》　1917 年 11 月 5 日　第 149 册　第 72 页

46793　坐马车不可不慎说　《申报》　1892 年 6 月 25 日　第 41 册　第 357 页

46794　坐马车宜慎说　《申报》　1886 年 8 月 4 日　第 29 册　第 207 页

46795　坐视物价高涨者是谁?　《申报》　1946 年 9 月 27 日　第 390 册　第 330 页

46796　坐索军费　《申报》　1920 年 9 月 3 日　第 166 册　第 35 页

46797　坐以待毙的敌人　《中央日报》　1943 年 6 月 19 日　第 48 册　第 272 页

46798　做大官与做大事　《申报》　1945 年 5 月 18 日　第 387 册　第 355 页

46799　做大事者必具的条件　《民国日报》　1929 年 4 月 11 日　第 79 册　第 719 页

46800　做到与后来　《申报》　1922 年 7 月 11 日　第 182 册　第 234 页

46801　做工与做人（专论）/胡朴安　《民国日报》　1946 年 2 月 10 日　第 97 册　第 153 页

46802　做官　《申报》　1916 年 7 月 12 日　第 141 册　第 178 页

46803　做官忠言（一）　《申报》　1916 年 7 月 30 日　第 141 册　第 464 页

46804　做官忠言（二）　《申报》　1916 年 7 月 31 日　第 141 册　第 498 页

46805　做了汉奸也有理论么　《中央日报》　1939 年 8 月 24 日　第 42 册　第 420 页

46806　做总统　《申报》　1923 年 6 月 16 日　第 192 册　第 330 页

46807　做总统又如何　《申报》　1923 年 6 月 13 日　第 192 册　第 267 页